Inhalt

wegen
veden
mark
Niederlande
Belgien
Luxemburg
Deutschland
Schweiz
Österreich
Polen
Tschechien
Ungarn
Slowenien
Kroatien
Griechenland
Vereinigtes Königreich
Irland

Grundregeln CampingCard ACSI

Die CampingCard ACSI ist ein ideales Produkt für einen besonders günstigen Campingurlaub in der Nebensaison. Dank der klaren Grundregeln, die für alle Teilnehmer gelten, ist sie ganz einfach zu benutzen.

Im Folgenden werden die Regeln der Reihe nach kurz erklärt:

Die CampingCard ACSI-Ermäßigungskarte ist für ein Kalenderjahr gültig und personengebunden. Die im ersten Teil dieses Campingführers enthaltene Ermäßigungskarte muss vollständig ausgefüllt und unterschrieben werden. Der Eigentümer des Campingplatzes kann Sie um einen Identitätsnachweis bitten. Ermäßigungskarten aus früheren Jahren werden von den Campingplätzen nicht akzeptiert.

Nur gültig auf teilnehmenden Campingplätzen

Nur auf den in diesem Campingführer aufgeführten Campingplätzen erhalten Sie eine Ermäßigung auf Ihre Übernachtung. Sie erkennen diese Campingplätze an dem blauen CC-Logo. Siehe auch „nur Campingplätze mit dem CC-Logo" auf Seite 11.

Nur gültig in den Akzeptanz-Zeiträumen

Die Informationen in diesem Campingführer beziehen sich ausschließlich auf das Jahr 2023. Jedes Kalenderjahr können sich (neue) Campingplätze an- oder abmelden und kann sich der Teilnahme-Tarif ändern. Die Campingplätze legen außerdem jedes Jahr die Akzeptanz-Zeiträume, in denen der CampingCard ACSI-Tarif gültig ist, neu fest. Sie können Ihre CampingCard ACSI-Ermäßigungskarte also nur in den Zeiträumen verwenden, die bei dem jeweiligen Campingplatz in diesem Campingführer angegeben sind. Sollte ein Campingplatz nach Drucklegung des Campingführers eine Änderung vornehmen, so wird dies auf campingcard.com/anderungen bekannt gegeben.

Zusätzliche Kosten nicht inbegriffen

Zu einem Festpreis erhalten Sie auf einem teilnehmenden Campingplatz eine komplette Übernachtung. Welche Leistungen unter diesen Betrag fallen, können Sie im Kapitel „Tarif pro Übernachtung“ nachlesen. Es kann vorkommen, dass Sie zusätzliche Gebühren, wie zum Beispiel behördliche Abgaben, zahlen müssen. Im Kapitel „Nicht im Tarif inbegriffen“ erfahren Sie, was Ihnen ein Campingplatz zusätzlich berechnen kann.

Begrenzte Anzahl von Standardstellplätzen verfügbar

Ihre CampingCard ACSI-Ermäßigungskarte berechtigt Sie zu einer Übernachtung auf einem Standardstellplatz. Komfortstellplätze (beispielsweise mit eigenem Wasseranschluss) oder Stellplätze in Strandnähe können ausgeschlossen werden. Ein teilnehmender Campingplatz kann selbst entscheiden, auf welchen Plätzen CampingCard ACSI-Camper zugelassen sind. Es ist daher möglich, dass Sie auf einem Campingplatz nicht übernachten können, auch wenn dieser noch freie Plätze hat.

Buchung im Voraus mit CampingCard ACSI möglich

In der Nebensaison ist es im Allgemeinen ruhiger als in der Hochsaison. Auf den meisten Campingplätzen finden Sie ohne Weiteres einen Stellplatz. Eine Reservierung ist in der Regel nicht erforderlich und auf einigen Campingplätzen nicht einmal möglich. Auf Campingplätzen, die eine Buchung vorab mit der CampingCard ACSI akzeptieren, ist in den Campingplatzinformationen bei den Einrichtungen der Punkt 6A angegeben. In einigen Fällen können Sie einen CampingCard ACSI-Stellplatz auch über ACSI buchen. Sie finden diese Campingplätze, indem Sie auf campingcard.com nach „Buchbare Campingplätze über ACSI“ filtern.

pro mobil
Europas größtes Reisemobil-Magazin
Unterwegs zuhause
Ihre Unabhängigkeitserklärung – lesen Sie in *promobil* alles
über Reisemobile vom Campingbus bis zum Luxusliner,
über Urlaubsziele und Stellplätze. Jeden Monat NEU!
Besuchen Sie uns unter
www.promobil.de
Grosses Caravan-Salon-Spezial
Neuheiten 2023
Mehr Flair
promobil digital
Auch als App
Am Kiosk. Und für Besteller!
promobil-Bestellservice,
Telefon 07 81/6 39 66 59,
E-Mail promobil@burdadirect.de,
www.promobil.de/heftbestellung,
oder ganz einfach QR-Code scannen

Über ACSI

Wie alles begann

Es ist der Sommer 1964. Der Lehrer Ed van Reine fährt mit seinem Auto samt Faltcaravan von den Niederlanden über belgische und französische Straßen in die spanische Sonne. Endlich Urlaub. Endlich wieder Camping mit der ganzen Familie. Die Vorstellung ist herrlich: eine unbeschwerte Zeit und ein paar Wochen an der frischen Luft. Doch dann, bei der Ankunft, kommt die Enttäuschung ... „Completo". Die meisten Campingplätze sind bereits ausgebucht.

Das muss doch anders gehen, denkt van Reine. Er philosophiert über ein europäisches Buchungssystem. Noch vor Ort entwickelt er eine Möglichkeit, geschlossene Schranken zu vermeiden. Zusammen mit Kollegen aus der Schule stellt er seinen ersten Campingführer mit den Telefonnummern und anderen wichtigen Daten der beliebtesten Campingplätze

in Europa zusammen. Dieses auf einem Matrizendrucker hergestellte Heft war der Vorläufer des umfassenden Campingführers, den Sie jetzt vor sich haben. Und der Beginn von ACSI: Auto Camper Service International. Im Jahr 2023 hat sich ACSI zu einem international tätigen Verlag und Reiseveranstalter für Campingurlaube entwickelt.

Zuverlässige, objektive Informationen

Jeder kann Informationen sammeln und zusammenstellen. Deshalb haben wir es von Anfang an anders gemacht. Unsere 292 Inspektoren besuchen jedes Jahr sämtliche ACSI-Campingplätze. Das ist wichtig, denn die Dinge ändern sich jedes Jahr. Nach einer Schulung machen sich die Inspektoren auf den Weg. Sie prüfen die Campingplätze auf mehr als 220 Ausstattungsmerkmale, aber natürlich auch auf Qualität. Sie erleben die Atmosphäre und sprechen mit den anwesenden Campern und dem Campingplatzbesitzer.

Die Inspektoren wählen die besten Campingplätze aus, die ihrerseits das bekannte ACSI-Logo verwenden dürfen. Und genau das möchten die Campingplätze gern, denn ACSI steht für Qualität und zuverlässige Informationen. Bei ACSI betrachten wir es als unsere Mission Camper auf den Campingplatz zu bringen, der zu ihnen passt. Ob Luxus-Ferienpark oder kleiner Natur-Campingplatz.

CampingCard ACSI

Im Jahr 1993 übernahm Ramon van Reine die Leitung des Unternehmens von seinem Vater.

Er widmete sich der Professionalisierung und Digitalisierung und fing an, Reiseführer in mehreren Sprachen anzubieten. Nach einer Weile ergaben sich neue Herausforderungen. Die Campingplätze suchten nach Gästen für die Vor- und Nachsaison und Camper nach günstigen Stellplätzen. So entstand die CampingCard ACSI. Innerhalb von zehn Jahren entwickelte sich dieses Ermäßigungssystem zum größten Erfolg im ACSI-Sortiment. Über 750 000 Camper reisen jährlich mit der Ermäßigungskarte durch Europa.

Online buchen

Die Idee von Ramons Vater – ein Buchungssystem – ist inzwischen ebenfalls Wirklichkeit geworden. Über die ACSI-Webseiten und -Apps lässt sich heute ganz einfach ein Stellplatz oder eine Unterkunft buchen. Und die Entwicklungen werden fortgesetzt. Wir möchten eine Online-Plattform schaffen, auf der Camper einerseits suchen und buchen und sich andererseits informieren und inspirieren lassen können. Eine zentrale Stelle, an der sie alles Wissenswerte über den Campingplatz, die Region und Ausflüge in der Umgebung erfahren können.

ACSI Awards

Welcher Campingplatz hat den besten Swimmingpool, die besten Wohnmobilstellplätze oder das beste Restaurant? Jedes Jahr können Camper für ihre Lieblingscampingplätze stimmen. Und es gibt nicht weniger als acht Kategorien pro Land. Alle preisgekrönten Campingplätze finden Sie unter eurocampings.de/winners.

Unser Angebot

Campingführer
Auf die gute alte Art und Weise in einem Campingführer blättern, zu Hause oder unterwegs: Viele Camper tun das immer noch gerne. In unserem Webshop finden Sie unter anderem den umfangreichen ACSI Campingführer Europa, den CampingCard ACSI-Campingführer und den ACSI CampingCard & Stellplatzführer.

Webseiten
Mit den praktischen Filtern auf unseren Webseiten finden Sie leicht Ihren idealen Campingplatz. Und bei vielen Campingplätzen können Sie Ihren Stellplatz oder Ihre Unterkunft sofort buchen. Mehr Inspiration und praktische Tipps finden Sie in unserem Blog eurocampings.de/blog.

Apps
Möchten Sie Campingplätze und Wohnmobilstellplätze ganz einfach mit Ihrem Smartphone oder Tablet suchen? Das geht zu Hause und unterwegs mit den praktischen Apps. So finden Sie schnell einen Platz zum Campen in Ihrer Nähe. Sie können die Apps auch ohne Internetverbindung nutzen.

Lassen Sie Ihren Personalausweis in der Tasche
Die ACSI Club ID ist ein Ausweis-Ersatz, der auf fast 8 200 Campingplätzen akzeptiert wird. Das bedeutet, dass Sie Ihren Reisepass oder Personalausweis nicht mehr auf dem Campingplatz abgeben müssen. Außerdem erhalten Sie als ACSI Club ID-Mitglied Rabatt auf die Produkte in unserem Webshop.

Einmalige Rundreisen
Schon seit über 30 Jahren organisiert ACSI-Campingreisen spezielle Gruppenreisen innerhalb und außerhalb Europas. Sie reisen mit Ihrem eigenen Wohnwagen oder Wohnmobil an wunderschöne Orte. Dank unserer langjährigen Erfahrung kennen sich unsere Reiseführer an diesen Orten bestens aus.

Suncamp
Bei Suncamp buchen Sie einen Campingurlaub auf einem der Top-Campingplätze Europas. Sie haben die Wahl zwischen Stellplätzen, Mobilheimen, Bungalowzelten und hochwertigen Glamping-Unterkünften, wie den komfortablen SunLodges.

Weitere Informationen finden Sie auf acsi.eu.

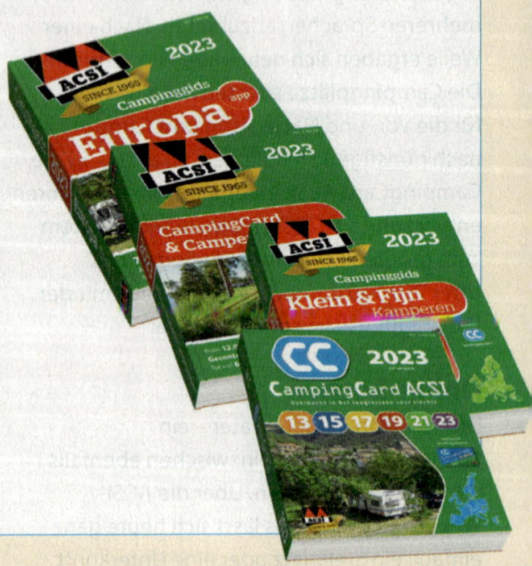

Wie finde ich einen Campingplatz?

Dieser CampingCard ACSI-Führer besteht aus zwei Teilen. Die teilnehmenden CampingCard ACSI-Plätze werden einzeln besprochen in einem 'Redaktionseintrag' mit einer Tarifbeschreibung, der Akzeptanzzeitraum und den Ausstattungen.

In diesem Führer sind die Campingplätze aufgeführt in alphabetischer Reihenfolge nach Ortsnamen, innerhalb eines Landes. Beispiel: Zaton Holiday Resort in Zaton/Nin (Zadar) Kroatien finden Sie unter Z von Zaton/Nin (Zadar).

Ausnahmen davon bilden die Niederlande, Deutschland, Frankreich, Spanien und Italien. Diese sind noch mal in Regionen unterteilt. Innerhalb einer Region finden Sie den Camping in Ortsnamenfolge. In der Inhaltsangabe vorne im Führer und im beiliegenden Mini-Atlas sehen Sie auch, dass die Niederlande, Deutschland, Frankreich, Spanien und Italien in zahlreiche Regionen eingeteilt sind.
Mit den Übersichtskarten, die vor den Länderinformationen stehen, werden Sie den gesuchten Camping in Ihrer Lieblingsgegend leicht finden!

Wie finde ich einen teilnehmenden CampingCard ACSI-Campingplatz?

Da gibt es mehrere Möglichkeiten:

Über diesen Campingführer:

- Gezielt nach einem Campingplatz nach Ortsnamen suchen. Benutzen Sie dazu das Inhaltsverzeichnis hinten im Führer oder dem Mini-Atlas.
- Suchen nach Land oder Region, in der Sie campen wollen. Benutzen Sie dafür die Inhaltsangabe vorne im Führer. Oder suchen Sie mit Hilfe des Mini Atlas. Die CampingCard ACSI-Plätze sind dort mit einem blauen Logo mit einer Nummer eingetragen. Die Nummern im Führer sind fortlaufend, also zum redaktionellen Eintrag, und so finden Sie recht einfach die Infos zum gesuchten Campingplatz.
- Auch die Ausstattung/Einrichtung kann ein Suchkriterium sein. Im aufklappbaren Buchdeckel im Führer sehen Sie auf einen Blick, ob ein Camping über die Einrichtungen verfügt, die Ihnen wichtig sind.

Über die Webseite:

Webseite campingcard.com.
Hier können Sie zwischen verschiedenen Suchansätzen wählen. So können Sie für Ihre Suche beispielsweise den Urlaubszeitraum, das Vorhandensein bestimmter Einrichtungen oder Themen wie Eignung für Behinderte, FKKler oder Wintersportler auswählen.

Über die App:

Die Spezial CampingCard ACSI-App. Siehe auch Seite 26.

Über den Mini-Atlas:

Diesem Führer ist ein Mini-Atlas beigelegt, mit allen teilnehmenden CampingCard ACSI-Plätzen in Europa. In dem Mini-Atlas sehen Sie blaue Logos mit einer Nummer, die mit den blauen Logos mit der Nummer im Redaktionseintrag des Platzes übereinstimmen. Das Register in dem Mini-Atlas ist wie folgt aufgebaut: Folgenummer des Campings, Name des Campings, Ortsname in alphabetischer Reihenfolge, Seitenzahl und Teilgebiet auf der Seite. In den Niederlanden, Deutschland, Frankreich, Spanien und Italien in alphabetischer folge der Ortsnamen pro Region.

Die Rabattkarte
für die Vor- und Nachsaison

Einfacher gehts nicht. Mit Ihrer Ermäßigungskarte können Sie auf Qualitätscampings in Europa in der Nebensaison günstig Urlaub machen. Und das zu einem von sechs festen Tarifen: 13, 15, 17, 19, 21 oder 23 Euro pro Nacht

Die Tarife
Die Festtarife von 13, 15, 17, 19, 21 und 23 Euro sind jeweils so gewählt, dass sie unter dem niedrigsten Preis liegen, der sonst während der Nebensaison auf den teilnehmenden Campingplätzen gilt, mit Rabatten bis zu 60% vom regulären Preis! Viele Campings geben auch noch Sonderrabatte wenn man länger bleibt. Die CampingCard ACSI-Plätze sind in der Nebensaison genauso attraktiv wie in der Hochsaison: die Inhaber bieten die gleiche Gastlichkeit und guten Service an und die wichtigsten Einrichtungen sind auch in der Nebensaison in Ordnung. Sie zahlen nur weniger dafür. Bevor der große Ferienrummel losgeht, können Sie sich in der Vor- und Nachsaison erholen.

Was man dafür tun muß?
Ganz einfach: ihre CampingCard ACSI mitnehmen, bei der Ankunft an der Rezeption einem der teilnehmenden Campingplätze vorzeigen und sich über die günstigen Übernachtungskosten freuen! Zeigen Sie bei der Abrechnung nochmals Ihre Ermäßigungskarte und Sie bezahlen den günstigen CampingCard-Tarif. Im Kapitel 'Tarif pro Übernachtung' auf Seite 20 können Sie lesen, was alles im CampingCard-Tarif inbegriffen ist. Im Kapitel 'Nicht im Tarif inbegriffen' auf Seite 21 sehen Sie, welche zusätzlichen Kosten entstehen können.

Abrechnungsweise
Die CampingCard ACSI mag aussehen wie eine EC- oder Kreditkarte, ist aber tatsächlich eine Ermäßigungskarte. Sie legen Ihre CampingCard ACSI vor und verbringen Ihren Urlaub zu einem günstigen Tarif auf besonderen Campingplätzen. Sie brauchen normalerweise nichts im Voraus für eine bestimmte Zahl von Übernachtungen zu zahlen: bezahlt wird erst bei der Abreise.

Allerdings wird letztlich die Bezahlung durch die Campingplatzvorschriften geregelt, und damit auch der Moment wann Sie zahlen oder eine Anzahlung leisten müssen. Geben Sie bspw. an, nur eine Nacht bleiben zu wollen oder reservieren, dann kann der Camping Sie bitten sofort zu bezahlen oder eine Anzahlung zu leisten. Die Rezeption des Campings wird Sie über diesen Punkt informieren.

Reservieren mit CampingCard ACSI
Auf einigen Campings können Sie vorab mit der CampingCard reservieren. Ein Camping hat dann Einrichtungspunkt 6A 'Reservierung mit CampingCard ACSI möglich' bei seinen Angaben gemeldet.
Eine Reservierung mit einer CampingCard ACSI wird im Prinzip wie eine normale Reservierung behandelt, nur ist der Übernachtungspreis günstiger. Für eine Reservierung muss in manchen Fällen bezahlt werden und es kann nach einer Anzahlung gefragt werden. Eine Reservierung von einem CampingCard ACSI Inhaber lange vorher, kann vom Camping

durchaus als beschwerlich angesehen werden. Er kann, muss aber in diesem Fall die Reservierung nicht akzeptieren. Es gibt übrigens auch Campings die gar keine Reservierungen entgegen nehmen. Besser Sie geben bei der Reservierung gleich mit an, dass Sie mit der CampingCard ACSI kommen werden. Wenn Sie das nicht tun, kann es passieren, dass Sie den normalen Tarif bezahlen müssen.

Nur Campings mit dem CC-Logo

ACSI inspiziert jedes Jahr fast 10.000 Campingplätze in Europa. Von den von ACSI geprüften Campingplätzen nehmen etwa 30% am Ermäßigungssystem CampingCard ACSI teil. Nur auf diesen Campingplätzen haben Sie Anspruch auf einen Aufenthalt zum CampingCard ACSI-Tarif. In unseren ACSI-Publikationen erkennen Sie diese Campingplätze an dem blauen (neben den Campingplatzinformationen abgedruckten) CC-Logo. Zudem bei der Ankunft auf einem Campingplatz an der großen CC-Fahne oder dem CC-Aufkleber an der Rezeption. Wenn Sie den CampingCard ACSI-Führer oder die Website campingcard.com verwenden, können Sie sicher sein, dass alle hier aufgeführten Campingplätze am Ermäßigungssystem CampingCard ACSI teilnehmen. Prüfen Sie jedoch bitte, ob die Ermäßigungskarte in dem Zeitraum, den Sie auf dem Campingplatz verbringen möchten, tatsächlich akzeptiert wird. Diese Zeiträume sind von Campingplatz zu Campingplatz unterschiedlich.

292 Inspektoren

Für die bekannten ACSI-Campingführer sind jedes Jahr Inspektoren in allen Teilen Europas unterwegs. So sammelt ACSI schon seit 58 Jahren die zuverlässigsten Campinginformationen.
In 2022 haben 292 Inspektoren die Campingplätze besucht. Die Campingplätze werden anhand einer Liste mit mehr als 220 Einrichtungen inspiziert: auch einzelne Punkte, die nicht direkt messbar sind, wie etwa Ambiente, Ruhe, Freundlichkeit des Personals, usw. werden beurteilt.

Am wichtigsten ist natürlich die Meinung der Camper: deshalb befragen unsere Inspektoren auch jedes Mal einige Gäste nach ihrer Meinung zu dem Platz. Auch Sie können nach dem Besuch eines CampingCard-Platzes Ihre Meinung äußern. Siehe Seite 29 für weitere Informationen.

Vielleicht der größte Vorteil vom Campen in der Nebensaison ...

CampingCard ACSI ist in erster Linie eine Rabattkarte für die Nebensaison. Sie sparen damit bei Ihren Übernachtungskosten. Ein weiterer Vorteil vom Campen außerhalb der Hochsaison, für manche vielleicht der größte Pluspunkt, ist die Ruhe. Sie meiden den größten Trubel auf den Straßen, die Campingplätze sind ruhiger, Sie finden oft ohne Reservierung einen schönen Platz und das Personal hat mehr Zeit für Sie. Auch bei den Sehenswürdigkeiten in der Umgebung Ihres Campings ist meist weniger los. Daher: alle Komponenten für einen schönen, erholsamen Urlaub sind vorhanden. Wir hoffen, dass alles in Ihrem Sinne verläuft!

Benutzerhinweise

1. Ortsname - Postleitzahl - Gegend

4. Campingname und Sterne

5. Adresse

6. Telefon

7. Öffnungszeitraum

8. E-Mail Adresse

9. Einrichtungen (siehe ausklappbare Faltseite)

🔑 Einrichtung in der gesamten Öffnungszeit des Campings geöffnet

Doorn, NL-3941 ZK / Utrecht

RCN Vakantiepark Het Grote Bos
Hydeparklaan 24
+31 8 50 40 07 00
24/3 - 29/10
reserveringen@rcn.nl

80ha 350**T**(75-150m²) 10A CEE

1 ACDE**H**JKLMOPQTU
2 BIJSTUWXYZ
3 C**G**HIKLMN**O**P**Q**S**T**U
4 (**A**+C+H 🔑)IJM
(Q+S+T+U+V+X+Y+Z 🔑)
5 **AB**CDEFGHIJKLMNOPQR**T**UW
XYZ
6 ABCDEFGHKL(N 1,5km)
OSTV

Ein umfassender Ferienort mit geselliger
echten Waldplätzen in einem glänzenden N
Südrand des Utrechter Heuvelrug.

A12 (Arnheim-Utrecht u.u.), Ausfahrt
Dann ab Ort Beschilderung folgen. CP lie
Doorn-Driebergen-Maarn.

CC € 19 *24/3-16/5 22/5-25/5 30/5-6/7 28/8-29/10*

10. Grundfläche eines Campings in Hektar (1 ha = 10.000 qm)
11. Tourplatzanzahl (in Klammern die Größe)
12. Maximal verfügbare Stromstärke in Ampère
13. Dreipoliger Eurostecker (CEE) erforderlich
14. Tarif und Sonderermäßigung (eventuell)
15. Gültigkeitszeitraum
16. Atmosphärenbeschreibung
17. Anfahrtsbeschreibung

2. Drei Kinder bis einschliesslich 5 Jahre inbegriffen
- ACSI Award 2022
- Ehrenurkunde
- Hunde nicht erlaubt
- Camping nur FKK geeignet
- Camping teilweise FKK geeignet
- Wintersportcampingplatz
- Behindertengerechter Campingplatz
- WLAN-Zone vorhanden auf dem Gelände
- WLAN auf min. 80% des Geländes
- Durch eine Umweltorganisation im jeweiligen Land anerkannt
- ACSI Club ID als Legitimationsnachweis akzeptiert

3. 150 Campingnummer

18. Teilkarte mit genauer Lage des Campingplatzes
19. GPS-Koordinaten

1. Ortsname, Postleitzahl und Gegend

Ortsname und Postleitzahl des Ortes des Campings und die Gegend, wo der Camping liegt.

2. Drei Kinder bis einschliesslich 5 Jahre inbegriffen (eventuell)

In diesem Führer finden Sie 351 Campings, bei denen (maximal) drei Kinder bis einschliesslich 5 Jahre (also bis zum sechsten Geburtstag) im CampingCard ACSI-Tarif inbegriffen sind. Im redaktionellen Eintrag steht bei diesen Plätzen folgendes Symbol:
Achtung: wenn ein Camping dieses Symbol führt, kann eventuell dennoch für Kinder Kurtaxe verlangt werden, da die Plätze diese Abgaben direkt an den örtlichen Fiskus abführen müssen. Auch Leistungen wie Duschmünzen sind für Kinder nicht inbegriffen.

Hunde nicht gestattet

Im CampingCard ACSI-Tarif ist der Aufenthalt von einem Hund inbegriffen, sofern Hunde auf diesem Platz gestattet sind. Wenn Sie mehr Hunde mitbringen, kann dafür eine Zuzahlung verlangt werden. Auf einigen Campings

gibt es ein Limit von Hunden pro Gast und/ oder sind einige Rassen nicht erlaubt. Sie sehen die zugelassene Anzahl der Hunde im Campingeintrag auf campingcard.com. Im Zweifel sollten Sie lieber mit dem Camping Kontakt aufnehmen.
Auf Campingplätzen mit dem hier gezeigten Symbol sind gar keine Hunde erlaubt.

WLAN-Zone und/oder WLAN 80-100% Abdeckung

Gibt es auf einem Camping einen WLAN-Zone, dann gibt es auf der Anlage eine Stelle, wo man drahtlos ins Internet kommt. Im Redaktionseintrag steht bei diesem Camping folgendes Symbol:
Gibt es WLAN 80-100% Abdeckung, können Sie auf dem größten Teil der Anlage drahtlos ins Internet. Im Redaktionseintrag steht bei diesem Camping folgendes Symbol:

ACSI Club ID

Auf vielen Plätzen wird die ACSI Club ID als Ausweisersatz akzeptiert. Wenn Sie die ACSI Club ID auf einem Campingplatz nutzen können, ist dieser mit dem Symbol gekennzeichnet. Weitere Informationen zur ACSI Clubkarte finden Sie auf Seite 30.

3. Campingnummer 150

Die Nummer im blauen CC-Logo verweist auf die Nummer im Mini-Atlas, der diesem Führer beigelegt ist, damit Sie sehen können, wo der Camping ungefähr liegt. Siehe auch: 'Über den Mini-Atlas' auf Seite 9.

4. Campingname und Sterne

Hier finden Sie den Campingnamen und eventuell auch die Anzahl der Sterne.
ACSI selbst vergibt Campingplätzen keine Sterne oder andere Klassifikationen.
Die Sterne-Angaben oder andere Klassifizierungen wurden von örtlichen oder überörtlichen Instanzen den Campings verliehen und werden hinter dem Campingnamen gezeigt. Sterne sagen nicht immer etwas über die Qualität des Campings aus, aber oft über dessen angebotenen Komfort. Je mehr Sterne, um so mehr Ausstattungen. Die Beurteilung, ob ein Camping schön ist oder nicht und ob er insbesondere zwei oder vier Sterne wert ist, müssen Sie selbst treffen.

5. Adresse

Straßenname des Campings. Ortsname und Postleitzahl sehen Sie im obersten Balken des Redaktionseintrags. Manchmal sehen Sie z.B. in Frankreich oder Italien, dass kein Straßenname angegeben ist. Sie werden feststellen, dass Sie den Camping oft von alleine finden, wenn Sie im Ort angekommen sind.
Um das Auffinden eines Campings einfacher zu machen, haben wir im Redaktionseintrag eine Anfahrtsbeschreibung und die GPS-Koordinaten aufgenommen.

6. Telefon

Den Telefonnummern in diesem Führer geht ein + voraus, gefolgt von einer zwei- oder dreistelligen Nummer. Das + steht für die Doppel Null, die vor der Eingabe der Landesvorwahl gewählt werden muss. Die Ziffern hinter dem + bilden die Vorwahl des Landes, in dem sich der Campingplatz befindet.
Beispiel: Die Telefonnummer eines deutschen Campingplatzes wird in dem Führer mit +49 angegeben, gefolgt von der Ortsvorwahl (Null in Klammern) und dann die Rufnummer. In den meisten europäischen Ländern muss man die 0 der Ortsvorwahl nach der internationalen Landesvorwahl nicht wählen. Für Deutschland wählt man also die 0049 und dann die Netznummer ohne Null und dann weiter die Rufnummer. In Italien muss man im allgemeinen die Null mitvorwählen.

7. Öffnungszeitraum

Der von der Platzverwaltung gemeldete Zeitraum, in dem der Campingplatz 2023 geöffnet sein wird. Achtung: die Campingplätze bieten nicht während des gesamten Öffnungszeitraums den CampingCard ACSI-Tarif an. Die Perioden, in denen der CampingCard ACSI-Rabatt gewährt wird, sind die im obersten Balken angegebenen.
Bitte die Gültigkeitszeiträume des Redaktionseintrag des Campings beachten. Siehe auch: 'Gültigkeitszeitraum' auf Seite 18.

Die Öffnungs- und Akzeptanzzeiten sind mit der größtmöglichen Sorgfalt zusammengestellt. Unter Umständen kann es sein, dass diese Angaben nach Veröffentlichung dieses Führers Änderungen unterlaufen sind. Schauen Sie vor der Abreise auf campingcard.com/anderungen, ob sich Änderungen bei dem Camping Ihrer Wahl ergeben haben.

8. E-Mail Adresse

Die E-Mail Adresse des Campings. Vor allem während der ruhigen Tage des Jahres, wenn die Rezeption nicht durchgehend besetzt ist, erweist sich die E-Mail Adresse für Reservierungen oder die Anfrage von Informationen als hilfreich.

9. Einrichtungen

CampingCard ACSI ist eine Ermäßigungskarte für die Nebensaison. Teilnehmende Plätze sorgen dafür, dass die wichtigsten Anlagen in der Nebensaison im Gültigkeitszeitraum vorhanden sind und funktionieren.
In der aufklappbaren Vorderseite des Führers finden Sie eine vollständige Übersicht aller Einrichtungen, die in diesem Führer aufgenommen sind. Wenn Sie diese Seite aufgeklappt lassen, können Sie nebenan zu jedem Camping genau erkennen, welche Einrichtungen vorhanden sind.

Hinter den Zahlen 1 bis 6 finden Sie sechs Rubriken mit Einrichtungen:

1 Vorschriften
2 Lage, Boden und Bepflanzung
3 Sport und Spiel
4 Erholung am Wasser / Einkauf und Restaurant
5 Haushaltssanitär / Sanitär
6 Allgemein

Die Buchstaben hinter den Zahlen verweisen auf die Einrichtungen, die unter die jeweiligen Rubriken fallen. Hinter dem Buchstaben steht bei einigen Einrichtungen in Klammern eine weitere Periode: die steht für Tag und Monat. In dieser Periode können Sie mit der Verfügbarkeit dieser Einrichtungen rechnen. Wenn dort ein Schlüssel [Schlüssel-Symbol] zu sehen ist, dann ist diese Einrichtung während der gesamten Öffnungszeit des Campings zu gebrauchen.

Achtung:

- Es handelt sich hierbei um die auf dem Camping vorhandenen Einrichtungen. Das bedeutet nicht, dass diese Einrichtungen auf den Standardplätzen vorhanden sind und von CampingCard ACSI-Gästen genutzt werden können. So bedeutet der Eintrag der Einrichtung 6S, dass der Camping Plätze mit RTV-Anschluss hat. In den meisten Fällen werden es die Komfortplätze sein, die nicht für CampingCard ACSI-Gäste bestimmt sind.
- Wenn ein Schwimmbad oder andere Einrichtung direkt neben dem Campingplatz liegt, und die betreffende Einrichtung von den Campinggästen genutzt werden darf, dann sind die Buchstaben dieser Einrichtung auch im Campingeintrag angegeben.
- Bei manchen Einrichtungen in der Klappseite ist ein * angegeben. Einrichtungen mit einem * die fett gedruckt sind unter den Platzdaten zu diesem Camping sind nicht

im Übernachtungspreis inbegriffen. Für CampingCard ACSI-Gäste gibt es zwei Ausnahmen: im CampingCard ACSI-Tarif sind 1 Hund (sofern auf dem Platz gestattet) und 1 warme Dusche pro Person pro Übernachtung inbegriffen, auch wenn diese Einrichtungen fett gedruckt sind und demnach zu den kostenpflichtigen Leistungen des betreffenden Campings gehören. Einrichtungen ohne * sind nie fettgedruckt, was aber nicht heißt, dass sie kostenlos sind.

10. Grundfläche eines Campings

Die Grundfläche des Campings ist in Hektar angegeben. 1 ha = 10.000 m².

11. Tourplatzanzahl

Für den Camper unterwegs ist es hilfreich zu wissen, wie viele Tourplätze ein Camping zu bieten hat. Die Große der Tourplätze wird in m² in Klammern hinter den Tourplätzen angegeben. Sieht man > 100 m², dann sind die Plätze größer als 100 m². < 100 m² bedeutet kleiner als 100 m². Jeder Camping stellt einen Teil dieser Tourplätze den CampingCard ACSI-Gästen zur Verfügung. Im CampingCard ACSI-Tarif ist ein Standardplatz inbegriffen. Nähere Erläuterungen siehe Seite 20.

12. Maximal verfügbare Stromstärke in Ampère

Mit Ihrer CampingCard ACSI haben Sie einen Anschluss von maximal 6A oder Stromverbrauch bis maximal 4 kWh pro Tag, inklusive Anschlusskosten, im Übernachtungspreis inbegriffen. Verbrauchen Sie mehr, z.B. 5 kWh, dann müssen Sie wahrscheinlich zuzahlen. Im Redaktionseintrag bei den Einrichtungen finden Sie die (mindest und) maximal verfügbare Ampèrezahl des Stromanschlusses eines Campings. Wenn im Redaktionsblock 6-10A steht, soll das heißen, dass auf diesem Camping Plätze mit mindestens 6 und maximal 10 Ampère sind. Das heißt nicht, dass dann 10A im CampingCard ACSI-Tarif inbegriffen sind. Melden Sie es daher bei der Ankunft unbedingt dem Campinginhaber, wenn Sie mehr Ampère als die inbegriffenen 6A wünschen, bedenken Sie dann aber auch den möglichen Aufpreis. Nur wenn keine niedrigere Ampèrezahl als 10A auf dem Camping vorhanden ist, müssen Sie nicht zuzahlen. Achtung: Auf einen Anschluss, der maximal 6A zulässt, dürfen keine Geräte angeschlossen werden, die einen Gesamtverbrauch von mehr als 1380 watt haben.

13. CEE

Dieses Zeichen bedeutet, dass ein dreipoliger Eurostecker notwendig ist.

14. Tarif und Sonderermäßigung (eventuell)

Bei jedem Camping ist der Tarif von 13, 15, 17, 19, 21 oder 23 Euro angegeben. Die Tarife der CampingCard ACSI sind schon günstig, aber es geht noch billiger. Manche Plätze geben Zusatzrabatte, wenn Sie länger bleiben. Beispiel: Wenn Sie bei einem Camping die Meldung 7=6 sehen, heißt das, dass man für den Aufenthalt von 7 Nächten nur 6 mal den CampingCard ACSI-Tarif zahlt. Geben Sie beim Einchecken oder der Reservierung an, wie viele Nächte Sie bleiben wollen. Der Camping macht dann vorab eine Buchung und vergibt darüber den Rabatt. Dieser Rabatt muss nicht gelten, wenn Sie sich während Ihres Aufenthaltes sich entschließen länger zu bleiben, und so an die erforderliche Anzahl Tagen kommen. Achtung: wenn ein Camping folgende Rabatte anbietet, haben Sie lediglich Anspruch auf eines dieser Angebote. Beispiel: 4=3, 7=6 und 14=12 und Sie bleiben 13 Nächte, dann gilt einmal das Angebot 7=6. Sie können nicht mehrere Angebote 4=3 oder die Kombination der beiden 4=3 und 7=6 verlangen.

15. Gültigkeitszeitraum

Jeder Camping hat seine eigene Akzeptanzperiode festgelegt und legt damit seine Nebensaison fest. Das Datum ab dem die CampingCard ACSI-Ermäßigung gewährt wird, ersehen Sie in dem untersten blauen Balken im Redaktionseintrag des Campings. Das zuletzt angegebene Datum des Zeitraums ist immer der Tag, an dem die Ermäßigung nicht mehr gilt. Eine Akzeptanzperiode vom 1/1 – 30/6 bedeutet, dass Sie zum ersten Mal den Rabatt in der Nacht vom 1. auf den 2. Januar erhalten und zum letzten Mal vom 29. Juni auf den 30. Juni. In der Nacht vom 30. Juni auf den 1. Juli zahlen Sie dann wieder den normalen Tarif.

Die Öffnungs- und Gültigkeitszeiträume wurden mit größtmöglichen Sorgfalt zusammengestellt. Unter Umständen können sich diese Angaben nach Drucklegung von diesem Führer noch ändern. Schauen Sie daher unter campingcard.com/anderungen nach, ob sich beim Camping Ihrer Wahl noch Änderungen ergeben haben.

16. Atmosphärenbeschreibung

In diesem Textblock finden Sie einige Informationen über die Lage des Campings, die Atmosphäre und die Situation auf dem Platz zusammengefasst. Beispiel: am Meer, an einem See, ruhiger Familiencamping, sehr komfortable Einrichtungen, schöne Aussicht, viel Schatten, sehr geschützte Stellplätze, durch Grünanlagen parzellierte Stellplätze, felsiger Boden, Gras, Terrassen und so weiter.

17. Anfahrtsbeschreibung

Der Text in der Anfahrtsbeschreibung hilft Ihnen bei der richtigen Streckenwahl auf den letzten Kilometern bis zur Campingeinfahrt: welche Autobahnausfahrt nehmen Sie und welchen Schildern folgen Sie dann anschließend? Auch bei Problemen mit dem Navi ist das eine kompetente Lösung.

18. Teilkarte

Auf dem Kartenausschnitt ist die Lage des Campings in der direkten Umgebung ersichtlich. Die exakte Lage des Campingplatzes wird mit dem blauen CampingCard ACSI-Logo angegeben.

19. GPS-Koordinaten

Wenn Sie ein Navi benutzen, dann sind die GPS-Koordinaten von Campings fast unabdingbar. ACSI hat deshalb in diesem Führer die GPS-Koordinaten notiert. Unsere Inspektoren haben an der Schranke des Campingplatzes die Koordinaten eingemessen, es kann also nichts schief gehen. Vorsicht: nicht alle Navi sind auf die Auto-Caravan-Kombination eingestellt. Lesen Sie daher immer die Anfahrtsbeschreibung beim jeweiligen Campingplatz und vergessen Sie nicht die Schilder zu beachten, denn der kürzeste Weg ist nicht immer der leichteste.
Die GPS-Koordinaten werden angegeben in Grad, Minuten und Sekunden. Kontrollieren Sie darum bei der Eingabe der GPS-Koordinaten ob Ihr Navigationsgerät auch in Grad, Minuten und Sekunden eingestellt ist. Vor der ersten Zahl steht ein N. Vor der zweiten Zahl ein E oder ein W (Östlich oder Westlich des Greenwich Meridians).

Tarif pro Übernachtung

Es gibt sechs CampingCard ACSI-Tarife:

€13 €15 €17 €19 €21 €23

Auf Campingplätzen in Ländern mit einer anderen Währung als der Euro zahlen Sie meist in der Landeswährung. Der CampingCard ACSI-Tarif wird dann zum gültigen Tageskurs (Mittelwert) umgerechnet. Bedenken Sie, dass Wechselkurse recht schnell steigen oder fallen können.

Inklusive

Zum CampingCard ACSI Tarif bieten die teilnehmenden Plätze für ihre Tourplätze folgendes:

- einen Stellplatz.*
- Übernachtung für zwei Erwachsene.
- Auto + Caravan + Vorzelt oder Auto + Zeltwagen oder Auto + Zelt oder Reisemobil + Vordach.
- Strom. Mit Ihrer CampingCard ist ein Anschluss von max. 6A oder ein max. Verbrauch von 4 kWh im Übernachtungspreis inbegriffen. Wenn der Camping nur Plätze hat mit einer niedrigen Ampèrezahl, dann gilt die niedrige Ampèrezahl. Benötigen Sie einen Anschluss mit höherer Ampèrezahl, oder verbrauchen Sie mehr als 4 kWh, dann hat der Camping das Recht auf Zuzahlung zum geltenden Tarif. Siehe auch 'Maximal verfügbare Stromstärke in Ampère' auf Seite 17.
- warme Duschen. Falls auf dem Platz Duschmünzen üblich sind, dann hat der CampingCard ACSI-Inhaber Anspruch auf eine Duschmünze pro Übernachtung und pro Erwachsene.**
- den Aufenthalt von einem Hund, falls auf dem Platz Hunde erlaubt sind. Für einen zweiten Hund (oder mehr) kann es sein, dass man zuzahlt.
- die MwSt.

* Einige Campingplätze unterscheiden zwischen Standard-, Luxus- und Komfortplätzen. Die Luxus- und Komfortplätze sind in der Regel etwas größer und verfügen über einen eigenen Abwasser- und Frischwasseranschluss. Sie haben mit der CampingCard ACSI das Recht auf einen Standardplatz, es kann aber auch sein, dass Sie einen teureren zum CampingCard ACSI-Tarif benutzen können. Dem Campingplatz steht das Recht zu, dies selbst zu bestimmen. Es kann niemals Anspruch auf einen Luxus- oder Komfortplatz erhoben werden. Beachten Sie bitte auch, dass manche Campings andere Bestimmungen haben für Caravans mit Doppelachse und Reisemobile, die so groß sind, dass sie nicht auf einen Standardplatz passen.

** In den CampingCard ACSI-Bedingungen ist vorgegeben, dass der Campingplatz dem Inhaber der CampingCard ACSI die Möglichkeit bieten muss, einmal pro Übernachtung zu duschen. Zu diesem Zweck hat jeder CampingCard ACSI-Inhaber das Recht auf eine Duschmünze pro Person pro Übernachtung. Gilt auf einem Campingplatz ein anderes „Duschsystem", wie die Verwendung von Münzgeld, einem Schlüssel oder Sep-Key, muss der Campingplatz dafür Sorge tragen, dass dem Campingcard-Inhaber die Kosten dafür vergütet werden. Das Warmwasser bei den Abwaschplätzen ist nicht im Preis inbegriffen. Übrig gebliebene Duschmünzen können nicht in Geld gewechselt werden.

Nicht im Tarif inbegriffen

Der CampingCard ACSI-Tarif wird im Allgemeinen zur Bezahlung der Übernachtung abgerechnet. Der Camping kann aber noch für einige Leistungen Extrakosten ansetzen:

- Touristenabgaben, Kurtaxe, Umweltabgaben, Ecotax, Müllabfuhr oder Ortsabgaben sind nicht im CampingCard ACSI-Tarif enthalten. Diese abgaben fallen je nach Land oder Region sehr unterschiedlich aus. Vor allem in der Schweiz und Österreich, aber auch in den Niederlanden müssen Sie aufgrund verschiedener Steuersätze, mit hohen zusätzlichen Kosten rechnen.
- Reservierungs- und Verwaltungskosten sind nicht im CampingCard ACSI-Tarif inbegriffen. Infos zum Thema Reservieren mit CampingCard ACSI lesen Sie auf Seite 10.
- für einen Luxus- oder Komfortplatz darf der Camping einen Zuschlag in Rechnung stellen (es sei denn, dass nur Komfortplätze auf dem Camping sind).
- Campingplätze stellen Plätze für 2 Erwachsene zur Verfügung. Der Camping kann selbst festlegen, ob dann außer den beiden Erwachsenen aus dem CampingCard ACSI-Tarif, weitere Camper (Kinder oder zusätzliche Erwachsene) gegen Aufpreis zum normalen Personentarif auf so einem Stellplatz bleiben dürfen. Falls nicht, wird die Gästegruppe auf Plätze verwiesen, die nicht für CampingCard ACSI-Gäste bestimmt sind und wo der hausübliche Nebensaisontarif gilt. Bei Campings mit folgendem Symbol 👫 sind maximal drei Kinder bis einschliesslich 5 Jahre (bis zum sechsten Geburtstag) im CampingCard ACSI-Tarif inbegriffen. Duschmünzen und ggfs. Touristenabgaben sind für diese Kinder nicht inbegriffen.
- Extraleistungen, wie Einrichtungen, die der Campingplatz gegen Bezahlung bereitstellt, wie einen Tennisplatz, können zum normal gültigen Nebensaisontarif in Rechnung gestellt werden.
- Strom darf bei höherem Verbrauch als auf Seite 20 angegeben, durchberechnet werden. Siehe auch 'Maximal verfügbare Stromstärke in Ampère' auf Seite 17.

Online buchen

Buchen Sie jetzt Ihren Stellplatz über ACSI

Nichts ist ärgerlicher, als einen Campingplatz auszuwählen und dann bei der Ankunft festzustellen, dass dort kein Platz mehr frei ist. Das wird in der eigentlichen Nebensaison zum Glück nicht oft vorkommen, aber örtliche Feiertage oder Veranstaltungen können auch in dieser Zeit den Effekt haben, dass ein Campingplatz unverhofft ausgebucht ist. Außerdem hat sich durch Corona viel verändert: Es gibt andere Reiseziele, andere Reisezeiten und neue Gruppen von Campern. Wie werden sich die hohen Treibstoffpreise und die steigende Anzahl von Elektroautos auswirken?

Wer lieber auf Nummer sicher geht, hat auf einer wachsenden Zahl von Campingplätzen die Möglichkeit, online einen Platz zu buchen.

Auf campingcard.com oder in der CampingCard ACSI-App können Sie – zu Hause oder unterwegs – bequem einen Stellplatz buchen. Die buchbaren Campingplätze erkennen Sie an dem orangefarbenen Button 'Jetzt buchen' oder 'Verfügbarkeit und Preise'. Sie buchen direkt beim Campingplatz und zahlen direkt online. Dadurch sichern Sie sich einen Stellplatz.'

Beispiel

Einen Campingplatz buchen

Wenn Sie einen buchbaren Campingplatz gefunden haben, klicken Sie auf den orangefarbenen Button 'Jetzt buchen' oder 'Verfügbarkeit und Preise' um sich die Stellplätze anzusehen.

Auf der Seite des Campingplatzes können Sie anschließend den Zeitraum und die Personenzahl angeben, für die Sie etwas suchen. Sie erhalten die Suchergebnisse mit einer Preisangabe.

Wenn Sie einen 'Jetzt buchen' oder 'Verfügbarkeit und Preise'-Button anklicken, starten Sie den Buchungsprozess. Sie ändern hier gegebenenfalls noch die Zahl und das Alter der mitreisenden Personen und wählen eventuelle Optionen aus. Danach erfahren Sie den genauen Preis. Dies gilt auch, wenn der von Ihnen angegebene Zeitraum teilweise unter den CampingCard ACSI-Tarif fällt und teilweise außerhalb davon liegt. Im nächsten Schritt tragen Sie die Namen und Adressdaten ein. Zum Schluss wählen Sie die Zahlungsart. Erst wenn Sie im letzten Schritt die Zahlungsart bestätigt haben, liegt Ihre Buchung fest.

Sie buchen direkt beim Campingplatz. Es gelten die Buchungs- und Stornierungsbedingungen des betreffenden Campingplatzes. Diese Bedingungen werden Ihnen angezeigt, bevor Sie die Buchung abschließen.

Achtung: Auf dem Campingplatz müssen Sie Ihre ausgefüllte CampingCard ACSI-Ermäßigungskarte vorzeigen, um in den Genuss des günstigen CampingCard ACSI-Preises zu kommen!

Die Vorteile einer Online-Buchung
- Sie haben den Stellplatz sicher.
- Auch für Last-minute-Buchungen. Unterwegs bequem von Ihrem Handy aus buchbar.
- vorab alle Kosten* im Überblick.
- Nur sichere Zahlungsarten.

Immer mehr Campingplätze über ACSI buchbar

Die Zahl der Campingplätze, die über ACSI buchbar sind, wächst kontinuierlich. Weitere Informationen und eine praktische Übersicht über alle buchbaren CampingCard ACSI-Campingplätze finden Sie auf campingcard.com/onlinebuchen und in der CampingCard ACSI-App.

** Sie zahlen den günstigen CampingCard ACSI-Tarif plus Buchungskosten.*

ACSI Awards

Die besten Campingplätze des Landes

Welcher Campingplatz ist der beste in Frankreich? Oder welcher Campingplatz in Deutschland hat das schönste Schwimmbad? Und welche Campingplätze sind ideal, wenn Sie mit Ihrem Hund in den Urlaub fahren? All diese herausragenden Plätze werden auch 2023 mit einem ACSI Award ausgezeichnet, einem begehrten Preis für die besten Campingplätze pro Campingland.

Ihre Stimme zählt

Welche Campingplätze einen ACSI Award gewinnen, wird von den europäischen Campern entschieden. Auch Sie können dieses Jahr wieder für Ihre Lieblingscampingplätze stimmen. Dadurch rücken Sie nicht nur diese Campingplätze ins Rampenlicht, sondern haben auch selbst die Chance, tolle Preise zu gewinnen. Unter allen abstimmenden Teilnehmern werden mehr als 100 Preise verlost.

Auch in diesem Jahr können Sie wieder Ihre Stimme abgeben und haben die Chance, einen Preis zu gewinnen. Folgen Sie unseren Facebook- und Instagram-Accounts, Webseiten oder Newslettern, um zu erfahren, wann die Abstimmung beginnt.

Anerkennung von Campern

Ein ACSI Award ist eine Belohnung für die harte Arbeit des Campingplatzes. Es ist ein Publikumspreis, der auf den Meinungen echter Camper basiert. Das Betreiben eines erfolgreichen Campingplatzes erfordert großen Einsatz. Mit einem ACSI Award können Campingplätze zeigen, dass sie einen angenehmen Urlaub garantieren.

Feierlicher Moment

Einen ACSI Award zu erhalten, ist ein besonderes Ereignis für einen Campingplatz. Während

Die ACSI Awards in 2023

Schönster Campingplatz für Kinder
Wegen der tollen Spielmöglichkeiten und der fantastischen Animation erleben Kinder auf diesem Campingplatz einen wunderbaren Urlaub.

Hundefreundlichster Campingplatz
Auf diesem Campingplatz ist Ihr treuer Vierbeiner ganz herzlich willkommen. Hier hat auch der Hund Urlaub.

Schönstes Campingplatz-Schwimmbad
In diesem großartigen Schwimmbad verbringen Sie und Ihre Kinder am liebsten den ganzen Tag. Welcher Campingplatz bekommt Ihre Stimme?

Campingplatz mit der schönsten Lage
Dieser Campingplatz liegt an einem wunderschönen Ort am Wasser, in der Nähe einer Stadt, im Wald oder in den Bergen. Die Lage ist perfekt!

Sportlichster Campingplatz
Fußball, Tauchen, Tennis oder Fitness: Auf diesem Campingplatz können Sie sich sportlich so richtig austoben.

Bestes Campingplatz-Restaurant
In diesem Restaurant möchten Sie jeden Abend essen. Das Essen ist köstlich und der Service ist super.

Beste Wohnmobilstellplätze
Dieser Campingplatz bietet alle Vorzüge für Sie und Ihr Wohnmobil. Die Stellplätze sind hervorragend und alle Annehmlichkeiten sind in Reichweite.

Campingplatz mit den besten Sanitäranlagen
Die Sanitäranlagen auf diesem Campingplatz sind wirklich ausgezeichnet, alles ist sauber und modern.

der jährlichen Inspektion überreichen die ACSI-Inspektoren auf den ausgezeichneten Campingplätzen persönlich die Awards aus Kristallglas und die dazugehörigen Urkunden. Ein festlicher und bedeutender Moment für viele Campingplatzbesitzer.

Sehen Sie sich die Gewinner an

Sind Sie neugierig, welche Campingplätze im Jahr 2022 einen ACSI Award gewonnen haben? In diesem Campingführer finden Sie pro Land eine Übersicht über die Gewinner. Diese Übersicht ist auch auf eurocampings.de/winners einsehbar.

Campingplätze, die keinen Preis gewonnen, aber viele Stimmen erhalten haben, wurden von ACSI mit einer Ehrenurkunde (Honourable mention) ausgezeichnet. Sie erkennen diese Campingplätze im Campingführer, auf der Webseite und in der App an diesem Logo/Icon:

ACSI Award 2022 (Campingführer)

ACSI Award 2022 (Webseite und App)

Ehrenurkunde

CampingCard ACSI-App

Alle CampingCard ACSI-Campingplätze in einer praktischen App

Mit der CampingCard ACSI-App haben Sie immer alle Campinginformationen griffbereit. Die App, die auch ohne Internetverbindung läuft, enthält alle CampingCard ACSI-Plätze und hat viele praktische Funktionen und Suchoptionen. Die Campinginformation in der CampingCard ACSI-App erfährt mehrmals im Jahr ein Update. Die App eignet sich für Smartphones und Tablets (Android 9 und höher, iOS 12 und höher)*.

Sie fahren mit dem Reisemobil in den Urlaub? Sie können zusätzlich Informationen zu mehr als 9 000 kontrollierten Reisemobilstellplätzen in ganz Europa erwerben!

- **Suche nach Name**

Sie können nach Land, Region, Ort, Campingnummer oder Campingnamen suchen. Geben Sie einen Suchbegriff ein und betrachten Sie die Übernachtungsmöglichkeiten auf der Karte. Der Datenbestand umfasst über 500 000 Suchbegriffe!

Unsere Kunden bewerten die CampingCard ACSI-App mit einer 8,3

- **Suche in der Umgebung**

Haben Sie die Standortbestimmung auf Ihrem Gerät aktiviert? Dann erkennt die App sofort Ihre Position und zeigt die CampingCard ACSI-Plätze (und eventuelle Reisemobilstellplätze) in der Nähe. Suchen Sie lieber einen bestimmten Platz anhand der Karte? Dann stellen Sie den Standort manuell auf der Karte ein. Ideal wenn Sie schnell einen Übernachtungsplatz suchen.

- **Suchfilter**

Die App hat sehr praktische Suchfilter. Sie können filtern über mehr als 150 Einrichtungen, die CampingCard ACSI-Tarife, Aufenthaltszeitraum und Durchreise-/ Etappenplätze.

- **Campingplatz betrachten**

Pro Campingplatz finden Sie umfangreiche Geländeinformationen und Einrichtungen. Entdecken Sie anhand von Bildern, Kartenmaterial sowie Campingbeurteilungen anderer Camper, ob es für Sie passt!

- **Favoriten**
Haben Sie einen Platz gefunden, der Ihren Wünschen entspricht? Wenn Sie ihn zu Ihren Favoriten hinzufügen, finden Sie ihn jederzeit schnell wieder. Ihre Favoriten sind auch auf der Karte erkennbar.

- **Einen Campingplatz buchen**
In der App ist bei einer zunehmenden Zahl von Campingplätzen direkt sichtbar, ob Plätze frei sind, und Sie können direkt buchen.

- **Nutzung auf mehreren Geräten**
Sie können die App auf drei Geräten gleichzeitig nutzen. Wenn Sie sich mit Ihrem Mein ACSI-Account einloggen, wird der Zugang freigeschaltet.

Achtung: Um von den niedrigen Festtarifen profitieren zu können, müssen Sie an der Rezeption immer die physische gültige Ermäßigungskarte vorzeigen. Das bloße Vorzeigen der App oder des Campingführers reicht nicht aus.

Schauen Sie auf campingcard.com/app nach weiteren Infos und Erläuterungen, wie Sie sich Zugang für die App kaufen können.

** Änderungen der Systemanforderungen vorbehalten*

Alle CampingCard ACSI-Campingplätze in einer praktischen App

- Kostenlose Updates mit Änderungen und neuen Campingplatz-Bewertungen
- Mit Informationen zu mehr als 9 000 kontrollierten Reisemobilstellplätzen kombinierbar
- Ohne Internetverbindung nutzbar
- Schnell und einfach buchen, auch unterwegs

ab 3,99 €**

*** Preisänderungen vorbehalten*

Ihr einmaliger Beschaffungscode

Um Zugang zur CampingCard ACSI-App zu erhalten, brauchen Sie zunächst den einmaligen Beschaffungscode. Mit diesem Code können wir verifizieren, ob Sie auch eine gültige CampingCard ACSI haben. Sie finden den Code auf der Rückseite Ihrer Ermäßigungskarte. Siehe Abbildung unten:

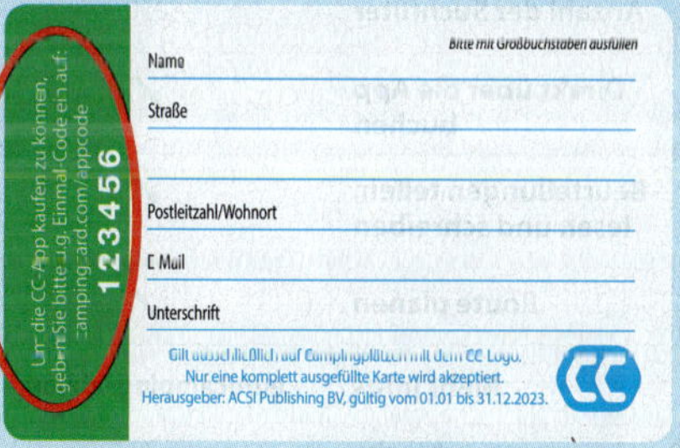

Vergleich ACSI-Apps

	ACSI Camping Europa-App	CampingCard ACSI-App	ACSI Great Little Campsite app
Preis	App mit Campinginformationen ab 1,99 €*	App mit Campinginformationen: 3,99 €*	App mit Campinginformationen: 3,49 €*
Anzahl der Plätze	über 9 300	3 000	1 900
Campingplatz Typ	Alle Plätze aus dem ACSI Campingführer Europa und ACSI Klein & Fijn Kamperen Führer	Alle Plätze die die CampingCard ACSI akkzeptieren	Alle kleine Campingplätze mit max. 50 Tourplätzen
Informationen über mehr als 9 000 Reisemobilplätze	Erhältlich in Kombination mit Campinginformationen	Erhältlich in Kombination mit Campinginformationen	Erhältlich in Kombination mit Campinginformationen
Geeignet für	Smartphone und Tablet	Smartphone und Tablet	Smartphone und Tablet
Auf drei Geräten gleichzeitg anwendbar	✓	✓	✓
Gratis Updates	✓	✓	✓
Offline anwenden	✓	✓	✓
Suche nach Land, Regio, Ort oder Campingname	✓	✓	✓
Suche nach Karte/GPS	✓	✓	✓
Suche nach CC-Tarif und CC-Akzeptanzzeiten		✓	
Anzahl der Suchfilter	250	150	250
Direkt über die App buchen	✓	✓	✓
Beurteilungen teilen, lesen und schreiben	✓	✓	✓
Route planen	✓	✓	✓
Mehr Infos	**eurocampings.de/app**	**campingcard.com/app**	**kleinecampingplaetze.de/app**

**Preisänderungen vorbehalten*

Bewerten Sie einen Campingplatz und gewinnen Sie mit etwas Glück ein iPad!

Viele Camper gehen gerne gut vorbereitet auf die Reise. Sie können mit Ihrer Beurteilung dazu beitragen, dass auch andere Campinggäste sich ein gutes Bild ihres Urlaubsziels machen können.

Ihr Campingplatz
Besuchen Sie campingcard.com/ipad und suchen Sie den Campingplatz, auf dem Sie waren, mithilfe der Suchbox.

Ihre Bewertung
Auf der Seite des Campingplatzes sehen Sie die Registerkarte 'Bewertungen'. Tragen Sie unter 'Eine Bewertung hinzufügen' Ihre Bewertung ein und helfen Sie so anderen Campern eine gute Entscheidung zu treffen.

Ihr Code
Tragen Sie unten im Bewertungsformular in dem Feld 'Aktionscode' den folgenden Code ein: **IPAD-2023-CCA**
So sichern Sie sich automatisch die Chance auf ein iPad!

Kostenfreies ACSI Camping-Kochbuch
Wir freuen uns über Ihre Bewertung. Deshalb erhalten Sie nach dem Einstellen einer Bewertung kostenlos das ACSI Camping-Kochbuch (als PDF). Den Link zu unserem Kochbuch finden Sie in der Bestätigungsmail.

ACSI Club ID

ACSI Club ID ist unverzichtbar für jeden Camper. Von der Clubkarte profitieren Sie nicht nur während Ihres Campingurlaubs, sondern auch zuhause!

✔ **Ersatz für den Personalausweis**
Die ACSI Club ID wird auf fast 8 200 teilnehmenden Campingplätzen in Europa als Identitätsnachweis akzeptiert. So können Sie Ihren Personalausweis oder Reisepass während des Urlaubs sicher in der Tasche behalten.

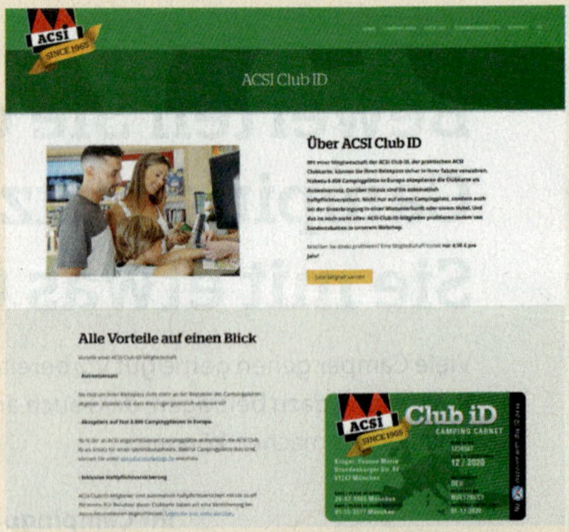

✔ **Rabatte im ACSI Webshop**
Als Club ID-Mitglied können Sie verschiedene ACSI Produkte preisgünstig bestellen.

✔ **Haftpflichtversicherung**
Mit der ACSI Club ID können Sie unbesorgt in den Urlaub fahren. Dank dieser Karte sind Sie und Ihre Mitreisenden (max. 11 Personen) in einem Campingurlaub – aber auch in einem Ferienhaus oder Hotel – haftpflichtversichert!

Bestellen Sie gleich Ihre ACSI Club ID und zahlen Sie nur 4,95 € pro Jahr! Besuchen Sie zum Bestellen und für weitere Informationen: acsi.eu/acsiclubid

Unterschied zur CampingCard ACSI

Die ACSI Club ID ist ebenso wie die CampingCard ACSI eine Karte von ACSI. Um Verwechslungen zu vermeiden, haben wir die Unterschiede für Sie in der folgenden Tabelle dargestellt.

	 **ACSI Club ID**	 **CampingCard ACSI**
Beschreibung	Clubkarte, Personalausweis-Ersatz auf dem Campingplatz	Ermäßigungskarte für den Aufenthalt auf Campingplätzen in der Nebensaison
Akzeptanz	Wird als Ausweis-Ersatz auf fast 8 200 Campingplätzen in 29 Ländern akzeptiert	Ermöglicht Übernachtungen auf 3 000 Campingplätzen in 21 Ländern zu einem von sechs preiswerten Pauschaltarifen
Extras	Haftpflichtversicherung, Mitgliederermäßigung im ACSI Webshop	Dazugehöriger Campingführer, der alle Informationen über die CampingCard ACSI-Campingplätze enthält
Anschaffung	Mitgliedschaft, wird über den ACSI Webshop abgeschlossen.	Einzelprodukt, erhältlich im Buchhandel, In Geschäften für Campingbedarf und im ACSI Webshop. Abonnement, kann im ACSI Webshop gebucht werden.
Gültigkeit	1 Jahr gültig bis zum Ablaufdatum (verlängert sich automatisch)	1 Kalenderjahr gültig
Kosten	4,95 € pro Jahr	Ab 16,95 € pro Jahr
Mehr Info	www.acsi.eu/acsiclubid	www.campingcard.com

Höchstgeschwindigkeiten
Auto

Land	Außerhalb geschlossener Ortschaften	Schnellstraße	Autobahn	Erläuterungen
Belgien	70 / 90*	-	120	*In Flandern 70 km/h, in Wallonien und Brüssel 90 km/h.
Dänemark	80/90*	-	110/130	*Die Höchstgeschwindigkeit kann lokal auf 90 km/h erhöht werden.
Deutschland	100	130	130*	*130 km/h ist keine Höchstgeschwindigkeit, sondern eine Richtgeschwindigkeit.
Frankreich	80/90***	110* (100**)	130 (110**)	*Mautfreie Straße mit getrennten Fahrbahnen und 4 Spuren. **Bei Regen und für Fahrer, die seit weniger als 3 Jahren einen Führerschein besitzen. ***Es kann eine erhöhte Höchstgeschwindigkeit von 90 km/h gelten.
Griechenland	90/110	-	130	-
Irland	80/100	-	120	-
Italien	90	110	130*	*Auf einigen Teilen von Autobahnen kann eine Höchstgeschwindigkeit von 150 km/h gelten. Bei Niederschlag oder wenn Sie Ihren Führerschein seit weniger als 3 Jahren besitzen, beträgt die Höchstgeschwindigkeit 90 km/h auf Autostraßen und 110 km/h auf Autobahnen.
Kroatien	90 (80*)	110 (100*)	130 (120*)	*Diese niedrigeren Höchstgeschwindigkeiten gelten für Fahrer unter 25 Jahren.
Luxemburg	90	-	130*	*Bei Regen oder anderen Niederschlägen gilt eine Höchstgeschwindigkeit von 110 km/h.
Niederlande	80	100	130*(100)	*Zwischen 6.00 und 19.00 Uhr: 100 km/h.
Norwegen	80	90/100*	90/100*	*Die Höchstgeschwindigkeit kann auch 110 km/h sein.
Österreich	100	-	130	-
Polen	90	100*	140	*Auf Autobahnen mit getrennten Fahrbahnen und 4 Spuren beträgt die Höchstgeschwindigkeit 120 km/h.
Portugal	90	100	120	-
Slowenien	90	110	130	-
Spanien	90	100*	120**	*Schnellstraßen mit einer räumlichen Trennung zwischen den Fahrbahnen, wie beispielsweise ein Mittelstreifen. **Autobahn und „autovia".
Tschechien	90	110	130	-
Vereinigtes Königreich	60 mph (96 km/h)	70* mph (112 km/h)	70 mph (112 km/h)	*Straße mit zwei getrennten Fahrbahnen und 4 Spuren.
Schweden	60-100*	-	90-120	*Kein Schild? Dann ist die Höchstgeschwindigkeit 70 km/h.
Schweiz	80	100	120	-
Ungarn	90	110	130	-

Höchstgeschwindigkeiten

Auto mit Gespann

Land	Außerhalb geschlossener Ortschaften	Schnellstraße	Autobahn	Erläuterungen
Belgien	70 / 90*	-	90**	*In Flandern 70 km/h, in Wallonien und Brüssel 90 km/h. **Kombinationen < 3,5 Tonnen dürfen 120 km/h fahren.
Dänemark	70	-	80	-
Deutschland	80	80	80*	* Mit einer deutschen Tempo-100-Plakette dürfen Sie 100 km/h fahren (allerdings nach TÜV Prüfung). Sehen Sie: tuev-nord.de.
Frankreich	80***	90*(**)	90**	*Mautfreie Straße mit getrennten Fahrbahnen und 4 Spuren. **Kombinationen < 3,5 Tonnen: Höchstgeschwindigkeit des Autos ***Es kann eine erhöhte Höchstgeschwindigkeit von 90 km/h gelten.
Griechenland	80	-	80	-
Irland	60/80	-	80	-
Italien	70	70	80	-
Kroatien	80	80	90	-
Luxemburg	75	-	90	
Niederlande	80	90*	90*	*Anhänger > 3,5 Tonnen: Höchstgeschwindigkeit 80 km/h.
Norwegen	80*	80*	80*	*Mit ungebremstem Anhänger > 300 kg: Höchstgeschwindigkeit 60 km/h.
Österreich	70/80*(**)	-	80/100*(**)	*Mit einem Anhänger < 0,75 Tonnen können Sie 100 km/h außerhalb geschlossener Ortschaften und auf der Autobahn fahren. **Nur wenn der Anhänger nicht schwerer als das Auto und das Gespann aus Auto und Anhänger < 3,5 Tonnen ist, gelten die höheren Höchstgeschwindigkeiten.
Polen	70	80	80	-
Portugal	70	80	100	-
Slowenien	90*	100*	100*	*Gespann aus Auto und Wohnwagen > 3,5 Tonnen: Höchstgeschwindigkeit 80 km/h.
Spanien	70	80***	90*(**)	*80 km/h für ein Auto mit einem Anhänger von > 0,75 Tonnen. **Autobahn und „autovia". ***Schnellstraßen mit einer räumlichen Trennung zwischen den Fahrbahnen.
Tschechien	80	80	80	-
Vereinigtes Königreich	50 mph (80 km/h)	60* mph (96 km/h)	60 mph (96 km/h)	*Straße mit zwei getrennten Fahrbahnen und 4 Spuren.
Schweden	60-80*	-	80	*Kein Schild? Dann ist die Höchstgeschwindigkeit 70 km/h.
Schweiz	80	80*	80*	* Anhänger/Wohnwagen < 3,5 Tonnen: 100 km/h, sofern zugelassen.
Ungarn	70	70	80	-

Höchstgeschwindigkeiten

Wohnmobil < 3,5 Tonnen

Land	Außerhalb geschlossener Ortschaften	Schnellstraße	Autobahn	Erläuterungen
Belgien	70 / 90*	-	120	*In Flandern 70 km/h, in Wallonien und Brüssel 90 km/h.
Dänemark	80/90*	-	110/130	* Die Höchstgeschwindigkeit kann lokal auf 90 km/h erhöht werden.
Deutschland	100	130	130*	*130 km/h ist keine Höchstgeschwindigkeit, sondern eine Richtgeschwindigkeit.
Frankreich	80***	110* (100**)	130 (110**)	*Mautfreie Straße mit getrennten Fahrbahnen und 4 Spuren. **Bei Regen und für Fahrer, die seit weniger als 3 Jahren einen Führerschein besitzen. ***Es kann eine erhöhte Höchstgeschwindigkeit von 90 km/h gelten.
Griechenland	90/110*	-	130*	-
Irland	80/100	-	120	-
Italien	90	110	130*	*Auf einigen Teilen von Autobahnen kann eine Höchstgeschwindigkeit von 150 km/h gelten. Bei Niederschlag oder wenn Sie Ihren Führerschein seit weniger als 3 Jahren besitzen, beträgt die Höchstgeschwindigkeit 90 km/h auf Autostraßen und 110 km/h auf Autobahnen.
Kroatien	90 (80*)	110 (100*)	130 (120*)	*Diese niedrigeren Höchstgeschwindigkeiten gelten für Fahrer unter 25 Jahren.
Luxemburg	90	-	130*	*Bei Regen oder anderen Niederschlägen gilt eine Höchstgeschwindigkeit von 110 km/h.
Niederlande	80	100	130*(100)	* Zwischen 6.00 und 19.00 Uhr: 100 km/h.
Norwegen	80	90/100*	90/100*	*Die Höchstgeschwindigkeit kann auch 110 km/h betragen.
Österreich	100	-	130	-
Polen	90	100*	140	*Auf Autobahnen mit getrennten Fahrbahnen und 4 Spuren beträgt die Höchstgeschwindigkeit 120 km/h.
Portugal	90	100	120	-
Slowenien	90	110	130	-
Spanien	80	90*	100**	*Schnellstraßen mit einer räumlichen Trennung zwischen den Fahrbahnen, wie beispielsweise ein Mittelstreifen. **Autobahn und „autovia".
Tschechien	90	110	130	-
Vereinigtes Königreich	60 mph (96 km/h)	70* mph (112 km/h)	70 mph (112 km/h)	*Straße mit zwei getrennten Fahrbahnen und 4 Spuren.
Schweden	60-100*	-	90-120	*Kein Schild? Dann ist die Höchstgeschwindigkeit 70 km/h.
Schweiz	80	100	120	-
Ungarn	90	110	130	-

Höchstgeschwindigkeiten
Wohnmobil > 3,5 Tonnen

Land	Außerhalb geschlossener Ortschaften	Schnellstraße	Autobahn	Erläuterungen
Belgien	70 / 90*	-	90	*In Flandern 70 km/h, in Wallonien und Brüssel 90 km/h.
Dänemark	80	-	100	-
Deutschland	80	100	100	-
Frankreich	80**	100*	110	*Mautfreie Straße mit getrennten Fahrbahnen und 4 Spuren. **Es kann eine erhöhte Höchstgeschwindigkeit von 90 km/h gelten.
Griechenland	80	-	80	-
Irland	80	-	80	-
Italien	80	80	100	-
Kroatien	80	80	90	-
Luxemburg	75	-	90	-
Niederlande	80	80	80	-
Norwegen	80	80	80	-
Österreich	70	-	80	-
Polen	70	80	80	-
Portugal	70	90	110	-
Slowenien	80	80	80	-
Spanien	80	80*	90**	*Schnellstraßen mit einer räumlichen Trennung zwischen den Fahrbahnen, wie beispielsweise ein Mittelstreifen. **Autobahn und „autovia".
Tschechien	80	80	80	-
Vereinigtes Königreich	50 mph (80 km/h)	60* mph (96 km/h)	70 mph (112 km/h)	*Straße mit zwei getrennten Fahrbahnen und 4 Spuren.
Schweden	60-100*(**)	-	90-120**	*Kein Schild? Dann ist die Höchstgeschwindigkeit 70 km/h. **Für ein Wohnmobil > 3,5 Tonnen, das als Nutzfahrzeug zugelassen ist, beträgt die Höchstgeschwindigkeit 80 km/h außerhalb geschlossener Ortschaften und 90 km/h auf Autobahnen.
Schweiz	80	100	100	-
Ungarn	70	70	80	-

Norwegen

Norwegen:
Magisch schön

Fjorde zum Verlieben, Landschaften aus einem Märchenbuch und attraktive skandinavische Städte und Dörfer. In Norwegen werden Sie eine Fülle von Naturschönheiten und unterhaltsamen Aktivitäten entdecken. Vom Wandern, Radfahren und Angeln bis hin zum Skifahren, Langlaufen und zu den Nordlichtern. Norwegen ist magisch schön!

Hauptstadt: Oslo
Währung: Norwegische Krone
Zeitzone: UTC +1, UTC +2 (März bis Oktober)
Sprache: Norwegisch
Ländervorwahl: +47
Alkoholgrenze: 0,2‰
Notrufnummer: Polizei: 112, Feuerwehr: 110, Rettungswagen: 113
Leitungswasser: unbedenklich

Der schöne Norden: Lofoten, Tromsø und das Nordkap

Eine Reihe weltberühmter norwegischer Attraktionen liegen im arktischen Norden, oberhalb des Polarkreises. Die Lofoten sind ein wunderbares Beispiel dafür. Die tiefen Fjorde, die imposanten Berge und die langen Sandstrände machen diese Gegend zu einem unvergleichlich schönen Gebiet. Sie können hier wandern und Wintersport treiben. Außerdem gibt es malerische Fischerdörfer zu entdecken. Ein Campingplatz in Tromsø ist der ideale Ort, um im Herbst oder Winter das Nordlicht zu beobachten.

Und es gibt noch mehr zu tun! Gehen Sie auf Walsafari, machen Sie eine Fahrt mit dem Schneemobil und treffen Sie Rentiere und Huskys. Für ein unvergessliches Erlebnis sollten Sie das Nordkap aufsuchen.
Es ist, als stünde man am Rande der Welt. Genießen Sie die Stille und den endlosen Blick auf das Nordpolarmeer.

ACSI AWARDS

Gewinner 2022 in Norwegen

Bester Campingplatz
Camping Neset

Die Kulturstadt Oslo und das charmante Bergen

Norwegen ist auch der ideale Ort für eine Städtereise. Die Hauptstadt Oslo ist reich an Kunst und Kultur. Sehenswürdigkeiten wie das Schloss Akershus Festning und der Königspalast sind mehr als einen Besuch wert.
Die Stadt Bergen liegt an der Westküste und besticht durch ihr charmantes Aussehen und die typischen Holzhäuser. Bummeln Sie über den Fischmarkt und schlendern Sie durch das besondere Hanseviertel Bryggen. Einen fantastischen Blick auf die Stadt und die Umgebung haben Sie mit der Ulriken- oder Fløibanen-Seilbahn.

Mitternachtssonne

Die Mitternachtssonne im Sommer sorgt für sehr lange Tage in Norwegen. Oberhalb des Polarkreises geht die Sonne mehrere Wochen lang nicht unter. Dies ist eines der schönsten Erlebnisse beim Camping in Norwegen. Im Winter sind die Tage besonders kurz.

Tanken

Bleifrei (Blyfri 95 und 98) und Diesel sind ohne weiteres erhältlich. Bitte beachten Sie, dass die Preise in Nordnorwegen deutlich höher sind. Flüssiggas ist im Süden und in der Umgebung von Oslo leichter erhältlich als im Norden. Der Bajonettanschluss wird zum Tanken von Flüssiggas verwendet, an einigen Tankstellen auch ein Italien-Anschluss (Schale).

Tankstellen sind oft von 7 Uhr morgens bis 22 Uhr abends geöffnet. In der Nähe großer Einkaufszentren und Supermärkte sind die Tankstellen oft länger geöffnet. Tankstellen in und um große Städte sind oft Tag und Nacht geöffnet. In der Regel können Sie an Tankstellen auch nach Geschäftsschluss tanken.

Tipp: Tanken Sie in abgelegenen Gebieten an jeder Tankstelle, die Ihnen begegnet, da die Entfernungen zwischen den Tankstellen in Norwegen sehr groß sein können. Das Mitführen von Kraftstoff in einem Reservetank ist auf Schiffen normalerweise verboten.

„Die Ruhe, der Platz, die überwältigende Natur und die obskuren norwegischen Rockbands, toll!"

Herr B. Brink, Inspektor 700

Ladestationen

Das Netz der Ladestationen in Norwegen ist umfangreich, aber die meisten befinden sich im Süden und in Oslo.

Bergstraßen

Die Bergstraßen sind eng und kurvenreich und weisen manchmal steile Steigungen auf. Wegen des Schnees sind sie nur von Mitte Juni bis Mitte Oktober befahrbar. Im Winter können einige Straßen gesperrt sein. Erkundigen Sie sich vor der Reise, ob Bergpässe geschlossen sind. Weitere Informationen: alpenpaesse.de.

Fähren

Sie können auf dem Landweg über Schweden über die Öresundbrücke (oeresundsbron.com) von Kopenhagen (Dänemark) nach Malmö reisen, aber Sie können auch eine Fähre nach Norwegen nehmen, zum Beispiel über Hirtshals (Dänemark). Informationen über Abfahrtszeiten und Tarife finden Sie bei Reedereien wie colorline.com und fjordline.com. Die Fahrpreise hängen unter anderem von der Saison und der Abfahrtszeit ab. Es ist ratsam, rechtzeitig zu reservieren. Erkundigen Sie sich im Voraus bei der Reederei, ob Gasflaschen auf das Schiff mitgenommen werden können. In der Regel ist es verboten, Kraftstoff in einem Reservetank auf dem Schiff mitzuführen. Bitte beachten Sie, dass die norwegische Polizei nicht-skandinavische Fahrzeuge, die von der Fähre zwischen Hirtshals und Kristiansand (Norwegen) kommen, streng überwacht.

Verkehrsvorschriften

Tagfahrlicht oder Abblendlicht sind Pflicht. An einer gleichberechtigten Kreuzung hat der Verkehr von rechts Vorfahrt. Der Verkehr in einem Kreisverkehr hat Vorrang. Straßenbahnen haben immer Vorrang. Auf Bergstraßen hat in der Regel derjenige Fahrer Vorfahrt, der am leichtesten ausweichen oder umkehren kann. Es ist nicht erlaubt, ein Mobiltelefon hinter dem Steuer zu halten, auch nicht, wenn man still steht (Freisprechanlagen sind erlaubt).
Kinder, die kleiner als 1,50 m sind, müssen in einem Kindersitz sitzen. Winterreifen sind nur für Fahrzeuge mit einer zulässigen Gesamtmasse von mehr als 3,5 t vorgeschrieben. Schneeketten (oder Winterreifen) sind auf schnee- oder eisbedeckten Straßen Pflicht.

Sondervorschriften

Auf den Hauptverkehrsadern einiger Großstädte weist das Schild "All stans forbudt" darauf hin, dass es verboten ist, stehen zu bleiben. Im Winter gilt auch für Sommerreifen eine Mindestprofiltiefe von 3 Millimetern. Auf engen Straßen muss der Fahrer auf die Seite ausweichen, auf der sich der nächstgelegene Ausweichpunkt befindet. Sie sind verpflichtet, beim Überholen von Radfahrern einen Seitenabstand von mindestens 1,50 Metern einzuhalten. Das Parken ist u. a. entlang einer durchgezogenen weißen Linie verboten.
Radfahrer dürfen andere Fahrzeuge als Fahrräder rechts überholen.

„Die Fjorde, die Berge, die Hochebenen, die Stille, die Leere und hinter jeder Kurve eine neue Überraschung“

Herr H. Sybesma, Inspektor 342.

Vorgeschriebene Ausstattung

Ein Warndreieck und eine Warnweste sind im Auto Pflicht. Ein Feuerlöscher ist nur in einem Auto-Wohnwagen-Gespann mit norwegischem Kennzeichen vorgeschrieben, aber es wird jedem empfohlen, einen mitzubringen. Es wird auch empfohlen, einen Verbandskasten mitzuführen.

Reisemobil und Caravan

Ein Reisemobil oder eine Auto-Wohnwagen-Kombination darf bis zu 4 m hoch, 2,55 m breit und 19,50 m lang sein, der Wohnwagen selbst darf bis zu 12 m lang sein.

Wenn der Wohnwagen mehr als 2,30 Meter breit und 50 Zentimeter breiter als das Auto ist (ohne Spiegel), müssen Sie weiße Reflektoren an der Rückseite der Spiegel anbringen. Auf einigen kleineren Straßen kann die maximale Länge 15 Meter oder 12,40 Meter betragen; dies ist durch Schilder angegeben. Für Reisemobile mit einem Gewicht von mehr als 3,5 Tonnen besteht von Mitte November bis Ende März eine Winterreifenpflicht.

Fahrrad
Ein Fahrradhelm ist nicht verpflichtend. Nur Kinder unter 10 Jahren dürfen auf dem Fahrrad befördert werden.

Maut
In Norwegen muss man für viele Straßen Maut zahlen. Es gibt verschiedene Möglichkeiten, dies zu tun: Zahlung für Besucher:

- Melden Sie sich im Voraus online an. Weitere Informationen: autopass.no/visitors-payment.
- AutoPASS-Mautstelle: wenn Sie länger als 2 Monate in Norwegen bleiben wollen. Weitere Informationen: autopass.no.
- Sie fahren einfach auf die mautpflichtige Straße und Ihr Nummernschild wird von den Kameras registriert. Die Rechnung wird Ihnen innerhalb weniger Monate nach Hause geschickt.

Bitte beachten Sie, dass Sie auf einigen wenigen Strecken an einer Mautstelle in bar bezahlen müssen. Nehmen Sie also genügend Bargeld mit.

Umweltzonen
In Oslo und Bergen kann das Zentrum bei starkem Smog für bestimmte Fahrzeuge gesperrt werden. Die Regeln sind von Ort zu Ort unterschiedlich. Weitere Informationen: oslo.kommune.no/english und bergen.kommune.no.

Panne und Unfall
Stellen Sie Ihr Warndreieck mindestens 150 m hinter dem Auto auf, wenn es eine Gefahr für den übrigen Verkehr darstellt. Der Fahrer muss eine Sicherheitsweste tragen. Rufen Sie im Falle einer Panne die Notrufnummer Ihres Pannendienstes an. Sie können auch die Norwegische Straßenhilfe (NAF) unter der Telefonnummer +47 2321 3100 anrufen. Im Falle eines Zusammenstoßes mit einem Tier muss die Polizei gerufen werden.

Campen
Norwegen hat Natur im Überfluss und ist ideal zum Wandern, Bergsteigen und Angeln. Die Sanitäranlagen sind im Allgemeinen gut. Abgegrenzte Stellplätze sind selten. Wildcamping ist in der Regel außerhalb der Campingplätze erlaubt. Auf kultiviertem Land (z. B. Grünland, Weideland, einem neu angepflanzten Wald) müssen Sie die Erlaubnis des Landbesitzers einholen.
Wenn Sie in Norwegen campen gehen, kann es sein, dass Sie eine spezielle Karte benötigen, die Sie an der Rezeption vorlegen können. Sie können diese Karte auf dem betreffenden Campingplatz kaufen. Es ist üblich, pro Standort zu zahlen, nicht pro Person. Das Angebot an Verpflegung, Einrichtungen und Freizeitmöglichkeiten ist im Vergleich zu beliebten Campingländern gering. Die meisten Campingplätze verfügen über Küchen mit Kochgelegenheit zur gemeinsamen Nutzung. Offenes Feuer ist vom 15. April bis 15. September verboten.
Bitte beachten Sie, dass die Anzahl der Propangaskanister sehr begrenzt ist. Daher ist es am besten, mit ausreichend Benzin unterwegs zu sein. Bitte beachten Sie, dass das Fahren mit einem Wohnwagen oder Wohnmobil in der Fjordregion und im Gebirge zu Problemen führen kann. Ein guter Abschleppwagen ist sehr zu empfehlen. Es ist nicht erlaubt, Abwässer entlang der Straßen zu entsorgen. Entlang der Hauptrouten im ganzen Land gibt es zahlreiche Tankstellen.

Praktisches
Im Binnenland Norwegens können Seen und Flüsse von Stechmücken heimgesucht werden.

Byglandsfjord, N-4741 / Agder

1

Camping Neset****
Setesdalsvegen 2035
+47 92 28 14 44
1/1 - 31/12
post@neset.no

7ha 260T 10-16A

1 ACDHJKLMNPQR
2 AELNQSTUVXY
3 AISU**WZ**
4 **N**(Q 15/5-15/9)(R 15/5-30/9)(T+U+V+X 15/6-15/8)
5 **AB**DEFGIJKLMNPQRUWZ
6 CDEFGK(N 2,5km)V

Auf einer sachten Landzunge, freie sonnige Plätze auf Gras. Am Wasser und einem großen Feld. Separate Halbinsel für Reisemobile. Bootsvermietung. Gemeinschaftsgrillplatz auf einem idyllischen Felsen im See. Kuschelige Hühner und Kaninchen auf dem Gelände.

Der CP liegt 13 km nördlich von Evje, und 3 km nördlich von Byglandsfjord. Der CP ist ab der 9 gut ausgeschildert.

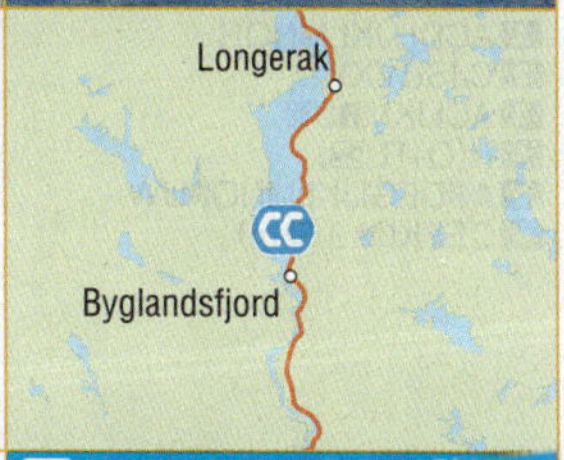

CC € 23 *1/4-24/5 31/5-23/6 21/8-30/9*

N 58°41'20'' E 07°48'12''

Engerdal, N-2440 / Hedmark

2

Camping Sølenstua Camp & Hytter***
Sundveien 1011
+47 48 28 18 97
1/1 - 31/12
camping@solenstua.com

4ha 100T(100-120m²) 16A

1 ACDHJKLMNPQR
2 BCSVXY
3 CIU**W**
4 (Q+R+T+U+V+W+X+Z 1/6-31/8)
5 **AB**DGIJKLMNO**PQ**UWZ
6 EFGJV

Der Campingplatz ist ebenso schön wie die Natur, die ihn umgibt. Umgebung mit vielen Rentieren. Guter Ausgangspunkt für Ausflüge in die Berge. Gute sanitäre Einrichtungen, neuer Spielplatz für die Kinder. Angeln am und in der Nähe des Campingplatzes.

CP ist an der Straße RV217 ausgeschildert.

CC € 23 *1/5-30/6 7/8-21/8 1/9-30/11*

N 61°50'07'' E 11°43'49''

Fåberg, N-2625 / Oppland

3

Hunderfossen Camping***
Fossekrovegen 90
+47 61 27 73 00
1/1 - 31/12
camping@hunderfossen.no

18ha 450T(80-100m²) 16A

1 ACDHJKLMNP**Q**R
2 DJNSUVXY
3 C**G**RU**W**
5 **AB**DFGIJK**L**MNO**PQR**UWZ
6 CFG(N 3km)V

Wunderschön gelegener Familiencampingplatz in der Nähe eines beliebten Märchenparks. Der Park ist in authentischer norwegischer Tradition angelegt. Die Talsperre Hunderfossen, wo die größten Forellen Norwegens zu finden sind, ist zu Fuß erreichbar.

Von der E6 Ausfahrt 'Hunderfossen Familiepark', über die Brücke in Øyer. Gut ausgeschildert nach beiden Richtungen.

CC € 23 *15/4-30/6 19/8-1/10*

N 61°13'20'' E 10°26'19''

Hovet i Hallingdal, N-3577 / Telemark-Buskerud

4

Birkelund Camping**
Hovsvegen 50
+47 47 14 47 14
1/1 - 31/12
info@birkelundcamping.no

1,3ha | 45T(90m²) | 10A

1 ACDHJKLMNQR
2 CJSUVXY
3 ACIJKM**RSW**
4 N(Q+R)
5 **AB**DFGIJKLMNO**P**UW
6 CEFK(N 3,5km)

Ruhiger, kinderfreundlicher Campingplatz. Möglichkeiten für Ausflüge, Wanderungen und Radtouren (Fylkesvei 50). Fliegenfischen, Mountainbiking, Geocaching. Viele Wintersportmöglichkeiten. Kostenloses Internet und kostenlose Gemeinschaftssauna.

Auf der 50 von Hol nach Aurland. 8 km hinter der Kreuzung mit der 7. Gut an der linken Wegstrecke zu erkennen.

CC € 23 *1/4-1/6 1/9-29/10*

N 60°37'08'' E 08°13'10''

Lærdal, N-6887 / Romsdal-Sognefjord

5

Lærdal Ferie og Fritidspark****
Grandavegen 5
+47 57 66 66 95
15/1 - 15/12
info@laerdalferiepark.com

2ha | 100T(80-120m²) | 16A

1 ACDHJKLMNPQR
2 AGJQRSWXY
3 ACIKMPUWY
4 (R 15/5-15/9)(V 1/5-15/9)
(Y 16/4-15/10)(Z 1/5-15/9)
5 **AB**DFGIJKLMNO**P**UWZ
6 FGHK(N 0,4km)TV

Gut gepflegter Camping. Einmalig und zentral am Sognefjord. Sehr gutes Sanitär. Lachsfarm im Gehbereich. Ideal für den Aktivurlaub mit Wanderungen, Radtouren, Klettern, Gletchertouren, Angeln und Boot fahren. Ausgezeichnete Gegend zum malen, fotografieren und für Naturliebhaber und solche, die die Ruhe genießen wollen.

Von der E16 die 5 nehmen. Der CP liegt beim Lærdal-Zentrum und am Strand, genauso wie der Spielpark.

CC € 23 *10/4-11/5 14/5-16/5 21/5-26/5 29/5-15/6 1/9-21/9 24/9-15/10 7=6, 14=11*

N 61°06'02'' E 07°28'13''

Loen, N-6789 / Romsdal-Sognefjord

6

Tjugen Camping***
Lodalsvegen 198
+47 57 87 76 17
1/5 - 1/10
camping@tjugen.no

2ha | 60T(40-100m²) | 10-16A

1 ACDHJKLMNPQR
2 CMNSUXY
3 ACIKU**W**
5 **AB**DFGIJKLMNO**P**QRUWZ
6 CEFGK(N 2km)V

Vom Camping aus fantastische Sicht auf die rauschende Loelva und verschneite Berggipfel. Gastlicher Empfang durch sympathisches Ehepaar. Empfehlung: Radfahren, Skylift Loen, Klettersteig, Gletscherbesuch Bødalsbreen, Kjenndalen und Wanderung zum Skålatoren (1848 m).

Ins Zentrum von Loen der FV723 nach Lodalen/Kjendal folgen. Nach 2 km ist der CP auf der linken Seite angezeigt. Diese Straße fängt am Alexandra Hotel an.

CC € 23 *1/5-25/5 29/5-22/6 18/8-15/9*

N 61°52'05'' E 06°52'36''

Olden, N-6788 / Romsdal-Sognefjord

7

Gryta-Camping***
Oldedalsvegen 1272
+47 57 87 59 50
1/5 - 1/10
@ gryta@gryta.no

1,5ha 140T 10-16A

1 ACDHJKLMNPQR
2 CEJMNPQSTUVXY
3 ACEIMPUWZ
4 (A 15/5-15/9)(Q+R+Z)
5 **AB**DFGIJKLMNO**P**RUWZ
6 CEFGHKV

Einmalige Lage am Oldensee mit Blick auf den Briksdal Gletscher. Einzelne Schattenplätze. Gratis Bootsnutzung zum Angeln im See. Der berühmte Briksdal Gletscher in nur 10 Minuten vom Camping. Schöne Bergwanderungen möglich. Vom Platz aus sind die Gletscher sichtbar. Und das Schmelzwasser in den See hinein strömen.

In Olden die FV 724 Richtung Briksdal. CP nach 12 km, 1. CP linke Straßenseite nach dem Tunnel.

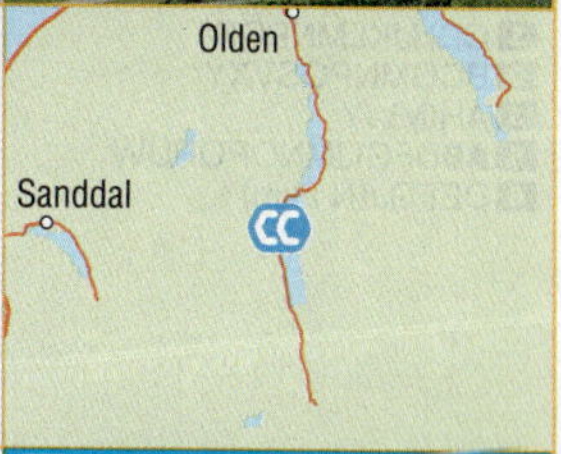

CC € 23 *1/5-19/6 21/8-30/9*

N 61°44'27'' E 06°47'27''

Rjukan/Miland, N-3658 / Telemark-Buskerud

8

Rjukan Hytte og Caravan Park
Gaustavegen 78
+47 35 09 63 53
1/1 - 15/10
@ post@rjukanhytte.com

2ha 100T(90m²) 10A

1 ACD**H**JKLMN**Q**R
2 BCJNSTUXY
3 A**G**IK
4 (Q+R)
5 **AB**DFGIJKLMNO**P**UW
6 EFKL(N 5km)U

Zwischen Anhöhen und Bergen im Norden der Provinz Telemark gelegen. Perfekte Ausflugsbasis für einen sportlichen/aktiven Urlaub. Panoramablick auf den 'Gaustatoppen'. Große Stellplätze auf einem großen Feld, das von Steinmäuerchen umgeben ist - ein echtes Norwegisches Campinggefühl! Zwei Sanitärgebäude und gutes WLAN.

Der Camping liegt an der 37 zwischen Rjukan und Miland und ist gut ausgeschildert.

CC € 23 *1/1-23/6 1/9-15/10 7=6*

N 59°54'10'' E 08°42'28''

Seljord, N-3840 / Telemark-Buskerud

9

Seljord Camping****
Manheimstrondi 61
+47 35 05 04 71
1/1 - 31/12
@ post@seljordcamping.no

3ha 180T(90m²) 16A

1 ACDHJKLMNQR
2 AEJMNSTUXY
3 CIKMSU**W**Z
4 (Q+R 23/6-10/8)
5 **AB**DFGIJKLMNO**P**UW
6 EFGK(N 1km)V

Seljord Camping ist ein schöner ruhiger Camping, 1 km von Seljord gelegen. Schöne Plätze für Reisemobile, Wohnwagen und Zelte. Auf Wunsch gleich am See und die Stille genießen. Mit ein bisschen Glück sehen Sie auch das Seeungeheuer 'Sjoormen'.

Die E134, Ausfahrt RV36 Richtung Seljord/Bø/Skien, nach 500m liegt der CP auf der rechten Seite.

CC € 23 *1/1-17/5 27/5-16/6 18/8-6/9 11/9-31/12*

N 59°29'13'' E 08°39'13''

Tresfjord/Vikebukt, N-6392 / Romsdal-Sognefjord

10

Fagervik Camping
Daugstadvegen 630
+47 99 29 07 22
15/5 - 1/10
info@fagervikcamping.no

3ha 50T(40-100m²) 8-16A

1 CDHJKLMNPQR
2 BCGMNPQSVXY
3 AHIMWY
5 **AB**DFGIJMNOPQRUW
6 DEFGJ(N 2km)

Direkt am Fjord campen, weitläufiger Campingplatz am Wasser. Radweg am Fjord (20km) entlang. Ausrüstung für Angler, Filetier-Wettkämpfe am Anleger. Bootsslipanlage (auch Vermietung). Stellplatz inklusive Picknick Tisch. Wanderwege direkt vom Camping aus in die Berge. Ruhe, Platz und bezaubernde Natur.

Von Vikebukt aus links vor der neuen Mautbrücke nach Tresfjord. Von Vestnes aus rechts vor der neuen Mautbrücke nach Tresfjord vorbei.

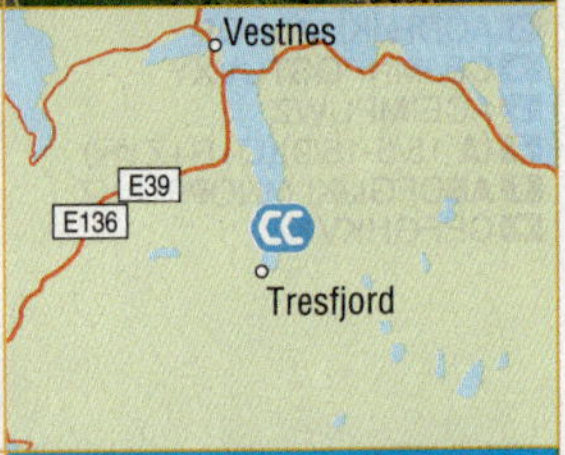

CC € 23 *15/5-30/6 18/8-18/9*

N 62°32'31'' E 07°08'58''

Vågå, N-2680 / Oppland

11

Randsverk Camping
Fjellvegen 1972
+47 97 50 30 81
1/5 - 4/10
post@randsverk.no

3ha 80T(80-100m²) 16A

1 ACDHJKLMNPQTU
2 JMNSTUVX
3 AIKNPU**W**
4 (Q+R+U+V+W+X+Z)
5 **AB**DFGIJMNO**PQR**UW
6 CEFKL(N 6km)OTV

Offener Terrassencampingplatz mit weiter Sicht und sonnigen Plätzen an der prächtigen Touristenroute RV51 bei Jotunheimen. Gut gepflegtes, modernes Sanitär. Familienduschen und ein Esszimmer/Küche für Campinggäste mit schöner Aussicht. Tolle Cafeteria. Ausgezeichneter Startplatz für Bergwanderungen und Radtouren in die umliegende Natur.

Liegt an der RV51 direkt an der Kreuzung zur 257, 27 km südlich von Vågåmo.

CC € 23 *1/5-19/6 21/8-30/9*

N 61°43'49'' E 09°04'54''

Schweden

Schweden: Endlose Naturlandschaften und trendige Städte

Wenn man an Schweden denkt, denkt man an unberührte Natur mit endlosen Wäldern und Seen. In diesem skandinavischen Land können Sie sich entspannen und einen aktiven Urlaub inmitten der Natur genießen. Aber auch für Kulturliebhaber gibt es viel zu erleben: von der Metropole Stockholm bis zum modernen und trendigen Malmö.

Hauptstadt: Stockholm
Währung: Schwedische Kronen
Zeitzone: UTC +1, UTC +2 (März bis Oktober)
Sprache: Schwedisch
Ländervorwahl: +46
Alkoholgrenze: 0,2‰
Notrufnummer: Polizei, Feuerwehr und Rettungswagen: 112
Leitungswasser: unbedenklich

ACSI AWARDS

Gewinner 2022 in Schweden

Bester Campingplatz
Hafsten Resort & Camping

Bester Campingplatz für Wanderungen und Radtouren
Seläter Camping

Beste Campingplatz-Animation
Camping Daftö Resort

Campingplatz mit der schönsten Lage
Sjöstugan Camping

Schönste Wohnmobilstellplätze
Båstad Camping

Schwedens größte Attraktion: Mutter Natur

Allein die Fahrt durch Schweden ist schon eine Reise wert. Das Land zeichnet sich durch seine vielen Wälder, Seen und die typischen roten Holzhäuser mit weißen Rahmen aus. Genießen Sie die Schönheit der Natur auf dem gesamten Weg und wundern Sie sich nicht, wenn Sie plötzlich auf einen kreuzenden Elch warten müssen.
Einige Gebiete sind besonders schön, wie Dalarna und Värmland. Diese zentral gelegenen Naturschutzgebiete eignen sich hervorragend zum Wandern und Radfahren. Schön sind auch die Küsten von Höga, die Insel Gotland und der Nationalpark Kosterhavet. Wo auch immer Sie in Schweden campen, es gibt immer ein schönes Stück Natur in der Nähe.

Gewinner: Sjöstugan Camping

Kultur erleben in historischen und trendigen Städten

Schweden bietet viel mehr als nur friedliche Wälder und Seen. Die Hauptstadt Stockholm hat viel zu bieten, darunter den Königspalast, das Vasamuseum und die Insel Djurgarden. Und schlendern Sie unbedingt durch die mittelalterliche Gamla Stan (Altstadt), das ist wie eine Reise in die Vergangenheit. Das moderne Malmö zeigt eine andere Seite Schwedens. Hier können Sie in trendigen Geschäften ausgiebig shoppen oder in der Konsthall kulturelle Erlebnisse genießen. Im Herzen der Stadt können Sie sich in einer der Bars und Restaurants unter die schwedische Bevölkerung mischen. Und schließlich darf man Göteborg nicht vergessen. Besuchen Sie die Schären, schlendern Sie durch das lebhafte Haga-Viertel und machen Sie eine Kanalrundfahrt durch die Stadt.

Tanken

Bleifrei Euro 95 E10 (Blyfri 95/ Bensin 95 E10) und Superplus 98 E5 (Blyfri 98/ Bensin 98 E5) sind ohne weiteres erhältlich. Wenn Sie ein Auto haben, das nicht für E10 geeignet ist, dann achten Sie auf das E-Label des Kraftstoffs. Achten Sie darauf, nicht versehentlich E85 oder B100 zu tanken, da diese Kraftstoffe für einen normalen Automotor schädlich sind. Flüssiggas ist im Süden nur in begrenzten Mengen und im Norden kaum verfügbar. Der Italien-Adapter (Schüssel) wird zum Tanken von Flüssiggas verwendet. Es ist verboten, einen eigenen Adapternippel zu verwenden.
In Mittel- und Nordschweden gibt es nur wenige Tankstellen, daher sollten Sie immer tanken, wenn Sie eine finden. Tankstellen sind mindestens von 7 bis 21 Uhr geöffnet und verfügen in der Regel über Nachtverkaufsautomaten. In Großstädten und entlang der Autobahnen sind die meisten Tankstellen Tag und Nacht geöffnet.

Ladestationen

Ladestationen sind vorhanden, die meisten davon im Süden und in und um die Großstädte. Im Norden gibt es viel weniger Ladestationen. Planen Sie Ihre Reise gut!

"Schweden mit seiner schönen Natur bietet Raum und Ruhe in einer freundlichen Atmosphäre!"

Herr R. Kok, Inspektor 898

Fähren

Sie können auf dem Landweg über die Öresundbrücke (oeresundsbron.com) von Kopenhagen (Dänemark) nach Malmö reisen, aber Sie können auch eine Fähre nach Schweden nehmen, zum Beispiel über Frederikshavn (Dänemark), Travemünde und Rostock (Deutschland) oder Sassnitz (Deutschland). Informationen über Abfahrtszeiten, Abfahrtszeiten und Tarife finden Sie bei Reedereien wie ttline.com, scandlines.com und stenaline.com. Die Fahrpreise hängen unter anderem von der Jahreszeit und der Abfahrtszeit ab. Erkundigen Sie sich im Voraus bei der Reederei, ob Sie Gasflaschen mit an Bord nehmen können.

Verkehrsvorschriften

Tagesfahrlicht ist obligatorisch. Der Verkehr von rechts hat an einer gleichberechtigten Kreuzung Vorfahrt. Der Verkehr in einem Kreisverkehr hat Vorfahrt, wenn dies durch

Verkehrszeichen angezeigt wird. Sie dürfen nur ein Freisprechtelefon benutzen und es ist verboten, während der Fahrt Kommunikations- oder Navigationsgeräte zu bedienen. Kinder unter 1,35 m Körpergröße müssen in einem Kindersitz sitzen. Vom 1. Dezember bis zum 31. März besteht bei winterlichen Verhältnissen eine Winterreifenpflicht.

Sondervorschriften

An Kreuzungen, an denen ein Stopp- oder Vorfahrtsschild "Flervägsväjning" anzeigt, müssen die Autofahrer im Einvernehmen vorfahren (oft in der Reihenfolge der Ankunft). Da die Einfahrtsspuren oft kurz sind, gehen die Verkehrsteilnehmer in der Regel davon aus, dass sie von anderen Fahrern Platz bekommen. Langsame Verkehrsteilnehmer weichen oft auf den Pannenstreifen aus, um den schnelleren Verkehr passieren zu lassen. Das Risiko eines Zusammenstoßes mit einem großen Wildtier, wie z. B. einem Rentier oder Elch, ist erheblich.

Vorgeschriebene Ausstattung

Ein Warndreieck ist in einem Auto mit schwedischem Kennzeichen vorgeschrieben. Es wird empfohlen, zwei Warndreiecke, einen Verbandskasten, Feuerlöscher, Abschleppseil, Starthilfekabel, Ersatzglühbirnen und Warnwesten für alle Insassen. Bei winterlichen Verhältnissen ist es obligatorisch, eine Schneeschaufel im Auto zu haben.

Caravan und Reisemobil

Ein Reisemobil oder ein Pkw-Wohnwagen-Gespann darf bis zu 4,50 m hoch, 2,60 m breit und 24 m lang sein.

Fahrrad

Das Tragen eines Fahrradhelms ist für Kinder bis 15 Jahren Pflicht. Ein Kind unter 10 Jahren darf nur von einer Person, die mindestens 15 Jahre alt ist, auf einem Fahrrad befördert werden.

Maut

In Schweden gibt es keine gebührenpflichtigen Straßen.
Nur auf der Öresundbrücke (Øresundsbron) zwischen Dänemark und Schweden muss man Maut bezahlen. Sie können an der Brücke bezahlen. Tipp: Sie erhalten einen Rabatt, wenn Sie einen BroPas verwenden. Weitere Informationen: oeresundsbron.com.

> ***"Camping in Schweden bedeutet, die Natur, das Land und die Sprache zu genießen"***
>
> *Frau G. Faber, Inspektorin 561*

Umweltzonen

Bislang haben nur Stockholm und Göteborg eine Umweltzone eingeführt. Um in diese Zonen zu gelangen, müssen Sie eine "Staugebühr" bezahlen. Das Bezahlen ist einfach: Ihr Nummernschild wird von den Kameras registriert und die Rechnung wird automatisch an Ihre Privatadresse geschickt. Die Beträge können variieren, betragen aber höchstens 60 SEK (Göteborg) oder 135 SEK (Stockholm) pro Tag. Bei Mietwagen ist die Steuer in der Regel im Mietpreis enthalten, fragen Sie den Vermieter.
Weitere Informationen: transportstyrelsen.se und epass24.com.

Panne und Unfall

Stellen Sie auf der Autobahn Ihr Warndreieck mindestens 100 m (sonst 50 m) hinter dem Fahrzeug auf, wenn es sich an einer Stelle befindet, an der das Halten verboten ist. Allen Passagieren wird empfohlen, eine Sicherheitsweste zu tragen. Rufen Sie im Falle einer Panne die Notrufnummer Ihres Pannenhilfsdienstleisters an. Sie können auch den schwedischen Pannendienst (Assistancekåren) anrufen: +46 8 627 57 57. Das Abschleppen auf der Autobahn ist bis zur ersten Ausfahrt erlaubt. Wenn Sie ein Rentier, einen Elch oder anderes Großwild angefahren haben, müssen Sie sofort die Polizei rufen.

Campen

Freies Campen außerhalb von Campingplätzen: In Schweden ist das das Gesetz des Landes. Wenn Sie außerhalb eines Campingplatzes campen wollen, müssen Sie den Grundstückseigentümer um Erlaubnis bitten und nach dem Grundsatz "nicht stören und nicht zerstören" handeln. Das Recht auf Zugang der Öffentlichkeit gilt nicht in Naturschutzgebieten und anderen Naturschutzgebieten.
Wenn Sie in Schweden campen gehen, benötigen Sie möglicherweise eine spezielle Karte, die Sie an der Rezeption vorzeigen können. Sie können diese Karte auf dem betreffenden Campingplatz kaufen. Es ist üblich, pro Standort und nicht pro Person zu zahlen. Das Angebot an Verpflegung, Einrichtungen und Freizeitmöglichkeiten ist im Vergleich zu beliebten Campingländern gering. Die meisten Campingplätze verfügen über Küchen mit Kochgelegenheit zur gemeinsamen Nutzung. Bitte beachten Sie, dass die Anzahl der Propangaskanister sehr begrenzt ist. Es ist daher am besten, genügend Benzin mitzunehmen. Butangas ist nicht überall erhältlich.

Älmhult, S-34338 / Jönköping

12

Sjöstugans Camping***
Bökhult 27
+46 47 67 16 00
1/1 - 31/12
info@sjostugan.com

1,6ha 75T(50-80m²) 10A

1 BCHJKLMNP**Q**R
2 ABELNSUXYZ
3 A**G**H**R**U**WZ**
4 KN
(Q+R+U+W+X+Z 1/5-30/9)
5 **AB**DEFGIJKLMNO**P**UWZ
6 CEFK(N 2km)RTV

Herrlich gelegener Campingplatz auf der Landzunge am großen See von Möcklen, mitten in der schönen Natur von Småland. Wassersportangebote (schwimmen, angeln, Boot fahren), wandern, Rad fahren und Golf. Boots-und Kanuverleih. Nicht weit von Läden und Warenhäusern.

CP an Straße 23 ausgeschildert, an der E4 bei Traryd, Straße 120 nach Älmhult.

CC € 23 *1/1-10/6 1/9-31/12 7=6*

N 56°34'07'' E 14°07'55''

Asarum/Karlshamn, S-37491 / Blekinge-Kalmar län

13

Långasjönäs Camping & Stugby***
Långasjönäsvägen 49
+46 4 54 32 06 91
1/1 - 31/12
info@langasjonas.com

11ha 115T(80-120m²) 10A CEE

1 ACDHJKLMNPQR
2 ABEILNORSTVWXYZ
3 A**G**IKLMN**RW**Z
4 **N**(Q+R 1/6-1/9)
5 **AB**CDFGHIJKLMNO**P**RUWZ
6 ABCDEFGKL(N 5km)V

Wunderschön gelegener Camping mitten im Långasjönäs Reservat. Camping mit schöner Sicht auf den See in einer Oase der Ruhe. Familienfreundlich und schöner Strand. Wärmster Strand von ganz Blekinge.

Von der E22 Ausfahrt 52 Karlshamn-Zentrum und ab dort den CP-Schildern folgen. Von der 29 Ausfahrt Asarum und ab dort den CP-Schildern folgen.

CC € 21 *1/1-21/6 21/8-31/12 7=6, 14=11*

N 56°13'55'' E 14°51'11''

Båstad, S-26943 / Skåne

14

Båstad Camping
Norra Vägen 128
+46 43 17 55 11
31/3 - 1/10
info@basladcamping.co

8,2ha 292T(110-120m²) 10A CEE

1 ACDHJKLMNPQR
2 ABIJSWXY
3 AC**G**HIKM**R**SW
4 (Q+R+T+U+X+Z)
5 **AB**CDFGHIJKLMNO**PQ**RUWZ
6 CDEFGHK(N 3km)TUV

Größerer Campingplatz im Gehbereich zu einem schönen Sandstrand.

Folgen Sie der E6/E20 Richtung Båstad. Der Campingplatz ist weiter deutlich ausgeschildert.

CC € 23 *31/3-5/4 11/4-28/4 1/5-17/5 21/5-15/6 18/8-1/10*

N 56°26'20'' E 12°55'05''

Gummarp/Eksjö, S-57593 / Jönköping

15

Mycklaflons Camping & Vandrarhem
Norrsånna 2
+46 38 14 30 00
1/5 - 30/9
info@mycklaflonscamping.com

6ha 40T(90-110m²) 10A

1 ACDHJKLMNPQR
2 ABENOSUXYZ
3 AIJK**R**SU**W**Z
4 (Q)(T+U 15/6-22/8)
5 **AB**CDGHIJKLMNO**P**UWZ
6 ACEFGHJ(N 9,9km)X

Kleiner, sehr stilvoller Familiencamping am Mycklaflons See. Der Camping liegt in einer schönen, beruhigenden Umgebung mit sanften Hügeln, geziert mit Findlingen. Der perfekte Platz für Camper, die am liebsten in der freien Natur bleiben wollen.

An der 40 Eksjö-Vimmerby, Ausfahrt Havik. Am Ende links und dann der CP-Beschilderung folgen.

CC € 21 *1/5-15/6 19/8-30/9*

N 57°35'23'' E 15°14'46''

Gusum, S-61572 / Östergötland - Stockholms Län

16

Yxningens Camping & Café
Yxningen
+46 12 32 02 58
21/4 - 17/9
info@yxningenscamping.se

2ha 42T(85-125m²) 6-16A CEE

1 ABCDHJKLMNPQST
2 ABFIOSUVWXYZ
3 AIJSUWZ
4 M**N**(Q+R+T+U+V+X+Z)
5 **AB**CDFGHIJKLMNO**PR**UWZ
6 ACDEFGKL(N 3km)

Ein Paradies der Ruhe! Herrliche Lage am imposanten Yxningen See. Gut geeignet für Natur-, Wasser-, und Angelfreunde. Auch ideal als Stop nach Öland und Stockholm. Absolut Top: der persönlicher Kontakt, guter Service und sauberes Sanitär. Viele Elche und anderes Wild in der Umgebung. (Motor)Boot- und Kanuverleih. Gratis Internet.

Von der E22 Ausfahrt Ringarum oder Gusum (den CP-Schildern folgen).

CC € 23 *21/4-22/6 25/6-30/6 25/8-17/9*

N 58°16'55'' E 16°27'48''

Haverdal, S-30571 / Halland-Bohuslän

17

Haverdals Camping****
Haverdalsvägen 62
+46 3 55 23 10
31/3 - 19/11
info@haverdalscamping.se

5ha 230T(100-140m²) 10-16A CEE

1 BCHJKLMNPQR
2 AHIJSWXY
3 AC**G**HIKMP**R**SU
4 (Q+R)
5 **AB**DFGJKLMNO**P**UWXYZ
6 ABCDEFGH**K**(N 0,3km)OTV

Anna-Lenna und Stefan garantieren einen erholsamen Verbleib auf ihrem kinderfreundlichen Camping. Kilometerlanger breiter Sandstrand mit Dünen, in 600m vom Camping, grenzt ein Naturpark, wo man reichlich wandern und Rad fahren kann. Der Camping bietet große Plätze und modernes Sanitär. Man kann die gemeinsame, große Küche mit Esszimmer benutzen.

Die E6, Ausfahrt 46 Haverdal. Richtung Haverdal halten.

CC € 23 *10/4-17/5 22/5-21/6 25/6-30/6 18/8-19/11* **30=25**

N 56°43'39'' E 12°40'25''

Höör, S-24335 / Skåne

18

Jägersbo Camping***
Sätofta
+46 4 13 55 44 90
1/1 - 31/12
camping@jagersbo.se

5ha 185T(80-140m²) 10-16A CEE

1 BCHJKLMNPQR
2 BFJNOSTUWXYZ
3 CGMRSUWZ
4 N(Q 1/5-15/9)(R)
(S 13/6-16/8)(Z)
5 ABDEFGHIJKLMNOPRUWZ
6 ACEFGK(N 3km)OT

In der Mitte von Skåne, wo die Grasfelder und Hügel zusammenkommen, finden Sie den CP am Ufer des Ringsjöns. Guter und schöner Camping, wo man sowohl baden als auch angeln kann. Vermietung von Kanus, Booten oder Fahrrädern.

An Straße 23 südlich von Höör, Ausfahrt Sätofta, dann 3 km. Oder Straße 13, Ausfahrt Sätofta. CP am See von Ringsjön

€23 1/1-5/4 11/4-19/6 18/8-31/12 7=6

N 55°54'12'' E 13°33'54''

Hova/Otterberget, S-54891 / Värmland-Örebro

19

Otterbergets Bad & Camping
Otterbergetscamping 1
+46 50 63 31 27
14/4 - 31/10
info@otterbergetscamping.se

3,2ha 77T(100-120m²) 10A

1 BCDHJKLMNPQR
2 ABEIOSTWXYZ
3 ACHIKPRSUWZ
4 N(Q+R)
5 ABCDFGHIJKLMNOPQRUWZ
6 ACEFGHK(N 8km)V

Sehr ruhig gelegener Camping am Skagernsee mit 1 km langen schönen Sandstrand. Möglichkeiten zum Wandern und Radfahren in der Natur der Region Tiveden.

An der E20 zwischen Mariestad und Laxå, 5 km nördlich von Hova. Richtung Otterberget abbiegen. CP ist hier angezeigt. Der Beschilderung folgen (3 km).

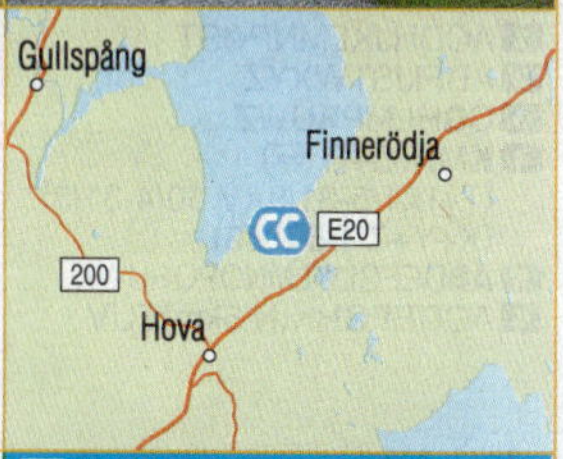

€19 14/4-16/5 21/5-13/6 21/8-5/9 10/9-31/10

N 58°54'33'' E 14°17'26''

Johannisholm/Mora, S-79292 / Dalarnas-Uppsala län

20

Steiner's Camping & Lodge
Johannisholm 3
+46 7 36 23 26 99
1/4 - 31/10
info@steinerslodge.com

2,8ha 95T(100m²) 16A

1 ACDHJKLMNPQR
2 ABCFIJLNOSUXYZ
3 AUWZ
4 (Q+U 1/6-15/9)(Y)
(Z 1/6-15/9)
5 ABDFGHIJKLMNOPRUW
6 CFJ

Am Örklinger See, direkt an der E45 gut ausgestatteter Camping mit sehr gutem Restaurant. Viele Touristenattraktionen in der Nähe. Der Campingplatz hat eine Auswahl an Sonnen- und Schattenplätzen.

CP liegt an der Kreuzung der Straßen Malung-Mora und Vansbro-Mora (45 und 26). CP aus allen Richtungen ausgeschildert.

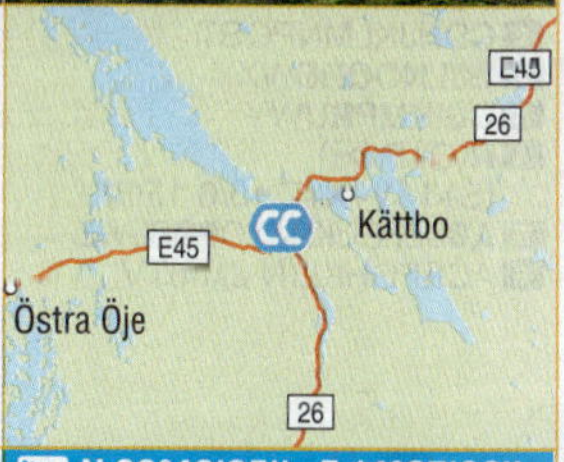

€21 1/4-15/6 1/9-31/10 7=6

N 60°49'35'' E 14°07'36''

Kapellskär, S-76015 / Östergötland - Stockholms Län

21

Kapellskär Camping***
Fiskarängsvägen 8
+46 17 64 42 33
27/4 - 24/9
info@kapellskarscamping.se

3,5ha 102T(70-100m²) 10A CEE

1 ABCDHJKLMNPQR
2 ABIMOSTUVXYZ
3 AHIKM**R**W
4 (**A** 1/5-25/9)N(R 1/5-25/9)
5 DFGHIJKLMNOPQUWXZ
6 CDEFGHJ(N 6km)T

Am Hafen von Kapellskär mit guter Ausstattung und Anlahen im Naturreservat Riddarholm mit markierten Wanderwegen, Yachthafen und Aussichtspunbkt. Der Campingplatz hat ein offenes, großes separates Feld für Zelte.

Am Ende der E18 am Hafen von Kapellskär, rechts in den unbefestigten Weg. Den CP-Schildern 600m folgen.

€ 23 *27/4-16/5 21/5-15/6 18/8-24/9*

N 59°43'22'' E 19°03'00''

Karlstad, S-65346 / Värmland-Örebro

22

Karlstad Swecamp Bomstad Baden****
Bomstadsvägen 640
+46 54 53 50 68
1/1 - 31/12
info@bomstadbaden.se

9ha 160T(80-130m²) 10A CEE

1 ACDHJKLMNP**Q**ST
2 ABFIJSTWXYZ
3 C**G**HLMP**R**UWZ
4 **KMN**(Q+R)
(T+U 1/5-31/8)(V 30/4-31/8)
(X+Y+Z 1/5-31/8)
5 **AB**DEFGIJKLMNOPQRUWX
6 ACDEFGHK(N 5km)TUV

Sehr schön gelegener Camping an der Nordseite des Vänernsees. Prima Ausflugsbasis für Wanderungen ins Freizeitgebiet und Exkursionen. Ausflüge, Aktivitäten und sonnige Strandtage lassen sich gut mit Strandtagen kombinieren. Tagestouren durch das Värmland oder zum Bergvik Einkaufscenter 4 km vom Camping. Restaurant (Mai-Aug).

An der E18 westlich von Karlstad CP ausgeschildert (Ausfahrt Skutberget/Bomstad).

€ 23 *1/1-17/5 22/5-26/5 31/5-21/6 20/8-31/12*

N 59°21'44'' E 13°21'33''

Kungshamn, S-45634 / Halland-Bohuslän

23

Johannesvik Camping & Stugby****
Vägga Nordgård 1
+46 52 33 23 87
11/4 - 31/12
info@johannesvik.nu

25ha 358T(80-120m²) 10A CEE

1 CDHJKLMNPQST
2 GJLNOQRSWXY
3 C**G**IKMP**R**UWY
4 **N**(Q+R)
(S+T+V+X+Z 15/6-15/8)
5 **AB**DEFGIJKLMNO**PQ**RUWZ
6 ACEFGHKL(N 2km)TV

Sehr schöne Lage an den Bohuslän Klippen. Durch die Rezeption Zugang zu den Klippen im 2. Bereich vom Camping, direkt an der See. Qualitativ hochwertiges Sanitär. Viele Ativitäten um den Platzes herum. Kungshamn und die malerische Insel Smögen ganz der Nähe und sehr empfehlenswert.

Von der E6 die 171 bis Askum. Richtung Kungshamn. Durch Hovenäset, über die Brücke. Nach ca. 1 km Einfahrt des CP auf der rechten Seite.

€ 19 *11/4-16/6 18/8-31/12*

N 58°22'01'' E 11°16'51''

Leksand, S-79392 / Dalarnas-Uppsala län

24

Västanviksbadets Camping Leksand****
Västanviksiljansnäsvägen 130
+46 7 68 12 85 10
28/4 - 17/9
info@vbcl.se

4ha 100T(100m²) 10A

1 ACDHJKLMNPQR
2 AFJLMNSTXY
3 **G**IKU**WZ**
4 (Q 16/6-14/8)
5 **AB**DGIJNPUW
6 CEFG**K**(N 4km)V

Stilvoller gemütlicher Campingplatz am Siljansee von jungen engagierten Inhabern geführt. Der Service übertrifft die Erwartungen! Erleben Sie die Natur in einer wunderschönen Region mit vielen Möglichkeiten zum Wandern und Radfahren. Die touristischen Attraktionen von Siljan sind leicht zu erreichen. Im September ist eine Reservierung erforderlich!

Die 70 Borlänge-Mora, südlich von Leksand links Richtung Siljansnäs. CP liegt 4 km westlich von Leksand direkt am See.

CC € 19 *28/4-15/6 18/8-17/9*

N 60°43'49'' E 14°57'07''

Ljusdal, S-82730 / Gävleborg-Västernorrland

25

Ljusdals Camping***
Ramsjövägen 56
+46 65 11 29 58
15/4 - 30/9
info@ljusdalscamping.se

4,5ha 95T(100-120m²) 10A

1 ACDHJKLMNPQR
2 ADFJNSTUXY
3 A**G**HIKLM**R**V**WZ**
4 **N**(Q 15/6-15/8)
5 **AB**CDGHIJKLMNOPUW
6 CFGHK(N 3km)

Camping direkt am Växnan See mitten in der schönen Natur des Hälsingerlands. Viele Waldwanderwege direkt vom Camping aus. In im geselligen Örtchen Ljusdal mit vielen Läden auch schöne alte Häuser. Verschiedene Restaurants. Tageseinkäufe bei COOP, Lidl oder ICA möglich. Freundliche niederländische Leitung sorgt für einen angenehmen Aufenthalt.

3 km von Ljusdal an der 83 Richtung Ånge.

CC € 21 *15/4-14/6 20/8-30/9 7=6*

N 61°50'20'' E 16°02'27''

Mellerud, S-46421 / Halland-Bohuslän

26

Mellerud Swe-Camp Vita Sandar****
+46 53 01 22 60
1/1 - 31/12
mail@vitasandarscamping.se

14ha 210T(100-120m²) 10A

1 CDHJKLMNPQST
2 AFSWXY
3 AC**G**HIKM**O**P**R**UWZ
4 (**C** 1/6-31/8)**N**
(Q+S+T+U+W+X+Z 1/6-31/8)
5 **AB**DFGIJKLMNO**P**Q**R**UWZ
6 ACDFGHK(N 4km)TV

Liegt an der sog. Dalsland Riviera. Dazu gehört Sommer, Sonne und Baden. Kilometerlanger flacher weißer Strand, Ruderboote, Kanus, Außenpool, Tennis, Minigolf und Fußball liefern alle Möglichkeiten zur Freizeiterholung. Auch mit Laden und Restaurant (01/06-31/08).

Der CP liegt am Vänernsee; an der 45 bei Mellerud ausgeschildert.

CC € 23 *1/1-20/6 18/8-31/12*

N 58°41'22'' E 12°31'01''

Sjötorp, S-54266 / Värmland-Örebro

27

Askeviks Camping & Stugor
Askevik 62
+46 7 68 14 14 09
1/1 - 31/12
info@askevik.nu

9ha 75T(80-140m²) 10A CEE

1 ABCDHJKLMNPQR
2 AEJMNPSUWXY
3 ACGHKSWZ
4 N(Q 16/6-12/8)
(V+X 1/5-31/8)
5 ABGIJKLMNPUWXY
6 ACEFGHKTV

Der Campingplatz liegt am Wasser und ist ideal für Wassersportarten. In der Nähe befinden sich die Schleusen des Göta-Kanals. Die Umgebung lädt zum Wandern und Radfahren ein. Die Camper können sich auch am Sandstrand entspannen. Aufgrund seiner Lage ist es praktisch mückenfrei.

Von Mariestad nördlich über die E20. Nach 6 km linkfs ab die E26 Richtung Mora. Nach 13 km den Gota Kanal passieren. Nach 7 km links nach Askeviks Camping & Stugor.

CC € 21 1/4-10/6 18/8-30/9

N 58°53'20'' E 14°00'49''

Sollerön, S-79290 / Dalarnas-Uppsala län

28

Sollerö Camping***
Soldvägen 149
+46 25 02 22 30
1/1 - 31/12
info@sollerocamping.se

0,7ha 133T(90-135m²) 16A CEE

1 ACDHJKLMNPQR
2 AFIJLMNOSTUVWXY
3 ACDGHIKMRUWZ
4 N(Q+V+X)
5 ABCDFGHIJKLMNOPRUW
6 CDEFGHK(N 3km)OV

Großer, stilvoller Camping. Schöne Lage auf der Insel Sollerön am Siljansee. Gute Ausflugsbasis zu den Sehenswürdigkeiten rund um den Siljansee. Viele Spazier- und Fahradmöglichkeiten. Golfplatz nebenan.

Von Mora die 45, links ab Ausfahrt Sollerön. In Gesunda links den Schildern folgen.

CC € 23 1/1-18/6 28/8-31/12 7=6

N 60°54'05'' E 14°34'56''

Stollet, S-68051 / Värmland-Örebro

29

Alevi Camping
Fastnäs 53
+46 7 38 32 01 56
1/5 - 30/9
info@alevi-camping.com

4,1ha 60T(120-180m²) 4-16A CEE

1 ABCDHIJKLMNPQST
2 DJOSTWXY
3 AIKLPSUWX
4 (A 9/7-19/8)(Q)
(R+T+U 1/6-31/8)(Z)
5 ABDFGIJKLMNOPQRUWZ
6 ACEFGKLV

Geselliger Camping direkt an der Flussbiegung des Klarälven. Floß- und Kanufahren, angeln und baden. Einfache Restaurantessen mit warmen Brötchen morgens. Kleiner Campladen, ordentliches Sanitär, gratis Dusche. Man kommt als Gast und geht als Freund.

An der 62, 18 km südlich der Kreuzung mit der 45 (Stöllet). Direkt hinter der Brücke über den Klarälven links ausgeschildert. Von Karlstad aus 14 km nördlich von Ekshärad.

CC € 23 1/5-10/7 27/8-29/9

N 60°17'07'' E 13°24'25''

Strömstad, S-45290 / Halland-Bohuslän

30

Seläter Camping***
Seläter
+46 52 61 22 90
1/1 - 31/12
info@selater.se

7ha 342**T**(100-120m²) 10A

1 CDHJKLMNPQST
2 AIJLSWXY
3 AC**G**IKM**R**W
4 (Q+R+U+V+X+Z 1/5-30/9)
5 **AB**DFGIJKLMNO**PQ**UW
6 EFGHL(N 4km)TV

Seläter Camping liegt in einer ländlichen Gegend nordwestlich von Strömstad, unweit vom Capri Strand. WiFi gratis an der Rezeption. Man kann mit dem Rad Strömstad-Mitte und mit der Fähre (Sonderpass an der Rezeption). Bus am Camping. 1,5 km Spazierrundweg um den Camping.

E6 aus südlicher Richtung, Ausfahrt Strömstad N nehmen. Am ersten Kreisel rechts ab. CP liegt an der Straße nach Seläter.

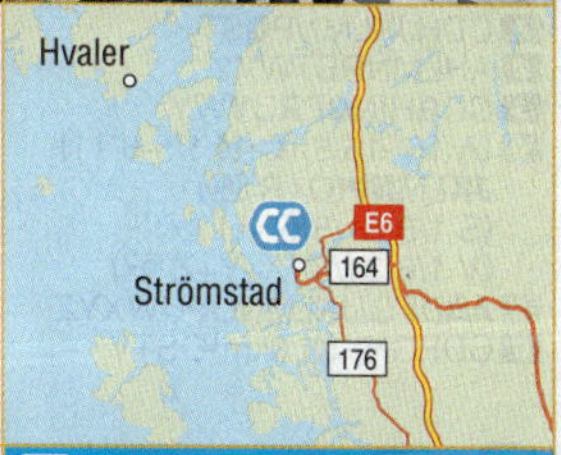

CC € 19 *11/4-23/6 18/8-30/9*

N 58°57'23'' E 11°09'27''

Tällberg, S-79370 / Dalarnas-Uppsala län

31

Tällbergs Camping
Sjögattu 44
+46 24 75 13 10
1/5 - 2/10
info@tallbergscamping.se

2ha 53**T**(100-110m²) 10A CEE

1 ACDHJKLMNP**Q**R
2 ABFINSUWXY
3 A**G**IK**R**U**WZ**
4 **N**(Q+T+U+Z 22/6-12/8)
5 **AB**DFGIJKLMNO**P**UW
6 CEFJ(N 3,5km)

Tällbergs Camping, wunderschön am Siljansee gelegen, ist ein freundlicher, einfacher Campingplatz mit einem schönen Badestrand. Dieser ist wegen seiner flachen Bucht besonders gut für Familien mit Kindern geeignet. Iin der Nähe von Sommarland, Rättvik und Leksand. Tällberg ist ein idyllisches Dorf mit viel Charme und gut erhaltenen Traditionen.

Von der 70 zwischen Rättvik und Leksand in Tällberg ist der Campingplatz ausgeschildert.

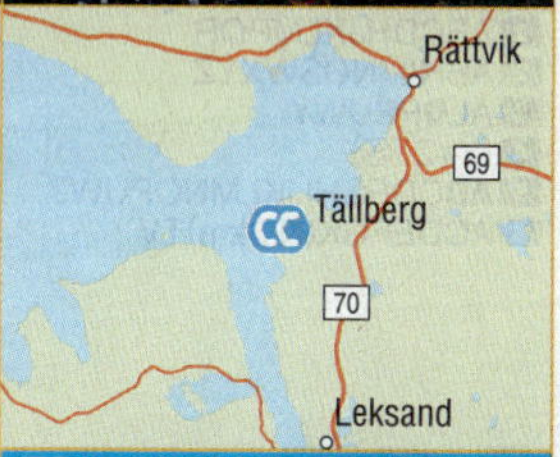

CC € 19 *1/5-5/6 18/8-2/10*

N 60°49'39'' E 14°58'41''

Tranås, S-57393 / Jönköping

32

Hätte Camping****
Badvägen 2
+46 14 01 74 82
1/1 - 31/12
info@hattecamping.se

4ha 129**T**(80-100m²) 10-16A CEE

1 ABCDHJKLMNPQR
2 ABEOSVWXYZ
3 A**G**IKLMP**R**SUW**Z**
4 M(Q 20/6-15/8)(R)
(U 1/5-31/8)(V)
(X+Y 1/5-31/8)
5 **AB**DFGIJKLMNOPUWZ
6 ACEFGH**K**(N 4km)V

Ruhiger Familiencamping mit Bademöglichkeiten, Wassersport und angeln im wunderschönen Sommenmeer. Zentrale Lage für schöne Ausflüge, z.B. nach Granna und Eksjö. Gute Wander-/Radmöglichkeiten. Guter Zwischenstopp auf der Route nach Stockholm oder ans Nordkap.

Der CP liegt 3 km östlich von Tranås und ist an der 131 ausgeschildert (Richtung Hätte). Auf der 32 Ausfahrt Tranås Sud, Richtung Zentrum und danach ist der CP angezeigt.

CC € 21 *1/1-16/6 27/8-31/12*

N 58°02'10'' E 15°01'44''

Uddevalla/Hafsten, S-45196 / Halland-Bohuslän

33

Camping Hafsten Resort*****
Hafsten 120
+46 5 22 64 41 17
1/1 - 31/12
info@hafsten.se

17ha 380T(80-120m²) 10A CEE

1 CDHJKLMNPQST
2 AHLMNRSTWXY
3 CDGHINOPRUVWY
4 (A 1/7-15/8)(C+H 1/5-6/11)
JKLMNP(Q+R)
(S 1/6-31/8)(T+U)
(V 1/6-31/8)(X+Y+Z)
5 ABDFGIJKLMNOPUWXYZ
6 CDFGHK(N 6km)OSTV

Prächtiger und gut ausgestatter 5-Sterne Campingplatz mit großen Plätzen und schönem Meersblick. U.a. mit Sandstrand, Wellness, Bootsverleih, Tennis- und Bocciaplatz, Go-Kart und einem Kletterpark. Wanderwege ins Naturgebiet Hafstenfjord. Schöner neuer, beheizter Pool (offen vom 1/5 - 6/11).

Von der E6 die 161 Richtung Lysekil bis zur 160. Dort links Richtung Orust. Nach 2 km links, noch 4 km (Schildern folgen). CP deutlich angezeigt und liegt im Hafstensfjord (Naturgebiet).

CC € 23 1/1-13/4 19/4-24/5 30/5-17/6 29/8-28/10 7/11-31/12

N 58°18'52" E 11°43'23"

Valdemarsvik, S-61533 / Östergötland - Stockholms Län

34

Grännäs Camping och Stugby****
Festplatsvägen 1
+46 12 35 14 44
28/4 - 17/9
info@grannascamping.se

10ha 65T(80-120m²) 10A CEE

1 ABCDHJKLMPQR
2 ABHIMNOSWXYZ
3 ALOPRUWY
4 (Y+Z)
5 ABCDFGHIJKLMNOPUWZ
6 ACDEFGK(N 3km)TV

Schöner Camping in parkartiger Umgebung direkt am einzigen Fjord der Schwedischen Ostseeküste. Die gemütliche Hafenstadt Vademarsvik ist 1,5 km entfernt. Unterwegs nach Stockholm? Der Camping liegt auf der Strecke! Sie sind herzlich willkommen!

Von Süden die E22 Ausfahrt Kårtorp/Gållósa und ab hier den Schildern 'Grännäs' folgen. Von Norden Ausfahrt Valdemarsvik, dann den Schildern 'Grännäs' folgen.

CC € 23 28/4-22/6 25/6-30/6 25/8-17/9

N 58°11'39" E 16°37'01"

Varberg, S-43253 / Halland-Bohuslän

35

Destination Apelviken*****
Sanatorievägen 4
+46 3 40 64 13 00
1/1 - 31/12
info@apelviken.se

6ha 550T(80-120m²) 16A CEE

1 BCHJKLMNOPR
2 AGJNQSWX
3 CGHMRUWY
4 (B+H 1/4-30/9)N(Q)
(R+X 1/4-30/9)(Y)
5 ABDFGHIJKLMNPRUWXY
6 CFGHK(N 1,5km)STV

Auf der Halbinsel an der Westküste gelegen. Schwimmen, surfen, SUP, wandern, Rad fahren und Golf. Zu Fuss oder mit dem Rad (über die Promenade nach Varberg). Restaurant offen an Wochenenden im März-November. Mit dem Zug nach Göteborg oder Halmstad oder weiter. 30 km weiter ist das größte Einkaufscenter in Schweden: Gekås in Ullared.

E6, Ausfahrt 53 bis 55, richtungsabhängig. Richtung Varberg C folgen, dann Richtung Apelviken, danach CP-Schildern folgen.

CC € 23 1/1-5/4 10/4-28/4 1/5-16/5 21/5-1/6 6/6-11/6 27/8-31/12

N 57°05'17" E 12°14'52"

Värnamo, S-33131 / Jönköping

36

Värnamo Camping***
Prostgårdsvägen
+46 37 01 66 60
1/5 - 11/9
info@varnamocamping.se

3ha 75T(100m²) 10A CEE

1 BCHJKLMNPQR
2 BCEJOSZ
3 CGHMOP**RUWZ**
4 (Q+R 9/6-13/8)
5 **AB**DEFGIJKLMNOPUW
6 EFGK(N 0,5km)TV

Schattiger Campingplatz im Gehbereich zum See und Zentrum. Großer Nationalpark in 15 km.

E4, Ausfahrt 85 Värnamo S. Dann CP-Schildern folgen. Auch an Straße 27 gut ausgeschildert.

CC € 21 *1/5-21/6 18/8-11/9*

N 57°11'27'' E 14°02'45''

Venjan, S-79293 / Dalarnas-Uppsala län

37

Venjans Camping
Moravägen 30
+46 25 06 23 10
1/1 - 31/12
info@venjanscamping.se

2,5ha 64T(80-100m²) 10A

1 ACDHJKLMNPQR
2 ABFJNSUXYZ
3 IKLPU**WZ**
4 (Q 🔑)
5 **AB**DGIJKLMNOPUW
6 CEFGKM(N 0,8km)

Kleiner Campingplatz mit begeisterungsfähigen Eigentümern, schön gelegen am Venjanssjön. Idealer Ausgangspunkt für Naturliebhaber.

Auf der 45 von Malung nach Mora links die Ausfahrt nach Venjan nehmen. Der CP liegt kurz vor dem Ort links.

CC € 21 *1/5-20/6 18/8-30/9 7=6*

N 60°57'15'' E 13°55'51''

Dänemark

Dänemark: Reichhaltige Kultur und unberührte Natur.

Imposante Natur, wilde Wikinger und die Märchenwelt von Hans Christian Andersen – Dänemark hat eine reichhaltige Geschichte. Spazieren Sie entlang der abwechslungsreichen Küstenregionen, die Sie zu Sandstränden, Watteninseln und Kreidefelsen führen. Erleben Sie die spannende dänische Kultur, die für ihre langjährige Monarchie, bunte Legosteine und das einzigartige dänische Design von Kopenhagen bekannt ist. Dänemarks Campingplätze sind beliebt für ihre hohe Qualität: Sie sind ordentlich, gut organisiert und mit allem Komfort ausgestattet.

Hauptstadt: Kopenhagen
Währung: Dänische Krone
Zeitzone: UTC +1, UTC +2 (März bis Oktober)
Sprache: Dänisch
Ländervorwahl: +45
Alkoholgrenze: 0,5 ‰.
Notrufnummer: Polizei, Feuerwehr und Rettungswagen: 112
Leitungswasser: unbedenklich

ACSI AWARDS

Gewinner 2022 in Dänemark

Bester Campingplatz für Wanderungen und Radtouren
Skiveren Camping

Hundefreundlichster Campingplatz
Ballum Camping

Campingplatz mit der schönsten Lage
Tranum Klit Camping

Zwischen Nord- und Ostsee

Geografisch gesehen bilden drei Hauptregionen das Land: die beiden Inseln Seeland und Fünen sowie die Halbinsel Jütland. Die meisten Besucher reisen nach Seeland. Sie ist die größte der dänischen Inseln und umfasst die Hauptstadt Kopenhagen. Die vergleichsweise kleine Metropole bietet eine wunderschöne Altstadt, eine Vielzahl von Museen und ein aufregendes Nachtleben. Die Insel Fünen ist bekannt für ihre vielen historischen Kirchen, Herrenhäuser und die guterhaltene Wasserburg Egeskov Slot. Üppige grüne Landschaften, endlose Sandstrände und die malerische Stadt Odense, die einst Heimat des beliebten Autors Hans Christian Andersen war, prägen die Insel Fünen. Das Jütland hingegen bietet Wälder, Sanddünen und Angelgebiete sowie zwei der lebhaftesten dänischen Städte: Århus und Aalborg. Im Südjütland finden Sie das einzigartige Wattenmeer mit den Inseln Römö und Fanö, das mit Wassersportaktivitäten, dem Legoland und Tiersafaris lockt.

Gewinner: Skiveren Camping

Dänemarks beste Attraktionen

Da Dänemark ein relativ kleines Land ist, sind viele Sehenswürdigkeiten und Tagesausflugsziele nicht weit vom Campingplatz entfernt. Besonders Familien schätzen die kurzen Distanzen und kinderfreundlichen Aktivitäten, wie den Tivoli-Vergnügungspark in Kopenhagen, die Wikingersiedlung in Frederikssund oder das Legoland in Billund. Zahlreiche antike Bauwerke, wie zum Beispiel das Schloss Frederiksborg, und historischen Städten wie Ribe und Aalborg gewähren einen Einblick in die reichhaltige Kultur des Landes. Mit flachen und breiten Radwegen, die nie weit von der Küste entfernt liegen, ist Dänemark ein Radlerparadies. So können Sie viele Attraktionen bequem mit dem Fahrrad besuchen. Doch nicht nur Radfahren ist ein beliebter Sport in Dänemark. Die raue Naturlandschaft des Nordens und die unendlichen Sandstrände laden zum Wassersport ein. Von Angeln über Wind- und Kitesurfen bis hin zum Kanufahren und natürlich Baden ist in Dänemark alles möglich!

Beste Reisezeit und Campingregionen

Das dänische Klima ist gemäßigt und maritim geprägt. Kühle Sommer ermöglichen es Ihnen, die Natur zu genießen. Und verglichen mit den anderen Ländern Skandinaviens sind auch die Wintermonate in Dänemark relativ mild. Im verträumten Blåvand liegen die Zeltplätze inmitten unberührter Natur und laden im Herbst zum Pilze sammeln ein.
Hulsig bietet den perfekten Ausgangspunkt für einen Ausflug nach Skagen, wo Sie das Aufeinandertreffen von Nord- und Ostsee beobachten können. Die dänische Ostseeinsel Bornholm ist bekannt für die eindrucksvollen Felsformationen.

Das Beste von Dänemark hautnah

Die reichhaltige Kultur, historischen Innenstädte und unberührte Natur machen Dänemark zu einer beliebten Destination für Campingurlauber. Mit vielseitigen Attraktionen und interessanten Veranstaltungen begeistert unser Nachbarland ganzjährig Besucher aller Altersklassen.
Erleben Sie die spannende Geschichte der Wikinger und die Entwicklung einer der weltweit ältesten Monarchien im Herzen Skandinaviens. Lassen Sie sich von alten Schlössern, Hochburgen und malerischen Wäldern verzaubern oder nutzen Sie eine der vielen Panorama-Radrouten, um das Land unabhängig zu erkunden. Egal, für welche Region Sie sich entscheiden, Dänemark lässt keine Wünsche offen!

Tanken

Bleifreies Benzin (Blyfri Oktan 95 und 98) und Diesel sind leicht erhältlich. Autogas ist hingegen kaum verfügbar. Viele Tankstellen in Dänemark sind 24 Stunden am Tag geöffnet. Daneben gibt es auch sehr viele unbemannte Tankstellen.

Aufladen

Das Netzwerk an Ladesäulen ist zwar groß, deckt aber noch nicht das gesamte Land ab. Beachten Sie dies bei der Planung Ihre Reise.

Fähren

Informationen über Fahrzeiten, Abfahrtszeiten und Tarife finden Sie bei Reedereien wie bornholmslinjen.com, polferries.com, scandlines.de. Die Preise hängen u. a. von der Saison und der Abfahrtszeit ab. Es ist ratsam, rechtzeitig eine Reservierung vorzunehmen. Erkundigen Sie sich vorab bei der Reederei, ob Gasflaschen mit auf das Boot genommen werden dürfen.

Verkehrsregeln

Abblendlicht (oder Tagfahrlicht) ist tagsüber vorgeschrieben. An einer Kreuzung mit Straßen gleichen Ranges hat der von rechts kommende Verkehrsteilnehmer Vorfahrt. Fahrzeuge im Kreisverkehr haben normalerweise Vorfahrt. Auf geneigten Straßen hat bergauffahrender Verkehr Vorfahrt vor bergabfahrendem Verkehr. Fahrer dürfen nur mit einer Freisprechanlage telefonieren. Kinder unter einer Größe von 1,35 Meter müssen in einem Kindersitz sitzen. Winterreifen sind nicht vorgeschrieben.

Besondere Bestimmungen

Auf Autobahnen sind Sie verpflichtet, bei einem Stau oder Unfall andere Verkehrsteilnehmer mit Ihrer Warnblinkanlage zu warnen. Das Parken ist u. a. innerhalb eines 10-Meter-Radius um eine Kreuzung verboten.

"Die Ruhe, Weite, Kultur, Natur, Einwohner und die abwechslungsreiche Landschaft sind immer wieder faszinierend"

Herr P. Geelen, Inspektor 1195.

Vorgeschriebene Ausrüstung

Ein Warndreieck ist im Fahrzeug vorgeschrieben. Sicherheitswesten, ein Verbandskasten, ein Feuerlöscher und Ersatzlampen werden ebenfalls zur Mitnahme empfohlen.

Wohnwagen und Wohnmobil
Ein Wohnmobil oder ein Gespann aus Pkw und Wohnwagen darf bis zu 4 m hoch, 2,55 m breit und 18,75 m lang sein (der Wohnwagen selbst darf bis zu 12 m lang sein).

Fahrrad
Ein Fahrradhelm ist nicht vorgeschrieben. Telefonieren und Tippen auf einem Smartphone sind während des Radfahrens verboten. Sie dürfen niemanden auf dem Gepäckträger mitnehmen (außer einem Kind im Kindersitz).

"Die Weite und die schöne Natur sind jedes Mal überwältigend"

Herr W. Koster, Inspektor 1007.

Maut
Auf den dänischen Straßen wird keine Maut erhoben. Doch auf der Großen Beltbrücke und der Öresundbrücke müssen Sie eine Mautgebühr zahlen. Sie können auf verschiedene Weise bezahlen. Weitere Informationen: storebaelt.dk und oresundsbron.com.

Umweltzonen
In Aarhus, Aalborg, Odense, Kopenhagen und Frederiksberg wurden Umweltzonen eingerichtet. Schwere Dieselfahrzeuge benötigen für das Fahren in diesen Umweltzonen eine Umweltplakette. Es gibt noch keine Umweltzonen, die für normale Pkw gelten. Weitere Informationen: ecosticker.dk

Panne und Unfall
Platzieren Sie Ihr Warndreieck auf der Autobahn mindestens 100 m (auf sonstigen Straßen 50 m) hinter Ihrem Auto, sodass es keine Gefahr für den übrigen Verkehr darstellt. Allen Insassen wird empfohlen, eine Sicherheitsweste anzuziehen. Rufen Sie bei einer Panne die Notrufnummer Ihrer Pannenhilfe-Versicherung an. Sie können auch einen dänischen Pannendienst anrufen: +45 70 10 20 30 (Falck) oder +45 70 10 80 90 (SOS/Dansk Autohjaelp). Das Abschleppen ist auf Autobahnen verboten.

Campen
Wildcampen außerhalb der Campingplätze ist im Allgemeinen verboten. Es ist nur zulässig, wenn der Grundbesitzer die Erlaubnis erteilt hat. Für Camper, die spät kommen, wird der QuickStop-Service immer beliebter: Übernachtungen nach 20:00 Uhr und bis 10:00 Uhr, oft außerhalb des Campingplatzes.
Achtung! Die Möglichkeiten, Propangasflaschen zu befüllen, sind sehr begrenzt. Deshalb ist es am besten, genügend Gas mitzunehmen.
Seitdem die dänische Wettbewerbsbehörde 2017 darüber entschieden hat, besteht keine Verpflichtung mehr, eine Camping Key Europe (CKE)-Karte für dänische Campingplätze zu erwerben. Sie können nun auch Ihre ACSI Club-ID auf vielen dänischen Campingplätzen verwenden. Es ist jedoch immer noch möglich, dass einzelne dänische Campingplätze eine CKE-Karte verlangen. Sie können diese vor Ort kaufen.

Allingåbro, DK-8961

38

Dalgård Camping***
Nordkystvejen 65
+45 86 31 70 13
25/3 - 10/9
info@dalgaardcamping.dk

5ha 125T(80-100m²) 1-16A

1 ABCDGJKMNPQR
2 AGJMSTWY
3 CGHIKPRUWY
4 (Q+S)
5 ABDEFGHIJKLMNOPQRUWZ
6 CEFGHKLM(N 3km)OV

Feiner Camping mit herzlichem Empfang durch Arne und Diana. Große Parzellen, gutes modernes Sanitär. Man geht über einen Rosenpfad zum feinsandigen Strand. Gute Angelmöglichkeiten. Schöne Waldgegend. Wanderangebote und Möglichkeiten zum Rad fahren vom Camping aus.

Befindet sich an Straße 547. Ca. 4 km westlich von Fjellerup. Der CP befindet sich rechts der Straße.

CC € 21 *25/3-25/5 29/5-27/6 18/8-9/9*

N 56°30'33" E 10°32'45"

Arrild/Toftlund, DK-6520

39

Arrild-Ferieby-Camping***
Arrild Ferieby 5
+45 20 48 37 34
1/1 - 31/12
info@arrildcamping.dk

8ha 250T(100-140m²) 16A CEE

1 ACDHJKLMNPQST
2 BEJSXYZ
3 CGHIOPQRSUW
4 J(S+T+U+W+Y)
5 ABDEFGIJKLMNOPQRUWXZ
6 CEFGJ(N 0,1km)O

Ruhiger Familiencamping in Waldgegend. Große windgeschützte Plätze. Schönes beheiztes Hallenbad nicht im Preis inbegriffen. Ausgewiesene Wanderouten und Radumgebung. Direkt am 18-Loch Golfplatz. Die alten Städte Ribe und Tønder etwa in 30 km. Die Insel Rømø mit ihrem prächtigen Strand in 20 Minuten erreicht.

Von der A7/E45 Ausfahrt 73 die 175 Richtung Rømø. Bei Toftlünd der Straße folgen; an der Ausfahrt Arrild ist der CP angezeigt.

CC € 19 *1/1-22/6 20/8-31/12*

N 55°09'12" E 08°57'24"

Augustenborg, DK-6440

40

Hertugbyens Camping**
Ny Stavensbøl 1
+45 74 47 16 39
1/4 - 30/9
hertugbyenscamping@mail.dk

2,6ha 200T(100-150m²) 16A CEE

1 ACDHJKLMNPQR
2 AGILNQSUXY
3 AGIKMWY
5 ABDEFGIJKLMNOPQRUWZ
6 ACEFGK(N 1km)

Stiller und ruhiger Camping an Wald und Wasser hinter dem Schlosspark von Augustenborg. Beste Lage für Familien mit Kindern, Angler, Wanderer und solche, die Natur und Ruhe lieben. Dennoch unweit von Sønderborg. Täglich frischer Fisch am Bauernladen.

Hauptstraße 8, an Sønderborg vorbei, Ausfahrt Augustenborg rechts. Im Zentrum links. Den Schildern folgen. Vor dem Krankenhaus zuerst rechts, danach links der Straße zum Strand folgen.

CC € 19 *1/4-15/7 1/9-30/9*

N 54°56'49" E 09°51'15"

Ballum/Bredebro, DK-6261

41

Ballum Camping***
Kystvej 37
+45 74 71 62 63
24/3 - 22/10
info@ballumcamping.eu

6,7ha 160T(100-240m²) 10A CEE

1 ACD**H**JKLMNQR
2 JSXYZ
3 CIKMNP**R**U
4 (Q+R+U)
5 **AB**DEFGHIJKLMNO**P**QRUWZ
6 ACDEFGH**K**(N 1,5km)T

Ein ruhiger Naturcampingplatz am Rande des Nationalparks Wattenmeer. Gelegen im schönen Marskland mit seiner reichen Vogelwelt. Ein Paradies für Vogelbeobachter, Wanderer und Radfahrer. Unweit der historischen Städte Tønder, Møgeltønder und Ribe. Genießen Sie Ruhe, Raum und die Natur. Beheizte Sanitäranlagen in der Vor- und Nachsaison. Täglich frisches Brot. Spezielle Wohnmobil-Stellplätze.

Küstenstraße Nr. 419 von Tønder nach Ballum. Kurz vor Ballum ist der CP ausgeschildert.

CC € 23 *24/3-28/6 24/8-22/10*

N 55°04'08'' E 08°39'38''

Bogense, DK-5400

42

First Camp Bogense City - Fyn*****
Vestre Engvej 11
+45 64 81 35 08
1/1 - 31/12
bogense@firstcamp.dk

11ha 425T(80-200m²) 13A CEE

1 ACD**H**JKLMNQR
2 AGJPSWXY
3 C**G**HIKM**O**P**R**SUVY
4 (**C** 15/6-31/8)(**F+H**)JN
5 ABDEFGIJKLMNOPQRUWXYZ
6 CDEFGHK(N 0,25km)OSTV

Bogense Strand Camping mit Frei- und Hallenbad liegt 5 Minuten vom Bogense Zentrum, Hafen und Strand. Der Camping liegt ideal für den Waldspaziergang, eine Tour durch die herrliche Landschaft oder Baden im Meer. Geeignet für Naturliebhaber, aber auch für Stadtmenschen, denn Odense liegt ganz dicht dabei.

Ab Odense Richtung Hafen, dann den Schildern folgen.

CC € 21 *24/3-6/4 10/4-17/5 21/5-26/5 29/5-26/6 18/8-22/10*

N 55°33'41'' E 10°05'07''

Bøjden/Faaborg, DK-5600

43

CampOne Bøjden Strand*****
Bøjden Landevej 12
+45 63 60 63 60
1/4 - 22/10
bojden@campone.dk

6,5ha 308T(80-140m²) 10A CEE

1 ACDE**H**JKLMNPQR
2 AGJMNSWXYZ
3 ACD**G**HIKMP**R**SUW**Y**
4 (**C** 1/6-15/9)(**F+H**)IJKMN
(Q+S+T+U+X+Y+Z)
5 **AB**DEFGIJKLMNOPQRUWXYZ
6 CDEFGHKL(N 3km)OTV

Sehr schöner Campingplatz mit gutem Sanitär. Liegt direkt am Meer, Blick über das Meer von allen Plätzen aus. Außergewöhnliche Sonnenuntergänge. Sehr kinderfreundlich mit vielen Aktivitäten drinnen und draußen.

Die 323 und 329 Assens-Hårby-Faaborg. Vor Faaborg die 8 Richtung Bøjden oder die Fähre Fynshav (Süd-Jütland)-Bøjden. CP ist in Bøjden ausgeschildert.

CC € 23 *1/4-17/5 22/5-26/5 30/5-25/6 18/8-22/10*

N 55°06'20'' E 10°06'28''

Bork Havn/Hemmet, DK-6893

44

Bork Havn Camping***
Kirkehøjvej 9A
+45 75 28 00 37
29/3 - 22/10
mail@borkhavncamping.dk

4,5ha 115T(100-120m²) 6-10A CEE

1 ACD**H**JKLMNQR
2 AESVWXYZ
3 CHIKMP**R**UW
4 (S+T+U 6/4-23/10)
5 **AB**DEFGIJKLMNO**P**RUWZ
6 CEFGHK(N 0,05km)OTV

Sehr gepflegter Campingplatz mit beheiztem Sanitär und allen Einrichtungen. Der Supermarkt ist neben dem Campingplatz. 100m entfernt ist der gesellige Fischerhafen mit Restaurant, Läden und Imbiss. Der geschlossene Fjord eignet sich zum Wind- und Kitesurfen und zum angeln. Wanderungen und Radtouren in der Umgebung sind ein Genuß.

Auf der 423 Nørre Nebel-Tarn; nördlich vom Ort Nørre Bork links ab den Schildern Bork Havn folgen.

CC € 23 *11/4-17/5 30/5-23/6 22/8-22/10*

N 55°50'54'' E 08°17'00''

Bramming, DK-6740

45

Darum Camping***
Alsædvej 24
+45 75 17 91 16
1/4 - 24/9
info@darumcamping.dk

4,4ha 50T(100-140m²) 10-16A CEE

1 ACDHIJKLMNPQR
2 BCIJSTXYZ
3 A**G**HU**W**
4 (Q+R+T+U+X+Z)
5 **AB**DFGJMNO**PQ**UW
6 ACEFGHJ(N 7km)OV

Idyllischer und schöner Camping zwischen Ribe und Esbjerg. Guter Schutz, große Plätze und neue Rezeption. Ruhige Location für Erwachsene, die Natur mögen. Am Nationalpark Wattenmeer Rad fahren. Sneum Schleuse und reiches Vogelleben. Mittagessen im Café möglich.

Von Süden her der Nr 11-24 folgen, Ausfahrt St. Darum. Den CP-Schildern folgen. Von Norden die 24.

CC € 23 *1/4-28/6 18/8-24/9*

N 55°26'03'' E 08°38'28''

Broager/Skelde, DK 6310

46

Broager Strand Camping***
Skeldebro 32
+45 74 44 14 18
1/1 - 31/12
post@broagerstrandcamping.dk

5,8ha 140T(80-125m²) 13-16A CEE

1 ACD**H**IJKLMNPQR
2 AGINPSTUWXYZ
3 A**G**HIKUWY
4 (Q+R+Z)
5 **AB**CDFGHIJKLMNOP**QR**UWXYZ
6 ABCDEFGHK(N 7km)OUV

Freundlicher Strandcamping in einer ruhigen und geschichtsträchtigen Gegend. Diverse Rad- und Wanderwege. Angeln und Kajak fahren möglich.

Von der E45 Ausfahrt 73 Richtung Sønderborg. Der 8 bis Nybol folgen, dann Richtung Broagar bis zur 1. Ampel links. Nach der Ampel 1. Straße rechts Richtung Skelde. Nach 3,5 km in Dynt geradeaus. Weiter ausgeschildert.

CC € 19 *1/1-31/3 11/4-30/6 20/8-31/12*

N 54°52'04'' E 09°44'39''

Bryrup/Silkeborg, DK-8654

47

Bryrup Camping****
Hovedgaden 58
+45 75 75 67 80
31/3 - 17/9
@ info@bryrupcamping.dk

2,4ha 241T(80-100m²) 13A CEE

1 ACD**H**JKLMNQR
2 CEJMSTXY
3 CIKP**R**SU**W**
4 (C 15/5-31/8)(H 15/5-1/9)J (Q 1/7-1/9)(Z)
5 **AB**DEFGIJKLMNO**PQ**RUWXY
6 CEFG**K**(N 0,4km)OQV

Ein nahe gelegener Wald- und Seencampingplatz mit kostenlosem Schwimmbad mit Wasserrutschen. Die schöne Hügellandschaft eignet sich hervorragend zum Wandern und Radfahren. Es gibt gute Angelmöglichkeiten.

Nach Vejle Straße 13 in nördlicher Richtung bis Silkeborg. Hier rechts Straße 453 nehmen. Nach ca. 10 km befindet sich der CP in Bryrup links.

CC € 23 *1/5-17/5 22/5-26/5 30/5-30/6 19/8-17/9*

N 56°01'21'' E 09°30'32''

Ebeltoft, DK-8400

48

Blushøj Camping - Ebeltoft***
Elsegårdevej 55
+45 86 34 12 38
31/3 - 24/9
@ info@blushoj.com

6,5ha 270T 10A CEE

1 ABCDHJKLMNQR
2 HJLMNPQSTXYZ
3 C**G**IKM**R**SUWY
4 (C+H 1/6-15/8)J(Q+R)
5 **AB**DEFGIJKLMNO**PQR**UWZ
6 CEFGKL(N 5km)OV

Auf diesem prächtig gelegenen Familiencamping mit Blick über den Kattegat, beim charmanten und geselligen Städtchen Ebeltoft, sind Sie herzlich willkommen. Ruhe, Natur, saubere Seeluft. Große Parzellen mit viel Privatsphäre. Die Rezeption informiert (auch in deutsch und englisch) über Wander/Radtouren. Golfmöglichkeiten in der Nähe.

Von Ebeltoft nach Elsegårde (4 km). An der Kreuzung am Weiher links zum CP.

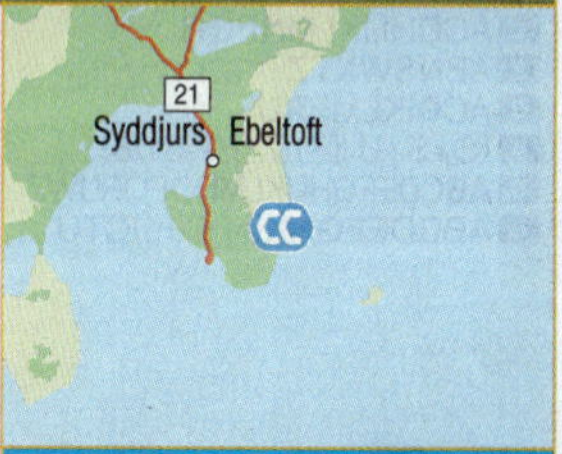

CC € 23 *31/3-17/5 29/5-23/6 18/8-24/9*

N 56°10'04'' E 10°43'49''

Ebeltoft, DK-8400

49

Elsegårde Camping
Kristoffervejen 1
+45 86 34 12 83
1/1 - 31/12
@ info@egcamp.dk

1,9ha 60T(70-120m²) 13A CEE

1 ABCDGJKLMNQR
2 GOPQWXY
3 C**G**K**R**UWY
5 **AD**FGIJKLMNO**P**QUW
6 EFGHK(N 5km)OV

Ruhiger, freundlicher und blumenreicher Campingplatz in Meeresnähe. Im Jahr 2022 unter neuer Leitung. Die ländliche und waldreiche Umgebung lädt zum Radfahren und Wandern ein. Der geschützte Nationalpark Mols Bjerge und das gemütliche Städtchen Ebeltoft mit Terrassen und Geschäften sind nur wenige Kilometer entfernt und machen Ihr Urlaubsgefühl komplett.

Von Ebeltoft nach Elsegårde fahren (4 km). Der CP liegt an der Kreuzung am Weiher.

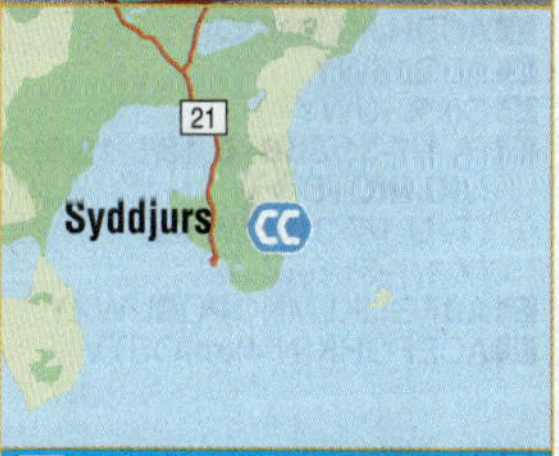

CC € 21 *1/1-30/6 18/8-31/12*

N 56°10'06'' E 10°43'23''

Ebeltoft/Krakær, DK-8400

50

Krakær Camping***
Gl. Kærvej 18
+45 86 36 21 18
1/1 - 31/12
info@krakaer.dk

8ha 227T(70-130m²) 10-16A CEE

1 ACDHJKLMNPQR
2 BMSTWXY
3 C**G**HIKLP**QR**SU
4 (C+H 15/5-1/9)(Q 23/6-13/8)
(S+T+U 25/6-15/8)
(X 29/6-9/8)(Z 25/6-15/8)
5 **AB**DEFGIJKLMNO**PQR**UWZ
6 ACEFGH**K**LM(N 8km)ORV

Krakær ist die Perle in einem der schönsten Naturgebiete Dänemarks. Der Terrassencamping mit getrennten Parzellen und flachen Wegen liegt in einem hügeligen Waldgebiet mit natürlichem Windschutz. Restaurant in der Nebensaison an Wochenenden offen. Prächtige Wander- und Radtouren vom Camping aus.

Über Straße 15 und 21 Richtung Ebeltoft. Etwas 8 km vor Ebeltoft rechts Richtung Krakær. CP ist ausgeschildert. Adresse für das Navi: Gammell Kærvej 18.

CC € 23 *2/4-18/6 1/9-22/10*

N 56°15'08'' E 10°36'09''

Ejstrup Strand/Brovst, DK-9460

51

Tranum Klit Camping
Sandmosevej 525
+45 98 23 52 82
31/3 - 1/10
info@tranumklitcamping.dk

13,5ha 220T(100-200m²) 10A CEE

1 ACDHIJKLMNPQR
2 ABNSWXYZ
3 AC**G**IKLMP**RU**
4 (Q+S+U)(Z 1/7-31/8)
5 **AB**CDEFGHIJKLMNOPQRUWZ
6 ABCDEFGHK(N 5km)OTU

Camping mit dem Gefühl,eins mit der Natur zu sein'. Durch den Wald guter Schutz gegen Wind, lässt aber genug Sonne durch. Ruhe und Gemütlichkeit herrschen vor. Schöne versteckte Plätze. Liegt nicht weit vom Meer mit einem schönen Sandstrand. Neu: separater FKK-Bereich mit 12 Plätzen und eigenem Sanitär auf dem Campinggelände.

Von der Straße 11, bei Brovst über Tranum nach Tranum Klit oder ab Fjerritslev über Slettestrand und Fosdalen.

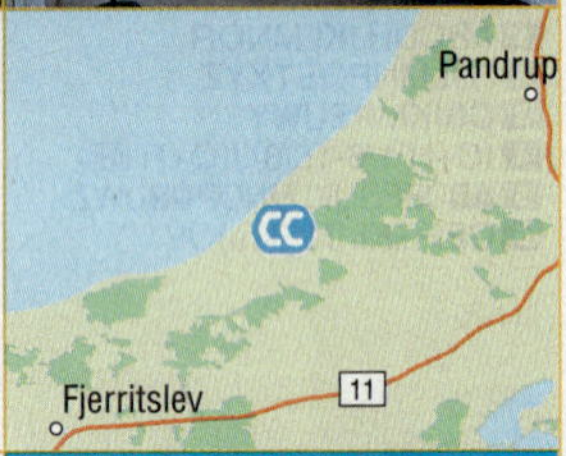

CC € 23 *1/5-2/6 1/9-1/10*

N 57°10'15'' E 09°27'48''

Fredericia, DK-7000

52

Dancamps Trelde Næs***
Trelde Næsvej 297
+45 75 95 71 83
1/1 - 31/12
info@dancamps.dk

10ha 475T 10A CEE

1 ACD**H**JKLMNPQR
2 ABGJSWY
3 CIP**R**SUWY
4 (A 1/7-31/8)(**B**+**G** 15/5-15/9)
IJ**KLN**(Q+S)
(T+U 1/7-31/8)(W)
(X 1/7-31/8)(Z)
5 **AB**FGIJKLMNO**PQR**UWXY
6 ACEFGHK(N 4km)OSTV

Großer Camping, ohne Schatten, schön an der Küste gelegen.

Die 28 (Vejle-Fredericia). In Vejle Richtung Egeskov abbiegen, dann Trelde und Trelde-Næs. Von Fredericia nach Trelde, dann Trelde Næs.

CC € 23 *1/1-17/5 21/5-25/5 29/5-3/7 20/8-31/12 7=6, 14=11*

N 55°37'30'' E 09°50'00''

Frørup, DK-5871

Kongshøj Strandcamping***
Kongshøjvej 5
+45 65 37 12 88
1/1 - 31/12
info@kongshojcamping.dk

6ha 120T(80-150m²) 16A CEE

1 ACD**H**JKLMNPQR
2 AGQSWXYZ
3 CE**G**IKOP**R**SU**W**Y
4 (Q+R 1/4-1/10)
5 **AB**DEFGIJKLMNO**PQR**UW
6 CDEFGHK(N 9km)OTUV

Ruhiger Familiencamping, kinderfreundlich, gleich am Strand mit sauberem Wasser (blaue Flagge). Auch für Spaziergänge über den Kies- und Sandstrand und den Wald geeignet.

Straße Nr. 163 Nyborg-Svendborg, nach ungefähr 11 km die zweite Ausfahrt nach Tårup nehmen und den CP-Schildern Kongshøj-Strand folgen.

CC € 21 *1/1-25/6 28/8-31/12*

N 55°13'18'' E 10°48'22''

53

Glyngøre, DK-7870

Glyngøre Camping***
Sundhøj 20A
+45 97 73 17 88
1/1 - 31/12
info@glyngore-camping.dk

9ha 290T(80-120m²) 10A CEE

1 ACDHJKLMNPQR
2 AGJSUWXY
3 C**G**IKPU**W**Y
4 (E+H 1/5-1/10)**K**(Q+R+Z)
5 **AB**DEFGIJMNOPRUW
6 CEFGHK(N 1,5km)OV

Gepflegter und geschützter Familiencampingplatz mit beheiztem Hallenbad. Gelegen am Limfjord, 2 km von Glyngøre entfernt mit einem schönen kleinen Hafen und vielen Wassersportmöglichkeiten.

Auf der A26 von Skive nach Thisted die Ausfahrt Glyngøre nehmen. Der Campingplatz ist ausgeschildert.

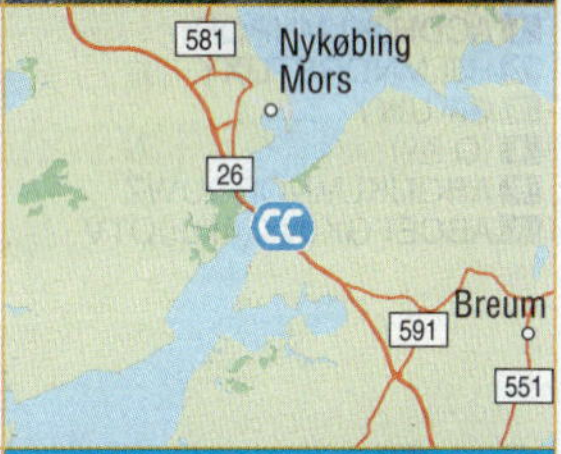

CC € 21 *17/3-26/6 18/8-29/10*

N 56°44'32'' E 08°52'06''

54

Grenå, DK-8500

Fornaes Camping***
Stensmarkvej 36
+45 40 18 76 78
1/4 - 22/10
info@fornaescamping.dk

9,2ha 293T(100-140m²) 10-16A

1 ACD**H**JKMNQR
2 HLMNPQSTUXYZ
3 AC**G**HKMP**R**SU**W**Y
4 (C+H 1/6-1/9)(Q+S)
5 **AB**DEFGJLPQRUWZ
6 CEFGHK**M**(N 6km)OQRV

Familiencampingplatz direkt am Meer gelegen. Schönes Schwimmbad und viel Platz für Kinder zum Spielen. Die Stellplätze sind geräumig und der abfallende Campingplatz bietet einen herrlichen Blick auf das Meer. Wander- und Radfahrmöglichkeiten in der Umgebung.

Über die Straßen Nr. 15 oder 16 zum Fährhaven in Grenå. Dann links, den Schildern folgen, noch 5 km.

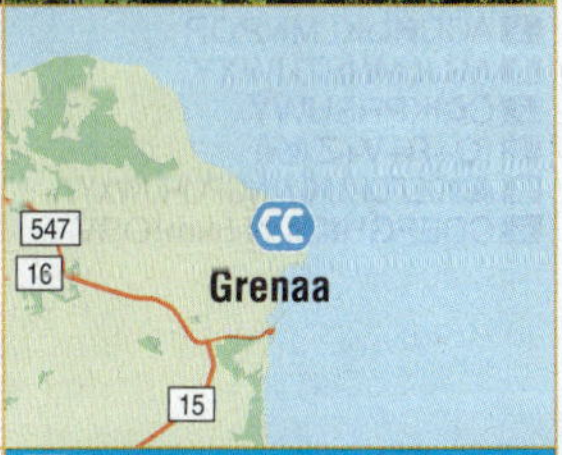

CC € 23 *1/4-17/5 22/5-26/5 30/5-23/6 18/8-22/10*

N 56°27'14'' E 10°56'28''

55

Grenå, DK-8500

56

Grenå Strand Camping****
Fuglsangvej 58
+45 86 32 17 18
1/4 - 11/9
@ info@grenaastrandcamping.dk

22ha 579T(140-280m²) 10A

1 ACD**H**JKLMNP**Q**R
2 ABHJSTWY
3 C**G**HIKP**R**SU**W**Y
4 (C+H 25/5-24/8)J
(Q 23/6-26/8)
5 **AB**DEFGIJKLMNOPRUWXYZ
6 CEFGHK(N 4km)OTUV

Groß angelegter Camping mit sonnigen und schattigen Plätzen, mit vielen Spielecken für Kinder. Möglichkeiten zum Hochseeangeln. Viele Attracktionen in der Nähe, am Strand und am Meer gelegen. Schönes beheiztes Schwimmbad.

In Grenå Richtung Hafen. Südlich des Hafens ist der CP ausgeschildert.

CC € 23 *1/5-17/5 22/5-26/5 30/5-30/6 18/8-11/9*

N 56°23'22'' E 10°54'44''

Gudhjem, DK-3760

57

Gudhjem Camping***
Melsted Langgade 45
+45 42 41 58 15
15/3 - 23/10
@ mail@gudhjemcamping.dk

5ha 150T(80-100m²) 16A CEE

1 ACDHJKLMNPQR
2 HJLMNQRSTUXY
3 **G**IKU**W**Y
4 (Q 🔑)
5 **AB**GIJKLMNOPQUWZ
6 ABCEFGK(N 0,4km)OTV

Gudhjem Camping bietet eine ruhige und entspannte Atmosphäre für das "reifere" Publikum. Genießen Sie den Blick auf die Steilküste, die Ostsee und Christiansø. Ein Spaziergang über die Klippen, die Natur und die Stille sind zum Greifen nah, so auch die Ruhe. In der Nebensaison können Sie in dunklen, klaren Nächten den Sternenhimmel bewundern.

Der CP liegt in der Nähe von Gudhjem, nahe beim Supermarkt an der Strecke Allinge-Svaneke und ist ausgeschildert.

CC € 23 *1/5-2/6 1/9-30/9*

N 55°12'26'' E 14°58'38''

Haderslev/Diernæs, DK-6100

58

Vikær Strand Camping***
Dundelum 29
+45 74 57 54 64
31/3 - 24/9
@ info@vikaercamp.dk

12ha 390T(100-140m²) 13A CEE

1 ACD**H**IJKLMNPQR
2 AGJLMNSTUWXY
3 C**G**IKPRSUWY
4 (Q+R+V+Z 🔑)
5 **AB**DEFGHIJKLMNOPQRUWXYZ
6 CDEFGH**K**M(N 5km)OSV

Der Campingplatz liegt direkt am Strand, umgeben von Feldern und Wäldern. Großartige Einrichtungen für Wohnwagen und Wohnmobile und Stellplätze direkt am Meer. Täglich frisch gebackenes Brot. Für die Kinder gibt es einen Spielplatz mit großen Hüpfburgen. Schöne Wander- und Radwegen.

In Aabenraa der Straße 170 Richtung Kolding bis nach Hoptrup folgen, dort rechts Richtung Diernaes fahren. Der Weg ist ausgeschildert.

CC € 23 *10/4-4/5 7/5-17/5 21/5-26/5 29/5-23/6 18/8-24/9*

N 55°09'00'' E 09°29'40''

Hesselager, DK-5874

59

First Camp Bøsøre Strand - Fyn*****
Bøsørevej 16
+45 62 25 11 45
24/3 - 22/10
bosore@firstcamp.dk

23,6ha 350**T**(100-150m²) 10A CEE

1 ACD**H**JKLMNPQR
2 AGJQSWXYZ
3 CD**G**HIKP**R**SU**W**Y
4 (F+H)**IKMNP** (Q+S+T+U+X+Z)
5 **AB**CDEFGIJKLMNOPQRUWXYZ
6 CDEFGH**K**L(N 7km)OSTV

Mitten in der märchenhaften Natur von Fyn, zwischen Wald und Meer finden Sie den Bøsøre Strand Feriepark. Der Camping liegt rund um das prächtige Manor House und den dazugehörigen 200 Jahre alten Bauernhofgebäuden.

E20, Ausfahrt 45 zur 163 Nyborg-Svendborg. Bei Langå Ausfahrt Vormark/Bøsøre und Bøsøre-CP folgen.

CC € 21 *24/3-6/4 10/4-17/5 21/5-26/5 29/5-26/6 18/8-22/10*

N 55°11'36'' E 10°48'23''

Holbæk, DK-4300

60

CampOne Holbaek Fjord***
Sofiesminde Allé 1
+45 63 60 63 63
1/1 - 31/12
holbaek@campone.dk

5ha 225**T**(80-120m²) 10-16A CEE

1 ACD**H**JKLMNR
2 GIJLNSXY
3 C**G**HIKMPUV**W**
4 (E+H 1/5-1/10)**KN**(Q+R)
5 **AB**DFGIJKLMNOPQRUWZ
6 CEFGHK(N 1km)OV

Dieser sonnige an der See gelegene Familiencamping mit schrägem Gelände, hat u.a. einen Spielplatz, Wellnesscenter und Hallenbad. Täglich frisches Brot, gratis WLAN und Wander- und Radwege verfügbar. Unmittelbar bei Kopenhagen. Reservierung erforderlich.

Von Kopenhagen aus die 21, Ausfahrt 15, Kreisel Richtung Holbæk (10 km). Ortseinfahrt Holbæk rechts ab. Ausgeschildert.

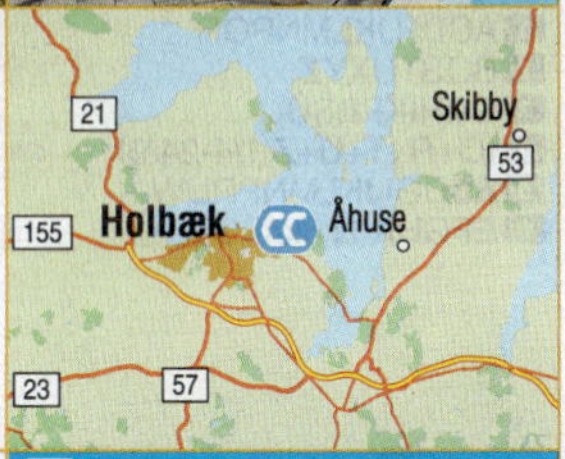

CC € 23 *1/4-17/5 22/5-26/5 30/5-25/6 18/8-22/10*

N 55°43'05'' E 11°45'40''

Hvide Sande, DK-6960

61

Dancamps Holmsland***
Tingodden 141
+45 97 31 13 00
5/4 - 24/9
info@dancamps.dk

2,5ha 92**T**(85-105m²) 10A CEE

1 ACD**H**JKLMNQR
2 AGJNSTWX
3 A**G**IKUWY
4 (Q+R)
5 **AB**DFGIJKLMNOPRUW
6 CEFGK(N 4km)OV

Kleiner geselliger Camping mitten in schöner Dünenlandschaft an der Westküste Jütlands. In den Dünen werden Sie Ruhe und Stille finden. Ideale Umgebung für den Erholungsurlaub. Lange Strandspaziergänge oder schöne gemeinsame Radtouren. Die nationale Radroute Nr 1, die Westküsten Strecke, geht am Camping vorbei.

Über die Küstenstraße 181, ca. 5 km südlich von Hvide Sande auf den „Søholmvej". Am Ende der Straße liegt der CP.

CC € 21 *5/4-17/5 21/5-25/5 29/5-3/7 20/8-24/9* 7=6, 14=11

N 55°57'45'' E 08°08'31''

Hvide Sande, DK-6960

62

Dancamps Nordsø***
Tingodden 3, Årgab
+45 96 59 17 22
31/3 - 29/10
info@dancamps.dk

12,5ha 299T(40-100m²) 10A CEE

1 ACD**H**JKLMNQR
2 AGJSTUWX
3 C**G**IKMR**R**UWY
4 **(F+H** **)JKLN**(Q+R)
(T+U+W+Y+Z 1/7-1/9)
5 **AB**DEFGIJKMNOPRUWXYZ
6 ACDEFGHKL(N 6km)OSV

Camping mitten in der robusten Natur an der Westküste Jütlands. Ein paar Km vom Hafenstädtchen Hvide Sande. Von einer Dünenreihe zum Meer hin geschützt. Von den Dünen schöner Blick auf die Nordsee und den Ringkøbing Fjord. Hallenbad mit Rutschbahn, Sauna und türkisches Dampfbad.

Ab Esbjerg nach Varde und dann die Küstenstraße 181 nordwärts Richtung Hvide Sande. Kurz hinter Haurvig Kirke sehen Sie links den CP, mit Pool und grüner Rutsche.

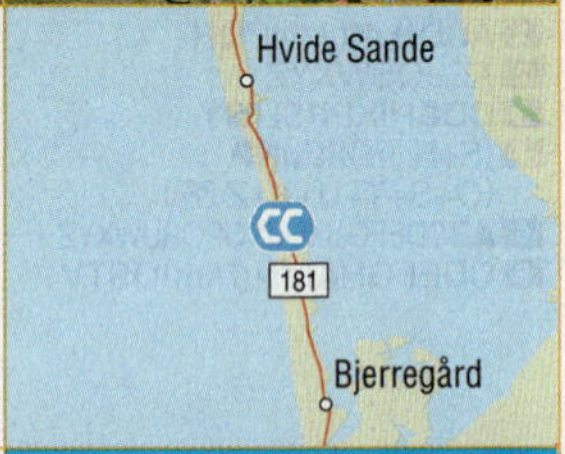

CC € 23 *31/3-17/5 21/5-25/5 29/5-3/7 20/8-29/10 7=6, 14=11*

N 55°56'58'' E 08°09'01''

Kalundborg/Saltbæk, DK-4400

63

Kalundborg Camping**
Saltbækvej 88
+45 93 88 79 00
1/1 - 31/12
info@kcamping.dk

3,5ha 120T(120-180m²) 10-16A CEE

1 ACDHJKLMNPQR
2 BQSTUXYZ
3 C**G**HIKP**R**SU
4 (Q+R+T+U+Z 1/4-24/9)
5 **AB**DGI**J**KLMNPRUW
6 EFGHK(N 6km)OT

Schöner Camping mit großen Plätzen üner Felder verteilt, für Kinder schöner Spielplatz mit Springkissen. Der Camping liegt ca. 1,5 km vom Meeresstrand mit Blauer Flagge. Im Winter schon anrufen, ob jemand da ist.

In Kalundborg an erstem Kreisel CP-Schilder folgen nach Saltbæk, ungefähr 5 km.

CC € 23 *1/1-1/7 20/8-31/12 7=6*

N 55°43'43'' E 11°06'42''

Kruså/Kollund, DK-6340

64

First Camp Frigård - Flensborg Fjord****
Kummelefort 14
+45 74 67 88 30
1/1 - 31/12
frigaard@firstcamp.dk

15ha 741T(80-120m²) 10A

1 ACD**H**JKLMNPQR
2 AGIJLSUWXYZ
3 CD**G**HIKMP**R**SUWY
4 (C+H 15/5-15/9)**KLN**
(Q+R+S+T+U+Y+Z)
5 **AB**DEFGHIJKLMNOPQRUWXYZ
6 CDEFGHK(N 4km)OTUV

Großer Luxus-Familiencampingplatz mit Schwimmbad, drei Spielplätzen und Sportplatz. Guter Ausgangspunkt für längere Wanderungen oder Radtouren.

In Kruså der Straße nach Kollund folgen. Ab Kollund Richtung Sonderhav. CP liegt ca. 800m links von der Straße Kollund-Sonderhav.

CC € 21 *24/3-6/4 10/4-17/5 21/5-26/5 29/5-26/6 18/8-22/10*

N 54°50'33'' E 09°27'33''

Lisbjerg/Århus-N, DK-8200

iD 65

Aarhus Camping***
Randersvej 400
+45 86 23 11 33
1/1 - 31/12
info@aarhuscamping.dk

6,9ha 190T(80-150m²) 16A CEE

1 ACD**H**JKLMNPQR
2 BIJSTXYZ
3 AB**G**R**U**
4 (C+H 15/6-15/8)K
(Q+R+T+U+V+X+Z)
5 **AB**DEFGIJLMNO**PQ**RUWZ
6 ACDEFG**K**L(N 4km)OV

Am Campingplatz alle Infos für den Ausflug nach Århus, Dänemarks Nr. Zwei an Museen und Parkanlagen. Von Mitte Juni bis Mitte August herrlich relaxen im Jacuzzi am Pool. Viel Grün auf diesem gut geführten Camping. Große, flache Parzellen. Rezeption spricht Deutsch/Englisch. Tageskarte mit dänischen Spezialitäten im neuen Restaurant.

E45 Ausfahrt 46 Århus-N Richtung Lisbjerg, erste Ampel links, dann dem CP-Schild noch 2 km folgen.

CC € 23 *9/1-25/5 30/5-15/6 21/8-20/12*

N 56°13'36'' E 10°09'49''

Løkken, DK-9480

iD 66

Løkken Klit Camping***
Joergen Jensensvej 2
+45 98 99 14 34
1/1 - 31/12
info@loekkenklit.dk

15ha 500T(100-150m²) 13-16A CEE

1 ACD**H**JKLMNPQR
2 AJOSTWXYZ
3 ACGHIKMNP**R**SU
4 (**C+G** 30/5-29/8)**J**M
(Q+S 4/4-19/10)
(T 26/6-15/8)
5 **AB**DEFGIJKLMNO**PQ**RUWXYZ
6 BCEFGHK(N 3km)OSTUV

Der Campingplatz liegt auf einem waldreichen Grundstück mit kleinen, geschützten Parzellen. Sanitär ist äußerst modern. Das neue Schwimmbad (nicht gratis) hat zwei ganz besondere Rutschbahnen.

CP liegt an der Hauptstraße 55, 3 km südlich von Løkken.

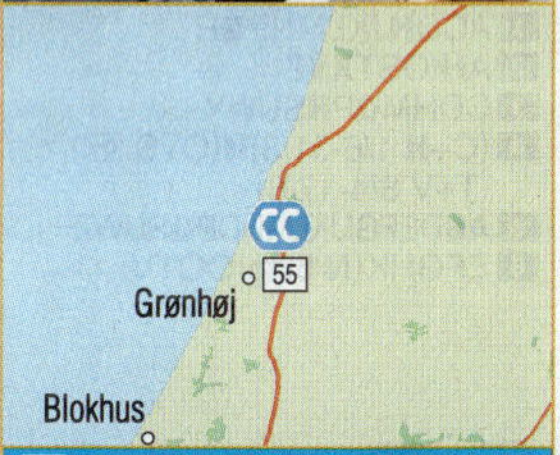

CC € 23 *1/1-17/5 29/5-29/6 18/8-31/12*

N 57°20'40'' E 09°42'25''

Løkken/Ingstrup, DK-9480

iD 67

Grønhøj Strand Camping***
Kettrupvej 125
+45 98 88 44 33
31/3 - 17/9
info@gronhoj-strand-camping.dk

14ha 516T(100-150m²) 13A

1 ACDHJKLMNPQR
2 ADSTWXYZ
3 ACE**G**H**O**P**R**STU
4 **N**(Q+R+S)
5 **AB**CDEFGHIJKLMNO**PQ**RUWXYZ
6 ACDEFGHKL(N 1km)OTV

Großer Camping von Wald umgeben und 700 m vom Strand. Gut geschützte Plätze. Schöner, breiter, kinderfreundlicher Sandstrand. Gratis Wifi. Biker willkommen. Großer umzäunter Kinderspielplatz und großes Springkissen. Auch ideal für Zeltcamper.

Auf Hauptstraße 55, 6 km südlich von Løkken nach Grønhøjstrand. Nach ca. 2 km der zweite CP links.

CC € 21 *31/3-30/6 18/8-16/9*

N 57°19'15'' E 09°40'38''

Malling, DK-8340 — 68

CampOne Ajstrup Strand camping***
Ajstrup Strandvej 81
+45 63 60 63 64
1/1 - 31/12
ajstrup@campone.dk

9,2ha 396T(60-150m²) 10A CEE

1 ACD**H**JKLMNP**Q**R
2 AHJOPSTWXYZ
3 C**G**IKL**R**SU**W**Y
4 (**E**+**H** 10/4-16/10)
(Q 4/4-20/10)(R 4/4-22/10)
5 **AB**DEFGIJKLMNOPQRUWZ
6 ACEFGHK(N 4km)OTV

Luxus Camping direkt an der sauberen See (Blaue Flagge) mit Sandstrand. Schönes und umfangreiches Sanitär. 2018 großer neuer Kinderspielplatz. Vom Camping aus gute Radwege. Ausflüge nach Aarhuus, Dänemarks zweitgrößter Stadt mit sehr viel Kultur. Reservierung erforderlich für Ankünfte nach dem 24.10.2021.

Die 451 zwischen Odder und Århus an der Abzweigung nach Malling. Folgen Sie in Malling den Schildern Richtung Ajstrup (Strand) und CP.

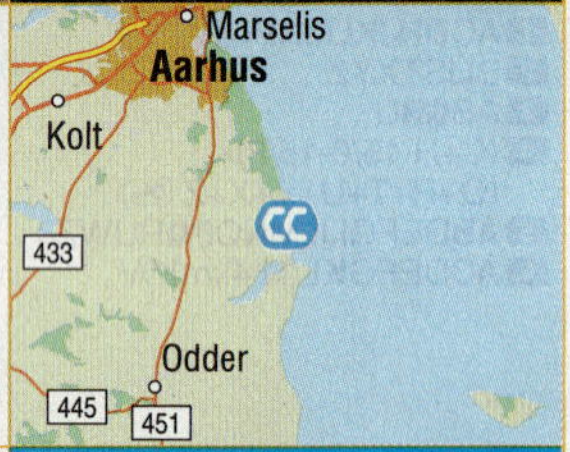

CC € 23 *1/4-17/5 22/5-26/5 30/5-25/6 18/8-22/10*

N 56°02'29'' E 10°15'52''

Middelfart, DK-5500 — 69

Vejlby Fed Strand Camping****
Rigelvej 1
+45 28 94 02 89
31/3 - 24/9
mail@vejlbyfed.dk

55,7ha 259T(100-140m²) 10A CEE

1 ACD**H**JKLMNP**Q**R
2 AHIOSTXYZ
3 CDHM**O**P**R**SU**W**Y
4 (C+**H** 1/6-31/8)**N**(Q+S)
(T+V 8/4-17/8)
5 **AB**DEFGIJKLMNO**PQ**RUWZ
6 EFGHK(N 5km)OQTV

Auf der Insel Fünen. Ruhiger freundlicher Camping mit umfangreichen Einrichtungen in Strandnähe und der Kleinen Beltbrücke mit Angelmöglichkeiten.

E20, Ausfahrt 58 über die 317 Bogense. 1. Kreisel dreiviertel rund, 2 Kreisel geradeaus. Ab Bogensevej ist der CP ausgeschildert.

CC € 23 *31/3-5/5 7/5-16/5 21/5-25/5 29/5-8/6 11/6-22/6 20/8-24/9*

N 55°31'11'' E 09°51'00''

Nordborg/Augustenhof, DK-6430 — 70

Augustenhof Strand Camping***
Augustenhofvej 30
+45 74 45 03 04
1/1 - 31/12
mail@augustenhof-camping.dk

4ha 252T(100-120m²) 16A CEE

1 ACD**H**JKLMNPQR
2 AGNQSUWXY
3 C**G**IKP**R**UWY
4 (Q+S+T+U+Z)
5 **AB**DEFGIJKLMNO**P**QRUWZ
6 CEFGHKM(N 4km)O

Ruhiger (Sand)Strandcamping mit Privatzugang vom Stellplatz zur See. Panoramablick auf den Kleinen Belt. Sehr kinderfreundlich mit sauberem, gut gepflegten Sanitär. Schöne markierte Wander- und Radrouten. Der Platz hat 2014 die Blaue Flagge bekommen.

Auf der Straße Sønderborg-Fynshav nach links Richtung Nordborg. Dann Richtung Købingsmark und Augustenhof fahren.

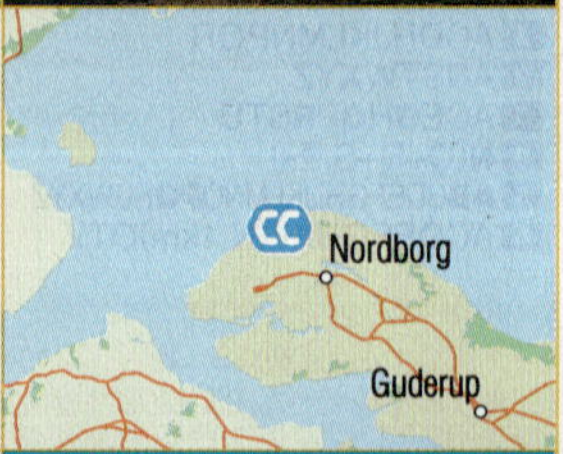

CC € 21 *1/1-13/5 1/6-24/6 3/9-31/12*

N 55°04'38'' E 09°42'53''

Nørre Nebel, DK-6830 — 71

Houstrup Camping***
Houstrupvej 90
+45 75 28 83 40
31/3 - 22/10
houstrup@houstrupcamping.dk

6ha 220T(120-170m^2) 13A CEE

1 ACD**H**JKLMNPQR
2 ASVWXYZ
3 C**GHO**P**R**SU
4 (C+H 1/6-31/8)J(Q+S+T)
5 **AB**DEFGIJKLMNO**PR**UWXZ
6 CDEFGKM(N 1km)OTV

Houstrup Camping ist am Rande der großen Dünen-Waldlandschaft 'Blåbjerg Klitplantage'. Diese schöne Gegend Westjütlands erstreckt sich bis an die Nordsee. Gut geeignet für Rad-und Wandertouren. Gute, windgeschützte Plätze und Minimarkt mit ganztägig, frischen Brotangebot. 1500m weiter ist die Sporthalle 'SeaWest' mit Tropic-Erlebnisbad.

Straße 181 Nørre Nebel Richtung Nymindegab, Ausfahrt Lønne. Beschilderung folgen.

CC € 23 *31/3-23/6 20/8-22/10*

N 55°46'28'' E 08°14'18''

Odder/Boulstrup, DK-8300 — 72

Hygge Strand Camping***
Toldvejen 50
+45 88 44 83 83
31/3 - 17/9
info@hyggestrandcamping.dk

5ha 120T(100-110m^2) 10A CEE

1 ACD**H**JKLMNPQR
2 AGQSWY
3 C**G**HPU**W**Y
4 (Q+R)
5 **AB**DEFGIJKLMNOP**QR**UW
6 CDEFGHKM(N 9,9km)OT

Schön angelegter, parkartiger Camping, ruhig gelegen mit wenig Schatten. Odder Strand Camping liegt 50m von der See. Der Strand ist mit dem Öko-Label 'Blaue Flagge' zertifiziert.

Die 451 Horsens-Odder. In Ørting Richtung Gylling, etwas später Gosmer und Hou. Ab Halling Richtung Hou, danach Spøttrup. Von hier aus den CP-Schildern folgen.

CC € 23 *1/5-16/5 21/5-26/5 28/5-25/6 21/8-16/9*

N 55°56'04'' E 10°15'23''

Ortved/Ringsted, DK-4100 — 73

Skovly Camping***
Nebs Møllevej 65
+45 57 52 82 61
1/4 - 30/9
info@skovlycamping.dk

5,7ha 150T(80-120m^2) 13A CEE

1 ACD**H**JKLMNQR
2 BCEIJLSWXYZ
3 AC**G**HKUW
4 (**B** 17/6-28/8)(**G** 10/6-28/8)
(Q 1/5-30/9)(R)
(U 1/5-30/9)
5 **AB**DEFGIJKLMNOP**QR**UW
6 EFGHKL(N 2,5km)OTUV

Gut gepflegter Familiencamping mit Schwimmbad und Spielplatz an einem weitläufigen Wald. Ideal um zur Ruhe zu kommen.

6 km von der Autobahn E20 nach Kopenhagen. Die 14 Ringsted-Roskilde. In Ortved CP-Schildern links folgen.

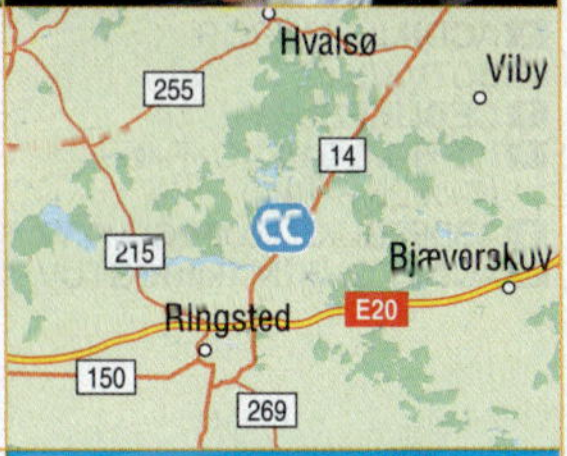

CC € 23 *1/4-17/5 21/5-26/5 29/5-30/6 18/8-30/9*

N 55°29'48'' E 11°51'28''

Øster Hurup/Hadsund, DK-9560

iD 74

Kattegat Strand Camping*****
Dokkedalvej 100
+45 98 58 80 32
1/4 - 17/9
info@922.dk

20ha 580**T**(100-140m²) 10-16A CEE

1 ACD**H**JKLMNPQR
2 ACGJNSTWXY
3 ACDEHKMNOP**R**SUV**WY**
4 (C+H 1/5-31/8)**KN**
(Q 3/7-7/8)(S)
(T+U+V+X+Y+Z 1/7-1/9)
5 **AB**DEFGIJKLMNOPQR**S**UWXYZ
6 CDEFGHKL(N 2,5km)OSUV

Prächtiger Familiencampingplatz am Strand mit Blick auf das Meer Naturgebiet. Hallensport, Wassersport, Internet, Restaurant. Beheiztes Freibad (Wassertemperatur von 26°C). Achtung: der CampingCard-Tarif gilt für einen Standartplatz ohne die Umweltabgabe (20 DKK pro Person).

An der Küstenstraße 541, 2 km nördlich vom Dorf Øster Hurup gelegen.

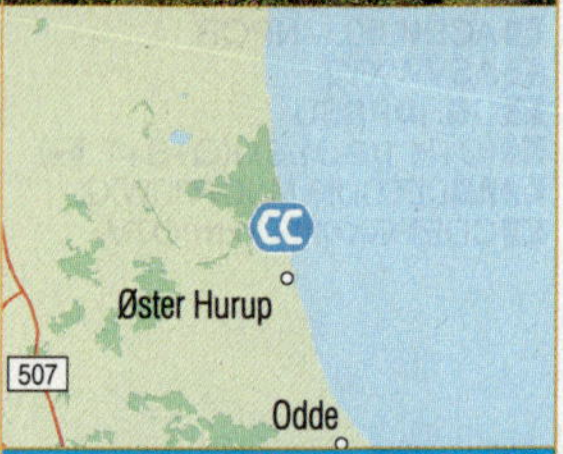

CC € 23 *1/4-5/7 21/8-31/8*

N 56°49'32'' E 10°16'08''

Otterup, DK-5450

iD 75

First Camp Hasmark Strand - Fyn***
Strandvejen 205
+45 64 82 62 06
1/1 - 31/12
hasmark@firstcamp.dk

12ha 550**T**(100-150m²) 10A CEE

1 ACD**H**JKLMNPQR
2 AGSWXY
3 CHIKMNPSU**WY**
4 (**C** 29/6-11/8)(**F**)**I**KLN
(Q+S)(T 29/6-11/8)
(Y+Z)
5 **AB**DEFGIJKLMNOPQRUWXYZ
6 CDEFGHKLM(N 7km)OSTV

Am schönsten Strand von Fünen. Auf dem Platz findet man ein schönes Badeparadies mit einem exklusiven Wellnessteil mit Spa, Sauna und Solarium. Abwechslungsreiches Aktivprogramm für Jung und Alt und für Kinder ein echter Wikinger Spielplatz. Sie finden auf dem Camping ein Restaurant, Pizzeria und Supermarkt. Machen Sie Urlaub!

In Otterup an den Ampeln Richtung Hasmark; Straße bis 300m vor den Strand fahren. CP liegt rechts des Weges.

CC € 21 *24/3-6/4 10/4-17/5 21/5-26/5 29/5-26/6 18/8-22/10*

N 55°33'45'' E 10°27'16''

Ribe, DK-6760

iD 76

Ribe Camping****
Farupvej 2
+45 75 41 07 77
1/1 - 31/12
info@ribecamping.dk

9ha 485**T**(100-200m²) 10-16A

1 ACD**H**JKLMNPQR
2 BSTVWXYZ
3 CE**G**IJKPSU
4 (C+H 1/6-31/8)(Q+R)
(T+X 25/6-18/8)
5 **AB**DEFGIJKLMNO**PQR**UWXYZ
6 ACDEFGH**K**(N 1km)OSTUV

Ruhiger Camping mit großen Plätzen und Fünfsterne Ausstattung. Besuchen Sie Ribe: proklamiert zur schönsten Stadt Europas, und den Nationalpark Wattenmeer: Teil des UNESCO-Welterbes. Ribe hat eine schöne Umgebung, perfekt für den Rad- und Wanderurlaub.

Die 11 Tønder-Ribe. Richtung Varde/Esbjerg westlich von Ribe ist der CP ausgeschildert. Aus dem Norden der Stadt kommend rechts ab. Von Süden her die 11 Ribe Nord halten. An der 1. Ampel links.

CC € 23 *1/1-31/3 11/4-4/5 8/5-16/5 30/5-21/6 3/9-31/12* 14=12

N 55°20'27'' E 08°46'00''

Riis/Give, DK-7323

77

Riis Feriepark****
Østerhovedvej 43
+45 75 73 14 33
1/4 - 17/9
info@riisferiepark.dk

10ha 184T(90-140m²) 13A CEE

1 ACD**H**JKLMNPQR
2 BISTY
3 ACE**GR**UV
4 (C 4/6-4/9)(H 27/5-3/9)J**K** (Q+R+T+Z)
5 **AB**DEFGIJKLMNOPQRUWXY
6 CDEFGJ**K**(N 2km)OTV

Großer Camping in schöner Natur in Mitteljütland. Moderne Einrichtungen und Freibad. Erkunden Sie die tolle Architektur von Vejle, den Fjord, die Fußgängerzone, die Geschäfte und das lebendige Stadtleben. Kurze Entfernung zu Legoland, Givskud Zoo, WOW-Park, Lego House und Kongernes Jelling. 5 Minuten von der Autobahn Midtjyske entfernt.

An der Straße 442 im Ort Riis gut ausgeschildert. Dann noch ca. 2 km. An Straße 441 zwischen Give und Bredsten Riis, Givskud folgen.

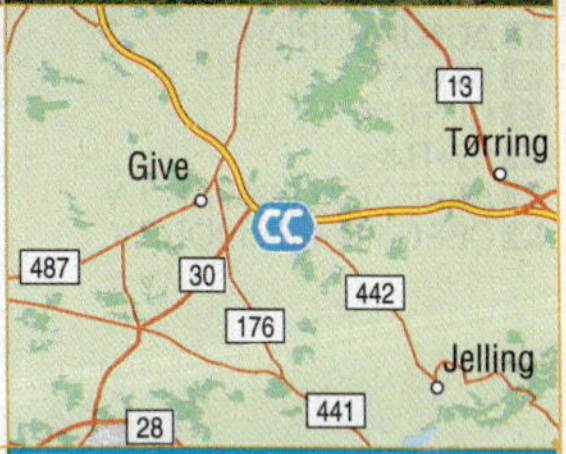

CC € 23 *1/4-30/6 18/8-16/9*

N 55°49'54" E 09°18'02"

Ringkøbing, DK-6950

78

Ringkøbing Camping***
Herningvej 105
+45 97 32 04 20
31/3 - 1/10
info@ringkobingcamping.dk

7,5ha 110T(36-140m²) 10A CEE

1 A**H**JKLMNPQR
2 BSTUWXYZ
3 AC**G**HIKPRSU
4 (Q 1/7-31/8)
5 **AB**DFGIJK**L**MNO**PR**UWZ
6 CEFGHJ(N 2,5km)ORU

Dieser ruhig gelegene Platz hat große Sonnenplätze mit Schatten.Sehr guter Windschutz. Vom Camping aus viele Wander- und Rad-, und Wassersportangebote. Man spricht Dänisch / Deutsch / Englisch / Niederländisch.

Sie finden den CP an Straße 15, von Ringkøbing aus 4 km Richtung Herning. CP ist ausgeschildert.

CC € 23 *31/3-16/5 30/5-30/6 1/9-1/10*

N 56°05'18" E 08°19'00"

Rømø, DK-6792

79

Kommandørgårdens Camping & Feriepark
Havnebyvej 201
+45 74 75 51 22
1/1 - 31/12
sale@kommandoergaarden.dk

8ha 500T(100m²) 10A

1 CHJKMQR
2 JNOSTWXYZ
3 CGIKNP**QR**SUV
4 (**A**)(C 1/7-31/8) (**F**+H)**KLN**(Q+R) (T+U+V 1/7-31/8)(Y+Z)
5 **AB**DFGIJKLMNOP**Q**RUWX
6 CEFGHIKOV

Großer Camping mit gutem Sanitär, ebenen Plätzen mit Blick auf das Wattenmeer. Freier Eintritt zum Wassserspaßpark und Möglichkeiten zum Radfahrn, Reiten, Internetcafé wie Restaurant und Brasserie.

Über den Damm 175 erreicht man Rømø. Erste Kreuzung links ab. Bis zum Hotel Kommandørgården. Der CP liegt an der linken Seite der Strecke.

CC € 23 *1/5-16/5 22/5-25/5 30/5-1/6 11/6-15/6 18/6-28/6 3/9-30/9*

N 55°05'55" E 08°32'35"

Rømø, DK-6792

80

Rømø Familiecamping***
Vestervej 13
+45 74 75 51 54
1/4 - 1/10
romo@romocamping.dk

10ha 345T(100-120m²) 10A CEE

1 ACHJKMNPQR
2 STWXY
3 CIPRU**W**
4 (Q+R)
5 **AB**EFGIJKLMNOPRUW
6 CEFGJ(N 4,5km)ORSV

Ein ruhiger Familiencamping. Die Insel Rømø mit vielen Sehenswürdigkeiten eignet sich bestens für Wander- und Radtouren. Die vogelreiche Insel ist für Vogelkundler ein echter Tipp. Auf dem Platz gibt es das besondere 'Safari'-Minigolf. In 3 Km (5 Autominuten) der breiteste, mit dem Auto/ Reisemobil befahrbahre Strand Dänemarks.

Bei Skaerbaek die 175 nach Rømø folgen. Auf Rømø an der ersten Ampel rechts ab. Nach 2,5 km ist der CP angezeigt.

CC € 23 *1/4-17/5 22/5-25/5 30/5-21/6 21/8-30/9 14=11*

N 55°09'46'' E 08°32'51''

Sakskøbing, DK-4990

81

Sakskøbing Camping***
Saxes Allé 15
+45 54 70 45 66
26/3 - 3/10
camping@saxsport.dk

2,5ha 71T(80-144m²) 10-16A CEE

1 ACDHJKLMNPQR
2 IJSWXYZ
3 A**GO**P**R**SV**W**
4 (**F**)N(Q+V+X)
5 **AB**DFGHIJKLMNOPQRUW
6 ACDEFGK(N 0,3km)T

Kleiner, ruhiger und gemütlicher Camping, unweit von Sakskøbing Zentrum und im Wald. Ein kurzer Fußweg durch den Wald führt direkt zum Fjord. Prima Halt auf der Strecke von und zur Fähre Puttgarden-Rødby.

Ausfahrt 46 von der E47, ca 25 km von Rødby. Camping am Zentrum von Sakskøbing und ist ausgeschildert.

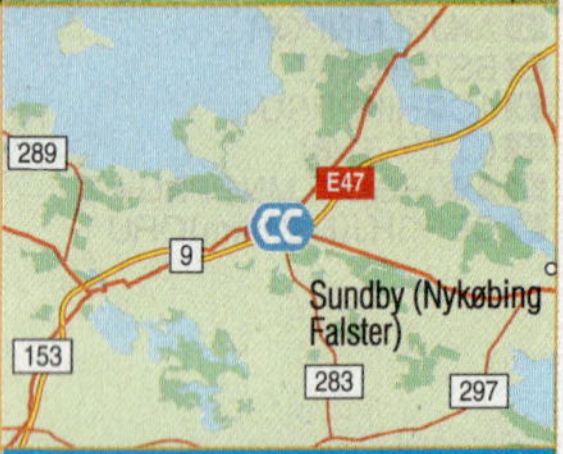

CC € 23 *26/3-15/7 1/9-3/10*

N 54°47'54'' E 11°38'28''

Silkeborg, DK-8600

82

Sejs Bakker Camping***
Borgdalsvej 15-17
+45 86 84 63 83
1/4 - 17/9
mail@sejs-bakker-camping.dk

4ha 170T(80-100m²) 10A

1 ACDHJKLMNQR
2 IJSTYZ
3 AC**G**HM**O**P**R**SU
4 (Q+R)
5 **AB**FGI**JKL**MN**P**RUW
6 CEFG**K**(N 1km)OV

Ruhiger Familiencamping von Wald und Heide umgeben, 5 km von Silkeborg, 800m von den Seen mit dem berühmten Schiff 'Hjejlen'. Schöner Spielplatz, Tennisplatz in 200m und in 2 km kinderfreundlicher Strand.

E45 bei Skanderborg Ausfahrt 52 Skanderborg-Vest, über die 445 nach Ry. Richtung Silkeborg bleiben. In Sejs ist der CP ausgeschildert. Oder: Autobahn Richtung Hårup Ausfahrt 26 Sejs-Svejbaek.

CC € 23 *1/5-17/5 29/5-22/6 25/6-1/7 18/8-17/9*

N 56°08'25'' E 09°37'14''

Sindal, DK-9870 — 83

A35 Sindal Camping Danmark & Kanoudlejning****
Hjørringvej 125
+45 98 93 65 30
1/1 - 31/12
info@sindal-camping.dk

4,6ha 175**T**(100-150m²) 13-16A CEE

1 ACD**H**JKLMNPQR
2 BCIJOSTWXYZ
3 C**G**HIJKLMO**P**R**SUW**
4 (A 1/7-15/8)(C+H 1/6-15/8) (Q+R 1/4-20/9)
5 **AB**DEFGHIJKLMNOPQRUWYZ
6 ACDEFGHK(N 0,5km)OTU

Dieser gut geführte Familiencamping liegt im Herzen von Nord Dänemark. Prima Ausgangspunkt um die umliegende Natur und Orte zu entdecken. Der CP verfügt über sehr gute Einrichtungen, u.a. einem beheizten Schwimmbad. Auf Anfrage kann auch außerhalb der Saison, vor dem 1. April und nach dem 15. September gecampt werden.

Von Süden her über die E39 Ausfahrt 3 Richtung Sindal, die 35. Nach ± 6 km liegt der CP rechts, ± 1 km vor Sindal.

CC € 23 *1/1-29/6 18/8-31/12*

N 57°28'02'' E 10°10'43''

Skagen, DK-9990 — 84

CampOne Grenen Strand***
Fyr vej 16
+45 63 60 63 61
1/4 - 23/10
grenen@campone.dk

5,5ha 270**T**(80-110m²) 10A CEE

1 ACD**H**JKLMN**Q**R
2 AGJTXYZ
3 CMPSU
4 (Q+R 🔑)
5 **AB**CDEFGHIJMNO**PQR**UW
6 CEF**K**(N 1,5km)TUV

Der einzige Camping in Skagen direkt am (eigenen) Strand. Im Gehbereich zur Stad und von Grenen.

Campingplatz circa 400m nördlich von Skagen. Von Skagen aus Richtung Grenen. Er liegt nach 400m rechts.

CC € 23 *1/4-17/5 22/5-26/5 30/5-25/6 18/8-22/10*

N 57°43'53'' E 10°36'52''

Skagen, DK-9990 — 85

First Camp Råbjerg Mile - Skagen***
Kandestedvej 55
+45 98 48 75 00
1/1 - 31/12
raabjerg@firstcamp.dk

20ha 446**T**(80-150m²) 10A CEE

1 ACD**H**JKLMNPQR
2 AJSTUWXY
3 AC**G**HIJKMO**P**R**SUW**
4 (C 15/6-15/8)(F 🔑) (H 15/6-15/8)**KN**(Q+S 🔑) (T+U+V 1/7-15/8)
5 **AB**CDEFGHIJKLMNO**PQ**RUWZ
6 CEFGHKL(N 8km)OTUV

Nah am idyllischen Skagen, zwischen zwei schönen Stränden und schöner Natur. Rad- und Wanderausflüge nach Skagen, Råbjerg Mile. Mehrere Spielplätze, Außen- und Hallenbecken sowie familienfreundlich. Schönes Familiensanitär.

Der CP liegt ca. 8 km nördlich von Ålbæk. Von der 40 Richtung Råbjerg Mile. Nach ca. 400m liegt der CP links.

CC € 21 *24/3-6/4 10/4-17/5 21/5-26/5 29/5-26/6 18/8-22/10*

N 57°39'19'' E 10°27'01''

Skiveren/Aalbæk, DK-9982

86

Skiveren Camping****
Niels Skiverens Vej 5-7
+45 98 93 22 00
31/3 - 30/9
info@skiveren.dk

18,4ha 595T(60-140m²) 10-16A CEE

1 ACD**H**JKLMNPQR
2 AGJNSTWXYZ
3 ACD**G**IKMOP**R**STU**V**WY
4 (C+H 21/5-29/8)
KLN(Q+S)
(T+U+W+X+Z 1/7-31/8)
5 **AB**DEFGIJKLMNOPQRUWXYZ
6 ACDEFGHKLOTV

Luxuriöser Camping mit umfassenden und bestens gepflegten Einrichtungen (Supermarkt, Fitnesscenter, Minigolf, Indoor-Spielplatz etc.). Der Camping liegt einen Steinwurf von der Nordsee entfernt, mitten im Naturschutzgebiet.

Von Frederikshavn die Nr. 40 nach Skagen, ca 1 km hinter Aalbæk im Kreisel links Richtung Tversted. Nach 8 km rechts ab Richtung Skiveren den CP-Schildern folgen.

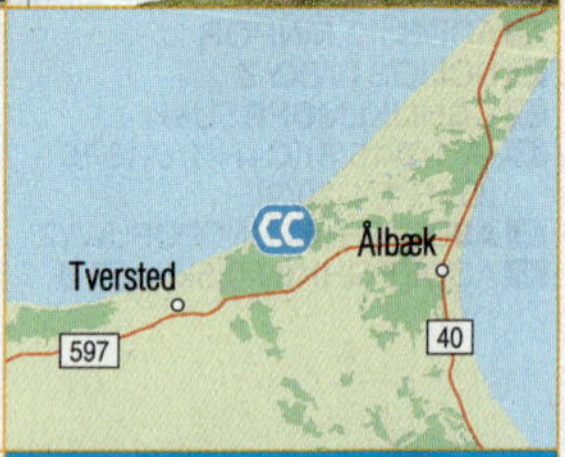

CC € 23 *31/3-26/6 18/8-29/9*

N 57°36'58'' E 10°16'50''

Smidstrup, DK-3230

87

Kongernes Feriepark - Gilleleje****
Helsingevej 44
+45 48 31 84 48
1/1 - 31/12
info@kongernesferiepark.dk

6,5ha 113T(110-150m²) 10-13A CEE

1 ABCD**H**IJKLMNPQR
2 JSWXY
3 C**G**HIKMP**R**SU
4 (C+H 1/5-30/9)**K**(Q 1/4-1/10)
(S+T+U+W+X+Z)
5 **AB**DEFGI**J**K**L**MNO**P**RUWZ
6 CDEFGHK(N 1km)OTV

Leicht hügeliger Campingplatz mit Rezeption in der Mitte. Gut ausgestatteter Laden und schönes Schwimmbad.

Straße 237 Gilleleje-Rågeleje, in Smidstrup abzweigen, 2 km Richtung Blistrup. Dann deutlich ausgeschildert.

CC € 23 *15/5-30/6 1/9-17/9*

N 56°05'55'' E 12°13'17''

Stouby, DK-7140

88

Løgballe Camping***
Løgballevej 12
+45 75 69 12 00
17/3 - 24/9
camping@logballe.dk

4,5ha 161T(100-130m²) 10A CEE

1 ACDHIJKLMNPR
2 CJMNSWXY
3 C**G**HIKP**R**SU
4 (A 25/6-6/8)(C 1/6-1/9)
(H 15/6-20/8)(Q 4/7-6/8)
(R)
5 **AB**DFGIJKLMNO**PQR**UW
6 CDEFGHJ(N 3km)OU

Kinderfreundlicher Campingplatz, ländliche Lage, gemütliche Atmosphäre. Viele Sehenswürdigkeiten in der Umgebung, zum Beispiel das Schloss Rosenvold, Juelsminde, Givskud Zoo, Hans Christian Andersen Museum und Legoland.

Straße 23 Vejle-Juelsminde. Nach Hyrup noch 1 km. Beim CP-Schild rechts, dann noch 400m.

CC € 23 *17/3-5/4 10/4-4/5 7/5-17/5 21/5-26/5 29/5-23/6 18/8-24/9*

N 55°42'28'' E 09°50'39''

Stouby, DK-7140

89

- Rosenvold Strand Camping***
- Rosenvoldvej 19
- +45 75 69 14 15
- 24/3 - 2/10
- @ info@rosenvoldcamping.dk

11,5ha 265T(100-150m²) 10A CEE

1 ACD**H**JKLMNPQR
2 ABGNSWXYZ
3 ACEHIJKP**R**SU**W**Y
4 (Q+R+T+U+V)
5 **AB**DEFGIJKLMNO**PQR**UWX
6 CEFGHJ**K**(N 3,2km)OUV

Ruhig gelegen an der Nordseite des 'Vejle Fjord' und ein paar Meter vom Strand. Campingladen für den täglichen Bedarf vorhanden. Der Camping achtet besonders auf Nachhaltigkeit und Umwelt. Malerischer Hafen gleich in der Nähe vom Campingplatz.

Die 23 Vejle-Juelsminde. In Stouby rechts ab dem CP-Schild folgen.

CC € 23 *24/3-16/5 21/5-25/5 29/5-29/6 18/8-1/10*

N 55°40'36'' E 09°48'48''

Struer, DK-7600

90

- Toftum Bjerge Camping***
- Gl. Landevej 4
- +45 97 86 13 30
- 1/1 - 31/12
- @ info@toftum-bjerge.dk

5ha 250T(90-150m²) 10-13A CEE

1 ACDHJKLMNQR
2 AGJLQSTUVWXYZ
3 ACE**G**HIKP**R**UWY
4 (Q+R+V+Z 17/3-29/10)
5 **AB**DEFGIJMNOPRUWZ
6 CEFGHK(N 1km)OUV

Der Campingplatz liegt in Toftum Bjerge mit seinem Limfjord und Remmer-Strand. Seit 2017 gibt es neue Stellplätze mit einer schönen Aussicht auf die Umgebung. Die zentral gelegene Bar und das Restaurant sind sehr einladend. Besuchen Sie unbedingt die Stadt Struer und den Remmerstrand.

Sie erreichen den Camping über die 11, 5 km nördlich von Struer, an der Abfahrt Humlum ist der Campingplatz ausgeschildert. Kurz hinter Humlum an der 565 liegt der Camping auf der rechten Seite.

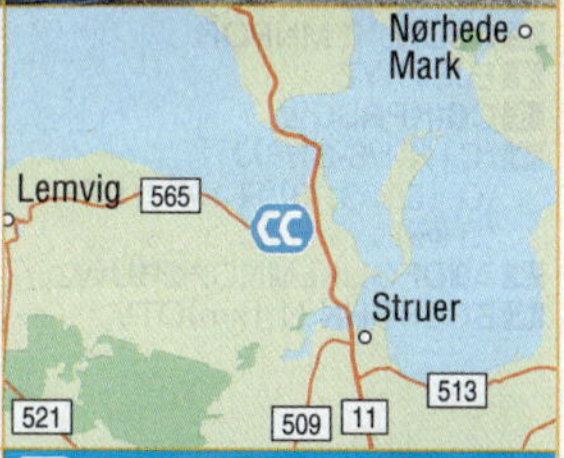

CC € 21 *17/3-26/6 18/8-29/10*

N 56°32'28'' E 08°31'50''

Svendborg/Thurø, DK-5700

91

- Thurø Camping***
- Smørmosevej 7
- +45 51 18 52 54
- 31/3 - 17/9
- @ info@thuroecamping.dk

6,5ha 243T(100-140m²) 13A CEE

1 ACD**H**JKLMNQR
2 AGIJOSWXYZ
3 CD**G**HIKP**R**SU**W**Y
4 (A 22/6-12/8)(Q+S) (T 22/6-12/8)
5 **AB**DFGIJK**L**MNO**PQ**RUWXZ
6 ADEFGH**K**(N 2,5km)OTV

Ruhiger Familiencampingplatz direkt am Strand. Gut geeignet für Familien mit kleinen Kindern. Moderne sanitäre Einrichtungen.

Von Svendborg über die Brücke Richtung Gråsten, 2. Ausfahrt links, Am Wogesende der Rechtskurve folgen. Dann der Beschilderung folgen.

CC € 21 *31/3-4/5 7/5-17/5 29/5-30/6 18/8-17/9*

N 55°02'36'' E 10°42'36''

Tårup/Frørup, DK-5871

92

Tårup Strand Camping
Lersey Alle 25
+45 65 37 11 99
6/4 - 24/9
@ mail@taarupstrandcamping.dk

11ha 140**T**(80-120m²) 10A CEE

1 ACD**H**JKLMNPQR
2 AGLMNOPSWXYZ
3 CE**G**HIKPSU**WY**
4 (Q+S)
5 **AB**DEFGIJKLMNO**P**RUWZ
6 ACEFGHK(N 9km)O

Schöner, ruhiger Camping in natürlicher Umgebung, 10 von Nyborg und der Autobahn. Prachtvolle Aussicht auf den Großen Belt und die Große Beltbrücke. Idealer Ausgangspunkt für Ausflüge nach Odense, Svendborg, sogar Legoland und Kopenhagen. Reichlich Gelegenheiten zum baden, angeln, segeln und Rad fahren.

Die 163 Nyborg-Svendborg, nach ca. 10 km die 1. Ausfahrt Tårup nehmen und den CP-Schildern Tårup-Strand folgen.

CC € 21 *6/4-30/6 21/8-24/9*

N 55°14'14" E 10°48'28"

Tønder, DK-6270

93

Møgeltønder Camping
Sønderstrengvej 2
+45 74 73 84 60
1/1 - 31/12
@ info@mogeltondercamping.dk

5ha 204**T**(80-120m²) 10A CEE

1 ACD**H**JKLMNPQR
2 EJSTXYZ
3 C**G**IKP**R**SU**W**
4 (C+H 1/6-31/8)J
(Q 15/6-31/8)(R 1/4-1/10)
(U)
5 **AB**DFGIJKLMNO**PQR**UWZ
6 BCEFGHK(N 1km)OTV

Schöner Camping in einem ruhigen Umfeld mit prima Anlagen. Schwimmbad und großer Spielplatz. Viele Rad- und Wanderangebote. Tønder in 3 km mit dem Fahrrad. Das Örtchen mit seinen Boutiquen und Gastronomomieangeboten hat schon 'englisches Flair'. Schloss Schackenborg mit Parl lohnt einen Besuch.

Von der 11 auf die 419 Richtung Højer. 2. Ausfahrt nach Møgeltønder. Camping ist recht gut angezeigt.

CC € 23 *1/1-16/5 21/5-25/5 29/5-1/7 1/9-31/12* *7=6, 14=12*

N 54°56'17" E 08°47'57"

Tønder, DK-6270

94

Tønder Camping***
Sønderport 4
+45 74 92 80 00
1/1 - 31/12
@ booking@danhostel-tonder.dk

2ha 84**T**(80-130m²) 10-16A

1 ACHJKLMQR
2 CSWXYZ
3 C**G**HKM**O**PSU**VW**X
4 (F+H)**JLN**(Q)
5 **AB**DEFGIJKLMNOPRUWX
6 ACEFGK(N 1km)QTV

Ruhiger Camping in einer der ältesten Städte Dänemarks. Das gesellige Zentrum von Tønder ist im Gehbereich von 10 Min. Plätze gut geschützt. Großes Sportgelände. Schwimmhalle mit Fitnessraum neben dem Camping. Die Umgebung eignet sich bestens für Wander- und Radtouren. Neu angelegt: 40 Reisemobilplätze mit Vollausstattung.

Von Süden her die 11. Von Osten aus die 8 Richtung Tønder. Der CP liegt am östlichen Ortsrand.

CC € 23 *1/1-30/6 1/9-31/12* *7=6, 14=11*

N 54°56'04" E 08°52'36"

Tversted, DK-9881

95

Aabo Camping***
Aabovej 18
+45 98 93 12 34
11/3 - 11/9
info@aabo-camping.dk

14ha 500T(100-120m²) 13A CEE

1 ACD**H**JKLMNPQR
2 ACIJSTWXY
3 C**G**HIKMOP**R**SUW
4 (C+H 1/6-29/8)JK
(Q 20/6-15/8)(S 30/6-15/8)
(T 23/6-15/8)(U 1/7-15/8)
(V+W 30/6-15/8)
(Z 22/6-15/8)
5 **AB**CDEFGHIJKLMNO**PQ**RUWXYZ
6 CEFGHK(N 0,3km)OTV

Schön gelegenes Hügelgelände. Hat an der Nordseite Direktzugang zu einem großen Schutzgebiet, wo man über die Dünen zum Strand kommt. Der Camping hat alles, was das Herz begehrt. Zentrale Lage für Ausflüge an die Spitze von Jütland. Prima Camping zur Weiterreise mit der Fähre von Hirtshals aus nach Island und Norwegen.

Straße 597 Hirtshals-Skagen. Bei der Kreuzung Tversted/Bindslev Richtung Strand/Tversted abzweigen. Nach 450m links.

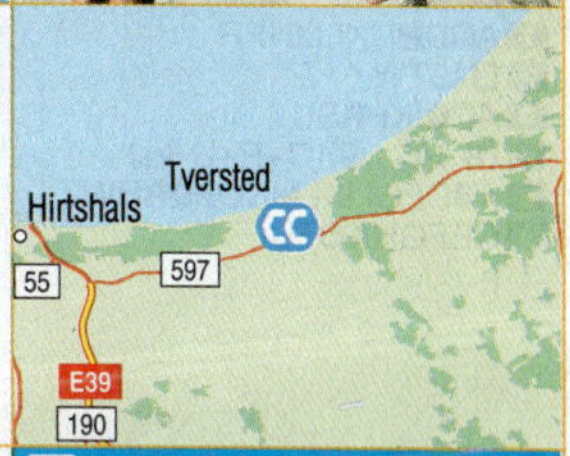

CC € 23 11/3-29/6 18/8-10/9

N 57°35'06'' E 10°11'06''

Vejers Strand, DK-6853

96

Vejers Familie Camping***
Vejers Havvej 15
+45 75 27 70 30
1/1 - 31/12
info@vejersfamiliecamping.dk

4,2ha 156T(80-100m²) 16A CEE

1 AC**H**JKLMQR
2 AJSXYZ
3 C**G**RSUW
4 (C 26/5-27/8)(H 26/5-28/8)
(Q+R 23/3-9/9)
5 **AB**DEFGIJKLMNO**PQ**RUW
6 AEFG**K**(N 0,2km)OTV

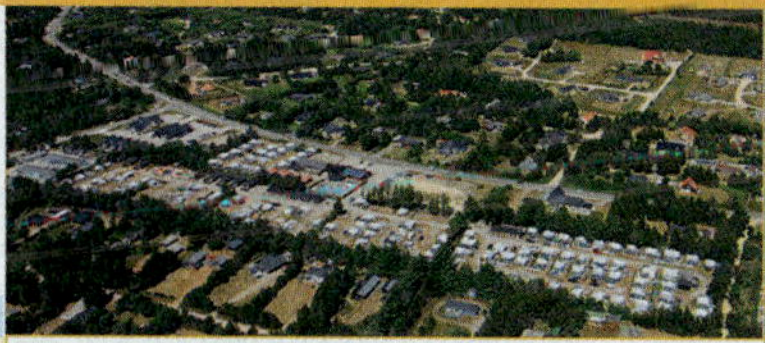

Ruhiger Camping an der Nordsee. Strand befahrbar. Es kann passieren, dass Hirsche den Platz besuchen. Angelmöglichkeit am Graerup See und der Nordsee. Schöne Umgebung zum Rad fahren, wandern und Ruhe genießen. Im Ort einige kleine Lädchen und eine Kunstgalerie. Freier Zugang zum Wasserpark 'Sportspark Blåvandshuk' in Oksbøl.

Über Oksbol die 431 Richtung Vejers. Der CP liegt am Ortseingang. Ist ausgeschildert.

CC € 21 1/1-17/5 29/5-2/7 19/8-31/12 7=6

N 55°37'09'' E 08°08'11''

Vesløs, DK-7742

97

Bygholm Camping - Thy***
Bygholmvej 27, Øsløs
+45 26 20 97 90
1/1 - 31/12
info@bygholmcamping.dk

5ha 147T(95-125m²) 6A CEE

1 ACDHJKLMNPQR
2 AJSTUWXYZ
3 CDHKP**RUW**Y
4 (B 1/6-1/9)(Q+T+U+Z)
5 **AB**DEFGIJKLMNOPRUWZ
6 CDEFGHK(N 2km)OV

Die nordjütländische Region Thy liegt zwischen der Nordsee und dem Limfjord und verfügt über tolle Naturparks. Bygholm Camping liegt im Vejlerne, dem größten Vogelschutzgebiet Nordeuropas. Ein idealer Ausgangspunkt um die Gegend zu Fuß, mit dem Fahrrad oder dem Auto zu erkunden. Der freundliche Campingplatz hat ein Außenbecken, einen Spielplatz und ein Café mit kleiner Speisekarte.

An der Straße 11 zwischen Thisted und Fjerritslev gelegen. In Øsløs den Campingschildern folgen.

CC € 23 1/4-30/6 18/8-31/10 7=6

N 57°01'37'' E 09°01'10''

Vig, DK-4560 — 98

Kongsøre Camping***
Egebjergvej 342
+45 59 32 90 80
1/1 - 31/12
kontakt@kongsoerecamping.dk

4ha 115T(90-135m²) 10-16A CEE

1 ACD**H**IJKLMNPR
2 LNSTWXYZ
3 AC**G**IKP**R**SU
4 (B 1/6-1/9)(Q+R+U)
5 **AB**DFGIJKLMNO**PQR**UWZ
6 CEFGH**K**OTU

Dorte und Henrik heißen Sie auf ihrem ruhigen Campingplatz willkommen. Die geräumigen Stellplätze für Touristen haben fast alle eine weite Aussicht. Auf dem Campingplatz herrscht eine entspannte Atmosphäre.

Holbaek Richtung Vig (21) Ausfahrt Asnaes/Grevinge/ Gunderstup. Der Straße Richtung Egebjerg folgen. Der Campingplatz ist weiter unten ausgeschildert.

CC € 23 *1/3-17/5 30/5-30/6 18/8-31/10*

N 55°49'26'' E 11°40'04''

Niederlande

Niederlande: Windmühlen, Deiche, Strände und Wälder

Die Kombination aus wunderschönen Naturgebieten, hübschen Dörfern, historischen Städten und endlosem Wasser macht die Niederlande zu einem idealen Reiseziel für das ganze Jahr. Die Flüsse Rhein, Maas und Schelde fließen durch das Land bis zum Meer und bieten viele Möglichkeiten für Erholung und Wassersport. Breite Strände mit feinem Sand treffen auf eine wunderschöne Dünenlandschaft. Die Badeorte im Norden und Westen des Landes sind ideal für ausgedehnte Spaziergänge entlang der Nordsee, der Dünen und des Wattenmeers. Besonders interessant für Kinder ist eine Fahrt mit einem Kutter zum Krabbenfang oder ein Besuch in einem Robbenschutzgebiet, zum Beispiel auf der Insel Texel. Hinter den grünen Wiesen mit unzähligen Schafherden liegen schöne Dörfer und lebendige Städte.

Hauptstadt: Amsterdam
Währung: Euro
Zeitzone: UTC +1, UTC +2 (März bis Oktober)
Sprache: Niederländisch
Ländervorwahl: +31
Alkoholgrenze: 0,5‰
Notrufnummern: Polizei, Feuerwehr und Rettungswagen: 112
Leitungswasser: unbedenklich

Jede Provinz ist anders

Für das Campen in den Niederlanden bieten die Regionen rund um die Nordsee eine breite Palette von Möglichkeiten. Groningen und Friesland sind die beiden nördlichsten Provinzen, vor deren Küsten die beliebten Wattenmeerinseln Ameland, Terschelling, Texel, Schiermonnikoog

ACSI AWARDS

Gewinner 2022 in den Niederlanden

Bester Campingplatz
Camping Het Lierderholt

Bestes Campingplatz-Schwimmbad
Recreatiepark Samoza

Bester Campingplatz für Wanderungen und Radtouren
Recreatiepark 't Veluws Hof

Beste Campingplatz-Animation
Camping Cassandria-Bad

Hundefreundlichster Campingplatz
Camping Ommerland

Campingplatz mit der schönsten Lage
Terrassencamping Osebos

Bestes Campingplatz-Restaurant
Camping 't Geuldal

Schönste Wohnmobilstellplätze
Vakantiepark Delftse Hout

Gewinner: Camping Het Lierderholt

und Vlieland liegen. Die Küste ist Teil des UNESCO Weltnaturerbes Wattenmeer, mit weiten Stränden und schier endlosen Marschgebieten, die zum Radfahren und Wandern einladen.
Im Südwesten finden Sie die Provinzen Nord- und Südholland mit den Städten Amsterdam, Haarlem und Den Haag. Zeeland ist durch verschiedene Inseln und Halbinseln gekennzeichnet, die meist durch Brücken und Dämme miteinander verbunden sind. Vor allem Wassersportler, Strandliebhaber, Radfahrer und Wanderer können sich hier austoben.
Nicht weniger interessant ist Flevoland am IJsselmeer, dem größten See des Landes. Aber auch im Landesinneren, zum Beispiel in Overijssel, finden Campingfreunde interessante Plätze, auf denen Sie in einem Waldgebiet campen können. In Drenthe können Sie Ihren Urlaub inmitten einer unberührten Heidelandschaft verbringen. In der Provinz Limburg begegnet Ihnen die typisch niederländische „Geselligkeit" in den vielen Restaurants und Cafés. Limburg hat außerdem eine für niederländische Verhältnisse besondere Landschaft mit vielen Hügeln.

Von Käse bis Poffertjes

Die Niederlande sind weit und breit für ihren Käse bekannt. Gouda-Käse, der aus der südholländischen Stadt Gouda stammt, ist die häufigste Käsesorte. Die berühmten Fritten gehören ebenso zu den bekanntesten Gerichten der niederländischen Küche wie Kroketten, spezielle Frikandellen und Kibbeling (frittierter Weißfisch).
Auch mit Süßspeisen können die Niederlande punkten: Die berühmten Pfannkuchen gibt es in unzähligen Varianten. „Poffertjes" heißen die beliebten Miniaturversionen der Pfannkuchen.

Tanken

Benzin (Euro 95, E10 und Superplus 98) ist leicht erhältlich (wenn Sie E10 tanken wollen, prüfen Sie den Tankdeckel, die Betriebsanleitung oder die Werkstatt , ob Ihr Auto damit fahren kann). Diesel und LPG sind ebenfalls leicht erhältlich. Der Bajonettanschluss wird zum Betanken mit Flüssiggas verwendet. Tankstellen sind oft mindestens von 7 bis 20 Uhr geöffnet. In größeren Städten und entlang der Autobahnen sind die Tankstellen in der Regel 24 Stunden geöffnet. In den Niederlanden gibt es auch viele Nachtservicefahrzeuge und völlig unbemannte Tankstellen.

Ladestationen

In den Niederlanden gibt es viele Lademöglichkeiten, es ist immer eine Ladestation in der Nähe.

Verkehrsvorschriften

Das Abblendlicht ist bei schlechter Sicht, bei Dunkelheit und in Tunneln vorgeschrieben. An einer gleichberechtigten Kreuzung hat der Verkehr von rechts Vorfahrt. Straßenbahnen haben immer Vorrang.
Der Verkehr in einem Kreisverkehr hat Vorrang, wenn dies durch Verkehrszeichen angezeigt wird; fehlen diese, hat der Verkehr von rechts Vorrang.

Der Fahrer darf nur ein Telefon mit Freisprechanlage benutzen. Kinder unter 1,35 m Körpergröße müssen in einem Kindersitz sitzen. Sie können die Funktion in der Navigationssoftware nutzen, die vor Radarkontrollen oder Streckenkontrollen warnt. Winterreifen sind nicht vorgeschrieben.

Sondervorschriften

Eine grüne Mittellinie zeigt an, dass die Höchstgeschwindigkeit für Pkw auf dieser Straße 100 km/h beträgt, für Pkw-Wohnwagenkombinationen 90 km/h und für Wohnmobile mit einem Gewicht von mehr als 3,5 Tonnen 80 km/h. Radfahrer dürfen andere Fahrzeuge als Fahrräder rechts überholen. Eine gelb blinkende Fußgängerampel (manchmal ein Dreieck mit einem Ausrufezeichen darin) zeigt an, dass Fußgänger die Straße überqueren dürfen, wenn sich kein Verkehr nähert. Das Parken ist verboten, wenn am Straßenrand eine gelbe Linie vorhanden ist.

„Niederländische Campingplätze verfügen häufig über schöne und luxuriöse Einrichtungen'"

Herr C. Iking, Inspektor 72.

Vorgeschriebene Ausstattung

In den Niederlanden sind Sie nicht verpflichtet, eine bestimmte Ausrüstung im Auto zu haben. Ein Warndreieck, Warnwesten und Ersatzlampen werden jedoch empfohlen.

Reisemobil und Caravan

Ein Reisemobil oder eine Auto-Wohnwagen-Kombination darf bis zu 4 m hoch, 2,55 m breit und 18 m lang sein (der Wohnwagen selbst darf

bis zu 12 m lang sein). Auf unbefestigten Straßen ist die maximale Breite 2,20 meter.
Die maximale Breite beträgt 2,20 m. Auf Autobahnen mit drei oder mehr Fahrspuren dürfen Sie nur die beiden äußersten rechten Fahrspuren benutzen, wenn der Abstand zwischen Auto und Wohnwagen mehr als 7 m beträgt, es sei denn, Sie wollen links abbiegen.

Fahrrad

Ein Fahrradhelm ist nicht vorgeschrieben. Es ist verboten, während des Radfahrens zu telefonieren oder ein Mobiltelefon zu benutzen. Sie dürfen einen Mitfahrer von 8 Jahren oder älter auf dem Gepäckträger befördern. Jüngere Kinder mussen in einem Fahrradsitz sitzen. Radfahrer dürfen zu zweit nebeneinander fahren.

Maut

Auf niederländischen Straßen gibt es keine Maut, wohl aber für den Westerscheldetunnel (N217) in Zuid-Beveland und den Kiltunnel (N62) bei Dordrecht. Weitere Informationen: westerscheldetunnel.nl und kiltunnel.nl.

Umweltzonen

Immer mehr niederländische Städte haben eine Umweltzone, darunter Amsterdam, Arnheim und Utrecht. Die Regeln sind von Stadt zu Stadt unterschiedlich.

Panne und Unfall

Stellen Sie auf Autobahnen Ihr Warndreieck mindestens 100 m (bzw. 30 m) hinter dem Fahrzeug auf, wenn die Warnblinkanlage nicht funktioniert und das Fahrzeug ein Hindernis für den übrigen Verkehr darstellt. Allen Insassen wird empfohlen, eine Warnweste zu tragen.
Im Falle einer Panne rufen Sie die Notrufnummer Ihres Pannenhelfers an. Sie können auch den niederländischen Pannendienst anrufen: +31 80 269 78 88 (ANWB).

Campen

Niederländische Campingplätze gehören zu den besten Europas. Sie sind gut organisiert und es gibt viel Grün. Die Autos werden oft außerhalb des Campingplatzes geparkt, was die Ruhe auf dem Campingplatz fördert. In den Schulferien und an den Wochenenden gibt es ein umfangreiches Unterhaltungsangebot für Kinder und innovative Einrichtungen wie Indoor-Spielplätze und Straßenfußballplätze.
ACSI verzichtet in seinen Campinginformationen für niederländische Campingplätze auf die Angabe von Sternen. Die Sterne, die Sie in den Anzeigen sehen, werden von den Campingplätzen selbst angegeben. ACSI trägt keine Verantwortung für die Richtigkeit der Anzahl von Sternen. Viele niederländische Campingplätze berechnen sogenannte Familientarife für 4, 5 oder mehr Personen, einschließlich Strom. Das bedeutet, dass man für zwei Personen oft den gleichen Betrag zahlt wie für eine ganze Familie. Die zusätzlichen Gebühren für die Kurtaxe und die Umweltabgaben beispielsweise können mitunter hoch sein.
Es ist nicht erlaubt, mit dem Wohnmobil, dem Wohnwagen oder dem Auto auf einer öffentlichen Straße zu übernachten.

Akersloot/Alkmaar, NL-1921 CE / Noord-Holland

99

Camping De Boekel
Boekel 22
+31 7 25 33 01 09
1/1 - 31/12
info@deboekel.nl

2ha 40T(125-200m²) 16A CEE

1 ADHJKLMNOQR
2 IJNSVWXY
3 ABEGHIKMNPSUW
4 (Q+R)
5 ABCDFGHIJKLMNOPRSUWZ
6 ABCDEFGHK(N 2km)TV

Kleiner, autofreier und kinderfreundlicher Camping mit großen Plätzen und Freizeiträumen. Liegt am nordholländischen Kanal. Gutes Fischrevier. Startpunkt für schöne Radtouren. Mit dem Rundfahrtschiff vom Campingplatz zum Käsemarkt. Ganzjährig geöffneter Camping.

A9 Amstelveen-Alkmaar, Ausfahrt 11 Richtung Akersloot. In Akersloot geradeaus fahren bis Pontveer. Von Pontveer noch 1,5 km in Richtung Alkmaar.

CC € 21 1/1-26/4 8/5-17/5 30/5-8/7 4/9-31/12

N 52°35'10" E 04°45'09"

Amsterdam, NL-1026 CP / Noord-Holland

100

Camping de Badhoeve
Uitdammerdijk 10
+31 2 04 90 42 94
31/3 - 1/10
info@campingdebadhoeve.com

5ha 100T(15-50m²) 8A CEE

1 ABCDHJKMOQST
2 FINOSVWX
3 CGIKMPUWZ
4 (Q+R+T+U+X+Y+Z)
5 DGIJKLMPUWZ
6 ABCDEFGK(N 2km)TV

Camping im Weide- und Naturgebiet von Waterland am Kinselmeer zwischen Amsterdam (10 Min.) und dem malerischen Marken. Idealer Ausgangspunkt zum Rad fahren, wandern oder angeln. Er hat befestigte Reisemobil- und Caravanplätze, gepflegtes Sanitär und gratis WLAN.

A10 Nord Ausfahrt S115. An der Ampel Richtung Durgerdam. Am Kreisel Richtung Durgerdam. Hinter Durgerdam geradeaus. CP nach 500m. Der Beschilderung folgen.

CC € 23 31/3-6/7 31/8-1/10

N 52°23'04" E 05°00'47"

Amsterdam, NL-1108 AZ / Noord-Holland

101

Gaasper Camping Amsterdam
Loosdrechtdreef 7
+31 2 06 96 73 26
1/1 - 31/12
info@gaaspercamping.nl

5,5ha 360T(20-100m²) 10A CEE

1 ABCDGJKLMNQR
2 IJSVWXY
3 ABGIKMSW
4 (Q+S+T+U+V+X+Z 1/4-1/11)
5 ABDFGIJKLMNOPUWXYZ
6 ABCDEFGHK(N 2,5km)OT

Gepflegter Camping 750m von einem großen Erholungssee mit Strand entfernt. Zwischen dem See und dem Camping befindet sich ein Park. Die U-Bahn-Station Gaasperplas ist zu Fuß erreichbar, von wo aus Sie mit der Bahn binnen 15 Min. ins Zentrum von Amsterdam gelangen. Bistro mit Essen zum Mitnehmen und gut sortierter kleiner Laden auf dem Platz. Kostenloses WLAN.

Von der A1 zur A9 Ausf. S113. Ri. N236, den Campingschildern folgen. Oder: A9 Ausf. S112. Ri. N236, Gaasperplas Noord.

CC € 23 22/5-24/5 30/5-2/6 5/6-1/7 1/9-1/10

N 52°18'45" E 04°59'25"

Callantsoog, NL-1759 NX / Noord-Holland

102

Vakantiepark Callassande
Voorweg 5a
+31 2 24 58 16 63
31/3 - 29/10
receptie.callassande@roompot.nl

12,5ha 383T(60-120m²) 10A CEE

1 ACD**H**JKLMNPQR
2 AJSTWXY
3 BC**G**HIKMNOPSU**W**
4 (E+H)J (Q+S+T+U+V+X+Y+Z)
5 **AB**CDEFGHIJKLMNOPUWXYZ
6 ACEFGHKL(N 3km)STV

Ruhiger Campingplatz direkt hinter den Dünen, mitten zwischen den Blumenfeldern. Viel Windschutz durch Büsche rund um die Felder. Schwimmhalle mit gemütlicher Terrasse. Viele nette Lokale im Umkreis. Gastronomie am Platz während der ganzen Saison geöffnet. Auf diesem Camping stehen keine Plätze für Reisemobile zur Verfügung!

N9, Ausfahrt 't Zand, weiter Richtung Groote Keeten, CP-Schilder beachten.

CC € 17 14/4-21/4 5/5-17/5 22/5-26/5 30/5-7/6 12/6-7/7 1/9-29/9

N 52°51'22'' E 04°43'02''

Edam, NL-1135 PZ / Noord-Holland

103

Camping Strandbad Edam
Zeevangszeedijk 7A
+31 2 99 37 19 94
31/3 - 1/10
info@campingstrandbad.nl

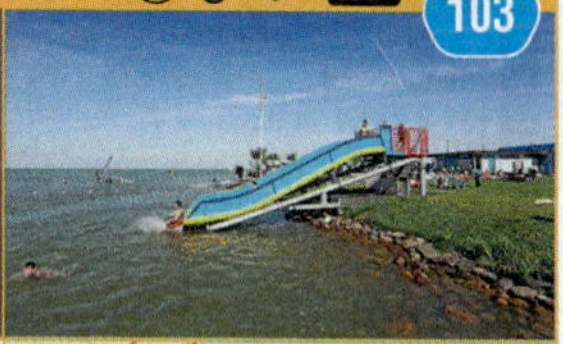

4,5ha 70T(60-80m²) 16A CEE

1 ABCDFJKLMQR
2 FNOSVWXY
3 ABCGIJKMPS**WZ**
4 (G)J(Q+T+U+X+Y+Z)
5 **AB**CDEFGHIJKLMNO**PQR**UWZ
6 ABCDEFGH**K**(N 1,2km)O

Vom Camping im historischen Edam mit seinem weltberühmten Käse, hat man eine weite Sicht über das IJsselmeer. Gute Basis für einen Ausflug nach Marken und Volendam. Amsterdam nur 20 Min. mit dem regelmäßigen Nahverkehr entfernt. Markierte Radroute durch Jahrhunderte alte Polder und Veenwiesen von Nordholland.

N247 Amsterdam-Volendam-Hoorn. Ausfahrt Edam-Noord, den CP-Schildern folgen. Navigation abschalten!

CC € 23 17/4-28/4 30/5-30/6 1/9-1/10

N 52°31'07'' E 05°04'26''

Egmond aan Zee, NL-1931 AV / Noord-Holland

104

Kustcamping Egmond aan Zee
Nollenweg 1
+31 7 25 06 17 02
1/1 - 31/12
receptie.egmond@roompot.nl

11ha 73T(80-90m²) 10A CEE

1 ABCD**H**JKLPQR
2 JMSTWXY
3 C**G**IKMNPS
4 (C+H 1/5-17/9) (Q+S+T+U+V+X+Y+Z)
5 **AB**DFGIJKLMNOPUWXY
6 BEFGHKL(N 0,6km)OSTX

Geschützter Campingplatz in verschiedenen Dünenfeldern mit Schwimmbad und Erholungsgebäude. Strand im Gehbereich. Ausgangspunkt für Rad- und Wandertouren. Der CampingCard-Tarif gilt nur für Komfortstellplätze. Wohnmobile sind auf den Komfortplätzen nicht erlaubt.

Alkmaar Ring West, Abfahrt Egmond. Durchfahren bis zur Ampel. Bei Egmond rechts ab Richtung Egmond aan Zee. An der 2. Ampel rechts. Nach 150m rechts ab, schmaler Weg, dieser führt zum CP.

CC € 23 3/3-31/3 7/5-17/5 22/5-26/5 30/5-7/6 12/6-30/6 1/9-13/11

N 52°37'19'' E 04°38'17''

Hoorn/Berkhout, NL-1647 DR / Noord-Holland

iD 105

Camping 't Venhop
De Hulk 6a
+31 2 29 55 13 71
1/1 - 31/12
info@venhop.nl

8,5ha 78**T**(80-100m²) 10A CEE

1 ABCD**H**JKLMO**Q**ST
2 ISWXYZ
3 AB**G**IJKMNSU**W**
4 (Q+R)
(T+U+X+Y+Z 1/4-1/10)
5 **AB**DGI**JKL**MNO**P**UXYZ
6 ABCDEFGHJ(N 3km)SV

Camping an gutem Fisch- und Fahrwasser. Die Felder mit Tourplätzen sind mit Bäumen und Sträuchern eingefasst. Start für Kanu Touren. Kanus und Sups auf dem Camping zu mieten. Zentrale Lage für Ausflüge nach Amsterdam/Hoorn/Medemblik/Enkhuizen/Marken/Edam und Volendam.

A7 Purmerend-Hoorn Ausfahrt 7, Hoorn-West. Oder A7 Hoorn-Purmerend, Ausfahrt 7 Avenhorn. An der Ampel links Richtung Hoorn-West. An der Ampel Hoorn-West folgen. Nach 350m rechts ab, den Campingschildern folgen.

CC € 23 *1/1-16/5 4/6-15/7 3/9-31/12*

N 52°37'55'' E 05°00'42''

Julianadorp aan Zee, NL-1787 PP / Noord-Holland

iD 106

Camping De Zwaluw
Zanddijk 259
+31 2 23 64 14 92
1/4 - 31/10
campingdezwaluw@quicknet.nl

2ha 68**T**(50-100m²) 10-16A CEE

1 AD**H**JKLMNPQR
2 AGSTWX
3 C**G**KPT**W**Y
4 (T+U+X)
5 **AB**CDFGI**JKL**MNO**PQ**UWZ
6 ABCDEFGH**K**(N 2km)O

Der Campingplatz liegt eingebettet zwischen den Dünen und den Blumenfeldern nur 200m vom Strand und 500m von einem Wasserspaßbad. Beste Gastronomie in direkter Umgebung.

Von Alkmaar (N9), 1. Ausfahrt Julianadorp (Süd). Von Den Helder (N9) 2. Ausfahrt Julianadorp (Süd). Den Schildern 'Kustrecreatie' folgen. An den Dünen rechts ab. 1. CP in Julianadorp aan Zee rechts.

CC € 23 *1/4-8/4 11/4-17/5 30/5-30/6 1/9-31/10*

N 52°53'43'' E 04°43'04''

Petten, NL-1755 LA / Noord-Holland

iD 107

Camping Corfwater
Strandweg 3
+31 2 26 38 19 81
25/2 - 4/11
camping@corfwater.nl

5,5ha 260**T**(80-120m²) 6A CEE

1 ABCDFJKLMOQT
2 AHJMNSTWX
3 ABCIKMNSUWY
4 (Q+R)
5 **AB**DEFGIJKLMNOPQ**S**UWZ
6 BCDEFGHK(N 0,3km)TVX

Ruhiger in den Dünen gelegener Campingplatz direkt an Strand und Meer am Ortsrand von Petten. In Petten finden Sie dann alle Geschäfts- und Gastrobetriebe.

N9 Alkmaar-Den Helder. Am Kreisverkehr in Burgervlotbrug Richtung Petten. Bis zum Kreisverkehr an den Dünen. Geradeaus den CP-Schildern folgen.

CC € 23 *25/2-5/4 11/4-16/5 30/5-6/6 11/6-22/6 3/9-4/11*

N 52°46'14'' E 04°39'33''

Schoorl, NL-1871 CD / Noord-Holland

108

Kampeerterrein Buitenduin
Molenweg 15
+31 7 25 09 18 20
31/3 - 29/10
info@kampeerterreinbuitenduin.nl

1,2ha 45T(70-90m²) 10A CEE

1 ABDFJKMO**Q**TU
2 JSTWXY
3 A**G**IKPS
4 (A 1/7-1/9)(Q)
5 **AB**CDEFGHIJKLMNOPQUWXYZ
6 ABCDEFH**K**(N 0,6km)T

Ruhig gelegener Camping in waldreicher Umgebung im Gehbereich zur Ortsmitte und den Dünen. Guter Ausgangspunkt für Wander- und Radtouren. Der Camping ist geeignet für jüngere Kinder. Das Kennzeichen des Campings ist die große, noch im Betrieb befindliche Kornmühle 'Kijkduin', die man wöchentlich besichtigen kann.

N9 Alkmaar-Den Helder, Ausfahrt Schoorl, Richtung Schoorl. Kurz vor der Ampel am Fußgängerüberweg rechts. Vor 'Molen' rechts ab.

CC € 23 31/3-21/4 8/5-14/5 1/6-2/7 4/9-29/10

N 52°42'12'' E 04°41'59''

Warmenhuizen, NL-1749 VW / Noord-Holland

109

Landschapscamping de Kolibrie
De Groet 2
+31 2 26 39 45 39
1/4 - 1/10
info@dekolibrie.eu

4ha 100T(150-280m²) 6-10A CEE

1 ABD**H**JKLMO**Q**T
2 NSWXY
3 ABE**G**IKMNP**Q**SU
4 (Q)
5 **AB**CDFGHIJMNO**P**UWXYZ
6 ABCDEFGK(N 2km)

Landschaftscamping in schöner zentraler Lage auf dem platten Land in Noord-Holland, 5 km vom Wander- und Dünengebiet Schoorl. Freizeitanlagen Geestmerambacht in nur 1,5 km. Große Plätze, gemütliche Atmosphäre, ruhige Umgebung. Für Aktivurlauber sind da wunderbare Rad- und Wanderwege.

N245 Alkmaar-Schagen, Ausfahrt N504 Schoorl/Koedijk. Bis zum Kanal, dann rechts. 1. Straße rechts. An der 3er-Gabelung rechts (Diepsmeerweg). Der Straße bis zum CP folgen.

CC € 21 1/4-27/4 31/5-7/7 1/9-1/10

N 52°41'58'' E 04°44'46''

Brielle, NL-3231 AA / Zuid-Holland

110

Camp. Jachthaven de Meeuw
Batterijweg 1
+31 1 81 41 27 77
24/3 - 30/10
info@demeeuw.nl

13ha 165T(80-130m²) 10A CEE

1 ACDHJKLMPQR
2 AESWXY
3 C**G**KMPSU**W**Z
4 (T+U+X)
5 **AB**DFGIJKMOPRUWXYZ
6 CEFGHJ**K**L(N 0,5km)OV

Campingplatz direkt am Brielse Meer mit kleinem Strand, abgeteiltem Badebereich und eigenem Yachthafen. Im Gehbereich der historischen Rebellenstadt Brielle, mitten im einzigartigen Wasser- und Freizeitgebiet.

A15 Ausfahrt Europoort anhalten. Brielle folgen. In Brielle ausgeschildert.

CC € 21 24/3-1/4 11/4-21/4 8/5-17/5 30/5-7/7 4/9-30/10

N 51°54'24'' E 04°10'31''

Brielle, NL-3231 NC / Zuid-Holland

111

Camping De Krabbeplaat
Oude Veerdam 4
+31 1 81 41 23 63
1/4 - 21/10
info@krabbeplaat.nl

18ha 68T(81-120m²) 10A CEE

1 ACD**H**JKLMPQR
2 ADEISWY
3 CE**G**IKMN**O**PSU**WZ**
4 (G)M(Q+S+T+U)
(V 1/7-28/8)(X 1/7-26/8)
(Z 1/7-28/8)
5 **AB**CFGIJK**L**MNOPUWZ
6 CDEFGHJ**K**L(N 7km)OSTV

Campingplatz mit eigenen Yachthafen und Strand mit abgegrenzten Schwimmerteil am Brielse See.

A16 Breda-Rotterdam, Ausfahrt Europoort. Dieser Straße folgen bis Brielle. Vor Brielle ausgeschildert (Ausfahrt Brielse Maas-Noord).

CC € 21 *25/3-17/5 30/5-7/7 27/8-23/10*

N 51°54'36'' E 04°11'05''

Delft, NL-2616 LJ / Zuid-Holland

112

Vakantiepark Delftse Hout
Korftlaan 5
+31 1 52 13 00 40
24/3 - 31/10
info@delftsehout.nl

6ha 200T(100-120m²) 6-16A CEE

1 ACD**G**JKMNQR
2 IJSWXY
3 C**G**IKMPSUWZ
4 (A 1/4-31/10)
(C+H 15/5-15/9)(Q 1/4-1/10)
(S 1/4-31/10)(T+U+
Y+Z 1/4-1/10)
5 **AB**DEFGIJKLMNPQUWXYZ
6 BCDEFGH**K**(N 2km)OSTV

Moderner Camping in einem Naturgebiet im Gehbereich zum malerischen Zentrum. Unzählige Möglichkeiten für Tagestrips ins Ballungsgebiet. Dieser Camping hat parzellierte Plätze auf intimen Sektionen.

A13, Ausfahrt 9 Delft, ab hier ausgeschildert.

CC € 23 *24/3-6/4 7/5-16/5 29/5-7/7 26/8-31/10*

N 52°01'05'' E 04°22'45''

Den Haag, NL-2555 NW / Zuid-Holland

113

Kampeerresort Kijkduin
Machiel Vrijenhoeklaan 450
+31 7 04 48 21 00
1/1 - 31/12
info@kijkduinpark.nl

29ha 350T(80-120m²) 10A CEE

1 AC**H**JKLNPQR
2 AHIJSTWY
3 ABCD**G**HIKM**O**P**R**SUWY
4 (F+H)K
(Q+S+T+U+V+X+Y+Z)
5 **AB**DEFGIJKLMNOPQRUWXYZ
6 FGHKL(N 1,5km)STUVX

Moderner 4-Sternecamping im Südwesten von Den Haag. In den Dünen mit eigenem Strandzugang. Schattenplätze sind ebenso zu haben wie Wander- und Radmöglichkeiten. Der CampingCard-Tarif gilt nur für Komfortstellplätze. Wohnmobile sind auf den Komfortplätzen nicht erlaubt. Gratis WLAN auf dem gesamten Camping.

Bei Kijkduin (Südwestlich von Den Haag). Über die A12 Den Haag einfahren. Weiter Richtung Kijkduin. Dann CP-Schilder befolgen.

CC € 23 *14/4-21/4 7/5-17/5 22/5-26/5 30/5-7/6 12/6-23/6 1/9-13/11*

N 52°03'36'' E 04°12'43''

Hellevoetsluis, NL-3221 LJ / Zuid-Holland

iD 114

Camping 't Weergors
Zuiddijk 2
+31 1 81 31 24 30
1/1 - 31/12
info@weergors.nl

7ha 100T(90m²) 6A CEE

1 ACD**H**JKLMNP**Q**R
2 ASY
3 CHMPSUW
4 (G 15/5-15/9)M(S 1/5-1/9) (T 1/4-15/9)(Y)
5 **AB**DEFGI**J**K**L**MNO**PQT**UWZ
6 CDEFGHJ**K**L(N 2km) OQRSUV

'tWeergors kombiniert die Atmosphäre des ehemaligen Hofbetriebes mit der Ausstrahlung eines modernen Campings ohne übertrieben Luxus, aber mit Blick auf die Umwelt und die Naturgegend.

N57, Abfahrt Hellevoetsluis. Den Schildern folgen.

CC € 21 *1/1-6/4 11/4-17/5 30/5-8/6 12/6-7/7 2/9-31/12*

N 51°49'46" E 04°06'57"

Melissant, NL-3248 LH / Zuid-Holland

iD 115

Camping Elizabeth Hoeve
Noorddijk 8a
+31 1 87 60 15 48
1/4 - 31/10
info@campingelizabethhoeve.nl

8ha 18T(250m²) 16A CEE

1 AD**H**JKLMNOPQR
2 SWXY
3 AC**G**HKSW
5 **AB**GI**J**KMNO**P**UWXYZ
6 ACDEFGH**K**(N 0,5km)T

Sehr ruhige Lage in den südholländischen Poldern, große Stellplätze. Ideal für den Ruhesuchenden. Alle Wassersportmöglichkeiten in direkter Umgebung.

N215, von Hellevoetsluis oder Ouddorp beim Km-Pfahl 13,4 rechts ab, von Middelharnis bei Km-Pfahl 13,4 links ab.

CC € 19 *1/4-7/7 3/9-31/10 14=13, 21=19, 28=25*

N 51°45'47" E 04°04'10"

Nieuwe-Tonge, NL-3244 LK / Zuid-Holland

iD 116

Camping de Grevelingen
Havenweg 1
+31 1 87 65 12 59
14/3 - 31/10
info@degrevelingen.nl

8ha 80T(100-125m²) 10A CEE

1 AD**H**JKLMNO**Q**R
2 CESWX
3 CHPSUW
4 (T 30/6-31/8)
5 **AB**FGI**J**MNO**P**RUWXYZ
6 CDEFGHKL(N 2km)O

Camping de Grevelingen hat neben der großen Anzahl an Stellplätzen für (Stand)Wohnwagen auch große Tourplätze. Er liegt direkt am Grevelingenmeer. Die Umgebung eignet sich besonders zum Rad fahren, angeln und für den Wassersport.

N215, von Oude-Tonge Richtung Nieuwe-Tonge, ab hier ausgeschildert.

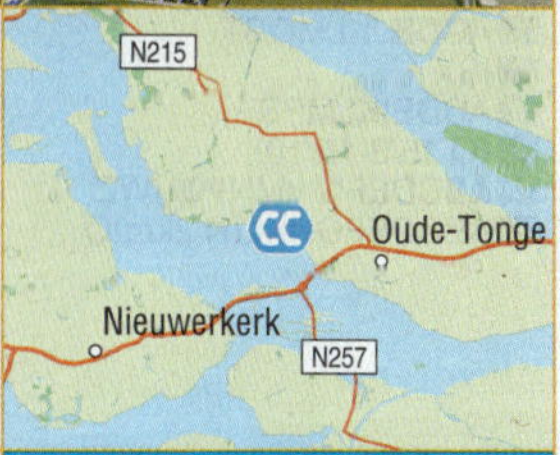

CC € 19 *17/3-23/4 6/5-17/5 30/5-7/7 27/8-31/10*

N 51°42'20" E 04°08'10"

Noorden, NL-2431 AA / Zuid-Holland

117

Koole Kampeerhoeve
Hogedijk 6
+31 1 72 40 82 06
1/4 - 1/10
info@kampeerhoevekoole.nl

1ha 40T(40-100m²) 6A CEE

1 A**H**JKLMNO**Q**R
2 JSY
3 CKMNP**W**
5 **A**DGIJKLMNO**P**UZ
6 CDEFGK(N 0,4km)

Ländlich gelegener Campingplatz mit Grün, Ruhe und Raum. Der Platz liegt an den Nieuwkoopse Plassen, wo man mit dem Kanu oder Elektro-Booten fahren kann. Es gibt schöne Radrouten.

A2, Ausfahrt 5 Richtung Kockengen (N401). Hinter Kockengen im Kreisel rechts (N212), 1. Straße links Richtung Woerdens Verlaat/Noorden. CP in Noorden hinter der Kirche mit eigenem Schild ausgewiesen.

CC € 21 1/4-5/4 10/4-14/5 1/6-30/6 1/9-1/10

N 52°09'52'' E 04°49'08''

Noordwijk, NL-2204 AS / Zuid-Holland

118

Camping De Duinpan
Duindamseweg 6
+31 2 52 37 17 26
1/1 - 31/12
contact@campingdeduinpan.com

3,5ha 81T(100-140m²) 16A CEE

1 ACD**H**JKLMOQR
2 ISUWXY
3 A**G**KLMN
4 (Q+U+Y+Z)
5 **AB**GI**J**MNOPUWXYZ
6 ABCEFGHKL(N 3km)OST

Freundlicher, gut ausgestatteter Campingplatz mit einem gepflegten Gelände und sauberem Sanitär. Ländliche Lage in der Nähe von Wäldern und Dünen. Schöner Strand mit internationalem Öko-Siegel. Guter Ausgangspunkt für Rad- und Wandertouren. Gänzlich neues Restaurant mit Südterrasse.

A44, Ausfahrt 3 Sassenheim/Noordwijkerhout, Ri. Noordwijkerhout. Am Kreisverkehr am Kongresszentrum rechts ab (Gooweg). Beim nächsten Kreisverkehr links ab (Schulpweg) geht über in Duindamseweg.

CC € 23 1/1-8/4 29/5-7/7 28/8-31/12

N 52°16'06'' E 04°28'11''

Noordwijkerhout, NL-2211 XR / Zuid-Holland

119

Camping Op Hoop van Zegen
Westeinde 76
+31 2 52 37 54 91
15/3 - 15/10
info@campingophoopvanzegen.nl

1,8ha 140T(80-100m²) 6-12A CEE

1 ACD**H**JKLMQST
2 ISXY
3 ACDEIKLMPS
4 (Q 15/3-15/10)
5 **AB**CDEFGI**J**MN**PQ**UWZ
6 ABCDEFGHKL(N 2km)O

Familiencampingplatz zwischen Noordwijk und Noordwijkerhout, in einem 125 Jahre alten Käsebetrieb gelegen. Umgeben von Blumenfeldern und Wäldern und doch nur 2,5 km vom Strand von Noordwijk entfernt. Schöne Strecken zum Radfahren und Wandern. Der gesamte Camping ist rauchfrei.

A44, Ausfahrt Sassenheim/Noordwijkerhout, Richtung Noordwijkerhout. Am Kreisverkehr beim Kongresszentrum geradeaus. An der Gabelung links ab.

CC € 17 15/3-7/4 24/4-17/5 29/5-7/7 5/9-15/10

N 52°14'56'' E 04°27'49''

Ouddorp, NL-3253 MG / Zuid-Holland

120

Camping Port Zélande
Port Zélande 2
+31 1 11 67 40 20
1/1 - 31/12
camping.portzelande@groupepvcp.com

6ha 220T(100m²) 6-10A CEE

1 ACD**G**JKLMNPQR
2 AEGOTXY
3 AEHIKMN**O**P**QRST**UWYZ
4 **(C+F+H** 🔑)IJ**KLN**
(Q+S+T+U+V+W 🔑)
(Y 1/1-31/12)(Z 🔑)
5 **AB**EFGIJKLMNOPRUWZ
6 CDEFGHKLRTU

Dieser Campingplatz hat eine einmalige Lage in der freien Natur am Brouwersdam. Er ist umgeben von verschiedenen kleinen Stränden und der Nordseestrand ist gut zu Fuss erreichbar (0,5 km).

Von Zierikzee N59 Renesse - Burgh-Haamstede. Dann N57 Ouddorp-Rotterdam, Beschilderung Port Zélande/Kabbelaarsbank folgen.

CC € 23 *9/1-16/2 8/5-17/5 22/5-26/5 30/5-21/6 4/9-30/9 1/11-22/12*

N 51°45'22'' E 03°51'53''

Ouddorp, NL-3253 LR / Zuid-Holland

121

RCN Vakantiepark Toppershoedje
Strandweg 2-4
+31 8 50 40 07 00
24/3 - 29/10
reserveringen@rcn.nl

13ha 138T(100m²) 10-16A CEE

1 ACD**H**JKLMOPQR
2 AHJSTY
3 BCMNPSUWY
4 M(Q+S+T+U+X+Y+Z 🔑)
5 **AB**FGJLNP**T**UWZ
6 EFGHKL(N 3km)OX

Der Camping liegt im Gehbereich zum Nordseestrand. Viele Wassersportangebote in der Natur. Auf auf dem Camping finden Sie ein Restaurant, Imbiss und Croissanterie. Ausgezeichnetes Wander- und Radgebiet und gleich am geselligen Badeort Ouddorp.

Autobahn Hellegatsplein-Oude Tonge-Ouddorp. In Ouddorp ist der CP ausgeschildert.

CC € 23 *24/3-16/5 22/5-25/5 30/5-6/7 4/9-29/10*

N 51°49'24'' E 03°55'00''

Rijnsburg, NL-2231 NW / Zuid-Holland

122

Vakantiepark Koningshof
Elsgeesterweg 8
+31 7 14 02 60 51
25/3 - 20/10
info@koningshofholland.nl

8,7ha 200T(80-100m²) 10A CEE

1 ACD**G**JKLMNPQR
2 ISUVWY
3 CD**G**KMNPSUW
4 (C 15/5-15/9)(F+H 🔑)JM
(Q+S+T+U+Y+Z 7/4-29/10)
5 **AB**DEFGIJKLMNOP**T**UWXYZ
6 CDEFGHKL(N 2km)OSTV

Mittelgroßer Ferienpark mit Campingfeldern, die durch Hecken abgetrennt sind. Am Eingang befindet sich das Hauptgebäude mit einem sehr guten À-la-carte-Restaurant, Imbiss, Supermarkt, Waschsalon sowie einer Bar und der Rezeption. Im Park finden Sie ein Innen- und ein Außenschwimmbad, einen großen Spielplatz, ein Fußballfeld und einen Indoor-Spielplatz. Strand und Dünen in der Nähe.

A44, Ausfahrt 7 Oegstgeest/Rijnsburg, Richtung Rijnsburg. In Rijnsburg CP-Beschilderung folgen.

CC € 23 *25/3-7/4 7/5-17/5 29/5-8/7 27/8-28/10*

N 52°11'58'' E 04°27'16''

Rockanje, NL-3235 LL / Zuid-Holland

123

Midicamping Van der Burgh
Voet- of Kraagweg 9
+31 1 81 40 41 79
1/1 - 31/12
info@midicamping.nl

5ha 85**T**(150m²) 10A CEE

1 ADHJKLMNOPQR
2 SXY
3 CEKMS
4 (Q 1/7-31/8)
5 **AB**CDGI**J**MNO**PQT**UWXYZ
6 ACDEFGH**K**LO

Dieser Camping liegt auf den südholländische Inseln, in Strandnähe, Dünen und Fischwasser. Mittelgroßer Camping mit neuem Sanitärpavillon und großen Plätzen.

Rotterdam-Europoort A15, Ausfahrt 12 Richtung Brielle. N57 Rockanje dort die N496, in Rockanje ausgeschildert.

€ 21 *1/1-20/4 8/5-16/5 30/5-7/6 11/6-30/6 28/8-31/12*

N 51°51'23'' E 04°05'36''

Rockanje, NL-3235 LA / Zuid-Holland

124

Molecaten Park Rondeweibos
Schapengorsedijk 19
+31 1 81 40 19 44
24/3 - 1/11
rondeweibos@molecaten.nl

32ha 100**T**(80m²) 10A CEE

1 ACD**H**JKMQR
2 AGJSTWXY
3 CHIKM**O**PSUW
4 (C+G 1/5-31/8)
(Q+S+T+U+Y 30/3-15/9)
5 **AB**FGIJKLMNOPUWXYZ
6 CDEFGH**K**(N 2,5km)OSTV

Der Campingplatz ist nur 10 Gehminuten vom Strand entfernt und bietet einen großen Spielplatz. Schöne historische Festungsstädte in der Umgebung.

A15/N57. Ausfahrt Rockanje. Den Schildern Rondeweibos folgen.

€ 21 *24/3-26/4 8/5-16/5 22/5-25/5 30/5-6/6 12/6-6/7 28/8-31/10*

N 51°51'25'' E 04°05'04''

Rockanje, NL-3235 CC / Zuid-Holland

125

Molecaten Park Waterbos
Duinrand 11
+31 1 81 40 19 00
24/3 - 1/11
waterbos@molecaten.nl

7,5ha 118**T**(100m²) 10A CEE

1 ACDFJKMQR
2 STWXYZ
3 CHKMPSUW
4 (C+H 30/4-1/9)(Q+R)
(T+X 15/6-15/9)
5 **AB**DFGJLMNO**PT**UWZ
6 CDEFGH**K**(N 1km)SV

Familiencamping mitten in einzigartigem Dünengebiet, Strand in Geheweite. Schöne historische Festungsstadt in der Umgebung.

A15, Ausfahrt Europoort nehmen, Richtung Hellevoetsluis, Ausfahrt Rockanje, danach den Schildern folgen.

€ 19 *24/3-26/4 8/5-16/5 22/5-25/5 30/5-6/6 12/6-6/7 28/8-31/10*

N 51°52'48'' E 04°03'15''

Zevenhuizen, NL-2761 ED / Zuid-Holland

126

Recreatiepark De Koornmolen
Tweemanspolder 6A
+31 1 80 63 16 54
31/3 - 1/10
info@koornmolen.nl

6ha 88T(90-140m²) 6A CEE

1 ACD**H**JKLMNOP**Q**R
2 CEISVXYZ
3 CE**G**IKMPSU**VW**Z
4 (A 23/6-31/8)
(F)(Q 7/7-31/8)
(T+U 25/5-6/6,7/7-31/8)
(X+Y)
5 **AB**DFGIJKLMNP**T**UWZ
6 ADEFGHK(N 2km)OTVX

Gemütlicher Familiencamping, der zum Freizeitpark 'De Koornmolen' von Rottemeren gehört. Touristische Plätze und Stellplätze auf Grünflächen und getrennt von Dauerstellplätzen. Viele Möglichkeiten zum Radfahren und Wandern in der unmittelbaren Umgebung.

A12 Ausfahrt 9 Zevenhuizen-Waddinxveen auf der A20 Ausfahrt 17 Nieuwerkerk a/d IJssel-Zevenhuizen. Dann Richtung Zevenhuizen. An der Feuerwehr links ab Tweemans Polder. Nach ca 1 km rechts liegt die Einfahrt von De Koornmolen.

CC € 19 *31/3-7/4 11/4-21/4 8/5-17/5 30/5-1/7 21/8-1/10*

N 52°00'32'' E 04°33'54''

Baarland, NL-4435 NR / Zeeland

127

Ardoer comfortcamping Scheldeoord
Landingsweg 1
+31 1 13 63 99 00
25/3 - 30/10
scheldeoord@ardoer.com

17ha 200T(120m²) 16-20A CEE

1 CD**H**JKLMNOPQR
2 AGJNSWY
3 C**D**HKM**O**PSUWY
4 (A 8/7-23/7)
(C 21/4-10/9)(F+H)**JN**
(Q+S+T+U+X+Z)
5 **AB**DEFGIJKLMNOPR**ST**UXYZ
6 BCDEFGH**K**L(N 2km)
ORSTV

Voll ausgestatteter aktiver Familiencamping. Ruhige Lage am Seedeich der Westerschelde im Sack von Zuid-Beveland, einem schönen Naturgebiet nach der Nationallandschaft benannt. Platz genug um aktiv zu sein und gleichzeitig zur Ruhe zu kommen. Wandern, Rad fahren, Angeln? Es liegt an Ihnen!

A58 Ausfahrt 's-Gravenpolder (35). Über 's-Gravenpolder nach Hoedekenskerke. Schildern 'Scheldeoord' folgen.

CC € 23 *25/3-17/5 30/5-8/7 26/8-29/10*

N 51°23'47'' E 03°53'53''

Brouwershaven, NL-4318 TV / Zeeland

128

Camping Den Osse
Blankersweg 4
+31 1 11 69 15 13
31/3 - 29/10
info@campingdenosse.nl

8,5ha 80T(80-120m²) 6-16A CEE

1 ACD**H**JKLMNOPQR
2 SWY
3 CK**O**PSUW
4 (C 18/5-15/9)(H 18/5-15/8)
(Q+R+T+X)
5 **AB**FGIJKLMNOP**T**UWXY
6 CDEFGH**K**L(N 2km)STV

Geselliger Familiencamping einen Steinwurf vom Grevelingenmeer und dem Brouwersdam. Ideal zum tauchen und wenn Sie Ruhe, Raum, Wassersport, Sonne, Meer und Strand schätzen. Mit beheiztem Freibad und Animation in den Sommerferien.

N59 Richtung Zierikzee. In Zierikzee Richtung Brouwershaven. In Brouwershaven ausgeschildert.

CC € 21 *31/3-7/4 14/4-17/5 29/5-3/6 11/6-23/6 28/8-29/10* 7=6

N 51°44'18'' E 03°53'21''

Burgh-Haamstede, NL-4328 GR / Zeeland

iD **129**

Camping De Duinhoeve B.V.
Maireweg 7
+31 1 11 65 15 62
23/3 - 29/10
info@deduinhoeve.nl

47,5ha 820T(100-110m²) 10A CEE

1 ACD**H**JKLMNOP**Q**R
2 JSTWY
3 A**D**KMN**O**P**R**SUW
4 **KMN**(Q+S+T+U+Y)
5 **AB**DEFGIJMNOPQ**T**UWZ
6 CDEFGHKL(N 2,5km)ORTV

Schick oder einfach, jung oder weniger jung, hier fühlt sich jeder zu Hause. Camping De Duinhoeve liegt mitten im schönen Naturgebiet am Kopf von Schouwen. Der Platz liegt in Strand- und Waldnähe. Es gibt geschützte Plätze mit und ohne Ausstattungen.

A29 Dinteloord-Rotterdam. In Hellegatsplein Richtung Zierikzee. Dann Richtung Renesse/Haamstede. Route 107 folgen.

CC € 21 23/3-17/5 29/5-7/6 11/6-22/6 25/6-7/7 1/9-29/10

N 51°43'07'' E 03°43'44''

Burgh-Haamstede, NL-4328 GV / Zeeland

iD **130**

Camping Groenewoud
Groenewoudswegje 11
+31 1 11 65 14 10
25/3 - 29/10
info@campinggroenewoud.nl

17ha 62**T**(100-125m²) 10A CEE

1 AFJKLMPQR
2 ESTWXY
3 CIKMNPSUVWZ
4 (C+H 15/5-15/9)
(Q+T+U+X+Y)
5 **AB**DFGIJKLMNO**PQ**UWY
6 ACDEFGH**K**L(N 0,2km)OSV

Gelegen auf einer herrlichen 17 ha Naturdomäne, ist dieser Familiencamping ein echter Tipp für Ruhe und Naturerlebnis. Schönes Freibad mit gemütlicher Gaststätte, 2 Weiher, schicke neue Sanitäranlagen mit Fußbodenheizung, machen Ihren einmaligen Urlaubsaufenthalt komplett. Stellplatzgröße 100-125 m². Kabel-TV (gratis) und WLAN vorhanden.

Von Burgh-Haamstede Richtung Leuchtturm. Ab Ampeln vierte Straße links, nach 200m liegt der CP links.

CC € 21 25/3-17/5 21/5-26/5 29/5-8/7 2/9-29/10

N 51°42'29'' E 03°43'18''

Cadzand, NL-4506 HK / Zeeland

iD **131**

Camping Wulpen
Vierhonderdpolderdijk 1
+31 1 17 39 12 26
24/3 - 29/10
info@campingwulpen.nl

4,7ha 141T(100-130m²) 10A CEE

1 ADE**H**JKLMOPQR
2 JSWXY
3 AC**G**HKMNPSU
4 (Q+R+Z)
5 **AB**DEFGIJKLMNOPUWXYZ
6 ABCDEFGHK(N 1,5km)OVX

Sehr gepflegter Familiencamping mit viel Privatsphäre, windgeschützen Plätzen und gemütliches Wohnzimmer mit TV. Der Platz direkt am Radwegenetz.

Nach Ortseingang Cadzand an der Mühle rechts. Dann erste Straße rechts.

CC € 21 24/3-7/4 10/4-17/5 21/5-26/5 30/5-7/6 11/6-8/7 2/9-29/10

N 51°22'12'' E 03°25'00''

Dishoek/Koudekerke, NL-4371 NT / Zeeland

132

Camping Dishoek
Dishoek 2
+31 1 18 55 13 48
31/3 - 29/10
info@roompot.nl

4,6ha 270T(tot 80m²) 6A CEE

1 ACD**H**JKLMOPQR
2 AGISTWXY
3 ACMPSUWY
4 (S+T+U+V+X+Z)
5 **AB**DFGIJKLMNOPUWXY
6 CDEFGH**K**LM(N 4km)OSTV

Wenn man 'direkt an Strand und Meer' campen will, dann ist dieser behagliche 4-Sternecamping das ultimative Ziel. Sie campen direkt am Meer am Fuße der Dünen. Auf der sonnigste und einzige Südstrand der Niederlande. Im nahen Wald-Naturgebiet Wander- und Radwege. Der CampingCard-Tarif gilt nur für Komfortstellplätze. Wohnmobile sind auf den Komfortplätzen nicht erlaubt.

A58 bis Vlissingen, Ausfahrt Dishoek abfahren. Schildern folgen.

CC € 21 *14/4-21/4 5/5-17/5 22/5-26/5 30/5-7/6 12/6-30/6 1/9-29/9*

N 51°28'08'' E 03°31'25''

Domburg, NL-4357 NM / Zeeland

133

Ardoer camping Westhove
Zuiverseweg 20
+31 1 18 58 18 09
31/3 - 29/10
info@westhove.nl

8,4ha 261T(81-100m²) 6-10A CEE

1 AD**G**JKLMNOQR
2 SWXY
3 CD**G**HKMPSU**V**
4 (F+H)**N**(Q+S+T+X)
5 **AB**DFGIJLMNOPQR**T**UWXYZ
6 ACDEFGHKM(N 1,5km) OSTV

Camping Westhove liegt nur 1500 Meter vom Badeort Domburg. Schöne große Stellplätze, auf dem Platz eine Schwimmhalle, Indoor Spielplatz und Badehaus im griechischen Stil.

Von Middelburg den Schildern Domburg folgen. Vor Domburg ausgeschildert.

CC € 21 *31/3-7/4 11/4-21/4 7/5-17/5 30/5-7/6 11/6-7/7 26/8-29/10*

N 51°33'21'' E 03°30'52''

Domburg, NL-4357 RD / Zeeland

134

Campingresort Hof Domburg
Schelpweg 7
+31 1 18 58 82 00
1/1 - 31/12
info@roompot.nl

20ha 473T(80m²) 6A CEE

1 ACDHJKLOPQR
2 GJSTWY
3 ACDFKMN**O**P**RST**UVW
4 (C 1/4-31/10)(F)**JLNP** (S+T+U+X+Y)
5 **AB**FGJLMNP**T**UWXYZ
6 EFGHKL(N 0,5km)OSTX

Geselliger Familiencamping 100m von der Ortschaft Domburg und 400m vom Nordseestrand. Subtropisches Freizeitbad auf dem Camping. Der CampingCard-Tarif gilt nur für Komfortstellplätze. Wohnmobile sind auf den Komfortplätzen nicht erlaubt.

A58 Bergen op Zoom-Vlissingen, Ausfahrt Middelburg. Schildern Richtung Domburg folgen. In Domburg ausgeschildert.

CC € 23 *14/4-21/4 7/5-17/5 22/5-26/5 30/5-7/6 12/6-30/6 1/9-13/11*

N 51°33'33'' E 03°29'13''

Ellemeet, NL-4323 LC / Zeeland

135

Camping Klaverweide
Kuijerdamseweg 56
+31 1 11 67 18 59
15/3 - 28/10
info@klaverweide.com

4ha 76T(100-120m²) 16A CEE

1 ACD**H**JKLMNOPQR
2 JSX
3 CKMNPSU
4 (Q+S+T 1/4-25/10)
5 **AB**EFGIJKLMNO**PT**UWXY
6 CDEFGKL(N 0,2km)S

Gastfreundlicher Campingplatz am Nordseestrand und dem Grevelingenmeer. Viele Wassersportangebote. Große Plätze mit 10A Strom, Kabel-TV, Zu/Abwasseranschluss. SB-Markt morgens frische Brötchen. Modernes, sauberes Sanitär. Schöne Dörfer und Wander- und Radwege. Zuschlag von 10 Euro für Camper mit Auto und Wohnwagen, da sie immer auf einem Stellplatz mit privaten Sanitäranlagen stehen.

N57 Brouwersdam-Serooskerke, Ausfahrt Ellemeet.

CC € 21 *15/3-7/4 11/4-28/4 1/5-17/5 30/5-7/6 11/6-29/6 1/9-28/10*

N 51°43'55'' E 03°49'13''

Groot Valkenisse/Biggekerke, NL-4373 RR / Zeeland

136

Strandcamping Valkenisse bv
Valkenisseweg 64
+31 1 18 56 13 14
24/3 - 30/10
info@campingvalkenisse.nl

10,2ha 150T(100m²) 10-16A CEE

1 ADFJKMPQR
2 AGISWXY
3 ADMPSUWY
4 (Q+S+T+U+X+Y)
5 **AB**DEFGIJKLMNOP**T**UXY
6 ACEFGHKLM(N 2km)OSV

Sonnen am Strand, baden und angeln, Sonnenuntergänge am Strand, sich vom Wind durchpusten lassen und die donnernden Wellen genießen, wandern über die höchsten Dünen Hollands mit einem herrlichen Panoramablick auf die vorbeifahrenden Schiffe. Startpunkt für Wander- und Radtouren. Ein ideales Urlaubsziel.

Vlissingen-Koudekerke Richtung Zoutelande, Ausfahrt Groot Valkenisse. Von der A58 aus der N288 folgen: an der Ampel Biggekerke Ausfahrt Groot-Valkenisse.

CC € 21 *24/3-7/4 15/4-17/5 22/5-26/5 30/5-7/6 12/6-15/6 1/9-30/10*

N 51°29'32'' E 03°30'24''

Hoek, NL 4542 PN / Zeeland

137

Oostappen Vakantiepark Marina Beach
Middenweg 1
+31 1 15 48 17 30
31/3 - 13/10
info@vakantieparkmarinabeach.nl

212ha 475T(100-110m²) 4-6A CEE

1 D**H**JKLMNPQR
2 AEJNSTWXYZ
3 CDHKMPRSUWZ
4 (A 1/7-31/8)(Q+S+T+U+X+Y +Z 18/4-26/10)
5 **AB**DEFGIJKLMNO**PQ**UWXYZ
6 CDEFG(N 3,5km)STUV

Park mit vielen Anlagen direkt am Wasser gelegen. Diverse In- und Outdoor Sportaktivitäten. Alles da, für einen wunderschönen (Familien)Urlaub. Inklusive Eintritt ins Aquadome Scheldorado in Terneuzen.

An Straße N61, 4 km westlich von Hoek.

CC € 21 *31/3-20/4 8/5-17/5 22/5-26/5 29/5-7/7 25/8-13/10*

N 51°18'52'' E 03°43'34''

Kamperland, NL-4493 PH / Zeeland

138

Camping Roompot Beach Resort
Mariapolderseweg 1
+31 1 13 37 40 00
1/1 - 31/12
info@roompot.nl

72ha 584**T**(90-115m²) 6-16A CEE

1 ACDHJKLOQR
2 AGJSWXY
3 ACDHKMN**O**P**R**S**T**UWY
4 (F+H)IJK**LN**
(Q+S+T+U+V+W+Y+Z)
5 **AB**DEFGIJKLMNOP**T**UWXYZ
6 ADEFGHJ**K**LM(N 3km)
OSTV

Camping Roompot liegt an der Oosterschelde. Auf dem Platz werden zahlreiche Kinderaktivitäten organisiert und es gibt auch ein subtropisches Freizeitbad. Der CampingCard-Tarif gilt nur für Komfortstellplätze. Wohnmobile sind auf den Komfortplätzen nicht erlaubt.

A58 Bergen op Zoom-Vlissingen, Ausfahrt Zierikzee. Vor der Zeelandbrücke Richtung Kamperland. In Kamperland ausgeschildert.

CC € 21 *2/1-31/3 7/5-17/5 22/5-26/5 30/5-7/6 12/6-30/6 1/9-22/12*

N 51°35'23'' E 03°43'16''

Kamperland, NL-4493 CX / Zeeland

139

RCN vakantiepark de Schotsman
Schotsmanweg 1
+31 8 50 40 07 00
24/3 - 29/10
schotsman@rcn.nl

30ha 668**T**(100m²) 10-16A CEE

1 ACD**G**JKLMOQR
2 ESTY
3 CDKMN**O**PU**VW**Z
4 (C 1/5-30/9)
(F 25/3-30/6,1/9-29/10)
(H 1/5-14/9)J
(Q+R+T+U+X+Y)
5 **AB**DFGIJKLMNOPR**T**UWXYZ
6 ACDEFGHKL(N 2km)OS

Camping RCN de Schotsman liegt direkt am Veerse Meer an einem großen Wanderwald entlang. Ca. 2 km zum Nordseestrand.

A58 Bergen op Zoom-Vlissingen, Ausfahrt Zierikzee. Vor Zeelandbrücke Richtung Kamperland. In Kamperland ausgeschildert.

CC € 21 *24/3-16/5 22/5-25/5 30/5-7/6 12/6-6/7 28/8-29/10*

N 51°34'06'' E 03°39'48''

Kortgene, NL-4484 NT / Zeeland

140

Ardoer vakantiepark de Paardekreek
Havenweg 1
+31 1 13 30 20 51
24/3 - 5/11
paardekreek@ardoer.com

10ha 120**T**(80-120m²) 10A CEE

1 AD**H**JKLMNPQR
2 EJSWY
3 CDHIKLMNPSU**W**Z
4 (C+F)J**KMN**(Q+S+
T+Y)
5 **AB**DEFGI**J**MNOPQ**T**UWXY
6 CDEFGHKLM(N 0,5km)
OSTUVX

Camping De Paardekreek liegt direkt am Veerse Meer, also ideal für einen tollen Wassersport Urlaub. Er hat eine große Freizeithalle und ein überdachtes Kinderbecken auf dem Camping. Jetzt auch neues Außenbecken.

A58 Bergen op Zoom-Vlissingen, Ausfahrt Zierikzee. Richtung Zierikzee, Ausfahrt Kortgene. Ab dort ausgeschildert.

CC € 23 *24/3-7/4 8/5-17/5 22/5-26/5 30/5-7/6 12/6-1/7 4/9-5/11*

N 51°33'04'' E 03°48'28''

Nieuwvliet, NL-4504 AA / Zeeland

141

Ardoer camping International
St. Bavodijk 2D
+31 1 17 37 12 33
31/3 - 5/11
international@ardoer.com

8ha 107T(80-140m²) 6-10A CEE

1 ACD**H**JKLMNPQST
2 SWXY
3 ACDE**G**HKMOPSU**W**
4 (G 17/5-15/9)M(Q+R+ T+U)
5 **AB**DFGIJKLMNOP**T**UWXY
6 ABCDEFGH**K**LM(N 5km) OSTV

Ruhiger Camping mit Blick auf die rustikale Mühle, direkt am grenzüberschreitenden Radwegknoten-Netzwerk. Mit der CampingCard ACSI auf vollausgestatteten Komfortplätzen.

Über Terneuzen (Maut) Richtung Breskens. Vor Breskens Richtung Groede und nach Nieuwvliet fahren. Im Kreisel R102 rechts abbiegen. CP kommt nach 700m.

CC € 17 16/4-18/4 7/5-17/5 22/5-26/5 30/5-7/6 12/6-24/6 2/9-30/9

N 51°22'28'' E 03°28'10''

Ouwerkerk, NL-4305 RE / Zeeland

142

Camping de Kreekoever
Baalpapenweg 1
+31 1 11 64 14 54
24/3 - 23/10
info@dekreekoever.nl

5,5ha 49T(80-110m²) 6-10A CEE

1 AD**H**JKLMNPQST
2 JSUWY
3 A**G**IKPSU**W**
4 (Q 15/4-31/8)(R)
5 **AB**DEFGI**J**K**L**MNOPUWXYZ
6 ABCDEFGHK(N 4km)OST

Der ruhige und gemütliche Familiencamping liegt im Bachgebiet von Ouwerkerkerk und in Fahrradnähe von Oosterschelde und Zierikzee. Man kann angeln, radeln, tauchen, schwimmen usw. Camping-Shop vorhanden. Hunde sind erlaubt.

Über N59, Ausfahrt Ouwerkerk. In Ouwerkerk, den CP-Schildern folgen.

CC € 19 24/3-16/5 29/5-7/7 25/8-22/10 7=6, 14=12, 21=18

N 51°37'24'' E 03°59'06''

Renesse, NL-4325 CP / Zeeland

143

Molecaten Park Wijde Blick
Lagezoom 23
+31 1 11 46 88 88
24/3 - 1/11
wijdeblick@molecaten.nl

8ha 218T(90-120m²) 10A CEE

1 ACD**H**JKLMNOPQR
2 JSTY
3 CHKMP**Q**SU
4 (F+H+Q)(S+T+ U+X 1/3-30/10)
5 **AB**EFGIJKLMNOP**T**UWXYZ
6 ACDEFGHKL(N 1,5km) OSTV

Ruhig gelegener Camping mit vielen Rad- und Wandermöglichkeiten. In 1,5 km ist man an einem der schönsten und breitesten Strände von Holland.

Vor Renesse der R106 folgen. Ab hier ist der CP ausgeschildert.

CC € 23 24/3-26/4 8/5-16/5 22/5-25/5 30/5-6/6 12/6-6/7 28/8-31/10

N 51°43'07'' E 03°46'05''

Renesse, NL-4325 DJ / Zeeland

144

Vakantiepark Schouwen
Hoogenboomlaan 28
+31 1 11 46 12 31
18/3 - 30/10
info@vakantieparkschouwen.nl

9ha 80T(80-125m²) 10A CEE

1 ACDFJKM**Q**ST
2 JKTWYZ
3 CMP**Q**SUW
4 (S+T+X)
5 **AB**DEFGIJKLMNOP**T**UWXYZ
6 CDEFGHJ**K**L(N 0,5km)OST

Gemütlicher Familiencamping direkt an einem der breitesten Strände der Niederlande und gleich am belebten Badeort Renesse. Rad- und Wanderwege rundum, alles mögliche wird geboten und auch Ruhe kann man hier finden. Stellplätze von 80 bis 125 m²(Aufpreis) und große befestigte Wohnmobilplätze mit 100 m².

A29 Dinteloord-Rotterdam. Bei Hellegatsplein Richtung Zierikzee. Dann Renesse. Renesse-West, R104.

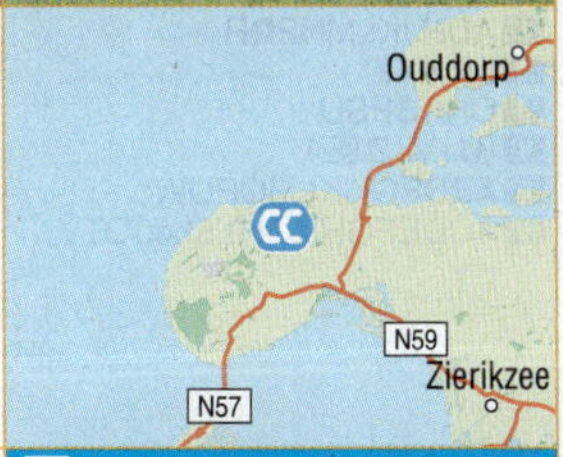

CC € 21 *18/3-7/4 10/4-17/5 30/5-7/6 12/6-23/6 27/8-29/10*

N 51°43'43'' E 03°45'48''

Retranchement/Cadzand, NL-4525 LW / Zeeland

145

Camping Cassandria-Bad
Strengweg 4
+31 1 17 39 23 00
31/3 - 29/10
info@cassandriabad.nl

ACSI AWARDS WINNER

5,5ha 88T(80-100m²) 10A CEE

1 AD**G**JKLMNOPQR
2 SWXYZ
3 ACD**G**KMNPSUW
4 (Q+T+U+Z)
5 **AB**CDFGHIJMNPUWXY
6 ABEFGH**K**(N 1,7km)OSV

Camping auf dem Land mit persönlicher Ansprache. Geschützte Plätze, sauberes Sanitär. 100% WLAN gegen kleine Gebühr. Ausgangspunkt für Wanderungen und schöne Radtouren durch die Dünen. Sluis, Damme und Brügge sind gut mit dem Fahrrad zu erreichen.

Über Terneuzen (Maut) bis Schoondijke, danach Ri. Oostburg nach Cadzand Ri. Retranchement. Dort rechts den Schildern nach. Oder N49 Antwerpen-Knokke, Ausfahrt Sluis. Nach 1 km links. Durch den Ort, dann links ab den Schildern folgen.

CC € 21 *31/3-17/5 21/5-26/5 29/5-9/7 26/8-28/10*

N 51°21'57'' E 03°23'11''

Retranchement/Cadzand, NL-4525 LW / Zeeland

146

Camping Den Molinshoeve
Strengweg 2
+31 1 17 30 16 74
1/4 - 15/10
info@molinshoeve.nl

5,2ha 39T(160-190m²) 10A CEE

1 AD**H**JKLMQR
2 NSWXY
3 AC**G**HKSU**W**
4 (Q 1/7-31/8)
5 **AB**DFGHIJKLMNOPQ**T**UWXYZ
6 ABCDEFGHK(N 1,5km)

Behaglicher CP auf einem Hof in Zeeland. Beheiztes Luxus-Sanitär. Große Plätze, gratis WLAN. Fahrradunterstand drinnen. Plätze mit Panoramablick auf den Polder gegen Gebühr in der Nebensaison. Dicht am Strand. Viele Wander-/Radangebote. Basis für Ausflüge nach Belgien.

Über Terneuzen (Maut) bis Schoondijke. Dann Ri. Cadzand. Weiter Ri. Retranchement, dort re. Den Hinweisen folgen. Oder N49 Antwerpen-Knokke, Ri. Sluis. Nach 1 km li Ri. Retranchement. Durch den Ort, dann li ab.

CC € 21 *1/4-7/4 10/4-17/5 21/5-26/5 29/5-9/7 27/8-15/10*

N 51°21'42'' E 03°23'01''

Sluis, NL-4524 LA / Zeeland

147

Camping De Meidoorn
Hoogstraat 68
+31 1 17 46 16 62
1/4 - 15/10
info@campingdemeidoornsluis.nl

5,5ha 95T(80-120m²) 6A CEE

1 AD**H**JKLMNP**Q**R
2 JSWYZ
3 CHK**O**PSU
4 (U+V+Z)
5 **AB**DFGIJKLMOPUW
6 ACDEFGHK(N 0,5km)OTV

Camping am Rande der schönen Grenzstadt Sluis inmitten der alten Stadtmauer. In der Nähe befinden sich attraktive Städte wie Brügge, Gent und Knokke. Strand- und Naturschutzgebiet "Het Zwin" wenige Kilometer weiter. Für Radfahrer und Wanderer gibt es in West Zeeuws-Vlaanderen eine Auswahl an verschiedenen Touren.

Campingzufahrt über Zuiddijkstraat. Geben Sie Navigation Nr. 102 ein. Bei der Sint Pieterstraat zuerst in die Hoogstraat einbiegen, dann links in die Zuiddijkstraat.

CC € 21 1/4-7/4 11/4-29/4 8/5-17/5 30/5-5/7 4/9-15/10

N 51°18'45" E 03°23'33"

St. Kruis/Oostburg, NL-4528 KG / Zeeland

148

Camping Bonte Hoeve
Eiland 4
+31 1 17 45 22 70
1/4 - 22/10
info@bontehoeve.nl

9ha 50T(100-130m²) 10A CEE

1 AD**G**JKLMNPQR
2 JSWYZ
3 CD**G**HKPSUW
4 (Q)(R+T+Z 1/7-31/8)
5 **AB**FGI**JK**L**M**N**P**UWXYZ
6 ADEFGHK(N 3km)OSTV

Absolute Ruhe, Raum und Freiheit genießen. Gemütlicher Familiencampingplatz mit Bar, Imbiss und Terrasse. Große, durch Hecken getrennte Plätze mit 10A, Wasser- und TV-Anschluss und WLAN. Ausgezeichnete (private) Sanitäranlagen mit einer besonderen, typisch zeeländischen Ausstrahlung. Golfplatz und Strand nebenan. Ideal zum Rad fahren. Nähe Brügge und Gent. Idealer Ausgangsort für abwechslungsreiche Ferien in Zeeland-Flandern.

CP liegt an der Straße Oostburg-St. Margriete (B).

CC € 21 1/4-17/5 30/5-7/7 25/8-22/10

N 51°18'06" E 03°30'35"

Vrouwenpolder, NL-4354 NN / Zeeland

149

Camping De Zandput
Vroondijk 9
+31 1 18 59 72 10
31/3 - 29/10
info.zandput@roompot.nl

12ha 238T(70-110m²) 6-10A CEE

1 ACD**H**JKLQR
2 AGSWXY
3 CKMNPSUW
4 (Q+S+T+Y)
5 **AB**DFGIJMNPUWXYZ
6 EFGKLM(N 2km)STV

Vollkommen die Ruhe, Raum und Freiheit genießen. Freundlicher Familiencamping mit Bar und Imbiss. Spielplatz an der Terrasse. Modernes Sanitär. Ideale Ausgangsbasis für abwechslungsreiche Ferien im Walcheren.

A58 Bergen op Zoom-Vlissingen, Ausfahrt Middelburg, Oostkapelle-Vrouwenpolder. Im Ort ausgeschildert.

CC € 17 14/4-21/4 5/5-17/5 22/5-26/5 30/5-7/6 12/6-30/6 1/9-29/9

N 51°35'11" E 03°36'19"

Doorn, NL-3941 ZK / Utrecht

150

RCN Vakantiepark Het Grote Bos
Hydeparklaan 24
+31 8 50 40 07 00
24/3 - 29/10
reserveringen@rcn.nl

80ha 350T(75-150m²) 10A CEE

1 ACDEHJKLMOPQTU
2 BIJSTUWXYZ
3 CGHIKLMNOPQSTU
4 (A+C+H)IJM (Q+S+T+U+V+X+Y+Z)
5 ABCDEFGHIJKLMNOPQRTUW XYZ
6 ABCDEFGHKL(N 1,5km) OSTV

Ein umfassender Ferienort mit geselligen Feldern oder echten Waldplätzen in einem glänzenden Naturgebiet am Südrand des Utrechter Heuvelrug.

A12 (Arnheim-Utrecht u.u.), Ausfahrt Driebergen. Dann ab Ort Beschilderung folgen. CP liegt in Dreieck Doorn-Driebergen-Maarn.

CC € 19 24/3-16/5 22/5-25/5 30/6-6/7 28/8-29/10

N 52°03'22'' E 05°18'49''

Doorn, NL-3941 XR / Utrecht

151

Vakantiepark De Maarnse Berg
Maarnse Bergweg 1
+31 3 43 44 12 84
31/3 - 29/10
info@maarnseberg.nl

20ha 75T(100-225m²) 10A CEE

1 ADEFJKLMNPQTU
2 BISWXYZ
3 ABCGHIKLMNPRSTUZ
4 (Q+T+U+X+Y+Z)
5 ABCDGHIJKLMNPQUWXYZ
6 ABDEFGHK(N 2,5km)O

Herrlich gelegener Camping in den Wäldern des Nationalparks De Utrechtse Heuvelrug. Genießen Sie vor allem in der Vor und Nachsaison diesen ruhigen Campingplatz in einer natürlichen Umgebung mit ausgedehnten Rad- und Wandermöglichkeiten.

A12 ab Utrecht, an Ausfahrt Maarn/Doorn CP-Schild, unten zweimal rechts. A12 ab Arnheim, Ausfahrt Maarsbergen. Durch Maarn-Zentrum. An N227 ausgeschildert.

CC € 21 31/3-17/5 30/5-7/7 26/8-29/10

N 52°03'48'' E 05°21'06''

Leersum, NL-3956 KD / Utrecht

152

Molecaten Park Landgoed Ginkelduin
Scherpenzeelseweg 53
+31 3 43 48 99 99
24/3 - 1/11
landgoedginkelduin@molecaten.nl

95ha 220T(80-110m²) 10A CEE

1 ACDEFJKLMNOPQR
2 BISTWXYZ
3 ABCDEGHIJKLMNOPQRSTU
4 (A 1/5-31/5,1/7-31/8) (C 15/5-15/9)(F+H).IKLN (Q+S+T+U+X+Y+Z)
5 ABCDEFGHIJKLMNOPQRTUW XYZ
6 ABCDEFGHKM(N 3km) OSTVX

Molecaten Park Landgoed Ginkelduin liegt im Nationalpark Utrechter Heuvelrug, nah am ruhigsten Fleckchen von ganz Holland. Die großen Campfelder mit Komfort(plus)Plätzen sind umgeben von prächtigen Bäumen. Die Anlage hat u.a. Hallenbad, Freibad, Tennisplatz, Restaurant, Laden und Radverleih. Schöne Wander- und Radtouren in direkter Umgebung.

N225, bei der Kirche im Zentrum von Leersum ist der CP ausgeschildert.

CC € 19 24/3-26/4 8/5-16/5 22/5-25/5 30/5-6/7 28/8-31/10

N 52°01'46'' E 05°27'31''

Renswoude, NL-3927 CJ / Utrecht

153

Camping de Grebbelinie
Ubbeschoterweg 12
+31 3 18 59 10 73
1/4 - 1/10
info@campingdegrebbelinie.nl

6,5ha 135**T**(105-140m²) 6-10A CEE

1 AD**H**IJKLMNQST
2 AEINSXY
3 ACEHIJKMNSUZ
4 (Q+R)
5 **AB**CDEFGIJMNOPQR**T**UWXY
6 ABCDEFGHK(N 2km)ST

Camping de Grebbelinie ist eine einmalige Camplocation zentral in Holland zwischen dem Utrechter Heuvelrug und der Veluwe. An der Grebbelinie mit dem Fort Daatselaar. Vom Camping aus gehen Wander- und Radwege raus in die abwechslungsreiche Natur.

Von der A30 Ausfahrt Scherpenzeel. Am Kreisel geradeaus Richtung Renswoude (CP-Schildern folgen). Von der A12 Ausfahrt 23 Renswoude/Veenendaal. Der Beschilderung Richtung Renswoude folgen. Danach den CP-Schildern folgen.

CC € 23 *1/4-28/4 7/5-16/5 31/5-6/7 28/8-30/9*

N 52°05'05'' E 05°33'04''

Woerden, NL-3443 AP / Utrecht

154

Camping Batenstein
van Helvoortlaan 36
+31 3 48 42 13 20
26/3 - 31/10
info@camping-batenstein.nl

1,6ha 40**T**(60-100m²) 6A CEE

1 ACD**H**JKMO**Q**ST
2 ISVWXY
3 BCHIKS**TVW**
4 (**F+H**)**IJN**(Q 27/3-25/10)
5 **AB**EFGI**JKL**MNO**P**UWYZ
6 ACDEFG**K**(N 1,5km)O

Gemütlicher Campingplatz in der grünen Zone am Rande von Woerden. Sehr gut gepflegtes, nettes Sanitär. Der Platz ist vollständig von Wasser umgeben. Direkt in der Nähe gibt es ein modernes Schwimmbad mit Fitnessangeboten.

A2 Ausfahrt 5 Richtung Kockengen, danach Richtung Woerden (N212). In Woerden ist der CP ausgeschildert. Oder A12, Ausfahrt 14, danach den Schildern folgen.

CC € 21 *1/4-17/5 30/5-7/7 24/8-1/10*

N 52°05'34'' E 04°53'06''

Woudenberg, NL-3931 MK / Utrecht

155

Camping 't Boerenerf
De Heygraeff 15
+31 3 32 86 14 24
30/3 - 30/9
info@campingboerenerf.nl

4,5ha 50**T**(80-100m²) 6-16A CEE

1 ADE**H**JKLMN**Q**R
2 AEIJSUWXYZ
3 ABCE**G**HIKLMPSU**WZ**
5 **AB**CDEFGI**JK**LMNO**PQR**UWXYZ
6 ABEFGH**K**(N 3km)OT

Umwelt-, kinder- und tierfreundlicher Camping und Bauernhofcamping am Rande weitläufiger Wälder und dem Henschoter See. Viele Rad- und Wandertouren in der Umgebung. Sehr beliebt sind dienstags die Rucksacktouren entlang der offenen Bauernhöfe. Sonntags keine Ankunft und Abreise.

A28, Ausfahrt 5, Maarn/Amersfoort Zuid; A12, Ausfahrt Maarn/Doorn Richtung Amersfoort. N224 Richtung Woudenberg; 1. rechts, Henschotermeer. Nach 50m links und sofort rechts.

CC € 19 *30/3-8/4 11/4-15/5 30/5-8/7 28/8-30/9*

N 52°04'51'' E 05°23'12''

Woudenberg, NL-3931 ML / Utrecht

156

Vakantiepark De Heigraaf
De Heygraeff 9
+31 3 32 86 50 66
29/3 - 28/10
info@heigraaf.nl

16ha 250T(100-250m²) 4-16A CEE

1 ADE**H**JKLM**Q**R
2 AEIJOSWXYZ
3 ABCDE**G**HIKLMNP**Q**SU**W**Z
4 M(Q 1/4-30/9)(S 1/4-29/8) (T 30/3-24/9)(U 🔑) (Y 24/4-30/8)
5 **AB**CDEFGHIJKLMNO**PQRT**UWXYZ
6 ABCDEFGH**K**LM(N 2,5km) OST

Prächtiger Ferienpark am Utrechtse Heuvelrug/Gelderse Vallei. Ideale Radgegend, Wald, Heide, Wiesen. 150m vom Henschotersee. Schöne, große (Vor- und Nach-)Saisonplätze. Englischer Doppeldecker für Snacks, Lokal, Supermarkt. Freizeitprogramme, Spielgeräte, Springkissen. Viel Atmosphäre. Sonntags keine Anreise.

Über die A12 oder A28, Ausfahrt Maarn, von dort ausgeschildert.

CC € 21 *29/3-21/4 30/5-6/7 24/8-28/10*

N 52°04'47'' E 05°22'54''

Biddinghuizen, NL-8256 RJ / Flevoland

157

EuroParcs Zuiderzee
Spijkweg 15
+31 8 80 70 80 90
31/3 - 30/10
kcc@europarcs.nl

65ha 318T(100m²) 6-10A CEE

1 ACD**H**JKLMNOPQTU
2 AEJSWXY
3 ACDE**G**HIKMNP**R**SU**W**Z
4 (F+H 🔑)JLMN (Q+S+T+U+V+X+Y+Z 🔑)
5 **AB**CDEFGHIJKLMNOPQUWXYZ
6 CDFGHJ(N 4km)OSTV

Wunderschön gelegene Ferienpark für einen unvergesslichen Urlaub. Jung und Alt finden viel Freude an den verschiedenen Einrichtungen. Bei schönem Wetter können Sie auf der Liegewiese genießen oder an dem Campingplatz-eigenen langen Sandstrand am Veluwemeer.

Von Süden: A28 Ausfahrt 13 Richtung Lelystad, den Schildern Walibi World folgen, an Walibi vorbei. Von Norden: A28 Ausfahrt 16 Richtung Lelystad, dann den Schildern Walibi World folgen. CP liegt an der N306.

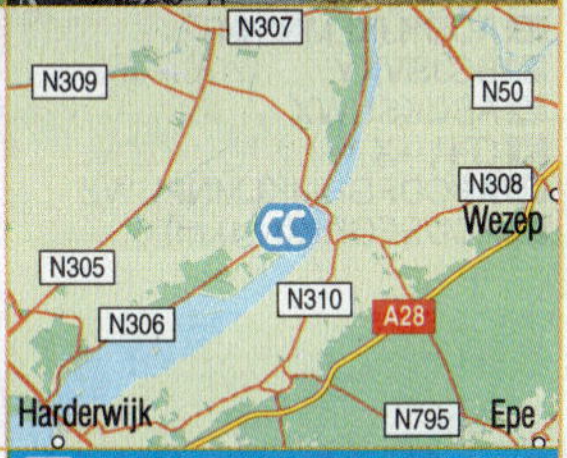

CC € 23 *31/3-7/4 11/4-26/4 1/5-17/5 22/5-30/6 4/9-30/10*

N 52°26'49'' E 05°47'31''

Biddinghuizen, NL-8256 RZ / Flevoland

158

Molecaten Park Flevostrand
Strandweg 1
+31 3 20 28 84 80
24/3 - 1/11
flevostrand@molecaten.nl

49ha 392T(80-120m²) 10-20A CEE

1 ABCD**H**JKLMNOPQR
2 AEIJNSTWXY
3 ABCD**G**HIKMN**O**P**R**SU**W**Z
4 (A 1/4-31/8) (C 27/4-1/9)(**F**+H 🔑) IJ(Q+S+T 1/4-31/10) (U+V 1/7-31/8)(Y+Z 🔑)
5 **AB**DEFGIJ**KL**MNOPQRUWXYZ
6 ABCEFGH**K**(N 3,5km)OSTV

Flevostrand ist direkt am Ufer des Veluwesees und eine Spitzenanlage für Wassersportler. Viele Rad und Wanderangebote im Umkreis. Camping Flevostrand hat große Campfelder am Wasser oder hinter dem Deich. Aktivitätenkomplex u.a. mit Restaurant und Bar, Hallenbad, SB-Markt und Boots- und Radverleih.

A28 Ausfahrt 13 Richtung Lelystad. Schildern Walibi folgen. Der CP liegt zwischen der N306 und dem Veluwesee. Ist angezeigt.

CC € 19 *24/3-26/4 8/5-16/5 22/5-25/5 30/5-6/6 12/6-6/7 28/8-31/10*

N 52°23'07'' E 05°37'45''

Dronten, NL-8251 PX / Flevoland

159

Camping De Ruimte
Stobbenweg 23
+31 3 21 31 64 42
24/3 - 24/9
info@campingderuimte.nl

6ha 94T(80-120m²) 6A CEE

1 AD**H**JKLMNOPQR
2 BSTWXYZ
3 A**G**IKMNPSU
4 (H 1/7-31/8)M (Q+R+T+U+V+Y+Z)
5 **AB**CDFGHIJKLMNOPQRUWXYZ
6 ACDEFGK(N 7km)OV

De Ruimte ist ein harmonischer Naturcamping mitten im Wald. Es gibt ruhige, im Wald versteckte Plätze, aber auch Plätze auf Feldern mit Spielgeräten. Gute Einrichtungen auch für Behinderte. Der Campingplatz liegt Nähe Veluwe See mit schönen kleinen Stränden. Die hübschen Städte Kampen und Elburg sind in Fahrraddistanz.

A28 Ausfahrt 16, Elburg vorbei nach Dronten. Über die Brücke vom Veluwesee an der Ampel Richtung Kampen. CP ist angezeigt.

CC € 21 *24/3-17/5 30/5-14/7 3/9-24/9*

N 52°29'48'' E 05°50'15''

Dronten, NL-8251 ST / Flevoland

160

Camping 't Wisentbos
De West 1
+31 3 21 31 66 06
1/4 - 31/10
info@wisentbos.nl

9ha 50T(90-110m²) 10A CEE

1 ACD**H**JKLMNP**Q**R
2 BCJSVXY
3 AB**G**KSUWX
4 (T+U+X)
5 **AB**CDFGHI**JKL**MN**P**UWZ
6 ACDEFGH**K**(N 1km)

Großer Campingplatz mit vielen Dauerplätzen, in einer waldreichen Umgebung mit Angelmöglichkeit. Es gibt einige kleine Spielfelder für Kinder, an dem auch die sonnigen Tourplätze liegen. Gute Einrichtungen. Dronten ist zentral gelegen für Ausflüge in den Walibi Freizeitpark, nach Lelystad, Harderwijk/Veluwe, Zwolle, Kampen und Urk.

Von der N309 Lelystad-Dronten am Kreisel links ab. Nach ± 500m liegt der CP auf der linken Seite.

CC € 19 *1/4-30/6 1/9-31/10*

N 52°31'16'' E 05°41'31''

Kraggenburg, NL-8317 RD / Flevoland

161

Recreatiepark De Voorst
Leemringweg 33
+31 5 27 25 25 24
29/3 - 30/10
info@devoorst.nl

13ha 120T(100-120m²) 4-10A CEE

1 AD**H**JKLMNPQR
2 BCIJNSTUWXYZ
3 ABC**G**HIKMN**OR**SUWX
4 (A)(B+G 15/5-31/8)(T) (U 1/4-30/9)(X+Y+Z)
5 **AB**DFGIJKLMNOPUWXZ
6 EFGHKL(N 2km)OTV

Freizeitpark De Voorst ist ein charmanter Camping in einem schönen Naturgebiet beim Voorsterbos. Breites Wander- und Radwegenetz in nächster Nähe. Schöne große Plätze. Direkt am Zwolse Vaart.

A6 bis Lelystad-Nagele-Ens. Dann ausgeschildert.

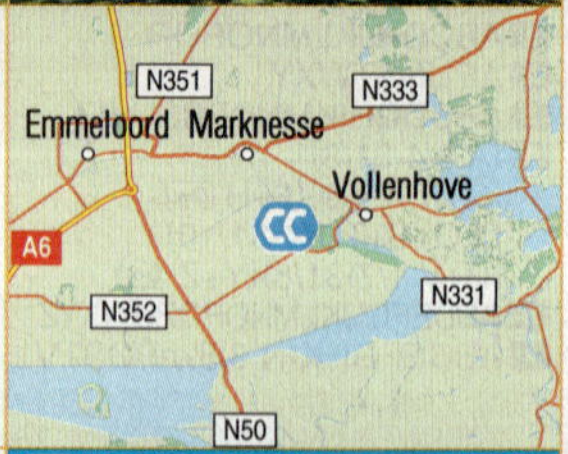

CC € 19 *1/4-17/5 30/5-7/7 24/8-1/10*

N 52°40'32'' E 05°53'32''

Lelystad, NL-8245 AB / Flevoland

162

Camping 't Oppertje
Uilenweg 11
+31 3 20 25 36 93
31/3 - 30/9
info@oppertje.nl

3ha 85T(120-150m²) 6A CEE

1 ACD**H**JKLMOP**Q**ST
2 AEJOSTWXYZ
3 AB**G**IKMS**W**Z
5 **AB**CDFGHIJKMNO**PQ**RUWXYZ
6 ABCDEFGHK(N 2km)T

Ruhiger grüner Camping neben den Oostvaardersplassen. An einem Segel- und Surfweiher. Unweit vom Fischpark, Kanuvermietung u.ä. Separates Feld für Zeltcamper. Reisemobilfelder mit befestigten Reihenplätzen. Auf einigen Feldern sind Hunde nicht gestattet.

Von der A6 Ausfahrt 10, Larserdreef Richtung Lelystad. Durch 4 Kreisel geradeaus, hinter dem 5. Kreisel links in den 'Buizerdweg'. CP ist angezeigt.

CC € 21 *31/3-12/5 2/6-7/7 27/8-30/9*

N 52°29'09'' E 05°25'01''

Urk, NL-8321 NC / Flevoland

163

Vakantiepark 't Urkerbos
Vormtweg 9
+31 5 27 68 77 75
1/4 - 30/9
info@urkerbos.nl

14ha 175T(120-150m²) 10A CEE

1 ACD**H**JKLMNP**Q**ST
2 BSTWXY
3 BCEIKMNPSU
4 (B 15/5-31/8)
(G 13/5-31/8)(Q 1/4-30/9)
(R+T+U+X+Z 10/7-20/8)
5 **AB**CDFGIJMNOPQUWXYZ
6 CDEFGH**K**LM(N 2km)OSV

Der Camping hat große Felder, meist von hohen Bäumen um. Urk, mit vielen Sehenswürdigkeiten, Hafen und Strand, liegt 2 km vom Camping. Gute Möglichkeiten zum Wandern (Urkerwald) und Radfahren (Schokland, Emmeloord). Innerhalb 40 km liegen so schöne Städte wie Kampen, Zwolle und Hasselt.

A6 Ausfahrt 13 nach Urk. Der Straße durch Urk geradeaus folgen, am 3. Kreisel links ab (ist angezeigt). Nach 1,5 km CP rechts.

CC € 19 *1/4-17/5 30/5-10/7 4/9-30/9*

N 52°40'45'' E 05°36'35''

Zeewolde, NL-3896 LS / Flevoland

164

Camping het Groene Bos
Groenewoudse Weg 98
+31 3 65 23 63 66
1/4 - 14/10
info@hetgroenebos.nl

4ha 50T(85-225m²) 6-10A CEE

1 ABCD**H**JKLMP**Q**R
2 BSTWXY
3 BCE**G**HKMNSU
4 (Q 1/7-31/8)(Z)
5 **AB**CDFGHIJKLMNPUWXYZ
6 ACEFGH**KL**(N 4km)V

Parkähnlich angelegter Campingplatz im Horsterwold im Herzen der Provinz Flevoland mit umfangreichem Sanitär. Die großen Plätze sind durch hohe Sträucher geschützt. Ein guter Paltz für Ruhesuchende.

A28, Ausfahrt 9 Richtung Zeewolde, CP liegt westlich von Zeewolde und wird angezeigt.

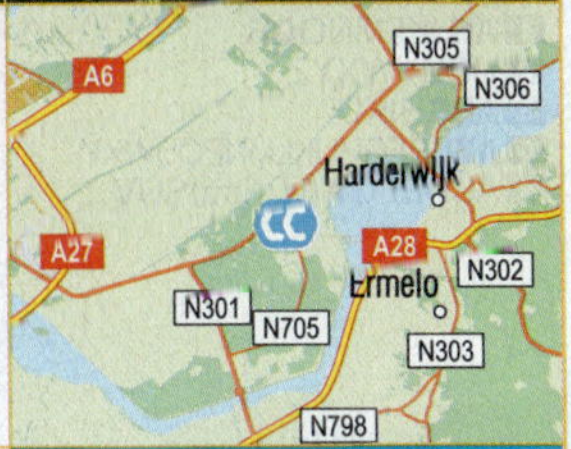

CC € 19 *1/4-12/5 30/5-7/7 4/9-12/10*

N 52°20'24'' E 05°30'20''

Zeewolde, NL-3896 LT / Flevoland

165

RCN Vakantiepark Zeewolde
Dasselaarweg 1
+31 8 50 40 07 00
24/3 - 29/10
reserveringen@rcn.nl

43ha 170**T**(100-120m²) 10A CEE

1 ACD**H**JKLMNOPQR
2 AENOSTWXY
3 ABCE**G**HIKMNOPSU**W**Z
4 (F+H)M(Q+S+T+U)
(X 27/3-24/10)(Y)
5 **AB**DEFGIJKLMNPUWXYZ
6 CDEFGHKLM(N 1,5km)OSV

Großer Camping, separate große Areale von 2m hohen Sträuchern umgeben, am Wolderwijd gelegen mit vielen Freizeitangeboten. Ein Teil des Campings liegt außendeichs am Wasser. Gute Sanitäranlagen.

A28 Ausfahrt 9 Richtung Zeewolde. Der CP liegt im Süden, 1 km draußen von Zeewolde und ist ausgeschildert.

CC € 19 *24/3-16/5 22/5-25/5 30/5-12/7 29/8-29/10*

N 52°18'42'' E 05°32'37''

Balkbrug, NL-7707 PK / Overijssel

166

Camping Si Es An
De Haar 7
+31 5 23 65 65 34
17/3 - 29/10
info@si-es-an.nl

9,5ha 66**T**(100-120m²) 10-16A CEE

1 ACD**H**JKLMNOPQR
2 STXYZ
3 ABC**G**IJKMNPSUW
4 (**A** 1/7-31/8)**MN**
(Q+T+U+V+X+Y+Z)
5 **AB**DFGIJKLMNPQR**T**UWXY
6 ABCDEFGHKL(N 2km)OTV

Im Naturgebied Het Reestdal. Ein sehr schönes Wander- und Fahrradgebiet an der Grenze zwischen Overijssel und Drente. Geräumige Stellplätze inmitten der Natur. Genießen Sie Ruhe und Raum.

In Balkbrug Richtung De Wijk. Dann den braunen CP-Schildern folgen. Den Sandweg meiden!

CC € 19 *17/3-16/5 30/5-15/7 1/9-28/10*

N 52°36'35'' E 06°22'19''

Bathmen, NL-7437 RZ / Overijssel

167

Camping de Flierweide
Traasterdijk 16
+31 5 70 54 14 78
15/3 - 1/11
info@flierweide.nl

2ha 60**T**(120-140m²) 4-16A CEE

1 A**H**JKLMNO**Q**R
2 IJSUVWXYZ
3 AB**G**HIKU
5 **AB**DEFGHIJKLMNPQUWXY
6 ACDEFG**K**(N 1km)SUV

Sie campen auf sehr großen Komfortplätzen, möglicherweise mit begrenzter Anzahl von TV Anschluß, WLAN. Ruhige Lage am Ortsrand, zum Waldrand hin. Das moderne, beheizte Sanitär mit Luxusausstattung macht diesen einfachen Camping zu einem Komfortplatz. Bathmen ist ein gemütliches und geselliges Dorf im Sallander Land, schön gelegen zwischen Deventer und dem Holterberg.

A1 Ausfahrt 25 Bathmen. Den CP-Schildern folgen (Richtung Flierweide).

CC € 19 *15/3-17/5 31/5-7/7 4/9-1/11*

N 52°15'22'' E 06°17'31''

Beerze/Ommen, NL-7736 PJ / Overijssel

iD 168

Camping Huttopia De Roos
Beerzerweg 10
+31 5 23 25 12 34
7/4 - 29/10
deroos@huttopia.com

27ha 200T(120-150m²) 6A CEE

1 ACD**G**JKLMO**Q**ST
2 ACSTWXYZ
3 ACGIKMPSUWX
4 (A 7/7-26/8)(G ⊶)
(Q+S+U+V+X+Z 1/5-1/9)
5 **AB**DEFGHIJKLMNOPUWZ
6 CEFGHJL(N 7km)OT

Attraktiver, geräumiger Naturcampingplatz, wunderschön gelegen in einer sanft abfallenden Flussdünenlandschaft an der Overijsselse Vecht. Ein Seitenarm des Flusses verläuft über den spielerisch und kinderfreundlich gestalteten Campingplatz. Die einzigartige Lage, die schöne Natur, viel Platz, harmonische Atmosphäre und gute Einrichtungen machen Camping de Roos zu einem besonderen Erlebnis.

In Ommen südlich der Brücke über die Vecht den Beerzerweg nehmen.

CC € 19 *7/4-26/4 7/5-17/5 21/5-26/5 29/5-30/6 3/9-29/10*

N 52°30'39'' E 06°30'56''

Belt-Schutsloot, NL-8066 PT / Overijssel

iD 169

Camping Kleine Belterwijde
Vaste Belterweg 3
+31 3 83 86 67 95
31/3 - 31/10
camping@kleinebelterwijde.nl

3,5ha 60T(70-100m²) 6A CEE

1 AD**H**JKLMNOP**Q**R
2 AFNOSTVWXYZ
3 ACHIKMOPSUWZ
4 (G ⊶)M(Z 27/4-1/10)
5 **AB**DEFGI**JKL**MNO**P**QRUWXYZ
6 ADEFGK(N 0,2km)OT

Die herrliche Wasserlage im malerischen Wasserdorf eignet sich sehr gut für Land- und Wassererholung. Beste Angelmöglichkeiten. Wander-, Rad- und Kanurouten vom Campingplatz aus. Beste sanitäre Einrichtungen.

N334 Richtung Giethoorn, Ausfahrt Belt-Schutsloot. CP im Ort ausgeschildert.

CC € 19 *31/3-16/5 30/5-14/7 4/9-31/10*

N 52°40'15'' E 06°03'38''

Blokzijl, NL-8356 VZ / Overijssel

iD 170

Watersportcamping 'Tussen de Diepen'
Duinigermeerweg 1A
+31 5 27 29 15 65
1/4 - 31/10
camping@tussendediepen.nl

5,2ha 60T(60-80m²) 10A CEE

1 ACD**H**JKLMNOP**Q**R
2 CNSWXY
3 AIKMNPSUW
4 (C+H 1/5-15/9)
(Q+R+T+U+V+X+Y+Z ⊶)
5 **AB**CFGIJKLMNO**P**UWZ
6 ABCDEFGHKLM(N 1km)OV

Sämtliche Wasserfreizeitangebote. Ideale Lage für Rad- und Wandertouren in den Weerribben. Campen auf gut gepflegten Wiesen, prima Sanitär, gratis Nutzung des beheizten Schwimmbades.

Von Zwolle Richtung Hasselt-Zwartsluis-Vollenhove, Am Kreisel geradeaus über den Deich nach Blokzijl. Den Schildern folgen.

CC € 23 *1/4-12/5 29/5-10/7 27/8-31/10*

N 52°43'44'' E 05°58'13''

Dalfsen, NL-7722 KG / Overijssel

171

Camping Starnbosch
Sterrebosweg 4
+31 5 29 43 15 71
1/1 - 31/12
info@starnbosch.nl

8ha 248T(100-140m²) 6-10A CEE

1 ADHJKLMNOPQR
2 BSWXYZ
3 ACKMNPSU
4 (C+E+H 1/4-1/11)**N** (Q+R+S+T+U+Y+Z)
5 **AB**CDEFGHI**JKL**MNO**PQ**R**T**UW XYZ
6 ACDEFGHJ**K**M(N 4,5km) OTV

Mitten zwischen Land- und Rittergütern und Schlössern liegt der Campingplatz Starnbosch, der grünste Platz im Vechtdal. Gastfreundlichkeit, die sich durch die gemütliche und ruhige Atmosphäre kennzeichnet, in der Jung und Alt die Ferien genießen können.

A28 Zwolle-Meppel-Hoogeveen, Ausfahrt 21 die N340 Richtung Dalfsen. Dann den Schildern folgen.

CC € 19 1/1-17/5 30/5-1/7 4/9-31/12

N 52°28'31'' E 06°15'47''

De Lutte, NL-7587 LH / Overijssel

172

Landgoedcamping Het Meuleman
Lutterzandweg 16A
+31 5 41 55 12 89
1/4 - 30/9
info@camping-meuleman.nl

7ha 111T(100-300m²) 6-10A CEE

1 AD**H**JKLMOPQST
2 ABEILTYZ
3 AB**G**HIJKLM**R**SUWZ
4 (Q+U+X+Y)
5 **AB**DEFGIJKLMNOPQRUWXZ
6 ABEFJ(N 3km)O

Idealer Ausgangspunkt für Rad- und Wandertouren in der überraschend schönen Region Twente. Dort, wo sich der Fluss Dinkel durch die Landschaft schlängelt, auf dem Landgut 'Het Meuleman', finden Sie diesen Campingplatz mit Erholungssee. Der Platz verfügt über einzigartige Plätze im Grünen, fast alle mit Halbschatten auf sandigem Boden. Hier finden Sie Ruhe, Raum und Natur.

A1 Hengelo-Oldenzaal, Ausfahrt De Lutte. Nach De Lutte Richtung Beuningen, CP-Schildern folgen.

CC € 21 1/4-17/5 30/5-7/7 4/9-30/9

N 52°20'01'' E 07°01'46''

Delden, NL-7491 DZ / Overijssel

173

Park Camping Mooi Delden
De Mors 6
+31 7 43 76 19 22
31/3 - 1/11
info@mooidelden.nl

3ha 85T(100-130m²) 10A CEE

1 AD**H**JKLMNQR
2 ISTWXYZ
3 AE**FG**IKOP**R**SU**V**W
4 (C+H 1/5-15/9)J**KLN** (Q+R+T+U+V+Z)
5 **AB**DEFGIJKLMNOPQRUWXYZ
6 AEFGHK(N 1km)V

Der Campingplatz liegt in einer parkartigen Umgebung an einem großen Sportkomplex mit Schwimmbad, Golfplatz und Kanal zum angeln, teilweise unter Bäumen mit groß bemessenen Plätzen. Der Campingplatz liegt in der Nähe des Zentrums von Delden und ist dennoch sehr ruhig.

In Stadt und Umgebung Delden ist der CP gut ausgeschildert. Beschilderung folgen.

CC € 19 31/3-17/5 30/5-30/6 3/9-31/10

N 52°15'16'' E 06°43'37''

Denekamp, NL-7591 NH / Overijssel

174

Papillon Country Resort
Kanaalweg 30
+31 5 41 35 16 70
1/4 - 29/10
info@papilloncountryresort.com

16,5ha 154T(110-140m²) 6-10A CEE

1. ACD**H**JKLMNOPQT
2. AEOSTWXYZ
3. ABCDE**G**HIKLMNPSUVWZ
4. (**A**+E+H 🔑)JM (Q+R+T+U+V+X+Y+Z 🔑)
5. **ABC**DEFGIJKLMNPQR**T**UWXYZ
6. ABCDEFGHKL(N 1,5km) OSTUVX

Im gemütlichen Twente gelegen, ist das Papillon Country Resort nur einen Katzensprung von Deutschland entfernt. Dieser 5-Sterne-Platz ist wunderschön im Grünen gelegen und bietet viel Ruhe und Platz für Naturliebhaber. Die Stellplätze sind groß und liegen teils an einem Fischteich. Zudem ist das luxuriöse Sanitärgebäude beheizt und im modernen Restaurant können Sie eine köstliche Mahlzeit oder ein Getränk genießen.

An der N342 Denekamp-Nordhorn ist der CP gut ausgeschildert.

CC € 23 *11/4-26/4 8/5-17/5 2/6-7/7 25/8-29/10*

N 52°23'32'' E 07°02'55''

Diffelen/Hardenberg, NL-7795 DA / Overijssel

175

Camping de Vechtvallei
Rheezerweg 76
+31 5 23 25 18 00
1/4 - 30/10
info@devechtvallei.nl

7,8ha 51T(100-120m²) 16A CEE

1. AD**H**JKLM**Q**R
2. JSTWXYZ
3. ABCIJKLMNPSU
4. (A+E 🔑)(G 1/5-30/8) (Q+S+T+U+V+X+Z 🔑)
5. **AB**DEFGI**JKL**MNO**PT**UWXYZ
6. ABCEFGH**K**L(N 4,5km)OV

Der Campingplatz besticht durch seine ruhige Lage mitten in der waldreichen Natur. Die Ausstattung ist gut und vom Campingplatz aus kann man schöne Rad- und Wandertouren machen. Gute Angelmöglichkeiten auf dem Campingplatz. E-Bikes auf Anfrage zu mieten. Beheiztes Hallenbad.

Hardenberg-Rheeze. Rheeze durch Richtung Diffelen. Nach ca. 2 km links von der Straße.

CC € 17 *1/4-6/4 11/4-27/4 6/5-17/5 22/5-25/5 30/5-30/6 1/9-30/10*

N 52°32'08'' E 06°34'10''

Haaksbergen (Twente), NL-7481 VP / Overijssel

176

Camping Scholtenhagen B.V.
Scholtenhagenweg 30
+31 5 35 72 23 84
1/1 - 31/12
campingscholtenhagen@planet.nl

9,3ha 80T(100-110m²) 10A CEE

1. ACD**H**JKLMNP**Q**R
2. ISTWXY
3. ABC**G**HIKMNPSU**W**
4. (F+H 🔑)IJ(Q+T+ U+X 15/7-26/8)(Z 🔑)
5. **ABC**DFGI**JKL**MNO**PQ**UWXYZ
6. ACDEFGK(N 1,5km)OSUV

Erholen Sie sich in einer einladenden Umgebung. In der Nähe des Campingplatzes befindet sich das subtropische Schwimmbad "De Wilder". Es verfügt über eine 80 Meter lange Rutsche, eine Liegewiese und ein Solarium. Freier Eintritt mit einer Karte des Campingplatzes.

N18, von Norden kommend Ausfahrt Haaksbergen, von Süden kommend Ausfahrt Haaksbergen-Zuid nehmen. Danach den Schildern zum Camping oder zum "Zwembad De Wilder" folgen.

CC € 21 *1/1-17/5 21/5-26/5 30/5-7/7 25/8-31/12*

N 52°08'53'' E 06°43'23''

Hardenberg, NL-7771 TD / Overijssel

177

Vakantiepark De Kleine Belties
Rheezerweg 79
+31 5 23 26 13 03
1/4 - 31/10
@ info@kleinebelties.nl

19ha 79**T**(80-120m²) 6-10A CEE

1 AD**H**JKLMQR
2 ABEJSTWXY
3 ABCDHIKMPSUWZ
4 (C 27/4-15/9)(F+H)JK (Q+S+T+U+V+Y +Z 4/4-31/10)
5 **AB**DEFGI**J**KLMNO**PT**UWXY
6 ACDEFGHKLM(N 1km)OTV

Großer, gepflegter Campingplatz mit guter Ausstattung in einer waldreichen Umgebung. Mit tollem Restaurant. Christlich ausgeprägt.

Hauptstraße Ommen-Hardenberg. An der Ampel in Hardenberg rechts ab. Den Schildern Rheeze folgen. Der CP liegt auf der rechten Seite, 2 km außerhalb von Hardenberg.

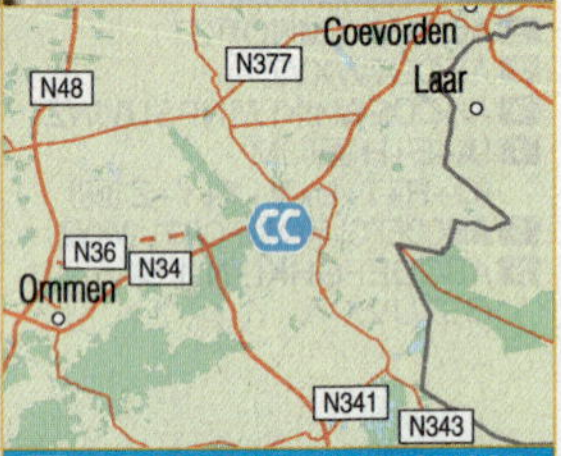

CC € 19 1/4-6/4 11/4-27/4 5/5-17/5 22/5-26/5 30/5-7/7 1/9-15/10

N 52°33'47'' E 06°35'32''

Hardenberg/Heemserveen, NL-7796 HT / Overijssel

178

Ardoer vakantiepark 't Rheezerwold
Larixweg 7
+31 5 23 26 45 95
1/4 - 30/9
@ rheezerwold@ardoer.com

11ha 110**T**(100-175m²) 8-10A CEE

1 AD**H**JKLMQST
2 BSTWXYZ
3 ABCHKLMNOPSUW
4 (C 1/5-1/9)(F+H)J**N** (Q+R+T+U+X+Y)
5 **AB**DEFGIJKLMNOPQR**T**UWXYZ
6 ABCDEFGHKL(N 4km) OSTUV

Der Campingplatz liegt ruhig in einem Naturschutzgebiet inmitten von viel Grün. Die sanitären Anlagen sind modern. Es gibt ein schönes Hallenbad mit finnischer Sauna, eine Infrarotsauna, ein Außenschwimmbad und Spielgeräte auf allen Plätzen. Außerdem gibt es einen multifunktionalen Sportplatz mit einer interaktiven Fußballwand, einem Panna-Feld und einem Tennisplatz, usw.

N343 Ausfahrt Hardenberg/Slagharen, Slagharen folgen und Campingschilder beachten, dann links ab.

CC € 19 1/4-22/4 8/5-16/5 30/5-7/7 26/8-30/9

N 52°34'28'' E 06°33'56''

Holten, NL-7451 HL / Overijssel

179

Ardoer camping De Holterberg
Reebokkenweg 8
+31 5 48 36 15 24
1/1 - 31/12
@ holterberg@ardoer.com

6,5ha 120**T**(80-140m²) 6-16A CEE

1 AD**H**JKLMNQR
2 BISUWXYZ
3 ABCDEHIKMNSUV
4 (C+H 25/4-6/9)(Q 25/4-12/9) (R)(T+U+Y+Z 10/4-6/9)
5 **AB**DEFGIJKLMNOPQR**T**UWXYZ
6 ACEFGHK(N 1km)OV

Ideale Lage am Südhang von Holterberg, dem hügeligsten Gebiet im Nationalpark 'Sallandse Heuvelrug'. Es gibt eine Auswahl an Feldern, Alleen und abgegrenzten großzügigen Stellplätzen rund um Felder mit u. a. Spiel- und Sporteinrichtungen. Prima Sanitär und ein Restaurant nach Geschmack laden zum längeren Verbleib.

A1 Deventer-Hengelo, Ausfahrt 27 Richtung Holten. Vor Holten Richtung Rijssen, N350. CP vor dem Kreisverkehr ausgeschildert.

CC € 21 1/1-26/4 30/5-7/7 28/8-31/12

N 52°17'31'' E 06°26'06''

Holten, NL-7451 RG / Overijssel
180

Camping Ideaal
Schreursweg 5
+31 5 48 36 17 25
1/4 - 1/10
info@campingideaal.nl

2ha 50T(100-150m²) 6A CEE

1 ADGJKMQR
2 IJNSUVWXYZ
3 AHIKSU
5 **AB**EFGIJKLMNO**PQ**UWZ
6 ACDEFGK(N 0,3km)T

Klein angelegter Camping in einer sanften Landschaftskulisse, im Gehbereich nach Holten. Die großen parzellierten Plätze liegen sonnig oder schattig. Hier wird jeden Abend eine Partie Boules gespielt. Daher Ruhe und Erholung. Separater großer Reisemobilbereich für 20 Fahrzeuge.

A1 Ausfahrt 27 Richtung Holten, 2. Ausfahrt rechts. Camping ist ausgeschildert.

CC € 15 1/4-8/7 4/9-1/10

N 52°16'43'' E 06°26'52''

Lemele, NL-8148 PC / Overijssel
181

de Lemeler Esch Natuurcamping
Lemelerweg 16
+31 5 72 33 12 41
6/4 - 27/10
info@lemeleresch.nl

12ha 191T(100-150m²) 6-10A CEE

1 ADFJKLMOQST
2 STWXYZ
3 ABC**G**IKLMNPSU
4 (A 1/5-1/10)(C+H 1/5-13/9)M (Q+R+T+U+X+Z)
5 **AB**DEFGIJKLMNPQR**T**UWXYZ
6 ACDEFGH**K**LM(N 7km) OSTV

Ideal für Camper die Ruhe, Raum und Natur suchen. Direkt am Lemelerberg gelegen, ein perfekter Ausgangspunkt für großen Wander- und Fahrradspaß. Ommen, Hellendoorn und Den Ham gleich in der Nähe. Auswahl an geräumigen Stellplätzen und Komfortstellplätzen (2 Euro Aufpreis). Gute sanitäre Einrichtungen. Auch schön für Großeltern mit den Enkeln.

N347 zwischen Ommen und Hellendoorn. Ausfahrt Lemele und dann direkt rechts auf die Sekundärstraße fahren. CP ist nach 200m links.

CC € 19 6/4-21/4 8/5-17/5 30/5-7/7 4/9-27/10

N 52°28'03'' E 06°25'39''

Lemelerveld, NL-8151 PP / Overijssel
182

Charmecamping Heidepark
Verbindingsweg 2a
+31 5 72 37 15 25
1/4 - 30/9
info@campingheidepark.nl

5,5ha 100T(100-200m²) 6-10A CEE

1 ACD**H**JKLMNOPQST
2 AELISTXYZ
3 BCDE**G**HIKMNOPSU**WZ**
4 (C+H 15/4-30/9) (Q+R+T+U+X+Z)
5 **AB**CDEFGHIJKLMNO**PQT**UWXYZ
6 CEFGHJ**K**(N 0,5km)OST

Parkartig angelegter, gemütlicher Familiencamping in waldreicher Umgebung im Vechtdal auf der Grenze von Salland und Twente. Spielgeräte auf allen Feldern. Kinderfreundlich und autofrei.

A28 Amersfoort-Zwolle, Ausfahrt 18 Zwolle-Zuid, dann N35 Richtung Almelo/Heino. In der Nähe von Raalte Richtung Ommen. Ausfahrt Lemelerveld. CP an der Straße Hoogeveen-Raalte gelegen. Ausfahrt Lemelerveld.

CC € 21 1/4-29/4 8/5-17/5 31/5-7/7 4/9-30/9

N 52°26'26'' E 06°20'51''

Mander/Ootmarsum, NL-7663 TD / Overijssel
183

Camping Dal van de Mosbeek
Uelserweg 153
+31 5 41 68 06 44
24/3 - 15/10
receptie@dalvandemosbeek.nl

6ha 128T(160-200m²) 10-16A CEE

1 ADHJKLMNOPQR
2 STWXY
3 ABCEHIKLPSU
4 (Q+T+Z)
5 ABCDEFGHIJKLMNOPQRUWXYZ
6 ACEFGKL(N 1km)SV

Gemütlicher Camping in der Nähe des historischen Kunststädtchens Ootmarsum. Felder fast alle autofrei, geeignet für die Allerkleinsten, Senioren, Erholungsuchende. Schöne Sanitärbau u.a. mit Fußbodenheizung, großen Duschen, Babywaschraum, Toiletten und Waschraum für Behinderte. Ruhige und waldreiche Umgebung.

A1 Ausfahrt Almelo. Nach Tubbergen. Dann Richtung Uelsen. Am Uelserweg 153, Einfahrt Plasdijk, kommt man zum Camping.

CC € 21 24/3-17/5 30/5-8/7 25/8-15/10 21=18

N 52°26'40'' E 06°49'25''

Mariënberg/Hardenberg, NL-7692 PC / Overijssel
184

Camping de Pallegarste
Pallegarsteweg 4
+31 5 23 25 14 17
1/4 - 30/9
info@depallegarste.nl

14ha 110T(120m²) 16A CEE

1 ADHJKLMNPQR
2 AEIJSTWXYZ
3 ABCDEGHIKLMNPSUW
4 (C+H 1/5-1/9)IJM
(Q+S+T+U+V+X+Z)
5 ABCDEFGHIJKLMNOPQRSUWXY
6 ABEFGHKLM(N 0,5km)
OSTUV

Camping am Rande des lebhaften Mariënberg. Perfekt gepflegt und es herrscht eine gemütliche Atmosphäre auf dem Platz. Am schönen Wasserspielplatz kann man sich sehr gut erholen. Dieser Camping ist sicher einen Besuch wert.

In Mariënberg mit Dorfskirche an linken Seite, Richtung Sibculo. CP ist gut ausgeschildert.

CC € 19 1/4-17/5 30/5-8/7 26/8-30/9

N 52°30'24'' E 06°34'57''

Markelo, NL-7475 ST / Overijssel
185

Camping De Bovenberg
Bovenbergweg 14
+31 5 47 36 17 81
1/4 - 18/10
info@debovenberg.nl

4,5ha 63T(100-200m²) 10A CEE

1 ADHJKLMNOQST
2 AEISUWXYZ
3 ACDEHIKPSUZ
4 (Q+R+T+V)
5 ABCDFGHIJKLMNOPQUWXYZ
6 ACDEFGHK(N 4km)OTV

CP liegt am Fuße des Friezenbergs auf einem hügeligen Gelände, umgeben von Äckern, Wäldern und Heide. Man campt auf großen, parzellierten Plätzen. Wegen der noch jungen Bepflanzung hat man viel Sonne. Der neue Sanitärbau bietet Komfort.

Ab Kreuz Schüttorf A1/E30 Hengelo Richtung Almelo. Am Kreuz Azelo weiter auf der A1 Richtung Apeldoorn, Ausf. 27 Markelo. In Markelo Ri. Rijssen, ca. 3 km außerhalb Markelo ist der CP vor dem Kreisel links ausgeschildert.

CC € 19 1/4-28/4 8/5-27/5 29/5-8/7 26/8-15/10

N 52°15'56'' E 06°31'13''

Nieuw-Heeten, NL-8112 AE / Overijssel

186

Vakantiepark Sallandshoeve
Holterweg 85
+31 5 72 32 13 42
23/3 - 15/10
info@sallandshoeve.nl

3ha 67T(100-150m²) 10A CEE

1 ACD**G**JKMQR
2 ISUWXY
3 ACIKMNP**R**S**T**U
4 (F+H)M
(Q+R+T+U+V+X+Y+Z)
5 **AB**DFGHIJMNOPUWXY
6 DEFGK(N 6km)ST

Sie campen auf großen, parzellierten Plätzen um einen Weiher herum. Meist sonnige Plätze, am Rande des Geländes aber auch Schatten. Campingplatz in einer malerischen Landschaft, die an den Sallandse Heuvelrug grenzt. Umfangreiche Wander- und Radmöglichkeiten.

A1 Ausfahrt Holten, N332 Richtung Raalte. Nach 7 km rechts (ausgeschildert).

CC € 21 *25/3-17/5 30/5-7/7 28/8-15/10*

N 52°19'15'' E 06°20'35''

Nijverdal, NL-7441 DK / Overijssel

187

Ardoer camping De Noetselerberg
Holterweg 116
+31 5 48 61 26 65
31/3 - 29/10
noetselerberg@ardoer.com

11ha 210T(90-110m²) 10-16A CEE

1 ACD**G**JKLMOQST
2 STWXYZ
3 ABCD**G**IKLMNPSU
4 (B 2/5-1/9)(F+H)JM
(Q+R+S+T+U+V+Y)
5 **AB**DEFGIJKLMNOPQR**T**UWXYZ
6 ABCDEFGH**K**LM(N 1,5km)
ORST

Gemütlicher Familiencamping am Fuße des Sallandse Heuvelrugs. Über verschiedene Felder verteilt. Auf jedem Feld jeweils Spielgeräte. Ein ansehnlicher Platz um die Ermäßigungskarte in der Vor- und Nachsaison zu nutzen. Perfekte Sanitär.

In Nijverdal Straße Richtung Rijssen folgen. Route zum CP ist an dieser Straße gut ausgeschildert.

CC € 23 *31/3-6/4 11/4-21/4 8/5-17/5 22/5-26/5 30/5-8/7 4/9-13/10*

N 52°21'00'' E 06°27'21''

Ommen, NL-7731 PB / Overijssel

188

Camping Ommerland
Besthemerberg 1
+31 5 29 45 13 62
24/3 - 31/10
info@ommerland.nl

05ha 394T(100-120m²) 4-10A CEE

1 ADHJKLMNPQR
2 RSTYZ
3 ABC**G**HIKLNP**Q**SU
4 (A 1/5-10/5,1/7-1/9)
(C 30/4-28/8)(**F**+H)JM
(Q+S+T+U+V+X+Y+Z)
5 **AB**DEFGHIJKLMNOPQR**T**UWXYZ
6 AEFGHKL(N 2km)STVX

Der Campingplatz liegt mitten im Wald gleich bei der geselligen Stadt Ommen. Modernes Sanitär, schönes Frei- und Hallenbad sowie Restaurant am Platz. Schöne Umgebung, die bestens geeignet ist zum Wandern und Radfahren.

An der R103 Ommen-Beerze gelegen. Am CP-Schild über den Bahnübergang.

CC € 23 *24/3-20/4 8/5-16/5 30/5-6/7 4/9-31/10*

N 52°30'30'' E 06°26'37''

Ommen, NL-7731 RC / Overijssel

189

Resort de Arendshorst
Arendhorsterweg 3a
+31 5 29 45 32 48
31/3 - 30/9
info@arendshorst.nl

22ha 125T(150-250m²) 6-10A CEE

1 ADHJKLMNPQT
2 ABCISTWXYZ
3 CEGIKLMNPQRSUWX
4 (G 15/6-15/9) (Q+R+T+U+V+Y+Z)
5 ABDFGIJKLMNOPQRUWXYZ
6 ADEFGK(N 3km)OTV

An der Vecht gelegen, ganz in der Nähe vom geselligen Ommen. Großzügige Plätze auf prächtigem, leicht welligem Gelände. Mit der Ermäßigungskarte finden Sie hier günstig Ruhe und Raum. CampingCard ACSI-Inhaber haben einen Komfortplatz. Bei Reservierung (empfohlen) melden, dass Sie mit CampingCard ACSI anreisen!

CP ist entlang der N 340 Ommen-Zwolle ausgeschildert. ACHTUNG: Befahren Sie die Parallelstraße.

CC € 19 31/3-16/5 30/5-13/7 30/8-30/9

N 52°31'10'' E 06°21'52''

Ootmarsum, NL-7638 PP / Overijssel

190

Camping Bij de Bronnen
Wittebergweg 16-18
+31 5 41 29 15 70
1/1 - 31/12
info@campingbijdebronnen.nl

8ha 43T(70-120m²) 6A CEE

1 ADGJKLMNPQST
2 BSTXYZ
3 CEHIKLMOPU
4 (T+U+X+Z)
5 ABCDEFGHIJKLMNOPTUXYZ
6 ABCDEFGHK(N 2,5km)OV

Camping am Wald mit geselligen Feldern und sonnigen Plätzen. Von hier aus kann man prima mit dem Rad fahren und durch die abwechslungsreiche Gegend wandern. Prima 5 Sterne Sanitärbau mit Fußbodenheizung und allem denkbaren Komfort macht Campen zu einem wahren Vergnügen. Privat-WC nach Verfügbarkeit möglich.

In Ootmarsum wird der CP gut ausgeschildert. (Mit der Navigation in Nutter.)

CC € 19 1/1-17/5 30/5-15/7 4/9-31/12

N 52°25'29'' E 06°53'23''

Ootmarsum, NL-7631 CJ / Overijssel

191

Camping De Kuiperberg
Tichelwerk 4
+31 5 41 29 16 24
1/4 - 17/10
info@kuiperberg.nl

4ha 120T(100m²) 16A CEE

1 AHJKLMNPQST
2 JLMNSTVWXYZ
3 HIKMNU
4 (Q+T+U+X+Z)
5 ABDFGHIJKLMNOPQUWXYZ
6 ABCDEFGHJK(N 1km)SV

Kleinräumiges Naturschutzgebiet mit freiem Blick auf die hügelige Landschaft. 700m von Ootmarsum entfernt. Ein "Stadtcamping in der Natur". Für aktive Erwachsene, die spazieren gehen, Rad fahren oder einfach die Ruhe genießen wollen. Sehr umfangreiche und komfortable Sanitäranlagen. Keine Münzen oder Magnetkarten erforderlich.

Auf der N349 von Ootmarsum nach Almelo ist der CP gut angezeigt.

CC € 23 1/4-6/4 11/4-16/5 1/6-23/6 7/9-17/10

N 52°24'29'' E 06°53'04''

Ootmarsum/Agelo, NL-7636 PL / Overijssel

192

Camping De Haer
Rossummerstraat 22
+31 5 41 29 18 47
1/4 - 1/10
info@dehaer.nl

5,5ha 130**T**(100-140m²) 6-10A CEE

1 AD**H**JKLMNPQR
2 BIJSTVWXYZ
3 ACIKMNPSU
4 (B 9/5-1/9)(Q+T+U+X+Z)
5 **AB**CDEFGHI**JK**L**M**NO**P**UWXY
6 ACDEFGK(N 1,5km)OVX

Ganz in der Nähe des malerischen Ootmarsum. Modernes Sanitär mit E-Schlüssel. Nicht für junge Singles geeignet. Die Gegend eignet sich zum Wandern und Rad fahren. TV durch Digitalantenne (Vermietung). Diesen Camping gibt es schon über 30 Jahre und die junge Generation bemüht sich mit Kräften dem Gast einen möglichst angenehmen Aufenthalt zu bieten.

Der Platz liegt an der Straße von Ootmarsum nach Oldenzaal und ist gut ausgeschildert.

CC € 19 1/4-17/5 30/5-15/7 3/9-1/10

N 52°23'25'' E 06°54'06''

Ootmarsum/Hezingen, NL-7662 PH / Overijssel

193

Camping Hoeve Springendal
Brunninkhuisweg 3
+31 5 41 29 15 30
1/4 - 1/11, 22/12 - 31/12
info@hoevespringendal.nl

3ha 58**T**(120-200m²) 10A CEE

1 AD**H**JKLMNOPQR
2 BCNSTVWXYZ
3 AEHIKLMNUW
4 (**A**+Q+Z)
5 **AB**DFGI**J**MNO**PQ**RUWXYZ
6 ABEFGHK(N 4,5km)SV

Herrlich ruhiger Camping im schönen Twenter Land. Am Rande eines schönen Bachlaufs weit ab vom Trubel. Wird von einer äußerst engagierten Familie geleitet. Prima Wander-, Rad- und Reitwegenetz. Sonntags geführter Ausritt mit Wagen und Pferd.

In Ootmarsum ist der CP gut ausgeschildert, Schildern folgen.

CC € 23 1/4-17/5 22/5-27/5 30/5-14/7 31/8-1/11 22/12-31/12

N 52°26'30'' E 06°53'38''

Reutum, NL-7667 RR / Overijssel

194

Camping De Weuste
Oldenzaalseweg 163
+31 5 41 66 21 59
1/4 - 30/9
info@deweuste.nl

9,5ha 91**T**(100-180m²) 10A CEE

1 AD**H**JKLMNPQST
2 CIJSTWXYZ
3 ACE**G**HIJKMNPQSTUW
4 (C+H 1/5-15/9)
(Q+R+T+U+X+Z)
5 **AB**CDEFGIJKLMNOPQRUWXYZ
6 ABCEFGHK(N 1,5km)SV

Große Komfortplätze mit 10A Strom, Luxus(Kinder)Sanitär, beheizter Außenpool mit gratis Liegen, herrliche Gegend mit diversen Wander- und Radrouten. Purer Genuss für Jung und Alt auf einem behaglichen Familiencamping im schönen Twente. Gaststätte in Vor- und Nachsaison am Wochenende geöffnet.

CP liegt an der N343 Oldenzaal-Tubbergen. Gut ausgeschildert. Kommt man von der A1, nimmt man die Ausfahrt 31 Weerselo.

CC € 17 1/4-15/7 1/9-30/9

N 52°21'59'' E 06°50'02''

Reutum/Weerselo, NL-7667 RS / Overijssel

195

Camping De Molenhof
Kleijsenweg 7
+31 5 41 66 11 65
31/3 - 2/10
info@demolenhof.nl

16ha 500T(100-130m²) 10A CEE

1 AD**H**JKLMNOPQR
2 IJSTWXYZ
3 ABCD**G**IKMP**R**SUW
4 (C 28/4-3/9)
(E 31/3-1/10)(H)IJM
(Q+S+T+U+V+W+Z)
5 **AB**DEFGIJKLMNOPQRUWXYZ
6 BCEFGHKLM(N 1km)ORSV

Großer familiengeführter Campingplatz. Ansprechend und räumlich großzügig angelegt mit ausgezeichneten modernen Sanitäranlagen. Schöner Wasserplaza mit Schwimmbecken und Rutschbahnen, separatem Kinderbecken, Außenbecken und Spielgerät. Bade- und Spielspaß mit Wasser und Sand im neuen PlonsPlas.

In Weerselo ist der CP ausgeschildert. Er liegt an der Straße von Weerselo nach Tubbergen.

CC € 19 31/3-7/4 10/4-29/4 6/5-17/5 29/5-7/6 11/6-14/7 2/9-2/10

N 52°21'57'' E 06°50'37''

Rheeze, NL-7794 RA / Overijssel

196

Camping 't Veld
Grote Beltenweg 15
+31 5 23 26 22 86
6/4 - 30/9
info@campingtveld.nl

8ha 91T(80-100m²) 10A CEE

1 AD**H**JKLMOPQR
2 AEOSTWXY
3 BCDIJKLMNSUW
4 (E+H)J
(Q+R+T+U+V+X)
5 **AB**CDEFGHIJKLMNOP**T**UWXYZ
6 BCEFGHK(N 3,5km)OSTV

Gemütlicher 5-Sternecamping im Overijsselse Vechtdal. Alle Wander-, Rad-, und Ausgehangebote. Die Stellplätze, Standard- sowie Komfortplätze, sind autofrei. Außerdem: super Hallenbad, Gastronomie, Minishop mit Brötchenservice, modernes beheiztes Sanitär, Wäscherei, Radverleih, Angel- und Ruderweiher mit Spielstrand, Animation.

Bundesstraße Ommen-Hardenberg, an Tankstelle rechts. Hardenberg-Rheeze folgen. Ca. 1 km nach Hardenberg rechts. Ausgeschildert.

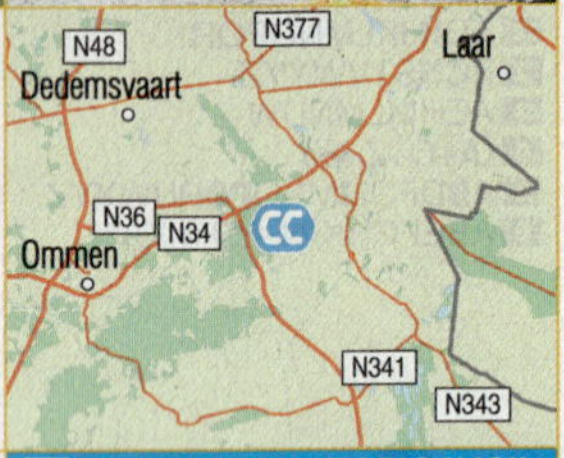

CC € 21 10/4-21/4 7/5-16/5 30/5-7/7 1/9-30/9

N 52°32'49'' E 06°34'19''

St. Jansklooster, NL-8326 BG / Overijssel

197

Kampeer- & Chaletpark Heetvold
Heetveld 1
+31 5 27 24 62 43
1/4 - 30/9
info@campingheetveld.nl

5ha 51T(140-150m²) 6A CEE

1 AD**H**JKLMNOPQST
2 JSUWXYZ
3 IKMN
4 (Q+U)(X 1/4-30/9)
5 **AB**CDGHI**J**LMNOPUWXYZ
6 ABEFG**K**(N 1,5km)T

Im Kopf der Overijssel, im Nationalpark Weerribben-Wieden. Nähe St. Jansklooster im Ort Heetveld. Hier kann man in einer Naturlandschaft entspannen. Alle Einrichtungen für einen gelungenen Aufenthalt vorhanden. Neues Sanitär seit 2015.

Auf der N331 Zwartsluis-Vollenhove in Barsbeek Richtung St. Jansklooster. Der CP in Heetveld ist mit blauen Schildern angezeigt.

CC € 17 1/4-14/5 1/6-7/7 24/8-30/9

N 52°40'05'' E 06°00'48''

Tubbergen, NL-7651 KP / Overijssel

198

Ardoer recreatiepark Kaps
Tibsweg 2
+31 5 46 62 13 78
1/4 - 2/10
kaps@ardoer.com

10ha 89T(100-120m²) 6-10A CEE

1 ADGJKLMNOPQST
2 STWXYZ
3 ACDFIKMNPSUW
4 (C+H 25/4-15/9) (Q+R+T+U+X+Y+Z)
5 ABDFGIJKLMNPQRUWXYZ
6 ACEFGHKL(N 1,5km)OS

Im schönen Twente liegt dieser gut gepflegte Campingplatz. Persönliche Betreuung, gute und gepflegte Einrichtungen, Ruhe und Platz. Hier lässt's sich herrlich wandern und auch die Radfahrer können super Touren machen. Kostenloser Streckenplan an der Rezeption.

Ab Ortsumgehung Tubbergen ausgeschildert (N343). CP-Schildern folgen.

CC € 19 1/4-29/4 8/5-17/5 30/5-15/7 4/9-2/10

N 52°24'36'' E 06°48'19''

Vollenhove, NL-8325 PP / Overijssel

199

Ardoer vakantiepark 't Akkertien
Noordwal 3
+31 5 27 24 13 78
1/1 - 31/12
akkertien@ardoer.com

11ha 150T(100-140m²) 10A CEE

1 ADHJKLMNPQST
2 CJNSVWXY
3 ABCDEHIKMNOPRSUWX
4 (E+H 1/4-30/9)JN(Q+R) (T 26/3-30/9)(Z)
5 ABCDEFGHIJKLMNOPQRUWXYZ
6 ACDEFGHKL(N 0,8km)OSV

Geselliger Familiencamping am Naturgebiet Wieden und De Weerribben. Ideal vor Radfahrer und Wanderer. Fisch- und Badegelegenheit. Große Plätze, beste Sanitäreinrichtungen. Im Fußbereich zum historischen Städtchen Vollenhove.

N331 Richtung Vollenhove und dann den Schildern folgen. Nicht durchs Zentrum von Vollenhove fahren.

CC € 17 2/1-17/5 30/5-15/7 4/9-31/12

N 52°40'32'' E 05°56'22''

Zwolle, NL-8034 PJ / Overijssel

200

Molecaten Park De Agnietenberg
Haersterveerweg 27
+31 3 84 53 15 30
24/3 - 1/10
deagnietenberg@molecaten.nl

14ha 58T(80-100m²) 10A CEE

1 ACDHJKLMOPQR
2 ABCEIOSWXYZ
3 ACGIKMPSUWXZ
4 (Q+T)
5 ABDFGIJKLMNOPUWXYZ
6 ACDEFGHK(N 3km)OSV

Familiencamping in der Natur am Rande von Zwolle. Reichlich Gelegenheiten für Wander-, Rad- und Wassererholung.

A28 Richtung Leeuwarden/Groningen, hinter der Ausfahrt Zwolle-Noord rechts, direkt links. Nach 400m an der Ampel links.

CC € 19 24/3-26/4 8/5-16/5 22/5-25/5 30/5-6/7 28/8-30/9

N 52°32'13'' E 06°07'47''

Akkrum, NL-8491 CJ / Friesland

201

Camping Drijfveer
Ulbe Twijnstrawei 31
+31 5 66 65 27 89
1/4 - 1/11
info@drijfveer.nl

2,5ha 80T(72-100m²) 10A CEE

1 ADHJKLMNOPQST
2 CFIOSVXY
3 ACKOSUWXZ
4 (Q+Z 1/5-30/9)
5 ABDFGHIJKLMNOPQUWYZ
6 BCDEFGHKL(N 0,5km)T

Stimmungsvoller Camping im friesischen Seengebiet. Mit eigenem Yachthafen und extra verstärkten Reisemobilplätzen. Überall Sicht auf das Wasser. Gratis WLAN, Bootsverleih, Gastronomie. In der gemütlichen Atmosphäre kann man Ruhe, Raum und das Wasser genießen. Belebtes Zentrum von Akkrum im Gehbereich.

Von der A32 Ausfahrt Akkrum. Richtung Akkrum Oost. Der Beschilderung 'Jachthaven Tusken de Marren' folgen.

CC € 21 1/4-15/5 11/6-30/6 1/9-31/10

N 53°02'54'' E 05°49'33''

Anjum, NL-9133 DV / Friesland

202

Camping Landal Esonstad
Skanserwei 28
+31 5 19 32 95 55
24/3 - 26/10
esonstad@landal.nl

5ha 129T(100-120m²) 16A CEE

1 CDHJKLMNPQR
2 ACEJNOSVW
3 ABCDFHIJKMNOPSUWZ
4 (A 2/7-1/9)(F+H)KLMN
(Q+S+T+U+V+X+Y+Z)
5 ABCDEFGHIJKLMNOPTUWXYZ
6 CDEFGHKL(N 0,3km)X

Auf der Grenze zum Nationalpark Het Lauwersmeer campt man am Wasser. Sie können alle Einrichtungen vom Bungalowpark mitbenutzen. Ausflüge nach Dokkum, Pieterburen und Schiermonnikoog.

Von Leeuwarden die N355 Dokkum Richtung Lauwersoog die N361.

CC € 23 24/3-7/4 30/5-7/7 1/9-26/10

N 53°22'30'' E 06°09'32''

Appelscha, NL-8426 GK / Friesland

203

RCN Vakantiepark De Roggeberg
De Roggeberg 1
+31 8 50 40 07 00
24/3 - 29/10
reserveringen@rcn.nl

69ha 335T(100-120m²) 10A CEE

1 ACDHJKLMNOPQTU
2 BISTWXYZ
3 ABCDGHIKMNOPRSU
4 (A)(C+G 1/5-1/9)J
(Q+R+T+U+X+Y+Z)
5 ABDEFGIJKLMNOPQRTUWXYZ
6 CDEFGHJKLM(N 2,5km)
OSTUV

Gut ausgestatteter Camping mit großen Plätzen in einer sehr schönen Landschaft. Viele Wander- und Radmöglichkeiten im großen Drents- Friese Wold.

Auf der N381 nach Appelscha fahren. Von dort an gut ausgeschildert.

CC € 19 24/3-16/5 22/5-25/5 30/5-13/7 30/8-29/10

N 52°56'18'' E 06°20'30''

Bakhuizen, NL-8574 VC / Friesland

204

Camping De Wite Burch
Wite Burch 7
+31 5 14 58 13 82
15/3 - 31/10
info@witeburch.nl

10ha 60**T**(80-100m²) 10A CEE

1 AD**H**IJKLMNP**Q**ST
2 STWXYZ
3 ACDE**G**KMNPSU
4 (Q+R+T+X+Z)
5 **AB**DEFGHI**J**MNO**P**UWXYZ
6 AEFG**K**(N 0,6km)OSV

Der Campingplatz liegt sehr ruhig im waldreichen Gaasterland. Sehr guter Ausgangspunkt für Rad- und PKW-Touren am IJsselmeer oder den friesischen Seen. Komfortplätze mit RTV-Anschluss. Neuer überdachter Spielpavillon und luxuriöses Sanitärhaus.

Von Lemmer N359 Richtung Koudum. Ausfahrt Rijs links. An Kreuzung Richtung Bakhuizen, CP-Beschilderung folgen. CP nach Ortsausgang, Nordseite.

CC € 19 *15/3-16/5 31/5-7/7 25/8-31/10*

N 52°52'18'' E 05°28'08''

Bakkeveen, NL-9243 KA / Friesland

205

Camping De Ikeleane
Duerswâldmerwei 19
+31 5 16 54 12 83
1/4 - 30/9
info@ikeleane.nl

9ha 86**T**(90-100m²) 10A CEE

1 AD**G**JKLMNOQR
2 IJNSTWXY
3 ABCDEHIKMPSU
4 M(Q)(T 1/4-30/9)
(U+V+X)(Z 1/4-30/9)
5 **AB**CDFGHI**J**KLMNO**PQRT**UWXYZ
6 ACDEFGHK(N 1,5km)OSV

Ruhiger Camping in Südost-Friesland mit großen grünen Komfortplätzen und einen Spielteich mit Strand. Modernes Luxussanitär mit Mietbädern. In der Umgebung gibt es hervorragende Möglichkeiten Rad zu fahren.

Ab Heerenveen die A7 nach Drachten. Ausfahrt 31 Richtung Frieschepalen. In Frieschepalen Richtung Bakkeveen. In Bakkeveen Richtung Wijnjewoude nach 1,5 km CP links.

CC € 17 *1/4-17/5 30/5-8/7 26/8-30/9*

N 53°04'16'' E 06°14'34''

Bakkeveen, NL-9243 JZ / Friesland

206

Camping De Wâldsang
Foarwurkerwei 2
+31 5 16 54 12 55
24/3 - 30/10
info@waldsang.nl

13ha 142**T**(100-120m²) 16A CEE

1 AD**H**JKLMNOPQR
2 BIJSTWXY
3 ABCDEHIKMPSU**V**W
4 (Q+T+U+V+X+Z)
5 **AB**DFGHIJKLMNOPQRUWXYZ
6 ACDEFGKL(N 0,5km)OSTV

Ruhiger Camping mit ausschließlich Komfortplätzen, gute Anlagen und sehr gästeorientiert. In Waldgegend und umgegeb vom Landgut De Slotplaats von Natuurmonumenten. Reichlich Rad- und Wandermöglichkeiten! Täglich geöffneter Supermarkt im Gehbereich. Auf dem Campingplatz steht kostenloses WLAN zur Verfügung.

A7 Ausfahrt 31 (Frieschepalen). In Frieschepalen Richtung Bakkeveen. Vor Bakkeveen dem CP-Schild 'De Wâldsang' folgen.

CC € 23 *24/3-29/4 8/5-16/5 30/5-10/7 4/9-30/10*

N 53°05'08'' E 06°15'00''

Bakkeveen, NL-9243 KA / Friesland

207

Molecaten Park 't Hout
Duerswâldmerwei 11
+31 5 16 54 12 87
24/3 - 1/10
thout@molecaten.nl

21,4ha 210T(100-120m²) 10A CEE

1 ADHJKLMOQTU
2 BIJSTWXYZ
3 ACDEIKMPSU
4 (C+H 17/5-1/9)JM(Q+T+U+V +X 29/4-7/5,8/7-3/9)
5 ABDEFGIJKLMNOPQUWXYZ
6 ACDEFGHK(N 0,3km)OSTV

Ruhig gelegener CP in waldreicher Umgebung mit beheiztem Freibad, überdachtem Spielplatz und großer Ballecke. Ein idealer CP für junge Familien und in der Vor- und Nachsaison für Senioren. Gratis Radrouten. Große Stellflächen auf Grasfeldern, umgeben von Bäumen und Strauchgewächsen.

A7 Kreuz Oosterwolde, Richtung Oosterwolde. Ausfahrt Wijnjewoude/Bakkeveen. Oder A7 Heerenveen-Groningen, Ausfahrt 31 Richtung Bakkeveen. Weiter den Schildern folgen.

CC € 19 *24/3-26/4 8/5-16/5 22/5-25/5 30/5-6/7 28/8-30/9*

N 53°04'44" E 06°15'11"

Dokkum, NL-9101 XA / Friesland

208

Camping Harddraverspark
Harddraversdijk 1a
+31 5 19 29 44 45
1/4 - 1/11
info@campingdokkum.nl

2,5ha 80T(100-120m²) 4-16A CEE

1 ABDHJKLMNPQR
2 CJSTUVWXYZ
3 ACHIKMNOWX
5 ABCGIJKMNOPUWXYZ
6 ACDEFGHK(N 0,4km)OT

Ein Campingplatz in parkartiger Gegend nur einen Steinwurf von der historischen Innenstadt von Dokkum, mit ihren Stadtmauern, Gassen und Hafen.

Von Leeuwarden Richtung Dokkum-Oost, Beschilderung folgen. Ab Drachten Richtung Dokkum-Oost. Umgehung folgen (Lauwersseewei). Von Groningen-Zoutkamp die N361 Richtung Dokkum. Ausgeschildert.

CC € 17 *1/4-15/5 1/6-8/7 5/9-31/10*

N 53°19'36" E 06°00'17"

Franeker, Nl -8801 PG / Friesland

209

Recreatiepark Bloemketerp bv
Burg. J. Dijkstraweg 3
+31 5 17 39 50 99
1/1 - 31/12
info@bloemketerp.nl

5ha 85T(100m²) 10A CEE

1 ACDHJKLMNPQR
2 CIJSVWXY
3 ACDIKMNPTUVW
4 (F+G)IJN (S+T+U+Y+Z)
5 ABDFGIJKLMNOPUXYZ
6 ACDEFGHKL(N 0km)SV

4-Sterne-Camping mit Freizeitpark an den Stadtmauern von Franeker. Komfortplätze mit Wasser-, Strom-, Kanal-, Kabel-TV- und Internetanschluss. Gepflegte Sanitäranlagen. Durch seine zentrale Lage in Friesland ist Franeker der ideale Ausgangspunkt für einen Besuch der friesischen Elfsteden-Tour. Supermarkt 50m vom Campingplatz.

A31, Ausfahrt Franeker, Richtung Franeker. Ausgeschildert.

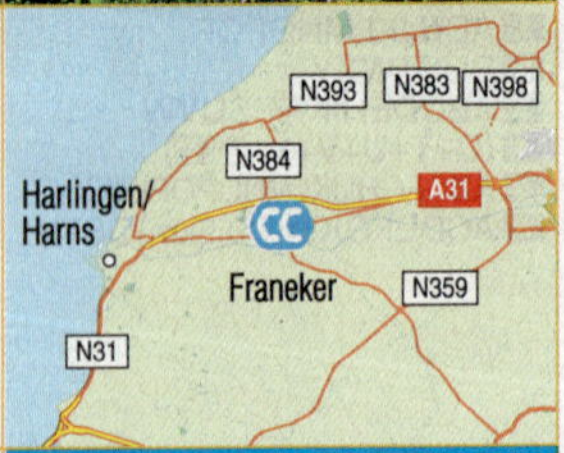

CC € 21 *1/1-17/5 30/5-9/7 1/9-31/12*

N 53°11'22" E 05°33'09"

Harlingen, NL-8862 PK / Friesland

210

Camping De Zeehoeve
Westerzeedijk 45
+31 5 17 41 34 65
27/3 - 31/10
@ info@zeehoeve.nl

10ha 125T 16A CEE

1 ACD**H**JKLMNP**Q**R
2 AGISXY
3 ACKMNPSUWY
4 (Q 🔑)(T+U+Y+Z 8/4-30/9)
5 **AB**DFGI**JKL**MNO**PQ**RUWXYZ
6 CDEFGHKL(N 1km)OV

Der Camping liegt direkt am Wattenmeer, Welterbe seit 2009. Tagestouren nach Terschelling und Vlieland. Rundfahrten zur Seehundbank. Der Camping liegt gleich außerhalb der alten (Elfsteden)Stadt Harlingen. Angelmöglichkeit auf dem Camping und prima Gastronomieanlagen.

Auf der N31 Zurich-Harlingen Ausfahrt Kimswerd. Am Kreisel 3. Ausfahrt und der CP-Beschilderung folgen. Der CP liegt nach etwa 1 km rechts der Straße.

CC € 21 27/3-7/4 10/4-15/5 30/5-8/6 11/6-7/7 5/9-30/10

N 53°09'44'' E 05°25'01''

Leeuwarden, NL-8926 XE / Friesland

211

Camping De Kleine Wielen
De Groene Ster 14
+31 5 11 43 16 60
1/4 - 1/10
@ info@dekleinewielen.nl

15ha 200T(80-120m²) 4A CEE

1 ABCD**H**JKLMNPQR
2 AEIJSTWXYZ
3 ABC**F**IKP**R**SUWZ
4 (Q 🔑)(S 21/4-17/9)(X+Z 🔑)
5 **AB**DEFGIJKLMNOPUWZ
6 ACDEFGHK(N 2km)OTV

Gemütlicher Campingplatz in Friesland inmitten des Naturparks De Groene Ster, 5 km vom Zentrum von Leeuwarden entfernt. Die Gegend ist reich an Routen für stundenlange Spaziergänge und Radtouren. Besuchen Sie Theater De Harmonie oder De Oldehoeve, sowie den schiefen Turm von Leeuwarden. Ein wunderbares Urlaubsziel für Naturliebhaber, Sportbegeisterte, Ruhesuchende und Kulturinteressierte.

An der N355 zwischen Hardegarijp und Leeuwarden. Ausgeschildert.

CC € 19 1/4-14/5 30/5-7/7 24/8-30/9

N 53°12'59'' E 05°53'18''

Offingawier, NL-8626 GG / Friesland

212

RCN Vakantiepark De Potten
De Potten 2-38
+31 8 50 40 07 00
24/3 - 29/10
@ reserveringen@rcn.nl

3ha 164T(100m²) 10A CEE

1 CD**H**JKLMNOPQR
2 AEISWXY
3 ABCIKMN**O**P**R**SUWZ
4 (Q+R+T+U+Y+Z 🔑)
5 **AB**DEFGIJKLMNOPR**T**UWZ
6 ABDEFGHKL(N 5km)OT

Geselliger Wassersportcamping. Der Camping hat zwei eigene Yachthäfen am Sneekermeer und am Grote Potten. Das Restaurant hat eine Terras am Wasser.

A7 Richtung Sneek, dann der N7 folgen. Richtung Sneekermeer. CP-Schildern folgen.

CC € 19 24/3-16/5 22/5-25/5 30/5-7/6 12/6-13/7 30/8-29/10

N 53°01'47'' E 05°43'28''

Oudega, NL-8614 JD / Friesland

213

Camping De Bearshoeke
Tsjerkewei 2a
+31 5 15 46 98 05
31/3 - 31/10
info@bearshoeke.nl

2ha 45T(100m²) 6A CEE

1 AD**H**JKLMOP**Q**R
2 AFJNSWXYZ
3 ACIKMNSU**WZ**
5 **AB**DFGIJKLMNOPRUZ
6 ADEFGHK(N 0,5km)UV

Schön angelegter und gepflegter Campingplatz am Wasser mit neuen Sanitäranlagen (2021). Zentral in Südwestfriesland gelegen. Man kann schöne Radtouren unternehmen, z.B. zu einer der 11 Städte, die die bekannte Elfstedentocht-Strecke bilden. Das Dorf Oudega ist nur 5 Gehminuten vom Platz entfernt.

Von der A6 Ausfahrt 18. Der N354 Richtung Sneek folgen. In Hommerts links Richtung Osingahuizen, der Straße nach Oudega folgen. CP-Beschilderung folgen.

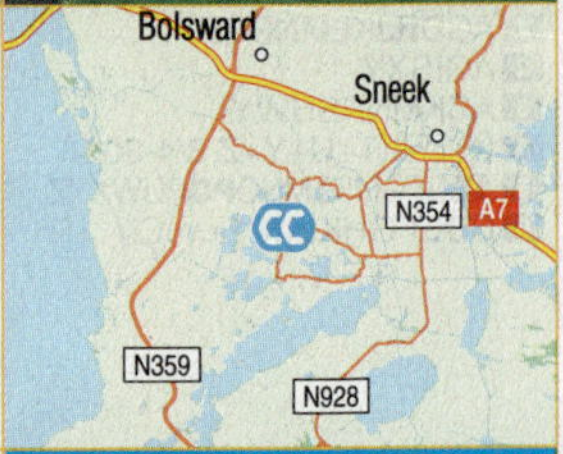

CC € 21 31/3-16/5 30/5-9/7 1/9-31/10

N 52°59'30'' E 05°32'40''

Reahûs, NL-8736 JB / Friesland

214

Camping De Finne
Sànleansterdyk 6
+31 5 15 33 12 19
1/4 - 1/10
info@campingdefinne.nl

2ha 50T(tot 140m²) 6A CEE

1 ADHJKLMNPQR
2 DINSTVWXY
3 AEMPSU**WX**
4 (Q 1/7-28/8)(R)
5 **AB**FGIJKLMNOPUWZ
6 ABCDEFGK(N 3km)OV

Camping De Finne liegt 6 km östlich von Bolsward und ca. 4 km nördlich von Sneek. Der Camping hat einen großen Angelsteg und man kann herrliche Boots- und Radtouren machen. Modernes Sanitär, sehr schöner Freizeitraum und einfacher Gastronomie und Terrasse. Der ideale Platz für Raum und Ruhe.

Von der Umgehung Sneek Richtung Leeuwarden. Kreisel Richtung Scharnegoutum. Rechts ab, Richtung Wommels/ Oosterend, Richtung Roodhuis. Den CP-Schildern folgen.

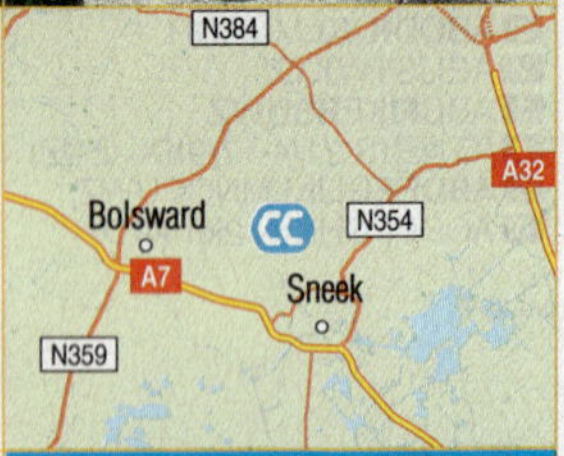

CC € 19 1/4-6/4 10/4-14/5 29/5-7/7 25/8-30/9

N 53°04'34'' E 05°37'58''

Rijs, NL-8572 WG / Friesland

215

Camping Rijsterbos
Marderleane 4
+31 5 14 58 12 11
1/4 - 31/10
info@rijsterbos.nl

5ha 50T(100m²) 6-10A CEE

1 AD**H**JKLMNP**Q**R
2 BIJSTYZ
3 CE**G**MNPSU
4 (C 18/5-1/9)(Q 1/5-30/9) (T+U+V+X+Z 1/5-15/9)
5 **AB**DFGI**J**K**L**MNOPQR**T**UWX
6 ACEFGHK(N 2km)OSVX

Geselliger Familiencamping, zentrale Lage im Gaasterland, zwischen IJsselmeer und De Fluessen: Wald und Wasser mehr als genug vorhanden. Idealer Ausgangspunkt, um Friesland zu Fuß, mit dem Rad oder Auto zu entdecken. Stellflächen von Bäumen und Sträuchern umzäunt. Beheiztes Außenbecken ab Ende Mai.

A6 Ausfahrt 17 Lemmer. Lemmer Richtung Balk. N359 Bolsward, Ausfahrt Rijs. An der T-Kreuzung in Rijs links. CP nach 100m auf der rechten Straßenseite.

CC € 21 1/4-17/5 30/5-8/7 3/9-30/10

N 52°51'44'' E 05°29'58''

Sloten, NL-8556 XC / Friesland

216

Recreatiepark De Jerden
Lytse Jerden 1
+31 5 14 53 13 89
1/4 - 31/10
info@recreatieparkdejerden.nl

3,5ha 65T(120-150m²) 10-16A CEE

1 ACD**H**JKLMNP**Q**ST
2 CEIJSWXYZ
3 AC**G**HKMNPSUWZ
4 (Q+R)(U+Y 1/6-1/10)
5 **AB**CDFGHI**JKL**MNO**PQ**UWZ
6 ACDEFG**K**(N 0,45km)OV

Sehr hübsch gelegener Campingplatz bei Sloten. Ruhe und Privatsphäre sind hier die wichtigsten Punkte. Der Campingplatz liegt am Fahrwasser und ist ein hervorragender Startpunkt für Rad- und Wandertouren. Auch zum angeln und Boot fahren gut geeignet.

A6, Ausfahrt Oosterzee. Die N354 Richtung Sneek. Bei Spannenburg Richtung Sloten. Bei Sloten der Beschilderung folgen.

CC € 21 *1/4-16/5 30/5-1/7 2/9-31/10*

N 52°53'58'' E 05°38'32''

St. Nicolaasga, NL-8521 NE / Friesland

217

Landgoed Eysingastate
Langwarderdijk 4
+31 5 13 43 13 61
1/4 - 31/10
info@eysingastate.nl

6ha 150T(80m²) 10A CEE

1 D**H**JKLMOPQR
2 AESTXY
3 ACE**G**IKMNPSUWZ
4 (Q+X+Z 15/7-18/8)
5 **AB**FGIJKLMNOPUXYZ
6 ACEFGH**K**(N 1,5km)T

Stilvoller Camping in einer Grünoase mitten den Wäldern, Weidewiesen und der friesischen See. In der Umgebung kann man wandern, Rad fahren, Wassersport auf den Seen treiben und in St. Nicolaasga Golf spielen. Eigener Hafen mit Trailerhelling.

A6 Richtung St. Nicolaasga, durch dieses Dorf Richtung Joure. Ausfahrt Richtung Langweer. CP liegt auf der rechten Seite.

CC € 19 *1/4-17/5 30/5-7/7 25/8-31/10*

N 52°56'18'' E 05°45'00''

Ureterp, NL-9247 WK / Friesland

218

Camping Het Koningsdiep
De Mersken 2
+31 6 30 76 38 26
1/4 - 31/10
info@camping-koningsdiep.nl

1,4ha 55T(100-150m²) 10A CEE

1 ABE**H**JKLMNPQST
2 BCISXY
3 IK**Q**W
5 **AB**CDFGIJMNOPRUWXYZ
6 CDEFGK(N 4km)V

Campen in der freien Natur des Beekdals, mit dem kleinen Extra Ihren Campingurlaub unvergessen zu machen. Große geschützte Plätze, sauberes Sanitär. Angeln, Kanu fahren, Reiten oder durch die Wälder radeln. Das eigene Pferd ist auch willkommen.

A7 Heerenveen Ausfahrt Beetsterzwaag/Olterterp. Nach 3 km rechts De Merskens, nach 1500m kommt der CP.

CC € 17 *1/4-14/5 1/6-9/7 26/8-31/10*

N 53°04'16'' E 06°08'13''

Wijckel, NL-8563 AT / Friesland

219

Camping 't Hop
Lytse Jerden 4
+31 5 14 60 24 36
6/5 - 28/10
info@campingthop.nl

4,5ha 44T 6-20A CEE

1 CD**H**JKLMO**Q**R
2 BEJSY
3 ABKMNS
4 (B+G+Q)(X+Y 6/5-28/10) (Z 1/7-31/8)
5 **AB**DEFGIJKLMNPQUVWXY
6 FGHK(N 5km)V

Gut geführter, ruhiger Familiencampingplatz, der wunderschön gelegen ist. Ein schöner Campingplatz mit einigen geschützten Campingwiesen und guten Sanitäranlagen.

Von Lemmer N359 Richtung Balk, Abfahrt Wijckel. Im Zentrum des Dorfes links ab, weiter ausgeschildert.

CC € 23 *6/5-30/6 26/8-27/10*

N 52°53'34'' E 05°37'18''

Witmarsum, NL-8748 DT / Friesland

220

Camping Mounewetter
Mouneplein 1
+31 5 17 53 19 67
1/4 - 8/10
info@rcmounewetter.nl

4ha 33T(100m²) 10A CEE

1 ACD**H**JKLMNPQR
2 CIJSUWXY
3 ACHKMN**O**PSUW
4 (C+G 29/4-2/9)IJ (T+Z 1/6-1/9)
5 **AB**DEFGI**JK**L**M**N**PQ**RUWXYZ
6 ACDEFGI**K**L(N 1km)OSV

Ruhiger, sehr gepflegter Campingplatz mit Hecken abgeschirmten Plätzen. Der Campingplatz liegt an der Elf-Städte Strecke für kleine Boote. Das Sanitär ist sehr sauber, der Empfang äußerst freundlich. Zentrale Lage, um Friesland zu entdecken.

A7 Richtung Witmarsum. Im Dorf den Schildern durchs Wohnviertel folgen.

CC € 19 *1/4-17/5 30/5-14/7 4/9-8/10*

N 53°05'56'' E 05°28'14''

Workum, NL-8711 GX / Friesland

221

Camping It Soal
Suderséleane 29
+31 5 15 54 14 43
31/3 - 1/11
camping@itsoal.com

20ha 206T(60-100m²) 6-10A CEE

1 ACD**H**JKLMNOPQR
2 AFGINOSTWXYZ
3 ACMN**O**PSUWZ
4 M(Q+S+T+U+X+Y+Z)
5 **AB**DFGIJKLMN**PQ**UWXYZ
6 ACDEFGHKL(N 2km) ORSTUV

Attraktiver Viersternecamping dicht am klaren Wasser des IJsselmeers, kurz hinter dem alten Städtchen Workum. Einmalig für Segler und Surfer. Großzügige Stellplätze, gute sanitäre Einrichtungen. Hervorragender Ausgangspunkt Friesland zu entdecken. Ihr Hund ist nur auf dem Touristenfeld erlaubt.

A6 bei Lemmer N359 Richtung Balk/Bolsward, Ausfahrt Workum, hier den Schildern folgen.

CC € 21 *31/3-6/4 11/4-17/5 12/6-1/7 26/8-1/11*

N 52°58'08'' E 05°24'52''

Woudsend, NL-8551 NW / Friesland

222

Aquacamping De Rakken
Lynbaen 10
+31 5 14 59 15 25
1/1 - 31/12
info@derakken.nl

4ha 40T(80m²) 6-16A CEE

1 ACD**G**JKLMNOPQR
2 DFIJNSWXYZ
3 CE**G**HKMN**O**PSWZ
4 (**A** 16/7-28/8)
5 **AB**DFGI**JKL**MNOPUZ
6 ABCDEFGHIKLM(N 0,3km) TUW

Der Platz liegt an der Fahrtroute zwischen Heegermeer und Slotermeer und verfügt über einen eigenen Yachthafen mit Trailerhelling. Woudsend liegt zentral in den schönsten Landschaften Frieslands. Auf geschützt angelegten Feldern gibt es große Stellplätze. Ausgangspunkt um Friesland zu entdecken.

A6 Lemmer-Joure, Ausfahrt Oosterzee, Richtung Sneek. Ausfahrt N354 Richtung Woudsend. Der Camping liegt am Ortsrand und ist ausgeschildert.

CC € 21 *1/1-16/5 21/5-25/5 29/5-14/6 18/6-30/6 1/9-30/12*

N 52°56'46'' E 05°37'40''

Bourtange, NL-9545 VJ / Groningen

223

Camping 't Plathuis
Bourtangerkanaal Noord 1
+31 5 99 35 43 83
1/4 - 31/10
info@plathuis.nl

4ha 100T(100-150m²) 6-10A CEE

1 AD**H**JKLMNPQR
2 ACEIJSWXYZ
3 A**G**IKMNPSUWZ
4 (Q+T+Z 1/4-31/10)
5 **AB**DFGI**JKL**MNO**PQR**UWXYZ
6 ABCDEFGJ(N 6km)O

Schöner Anlage mit Ruhe und Raum in der stark abwechslungsreichen Gegend von Westerwolde. Verschiedene Stellflächen sind mit Feldhecken umgeben. Schönes und beheiztes Toilettengebäude. Am Rande der Anlage liegt ein Yachthafen. Es gibt viele Ausflugsmöglichkeiten in die Gegend.

Zwolle-Hoogeveen-Emmen-Ter Apel-Sellingen-Jipsinghuizen, Ausfahrt Bourtange. Weiter den Schildern folgen. Oder A31 (Deutschland) Ausfahrt 17, Richtung Bourtange (7 km). In Bourtange angezeigt.

CC € 21 *1/4-17/5 30/5-15/7 3/9-31/10 7=6*

N 53°00'34'' E 07°11'05''

Kropswolde, NL-9606 PR / Groningen

224

Siblu Camping Meerwijck
Strandweg 2
+31 5 98 32 36 59
31/3 - 30/10
meerwijck@siblu.nl

23ha 200T(100-120m²) 6A CEE

1 ACD**H**JKLMNPQST
2 ABFISTVWXY
3 ABC**G**IJKMNPSU**W**Z
4 (F+H+Q+R)(T 29/4-4/9) (U+X+Y)(Z 29/4-4/9)
5 **ABC**DEFGHIJKLMNOPQRUWXYZ
6 BCDEFGHJ**K**L(N 7km) OSTV

Der Campingplatz liegt herrlich am Zuidlaarder See mit Sandstrand und Wald mit Spielwiesen. Ideal für Familien mit Kindern, Wassersportlern, Angel- Wander- und Radliebhaber. In Meerwijck machen Sie Erholungs- und Aktivurlaub zusammen.

Groningen-Winschoten Autostraße Groningen-Nieuweschans, Ausfahrt Foxhol. Nach den Bahngleisen in Kropswolde Schildern folgen. Von Assen-Groningen Ausfahrt Zuidlaren, Richtung Hoogezand.

CC € 23 *31/3-17/5 30/5-15/7 3/9-30/10*

N 53°08'59'' E 06°41'35''

Leek, NL-9351 PG / Groningen

225

Landgoedcamping Nienoord
Midwolderweg 19
+31 5 94 58 08 98
1/4 - 1/10
info@campingnienoord.nl

5,5ha 122T(120-140m²) 10A CEE

1 AD**H**JKLMNPQR
2 BIJSTVXYZ
3 ACPS
4 **I**(X+Y)
5 **AB**CDEFGHIJKLMNOPQRUWXYZ
6 CDEFGK(N 1km)OS

Familiencamping auf dem Landgut Nienoord. In der 'Pannenkoeken-Burg' direkt am Campingplatz gibt's die herrlichsten Pfannkuchen und anderes Essen à la carte. Landgut Nienoord bietet viele Möglichkeiten für Freunde des Wander- und Radsports sowie zur Unterhaltung.

A7 Ausfahrt 34 Leek. Danach den Schildern folgen. Die Einfahrt zum CP ist in der parallel gelegenen Sackgasse.

CC € 19 *18/4-28/4 8/5-17/5 30/5-30/6 4/9-30/9*

N 53°10'17'' E 06°22'56''

Midwolda, NL-9681 AH / Groningen

226

Camping De Bouwte
Hoofdweg 20A
+31 5 97 59 17 06
28/3 - 3/10
info@campingdebouwte.nl

14,5ha 80T(100-120m²) 10A CEE

1 ACD**H**JKLMNPQR
2 ACEIJSWXYZ
3 AKPSWZ
4 IJM**N**(Q+U+X+Z 1/4-30/9)
5 **AB**DGIJKLMNPQ**T**UWXYZ
6 CDEFGKM(N 2km)OSV

De Bouwte ist ein großer grüner Campingplatz in einer bezaubernden Gegend und wurde 2018 25 Jahre alt. Typische Bauernhöfe, vielseitige Landschaften mit Aussicht auf die Polder. Nah am Oldambtmeer und dem Dollart. Hier wird Genuss großgeschrieben. Der Badeteich verfügt über eine FLOTI-Bahn (Hindernis Parcours).

Über die A7 Groningen-Nieuweschans. Ausfahrt 45 Scheemda-Midwolda, Richtung Midwolda. CP-Schildern folgen.

CC € 23 *1/4-16/5 30/5-30/6 1/9-30/9*

N 53°11'24'' E 06°59'26''

Oponde, NL-9865 XE / Groningen

227

Camping De Watermolen
Openderweg 26
+31 5 94 65 91 44
7/4 - 17/9
info@campingdewatermolen.nl

12,5ha 85T(100-125m²) 6-16A CEE

1 AD**H**JKLMNOPQR
2 ABEINOSTVWXYZ
3 ABCIKMNSU**WZ**
4 M(Q+R)
(T+V 18/5-30/6,6/7-25/8)
(X+Z)
5 **AB**DFGIJKLMNOPQUWXYZ
6 ABCDEFG**K**L(N 2,5km)OV

Ruhe, Raum, Natur und Wasser in einer malerischen Landschaft genießen. Rad- und Wanderwege in der Umgebung. Großer Spielplatz, Angel- und Badesee auf dem Campingplatz. Gewinner des Goldenen Zoover Awards 2016.

A7 Ausfahrt 32 Marum/Kornhorn Richtung Kornhorn. In Noordwijk an der Kirche links. Nach ca. 2 km rechts in den Openderweg abbiegen.

CC € 21 *7/4-16/5 23/5-25/5 30/5-10/7 27/8-17/9*

N 53°09'52'' E 06°13'22''

Sellingen, NL-9551 VT / Groningen
228

Camping De Bronzen Eik
Zevenmeersveenweg 1
+31 5 99 32 20 06
1/1 - 31/12
info@debronzeneik.nl

4ha 136T(100-130m²) 6A CEE

1 ACD**H**JKLMNPQST
2 BCSWXY
3 A**G**IJKLMNPW
4 (Y+Z)
5 **AB**DEFGIJKLMNPUWXYZ
6 ABCEFGKLM(N 1km)

Kleiner Camping im Wald- und Naturgebiet von Sellingen. Im Gehbereich von Sellingen, 2 km von Deutschland. Gratis Eintritt ins beheizte Gemeindebad. Ausgezeichnetes Restaurant De Ruiten Aa nebenan. Startpunkt für Rad-, MTB- und Wanderwege. Fußball-Golf Platz neben dem Camping.

In Sellingen ist der CP deutlich ausgeschildert. Auf der Strecke Ter Apel-Sellingen kurz hinter dem Ort links ab. Von Vlagtwedde aus vor dem Ort rechts ab.

CC € 19 *1/4-17/5 29/5-8/7 4/9-1/11*

N 52°57'16'' E 07°08'17''

Winsum, NL-9951 CG / Groningen
229

Camping Marenland
Winsumerdiep 6
+31 5 95 44 27 50
1/4 - 30/9
info@marenland.nl

4ha 80T(80-100m²) 10-16A CEE

1 ACD**H**JKLMNOPQR
2 CJSVXYZ
3 CHIKM**O**SU**W**X
4 **(C)J**(Q+X+Y)
5 **AB**DEFGIJKLMNOPUWZ
6 BDEFGHJL(N 0,3km)OT

Schöner attraktiver Kanu-Camping mit Gemeindebad nebenan und 300m von der belebten Ortsmitte. Vermietung von Elektrobooten.

N361, in Winsum den CP-Schildern folgen. Danach vom Schwimmbad aus der Parallelstraße folgen.

CC € 19 *1/4-28/4 8/5-17/5 30/5-7/7 4/9-30/9 7=6, 14=12*

N 53°19'53'' E 06°30'38''

Amen, NL-9446 TE / Drenthe
230

Ardoer Vakantiepark Diana Heide
Amen 55
+31 5 92 38 92 97
1/4 - 1/10
dianaheide@ardoer.com

30ha 300T(100-200m²) 10A CEE

1 AD**H**JKLMNPQST
2 BESTWXYZ
3 AC**G**IKMNPSUWZ
4 (Q+R+T+Y+Z)
5 **AB**DEFGIJKLMNOPQUWXY
6 ACEFGHKL(N 4km)OST

Ferienpark Diana Heide ist ein Familiencampingplatz an einem der schönsten Standorte der Niederlande; in einem Waldgebiet, am Rande des Nationalparks 'De Drentsche Aa' und inmitten einer abwechslungsreichen Natur.

A28 Zwolle-Groningen, Ausfahrt 31A Richtung Hooghalen. Ausfahrt Grolloo/Amen, den Schildern folgen.

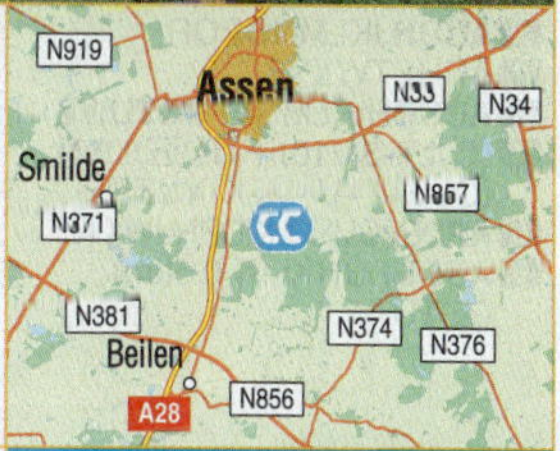

CC € 21 *1/4-4/5 8/5-17/5 31/5-21/6 1/9-30/9*

N 52°55'57'' E 06°35'12''

Assen, NL-9405 VE / Drenthe

231

Vakantiepark Witterzomer
Witterzomer 7
+31 5 92 39 35 35
24/3 - 31/10
info@witterzomer.nl

75ha 510T(100-120m²) 6-10A CEE

1 ACD**H**JKLMNPQR
2 ABEISTWXYZ
3 ABCD**G**HIJKLM**O**P**R**S**T**UWZ
4 (C+H 24/4-30/8)J
(Q)(S 28/4-30/8)
(T+U+V+X+Y)
5 **AB**CDEFGHIJKLMNOPQR**ST**UW
XYZ
6 ACEFGHJ**K**LM(N 3km)
ORSTV

Vielseitiger und naturreicher Ferienpark. Unzählige Einrichtungen und auch die (Enkel) Kinder werden sich in keinem Moment langweilen. Große Auswahl an Plusplätzen (CampingCard-Tarif) oder Komfortplätze. Witterzomer liegt im Herzen von Drenthe im Fahrradbereich zur geselligen Stadt Assen.

A28 Hoogeveen-Groningen, Ausfahrt Assen/Smilde (zweite Ausfahrt), dann den Schildern folgen.

CC € 21 *24/3-27/4 5/5-16/5 30/5-15/6 26/6-30/6 1/9-31/10*

N 52°58'44'' E 06°30'20''

Borger, NL-9531 TC / Drenthe

232

Bospark Lunsbergen
Rolderstraat 11A
+31 5 99 23 65 65
1/1 - 31/12
info@bosparklunsbergen.nl

20ha 194T(100m²) 10A CEE

1 ACD**H**JKLMNOPQR
2 BISTWXY
3 A**G**HIJKLMNOP**R**SU
4 (F+H+Q+S+T+U+V
+X+Y+Z)
5 **AB**DFGIJKLMNOPQUWXY
6 ACEFGHKM(N 3km)OSTUV

Gut ausgestatteter Camping von Wald umgeben. Mit beheizter Schwimmhalle und Freizeitraum. Sehr gut geeignet für den Wander- und/oder Radurlaub.

A28 Ausfahrt Assen-Zuid N33 Richtung Veendam. Weiter zur Ausfahrt Borger. 2 km vor Borger steht 'Euroase Borger' auf einem Schild ausgeschildert.

CC € 13 *31/3-7/7 1/9-29/10*

N 52°55'55'' E 06°44'52''

Borger, NL-9531 TK / Drenthe

233

Camping Hunzedal
De Drift 3
+31 5 99 23 46 98
1/1 - 31/12
receptie.hunzedal@roompot.nl

30ha 346T(100m²) 6-16A CEE

1 ACD**H**JKLMNOPQR
2 AEIJSTWXYZ
3 ABC**G**HIKLMN**O**P**R**S**T**U**W**Z
4 (C 1/4-31/10)(F+H)IJ**LN**
(Q+S+T+U+V+X+Y+Z)
5 **AB**DEFGIJKLMNOPRUWXYZ
6 ACDEFGHKL(N 0,5km)
OSTU

Kurz hinter Borger, an der Grenze vom waldreichen Drenter Hondsrug, luxuriöser und vielseitiger Freizeitpark. Sehr gute Einrichtungen für jede Witterungen. Als Familienpark und für Leute geeignet, die die Drenter Natur lieben. Auf diesem Camping stehen KEINE Reisemobilplätze zur Verfügung.

Von der N34 Groningen-Emmen Richtung Borger/Stadskanaal den Schildern folgen.

CC € 15 *31/3-7/4 7/5-17/5 22/5-26/5 30/5-7/6 12/6-7/7 1/9-29/10*

N 52°55'22'' E 06°48'14''

Diever, NL-7981 LW / Drenthe
234

Camping Diever
Haarweg 2
+31 5 21 59 16 44
1/4 - 1/11
info@campingdiever.nl

8,5ha 150T(80-160m²) 10A CEE

1 ADHJKLMNOPQT
2 BJTWY
3 ACEHIKMPSU
4 (A+Q+R+V)
5 ABCDGHIJKLMNOPQRUWXYZ
6 CEFGK(N 1km)OTV

Camping Diever Ist ein einmaliger Waldcamping, direkt im Wald, in Gehweite des rustikalen Dörfchens Diever. Viel Privatsphäre. Perfekter Startpunkt für tagelanges Rad- und Wandervergnügen mitten im Drents-Friese Wold oder Dwingelderveld. Nicht verpassen: die jährliche Aufführung des Shakespeare Theaters.

Von Diever in Richtung Zorgvlied fahren. Nach 1 km ist der CP ausgeschildert.

CC € 21 *1/4-26/4 6/5-17/5 30/5-10/7 2/9-30/9*

N 52°52'00'' E 06°19'13''

Dwingeloo, NL-7991 SE / Drenthe
235

Camping Torentjeshoek
Leeuweriksveldweg 1
+31 5 21 59 17 06
1/4 - 28/10
info@torentjeshoek.nl

10ha 223T(100-140m²) 10A CEE

1 ADHJKLMNOPQR
2 BISTWXYZ
3 ABCEGHIKMPQSUW
4 (A 1/7-23/10)(C+H 1/5-1/9) JM(Q 1/4-27/9)(R+T+Z)
5 ABCEFGIJKLMNOPQUWXYZ
6 ACDEFGHKLM(N 1,5km) OSV

Geselliger Familiencamping mit großen Komfort Stellplätzen in der herrlichen Natur des Nationalparks Dwingelderveld. Idealer Ausgangspunkt für Rad- und Wandertouren.

Von Dieverbrug Richtung Dwingeloo. Durch Dwingeloo bis zur Kreuzung mit dem Waldrand. Folgen Sie den CP-Schildern entlang der Waldallee rechts ab, vorbei Planetron.

CC € 23 *1/4-16/5 30/5-6/7 4/9-28/10*

N 52°49'09'' E 06°21'39''

Dwingeloo, NL-7991 PB / Drenthe
236

RCN Vakantiepark De Noordster
De Noordster 105
+31 8 50 40 07 00
24/3 - 29/10
reserveringen@rcn.nl

42ha 329T(25-150m²) 10A CEE

1 ACDHJKLMNOPQR
2 BISTVXYZ
3 ABCDEGHIKMNOPQRSU
4 (A 4/7-30/8)(C+G 1/5-1/9)JM (Q+R+T+U+V+X+Y+Z)
5 ABCDFGHIJKLMNOPQUWZ
6 ACDEFHKLM(N 2km)OSUV

Mitten im Wald vom Nationalpark Dwingelderveld gelegener Camping mit vielen Einrichtungen und gutem Gastronomieangebot. Der Nationalpark hat eine Gesamtfläche von etwa 3700 Hektar. Die Heidefelder bilden das schönste und besterhaltene Heidegebiet von Europa. Eine große Schafsherde hilft bei der Naturpflege.

Von Dieverbrug Richtung Dwingeloo-Zentrum. Durch Dwingeloo durch bis am 5-Sprung am Waldrand. Den Schildern entlang dem Waldweg folgen.

CC € 19 *24/3-16/5 22/5-25/5 30/5-13/7 30/8-29/10*

N 52°48'48'' E 06°22'42''

Een (Gem. Noordenveld), NL-9342 TC / Drenthe
237

Ronostrand
Amerika 16
+31 5 92 65 62 06
1/4 - 30/9
info@ronostrand.nl

35ha 190T(80-120m²) 10-16A CEE

1 ADHJKLMNOQTU
2 AEINOSTWXYZ
3 ABCGHIKMNPQSUZ
4 (Q)(T+U+V+Y 1/4-15/9)
5 ABCDEFGIJKLMOPTUWXYZ
6 CDEFGHKLM(N 4km)OSTV

Der Campingplatz ist wunderschön gelegen, geschützt von Bäumen und neben einem von Quellwasser gespeisten Schwimmbad. Großer Strand und Liegewiese. Viele Möglichkeiten zum Radfahren und Wandern. Umfangreiche Verpflegungsmöglichkeiten direkt am See.

Roden Richtung Norg. Hinter dem Friedhof und den Sportplätzen rechts ab. Ausgeschildert.

CC € 19 1/4-28/4 8/5-17/5 31/5-7/7 4/9-30/9

N 53°06'01" E 06°22'19"

Een-West/Noordenveld, NL-9343 TB / Drenthe
238

Camping De Drie Provinciën
Bakkeveenseweg 15
+31 5 16 54 12 01
1/4 - 1/10
info@dedrieprovincien.nl

6ha 139T(110-130m²) 10A CEE

1 ADGJKLMNQR
2 IJNSTWXY
3 IKMNW
4 (X+Y)
5 ABDGHJLMNOUWXYZ
6 DEFGHJK(N 4km)

Auf der Grenze von Groningen, Friesland und Drenthe findet man diesen gepflegten und sehr ländlich gelegenen Camping. Parkartiges Gelände, zum Teil um drei Fischweiher angelegt, große und geschützte Plätze, mit abwechslungsreicher Bepflanzung. Reichlich Wander- und Radmöglichkeiten. Hervorragendes á la carte Restaurant mit Gartenterrasse.

A32 Richtung Wolvega, Ausfahrt Wolvega N351 Richtung Oosterwolde. Danach Haulerwijk/Een-West. Schildern 'De Drie Provinciën' folgen.

CC € 21 1/4-16/5 30/5-7/7 28/8-1/10

N 53°05'19" E 06°18'41"

Ees, NL-9536 TA / Drenthe
239

Camping De Zeven Heuveltjes
Odoornerstraat 25
+31 5 91 54 92 56
1/4 - 10/10
info@dezevenheuveltjes.nl

6ha 135T(80-100m²) 6-10A CEE

1 ACDHJKLMPQST
2 BIJSTWYZ
3 ABCGHIKLMPS
4 (C+H 1/5-14/9)
(Q 25/4-3/5,4/7-16/8)(R)
5 ABCDEFGHIJKLMNOPQRUWXY
6 ABDEFGHKL(N 4km)OST

Gelegen in einem schönen waldreichen Wander- und Radgebiet auf dem Hondsrug. Gut gepflegter, ruhiger Camping mit Komfortplätzen und ausgezeichneten Sanitäranlagen. Außerdem hat der Camping ein beheiztes Salzwasserbecken mit Planschbecken. Natur, Ruhe und Atmosphäre! Entdecken Sie es selbst! Gratis WLAN.

N34 Groningen-Emmen, Ausfahrt Exloo. Über den Sekundärweg zurück Richtung Groningen nach Ees (ca. 500m).

CC € 19 1/4-17/5 30/5-30/6 26/8-10/10

N 52°53'39" E 06°49'05"

Eext, NL-9463 TA / Drenthe

240

Camping De Hondsrug
Annerweg 3
+31 5 92 27 12 92
1/4 - 30/9
info@hondsrug.nl

23ha 250T(75-150m²) 6-10A CEE

1 ACDGJKLMNPQST
2 BIJSTWXYZ
3 ABCGHIJKLMNPSUW
4 (C 25/4-1/9)(F+H)L(Q) (S 25/4-1/9)(T+X+Z)
5 ABCDEFGIJKLMNOPQRTUWXYZ
6 CEFGHKL(N 2km)OSTUV

Ein harmonischer junger Familiencampingplatz mit Spielgeräten auf Feldern. Außerdem gibt es einen großen Sandspielplatz mit einem Kletterparcours. Beheiztes Innen- und Außenschwimmbecken. Umgeben von Wäldern mit vielen Möglichkeiten zum Radfahren und Wandern.

N34 Groningen-Emmen Ausfahrt Anloo/Annen, Eext links ab in Richtung Annen, später rechts ab. Der CP ist ausgeschildert. N34 Emmen-Groningen, Ausfahrt Anloo/Annen, rechts ab in Richtung Annen. Schildern folgen.

CC € 21 1/4-28/4 8/5-17/5 30/5-9/7 4/9-30/9

N 53°02'10'' E 06°44'21''

Exloo, NL-7875 TA / Drenthe

241

Camping Exloo
Valtherweg 37
+31 6 27 21 82 71
1/1 - 31/12
info@campingexloo.nl

3ha 60T(100-120m²) 6-10A CEE

1 AHJKLMNOPQRV
2 NSWXYZ
3 GHIKUW
5 ABDGIJKLMNPUXZ
6 ABCEFGHK(N 2,5km)U

Ruhiger, freundlicher Campingplatz, sehr gut geeignet für 50+. Der Campingplatz befindet sich im Unesco Geopark de Hondsrug und in der Nähe des gemütlichen Dorfes Exloo. Auch Motorrad- und Fahrradfahrer sind willkommen. Rad- und Wanderwege ab dem Campingplatz.

N34 Richtung Groningen, Ausfahrt Exloo. Am Ortsende rechts Richtung Valthe. Nach 2 km CP an der linken Seite.

CC € 17 1/1-17/5 22/5-27/5 30/5-15/7 1/9-31/12

N 52°51'54'' E 06°53'10''

Gasselte, NL-9462 TT / Drenthe

242

Camping Het Horstmannsbos
Hoogte der Heide 8
+31 5 99 56 42 70
31/3 - 2/10
info@horstmannsbos.nl

6,5ha 100T(100-130m²) 10A CEE

1 ACDHJKLMNOPQST
2 BIJSTWXYZ
3 ABCGIKMNOPSWZ
4 M(Q+T+U+X+Z)
5 ABCDFGHIJKLMNOPQRUWZ
6 ABCDEFGHJK(N 3km) OSTVX

Ruhiger, großer Naturcamping im Wald. Einmalige Lage direkt am Naturgebiet Het Drouwenerzand. Mehrere Grasfelder mit großen Stellplätzen und auch eine Waldecke für echte Naturfreunde.

Ab der N34 Groningen-Emmen folgen Sie den Schildern Ausfahrt Gasselte. Danach den Schildern Horstmannsbos folgen (nicht dem Navi folgen).

CC € 19 31/3-17/5 28/5-9/7 27/8-2/10 7=6, 14=12, 21=18

N 52°58'15'' E 06°48'26''

Gieten, NL-9461 AP / Drenthe
iD **243**

Boscamping-Zwanemeer
Voorste Land 1
+31 5 92 26 13 17
1/4 - 2/10
kamperen@zwanemeer.nl

6ha 160T(80-120m²) 6-10A CEE

1 AD**H**JKLMNOP**Q**ST
2 BIJSTXYZ
3 AB**G**IJKLMNPSU**W**
4 (**A** 1/7-31/8)(C+H 1/5-31/8)J (Q)(T+U+X+Z 1/7-31/8)
5 **ABC**DEFGHIJKLMNOPQRUWXYZ
6 ADEFGH**K**L(N 0,8km)OST

Geselliger Familiencamping am Rande der Nationalparks, Bach- und gebietstypischen Dörfern Drentsche Aa und dem Zwanemeerwald.

Über die N33 Assen-Gieten durch das Dorf Gieten den CP-Schildern folgen (nicht nach Navi fahren, sonst landen Sie im Wald).

CC € 21 1/4-14/5 1/6-1/7 1/9-1/10

N 53°00'56'' E 06°46'00''

Hooghalen, NL-9414 TG / Drenthe
iD **244**

Camping Tikvah
Oosthalen 5
+31 5 93 59 20 97
1/4 - 1/11
info@campingtikvah.nl

1,5ha 53T(120-250m²) 6-16A CEE

1 AD**H**JKLMNOP**Q**R
2 ISTWXYZ
3 AIKLMNPSU
5 **A**BCDFGHIJMNOPQRUWXYZ
6 ABCDEFGKLM(N 0,5km) OUV

Camping Tikvah ist umgeben von Nadel- und Laubwald, Heide, Moor und Sanddünen. Vom Campingplatz aus gelangt man direkt in den Wald. Der Camping liegt etwa 2 km vom Örtchen Hooghalen und etwa 500m von der Gedenkstätte 'Kamp Westerbork'.

Von der A28 Ausfahrt Beilen-Noord/Emmen/Hooghalen. Danach noch ± 10 km der Beschilderung Hooghalen. Kurz vor Hooghalen dem braunen Schild 'voormalig Kamp Westerbork' folgen. Kurz vor dem Kreisel rechts über die Bahn, dann 1,5 km.

CC € 19 1/4-17/5 30/5-21/6 27/6-2/7 1/9-1/11

N 52°55'13'' E 06°33'33''

Meppen, NL-7855 TA / Drenthe
iD **245**

Camping De Bronzen Emmer
Mepperstraat 41
+31 5 91 37 15 43
1/4 - 30/10
info@bronzenemmer.nl

20ha 230T(100-140m²) 4-10A CEE

1 AD**G**JKLMNOPQR
2 BISTWXYZ
3 ABE**G**HIKM**O**PQSU
4 (F+G 21/4-30/9)**N** (Q)(R 28/4-27/8) (T 28/4-10/9)(U 28/4-11/9) (X+Z 28/4-10/9)
5 **AB**DEFGIJKLMNOPUWXYZ
6 ABCEFGHK(N 2km)OSV

Dieser herrliche Campingplatz liegt in einer waldreichen Umgebung im flachen Drenter Land. Wird von einer begeisterten Familie geführt. Viele Tourplätze mit Caravans und Zelten. Auch Auto-freie Plätze. Sie fühlen sich wie zu hause.

A37 Hoogeveen-Emmen, Ausfahrt Oosterhesselen (N854) Richtung Meppen. In Meppen ist der CP in Richtung Meppen/ Mantinge ausgeschildert.

CC € 21 1/4-16/5 22/5-25/5 30/5-11/7 28/8-29/10 7=6, 14=12, 21=18, 28=24

N 52°46'44'' E 06°41'11''

Meppen, NL-7855 PV / Drenthe

246

Camping Erfgoed de Boemerang
Nijmaten 2
+31 5 91 37 21 18
1/4 - 1/10
info@erfgoeddeboemerang.nl

2ha 47T(100-200m²) 10A CEE

1 AD**H**JKLMO**Q**RV
2 EISTVWXYZ
3 E**G**IKMU
5 **ABC**DGHIJMNOP**T**UWXYZ
6 ABDEFGK(N 2km)

Der Campingplatz liegt im historischen Örtchen Meppen, in einer waldreichen und ruhigen Umgebung. Dieser idyllische, autofreie Campingplatz ist für Ruhesuchende und Personen über 50 Jahre geeignet. Sie werden von den ausgezeichneten sanitären Einrichtungen begeistert sein.

A37 Hoogeveen-Emmen. Ausfahrt Oosterhesselen (N854) Richtung Meppen. Dann Richtung Mantinge. Ausgeschildert.

CC € 19 *1/4-15/5 30/5-1/7 18/8-29/9*

N 52°46'49'' E 06°41'30''

Norg, NL-9331 AC / Drenthe

247

Bospark Langeloërduinen
Kerkpad 12
+31 5 92 61 27 70
1/4 - 1/10
info@bosparknorg.nl

7,5ha 100T(100-120m²) 10-12A CEE

1 ACD**H**JKLMNOPQR
2 BJSTXYZ
3 ACIKPS
5 **ABC**DFGHIJKLMNOPQUWXYZ
6 EFGHK(N 0,7km)OS

Ein geräumiger Campingplatz, auf dem jeder seinen Platz finden kann - in den Wäldern oder im offenen Gelände. Keine abgegrenzten Stellplätze.

Von Straße N371 Richtung Norg, im Zentrum Beschilderung folgen.

CC € 23 *8/5-17/5 30/5-14/7 4/9-1/10*

N 53°04'21'' E 06°27'25''

Norg, NL-9331 VA / Drenthe

248

Camping De Norgerberg
Langeloërweg 63
+31 5 92 61 22 81
1/4 - 31/12
info@norgerberg.nl

20ha 170T(100-150m²) 10A CEE

1 AD**G**JKLMQR
2 BIJSUVWXYZ
3 AC**G**IJKMNOPSU
4 (A 30/4-16/5,9/7-28/8)
(C+E+H)**KN**
(Q+R+T+U+X+Y)
5 **ABC**DEFGHIJKLMNOPQR**T**UW
XYZ
6 CDEFGHKL(N 1km)OSTV

Gemütlicher Campingplatz, umgeben von Wäldern und wenige Gehminuten von Norg entfernt. Guter Ausgangspunkt für Ausflüge nach Groningen und Friesland. Zentrum des Radwegenetzes. Atmosphärisches Restaurant vor dem Campingplatz. Komfort- und Privatsanitärstellplätze gegen Aufpreis erhältlich. Spezielle Stellplätze für CCA verfügbar. Vorbestellung nicht möglich. Moderne Luxus-Sanitäranlagen mit Wellness.

Der CP liegt an der N373, 2 km nördlich von Norg an der Straße Norg-Roden.

CC € 23 *1/4-6/4 12/4-21/4 8/5-16/5 23/5-26/5 31/5-7/7 5/9-29/10*

N 53°04'40'' E 06°26'55''

Ruinen, NL-7963 PX / Drenthe

249

EuroParcs Ruinen
Oude Benderseweg 11
+31 5 22 47 17 70
1/3 - 30/10
kcc@europarcs.nl

25ha 202T(110-150m²) 6-10A CEE

1 ACD**H**JKLMNOPQR
2 BIJSTWXYZ
3 ABC**DE**GHIKMRSU
4 (A 8/7-27/8)(**B** 1/5-1/9) (F+H)M(Q+R+T+U+X)
5 **AB**DEFGIJKLMNOPQR**T**UWXYZ
6 CEFGK(N 1,5km)OSTV

EuroParcs Ruinen grenzt ans Naturgebiet Dwingelderveld. Natürlich angelegter Familiencamping mit schönen großen Plätzen, gut geeignet für 50-Plusser und Familien mit Kindern. Hallenbad, Restaurant und Streichelzoo. Der Camping liegt direkt an herrlichen Radwegen.

Ruinen Richtung Pesse. Nach 600m 4. Straße links. Camping ist ausgeschildert, auch von Ruinen via England.

CC € 23 *31/3-7/4 11/4-26/4 1/5-17/5 22/5-30/6 4/9-30/10*

N 52°46'31'' E 06°22'14''

Schoonebeek, NL-7761 PJ / Drenthe

250

Camping Emmen
Bultweg 7
+31 5 24 53 21 94
7/4 - 1/10
info@campingemmen.nl

3,3ha 50T(120m²) 6-16A CEE

1 AD**H**JKLMNOP**Q**ST
2 EIJSWXYZ
3 ABCE**G**KMNUW
4 (C 15/5-15/9) (Q+T+U+V+Y+Z 27/5-1/9)
5 **AB**DFGIJMNOPUWXZ
6 BCEFGJ**K**(N 1km)V

Übersichtlicher Camping für jedes Alter. Ideale Lage für Ausflüge in den Wildlands Adventure Zoo Emmen. Die Stellplätze sind geräumig angelegt. Beheiztes Schwimmbad an der Rezeption. Mehrere Felder mit Picknicktischen. Viele Radwege ausgehend vom Campingplatz.

A37 Ausfahrt 5 Richtung Schoonebeek. Ab dort ist der CP angezeigt, liegt kurz vor Schoonebeek links ab.

CC € 17 *7/4-17/5 30/5-30/6 1/9-30/9*

N 52°40'11'' E 06°52'43''

Wateren, NL-8438 SC / Drenthe

251

Molecaten Park Het Landschap
Schurerslaan 4
+31 5 21 38 72 44
24/3 - 1/10
hetlandschap@molecaten.nl

16ha 205T(100-150m²) 6-10A CEE

1 ACD**H**JKLMN**Q**TU
2 AESTXYZ
3 ACHIKMNP**QR**SUWZ
4 (A 5/7-17/8)(F+H 1/5-30/9) (Q+T+U+X+Z)
5 **AB**FGIJKLMNOPUWXYZ
6 EFGH**K**(N 6km)OSTV

Der Campingplatz liegt im Drents Friese Wold (6000 Hektar) an einem idyllischen kleine Badesee. Viele Wander- und Radmöglichkeiten in der Umgebung. Große Stellplätze.

Von Diever Richtung Zorgvlied. Der CP liegt kurz vor Zorgvlied auf der rechten Seite und ist ausgeschildert.

CC € 15 *24/3-26/4 8/5-16/5 22/5-25/5 30/5-6/7 28/8-30/9*

N 52°55'19'' E 06°16'04''

Westerbork, NL-9431 GA / Drenthe

iD 252

Camping Landgoed Börkerheide
Beilerstraat 13a
+31 5 93 33 15 46
1/4 - 1/10
info@landgoedborkerheide.nl

15ha 88**T**(80-120m²) 6A CEE

1 AD**H**JKLMNOPQST
2 BIJSTVWXYZ
3 A**G**IKLSU
4 (C+H 15/4-1/9)
5 **AB**DEFGIJKLMNOPUWXZ
6 ACDEFGK(N 0,7km)U

Entdecken Sie das schönste Geheimnis von Drenthe. 1 km vom gemütlichen Dorf Westerbork entfernt, befindet sich das ruhig gelegene Anwesen mit eigenem Wald, Heide und Moor.Wunderbare Möglichkeiten zum Wandern und Radfahren in der Umgebung. Die Sanitäranlagen sind ausgezeichnet und die Gäste können das angrenzende Freibad kostenlos nutzen. Es gibt kostenloses WLAN.

A28 Zwolle-Hoogeveen-Groningen, Ausfahrt 30 Beilen und den Schildern Westerbork folgen. Der CP ist ausgeschildert.

CC € 19 *1/4-17/5 30/5-8/7 27/8-1/10*

N 52°51'10'' E 06°35'25''

Wezuperbrug, NL-7853 TA / Drenthe

iD 253

Molecaten Park Kuierpad
Oranjekanaal NZ 10
+31 5 91 38 14 15
24/3 - 1/11
kuierpad@molecaten.nl

5,5ha 550**T**(95-200m²) 6-10A CEE

1 ACD**H**JKLMNPQR
2 ABFISTWXY
3 ABC**G**HIJKLMNP**R**SUWZ
4 (C 1/5-1/9)(F+H+Q)
(S 25/3-31/10)(T)
(U 25/3-31/10)
(X+Y 1/4-1/11)
5 **AB**DEFGIJKLMNOPQRUWXYZ
6 ACEFGH**K**LM(N 2km)
OSTVX

Inmitten einer wunderschönen Natur gelegen, ideal für Radfahrer, Wanderer und Familien mit Kindern.

N31 Beilen-Emmen, Ausfahrt Westerbork. Über Orvelte Richtung Schoonoord.

CC € 17 *24/3-26/4 8/5-16/5 22/5-25/5 30/5-6/7 28/8-31/10*

N 52°50'26'' E 06°43'28''

Wijster, NL-9418 TL / Drenthe

iD 254

Familiecamping De Otterberg
Drijberseweg 36a
+31 5 93 56 23 62
1/4 - 1/10
info@otterberg.nl

17ha 170**T**(100m²) 10A CEE

1 AD**H**JKLMNP**Q**TU
2 ISTWXYZ
3 ABCD**G**HIKLP**R**SUW
4 (C+H 1/5-1/9)**K**(Q)
(T+U+V 1/7-28/8)
(X+Y+Z)
5 **AB**DEFGHIJKLMNPQRUZ
6 EFGHK(N 2km)OVX

Der Campingplatz liegt beim Drenter Dorf Wijster in einer waldreichen Umgebung. Ruhig gelegener Familiencamping mit guten modernen Einrichtungen.

Assen-Hoogeveen, Ausfahrt Wijster/Spier. Richtung Spier/ Wijster, hinter den Bahngleisen 1. Straße rechts Richtung Drijber. Nach ca. 2 km liegt auf der rechten Seite der CP.

CC € 19 *1/4-14/5 30/5-7/7 24/8-30/9*

N 52°48'05'' E 06°31'28''

Zweeloo, NL-7851 AA / Drenthe

255

Camping De Knieplanden
Hoofdstraat 2
+31 5 91 37 15 99
1/4 - 30/9
info@campingknieplanden.nl

2,5ha 64**T**(90-110m²) 10A CEE

1 AD**H**JKLMNOP**Q**R
2 IJSTWXYZ
3 AC**G**HIKS
4 (**C**+**G** 1/5-31/8)J
(T+U 18/7-21/8)
5 **AB**DEFGIJMNOPQRUWZ
6 ABEFGK(N 0,3km)

Ruhig gelegener Campingplatz am Rande des malerisch-idyllischen Angerdorfes Zweeloo. Schöne Umgebung zum Wandern und Radfahren. Ein Paradies für alle, die Ruhe und Natur oder einen aktiven Urlaub lieben. Zu einem ermäßigten Preis können Sie das angrenzende Schwimmbad nutzen.

A37 Hoogeveen-Emmen, Ausfahrt Oosterhesselen (N854). In Zweeloo ist der CP ausgeschildert.

CC € 21 *1/4-17/5 30/5-7/7 24/8-30/9*

N 52°47'41'' E 06°43'27''

Aalten, NL-7122 PC / Gelderland

256

Camping Goorzicht
Boterdijk 3
+31 5 43 46 13 39
27/3 - 2/10
info@goorzicht.nl

6,5ha 59**T**(70-100m²) 6A CEE

1 ACD**H**JKLMNP**Q**R
2 BISTXYZ
3 ACHIKMPSU
4 (**C**+G 1/5-31/8)M
(Q+T+Z 27/4-8/5,8/7-3/9)
5 **AB**DEFGI**J**K**L**MNO**PT**UXYZ
6 ABDEFGH**K**(N 3km)V

Am Rande des wunderschönen Naturschutzgebietes 'Het Goor' gelegen. Viele Rad- und Wanderrouten. Ruhe, Freiraum und das ländliche Leben. Eine Auswahl an sonnigen und schattigen Stellplätzen. Modernes und beheiztes Toilettengebäude. Komfortplätze mit eigenen Sanitäranlagen gegen Mehrpreis.

A3 Oberhausen-Arnheim, Ausf. 5 Hamminkeln Ri. Bocholt. In Bocholt Zentrum links Richtung Bo-Holtwick, weiter BO-Hemden, NL-Heurne, Aalten. In Aalten den braun-weißen ANWB-Schildern folgen.

CC € 19 *27/3-18/5 30/5-13/6 21/8-2/10* *7=6, 14=12, 21=18*

N 51°56'40'' E 06°32'37''

Aalten, NL-7121 LZ / Gelderland

257

Camping Lansbulten
Eskesweg 1
+31 5 43 47 25 88
1/4 - 15/10
info@lansbulten.nl

10ha 61**T**(110-120m²) 6-16A CEE

1 AD**H**JKLMNOPQR
2 BCSTXYZ
3 BCEIKPS**W**X
4 (C 15/5-15/9)(G 24/4-15/9)
(Q 24/4-3/5,10/7-22/8)
5 **AB**DEFGI**J**MNO**P**UXYZ
6 ADEFGH**K**L(N 1,5km)

Ruhiger Camping im Grünen, Ortsrandlage von Aalten. Sehr große Plätze mit Wasser, Strom und Kanal. Angelmöglichkeiten im nahen Keizersbeek (=Bach). Drahtlos Internet. Gute Rad- und Wandermöglichkeiten. Viel Spielvergnügen und beheiztes Schwimmbad für die jüngeren Gäste.

N318 Varsseveld-Winterswijk. Bei Bredevoort den braun-weißen Schildern folgen.

CC € 19 *1/4-17/5 30/5-15/7 3/9-15/10* *14=12*

N 51°55'34'' E 06°36'15''

Aerdt, NL-6913 KH / Gelderland

258

Camping De Rijnstrangen
Beuningsestraat 4
+31 6 12 55 94 64
31/3 - 29/10
info@derijnstrangen.nl

0,6ha 30T(100m²) 6A CEE

1 ACDFJKMOQST
2 CIJSWXYZ
3 IJKLMU
4 (**A**+Q+R)
5 **A**CGHIJKLMNOPQUWXZ
6 ABDEFHIK(N 3km)OT

In Aerdt (bei Lobith) im Naturgebiet, gepflegter Camping mit Fußbodenheizung in der Sanitäranlage. 'De Gelderse Poort' am alten Rheinlauf. Strategisch gute Lage für Rad- und Wandertouren in die Polder, Deichvorland aber auch Montferland. Bett und einfaches Frühstück möglich.

A12 Ausfahrt 29 Richtung Lobith bis zur Ausfahrt Aerdt. Rechts ab, den Deich hoch. 1,5 km weiter bis zur Kirche. Nach 100m links runter.

CC € 19 *31/3-6/4 10/4-16/5 30/5-29/6 3/9-29/10*

N 51°53'47'' E 06°04'13''

Appeltern, NL-6629 KS / Gelderland

259

Camping Groene Eiland
Lutenkampstraat 2
+31 4 87 56 21 30
1/4 - 31/10
info@hetgroeneeiland.nl

30ha 250T(tot 100m²) 6A CEE

1 ACD**H**JKLMNOPQR
2 ACEIMNOSWXY
3 ACHIKMPSU**W**XZ
4 (Q 1/7-31/8)(R)
(S 1/4-1/10)(T 1/4-31/10)
(U)(X 1/4-31/10)(Y)
(Z 1/7-31/8)
5 **AB**DEFGHI**JKL**MNO**PQ**RUWXYZ
6 CEFGHJ**K**M(N 2km)OSTUV

Großer (Familien)Camping im Wassersport- und Freizeitgebiet "De Gouden Ham". Parzellierte Stellplätze auf Gras und am Wasser. Viel Ausstattung und (Wassersport) Aktivitäten.

A50 Ausfahrt Druten/'Gouden Ham', dann Richtung Appeltern, in Appeltern ausgeschildert.

CC € 19 *1/5-17/5 22/5-27/5 1/6-30/6 1/9-30/9*

N 51°50'07'' E 05°33'09''

Arnhem, NL-6816 RW / Gelderland

260

Oostappen Vakantiepark Arnhem
Kemperbergerweg 771
+31 2 64 43 16 00
31/3 - 13/10
info@vakantieparkarnhem.nl

36ha 455T(80-150m²) 10A CEE

1 ABCD**H**JKLMNPQR
2 BILSTVXYZ
3 ABC**G**HIJKLMOPRSU
4 (D+H)KLN
(Q+S+T+U+Y+Z)
5 **AB**DEFGIJMNPUWXY
6 CEFGHJ(N 8km)OSTV

Idealer Familiencamping am Wald an der Hoge Veluwe und Arnheim. Mit vielen Einrichtungen und einer Schwimmhalle.

A12 (aus beiden Richtungen) und A50 aus dem Süden, Ausfahrt Arnhem-Nord, dann den Schildern folgen. Von Apeldoorn A50 Ausfahrt Schaarsbergen.

CC € 19 *31/3-20/4 8/5-17/5 22/5-26/5 29/5-7/7 25/8-13/10*

N 52°01'27'' E 05°51'36''

Beek (gem. Montferland), NL-7037 CN / Gelderland

261

Vakantiepark De Byvanck BV
Melkweg 2
+31 3 16 53 14 13
1/1 - 31/12
info@byvanck.nl

7,2ha 30T(80-120m²) 6A CEE

1 ACDHJKLMNQR
2 ISTXYZ
3 GHKLSU
4 (F)N(T)
5 ABDFGIJNOPUWZ
6 EFGKM(N 4km)SV

Camping mit teils schattenreichen flachen Plätzen kurz hinter dem Örtchen Beek, am Fusse der Montferlander Hügel im Herzen des Gelder Achterhoek. Beheizte Sanitäreinrichtungen mit Schwimmhalle. Wassertemperatur von mindestens 28°C. Prima Ausgangsbasis für Wander-und Radtouren.

A3 Oberhausen-Arnhem, vor NL-Grenze Ausfahrt 2 Beek/Elten. Rechts Richtung Beek Gem. Bergh. Hinter der NL-Grenze 1. Straße links.

CC € 19 1/1-18/5 22/5-28/5 30/5-7/7 24/8-31/12

N 51°53'59'' E 06°10'44''

Beekbergen, NL-7361 TM / Gelderland

262

Camping Het Lierderholt
Spoekweg 49
+31 5 55 06 14 58
1/1 - 31/12
info@lierderholt.nl

25ha 210T(100-150m²) 6-10A CEE

1 ACDHJKLMNOPQR
2 BISTWXYZ
3 ABCGHIJKLMNOPRSU
4 (A 22/4-7/5,8/7-3/9)
(C 1/5-30/9)(G 25/4-16/9)
IJM(Q)(R 1/4-31/10)
(T)(V 1/4-31/10)(Y+Z)
5 ABDEFGIJKLMNPQRUWXYZ
6 ABCDEFGHKL(N 3,2km)
OSTV

Gemütlicher Ferienpark, wunderschön gelegen mitten in der Veluwe. Große offene Räume mit unterschiedlichen Höhenunterschieden. Der Park verfügt über zahlreiche Einrichtungen, darunter ein attraktives Restaurant.

A50 von Arnhem, Ausfahrt 22 Beekbergen oder A50 von Zwolle, Ausfahrt 22 Hoenderloo. Dann Schildern folgen.

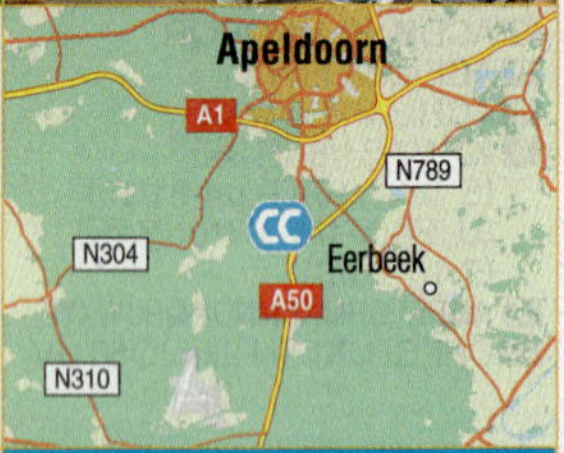

CC € 21 1/1-16/5 30/5-6/7 1/9-31/12 14=12, 21=18

N 52°07'59'' E 05°56'44''

Beesd, NL-4153 XC / Gelderland

263

Camping Betuwestrand
A. Kraalweg 40
+31 3 45 68 15 03
1/4 - 30/9
info@betuwestrand.nl

30ha 150T(80-100m²) 10A CEE

1 ADFJKLMQR
2 AEISWXY
3 BCHIJKOPSUWZ
4 J(Q+S+T+U+Y+Z)
5 ABCDFGHIJKLMNOPQRUWXYZ
6 ABCDEFGHJKM(N 2km)
OTUV

Schon seit einigen Jahren einer der schönsten und gemütlichsten Campings von Holland mit ausgezeichneten Einrichtungen. Groß angelegt, an einem eigenen Freizeitsee mit Sandstrand. In der packenden Betuwer Landschaft mit jede Menge Rad- und Wandermöglichkeiten. Verbunden mit route.nl für die schönsten regionalen Fahrradrouten. Zentrale Lage in den Niederlanden zwischen Utrecht und 's-Hertogenbosch (25 km).

A2 's-Hertogenbosch-Utrecht, Ausfahrt 14 Beesd, dann ausgeschildert.

CC € 21 1/4-17/5 30/5-8/7 28/8-30/9

N 51°53'56'' E 05°11'18''

Berg en Dal, NL-6571 CH / Gelderland

264

Nederrijkswald BV
Zevenheuvelenweg 47
+31 2 46 84 17 82
15/3 - 30/10
info@nederrijkswald.nl

1,5ha 52**T**(80-130m²) 6-16A CEE

1 ACD**H**JKLMOP**Q**ST
2 BJSTWXYZ
3 AE**FG**HIJKLMNPU
4 (**A**+Q)
5 **ABC**DFGHI**JKL**MNO**P**QUWXZ
6 ABCDEFGH**K**M(N 3km)OTV

Am Landgut Nederrijk, am Rande von Berg en Dal und Groesbeek, liegt Camping Nederrijkswald, an drei Seiten von Wald umgeben. Man kann hier voll die herrliche Natur genießen, Ruhe, Sehenswürdigkeiten, Geselligkeit und das Landleben. Bezeichnend sind die großen Plätze und guten sanitären Einrichtungen.

A73 Ausfahrt 3 Malden. N271 Richtung Groesbeek. Am Kreisel Richtung Berg en Dal; An der T-Kreuzung links, 2. Straße rechts die N841 (an der Tankstelle). Nach 750m links.

CC € 19 *15/3-25/4 7/5-16/5 1/6-6/7 27/8-30/10*

N 51°48'08'' E 05°55'25''

Braamt, NL-7047 AP / Gelderland

265

Camping Recreatie Te Boomsgoed
Langestraat 24
+31 3 14 65 18 90
1/1 - 31/12
info@teboomsgoed.nl

6ha 35**T**(100m²) 10-16A CEE

1 ADHJKLMNOPQR
2 BEIJSTWYZ
3 ACHIKLP**QR**SU
4 (B+G 24/4-15/9)
(Q 27/4-6/5,9/7-3/9)(T+V)
5 **AB**DFGHIJ**KL**MN**P**UWXZ
6 BCDEFGHJOTV

An der Pieterpad-Route im Montferland gelegen. Stellplätze mit Buchenhecken abgegrenzt. Gepflegte Mahlzeiten möglich. Der Campingplatz verfügt über eine Reitbahn, Minigolf-Anlage und einen Freizeitraum.

A18 Ausfahrt 3 Doetinchem/Zelhem/Zeddam. Hinter der Ausfahrt links, 2. Kreisel links Richtung Braamt. CP nach 250m.

CC € 13 *1/1-29/4 8/5-18/5 22/5-28/5 30/5-8/7 1/9-31/12*

N 51°55'31'' E 06°15'42''

Doetinchem, NL-7004 HD / Gelderland

266

Camping De Wrange
Rekhemseweg 144
+31 3 14 32 48 52
25/3 17/10
info@dewrange.nl

10ha 70**T**(90-110m²) 10A CEE

1 ACD**H**JKLOP**QR**
2 BISTWXYZ
3 C**G**HJK**R**SU
4 (C+H 27/4-6/9)
(Q+S+T+U+X+Y+Z 1/4-4/10)
5 **AB**DFGI**JKL**MNO**P**UWXYZ
6 AEFGH**K**(N 3km)OUV

Hier findet man Ruhe in waldreicher Umgebung, dennoch nicht abgelegen. Großzügige Stellplätze auf offenen Grasflächen im Wald.

Von der A18, Ausfahrt 4 Doetinchem-Oost. An der Hauptstraße links ab. Durchfahren bis zur nächsten Ampel, dort rechts und den Schildern folgen (teils durch Wohnviertel).

CC € 19 *31/3-17/5 30/5-10/7 27/8-16/10* *7=6, 14=11, 21=18*

N 51°56'47'' E 06°20'01''

Doornenburg, NL-6686 MC / Gelderland

267

Camping De Waay
Rijndijk 67a
+31 4 81 42 12 56
1/4 - 30/9
info@de-waay.nl

19ha 140T(100-120m²) 10A CEE

1 ACDHJKLMQR
2 AEISXY
3 ABCDE**G**HKM**O**PSUWZ
4 (C+E+H 28/4-17/9)(Q+R+T +U+X+Y 29/4-7/5,8/7-26/8) (Z)
5 **AB**DEFGIJKLMNOPQRUWYZ
6 CEFGHKL(N 2km)OSTUV

Gemütlicher Campingplatz mit modernen Sanitäreinrichtungen. Viele Obstgärten ringsherum. Die Dauer- und Touristenplätze sind voneinander getrennt. Hallenbad.

Von der A15 Ausfahrt Bemmel/Gendt. In Gendt links, ab dort den Schildern folgen. Ab Arnhem der Beschilderung folgen.

€ 21 1/4-16/5 1/6-6/7 23/8-30/9

N 51°54'16'' E 05°59'08''

Eerbeek, NL-6961 LD / Gelderland

268

Camping Landal Coldenhove
Boshoffweg 6
+31 31 3- 65 91 01
10/3 - 26/10
coldenhove@landal.nl

20ha 180T(100-120m²) 10A CEE

1 ACD**H**JKMQR
2 BILSTWYZ
3 ABCDE**G**HIJKLMNP**R**STU
4 (A+F+H)M (Q+S+T+V+X+Y+Z)
5 **AB**DEFGIJKLMNOPRUWXZ
6 ABCEFGH**J**L(N 3km) OSTVX

Sehr großzügig angelegter Camping mitten im Wald. Mit allen Komfort ausgestattete, hervorragende Einrichtungen.

A50 Ausfahrt Loenen/Eerbeek Richtung Loenen/Eerbeek. Hinter dem Kreisel Richtung Dieren. Den Schildern Coldenhove folgen.

€ 23 10/3-7/4 30/5-7/7 1/9-26/10

N 52°05'31'' E 06°02'05''

Elburg, NL-8081 LB / Gelderland

269

Natuurcamping Landgoed Old Putten
Zuiderzeestraatweg Oost 65
+31 5 25 68 19 38
15/4 - 15/9
info@oldputten.nl

5ha 70T(100-120m²) 4A CEE

1 ADFIJKMOQST
2 CIJSUXYZ
3 AIKM**O**UW
4 (A 30/5-10/6,22/7-16/8) (G)(Q 22/7-16/8)
5 **A**FGIJMNPUWZ
6 CEFGK(N 0,5km)T

Ruhiger Familiencamping, ideal für kleine Kinder. Große Plätze. Prächtiges Natur- und Radgebiet unweit des Festungsstädtchens Elburg.

A28 Ausfahrt 16 't Harde. N309 Richtung Elburg. Direkt gegenüber der Ausfahrt Elburg-Vesting am Kreisel N309 Einfahrt links.

€ 15 15/4-17/5 30/5-7/7 25/8-15/9

N 52°26'31'' E 05°50'40''

Emst, NL-8166 GT / Gelderland

iD **270**

Ardoer Camping De Zandhegge
Langeweg 14
+31 5 78 61 39 36
1/4 - 29/10
info@zandhegge.nl

5,9ha 100**T**(80-120m²) 16A CEE

1 ACD**H**JKLMNQR
2 ISWXYZ
3 ABCDEHIKMNPSU
4 (C+H 1/5-1/9)(Q)
(R 1/4-29/10)(T+U)
(X 1/4-29/10)
5 **AB**DEFGIJKLMNOP**T**UWXYZ
6 ABCEFGHK(N 2km)OSTV

Familiencamping mit gutem Sanitär. Sie campen auf abgegrenzten Parzellen. Ein Camping für Jung und Alt, wo man es in dem beheizten Schwimmbad und auf dem Tennisplatz gut aushalten kann. Hervorragende Wander- und Radmöglichkeiten. Die ländliche Umgebung ist eine Oase der Ruhe.

Ab Kreuz Schüttorf A1/E30 Richtung Hengelo/Apeldoorn. Dann zur A50 Apeldoorn-Zwolle, Ausfahrt 27 Epe. An der Ampel links, Richtung Emst, 1. Straße rechts. CP ist vor der Ampel schon ausgeschildert.

CC € 23 *1/4-7/4 10/4-22/4 7/5-17/5 22/5-26/5 14/6-7/7 26/8-29/10*

N 52°19'49'' E 05°57'42''

Emst, NL-8166 JJ / Gelderland

iD **271**

Camping De Wildhoeve
Hanendorperweg 102
+31 5 78 66 13 24
31/3 - 1/10
info@wildhoeve.nl

12ha 310**T**(80-120m²) 8-10A CEE

1 ACDFJKLMNOPQR
2 BISWXYZ
3 ABCHIJKMN**O**PSU
4 (**A** 29/4-7/5,8/7-3/9)
(C 1/5-31/8)(F+H)JM(Q+
S+T+Y)
5 **AB**DEFGIJKLMNOPQR**T**UWXYZ
6 BCDEFGHJ**K**L(N 3km)
OSTV

Camping de Wildhoeve ist eine sehr schöne Campinganlage in der Veluwe, am Rande der 'Koninklijke Houtvesterij het Loo'. Perfekte Ausgangsbasis zum Wandern, Radfahren und zur Wildbeobachtung.

A50 Arnhem-Zwolle, Ausfahrt 26 Vaassen, Richtung Emst. Den Schildern folgen.

CC € 23 *31/3-21/4 30/5-6/7 27/8-30/9*

N 52°18'50'' E 05°55'36''

Epe, NL-8162 NR / Gelderland

iD **272**

RCN Vakantiepark de Jagerstee
Officiersweg 86
+31 8 50 40 07 00
24/3 - 29/10
reserveringen@rcn.nl

33ha 350**T**(100m²) 10-16A CEE

1 ACD**H**JKLMOQR
2 BISTXYZ
3 ABCDE**G**IKMNPRSU
4 (A)(C+H 24/4-15/9)M
(Q+S+T+U+X+Y+Z)
5 **AB**DEFGIJKLMNPQR**T**UWZ
6 CDEFGHKLM(N 3km)OSTV

In einem Waldgebiet voller Raum, Ruhe und Atmosphäre mitten im Nationalpark De Hoge Veluwe. Ideales Gebiet zum wandern und Rad fahren. Auf dem Camping finden Sie ein Freilufttheater und einen Supermarkt. Dicht bei den geselli-gen Städten Apeldoorn und Zwolle. Ein Komfortplatz kostet 3,00 Euro extra.

A50 Apeldoorn-Zwolle, Ausfahrt 27, der N300 Richtung Nunspeet folgen, hinter dem Kreisel den ANWB CP-Schildern 'Jagerstee' folgen.

CC € 21 *24/3-16/5 22/5-25/5 30/5-6/7 28/8-29/10*

N 52°21'51'' E 05°57'32''

Ermelo, NL-3852 AM / Gelderland

273

Ardoer cp. & bungalowpark De Haeghehorst
Fazantlaan 4
+31 3 41 55 31 85
1/1 - 31/12
haeghehorst@ardoer.com

10ha 255T(75-160m²) 6-10A CEE

1 ADFJKLMNPQR
2 BIJSTWXYZ
3 ABCGHIKLMNPQSU
4 (A 14/4-31/8)(C 27/4-28/10) (F+H 1/4-30/10)JLMN (Q 1/4-30/10)(R ⚿) (T+U+V+X+Z 1/4-30/10)
5 ABCDEFGHIJKLMNOPQTUWXY
6 ABCEFGHKL(N 1,5km)OSV

Der Camping ist familienorientiert, sehr gut ausgestattet, ideal gelegen am Rande von Ermelo am Veluwer Wald, Richtung Harderwijk. Ausgezeichnete Sanitäranlagen. Auf dem Platz gibt es einen Innen- und Außenpool.

A28 Ausfahrt 12 Richtung Ermelo, CP-Schildern folgen. Der CP liegt an der Nordseite von Ermelo.

CC € 23 1/1-6/4 11/4-21/4 8/5-16/5 31/5-7/7 4/9-22/12

N 52°18'47'' E 05°37'48''

Ermelo, NL-3852 ZD / Gelderland

274

Camping In de Rimboe
Schoolweg 125
+31 3 41 55 27 53
1/1 - 31/12
info@inderimboe.nl

10,1ha 43T(80-110m²) 6A CEE

1 ACDHJKLMNPQR
2 BIJSTWXYZ
3 BCHIKLMNPSU
4 (C+H 29/4-30/9) (Q 14/7-31/8) (T+U+V+X+Y+Z 15/2-31/12)
5 ABCDFGHIJKMNOPUWXYZ
6 AEFGHK(N 3km)OSTUV

Camping mit Plätzen im Wald und rund um ein Spielfeld. Vom Platz aus gibt es viele Rad- oder Wandermöglichkeiten. Es gibt auch ein gutes Restaurant mit vernünftigen Preisen. Freibad (kostenlos).

A28 Ausfahrt 12 Richtung Ermelo. Im 5. Kreisel links. Richtung Drie (Südseite von Ermelo). Weiter ausgeschildert.

CC € 21 1/1-6/4 11/4-17/5 22/5-25/5 30/5-11/7 28/8-31/12

N 52°17'29'' E 05°38'59''

Ermelo, NL-3852 MC / Gelderland

275

Kriemelberg BushCamp
Drieërweg 104
+31 3 41 55 21 42
31/3 - 13/10
camping@kriemelberg.nl

10ha 109T(80-140m²) 6-10A CEE

1 ADGJKLMNOPQR
2 ABIJSTWXYZ
3 ABCGIJKLMNPSUZ
4 (A ⚿)M(Q+R ⚿) (T 3/4-12/9)(V 1/7-31/8)
5 ABDEFGIJKMNOPQRSTUWXYZ
6 ABCEFGHK(N 3km)S

Parkartig angelegter Camping mit großen Plätzen, verspielt zwischen Hecken und großen Sträuchern. Großes modernes Sanitär mit großen Familienduschen. Am Camping liegen weite Wälder und etwas weiter die Ermelose Heide. Viele Touristenorte (Ermelo, Putten, Garderen, Harderwijk) in nächster Nähe.

A28 Ausfahrt 12 Ermelo, Richtung Ermelo. Im 5. Kreisel links Richtung Drie. Weiter ausgeschildert.

CC € 19 31/3-6/4 11/4-27/4 8/5-16/5 30/5-7/7 25/8-13/10

N 52°17'12'' E 05°38'48''

Ermelo, NL-3852 MA / Gelderland

276

Recreatiepark De Paalberg
Drieërweg 125
+31 3 41 55 23 73
1/1 - 31/12
info@paalberg.nl

30ha 163T(100-120m²) 6-10A CEE

1 ADHJKLMNOQT
2 BIJSTWXYZ
3 ABCHIJKLMNOPRSU
4 (C 1/5-31/8)(F+H)IJKLMN (Q+S+T+U+V+Y+Z)
5 ABCDFGHIJKLMNOPQUWXYZ
6 ABCDEFGHKL(N 3km) OSTV

Schöner Waldcamping, der an die Ermelose Heide grenzt mit vielen Möglichkeiten zum Wandern und Radfahren. Unweit der Randseen. Schön angelegtes Freizeitbad und sanitäre Anlagen. Reservieren binnen 3 Wochen vor Anreise möglich. In der Akzeptanzzeit der CampingCard ACSI ist maximal 1 Haustier gestattet. Gratis WLAN Zugang.

A28 Ausfahrt 12 Richtung Ermelo. Im 6. Kreisel (Südseite von Ermelo) links, Richtung Drie. CP weiter ausgeschildert.

CC € 21 1/1-17/5 30/5-7/7 28/8-31/12 7=6, 14=12

N 52°17'16'' E 05°39'25''

Groesbeek, NL-6561 KR / Gelderland

277

Vakantiepark De Oude Molen
Wylerbaan 2a
+31 2 43 97 17 15
1/4 - 31/10
vakantiepark@oudemolen.nl

6,5ha 140T(80-120m²) 4-16A CEE

1 ADHJKMNQR
2 IJLSTWXY
3 ACEGHKMNPSU
4 (C+H 29/4-30/8)JN (T+U+X+Y+Z)
5 ABDEFGIJKLMNOPQRUWXY
6 ACEFGHKL(N 0km)OTV

Ferienpark am Rande von Groesbeek (bei Nijmegen). Schöne Umgebung und gute Lage zum Radfahren und Wandern. Luxuriöses, großes Sanitärgebäude mit Kindersanitär in Dschungelatmosphäre. Luxus-Komfortstellplätze mit mehr Ausstattung gegen kleinen Aufpreis.

Auf A73 Ausfahrt Groesbeek. In Groesbeek durchs Zentrum den Schildern folgen. CP liegt rechts. An der A50 oder A15 Ausfahrt Kleve. Weiter Richtung Kleve. Nach der Grenze rechts und danach zweite Straße rechts.

CC € 17 1/4-28/4 8/5-16/5 22/5-26/5 30/5-6/7 25/8-31/10 14=12, 21=18

N 51°47'04'' E 05°56'06''

Harfsen, NL-7217 MD / Gelderland

278

Camping De Huurne
Harfsensesteeg 15
+31 5 73 45 90 26
30/3 - 1/10
campingdehuurne@hotmail.com

1,5ha 65T(80-180m²) 16A

1 ADHJKLMNPQR
2 BUWXYZ
3 CEKS
4 M
5 ABGHIJMNOPUWZ
6 CHK(N 3km)

Der CP liegt am Rande der Gorsselse Heide in einem typischen bewaldeten Landwirtschaftsgebiet. Sie campen auf einem größeren Feld um die Spielgeräte herum, oder auf einem kleineren Feld im Grünen. Gorssel ist 5 km entfernt. Einige Plätze mit Privatsanitär.

A1 Ausfahrt 23 Deventer Richtung Eefde. Links halten, um die Kirche herum. Nach 2 km der Harfsense Steeg. Nach 4 km liegt der CP links. Einige GPS-Navis funktionieren hier nicht. Dann auf Koordinaten einstellen.

CC € 13 1/4-18/5 30/5-8/7 3/9-1/10

N 52°10'59'' E 06°16'34''

Hattem, NL-8051 PW / Gelderland

279

Molecaten Park De Leemkule
Leemkuilen 6
+31 3 84 44 19 45
24/3 - 1/11
deleemkule@molecaten.nl

24ha 150T(100m²) 10A CEE

1 ACDFJKLMNOPQR
2 BISTUWXYZ
3 ACEGIKMNOPRSU
4 (A 10/7-20/8)(B 27/4-1/9) (F+H 🔑)KLN (Q+R+T+U+X+Y+Z 🔑)
5 ABDFGIJKLMNOPQUWXYZ
6 EFHKM(N 4km)OSTV

Stilvoller Ferienpark mitten in den Veluwer Wäldern bei Hattem, ans Landgut Molecaten angrenzend. U.a. Komfortplätze, Hallenbad, Tennisplatz, Restaurant, Geschäft, Radverleih. Wander- und Radrouten. Nähe Apenheul, Paleis 't Loo, Dolfinarium.

A28 Ausfahrt 17 Wezep, am Kreisel geradeaus und an der 1. Kreuzung Richtung Heerde. Nach 3,5 km über die Bahnlinie, bis zur Ausfahrt Hattem Wapenveld. Links abbiegen. Nach etwa 3 km Einfahrt zum Park auf der linken Seite.

CC € 19 *24/3-26/4 8/5-16/5 22/5-25/5 30/5-6/7 28/8-31/10*

N 52°27'22'' E 06°02'11''

Hattem, NL-8051 PM / Gelderland

280

Molecaten Park Landgoed Molecaten
Koeweg 1
+31 3 84 44 70 44
24/3 - 1/10
landgoedmolecaten@molecaten.nl

10ha 41T(100m²) 10A CEE

1 ADGJKLMNOPQR
2 BIJSWXYZ
3 AGKMS
4 (Q 🔑)
5 ABCDGIJKLMNOPQUWXZ
6 EFGK(N 1km)OTV

Der Camping befindet sich in einer waldreichen Umgebung und doch dicht am herrlichen Städtchen Hattem. Auf ein paar kleinen Feldern, finden Sie sowohl sonnige als auch schattige Plätze.

A50 Ausfahrt Hattem. Über den Hessenweg und Gelderse Dijk. Am Ende rechts ab. Im Nieuweweg rechts ab in die Stationstraat. Dann links in die Stadslaan. Weiter rechts ab zur Eliselaan und links ab in den Koeweg.

CC € 17 *24/3-26/4 8/5-16/5 22/5-25/5 30/5-6/7 28/8-30/9*

N 52°27'59'' E 06°03'26''

Heerde, NL-8181 LP / Gelderland

281

Camping De Zandkuil
Veldweg 25
+31 5 78 69 19 52
1/4 - 1/11
info@dezandkuil.nl

11,5ha 183T(90-100m²) 6-16A CEE

1 ADHJKLMNPQTU
2 BISTVWXYZ
3 ABCGIKLPSU
4 (B+G 21/5-1/9) (Q+R+T+U+V+X+Z 🔑)
5 ABDFGIJKLMNOPQUWZ
6 ABCDEFGHJKL(N 2,5km) OST

Komfortabler Familiencamping im Nordveluwer Wald. Mit der CampingCard-ACSI campen Sie auf den Luxusplätzen.

A50 Apeldoorn-Zwolle, Ausfahrt 29 Heerde. Am ersten Kreisel 2. Ausfahrt (Molenweg), am nächsten Kreisel 1. Ausfahrt, am dritten Kreisel 2. Ausfahrt Richtung Wapenveld, links in den Koerbergseweg. Dann Schildern folgen.

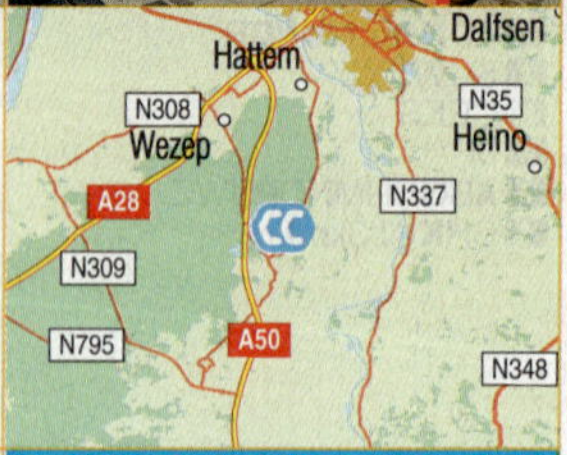

CC € 17 *1/4-16/5 1/6-18/6 1/9-1/11* 14=12

N 52°24'38'' E 06°02'37''

Heerde, NL-8181 LL / Gelderland

282

Molecaten Park De Koerberg
Koerbergseweg 4/1
+31 5 78 69 98 10
24/3 - 1/11
dekoerberg@molecaten.nl

22ha 150T(80-100m²) 16A CEE

1 ACD**G**JKLMNPQR
2 BILSTWXYZ
3 AC**G**IKMN**O**PS**T**U
4 (C+H 1/5-31/8)
(Q+R+T+U+X+Y+Z)
5 **AB**DEFGHIJKLMNOPQRUWXY
6 ACDEFGHJ**K**(N 3km)OSTX

Die Lage von de Koerberg ist fantastisch. Der Zwolsche Wald, die herrliche Heide und die Veluwe sind die größten Anziehungspunkte.

A50 Apeldoorn-Zwolle, Ausfahrt 29 Heerde/Wapenveld. Richtung Heerde. Am Kreisel 2. Ausfahrt (Molenweg), nächster Kreisel 3. Abfahrt (Veldweg). Veldweg-Ende links in den Koerbergseweg, dann direkt rechts.

CC € 19 *24/3-26/4 8/5 16/5 22/5-25/5 30/5-6/7 28/8-31/10*

N 52°24'34'' E 06°03'05''

Heteren, NL-6666 LA / Gelderland

283

Camping Overbetuwe
Uilenburgsestraat 3
+31 2 64 74 22 33
1/1 - 31/12
info@campingoverbetuwe.nl

4,2ha 39T(100-200m²) 10A CEE

1 A**H**JKLMNO**Q**R
2 IJSTWY
3 ACE**G**HIKPSUW
5 **AB**DFGI**J**MNO**P**UZ
6 ADEFGJ(N 3km)TV

Mehr als nur ein Campingplatz. Zentral gelegen, ruhig und leicht erreichbar über die A50. Die Stellplätze sind mit Sträuchern abgegrenzt und es gibt viel Schatten. Ideale Lage für Ausflüge (mit dem Fahrrad) in die Veluwe und die Betuwe. Es gibt Spielmöglichkeiten für die Kleinsten. Die schöne Natur und das Vogelparadies (Pfaue) sind etwas Besonderes auf diesem Campingplatz.

A50, Ausfahrt 18 Heteren, dann den CP-Schildern folgen.

CC € 17 *1/1-17/5 1/6-15/7 1/9-24/12*

N 51°56'55'' E 05°46'21''

Hoenderloo, NL-7351 TN / Gelderland

284

Camping De Pampel
Woeste Hoefweg 35
+31 5 53 78 17 60
1/1 - 31/12
info@pampel.nl

14,5ha 278T(100-200m²) 6-10A CEE

1 ACDFJKMNQR
2 BIJLSTWXYZ
3 ABCDEHIKMN**O**PSU
4 (C 15/5-31/8)
(E 15/4-30/9,13/10-28/10)
(H 1/5-30/9)IJM
(Q+S 16/4-30/9)(T+U+
V+Y 1/4-30/9)
5 **AB**CDEFGIJKLMNOPQRUWXYZ
6 ABCEFGH**K**(N 1km)OST

Prächtiger 5-Sterne Campingplatz, ausschließlich Tourplätze, waldreicher Umgebung. Große Stellplätze auf Gras, oder Privatplätze mit Bäumen umgeben. Fussbodenheizung und Umluft im Sanitärbereich. Auch ein idealer Winterplatz. Beheiztes, überdachtes Schwimmbad. Anreise nach 13.00 Uhr, Abreise vor 12.00 Uhr.

A1, Ausfahrt 19 Apeldoorn/Hoenderloo, in Hoenderloo Richtung Loenen fahren. Oder A50 Arnhem-Apeldoorn, Ausfahrt 22 Hoenderloo, den Schildern Hoenderloo folgen.

CC € 21 *1/1-27/4 7/5-17/5 30/5-8/7 26/8-31/12* *7=6, 14=12, 21=18*

N 52°07'10'' E 05°54'19''

Hoenderloo, NL-7351 TM / Gelderland — 285

Recreatiepark 't Veluws Hof
Krimweg 152-154
+31 5 53 78 17 77
25/3 - 29/10
info@veluwshof.nl

32ha 70T(100-130m²) 6A CEE

1 AD**H**JKMQR
2 BILSTWXYZ
3 ABC**G**HIKLMN**O**P**R**S**T**U
4 (A 1/7-1/9)(C+H 26/4-14/9)J (Q+S+T+U+Y+Z)
5 **AB**DFGIJMNOPQRUWXY
6 ABCEFGH**K**L(N 4km)OSTV

Freizeitpark 't Veluws Hof liegt unweit vom Nationalpark De Hoge Veluwe und in den Wäldern, wo man wandern und Rad fahren kann. Alle Plätze sind große Komfortplätze und voll ausgestattet. Maximal 2 Haustiere erlaubt (1. Haustier gratis). In der Hochsaison mit Freizeitteam.

A1 Ausfahrt 19 Apeldoorn-Hoenderloo, in Hoenderloo Richtung Campingplätze folgen oder die A50 Arnhem-Hoenderloo, Ausfahrt 22 Hoenderloo, den Schildern Hoenderloo folgen.

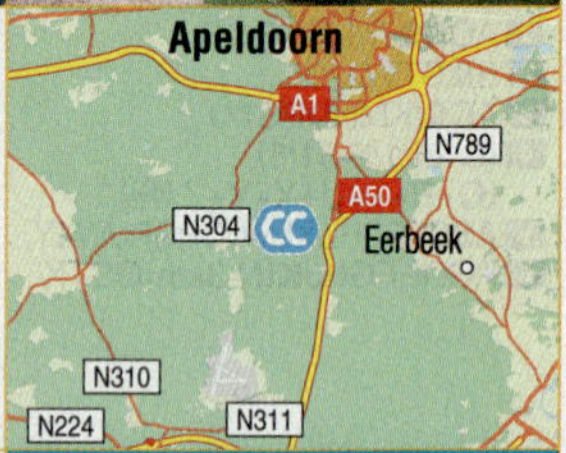

CC € 21 *28/3-16/5 30/5-7/7 28/8-28/10*

N 52°07'21'' E 05°55'17''

Hoenderloo, NL-7351 BP / Gelderland — 286

Veluwe camping 't Schinkel
Miggelenbergweg 60
+31 5 53 78 13 67
31/3 - 31/10
info@hetschinkel.nl

7,5ha 200T(80-100m²) 6-16A CEE

1 ACD**H**JKLMNOQR
2 ILSTWXYZ
3 BCDHIKMNPSU
4 (C+H 22/4-15/9)IJ (Q+R+T+U+V)
5 **AB**DEFGIJKLMNOPQRUWXYZ
6 BCDEFG**K**(N 1km)OST

Camping ist sowohl in der Vor- als auch in der Nachsaison eine Oase der Ruhe und Raum. Der Camping liegt am Waldrand, ist sonnig und groß angelegt. Durch die zentrale Lage im Herzen der Veluwe ist er die perfekte Ausgangsbasis zum Rad fahren oder wandern über die endlose Veluwe und die reiche Veluwer Kultur zu entdecken.

Von Arnhem/Apeldoorn/Ede in Richtung Hoenderloo fahren. Danach dem Schild Beekbergen/Loenen Richtung Beekbergen folgen. CP-Schilder beachten.

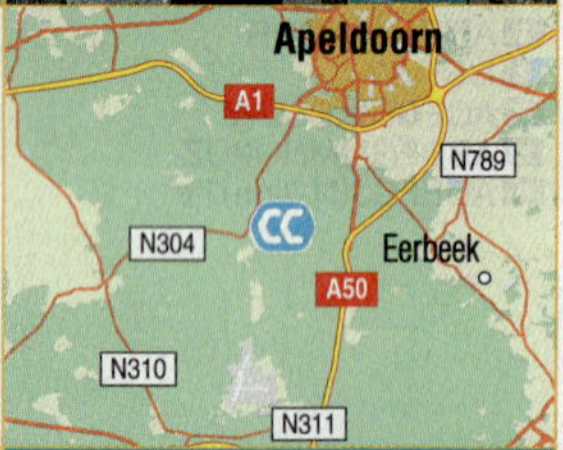

CC € 19 *31/3-27/4 7/5-17/5 30/5-15/7 2/9-1/10* *7=6, 14=12, 21=18*

N 52°07'42'' E 05°54'15''

Kesteren, NL-4041 AW / Gelderland — 287

Camping "Betuwe"
Hoge Dijkseweg 40
+31 4 88 48 14 77
15/3 - 15/10
info@campingbetuwe.nl

30ha 60T(90-110m²) 10A CEE

1 ACD**H**JKLMNPQR
2 AEIOSXY
3 ABCHIKMPSUWZ
4 (Q)(T+U 1/4-1/10) (Y+Z)
5 **AB**DEFGI**JK**L**M**NOPQRUWXZ
6 CDEFGH**K**(N 2km)OT

Ein Teich auf dem Campingplatz kann als Schwimmteich genutzt werden.

A15 Ausfahrt 35 Ochten/Kesteren. N320 Richtung Culemborg. Den Schildern zum CP folgen. A12 Ausfahrt Veenendaal/ Rhenen. Über die Rheinbrücke Ausfahrt Kesteren. Unten an der Straße rechts ab, dann 1. links.

CC € 21 *8/5-17/5 22/5-28/5 30/5-7/7 4/9-15/10*

N 51°56'15'' E 05°32'46''

Laag-Soeren, NL-6957 DP / Gelderland 288

Ardoer Vakantiedorp De Jutberg
Jutberg 78
+31 3 13 61 92 20
1/1 - 31/12
info@jutberg.nl

18ha 148T(80-120m²) 6-10A CEE

1 ACD**H**JKLMPQR
2 BILSTWYZ
3 ABC**G**IKLMNPSU
4 (A 6/7-25/8)(E+H 1/4-31/10) J(Q+R+T+U+X+Z 1/4-31/10)
5 **AB**DFGIJKLMNOPQ**T**UWXYZ
6 EFGHKL(N 3km)OSTV

Im Wald gelegener Topcamping der allen Kundenansprüchen gerecht wird.

A1 Ausfahrt Apeldoorn-Süd Richtung Dieren, den Schildern folgen. Ab der A12 Richtung Zutphen-Dieren, Laag-Soeren und dann den Schildern folgen.

CC € 23 1/1-16/5 30/5-6/7 4/9-31/12 21=18

N 52°04'05'' E 06°04'48''

Lieren/Beekbergen, NL-7364 CB / Gelderland 289

Ardoer comfortcamping De Bosgraaf
Kanaal Zuid 444
+31 5 55 05 13 59
25/3 - 29/10
bosgraaf@ardoer.com

22ha 187T(100-144m²) 6-16A CEE

1 ACDFJKLMQR
2 BISTXYZ
3 ABCE**G**IJKLMN**O**PSU
4 (C+H 1/5-15/9)JM (Q+R+T+U+X+Z)
5 **AB**DFGIJKLMNOPQRUWXZ
6 ABEFGHKL(N 2,5km)OSTV

Großer, aber ruhiger Campingplatz, außerhalb des Ortes am Kanal. Schöne Plätze auf offenen Feldern im Wald.

A1 Ausfahrt 20 'Apeldoorn-Zuid/Beekbergen' nach der Ausfahrt links ab den Schildern folgen. Oder A50 Ausfahrt 23 Loenen Richtung Loenen links ab Klarenbeek. Schildern folgen.

CC € 19 31/3-6/4 11/4-21/4 7/5-16/5 22/5-25/5 30/5-7/7 3/9-28/10

N 52°08'39'' E 06°02'09''

Lieren/Beekbergen, NL-7364 CD / Gelderland 290

Camping De Vinkenkamp
Vinkenkamp 10
+31 5 55 05 12 53
1/1 - 31/12
info@vinkenkamp.nl

3,7ha 50T(80-130m²) 10-16A CEE

1 AD**H**JKLMOQR
2 ISTWXYZ
3 ABCE**G**HIKLMNSU
4 (C+H 15/5-15/9)(Q+R) (T+U 8/7-3/9)(X) (Z 8/7-0/9)
5 **AB**DFGIJKLMNPUWXYZ
6 BCDEFGKL(N 5km)T

Kleiner Campingplatz in der Nähe des Golfplatzes Scherpenbergh. Spezielle befestigte Rasenflächen für Camper. Ausgezeichnetes Wander- und Fahrradgebiet.

A1, Ausfahrt Apeldoorn-Zuid/Beekbergen nach der Ausfahrt links, dann den Schildern folgen. Oder A50 Ausfahrt 23 Loenen, Ri. Loenen links abbiegen nach Klarenbeek. Den Schildern folgen. Albaweg, Schildern zum Golfplatz Scherpenbergh folgen.

CC € 17 1/1-16/5 22/5-25/5 30/5-14/7 1/9-31/12

N 52°09'02'' E 06°01'20''

Lunteren, NL-6741 KG / Gelderland

291

Camping De Rimboe
Boslaan 129
+31 3 18 48 23 71
13/3 - 22/10
info@campingderimboe.com

12,2ha 140**T**(80-120m²) 6-10A CEE

1 ACD**G**JKLMNPQR
2 BILSTWXYZ
3 ABCHIKLMPSU
4 (A 1/7-1/9)
5 **AB**CDFGI**JKL**MNO**PR**UWXYZ
6 ABCEFGH**K**L(N 2,5km)
OTVX

Freundlicher und gastlicher Camping für Ruhesucher und Radfahrer. Herrliche Plätze auf diversen Feldern (sonnig und schattig), oder offene Campplätze im Wald. Der Camping hat ausgezeichnete Sanitäranlagen. Viele Rad- und Wanderangebote. Gesellige touristische Orte wie Lunteren, Ede und Barneveld. Ganz nah an einem Freibad.

A30 Ausfahrt Lunteren. Umfahrung folgen (also nicht ins Zentrum hinein). Danach ist der CP ausgeschildert.

CC € 17 13/3-16/5 30/5-3/7 28/8-21/10 14=12, 21=18

N 52°05'31'' E 05°39'47''

Lunteren, NL-6741 JP / Gelderland

292

Recreatiecentrum de Goudsberg
Hessenweg 85
+31 3 18 48 23 86
1/1 - 31/12
info@goudsberg.nl

16ha 63**T** 10-16A CEE

1 ACD**H**JKLMNP**Q**R
2 BIJLSTUYZ
3 CHIJKL**O**P**R**SU
4 (B 1/5-30/9)(F+H 1/4-31/10)
(Q+R+T 1/7-31/8)(Y)
(Z 1/7-31/8)
5 CDEFGIJMNPUXY
6 ABEFGHJ(N 1,5km)T

Campen Sie in der Veluwe und genießen Sie die Ruhe und die grüne Umgebung. Entdecken Sie den Komfort eines Frei- und Hallenbads. Der Park liegt direkt an einem Naturschutzgebiet, das zum Wandern, Radfahren, Mountainbiken und Reiten einlädt. Das Zentrum der Niederlande ist zu Fuß zu erreichen, und in der Nähe gibt es viele tolle Aktivitäten.

A30, Ausfahrt 3 Richtung Lunteren. Dann der VVV-Beschilderung Freizeitzentrum De Goudsberg folgen.

CC € 21 1/1-27/4 8/5-16/5 30/5-6/7 3/9-31/12 7=6, 14=12, 21=18

N 52°05'54'' E 05°38'40''

Neede, NL-7161 LW / Gelderland

293

Camping Den Blanken
Diepenheimseweg 44
+31 5 47 35 13 53
1/4 - 30/9
info@campingdenblanken.nl

7,2ha 184**T**(100-150m²) 6-10A CEE

1 AD**H**JKLMNPQST
2 CSTWXYZ
3 ABCD**G**HIKMNOSU**WX**
4 (C+H 1/5-1/9)
(Q+R+T+U+V+X+Y)
5 **AB**CDEFGI**JKL**MNO**P**QUWXYZ
6 ABCDEFGHKM(N 3km)
OTUV

Großartiger Campingplatz in der Achterhoek, der besonders bei Senioren und Familien mit Kindern bis zu 11 Jahren beliebt ist. Schöne Umgebung, sehr geeignet für schöne Rad- und Wandertouren. Entspannen Sie sich auf einem der großzügigen Stellplätze. Auf dem Campingplatz finden Sie ein Restaurant, ein Schwimmbad und einen Jeu-de-Boules-Platz.

Auf der Strecke Diepenheim-Neede. Der CP wird ausgeschildert.

CC € 19 1/4-29/4 8/5-16/5 30/5-8/7 26/8-24/9

N 52°10'49'' E 06°35'13''

Nieuw-Milligen, NL-3888 NR / Gelderland

294

Camping Landal Rabbit Hill
Grevenhout 21
+31 5 77 45 64 31
1/1 - 31/12
rabbithill@landal.nl

6ha 130T(100-120m²) 10-16A CEE

1 ACDFJKLMNPQR
2 BIJSTWYZ
3 ABCDE**G**HIJKMN**O**P**R**S**T**U
4 (**A**)(C 1/5-1/9)
(F+H+Q+S+T+U+Y+Z)
5 **AB**DEFGIJKLMNOPQRUWXYZ
6 ACEFGHKLM(N 5km)OSV

Schöner Camping mit großen sonnigen oder schattigen (Wald-)Plätzen. Viele Freizeitangebote (drinnen), u.a. Baden, Tennis, Kegeln und Spielplatz. Reservierungsbedingungen werden vom Camping festgelegt. Max. 2 Wochen vor Anreise reservieren. Im Mai, Juni, September am Ankunftstag buchbar.

A1 Ausfahrt 18 Richtung Harderwijk. Kurz vor der N344 rechts ab. CP gut ausgeschildert.

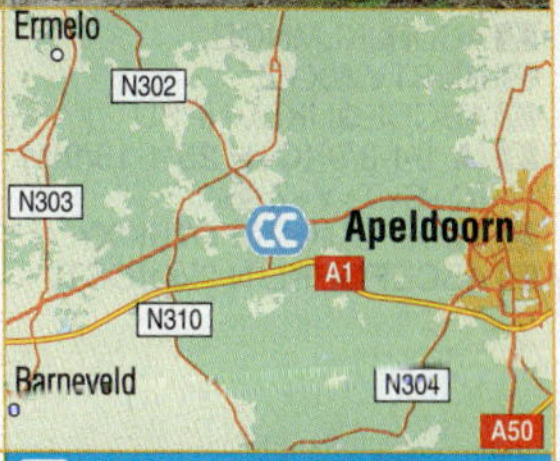

CC € 23 *2/1-7/4 30/6-7/7 1/9-31/12*

N 52°13'06'' E 05°47'07''

Nunspeet, NL-8072 PK / Gelderland

295

Camping De Witte Wieven
Wiltsangh 41
+31 3 41 25 26 42
31/3 - 31/10
info@wittewieven.nl

18,8ha 70T(100m²) 6-10A CEE

1 AD**H**JKLMNOP**Q**ST
2 BISXY
3 BCGKMN**Q**S
4 (B+G 1/6-1/9)(T+U+X+Z)
5 **AB**DFGIJMNO**P**UWZ
6 CEFGH**K**(N 1km)OVX

Schön gelegener Camping in den Wäldern von Nunspeet. Neue Spielgeräte für Kinder und Ponyreiten. Sie können auch ihr eigenes Pferd oder Pony mitbringen.

Auf der A28 Ausfahrt 15 Richtung Nunspeet, 1. Straße hinter dem Bahnübergang.

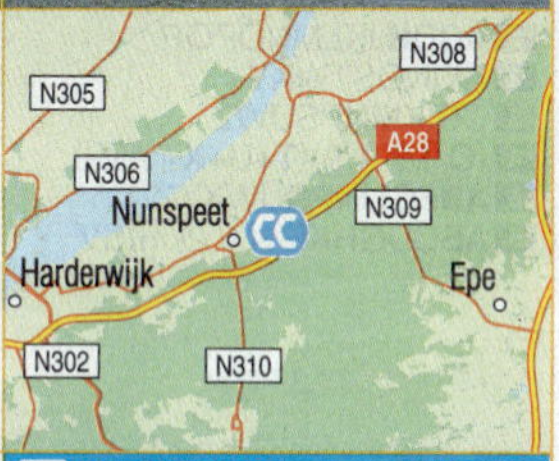

CC € 19 *31/3-17/5 30/5-7/7 1/9-31/10*

N 52°22'50'' E 05°49'01''

Otterlo, NL-6731 SN / Gelderland

296

Camping Beek en Hei
Heideweg 4
+31 3 18 59 14 83
1/1 - 31/12
info@beekenhei.nl

5ha 120T(80-100m²) 4-6A CEE

1 ACD**H**JKLMO**Q**TU
2 BIJSTVWXYZ
3 ACIKLMNSU
4 (Q 15/7-31/8)(R)
5 **AB**DFGIJKLMNO**P**RUWXY
6 ABCEFGHJ**K**(N 1km)TV

Gastfreundlicher Camping kurz hinter Otterlo. Im schönen Naturgebiet, direkt am Naturpark 'de Hoge Veluwe', dem Kröller-Müller Museum, Planken Wambuis und Ginkelse Heide. Guter Startpunkt für Radtouren und Wanderungen.

A12, Ausfahrt 23 Arnhem-Oosterbeek Richtung Arnhem, dann Richtung Otterlo und den CP-Schildern folgen.

CC € 21 *3/1-20/4 30/5-6/7 1/9-21/12* *7=6, 14=12, 21=18*

N 52°05'31'' E 05°46'14''

Otterlo, NL-6731 BV / Gelderland

297

EuroParcs De Wije Werelt
Arnhemseweg 100-102
+31 8 80 70 81 70
1/1 - 31/12
@ wijewerelt@europarcs.nl

12ha 150**T**(100-150m²) 10-16A CEE

1 ACD**H**JKLMNQR
2 BIJSTVWXYZ
3 ABCDE**G**IJKLMNPSU
4 (**A** 1/4-3/9)(C+H 25/4-15/9)M (Q+S+T+Y+Z)
5 **AB**DEFGIJKLMNPQ**T**UWXY
6 ABCEFGHKL(N 2km)OST

Prächtiger Camping am Nationalpark De Hoge Veluwe, ans Naurgebiet Planken Wambuis und Ginkeler Heide grenzend. Verfügt über große Campfelder und gute Anlagen. Die prächtigen Veluwer Wälder und Felder machen diesen Camping zum idealen Basislager für Radfahrer und Wanderer.

A12, Ausfahrt 23 oder 25. A1, Ausfahrt 17 oder 19, an allen Ausfahrten findet man das Schild Park Hoge Veluwe. In Otterlo Schildern folgen.

CC € 23 *31/3-7/4 11/4-26/4 1/5-17/5 22/5-30/6 4/9-30/10*

N 52°05'12" E 05°46'10"

Putten, NL-3882 RN / Gelderland

298

Strandparc Nulde
Strandboulevard 27
+31 3 41 36 13 04
1/4 - 1/10
@ info@strandparcnulde.nl

15ha 30**T**(90-110m²) 10A CEE

1 ACD**H**JKLMNOPQR
2 AFINOSTWXY
3 C**G**IKMNPSUWZ
4 (Q 1/7-1/9)(T+U+X+Y)
5 **AB**FGIJN**PQ**UWXYZ
6 ABCDGHKL(N 0,2km)SV

Campingplatz mit großen sonnigen Stellplätzen, in der Nähe von Nuldernauw. Eigener Strand, schöne Aussicht, viele Wassersportangebote und gute sanitäre Anlagen. Sehr gute Radfahrmöglichkeiten und schöne Radwege vorhanden. Wohnmobile sind nach Absprache auch außerhalb der Öffnungszeiten willkommen.

A28 Ausfahrt 10 Strand Nulde. Der CP liegt am Wasser und ist an der Ausfahrt angezeigt.

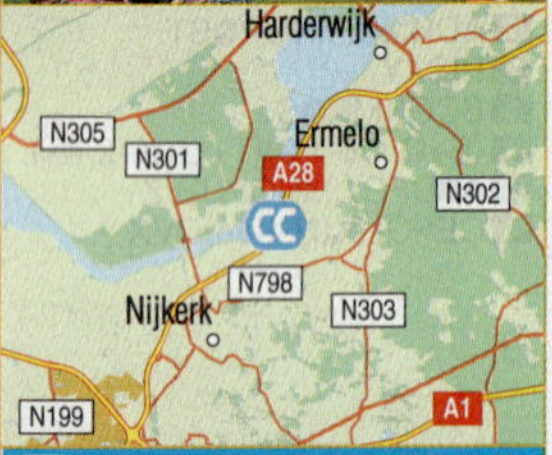

CC € 19 *1/4-17/5 30/5-7/7 24/8-1/10 7=6, 14=12, 21=18*

N 52°16'17" E 05°32'14"

Ruurlo, NL-7261 MR / Gelderland

299

Camping Tamaring
Wildpad 3
+31 5 73 45 14 86
26/3 - 8/10
@ info@camping-tamaring.nl

3,5ha 108**T**(100-150m²) 10A CEE

1 ADE**H**JKLMOQR
2 NSTWXYZ
3 ABC**G**HIJKLMSU
4 (G 21/5-31/8)(Q+R)
5 **AB**CDEFGI**JKL**MNO**PQ**UWXYZ
6 ABCDEFGHK(N 2km)O

Schöner, stimmungsvoller, gastlicher und gemütlicher Campingplatz. Zentrale ruhige Lage im Achterhoek. Der Platz ist für Ruhesuchende und Familien mit kleinen Kindern geeignet. Umgeben von verschiedenen Naturgebieten. Ideal für Radfahrer und Wanderer.

A1 Ausfahrt 26 von Norden: N332 Richtung Lochem-Barchem-Ruurlo. Schilder kurz vor dem CP.

CC € 21 *1/4-16/5 30/5-7/7 27/8-7/10*

N 52°06'10" E 06°26'30"

Stokkum, NL-7039 CW / Gelderland

300

Camping De Slangenbult
St. Isidorusstraat 12
+31 3 14 66 27 98
1/1 - 31/12
info@deslangenbult.nl

10ha 75T(100-140m²) 10-16A CEE

1 AD**H**JKLMNP**Q**R
2 BIJLSTXY
3 ACE**G**HIKMNPS
5 **AB**CDFGIJKLMNOPUZ
6 ACEFG**K**(N 3km)S

Campingplatz ruhig gelegen im Herzen der Montferlander Wälder an der Grenze zu Deutschland bei 's-Heerenberg (Schloss Huis Bergh). Große Plätze mit Kabel-TV. Modernes und sauberes Sanitär. Prima Ausgangsbasis zum Rad fahren, Mountainbike, wandern oder Nordic Walking.

A12 Ausfahrt 30 Beek, Ri. Beek halten. 1. Kreisel in Beek rechts ab, direkt danach 1. Straße links, dieser 3 km folgen. In Stokkum 1. Straße rechts (die lange Hecke). CP-Schildern folgen.

CC € 19 *13/1-12/5 2/6-14/7 1/9-17/12*

N 51°52'43'' E 06°12'53''

Stokkum, NL-7039 CV / Gelderland

301

Camping Landgoed Brockhausen
Eltenseweg 20
+31 3 14 66 12 12
31/3 - 1/10
campingbrockhausen@gmail.com

4ha 47T(100-160m²) 10A CEE

1 AD**H**JKLMNP**Q**T
2 BISTXYZ
3 A**G**HIJK
4 (**A**+Q 🔑)
5 **AB**DEFGHI**JKL**MNO**PQR**UWXYZ
6 BCDEFG**K**T

Qualität, Ruhe und Natur. Ruhiger Familiencamping, in ländlicher und waldreicher Umgebung. Große Stellplätze auf verschiedenen Grasflächen, von Bäumen und Sträuchern umgeben. Sehr schönes Sanitärgebäude mit vielen Einrichtungen.

A3 Ausfahrt Emmerich/'s-Heerenberg, in 's-Heerenberg Richtung, dann den CP-Schildern folgen.

CC € 19 *31/3-17/5 29/5-1/7 17/7-31/7 1/9-1/10*

N 51°52'40'' E 06°12'39''

Stroe, NL-3776 PV / Gelderland

302

Camping Jacobus Hoeve
Tolnegenweg 53
+31 3 42 44 13 19
31/3 - 31/10
info@jacobus-hoeve.nl

5ha 60T(100-150m²) 10-10A CEE

1 ACD**H**JKLMNOP**Q**R
2 ISTUVWXY
3 ABCHIKMNS
4 (**A** 30/4-30/8)M(T+U+X+Z 🔑)
5 **AB**CDFGIJMNO**P**UWXY
6 ABDEFGHKM(N 1km)OQ

Geselliger Familiencamping umgeben von Wald und Treibsand. Prächtige Lage am Rande der weitläufigen Veluwe. Dieser Camping hat eine eigene Sporthalle.

A1 Ausfahrt 17 Richtung Stroe. Am 1. Kreisel links, vorm Bahnübergang rechts. CP nach 800m links der Straße.

CC € 17 *31/3-17/5 30/5-7/7 24/8-31/10*

N 52°11'38'' E 05°40'42''

Ugchelen, NL-7339 GG / Gelderland **303**

Camping De Wapenberg
Hoenderloseweg 187
+31 5 55 33 45 39
31/3 - 2/10
info@dewapenberg.nl

4ha 59T(80-140m²) 6-16A CEE

1 AD**H**JKLMQR
2 BILSTUWXYZ
3 AIKMSU
4 M
5 **AB**DEFGIJKLMNO**P**UWXYZ
6 ABCEFG**K**(N 2km)T

Dieser geschmackvolle Camping liegt in einem großen Waldgebiet, Heide, Hügeln und den 'Koppelsprengen'. Sie campen am Waldrand auf verspielt angelegten, parzellierten Plätzen. Ruhe, Natur, Wandern und Rad fahren mit den Sehenswürdigkeiten von Apeldoorn ganz in der Nähe.

A1, Ausfahrt 19 Hoenderloo Richtung Ede/Hoenderloo. Den CP-Schildern folgen. Über die A50 Ausfahrt 22. In Beekbergen, 1. Ampel links. Der Straße solange folgen, bis der CP angezeigt ist.

CC € 19 31/3-26/4 7/5-17/5 30/5-1/7 1/9-2/10 21=18

N 52°10'19'' E 05°54'45''

Vierhouten, NL-8076 PM / Gelderland **304**

Recreatiepark Samoza
Plaggeweg 90
+31 5 77 41 12 83
24/3 - 30/10
info@samoza.nl

70ha 310T(100-150m²) 4-10A CEE

1 ACDHJKLMNPQR
2 BISTUWXYZ
3 ABCDE**G**HIKMNP**Q**SU
4 (C 30/4-28/8)(F+H)JM
(Q+S+T+X+Y+Z)
5 **AB**DEFGHIJKLMNOPQR**T**UXYZ
6 CFGHJL(N 2km)OSTV

Familiencamping im Wald versteckt. Umfangreiche Einrichtungen wie Schwimmbad, Restaurant, Reitplatz und modernes Sanitär. Die prächtige Umgebung lädt zu endlosen Wander- und Radtouren ein.

A28 Amersfoort-Zwolle, Ausfahrt 14 Nunspeet/Elspeet. Dann Richtung Vierhouten. Danach den Schildern folgen.

CC € 23 24/3-6/4 11/4-20/4 8/5-16/5 30/5-6/7 4/9-30/10

N 52°20'54'' E 05°49'27''

Voorthuizen, NL-3781 NJ / Gelderland **305**

Ardoer Vakantiepark Ackersate
Harremaatweg 26
+31 3 42 47 12 74
31/3 - 28/10
receptie@ackersate.nl

23ha 194T(100-130m²) 10-16A CEE

1 ACD**G**JKLMNOPQR
2 IJSTWXY
3 ABC**D**EHKMN**O**P**R**SU
4 (C 1/5-15/9)(F+H)IJKM
(Q+S+T+U+V+Y+Z)
5 **AB**CDEFGIJKLMNOPQR**S**UWXY
6 ABCDEFGHKL(N 1,5km)
OSVX

Großer Camping mit großzügigen Stellplätzen. Hervorragende Einrichtungen, das Schwimmbad hat u. a. ein 20-m-Hallenbad und seit 2018 ein beheiztes Freibad. Voorthuizen hat viele touristische Anlagen und liegt zwischen den Wäldern in der Veluwe und dem ländlichen Gelderländer Tal.

A1 Ausfahrt 16. In Voorthuizen die N344 rechts ab Richtung Garderen. Kurz hinter Voorthuizen rechts ab. Ist angezeigt.

CC € 23 31/3-21/4 22/5-25/5 30/5-7/7 2/9-28/10

N 52°11'11'' E 05°37'30''

Voorthuizen, NL-3781 NG / Gelderland

306

Camping Beloofde Land
Bosweg 17
+31 3 42 47 29 42
1/4 - 30/10
info@beloofdeland.nl

11ha 177T(80-150m²) 6-10A CEE

1 ADHJKLMNOPQR
2 AIJSTWXY
3 ABCDEIKMPSU
4 (B+H 29/4-26/10)M
(Q 1/7-31/8)(R)
(T 1/7-31/8)
5 ABDEFGIJKLMNPQUWXYZ
6 EFGK(N 1,5km)OV

Campingplatz mit christlichen Werten. Der Platz verfügt über ausnahmslos autofreie Komfortstellplätze und moderne Einrichtungen. Es sind auch Plätze mit privaten Sanitäranlagen verfügbar. Alkoholfreie Kantine. Interessante Orte in der Umgebung und die vielen bekannten 'Klompenpaden', Wanderwege auf denen man stundenlang wandern kann.

A1 Ausfahrt 16. In Voorthuizen rechts die N344 Richtung Garderen. Kurz hinter Voorthuizen rechts ab. CP ist ausgeschildert.

CC € 21 1/4 22/4 8/5-17/5 30/5-8/7 3/9-14/10 7=6

N 52°11'14'' E 05°37'23''

Voorthuizen, NL-3781 NJ / Gelderland

307

Recreatiepark De Boshoek
Harremaatweg 34
+31 3 42 47 12 97
25/3 - 30/10
info@deboshoek.nl

4,5ha 116T(110-120m²) 10A CEE

1 ACDGJKLMNOPQR
2 IJSTWXY
3 ABCHIKMNOPRSTU
4 (C 1/5-30/9)
(F+H+Q+R+S+T+U+Y+Z)
5 ABDEFGIJKLMNPQRTUWXY
6 ABDEFGHK(N 1,5km)
OSTVX

Neuer moderner Camping mit großen Plätzen, durch Hecken getrennt. Teilweise autofrei. Schwimmbad und Gastronomie auf dem Bungalowpark gegenüber vom Camping. Aufpreis für Privatsanitär 9 Euro pro Nacht. Für den 10A Anschluss werden 1,50 Euro pro Nacht berechnet.

A1 Ausfahrt 16 Richtung Voorthuizen, am Kreisel die N344 Richtung Garderen. Kurz hinter Voorthuizen rechts ab. Der CP ist angezeigt. Die Rezeption ist gegenüber der CP-Einfahrt!

CC € 23 25/3-7/4 11/4-21/4 8/5-17/5 22/5-26/5 30/5-11/7 28/8-30/10 7=6, 14=11

N 52°11'15'' E 05°37'51''

Vorden, NL-7251 KT / Gelderland

308

Camping 't Meulenbrugge
Mosselseweg 4
+31 5 75 55 66 12
1/4 - 30/9
info@meulenbrugge-vorden.nl

4ha 107T(100-150m²) 10-16A CEE

1 ADHJKLMNOQRV
2 DSTVXYZ
3 GHIJKLMN
4 (Q 15/4-15/9)
5 ABDGIJKLMNPTUWXYZ
6 ABCDEFGHK(N 2,5km)O

In einem prächtigen Naturgebiet am Waldrand an einem Bach gelegen. Der Camping strahlt Ruhe und Raum aus. Keine Spielgeräte und Animation und darum weniger für Kinder geeignet.

Von Zutphen N 346 ri N319 Vorden. Am Ende von Vorden Richtung Ruurlo fahren. Nach 2 km in einer scharfen Kurve links in den Mosselseweg abbiegen. Der Campingplatz ist ausgeschildert.

CC € 21 1/4-17/5 30/5-30/6 18/8-30/9

N 52°06'24'' E 06°21'18''

Wilp, NL-7384 CT / Gelderland

309

Kampeerhoeve Bussloo
Grotenhuisweg 50
+31 6 20 98 16 59
1/1 - 31/12
info@kampeerhoevebussloo.nl

1ha 40T(144m²) 10A CEE

1 ACD**H**IJKLMNO**Q**R
2 EINSUWXY
3 ABE**G**HKMNU
5 **AB**DFGIJMNOPUWYZ
6 ACDEFGK(N 3km)T

Der Camping liegt mitten im Städtedreieck Apeldoorn-Deventer-Zutphen. Sie campen auf parzellierten Plätzen um ein altes Bauerngehöft. Das Freizeitgebiet ist 300 m entfernt und der Saunakomplex 'Thermen Bussloo' mit dem Fahrrad erreichbar (2 km). Ganzjährig geöffnet. Sonntag (wegen Ruhetag) und Dienstag keine Ankünfte.

A1 Ausfahrt 22 Twello Richtung Wilp. Nach 200m rechts (Molenallee). Der Straße bis zum CP (Grotenhuisweg) folgen.

CC € 21 1/1-6/4 11/4-16/5 30/5-30/6 1/9-31/12

N 52°12'33'' E 06°06'33''

Winterswijk, NL-7115 AG / Gelderland

310

Camping Het Winkel
De Slingeweg 20
+31 5 43 51 30 25
1/1 - 31/12
info@hetwinkel.nl

20ha 350T(90-200m²) 10-16A CEE

1 ABCD**G**JKLMNPQR
2 BSTWXY
3 ACDE**G**HIJKMN**O**P**ST**U
4 (C+H 27/4-1/9)J**N**
(Q+R+T+U+V+X+Y
+Z 1/3-3/11)
5 **AB**CDEFGIJKLMNOPQUWXZ
6 BDEFGH**K**(N 3km)V

Camping mit großen Plätzen. Luxuriöses Schwimmbad mit Rutschbahn und Kinderbecken. Es gibt Privatsanitär. Gute Ausflugsbasis für Rad- und Wandertouren. Am Wochenende vom 2., 3. und 4. Oktober ist die CampingCard ACSI nicht gültig.

Winterswijk Richtung Borken. CP ausgeschildert.

CC € 23 8/1-31/3 16/4-29/4 7/5-17/5 30/5-7/6 11/6-30/6 27/8-22/12

N 51°57'08'' E 06°44'13''

Winterswijk, NL-7103 EA / Gelderland

311

Camping Klompenmakerij ten Hagen
Waliënsestraat 139A
+31 5 43 53 15 03
1/1 - 31/12
info@hagencampklomp.nl

2ha 50T(100-150m²) 10-16A CEE

1 ACD**G**JKLMP**QR**
2 ESTWXYZ
3 AC**G**IKLPSU**WZ**
5 **AB**CDFGI**J**K**L**MNO**P**UWXYZ
6 CDEFGHK(N 1km)T

Am Ufer des Badesees 't Hilgelo gelegen. Verschiedene Wassersportart möglich, u.a. Surfen, Schwimmen, Tauchen. Rad- und Wanderwege. Auch behindertengerecht.

N319 Groenlo-Winterswijk. Kreisel am Groenloseweg Richtung Erholungsgebiet 't Hilgelo. Danach den Schildern folgen. Liegt ca. 1 km nördlich von Winterswijk.

CC € 21 1/1-6/4 11/4-26/4 2/5-17/5 30/5-7/6 12/6-7/7 28/8-31/12

N 51°59'28'' E 06°43'09''

Winterswijk/Kotten, NL-7107 BE / Gelderland

312

Camping De Italiaanse Meren
Buitinkweg 7
+31 5 43 56 32 71
1/4 - 31/10
info@italiaansemeren.nl

20,5ha 92T(120-200m²) 6-16A CEE

1 ACD**H**JKLMNPQ
2 SXY
3 BC**FG**HKLMN**W**
4 (Q 29/4-8/5,1/7-1/9)(R)
(T+U+Y+Z 29/4-8/5,1/7-1/9)
5 **AB**IJKLMNOP**T**UZ
6 BCGHI**K**X

Campingplatz rund um diverse kleine Seen (Angeln), an der deutschen Grenze im sogenannten Achterhoek. Viele Erholungsmöglichkeiten am Platz und in der Umgebung. Die CampingCard ACSI-plätze haben max. 6A. Komfortplätze bis 10A (wovor ein Mehrpreis zu bezahlen ist).

A31, Ausfahrt 33 Gescher, weiter B525/L558 Richtung Südlohn-Oeding (Grenze), ab hier die L558/N319 Richtung Winterswijk. Den CP-Schildern folgen.

CC € 17 1/4-7/4 11/4-17/4 22/5-26/5 30/5-1/7 1/9-31/10

N 51°55'53'' E 06°46'54''

Winterswijk/Meddo, NL-7104 BG / Gelderland

313

Camping Recreatiepark Sevink Molen
Hilgeloweg 7
+31 5 43 55 12 25
1/1 - 31/12
info@campingsevinkmolen.nl

7,5ha 60T(140m²) 10A CEE

1 CD**H**JKLMNPQR
2 AESTXYZ
3 CD**E**G**I**KMNWZ
4 (Q 25/4-4/5,11/7-22/8)
(T+U+W+X+Y)
5 **AB**DEFGIJKLMNOP**T**UWXYZ
6 CDEFGH**K**S

Camping-Freizeitpark Sevink Molen direkt am See 't Hilgelo. Umfangreiche Ausstattung, worunter ein großes Restaurant, ganz neues beheiztes Sanitärgebäude, Themen-Indoorspielhalle und eine denkmalgeschützte Mühle, die besichtigt werden kann.

A31, Ausfahrt 33 Gescher, weiter B525/L558 Richtung Südlohn-Oeding (Grenze), ab hier die L558/N319 Richtung Winterswijk. Den CP-Schildern folgen.

CC € 21 9/1-17/2 6/3-6/4 8/5-16/5 31/5-6/6 12/6-6/7 3/9-22/12

N 51°59'53'' E 06°43'10''

Winterswijk/Woold, NL-7108 AX / Gelderland

314

Camping De Harmienehoeve
Brandenweg 2
+31 5 43 56 43 93
1/1 - 31/12
info@campingdeharmienehoeve.nl

14ha 50T(100-180m²) 4-16A CEE

1 AD**H**JKLMNP**Q**R
2 BSUXYZ
3 CFIKU
4 (B+G 23/5-1/9)(Q+T)
(Z 1/7-1/10)
5 **AB**DFGIJMNO**PQ**UWXYZ
6 AGH**K**(N 7km)TV

Der Campingplatz befindet sich in der Umgebung vom Winterswijker 'Woold', einer malerischen Kulisse. Sehr schönes Gebiet zum Rad fahren und wandern. Beheiztes Sanitär, Café und Imbiss. Hat auch einen Ladepunkt für E-Bikes.

N318 Aalten Richtung Winterswijk. Kreisel N319 Richtung A31 (Süd-Umfahrung). Nach 1,5 km im Kreisel Richtung Woold. Nach 700m Kreuzung, den blau-weißen Schildern Harmienehoeve folgen. Noch 7,5 km.

CC € 17 1/3-5/4 12/4-16/5 30/5-7/6 14/6-22/6 22/7-29/7 1/9-31/10

N 51°54'30'' E 06°43'31''

Zelhem, NL-7021 HR / Gelderland 315

Camping Vakantiepark De Betteld
Aaltenseweg 11
+31 3 14 62 72 00
1/4 - 31/10
zelhem@betteld.nl

21ha 85T(70-100m²) 4A CEE

1 ACD**H**JKMNOP**Q**ST
2 AFOSTWXY
3 ABC**G**IKLMPSUWZ
4 (C+H 1/5-31/8)JM(Q+R+T +U+V+Z 23/4-7/6,9/7-3/9)
5 **AB**EFGIJMNO**P**UWZ
6 ABEFGHKM(N 3km)OT

Auf dem Vakantiepark de Betteld, im malerischen Achterhoek gelegen, lässt es sich wunderbar campen. Ein wunderschönes Rad- und Wandergebiet. Auf dem großzügig angelegten Ferienpark können Sie u.a. den Freizeitsee und das Schwimmbad genießen.

Doetinchem N315 Ringstraße Richtung Zelhem. Ruurloseweg. Der Campingplatz ist ausgeschildert.

CC € 17 1/4-26/4 7/5-17/5 22/5-25/5 30/5-30/6 1/9-31/10

N 52°00'43" E 06°23'13"

Zennewijnen, NL-4062 PP / Gelderland 316

Campingpark Zennewijnen
Hermoesestraat 13
+31 3 44 65 14 98
1/4 - 1/10
info@campingzennewijnen.nl

5ha 50T(100-120m²) 6-16A CEE

1 ACD**H**JKLMNQTU
2 ACIJSUVWXY
3 C**G**HIKPSU
4 (B+G 15/5-15/9)(Q+T+U ⊶)(X 9/7-4/9)(Z ⊶)
5 **AB**CDFGHI**J**KLMNO**PQ**RUWXYZ
6 ABCDEFGHJ**K**M(N 2km) OTV

Im Herzen der Betuwe liegt der gut gepflegte Campingpark Zennewijnen, zwischen Tiel und Ophemert. Hervorragende Ausflugsbasis zum Rad fahren, Wandern und Spaziergänge am Waal entlang. Erleben Sie die Ruhe und den Frieden in der Vor- oder Nachsaison im und um den Park.

A15 von Rotterdam, Ausfahrt 31. Von Nijmegen, Ausfahrt 32. Ab der Ausfahrt ausgeschildert.

CC € 23 1/4-6/4 11/4-26/4 8/5-17/5 30/5-7/7 3/9-1/10

N 51°51'17" E 05°24'25"

Alphen (N.Br.), NL-5131 NZ / Noord-Brabant 317

Recreatiepark 't Zand
Maastrichtsebaan 1
+31 1 35 08 17 46
31/3 - 30/9
info@tzand.nl

40ha 125T(100-120m²) 10A CEE

1 AD**G**JKLMNOPQR
2 ABEIOSTWXYZ
3 ABC**G**HIJKLMOPSUZ
4 (A+Q+R 27/4-5/5,8/7-3/9) (T ⊶)(U 27/4-5/5,1/7-31/8) (V 26/4-5/5,1/7-5/9)(X ⊶) (Z 27/4-5/5,8/7-3/9)
5 **AB**DEFGI**JK**LMNO**PQ**RUWXYZ
6 ACDEFGH**K**L(N 1,5km) OSUV

Camping an einem See und mitten im Freizeitgebiet gelegen. Gehört zum grünen Dreieck Baarlo-Tilburg-Turnhout. Waldreiche Fahrradumgebung. Schöne Städte wie Baarle-Nassau gleich in der Nähe.

A58 Ausfahrt Gilze/Rijen, Richtung Baarle-Nassau. In Alphen den Schildern folgen. Achtung: den CP-Schildern folgen, nicht dem Schild 'Recreatiegebied'.

CC € 19 31/3-7/4 11/4-21/4 8/5-17/5 22/5-26/5 30/5-7/7 26/8-30/9

N 51°29'34" E 04°56'59"

Asten/Heusden, NL-5725 TG / Noord-Brabant

318

Camping De Peel
Behelp 13
+31 6 29 21 62 99
1/4 - 2/10
info@campingdepeel.nl

2,2ha 62T(90-110m²) 6A CEE

1 AD**G**JKLMNOP**Q**ST
2 ISWXYZ
3 ABCE**G**IKMSU**W**
4 (B 1/7-31/8)(Q 10/7-25/8)
5 **AB**CDFGIJMNO**P**UWZ
6 ABCDEFGK(N 1km)

Kleiner gemütlicher Camping, wo sich auch der 50+ Erholungssuchende zuhause fühlt. Gleich am Groote Peel mit schönen Rad- und Wanderangeboten. Fahrt mit dem Peel-Express. Spielplatz und überdachte Fahrradstallung. Neues Sanitärgebäude. Gratis WLAN.

Von der A67 Ausf. 36 Ri. Asten, dann die N279 Ri. Someren. Nach 2 km re und nach 1 km li Ri. Heusden. In Heusden der Beschilderung folgen. Von Someren Ri. Asten ausgeschildert.

€ 21 *1/4-17/5 30/5-7/7 24/8-2/10*

N 51°22'23'' E 05°45'09''

Asten/Ommel, NL-5724 PL / Noord-Brabant

319

Oostappen Vakantiepark Prinsenmeer
Beekstraat 31
+31 4 93 68 11 11
31/3 - 13/10
info@vakantieparkprinsenmeer.nl

50ha 200T(80-100m²) 10A CEE

1 ACD**H**JKLMNPQTU
2 AFIOSWXY
3 ABCD**G**HIKLMOPRS**T**UZ
4 (F+H)IJKLN
(S+T+U+V+Y+Z)
5 **AB**DEFGIJKLMNOPQUWXY
6 BCFGHJM(N 3km)OTUX

Campinggelände am Plaza mit zahlreichen Einrichtungen. Es gibt einen großen Badeteich mit Rutschen und Sandstrand mit vielen Spielgeräten. Wasserspaß nicht nur draußen, sondern auch im subtropischen Badeparadies.

A67 Eindhoven-Venlo, Ausfahrt 36 Asten. Richtung Ommel. Schildern folgen.

€ 21 *31/3-20/4 8/5-17/5 22/5-26/5 29/5-7/7 25/8-13/10*

N 51°25'21'' E 05°44'09''

Bergeijk, NL-5571 XE / Noord-Brabant

320

Domein De Kleine Witrijt
Kleine Witrijt 3a
+31 4 97 74 50 44
1/4 - 31/10
info@dekleinewitrijt.nl

2,8ha 68T(120-200m²) 6A CEE

1 AD**H**JKLMN**Q**TU
2 ISWXYZ
3 **G**HIJKL
4 (Z)
5 **AB**CDGHIJMNOPUWXYZ
6 ABCEFK(N 5km)

Besonders schöne und ruhige Lage am Waldrand. Abwechslungsreiche Gestaltung mit viel Platz. Ausgezeichnetes Wander- und Fahrradgebiet, nahe der belgischen Grenze (Abtei Postel). Es gibt einen Gastronomiebetrieb mit einer schönen Terrasse.

A67 Ausfahrt 30 Eersel. Weiter nach Eersel, dann nach Postel (D). 6 km hinter Eersel links ab Richtung Weebosch. Nach 500m links zum Camping abbiegen. Ausgeschildert.

€ 21 *1/4-17/5 30/5-15/7 1/9-31/10*

N 51°18'49'' E 05°16'27''

Bergen op Zoom, NL-4625 DD / Noord-Brabant

321

Camping Uit en Thuis
Heimolen 56
+31 1 64 23 33 91
1/4 - 30/9
info@campinguitenthuis.nl

8ha 80T(80-100m²) 6-10A CEE

1 AD**H**JKLMNPQR
2 BISTWY
3 CEHIKMN**O**PSU
4 (C+H 1/5-15/9)
(R+T+U+X+Z)
5 **AB**FGHI**J**MNO**P**RUWXYZ
6 ACDEFGH**K**(N 5km)ORSTV

Am Brabanter Wal gelegen ist dieser grüne Camping eine echte Ruheoase. Von Natur umgeben bietet dieser Camping sämtlichen Komfort, den man von einem modernen Platz erwarten darf. Ausflugstipps ins lebendige Bergen op Zoom. Zahlreiche Sehenswürdigkeiten u.a. der Markiezenhof.

A58 Ausfahrt Bergen op Zoom-Zuid/Huijbergen. Schildern folgen.

CC € 21 1/4-22/4 8/5-18/5 29/5-8/7 4/9-30/9

N 51°28'09'' E 04°19'20''

Berlicum, NL-5258 TC / Noord-Brabant

322

Camping De Hooghe Heide
Werstkant 17
+31 7 35 03 15 22
31/3 - 1/10
info@hoogheheide.nl

4,8ha 69T(100m²) 10A CEE

1 ABD**H**JKLMOQR
2 BISTWXYZ
3 BC**G**IJKLP**Q**RS
4 (B+H 1/5-31/8)M
(Q 15/7-27/8)(R+T+X+Z)
5 **AB**DFGI**JKL**MNPQUWXYZ
6 CEFGHKL(N 2km)OSTU

Campingplatz in einem Waldgebiet, in der Nähe von 's Hertogenbosch. Gute Möglichkeiten zum Radfahren und Wandern.

A59 Nijmegen - 's Hertogenbosch, Ausfahrt 48, Richtung Berlicum. Der Campingplatz ist ausgeschildert.

CC € 15 31/3-6/4 11/4-20/4 8/5-16/5 22/5-25/5 30/5-7/7 4/9-30/9

N 51°41'38'' E 05°24'53''

Bladel, NL-5531 NA / Noord-Brabant

323

Recreatiepark De Achterste Hoef
Troprijt 10
+31 4 97 38 15 79
1/4 - 2/10
info@achterstehoef.nl

23ha 384T(100-160m²) 6-10A CEE

1 ACD**H**JKLMNPQST
2 ABFIOSWXYZ
3 ABCDE**F**HIJKLMP**R**SUZ
4 (A 29/4-30/9)(C+F+H)J
(S+T+X+Y+Z)
5 **ABC**DEFGHIJKLMNOPQR**T**UWXY
6 ACGHKL(N 3km)OSU

Am Rande des weiten Wald- und Naturgebietes gelegener Campingplatz mit viel Ausstattung. Vor allem das Restaurant mit langen Öffnungszeiten, das Hallenbad und der Golfplatz fallen gleich ins Auge. Ungeahnt schönes Fahrradgebiet u.a. bei Eersel und der Abtei von Postel, noch keine 10 km weiter.

A67 Eindhoven-Antwerpen, Ausfahrt 29 Hapert/Bladel. Den Schildern nach Bladel folgen. In Bladel der Beschilderung zum CP folgen.

CC € 23 1/4-21/4 8/5-17/5 30/5-7/7 4/9-2/10

N 51°20'36'' E 05°13'40''

Breda, NL-4838 GV / Noord-Brabant

324

Camping Liesbos
Liesdreef 40
+31 7 65 14 35 14
1/4 - 1/10
info@camping-liesbos.nl

5ha 50T(100m²) 10A CEE

1 ACD**H**JKLMNQR
2 ISTWY
3 C**G**IKMN**O**PSU
4 (C+H 30/4-30/9)(Q+R+T+U 1/4-30/9)(V+Y+Z)
5 **AB**CFGI**J**MNO**P**UWX
6 ACDEFGHK(N 3km)OSTV

Camping Liesbos ist ein stimmiger Familiencamping in waldreicher Umgebung, 5 km vom Zentrum der Oranjerstadt Breda. Durch seine zentrale Lage 'vor Breda' kann man den Camping Liesbos gut erreichen. Ideal für Rad- und Wanderferien, Städtetrip oder übers Wochenende. Das historische Breda lohnt immer einen Besuch.

A58 Breda-Roosendaal, Ausfahrt 18 Etten-Leur, dann den CP-Schildern folgen.

CC € 19 1/4-15/5 21/5-25/5 29/5-7/7 1/9-30/9

N 51°33'54'' E 04°41'47''

Chaam, NL-4861 RC / Noord-Brabant

325

RCN vakantiepark De Flaasbloem
Flaasdijk 1
+31 8 50 40 07 00
24/3 - 29/10
reserveringen@rcn.nl

100ha 446T(80-150m²) 10-16A CEE

1 ACD**H**JKLMNOPQR
2 ABEIOSTXYZ
3 ABCEGHIKMNOPSUWZ
4 (F)(H 1/5-1/9)JM(Q+S+T+U+V+X+Y)
5 **AB**CDEFGIJKLMNOPQRUWZ
6 ACDEFGH**K**LM(N 2km)OS

Großer Camping mit vielen Freizeitangeboten. Für die Kleinsten gibt's ein fantastisches Wasser-Spielland. Hallenbad für Familienschwimmen. Neu 2017: der 'Smokkelstrand' und das Frisbee Feld.

A58 Ausfahrt 14 Ulvenhout Richtung Chaam. Von Chaam aus Richtung Alphen. Danach Schildern folgen.

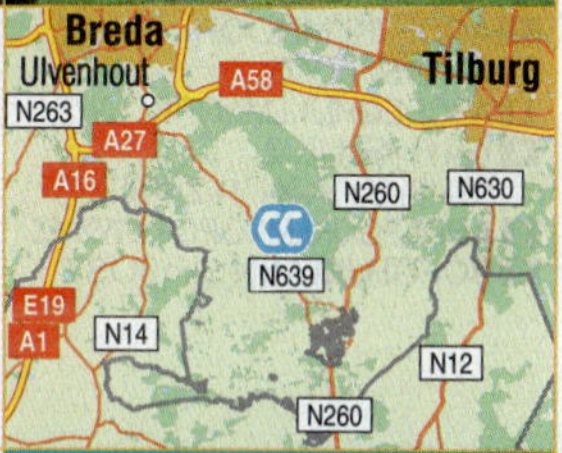

CC € 21 24/3-16/5 22/5-25/5 30/5-6/7 28/8-29/10

N 51°29'28'' E 04°53'47''

Chaam, NL-4861 RE / Noord-Brabant

326

Recreatiepark Klein Paradijs
Schaanstraat 11
+31 1 61 49 14 46
1/4 - 1/10
info@campingkleinparadijs.nl

14ha 50T(100-150m²) 16A CEE

1 ABD**H**JKLMOQR
2 ISWXY
3 ACEHIKPSU
4 (B+G 20/5-1/9)(Q+R+T)
5 **AB**DFGHIJMNOPUXY
6 DDFGH**K**(N 2km)SV

Gemütlicher Familiencampingplatz in Chaam in Brabant. Der geräumige, sonnige Campingplatz liegt am Rande eines großen Naturschutzgebietes mit Wäldern, Bächen und Heideflächen.

A58 Ausfahrt 14 Richtung Baarle Nassau über die N 639. Vom Kreisel am Ausgang von Chaam noch 800m der N639 folgen. Dann links. Nach 700m Camping links.

CC € 17 1/4-7/4 11/4-17/5 22/5-26/5 30/5-7/7 4/9-1/10

N 51°29'31'' E 04°53'03''

De Heen, NL-4655 AH / Noord-Brabant

327

Camping De Uitwijk
Dorpsweg 136
+31 1 67 56 00 00
31/3 - 1/10
info@de-uitwijk.nl

2,5ha 75T(100-150m²) 10A CEE

1 ACDHJKLMOPQST
2 CIJSWY
3 ACEGHIKMPRSUWX
4 (C+H 29/4-18/9)N
(Q+T+U+Y+Z)
5 ABCDEFGHIJKLMNOPRUWXYZ
6 ACDEFGHK(N 4km)OSTUV

Geschützt gelegen an stilvollem altem Bauernhof mit Restaurant, unweit vom Naturgebiet und Yachthafen. Ausgezeichneten Sanitäranlagen. Beheizter Pool, Planschbecken und Sauna. Ausgangspunkt für Rad- und Bootstouren. Gastliche Inhaber.

Auf der A4 Ausfahrt 25 Steenbergen. Danach den Schildern 'De Heen' folgen.

CC € 19 31/3-7/4 10/4-21/4 7/5-17/5 29/5-7/7 27/8-1/10

N 51°36'37" E 04°16'22"

Eersel, NL-5521 RD / Noord-Brabant

328

Camping Recreatiepark TerSpegelt
Postelseweg 88
+31 4 97 51 20 16
31/3 - 30/10
info@terspegelt.nl

68ha 500T(80-130m²) 6-16A CEE

1 ACDFJKLMNOQR
2 AFIOSWXYZ
3 ABCDEGHIJKLMNOPRSUWZ
4 (F+H)IJKM
(S+T+U+V+X+Y+Z)
5 ABDEFGIJKLMNOPQTUWXYZ
6 BCFGHJKLM(N 3km)OST

5-Sterne Park mit 3 Freizeitweihern und vielen Anlagen, u.a. einem Indoor Bade- und Spielparadies. Im Frühjahr und Herbst spezielle Aktivitäten für die über 55-Jährigen. Möglichkeiten zum Radfahren- und Wandern in 'Natuurpoort Terspegelt'. Ruhige Plätze am Wasser oder etwas geselliger auf den Feldern. Luxus- und Komfortplätze zum Aufpreis. Reservierungen mit CampingCard nur bis 7 Tage vor Anreise möglich.

Über A67 Eindhoven-Antwerpen, Ausfahrt 30 Eersel, Schildern folgen.

CC € 23 17/4-22/4 12/5-17/5 22/5-26/5 31/5-7/6 12/6-1/7 2/9-30/9

N 51°20'16" E 05°17'38"

Esbeek, NL-5085 NN / Noord-Brabant

329

Camping De Spaendershorst
Spaaneindsestraat 12
+31 1 35 16 93 61
1/4 - 31/10
info@spaendershorst.nl

11ha 90T(80-130m²) 10A CEE

1 ABDHJKLMOPQR
2 JSTWXYZ
3 ACGHIKPSU
4 (C+H)(T+Z 1/4-1/10)
5 ABCDFGHIJKLMNOPUWXY
6 ABEFGHK(N 1,5km)

Gemütlicher und ruhiger Familiencamping am Rande eines lang gezogenen Waldgebietes, das bis nach Belgien über geht. Schönes beheiztes Sanitär.

A58 Ausfahrt 10 zur N269 Richtung Reusel. Hinter Hilvarenbeek bei Esbeek der CP-Beschilderung folgen.

CC € 17 1/4-7/4 11/4-17/5 22/5-26/5 30/5-7/7 4/9-30/10

N 51°28'00" E 05°07'37"

Hilvarenbeek, NL-5081 NJ / Noord-Brabant

330

Lake Resort Beekse Bergen
Beekse Bergen 1
+31 1 35 49 11 00
1/4 - 29/10
info@beeksebergen.nl

75ha 236**T**(100m²) 6-10A CEE

1 ACD**G**JKLMQR
2 ACEISTWXYZ
3 AC**G**KMPRSUWZ
4 (**A** 1/5-1/8)(F+H)J (Q+S+T+U+V+X+Y+Z)
5 **AB**DEFGHIJKLMNOPUWXYZ
6 ABCEFGHK(N 4km)OSTU

Bei einem Campingurlaub auf Lake Resort Beekse Bergen erlebt man einen Hauch von Afrika. Die Felder sind benannt nach afrikanischen Tieren, die im nahliegenden Safaripark Beekse Bergen zu sehen sind, und afrikanischen Ländern. Modernes Sanitär, teilweise beheizt.

N65 Den Bosch-Tilburg, A65 Ausfahrt Beekse Bergen. A58 Breda-Eindhoven. Der Beschilderung 'Beekse Bergen' folgen.

CC € 15 *1/4-7/4 11/4-22/4 6/5-17/5 30/5-8/6 13/6-30/6 2/9-14/10*

N 51°31'42'' E 05°07'29''

Hoeven, NL-4741 SG / Noord-Brabant

331

Molecaten Park Bosbad Hoeven
Oude Antwerpsepostbaan 81b
+31 1 65 50 25 70
24/3 - 1/11
bosbadhoeven@molecaten.nl

56ha 240**T**(110-160m²) 10A CEE

1 ACDFJKLMNPQST
2 BEIJSTWXYZ
3 ABCDEHIKMN**O**RSUW
4 (C 27/4-1/9)IJM(Q+T+V) (Y+Z 1/4-1/9,12/10-27/10)
5 **AB**DFGIJKLMNO**PQ**UWXY
6 ACEFGH**K**(N 2,5km)OSTV

Ein schöner waldreicher Camping für die ganze Familie. Gäste haben freien Eintritt in den Wasserpark Splesj (offen von Mai bis Anfang September). Im Umkreis viele Rad- und Wandermöglichkeiten. Schön angelegte Campfelder mit Komfortplätzen, von Bäumen umgeben. Tennisplatz, großer Spielplatz und Restaurant.

A58 Roosendaal-Breda, Ausfahrt 20 St. Willebrord (Achtung: Navi kann abweichen) Richtung Hoeven. Schildern folgen.

CC € 19 *24/3-26/4 8/5-15/5 22/5-25/5 30/5-6/7 28/8-31/10*

N 51°34'10'' E 04°33'42''

Kaatsheuvel, NL-5171 RL / Noord-Brabant

332

Recreatiepark Brasserie Het Genieten
Roestelbergseweg 3
+31 4 16 56 15 75
27/5 - 6/10
info@hetgenieten.nl

12,5ha 120**T**(100-120m²) 10A CEE

1 ACD**H**JKLMQR
2 ISTWXYZ
3 ACD**G**HIJKPRSU
4 M(Q 1/5-1/9)(T+U+Y+Z)
5 **AB**DEFGI**JK**LMNO**P**UWXYZ
6 ABCEFGHK(N 3km)OSV

Freundlicher Freizeitpark mit Wasserspielplatz im Innen- und Außenbereich. Gemütliche Terrasse und die Möglichkeit bestens in der Brasserie zu essen. Am Fuße der Loonse- & Drunense Dünen. Vom Camping aus können Sie radeln oder direkt in den Wald gehen. Zu Himmelfahrt und Pfingsten gibt es Unterhaltung.

A59 Ausfahrt Waalwijk N261 Richtung Loonse- und Drunense Duinen. Den CP-Schildern folgen.

CC € 23 *27/5-30/6 2/9-5/10*

N 51°39'27'' E 05°05'15''

Lierop/Someren, NL-5715 RE / Noord-Brabant

333

Camping De Somerense Vennen
Philipsbosweg 7
+31 4 92 33 12 16
31/3 - 29/10
info@somerensevennen.nl

10ha 165T(80-150m²) 6-16A CEE

1 AD**H**JKLMNQR
2 BISWXYZ
3 ABCD**G**HIJKLMNPSU
4 (F+H 31/3-1/10)(T+U+Y+Z 21/4-3/9)
5 **AB**CDEFGHIJMNPUWXYZ
6 ABCEFGHKLM(N 2km)S

Schön angelegter Qualitätscamping für Familien und Erholungssuchende mit großen Stellplätzen am Waldrand. Tolles beheiztes Hallenbad mit separatem Kinderbecken, Indoor-Spielplatz, stilvollem Restaurant und Cafeteria. Tolles Naturgebiet mit Wander-, Mountainbike- und Radfahrangeboten, mitten am Radwegenetz. Komfortplatz 16A und Kabel-TV mit Aufpreis.

A67 Eindhoven-Venlo, Ausfahrt 35 Someren. In Someren Richtung Lierop. Dann der CP-Beschilderung folgen.

CC € 23 31/3-21/4 8/5-17/5 22/5-26/5 30/5-7/7 28/8-29/10

N 51°24'00'' E 05°40'35''

Mierlo, NL-5731 XN / Noord-Brabant

334

Boscamping 't Wolfsven
Patrijslaan 4
+31 4 92 66 16 61
1/1 - 31/12
receptie.wolfsven@roompot.nl

67ha 167T(100-120m²) 6A CEE

1 ACD**H**JKLMNPQR
2 ABEIJOSWXYZ
3 CD**G**HIJKLMNP**R**SUWZ
4 (F+H 🔑)K (S+T+U+V+X+Y+Z 🔑)
5 **AB**DFGIJMNPQUWXY
6 ABCDFGHKLM(N 2km) OSUVX

Familiencamping mit komfortablen Stellplätzen im Wald. Wasserspaß im Naturbad und Hallenbad. Die Einrichtungen sind ganzjährig geöffnet.

A2 Richtung Eindhoven, dann A67 Richtung Venlo, Ausfahrt 34 Geldrop, Richtung Geldrop, dann in Richtung Mierlo. Dem Schild Wolfsven folgen.

CC € 15 31/3-7/4 7/5-17/5 22/5-26/5 30/5-7/6 12/6-7/7 1/9-29/10

N 51°26'20'' E 05°35'25''

Netersel, NL-5534 AP / Noord-Brabant

335

Camping De Couwenberg
De Ruttestraat 9A
+31 4 97 68 22 33
1/1 - 31/12
info@decouwenberg.nl

8ha 97T(80-100m²) 4-6A CEE

1 AD**H**JKLMNPQST
2 ISWXYZ
3 C**G**HIJKPSUW
4 (C+H 1/5-15/9)(Q+T+X+Z 🔑)
5 **AB**DEFGIJKLMNPUWXZ
6 AEFGHK(N 5km)OV

Gemütlicher Familiencamping mit beheiztem Außenpool. Rundherum Wald. Heide und Moorgebiet in unmittelbarer Nähe (Landgut De Utrecht). Ideales Radgebiet. Safari- und Freizeitpark Beekse Bergen in 20 (Auto)Minuten.

A58 Ausfahrt 10 Hilvarenbeek Richtung Reusel. In Lage Mierde Richtung Netersel fahren. Oder A67 Richtung Antwerpen, Ausfahrt 29 Hapert/Bladel Richtung Bladel-Netersel, Ausfahrt Netersel. Schildern folgen.

CC € 21 1/1-17/5 30/5-1/7 18/8-31/12

N 51°24'47'' E 05°11'59''

Nispen/Roosendaal, NL-4709 PB / Noord-Brabant

336

Camping Zonneland
Turfvaartsestraat 4-6
+31 1 65 36 54 29
20/3 - 22/10
info@zonneland.nl

15ha 54T(100-130m²) 10A CEE

1 ACDFJKLMNPQR
2 BISTWYZ
3 CKPSUVW
4 (C 15/5-3/9)(R)
5 **AB**DEGI**J**M**PR**UXYZ
6 CEFGHK(N 3,5km)TV

Dicht an der niederländisch-belgischen Grenze findet man diesen Campingplatz, mit großen Stellplätzen im Wald oder auf dem freiem Feld. Vom Camping kann man zu Fuß oder mit dem Fahrrad herrliche Touren in die Wälder oder in die Heidelandschaft in der Umgebung machen.

A58, Ausfahrt 24 Nispen, N262 folgen bis Schilder.

CC € 19 20/3-3/7 20/8-22/10

N 51°29'40'' E 04°29'06''

Oirschot, NL-5688 MB / Noord-Brabant

337

Camping de Bocht
Oude Grintweg 69
+31 4 99 55 08 55
1/1 - 31/12
info@campingdebocht.nl

1,8ha 29T(100m²) 6-10A CEE

1 AD**G**JKLMQR
2 ISWXYZ
3 ABCGIJKLMS**T**
4 (C+H 16/6-31/8)(Y+Z)
5 **AB**DFGIJKLMNO**PQ**UWXYZ
6 ABCEFGHK(N 1km)OS

Genießen Sie die urige Idylle Brabants: Heide, Wald, Venn und Landgüter. In der Nähe des historischen Dorfs Oirschot. Schöne Umgebung mit ausgezeichneten Wander- und Radmöglichkeiten. Große Komfortplätze (2 Euro Aufpreis). Schöne und komfortable Sanitäranlagen. Gutes Restaurant mit Terrasse und Kegelbahn.

A58 Ausf. 8 Oirschot Richtung Oirschot. Am 4. Kreisel re. Nach 8 km li. Oder A2 Ausf. 26 Richtung Boxtel, über den Kreisel, links Richtung Oirschot. Nach 8 km rechts der Strecke.

CC € 23 1/1-17/5 30/5-11/7 28/8-31/12

N 51°31'01'' E 05°18'28''

Oirschot, NL-5688 GP / Noord-Brabant

338

Vakantiepark Latour
Bloemendaal 7
+31 4 99 57 56 25
31/3 - 2/10
latour@kempenrecreatie.nl

7,3ha 80T(100-120m²) 6-10A CEE

1 ACD**H**JKLMQR
2 IJSWXYZ
3 ABC**G**HIJKLMN**O**PSU**W**
4 (C 1/5-31/8)(F+H)JKLN
5 **ABC**DEFGHIJKLMNOPQUWXYZ
6 ABCEFGHKL(N 1,5km)OSV

Schön angelegter, ruhiger Familiencamping, teilweise autofrei mit überwiegend Tourplätzen. Im Rad- und Wandergebiet am alten Dorf Oirschot. Großes Hallen- und Freibad neben dem Camping, für Gäste kostenlos. Full-HD Anschluss. Komfortplatz zum Aufpreis von 2 Euro.

A58 Ausfahrt Oirschot. CP-Schild Latour folgen.

CC € 23 31/3-17/5 30/5-8/7 4/9-2/10 7=6, 14=11

N 51°29'47'' E 05°19'12''

Oosterhout, NL-4904 SG / Noord-Brabant

339

Camping De Katjeskelder
Katjeskelder 1
+31 1 62 45 35 39
1/1 - 31/12
receptie.katjeskelder@roompot.nl

28ha 95T(80m²) 5A CEE

1 ACD**H**JKOQST
2 BISTWYZ
3 AC**G**JKLMNP**R**ST
4 (C 21/4-1/10)(F+H)J (Q+S+T+U+X+Y+Z)
5 **AB**DEFGIJKLMNOPRUWZ
6 AEFGHKLM(N 3km)OSTV

Gesellige Campfelder von Wald umgeben. Eigener großer Freizeitpark, großer Spielplatz und Tropicbad. Prächtige Umgebung für Wander- und Radtouren. Aufgrund der Lage im Wassereinzugsgebiet sind Wohnmobile nicht erlaubt.

A27 Ausfahrt 17 Oosterhout-Zuid. Schildern 'Katjeskelder' folgen.

CC € 17 31/3-7/4 7/5-17/5 22/5-26/5 30/5-7/6 12/6-7/7 1/9-29/10

N 51°37'45'' E 04°49'57''

Sint Anthonis, NL-5845 EB / Noord-Brabant

340

Ardoer vak.centrum De Ullingse Bergen
Bosweg 36
+31 4 85 38 85 66
31/3 - 1/10
ullingsebergen@ardoer.com

11ha 113T(100-150m²) 10-16A CEE

1 ACDFJKLMNQTU
2 BISTWXYZ
3 ACDHIJKMOSU
4 (C+H 29/4-10/9)J(Q+T) (U 29/4-17/9)(Y)
5 **AB**DFGIJKLMNPUWXYZ
6 ABCEFGH**K**L(N 1,5km)OST

Ruhe, Stille und Natur genießen. Direkt am Campingplatz kann man reichlich Rad fahren und durch die Wälder, die Heide und Sandverwehungen wandern. Ein idealer Campingplatz für junge Familien (mit Kindern bis ± 10 Jahre), Senioren und Naturfreunde. Gecampt wird auf offenem Feld oder in einer kleinen Allee. Alle Parzellen sind durch Grün abgegrenzt.

A73 Ausfahrt St. Anthonis. In St. Anthonis den Schildern folgen.

CC € 21 31/3-17/5 22/5-26/5 30/5-8/7 26/8-1/10

N 51°37'39'' E 05°51'42''

Sint Hubert, NL-5454 NA / Noord-Brabant

341

Camping Van Rossum's Troost
Oude Wanroijseweg 24
+31 4 85 47 01 93
1/4 - 1/10
info@rossumstroost.nl

5,5ha 45T(90-120m²) 6A CEE

1 ABD**H**JKLMO**Q**ST
2 BIJSWXYZ
3 BCHIJKPSV
4 (A 18/5-29/6,22/7-20/8) (G 30/7-27/8)(Q) (Z 22/7-20/8)
5 **AB**CEFGHI**J**MO**PQ**UXYZ
6 ACEFGH**KM**(N 0,8km)OST

Gastfreundlicher Familiencamping am Rande des Naturgebietes De Molenheide, 260 ha mit vielen Rad- und Wanderangebote (gratis Strecken vom Camping aus). Groß angelegtes Gelände mit schönen Tour- und Komfortplätzen, ebenso Toilettenbau mit geräumigen Duschen und WLAN.

A73 Ausfahrt Haps Richtung Mill. Nach St. Hubert Richtung Wanroij und der Beschilderung folgen.

CC € 19 1/4-17/5 30/5-9/7 26/8-1/10 14=12

N 51°40'09'' E 05°47'48''

Soerendonk, NL-6027 RD / Noord-Brabant

342

Oostappen Vakantiepark Slot Cranendonck
Strijperdijk 9
+31 4 95 59 16 52
31/3 - 13/10
info@slotcranendonck.nl

17,8ha 208T(100m²) 6-10A CEE

1 ACD**H**JKLMNQTU
2 IJSXYZ
3 ABCD**G**HIJKLMOPRSW
4 (B 26/5-3/9)(F+H)J (S+T+U+X+Y+Z)
5 **AB**DEFGIJKLMNOPUWXY
6 CFGHJ(N 5km)OSX

Geselliger brabanter Familiencamping in natürlicher Umgebung am Rand der Kempen und De Peel. Stellplätze auf Grasflächen, von Wald umgeben mit Spielgeräten pro Feld. Schöner Innen- und Außenpool. Nettes Restaurant mit geselliger Terrasse und langen Öffnungszeiten auch außerhalb der Saison.

A2 Eindhoven-Weert, Ausfahrt Soerendonk, Richtung Soerendonk, Schildern folgen.

CC € 17 *31/3-20/4 8/5-17/5 22/5-26/5 29/5-7/7 25/8-13/10*

N 51°19'11'' E 05°34'29''

Someren, NL-5712 PD / Noord-Brabant

343

Camping De Kuilen
Kuilvenweg 15
+31 4 93 49 45 82
1/3 - 31/10
info@campingdekuilen.nl

3ha 45T(120m²) 10A CEE

1 AD**H**JKLMN**Q**R
2 ISWXY
3 A**F**HIKLPSU
4 (B 1/6-31/8)(Z)
5 **AB**DGIJMNO**P**UWX
6 ACEFGHK(N 3km)V

Kleinerer und gemütlicher Familiencamping. Besonders schön und ruhig am Rande des weiten Naturschutzgebietes gelegen. Neben Golfplatz und 3 km von Someren mit allen Geschäften. Nettes Café mit Terrasse. Überdachte Fahrradunterstellung.

A67 Ausfahrt 34 Richtung Heeze, danach Richtung Someren. Vor Someren rechts ausgeschildert.

CC € 19 *1/3-17/5 30/5-1/7 18/8-31/10*

N 51°22'39'' E 05°40'19''

St. Oedenrode, NL-5491 TE / Noord-Brabant

344

Camping De Kienehoef
Zwembadweg 37
+31 4 13 47 28 77
1/4 - 24/9
info@kienehoef.nl

15ha 160T(80-100m²) 4-10A CEE

1 AD**H**JKLMQR
2 AFIOSWXYZ
3 ABC**G**HIJKLMNPSWZ
4 (C+H 1/5-30/8)(Q)(T+U+X+Z 22/7-26/8)
5 **AB**DFGHIJKLMNPQUWXYZ
6 ABEFGHKLM(N 1km)

Harmonischer und schön angelegter Camping an einen tollen Freizeitpark angrenzend mit Restaurant und Streichelzoo. Dicht am urigen Dorf St. Oedenrode.

CP von der A2 (Ausfahrt 27) und A50 (Ausfahrt 9) St. Oedenrode erreichbar. Richtung Schijndel hinter dem Ortsausgang. 1. Straße links, dann 2. Straße links. Ausgeschildert.

CC € 23 *1/4-17/5 22/5-26/5 30/5-8/7 27/8-24/9* *7=6, 14=11, 21=17*

N 51°34'39'' E 05°26'46''

Valkenswaard, NL-5556 VB / Noord-Brabant

345

Oostappen Vakantiepark Brugse Heide
Maastrichterweg 183
+31 4 02 01 83 04
31/3 - 13/10
info@vakantieparkbrugseheide.nl

7ha 82T(81-100m²) 6A CEE

1 ACD**H**JKLMNQR
2 BISWXYZ
3 ABCD**G**HIKLMPRSU
4 (B+G 29/5-3/9) (T+U+W+X+Y+Z)
5 **AB**DEFGIJKLMNPQUWXY
6 ACEFGHJM(N 1,5km)SX

Gut ausgestatteter Camping in waldreicher Umgebung mit großem Wander-und Radgebiet. Viele Sehenswürdigkeiten sind mit dem Rad erreichbar.

A2, Ausfahrt Valkenswaard, Richtung Achel. Schildern folgen.

CC € 17 *31/3-20/4 8/5-17/5 22/5-26/5 29/5-7/7 25/8-13/10*

N 51°19'44" E 05°27'45"

Veldhoven, NL-5504 PZ / Noord-Brabant

346

Vakantiepark Witven
Witvenseweg 6
+31 4 02 30 00 43
1/4 - 24/9
info@witven.nl

13,3ha 117T(80-120m²) 6-10A CEE

1 ACD**G**JKLMNOQR
2 AFIJOSWXYZ
3 ABCE**G**IJKLMP**R**SWZ
4 (Q+R)(T+U 15/7-26/8) (X+Y+Z)
5 **AB**DFGIJKLMNPQ**S**UWXYZ
6 ACDEFGHKL(N 2km)

Am Badesee und Restaurant gelegener Campingplatz mit vielen Spielmöglichkeiten in der Nähe von Veldhoven. Umgeben von viel Natur aber auch für Stadtbesuche in Eindhoven geeignet. Private Sanitäranlagen zur Miete. Speziell gehärtete Wohnmobilstellplätze, auf denen auch Wintercamping möglich ist.

Umfahrung Eindhoven N2 Ausfahrt 32 Richtung Veldhoven. Danach den Schildern folgen.

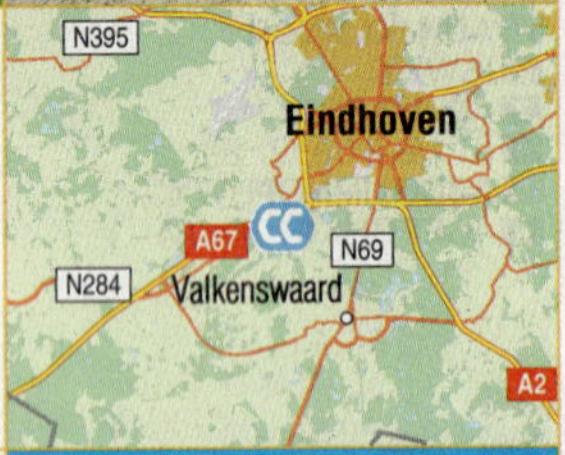

CC € 23 *1/4-29/4 7/5-17/5 22/5-26/5 30/5-16/6 18/6-15/7 1/9-24/9*

N 51°23'42" E 05°24'43"

Veldhoven/Zandoerle, NL-5506 LA / Noord-Brabant

347

Vakantiepark Molenvelden
Banstraat 25
+31 4 02 05 23 84
31/3 - 2/10
molenvelden@kempenrecreatie.nl

14ha 90T(80-100m²) 10A CEE

1 ABCD**H**JKLMQR
2 ISWXYZ
3 ABC**G**HIJKLMNP**R**S
4 (C+H 1/5-3/9)M (T+U+X+Y+Z)
5 **AB**DEFGHI**J**KLMNOPQUWXY
6 ABEFGHJL(N 3km)S

Familiencamping mit schönen, offenen Stellplätzen am Waldgebiet. Ländliche Umgebung mit vielen Wander- und Radangeboten. Restaurant und Café mit sehr schöner Terrasse haben auch außerhalb der Hochsaison großzügige Öffnungszeiten. Kabelanschluss für HDTV.

N2 Umfahrung Eindhoven, Ausfahrt 31 Richtung Veldhoven. Den Schildern folgen.

CC € 23 *31/3-8/7 4/9-2/10 7=6, 14=11*

N 51°24'30" E 05°21'27"

Vessem, NL-5512 NW / Noord-Brabant

348

Eurocamping Vessem
Zwembadweg 1
+31 4 97 59 12 14
25/3 - 1/10
info@eurocampingvessem.com

50ha 321T(100-200m²) 6A CEE

1 AD**H**JKLMNPQR
2 BIJSXYZ
3 ABCE**G**IJKLMNOPRSUW
4 (C+G 15/5-1/9)(Q 15/7-27/7)
(R+T+Z 9/7-4/9)
5 **ABC**DFGIJMNO**PT**UWXYZ
6 ACDEFGKLM(N 1,5km)

Einmaliger Camping im Herzen von Brabant. Großes und sehr waldreiches Gelände mit großen und offenen Feldern. Viele Rad- und Wanderangebote. Großer Fischweiher im Wald. Spezielle Reisemobilplätze vor dem Camping.

A58 Ausfahrt 8 Oirschot, Richting Middelbeers, danach Vessem. CP ausgeschildert an der Straße Vessem-Hoogeloon.

CC € 21 25/3-17/5 21/5-26/5 30/5-8/7 26/8-1/10

N 51°24'38'' E 05°16'35''

Vinkel, NL-5382 JX / Noord-Brabant

349

Vakantiepark Dierenbos
Vinkcloord 1
+31 7 35 34 35 36
1/4 - 30/10
info@dierenbos.nl

55ha 546T(115-125m²) 16A CEE

1 ABCD**G**JKLMPQR
2 ABEISTXYZ
3 ACE**G**HIJKMP**RST**UWZ
4 (B+F+H)J
(Q+S+T+U+X+Z)
5 **AB**DEFGIJKLMNOPQUWXYZ
6 ACEFGHK(N 3km)OSU

Auf dem Ferienpark Dierenbos erleben Sie einen wunderbaren Urlaub zwischen vielen Waldtieren auf großen Campfeldern. Für Jung und Alt gibt's viel zu unternehmen. Hier erleben Sie Badespaß, fantastische Naturwanderungen und spannende Bowlingabende.

A59, Ausfahrt 51. CP ab hier angezeigt.

CC € 15 1/4-7/4 11/4-22/4 6/5-17/5 30/5-30/6 2/9-14/10

N 51°42'17'' E 05°25'48''

Wanroij, NL-5446 PW / Noord-Brabant

350

Camping Vakantiepark De Bergen
Campinglaan 1
+31 4 85 33 54 50
31/3 - 30/10
info@debergen.nl

92ha 320T(80-125m²) 10A CEE

1 ACD**G**JKLMNQR
2 AFIOSWXYZ
3 ABCDHIKMNP**R**SUWZ
4 J(S)(T+U+V 8/7-3/9)
(X+Y 9/7-4/9)(Z 8/7-3/9)
5 **AB**DEFGIJMNPQ**T**UWXYZ
6 ACFGH**IJKLM**(N 2km)OSU

Schön im Grünen campen. Toller Familienpark mit vielen und gut gepflegten Campinganlagen. In den Schulferien und an Wochenenden diverse Gastronomieangebote mit Geselligkeit und Gastlichkeit. Das großes Strandbad, wo sogar die Allerkleinsten prima aufgehoben sind und der Indoor-Spielplatz sorgen für noch mehr Urlaubsspaß.

A73 Ausfahrt Boxmeer nach St. Anthonis und rechts nach Wanroij. CP ausgeschildert.

CC € 19 31/3-7/4 11/4-17/5 22/5-26/5 30/5-7/7 4/9-30/10

N 51°38'26'' E 05°48'40''

Afferden, NL-5851 AG / Limburg

351

Camping Klein Canada
Dorpsstraat 1
+31 4 85 53 12 23
31/3 - 30/10
info@kleincanada.nl

12ha 143T(100-120m²) 6-10A CEE

1 ADGJKLMNOQST
2 IJSTVXY
3 ABCEFGHKLMOPSUW
4 (A 29/4-8/5,8/7-4/9) (B 1/5-4/9)(F+G 31/3-30/10) JN(Q+T+X+Y+Z 29/4-8/5, 8/7-4/9)
5 ABDEFGIJLMNOPQRTUWXYZ
6 BCFGHK(N 0,5km)OSTUV

Groß angelegter Familiencamping mit vielen Einrichtungen am Rande vom Nationalpark 'De Maasduinen'. Die verschiedenen Felder haben jeweils ihren eigenen Charakter. Ein Teil der Plätze hat eigenes Sanitär. Einige liegen am Angelweiher. Gastronomie auf dem Gelände.

A57 Grenzübergang Goch, Ausf. 2 Gennep nehmen. Dann links abbiegen auf N271. Nach ca. 4 km links abbiegen auf Dorpsstraat. Der Campingplatz befindet sich auf der rechten Straßenseite.

CC € 17 31/3-7/4 11/4-17/5 22/5-26/5 30/5-7/7 4/9-30/10

N 51°38'20" E 06°00'15"

Afferden, NL-5851 EK / Limburg

352

Camping Roland
Rimpelt 33
+31 4 85 53 14 31
1/1 - 31/12
info@campingroland.nl

11ha 85T(80-120m²) 6A CEE

1 ADHJKLMNOPQR
2 ISWY
3 CDGHIKMPRSUW
4 (C+H 27/4-20/9)J (Q+R+S+T+U+Y +Z 1/4-1/10)
5 ABDFGJLMNOPRUWXYZ
6 BCDEFGHK(N 1km)OSTUV

Luxuriöser Familiencamping in sehr schöner Lage im Herzen des Nationalparks Maasduinen. Dort kann man in herrlichen Wäldern, Heiden und Wasserrevieren zwischen Maas und der deutschen Grenze, ungestört nach Herzenslust wandern und Rad fahren.

A73 Nijmegen-Venlo, am Kreuz Rijkevoort über die A77 bis Ausfahrt 2 auf die N271 Nieuw-Bergen - Afferden, nach ca. 5 km Richtung Venlo, den Schildern folgen.

CC € 19 1/1-17/5 30/5-7/7 25/8-31/12

N 51°38'04" E 06°02'03"

Arcen, NL-5944 EX / Limburg

353

Klein Vink
Klein Vink 4
+31 7 74 73 25 25
1/1 - 31/12
receptie.kleinvink@roompot.nl

17ha 310T(80-90m²) 10A CEE

1 ABCDHJKLMNPQR
2 ABEIOSTWXYZ
3 ACDHIKMNOPRSUVWZ
4 (F+H) KLNOP (Q+S+T+U+V+X+Y+Z)
5 ABCDFGHIJKLMNOPUWXYZ
6 ACDFGHKLM(N 0,1km) OSTUV

Schöner Camping mit angenehmem Ambiente. Sehr gut gepflegt. Gelände mit sehr schönem Thermalbad. Bei schönem Wetter kann man auch im Badesee herrlich schwimmen. Separate Stellplätze für Reisemobile.

N271 Nijmegen-Venlo. Gut ausgeschildert.

CC € 17 8/1-7/4 7/5-17/5 22/5-26/5 30/5-7/6 12/6-7/7 1/9-22/12

N 51°29'46" E 06°11'04"

Baarlo, NL-5991 NV / Limburg

354

Oostappen Vakantiepark De Berckt
Napoleonsbaan Noord 4
+31 7 74 77 72 22
31/3 - 13/10
info@vakantieparkdeberckt.nl

40ha 350T(80-120m²) 10A CEE

1 ACDHJKLMNPQR
2 BIJSTXYZ
3 ACE**F**HIKMPRSU
4 (F+H)IJKLN
(Q+S+T+U+X+Y+Z)
5 **AB**DEFGIJKLMNOPQUWXYZ
6 CEFGHJ**K**M(N 2km)STV

Fröhlicher Familiencamping in waldreicher Umgebung mit schönem Schwimmparadies in märchenhafter Atmosphäre. Und draußen steht dann auch noch eine erstaunliche Spielburg: das nennt man genießen.

A73 Ausfahrt Baarlo (N273). Auf der N273 (Napoleonsbaan) liegt der CP auf der Westseite der Strecke, zwischen Blerick und Baarlo.

CC € 19 *31/3-20/4 8/5-17/5 22/5-26/5 29/5-7/7 25/8-13/10*

N 51°20'46'' E 06°06'20''

Beesel, NL-5954 PB / Limburg

355

Camping Petrushoeve
Heidenheimseweg 3
+31 7 74 74 19 84
15/3 - 1/10
info@campingpetrushoeve.nl

5ha 89T(120-140m²) 6-16A CEE

1 ADFIJKLMNO**Q**R
2 BISTUVWXYZ
3 E**G**HIJKMN
4 (Q+V)
5 **AB**DFGIJKLMNOPUWXYZ
6 ACDEFGK(N 4,5km)T

Ruhiger Auto und Haustier freier, kleiner grüner Camping in der Zentral-Limburger Ebene, zwischen Roermond und Venlo. Sehr große, abgegrenzte Plätze. Schöne neue Komfortplätze für Reisemobile. Am Natur- und Stillgebiet Meerlebroek, dem großen Brachter Wald und dem Pieterpad. Abwechselnde Umgebung zum wandern und Rad fahren. Keine Dauerplätze.

Von der A73 Ausfahrt 18 Reuver/Beesel. Danach den Schildern Petrushoeve Recreatie folgen.

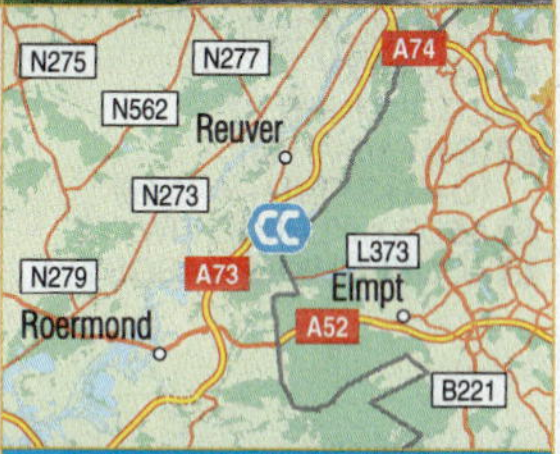

CC € 19 *15/3-17/5 21/5-26/5 29/5-1/7 18/8-1/10*

N 51°15'08'' E 06°04'22''

Blitterswijck, NL-5863 AR / Limburg

356

Camping 't Veerhuys
Veerweg 7
+31 4 78 53 12 83
31/3 - 1/11
info@campingveerhuys.nl

2,8ha 66T(72-150m²) 6-10A CEE

1 ACD**H**JKLMQR
2 DIMNSTVX
3 AC**G**HIKSUWX
4 (G 1/5-29/10)(Q+X+Y+Z)
5 **AB**CDGIJLMN**P**UWXYZ
6 ABCDEFGH**K**M(N 1km)TV

Schön gelegener Campingplatz mit beheiztem Sanitär an der Maas, an einer Fahrrad- und Personenfähre, die einem zum Nationalpark Maasduinen bringt. Das Campingcafé 'De Proeverij' mit angeschlossenem Restaurant 'Tante Jet' ist zu empfehlen.

A73 Ausfahrt 9 Richtung Wanssum. Am Kreisel in Wanssum rechts ab und sofort wieder links richtung Blitterswijck.

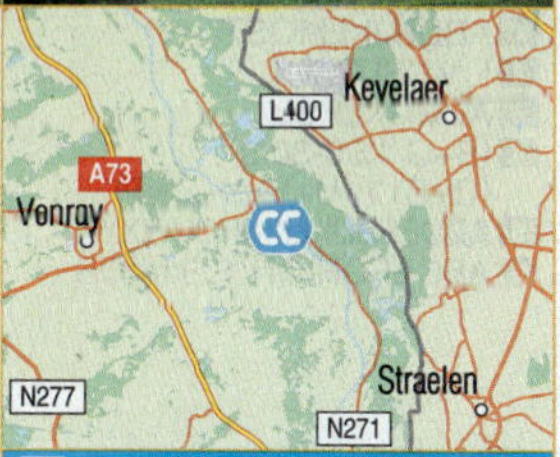

CC € 21 *31/3-7/4 11/4-27/4 8/5-17/5 30/5-8/7 4/9-1/11*

N 51°31'52'' E 06°07'05''

Echt, NL-6102 RD / Limburg

357

Camping Marisheem
Brugweg 89
+31 4 75 48 14 58
1/4 - 30/9
info@marisheem.nl

12ha 40T(80-100m²) 10A CEE

1 ADHJKLMQR
2 IJSWXYZ
3 ACGHIKS
4 (B+G 1/5-1/9)J
(T+Z 15/7-28/8)
5 ABFGIJKLMNOPQUWZ
6 ABCGK(N 2km)ST

CampingCard-ACSI auch in den Maiferien, Himmelfahrt und Pfingsten! Tarif inkl. 1 Hund, max. 3 Kinder bis 5 Jahre, Duschen und Warmwasser, einem ca. 80-100 m² großen Platz und gratis WLAN! Marisheem liegt in Echt, Zentral-Limburg, 'dem schmalsten Stück Holland'. Schöne Wald-, Rad- und Wandergegend.

A2 Richtung Maastricht, Ausfahrt 45 Echt. Oder A73, Ausfahrt 22 Maasbracht. Weiter auf N276 Richtung Echt. Dann den Camping-Schildern folgen.

CC € 21 1/4-1/7 18/8-30/9 14=13, 21=19

N 51°05'33'' E 05°54'40''

Gulpen, NL-6271 NP / Limburg

358

EuroParcs Gulperberg
Berghem 1
+31 4 34 50 23 30
1/1 - 31/12
kcc@europarcs.nl

7,9ha 225T(100-120m²) 10A CEE

1 ADHJKLMNQR
2 IMNSWXY
3 CGIJKMNPQSU
4 (B+H 1/5-1/10)I
(Q+R+S+T+U+Y+Z)
5 ABDFGIJKLMNOPRUWXYZ
6 ACDEFGHK(N 2km)OSTVX

Herzlich willkommen auf dem Panoramacamping Gulperberg, wo Sie mitten von Fernsichten auf hohem Niveau Erholung finden. Zentrale Lage für Maastricht, Valkenburg, Aachen und Lüttich. Kostenloser Eintritt ins prächtige Freizeitbad Mosaqua in Gulpen.

A4 Aachen - Maastricht, Ausf. Bocholtz zur N281 Ri. Gulpen. An der letzen Ampel in Gulpen li. Den Schildern folgen. Mit GPS: Postleitzahl eingeben, dann Landsraderweg bis zur T-Kreuzung folgen, li. ab. CP nach 200m re.

CC € 23 31/3-7/4 11/4-26/4 1/5-17/5 22/5-30/6 4/9-30/10

N 50°48'25'' E 05°53'40''

Gulpen, NL-6271 PP / Limburg

359

Terrassencamping Osebos
Osebos 1
+31 4 34 50 16 11
1/4 - 5/11
info@osebos.nl

7ha 210T(100-120m²) 6-10A CEE

1 ABDHJKLMQST
2 IJMNSUWXY
3 ACGIJKLPSU
4 (B+G 15/5-30/9)
(Q+S+T+U+V+Y+Z)
5 ABDEFGIJKLMNPQUWXYZ
6 ABCEFGHK(N 1,5km)OS

Terrassencampingplatz mit wunderschöner Aussicht über das Hügelland. Die Gegend hat ein einzigartiges Microklima: durchschnittlich mehr Sonne und Wärme als im restlichen Holland. Sehr komfortabel, Einrichtungen auf hohem Niveau.

N278 Maastricht-Vaals. Vor Gulpen Richtung Euverem/ Beutenaken, erste Straße rechts.

CC € 21 1/4-29/4 6/5-18/5 21/5-8/7 25/8-5/11

N 50°48'27'' E 05°52'15''

Heel, NL-6097 NL / Limburg

360

Oostappen Vakantiepark Heelderpeel
De Peel 13
+31 7 74 77 72 24
31/3 - 13/10
receptie@vakantieparkheelderpeel.nl

55ha 160T(100m²) 10A CEE

1 ADHJKLMNOPQR
2 AEISTWY
3 BCHIKMOPRSWZ
4 (C 15/5-15/9)(X+Z 🔑)
5 ABDFGIJKLMNOPUWZ
6 EFHJ(N 3km)SU

Familiencamping in Mittel-Limburg. In der Umgebung viele Rad- und Wandermöglichkeiten. Auch viele Wassersportangebote in nächster Nähe.

Von Eindhoven A2 Ausfahrt 41. Auf der N273 Richtung Venlo fahren. Nach ca. 3 km ist der CP links ausgeschildert.

CC € 19 31/3-20/4 8/5-17/5 22/5-26/5 29/5-7/7 25/8-13/10

N 51°11'49'' E 05°52'31''

Heerlen, NL-6413 TC / Limburg

361

Camping Hitjesvijver
Willem Barentszweg 101
+31 4 55 21 13 53
1/1 - 31/12
info@hitjesvijver.nl

4,5ha 113T(90-100m²) 6-10A CEE

1 ACDHJKLMNOQR
2 IJMSVXYZ
3 ACGHIJKLMNPSU
4 (C+H 15/5-1/9)(Q 9/7-3/9)(R+T+U+Y+Z 🔑)
5 ABDFGHIJKLMNOPUWZ
6 ACDEFGJK(N 0,6km)OST

Stadtcamping. Beheizte Sanitäranlage. Brasserie ganzjährig von Do. bis Mo. geöffnet. Viele Möglichkeiten, die schöne Süd-Limburger Natur zu genießen. Besuchen Sie die Sehenswürdigkeiten der alten Städte Maastricht, Aachen und Lüttich.

Von Eindhoven: folge den Schildern A76 nach Heerlen; hinter Nuth re. der N281 folgen Ri. Heerlen; Ausf. Heerlen-Nord nehmen; am Ende li., am Kreisel bei McDonald's li., dann 1. Kreisel re., den Willem Barentszweg. Nach 800m CP li.

CC € 19 1/1-17/5 4/6-9/6 20/6-30/6 1/9-31/12 7=6, 14=12

N 50°55'16'' E 05°57'26''

Heijen, NL-6598 MH / Limburg

362

Camping Hoeve De Schaaf
Brem 11
+31 4 85 53 12 42
31/3 - 30/10
info@campingdeschaaf.nl

10ha 43T(100-150m²)

1 HJKLMOPQR
2 BDOWXYZ
3 CHKPSU
4 (C+H 🔑)J(Q+T+X+Z 29/4-8/5,22/7-4/9)
5 ABDGIJKLMNOPTUWXYZ
6 EFGHJTV

Familiencampingplatz in der Nähe des Naturparks De Maasduinen. Private Sanitäranlagen und Schwimmbad. Ausgangspunkt für Wanderungen und Radtouren zu historischen Städten in Brabant, Limburg und Gelderland.

A77, Ausfahrt 2 (Gennep). Nach 400m links auf N271 abbiegen. Nach 180m links abbiegen nach De Grens. Nach 700m zum Karrevenseweg. Nach 870m zu Brem.

CC € 17 31/3-7/4 11/4-17/5 22/5-26/5 30/5-7/7 4/9-30/10

N 51°39'51'' E 06°00'28''

Helden, NL-5988 NH / Limburg

363

Ardoer Camping De Heldense Bossen
De Heldense Bossen 6
+31 7 73 07 24 76
24/3 - 29/10
info@deheldensebossen.nl

30ha 347T(80-120m²) 10A CEE

1 ADHJKLMNPQR
2 BISWXYZ
3 BCEGHIKLMPSU
4 (C 24/4-29/8)(F 27/3-29/10) (H 24/4-29/8)JM (Q+S+T+U+Y+Z)
5 ABCDEFGHIJKLMNOPQTUWXYZ
6 ACEFGHKLM(N 2km)OSV

Stilvoller Familiencamping mit großen Plätzen. Einmalige Lage in waldreicher Umgebung mit Wander- und Radrouten. Mit beheizten Hallen-und Freibad. Weiterhin einmaligen Spielgarten, Kinderbauernhof, Paddelweiher, Sportplätze und einer Waldfreilichtbühne.

N277, Midden Peelweg, Ausfahrt Helden fahren. Von Helden Richtung Kessel. Nach 1 km links ab. Nach ca. 1 km kommt der CP.

CC € 23 24/3-7/4 11/4-22/4 7/5-17/5 21/5-26/5 30/5-8/7 2/9-29/10

N 51°19'05'' E 06°01'25''

Herkenbosch, NL-6075 NA / Limburg

364

Huttopia De Meinweg
Meinweg 7
+31 8 50 40 11 40
2/6 - 29/10
demeinweg@huttopia.com

27ha 100T(90-120m²) 8-16A CEE

1 BCDHJKLMNQTU
2 BLSTXYZ
3 ACHIJKLS
4 (A 8/7-31/8) (C+H+Q+V+Z)
5 ABCEFGHIJKLMNOPQRUWXZ
6 DEFGHJO

Inmitten des gleichnamigen Nationalparks empfängt Sie der Campingplatz auf einem unberührten Naturgrundstück mit großzügigen Stellplätzen unter Bäumen und zwei schönen beheizten Swimmingpools. Der ideale Ausgangspunkt für einen Besuch im Süden der Niederlande.

Nehmen Sie die A2 oder A73 in Richtung Roermond. In Roermond folgen Sie der Beschilderung Roermond-Ost/Melick. Nehmen Sie die Ausfahrt Herkenbosch und folgen Sie dann der Route „Natuurpark Meinweg" bis zur Ausfahrt Meinweg.

CC € 17 2/6-30/6 1/9-29/10

N 51°09'43'' E 06°05'32''

Hulsberg, NL-6336 AV / Limburg

365

Camping 't Hemelke
Klimmenerweg 10
+31 4 54 05 13 86
1/4 - 30/9
info@hemelke.nl

7ha 330T(110-120m²) 6-16A CEE

1 ADHJKMQR
2 IJLMSWXYZ
3 ACEGHIJKLPRSUV
4 (B+G 30/4-15/9)J(Q+R+ T+V 1/5-6/5,10/7-25/8) (Y 17/5-29/5,10/7-3/9) (Z 1/5-6/5,10/7-25/8)
5 ABDEGIJKLMNOPQTUWZ
6 ACDEFGHK(N 0,2km) OSTUV

Camping mit großen Plätzen, auf dem eine lange Tourismustradition in Ambiente und Gastlichkeit zum Ausdruck kommt.

Von A2 Ausfahrt A76 Richtung Heerlen, Ausfahrt Nuth, dort Richtung Hulsberg, CP in Hulsberg ausgeschildert.

CC € 21 1/4-28/4 8/5-16/5 30/5-7/7 4/9-30/9

N 50°53'16'' E 05°51'46''

Kelpen-Oler, NL-6037 NR / Limburg

366

Camping Geelenhoof
Grathemerweg 16
+31 4 95 65 18 58
18/3 - 31/10
info@geelenhoof.nl

5ha 57T(120-150m²) 6-10A CEE

1 ADGJKLMNOQR
2 IJSTWXY
3 ACDGHIKMNPRSUW
4 (Q)
5 ABCDFGHIJKMNOPUWXYZ
6 ACDEFGHK(N 3km)T

Ruhiger Campingplatz mit großen, autofreien Komfortplätzen. Mini- und Bauerngolf, Boule und Angelteich. Überdachte Fahrradstallung und Ladestation für E-Bikes. Sehenswert: Thorn, Roermond, und die 5 Nationalparks. Bademöglichkeit in wenigen Kilometern.

Von Norden kommend: A2, Ausf. 40 Kelpen/Oler. Auf der N280 an der Ampel die Ausf. Kelpen/Oler nehmen und der Durchgangsstraße folgen. Von Süden kommend: A2, Ausf. 41 Ri. Grathem. Ab der N273 den Campingschildern folgen.

CC € 19 *18/3-17/5 30/5-7/7 3/9-31/10*

N 51°12'35'' E 05°49'47''

Kessel, NL-5995 RP / Limburg

367

Camping Oda Hoeve
Heldenseweg 10
+31 7 74 62 13 58
24/3 - 1/11
info@odahoeve.nl

3,5ha 120T(180-200m²) 6A CEE

1 ADHJKLMNOPQST
2 INSVWXY
3 GHIKU
5 ABCDGHJLNPTUWXY
6 EFGHK(N 1km)TV

Gemütlicher Camping für Senioren und 50+ auf einem schön angelegten Gelände mit flacher Bepflanzung und befestigten Stellplätzen. In einem Umfeld mit vielen Radwegen, 1 km von der Maas. Inhaber organisiert Planwagenfahrten und Ausflüge. Gratis Wifi.

Über den Napoleonsweg N273 nach Kessel. An der Ampel bei Kessel rechts Richtung Helden. Camping nach 800m auf der rechten Seite.

CC € 17 *24/3-10/5 30/5-8/7 26/8-1/11*

N 51°17'54'' E 06°02'14''

Landgraaf, NL-6374 LE / Limburg

368

Camping De Watertoren
Kerkveldweg 1
+31 4 55 32 17 47
7/4 - 2/10
info@campingdewatertoren.nl

5,3ha 116T(100-150m²) 6-10A CEE

1 ACDHJKLMQST
2 BISUXYZ
3 ACGHIJKLMNPSU
4 (A 12/7-23/8)(C+H 15/5-1/9)
(Q+R+T+U+Y+Z)
5 ABDEFGIJKLMNOPQRUWZ
6 ACEFGHKL(N 2km)OSV

Camping für junge Familien und Naturliebhaber an einem großen Waldgebiet. Restaurant. Beheiztes Freibad und Sanitär mit Behinderteneinrichtungen. Große Plätze(10x10m). Wander- und Radrouten vom Campingplatz aus.

A2 Ausf. 47 Born/Brunssum. Brunssum folgen Von Maastricht/Heerlen. Ausf. Kerkrade-West (Beitel) oder Beschilderung Park Gravenrode. Dann Hofstr.-Einsteinstr.-Dr. Calsstr.-Torenstr. Links ab im Kreisel Europaweg-Zuid.

CC € 21 *7/4-16/5 30/5-8/6 19/6-7/7 26/8-1/10*

N 50°54'38'' E 06°04'23''

Maasbree, NL-5993 PB / Limburg

369

Vakantiepark BreeBronne
Lange Heide 9
+31 7 74 65 23 60
31/3 - 1/11
info@breebronne.nl

12ha 315T(80-120m²) 16A CEE

1 DHJKLMNOPQTU
2 ABEITWXYZ
3 ACDHIKMNRSUZ
4 (F+H ⊶)J(Q+R+T+Y+Z 29/4-8/5,8/7-4/9)
5 ABCDEFGIJKLMNOPQRSTUW XYZ
6 DEFGHK(N 3km)ST

Idealer Campingplatz für jedes Alter. Naturliebhaber, aber auch Sonnenanbeter können sich verwöhnen lassen.

A67 Ausfahrt Zaarderheiken/Venlo-West/Zuid und die N556 Richtung Maasbree. Weiter der CP-Beschilderung nach.

CC € 23 31/3-7/4 11/4-28/4 8/5-17/5 30/5-8/7 1/9-1/11

N 51°22'27'' E 06°03'41''

Meerssen, NL-6231 RV / Limburg

370

Camping 't Geuldal
Gemeentebroek 13
+31 4 36 04 04 37
1/4 - 23/12
receptie@camping-geuldal.nl

8ha 132T(100-150m²) 6-10A CEE

1 ACDHJKLMNPQST
2 BDISWXYZ
3 CEGHIKMNSU
4 M(Q+T 16/6-17/9) (V 16/6-27/9)(Y+Z ⊶)
5 ABDFGIJKLMNOPQUWXZ
6 ABCDEFGHKL(N 3km)OX

Zwischen steilen Mergelwänden und dem Fluss Geul gelegen. Ideal zum Radfahren und Wandern. Gutes Sanitär und geräumige Stellplätze. Nahe Maastricht und Valkenburg. ACSI-Award für das beste Campingrestaurant in den Niederlanden 2022.

A2 Ausf. 51. 1. Kreisel links, 2. rechts und 3. links. Über die Gleisen links. Vor der Linkskurve rechts o. über die A79 Ri. Heerlen Ausf. 2. Dann Meerssen, Kreisel links: sofort hinter den Gleisen links. Wohnmobile höher als 2,8m siehe Webseite.

CC € 19 1/4-7/4 10/4-14/4 7/5-18/5 21/5-26/5 29/5-7/7 1/9-23/12

N 50°52'21'' E 05°46'17''

Meijel, NL-5768 PK / Limburg

371

Camping Kampeerbos De Simonshoek
Steenoven 10
+31 7 74 66 17 97
1/1 - 9/1, 1/3 - 31/12
info@simonshoek.nl

8,5ha 75T(120-130m²) 6A CEE

1 ADHJKLMNPQR
2 BISTWXY
3 AGHIKMPS
4 (C+E+H 15/3-1/11) (Q 31/3-31/10)(Z ⊶)
5 ABDFGIJKLMNOPUWZ
6 BCEFGHJ(N 1km)TV

Kampeerbos De Simonshoek liegt mitten im Limburger 'Land der Peel und Maas', in einer waldreichen Umgebung unweit vom Nationalpark De Groote Peel. Ruhig gelegener Camping mit großen Stellplätzen, ordentlichem Sanitär und die Simon's Schwimm Arena bietet jeden Tag Badespaß für Jung und Alt. Schöne Rad- und Wanderrouten in der Umgebung.

A67 Eindhoven-Venlo, Ausfahrt Asten/Meijel Richtung Meijel. Nach ca. 12 km rechts ab. CP liegt dann nach 700m auf der rechten Seite.

CC € 19 1/3-21/4 30/5-10/7 27/8-31/12

N 51°20'23'' E 05°52'16''

Melderslo, NL-5962 PA / Limburg

372

Camping De Kasteelse Bossen
Nachtegaallaan 4
+31 7 73 98 73 61
1/1 - 31/12
info@dekasteelsebossen.nl

3ha 52T(80-140m²) 6-16A CEE

1 ABD**H**JKLMNOP**Q**TU
2 ISTWXYZ
3 AHIKLPSU
4 (T+U+X+Z)
5 **AB**CDFGHIJKLMN**PT**UWZ
6 CEFGHK(N 1km)STV

Ruhiger und schön gelegener, gut gepflegter Camping am Waldrand in der Nähe des Dorfes. In einem sehr schönen Rad- und Wandergebiet. Für Jung und Alt. Sehr engagierte Besitzer sorgen für das Gästewohl. Restaurant mit kleiner Karte. Beheizte Sanitäranlagen und auch Privatsanitär möglich.

A73, Ausfahrt 10 Richtung Horst-Noord. An der Ampel links ab, der Straße folgen, dann den CP-Schildern.

CC € 19 *1/1-28/4 8/5-17/5 30/5-8/7 25/8-31/12*

N 51°27'41'' E 06°04'20''

Noorbeek, NL-6255 PB / Limburg

373

Camping Grensheuvel Natuurlijk Limburg
Voerenstraat 11
+31 6 28 83 41 23
1/1 - 31/12
grensheuvelnatuurlijklimburg@gmail.com

2,5ha 70T(75-100m²) 6A CEE

1 A**H**JKLMNPQST
2 JMNVXY
3 AIK
4 (Q 8/7-27/8)(X+Z 1/2-31/12)
5 **AB**DGIJMNOPUWX
6 ABCDEFGKL(N 1km)

Terrassencamping in einer hügeligen Landschaft. Ideal für Wanderer und Radfahrer. Prächtige Aussicht und Natur. Ruhige Umgebung. Beheizte Sanitäranlage und gratis WLAN. Rezeption nicht besetzt.

A2 Richtung Maastricht - Luik (Liège/Lüttich), Ausfahrt 56 Gronsveld. Über St. Geertruid und Mheer nach Noorbeek. Vor Noorbeek rechts ist der Camping Grensheuvel. Aus D: Von Aachen B278 Gulpen. Hinter Gulpen, De Hut rechts die N598 bis Hoogcruts. Dort rechts nach Noorbeek.

CC € 19 *1/1-16/5 30/5-7/7 28/8-31/12*

N 50°46'23'' E 05°48'07''

Panningen, NL-5981 NX / Limburg

374

Camping Beringerzand
Heide 5
+31 7 73 07 20 95
1/1 - 31/12
info@beringerzand.nl

23ha 355T(80-100m²) 10A CEE

1 ACD**H**JKLMNPQR
2 ISTWXYZ
3 ABCD**G**IKPRSUW
4 (C 1/5-31/10)
(F+H 1/1-31/12)JM**N**
(Q+R+T+U+V+Y+Z)
5 **AB**CDEFGHIJKLMNPQR**T**UWXY
6 ACDFGHK(N 3km)STUV

Ausgezeichneter 4,5-Sterne-Campingplatz mit Fünf-Sterne-Komfort. Das Wasser des Hallenbads hat 31 Grad! Beheizte Sanitäranlagen, Seniorentoiletten und spezielle Einrichtungen für Rollstuhlfahrer. Blitzzauber! Auch Wintercamping ist möglich.

A67 Ausfahrt 38, Richtung Panningen/Koningslust. Dann Schildern 'Beringerzand' zum CP folgen.

CC € 21 *24/3-7/4 10/4-22/4 7/5-17/5 21/5-26/5 29/5-8/7 2/9-5/11*

N 51°20'56'' E 05°57'40''

Plasmolen, NL-6586 AL / Limburg

375

Camping De Geuldert
Schildersweg 6a
+31 2 46 96 27 67
31/3 - 1/10
info@degeuldert.nl

4,7ha 84T(100m²) 6-10A CEE

1 ADHJKMQR
2 IJSTWXYZ
3 CEGHIJKSU
4 (A 10/7-20/8)(Q+R)
(T 29/4-8/5,7/7-20/8)(Z)
5 ABDFGIJKLMNOPUWXYZ
6 CDEFGHK(N 1km)OSTV

Familiencamping am Fuße des Sint-Jansberg mit schönen, großen parzellierten plätzen sowie einer gemütlichen Kantine. Viel Anlagen für die Jugend, auch ein Spielplatz mit Airtrampolin, Streichelzoo, Volleyball, Tischtennis, Jugendecke mit TV und Tischfußball. Prima Ausgangspunkt für Radfahrer und Wanderer.

A57 Goch, Grenze zur A77. 1. Ausfahrt hinter der Grenze Gennep/Ottersum die N271 Richtung Nijmegen. Vor Plasmolen, Höhe Freizeitgelände Mookerplas, CP-Schild befolgen.

CC € 17 31/3-29/4 8/5-18/5 30/5-8/7 25/8-1/10 14=12

N 51°44'13'' E 05°55'47''

Plasmolen/Mook, NL-6586 AE / Limburg

376

Camping Eldorado
Witteweg 18
+31 2 46 96 19 14
31/3 - 30/10
info@eldorado-mook.nl

6ha 70T(70-100m²) 16A CEE

1 ADHJKLMNQ
2 CFINSTXYZ
3 ABCHIKSUWZ
4 (A 22/7-20/8)(G 1/5-4/9)M
(Q+S+T+X+Y+Z)
5 ABGIJMNOPUWXYZ
6 BCDHK(N 0km)OSX

Familiencamping am Mookerplas Freizeitsee. Stellplätze in Seenähe. Beheiztes Sanitär. Auf dem Gelände ist ein gut sortierter Supermarkt.

A73 Ausfahrt 3 Malden. Richtung Malden folgen. An der Ampel rechts ab Richtung Mook. Nach ca. 7 km rechts in den Witteweg und der CP-Beschilderung folgen.

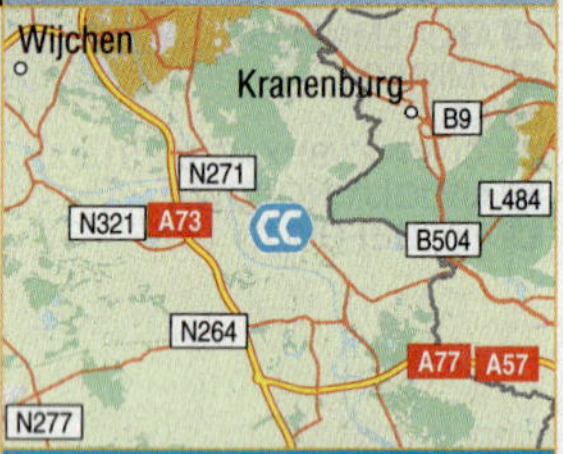

CC € 21 31/3-7/4 11/4-17/5 22/5-26/5 30/5-7/7 4/9-30/10

N 51°44'08'' E 05°55'01''

Reuver, NL-5953 HP / Limburg

377

Camping Natuurplezier
Keulseweg 200
+31 7 74 74 54 85
24/3 - 1/11
info@natuurplezier.nl

2ha 66T(120-135m²) 6A CEE

1 AHJKLMNOQR
2 BSTWXYZ
3 AEHIKLS
5 ABCFGHIJKLMNOPUWXYZ
6 ACDEFGK(N 3km)

Camping Natuurplezier liegt am Brachterwald und dem Pieterpad. Prächtige Natur mit prima Wander- und Radmöglichkeiten.

Von Norden A73 Ausfahrt 17. Von Süden A73 Ausfahrt 18. Weiter auf der N271 Venlo-Roermond in Reuver die Ausfahrt nehmen, wo der CP ausgeschildert ist.

CC € 17 24/3-27/4 8/5-14/5 30/5-7/7 24/8-28/10

N 51°16'28'' E 06°07'23''

Roermond, NL-6041 TR / Limburg

378

Resort Marina Oolderhuuske
Oolderhuuske 1
+31 4 75 58 86 86
31/3 - 4/11
info@oolderhuuske.nl

5,5ha 80T(80-200m²) 6-16A CEE

1 ACDHJKLMNQR
2 ACEINOSVWXY
3 ACHKMNOPSVWZ
4 (F+H)MN(Q)
(R 1/7-31/8)(T+V+Y+Z)
5 ABDFGIJKLMNOPQRUWXYZ
6 ACDEFGHKL(N 5km)TU

Direkt an der Maas gelegener CP mit Wassersportangeboten. Der Campingplatz verfügt über modernes Sanitär und einen Sandstrand, nur für die Campinggäste.

Auf der N280 Ausfahrt Hatenboer/de Weerd nehmen. Dann direkt links ab und den braunen Schildern folgen mit Marina Oolderhuuske.

CC € 23 31/3-6/4 12/4-28/4 2/5-17/5 30/5-7/6 12/6-30/6 4/9-4/11

N 51°11'32'' E 05°56'58''

Roggel, NL-6088 NT / Limburg

379

Recreatiepark De Leistert
Heldensedijk 5
+31 4 75 49 30 30
1/1 - 31/12
info@leistert.nl

100ha 594T(90-130m²) 10-16A CEE

1 ACDHJKLMPQR
2 ASTWXYZ
3 ABCDGHIKMNOPRSTUW
4 (C 17/5-1/9)(F+H)IJKM
(Q+S+T+U+V+X+Y+Z)
5 ABCDEFGIJKLMNOPRTUWXYZ
6 ACDFGHKLM(N 1km)OSUV

Herrlicher Campingplatz mit großen Stellplätzen am Rande vom prächtigen Leudal. Auf dem CP gibt es ein subtropisches Schwimmbad. Man kann schöne Fahrradausflüge in die Umgebung machen. CampingCard ACSI Camper sind auf einem Komfortplatz untergebracht.

Der Campingplatz liegt an der N562, zwischen Helden und Roggel, ca. 1 km vor Roggel.

CC € 23 6/1-7/4 11/4-21/4 5/5-17/5 30/5-8/7 1/9-13/10 20/10-31/12

N 51°16'27'' E 05°55'55''

Schimmert, NL-6333 BR / Limburg

380

Camping Mareveld
Mareweg 23
+31 4 54 04 12 69
15/3 - 30/9
info@campingmareveld.nl

3,6ha 45T(80m²) 10A CEE

1 ACDHJKLMOQST
2 IJNSXYZ
3 CEIJKP
4 (C 1/5-31/8)(X+Y+Z)
5 ABDFGIJMNOPUWXY
6 AEFGHK(N 1km)V

Rustikaler Campingplatz mit außergewöhnlicher Gaststätte im unverwechselbarem Charme. Sehr schöne Lage im Herzen von Süd-Limburg. Der Campingplatz verfügt über ein beheiztes Freibad. Idealer Startpunkt für Radfahrer und Wanderer.

A76, Ausfahrt Spaubeek, rechts Richtung Schimmert. In Schimmert die 2. Straße links. Der CP ist ausgeschildert.

CC € 19 15/3-7/4 10/4-21/4 7/5-16/5 29/5-7/7 27/8-30/9

N 50°54'26'' E 05°49'54''

Schin op Geul/Valkenburg, NL-6305 PM / Limburg

381

Camping Vinkenhof/Keutenberg
Engwegen 2a
+31 4 34 59 13 89
1/1 - 3/1, 17/3 - 30/10, 17/11 - 31/12
info@campingvinkenhof.nl

2,5ha 97T(80-100m²) 6-10A CEE

1 ACD**H**JKLMNQR
2 CIJSUWXYZ
3 A**G**HIJKLPSU
4 (C 1/5-15/9) (Q 29/4-7/5,2/7-26/8) (T+U+V+Y+Z 1/4-1/10)
5 **AB**CDFGIJKLMNO**PT**UWXYZ
6 ACEFGHK(N 0,5km)TV

Campingplatz Vinkenhof liegt auf einem einzigartigen Fleckchen im prachtvollen Südlimburger Land am Fuße vom Keutenberg und dem Sousberg. Ideale Lage für Wanderungen oder Ausflüge nach bspw. Valkenburg, Maastricht, Aken und Luik.

Von A76 Ausfahrt Nuth, über Hulsberg nach Valkenburg, dort Richtung Schin op Geul.

CC € 23 1/1-3/1 17/3-7/4 17/4-29/4 6/5-17/5 29/5-2/7 19/8-30/10

N 50°51'00'' E 05°52'23''

Sevenum, NL-5975 MZ / Limburg

382

Camping De Schatberg
Middenpeelweg 5
+31 7 74 67 77 77
1/1 - 31/12
info@schatberg.nl

96ha 450T(100-150m²) 10-16A CEE

1 ACD**H**JKLMNPQTU
2 ABEIOSWXYZ
3 ABC**DFG**HIKLMNP**RSTUWZ**
4 (B 1/5-1/9)(F)(H 1/5-1/9) IJKM(Q+S+T+U+V+W +X+Y+Z)
5 **AB**DEFGIJKLMNOPQR**T**UWXYZ
6 ACFGHKM(N 6km)OSTUV

Großer Familiencamping an einmaliger Stelle in der Gegend des Noord-Limburgse Peel. Ganzjährig geöffnet. Viele Indoor und Outdoor Anlagen. Fun & Entertainment Center Sevenum in Gehweite. Schöne Rad- und Wanderwege. Reservierung an Himmelfahrt/Pfingsten empfohlen.

Von A67 Eindhoven-Venlo, Ausfahrt 38 Helden, Schildern folgen. CP an der N277, Midden Peelweg.

CC € 21 1/1-22/4 7/5-16/5 22/5-25/5 30/5-7/7 27/8-31/12 14=11

N 51°22'58'' E 05°58'34''

Vaals, NL-6291 NM / Limburg

383

Camping Hoeve de Gastmolen
Lemierserberg 23
+31 4 33 06 57 55
15/3 - 31/10
info@gastmolen.nl

6ha 97T(100-140m²) 6-10A CEE

1 AD**H**JKLMO**Q**R
2 CJLMNSUWXYZ
3 A**G**HIJKLSU
4 (Q)
5 **AB**DFGIJKLMNOPQUWXYZ
6 ACDEFJ(N 1,5km)OV

Hoeve de Gastmolen ist ein ehemaliger Gutshof der Provinz Limburg. Das Weideland, heute Teil des Naturcampinggeländes, grenzt an den Selzerbach. Moderne Sanitäre Anlagen.

A76 Kreuz Bochholtz Ri. N281. Bei Nijswiller N278 Ri. Vaals. Kurz vor Vaals ist der CP ausgeschildert. Achtung: die GPS-Werte führen nicht zur Haupteinfahrt des CPs, sondern zur nächsten Kreuzung Ri. CP.

CC € 23 15/3-22/4 8/5-17/5 30/5-8/7 4/9-31/10

N 50°46'44'' E 06°00'17''

Valkenburg aan de Geul, NL-6325 AD / Limburg

384

Camping De Cauberg
Rijksweg 171
+31 4 36 01 23 44
24/3 - 29/10, 10/11 - 22/12
info@campingdecauberg.nl

1ha 55T(70-110m²) 6-16A CEE

1 ADHJKLMQR
2 IJMNSVXYZ
3 AGIJK
4 (Q+R+T+V+Z)
5 ABDFGIJMNPUWXZ
6 ACDEFGK(N 1,5km)S

Gemütlicher kleiner Camping auf dem höchsten Punkt Cauberg. Sowohl Sonnen- als auch Schattenplätze. An allen Plätzen Strom. Beheiztes Sanitärgebäude mit guten Einrichtungen. Viele Welness-, Rad- und Wandermöglichkeiten in direkter Umgebung. Gratis Wifi. Bushaltestelle 350m vom Campingplatz entfernt.

A2 Ausfahrt 53 Richtung Berg en Terblijt/Valkenburg. Nach 5 km ist der CP ausgeschildert, links der Straße.

CC € 21 24/3-6/4 11/4-13/4 18/4-20/4 8/5-16/5 30/5-6/7 4/9-29/10

N 50°51'24'' E 05°49'08''

Valkenburg aan de Geul, NL-6301 WP / Limburg

385

Camping Valkenburg-Maastricht
Stoepertweg 5
+31 4 54 05 92 92
6/4 - 31/12
info@camping-valkenburg.com

8ha 260T(100-120m²) 10A CEE

1 ACDGJKLMQR
2 ISWXYZ
3 AGIJKMNPSU
4 (C 5/4-31/10)(Q+R)
(V 1/7-31/8)(Z)
5 ABDEFGIJKLMNPUW
6 BCDEFGHKL(N 2km)TV

Parkartiges Ambiente durch einzelne Bäume, die sich über den Camping verteilen. Schönes beheiztes Schwimmbad.

A2 von Norden: A76 Richtung Heerlen, Ausfahrt Nuth, am Ende der Ausfahrt links Richtung Valkenburg. Hinter Hulsberg den CP-Schildern folgen. Von Süden: A79 Richtung Heerlen, Ausfahrt 4 und CP-Schildern folgen.

CC € 19 6/4-26/4 7/5-17/5 21/5-26/5 29/5-30/6 3/9-31/12

N 50°52'50'' E 05°50'00''

Valkenburg/Berg en Terblijt, NL-6325 PE / Limburg

386

EuroParcs Poort van Maastricht
Rijksweg 6
+31 8 80 70 80 90
1/1 - 31/12
kcc@europarcs.nl

6,5ha 150T(100m²) 10A CEE

1 ACDHJKLMQR
2 IJSVWXYZ
3 ACGIKMNSU
4 (E+H+Q+R+T+Z 1/4-31/10)
5 ABDEFGIJKLMNOPQRUWXYZ
6 ABCDEFGHK(N 0,5km)OSX

Familiencamping, ideal für Ausflüge. Neues Hallenbad (29° C). Die Stellplätze haben 6A. Gegen Aufpreis 10A, TV- und Wasseranschluss möglich. Vom Camping aus auch schöne Wander- und Radtouren. Komplett neue Sanitäranlage. Bushaltestelle Linie Maastricht-Valkenburg vor der Tür. WLAN gratis.

Ab der A2 bei Maastricht Abfahrt 53 Richtung Berg und Terblijt. CP liegt nach 3 km an der rechten Straßenseite, kurz vor dem Kreisel.

CC € 23 31/3-7/4 11/4-26/4 1/5-17/5 22/5-30/6 4/9-30/10

N 50°51'36'' E 05°46'21''

Venray/Oostrum, NL-5807 EK / Limburg

387

ParcCamping de Witte Vennen
Sparrendreef 12
+31 4 78 51 13 22
25/3 - 28/10
info@wittevennen.nl

17ha 150T(120-150m²) 6-10A CEE

1 AD**G**JKLMNOPQR
2 AEIJOSXYZ
3 ACE**G**HIKLMNOP**R**SUWZ
4 (G 1/5-30/9)**JLN**(Q 9/7-4/9) (T+V+Z 28/4-8/5,9/7-4/9)
5 **AB**DEFGIJKLMNPUWXYZ
6 ABCDEFGHIK(N 3km)STV

Parkartiger Familiencp. an einem kleinen See mit großen Plätzen auf großen Feldern. Prima Sanitär. Geselliges Lounge-Café mit Terrasse. Tennis- und Boulesanlagen. Gutes Fischrevier. Rad- und Wanderwege durch das Maastal und das dtsch-holländische Grenzgebiet. Strandbad für Kinder, großer Spielplatz und freie Tretboote. Wellness.

A73 Ausfahrt 9 Venray/Oostrum, N270 Richtung Oostrum. Beim 1. Kreisverkehr geradeaus, beim 2. Kreisverkehr rechts, dann gleich links.

CC € 21 *25/3-7/4 11/4-22/4 7/5-17/5 22/5-26/5 30/5-8/7 2/9-28/10*

N 51°31'25" E 06°02'08"

Vijlen, NL-6294 NB / Limburg

388

Camping Rozenhof
Camerig 12
+31 4 34 55 16 11
1/1 - 31/12
info@campingrozenhof.nl

2ha 69T(tot 110m²) 10A CEE

1 ACD**H**JKLMOQR
2 LMNSUXYZ
3 C**G**IJKLPSU
4 (C+H 15/5-15/9)(Q+S+ T+Y)
5 **AB**DGIJKLMNO**P**UWXY
6 ACDFGK(N 2km)OV

Willkommen auf dem schön gelegenen Terrassencamping mit ausschließlich Komfortplätzen (10A). Panoramablick über das Geultal den Vijlener Wald. Besonders für Wanderer und Radfahrer der wahre Genuss. Maastricht, Valkenburg, Achen und Lüttich sind relativ nah.

A4 Ausfahrt 2 Aachen-Laurensberg, L260 Vaalserquartier/ Vaals. An der T-Kreuzung rechts zur B1 Richtung Grenze NL/ Vaals. Am Ortsausgang Vaals Richtung Raren, weiter Vijlen Camerig. Weiter ausgeschildert.

CC € 23 *1/1-7/4 17/4-24/4 7/5-17/5 30/5-8/7 27/8-31/12*

N 50°46'12" E 05°55'45"

Voerendaal, NL-6367 HE / Limburg

389

Camping Colmont
Colmont 2
+31 4 55 62 00 57
31/3 - 1/10
info@colmont.nl

4ha 150T(80-120m²) 6-10A CEE

1 AD**H**JKLMQR
2 IJMNSUWXYZ
3 AC**G**IJKLMNPSU
4 (C+H 1/5-15/9)(Q+R) (T+U 17/5-28/5,8/7-27/8) (V)(X 17/5-28/5,8/7-27/8) (Z)
5 **AB**DEFGIJKLMNOPUWZ
6 ACDEFGHKL(N 3km)OTVX

Panoramacamping (180m ü.M.) auf dem Süd-Limburger Höhenzug. Ländliche aber zentrale Lage zwischen Maastrich und Heerlen. Beheizter Außenpool. Sonnen- und Schattenplätze sowie Reisemobilplätze. Gepflegte Sanitäranlagen. Ideale Ausfugsbasis auch für Radler und Wanderer nach Maastricht, Valkenburg, Aachen und Lüttich. WLAN gratis.

A79 Kreuz Voerendaal Richtung Kunrade. Dort Richtung Ubachsberg. Im Zentrum Ubachsberg ausgeschildert.

CC € 21 *31/3-8/7 25/8-1/10*

N 50°51'08" E 05°56'03"

Well, NL-5855 EG / Limburg

390

Camping Leukermeer
De Kamp 5
+31 4 78 50 24 44
31/3 - 30/10
vakantie@leukermeer.nl

14ha 255**T**(100m²) 10A CEE

1 ACD**G**JKLMNOPQR
2 ABEJNSTUWXYZ
3 C**G**HIKLMN**O**P**Q**RSUV**W**Z
4 (C 26/4-15/9)(F+H)KM**N**
(Q+S+T+U+V+X+Y+Z)
5 **AB**DEFGJKLMNPQRUWXYZ
6 BCDEFGHJ**K**LM(N 3km)
STUVX

Campingplatz liegt am Wasser. Idealer Platz für Wassersportfans. Für die Naturliebhaber eignet sich der Nationalpark De Maasduinen zu Fuß oder per Rad.

Von Venlo in Höhe von Well dem Schild 't Leukermeer folgen. Von Nijmegen über Bergen und Aijen dem Schild 't Leukermeer folgen. Oder A73 Ausfahrt 9 via N270 Richtung Wanssum.

CC € 23 *31/3-7/4 11/4-28/4 8/5-17/5 30/5-7/6 12/6-30/6 4/9-1/10*

N 51°34'03'' E 06°03'38''

Wijlre, NL-6321 PK / Limburg

391

Camping De Gele Anemoon
Haasstad 4
+31 8 80 99 09 57
1/4 - 30/9
degeleanemoon@nivon.nl

1,1ha 51**T**(90-100m²) 6A CEE

1 ABCDGJKMOQR
2 CSXYZ
3 A**G**IJKLSU
4 (G)
5 **AB**CDEFGHIJKLMNOPUWZ
6 ADEFGHJ(N 1,4km)OV

Schön gelegener Camping in einem alten Obstgarten an der Geul, am Fuße des Keutenberg. Prima Ausgangspunkt für Rad-, und Wandertouren sowie Ausflüge z.B. nach Maastricht, Valkenburg, Aken und Luik.

A2 bis Maastricht, dann Richtung Vaals. In Gulpen Richtung Wijlre. In Wijlre ausgeschildert.

CC € 21 *1/4-17/5 31/5-7/7 28/8-29/9*

N 50°50'26'' E 05°52'46''

Wijlre, NL-6321 PK / Limburg

392

Camping De Gronselenput
Haasstad 3
+31 4 34 59 16 45
1/4 - 30/9
gronselenput@nivon.nl

2ha 60**T**(60-120m²) 10-16A CEE

1 ACD**H**JKMOQR
2 CSVWXY
3 AC**G**IJKLPSU
4 M(Q+R+V+Z)
5 **AB**DGIJKLMNOPUWXY
6 ADEFGK(N 3km)OV

Naturcampingplatz an der Geul mit 'un'holländischer Atmosphäre direkt am Fuße des Keutenbergs. Ruhe und Natur kommen groß zur Geltung. Kleiner Camping mit übersichtlichen Plätzen, auch ideal für Familien mit kleinen Kindern.

A2 bis Maastricht, dann Richtung Vaals. In Gulpen Richtung Wijlre, dort ausgeschildert.

CC € 21 *1/4-22/4 6/5-17/5 30/5-8/7 26/8-30/9*

N 50°50'31'' E 05°52'38''

Belgien

Belgien:
Campen in der Nähe der schönsten Städte oder mitten in den Ardennen

Es ist kein Geheimnis, dass man in Belgien hervorragend Urlaub machen kann. In Flandern sind die Städte Brüssel, Antwerpen, Gent und Brügge sehr beliebt. In Wallonien befinden sich die Ardennen mit schönen Aussichtspunkten und faszinierende Städte wie Durbuy und Huy. Hier können Sie jahrhundertealte Architektur bewundern.

Hauptstadt: Brüssel
Währung: Euro
Zeitzone: UTC +1, UTC +2 (März bis Oktober)
Sprache: Niederländisch und Französisch
Ländervorwahl: +32
Alkoholgrenze: 0,5‰
Notrufnummer: Polizei, Feuerwehr und Rettungswagen: 112
Leitungswasser: unbedenklich

Belgien für Genießer
Belgien ist bekannt für seine lebensfrohe Art. Das wird deutlich, wenn Sie die beliebtesten Museen in Brügge besuchen. Schlendern Sie vom Frietmuseum vorbei am Biermuseum zum Schokoladenmuseum – ein kulinarischer Genuss! In Brüssel und Antwerpen können Sie durch das historische Stadtzentrum spazieren. In beiden Städten finden Sie zahlreiche Spitzenrestaurants

ACSI AWARDS

Gewinner 2022 in Belgien

Bester Campingplatz
Camping Hohenbusch

Beste Campingplatz-Animation
Ardennen Camping Bertrix

Bestes Campingplatz-Schwimmbad
Camping Goolderheide

Campingplatz mit der schönsten Lage
Camping Le Prahay

Bester Campingplatz für Wanderungen und Radtouren
Camping Houtum

Bestes Campingplatz-Restaurant
Camping Natuurlijk Limburg

ACSI Awards

Gewinner: Camping Hohenbusch

und eine Vielzahl an Geschäften. In Brüssel sollten Sie auf keinen Fall die Brunnenfigur Manneken Pis oder den Grand Place verpassen, wo Sie die alten Zunfthäuser bewundern können. Und wussten Sie, dass Manneken Pis sogar ein weibliches Gegenstück hat, Jeanneke Pis? Sie finden sie in der Nähe des berühmten Cafés Délirium mit seiner großen Bierauswahl.

Natur in den Ardennen

Die Ardennen sind seit Jahrzehnten bei Touristen sehr beliebt, was nicht überrascht. Die grünen Wälder sind ideal zum Radfahren, Wandern und für weitere Sportarten. Zudem sind die Ardennen als Ziel zahlreicher Outdoor-Aktivitäten und Survival-Trips bekannt. Machen Sie eine Abseilaktion, entdecken Sie besondere Höhlen wie die Höhlen von Han oder begeben Sie sich auf einen Survival Tag in der rauen Natur.
Im Winter eignen sich die Ardennen sehr gut zum Skifahren, Langlaufen oder um einfach nur den Schnee zu genießen.
Im Osten, nicht weit von der deutschen Grenze entfernt, befindet sich die belgische Formel-1-Rennstrecke Spa-Francorchamps. Autofans und Geschwindigkeitsfanatiker können sich hier in aller Ruhe austoben.

Tanken

Benzin (Euro 95, E10 und Super Plus 98) ist leicht erhältlich (wenn Sie E10 tanken wollen, prüfen Sie den Tankdeckel, die Betriebsanleitung oder fragen Sie die Werkstatt Ihres Autohändlers, ob Ihr Auto damit fahren kann, ansonsten Super Plus 98 tanken). Diesel und LPG sind überall erhältlich. Für die Betankung mit LPG wird der Euro-Adapter (acme) verwendet. Die meisten Tankstellen sind mindestens von 8 bis 20 Uhr und an den Autobahnen meist Tag und Nacht geöffnet. Außerdem gibt es viele unbemannte Tankstellen.

"Belgien ist ein kleines Land, aber es gibt überall schöne Dinge zu entdecken, sei es in der Natur oder in der Kultur"

Frau A. Cousin, Inspektorin 821.

Ladestationen

Es gibt einen Unterschied zwischen dem wallonischen und dem flämischen Teil Belgiens, wenn es um die Gebühren geht. Wallonien ist noch nicht so sehr auf E-Mobilität eingestellt, was zum Teil auf ein veraltetes Energienetz zurückzuführen ist. Die Durchgangsstraßen in Flandern sind gut mit Schnellladestationen ausgestattet. Außerdem finden Sie in Flandern mehr öffentliche Ladestationen als in Wallonien.

Verkehrsregeln

Abblendlicht ist bei Dunkelheit, schlechter Sicht und im Tunnel vorgeschrieben. An einer gleichberechtigten Kreuzung hat der Verkehr von rechts Vorfahrt. Straßenbahnen haben immer Vorrang. Der Verkehr in einem Kreisverkehr hat Vorrang, wenn dies durch Verkehrszeichen angezeigt wird. Auf Bergstraßen hat bergauf fahrender Verkehr Vorrang vor dem talfahrenden. Telefonieren am Steuer ist nicht erlaubt, auch nicht, wenn das Auto still steht (Freisprechanlagen erlaubt).

Kinder unter 1,35 m Körpergröße müssen in einem Kindersitz sitzen. Sie können eine Navigationssoftware verwenden, die vor Radarkontrollen oder Streckenkontrollen warnt. Winterreifen sind nicht vorgeschrieben.

Sondervorschriften

Rauchen ist im Auto in Anwesenheit eines Kindes verboten. Beim Einfädeln droht ein Bußgeld, wenn Sie zu früh einfahren oder einem Einfädelnden keine Vorfahrt gewähren.
Beim Überholen von Radfahrern (auch auf einem Radweg) müssen Sie einen Seitenabstand von mindestens 1,50 Metern einhalten. Das Hochdrehen des Motors ist verboten, wenn Sie für längere Zeit stillstehen, z. B. an einem Bahnübergang.

Vorgeschriebene Ausstattung

Warndreieck und Warnweste sind im Auto Pflicht. Ein Erste-Hilfe-Kasten und ein Feuerlöscher sind nur in Fahrzeugen mit belgischem Kennzeichen vorgeschrieben.

Reisemobil und Caravan

Ein Reisemobil oder eine Auto-Wohnwagen-Kombination darf bis zu 4 m hoch, 2,55 m breit und 18,75 m lang sein (der Wohnwagen selbst darf bis zu 12 m lang sein).

Fahrrad

Ein Fahrradhelm ist nicht vorgeschrieben. Es ist verboten, während des Radfahrens zu telefonieren oder ein Mobiltelefon zu benutzen. Es ist nicht erlaubt, einen Passagier auf dem Gepäckträger zu befördern (ein Kind ist auf einem Kindersitz erlaubt).

Maut

Für den Liefkenshoek-Tunnel in der Nähe von Antwerpen ist eine Maut zu entrichten.
Weitere Informationen: liefkenshoektunnel.be.

Umweltzonen

In Belgien gibt es in den Städten Antwerpen, Brüssel und Gent Niedrigemissionszonen (LEZ). Ganz Wallonien wird ab 2023 eine Zone de basses émissions (ZBE) sein. Die Gemeinden können dies früher einführen. Fahrzeuge werden mit Kameras registriert. Wenn Sie in eine LEZ mit einem Fahrzeug einfahren, welches nicht in der LEZ erlaubt ist, riskieren Sie eine hohe Geldstrafe. Weitere Informationen: lez.brussels, slimnaarantwerpen.be, stad.gent, vlaanderen.be/lage-emissiezones-lez und walloniebassesemissions.be.

Panne und Unfall

Stellen Sie das Warndreieck mindestens 100 m hinter dem Auto auf, wenn Sie sich an einem Ort befinden, an dem das Anhalten verboten ist. Der Fahrer muss eine Warnweste tragen. Im Falle einer Panne rufen Sie die Notrufnummer Ihres Pannenhilfsdienstes an. Sie können auch einen belgischen Pannendienst anrufen: +32 70 344 777 (Touring Belgium Go) oder +32 70 344 666 (VAB). Das Abschleppen ist auf Autobahnen und Schnellstraßen verboten; Sie müssen einen Abschleppdienst rufen.

"Das Angebot an Rad- und Wanderwegen ist fantastisch und ich genieße die köstlichen belgischen Biere"

Herr. J. Verrezen, Inspektor 140.

Camping

Die belgischen Campingplätze sind überwiegend von angemessener bis guter Qualität. Belgische Campingplätze sind im Allgemeinen kinderfreundlich. Oft gibt es ein Unterhaltungsprogramm und in der Regel sind viele Einrichtungen wie Spiel- und Sportplätze vorhanden. Wildcamping außerhalb der Campingplätze ist nur mit Genehmigung der Polizei oder des Grundstückseigentümers erlaubt. In Flandern und an der Küste ist das wilde Campen nicht erlaubt.

Adinkerke/De Panne, B-8660 / West-Vlaanderen

393

Camping Kindervreugde**
Langgeleedstraat 1a
+32 4 96 77 77 64
1/4 - 30/9
info@kindervreugde.be

3ha 40T(95-130m²) 6A CEE

1 ABDGJKLMNPQST
2 IJSWXYZ
3 AGIKW
4 (Q)
5 ABCFGIJMNPQUWXYZ
6 AEFGK(N 2,3km)T

Kleiner, ruhig gelegener Camping mit Blick auf die Polder (Sumpfe), die Dünen und ein Naturreservat. Nähe französische Grenze und Plopsaland. Große Plätze und gepflegtes Sanitär.

E40 (A18) Ausfahrt 1 Richtung Plopsaland. Nach ± 800m hinter dem Bahn- und Straßenbahnübergang am 3. Kreisel links Richtung Bray Dune. Nach ± 800m links. Dann noch 200m.

CC € 21 1/4-1/7

N 51°04'35'' E 02°35'11''

Amel/Deidenberg, B-4770 / Liège

394

Camping Oos Heem BVBA***
Zum Schwarzenvenn 6
+32 80 34 97 41
1/1 - 31/12
info@campingoosheem.be

3,5ha 57T(100m²) 16A CEE

1 ADHJKLMNPQR
2 CIMNSWXY
3 CEHIJKMNPSU
4 (C)(H 1/5-1/10)
(Q+R+T+U+V+X 1/4-1/10)
(Y)(Z 1/4-1/10)
5 ABDFGIJKMNPUWZ
6 DEFGHK(N 3,5km)OTV

Mit familiärem Ambiente in den belgischen Ardennen im deutschsprachigen Ostkanton. In der Nähe des Naturparks Hohes Venn. Viele Wanderangebote und Radeln auf der RAvel Vennbahn. Fahrradverleih möglich. Gemütlicher Wohnbereich mit gratis WLAN. Haustiere willkommen. Vom 1. Mai bis 1. Oktober beheiztes halb überdachtes Schwimmbad.

A60 Trier/Bitburg-St. Vith/Liége, Ausfahrt 13. E42 St.Vith-Verviers Ausfahrt 13, Richtung Recht. Weiter den Schildern Camping Oos Heem nach.

CC € 19 1/1-30/6 1/9-31/12

N 50°20'54'' E 06°07'12''

Aywaille, B-4920 / Liège

395

Camping Domaine Château de Dieupart*
37 route de Dieupart
+32 43 84 44 30
1/1 - 31/12
info@dieupart.be

5ha 106T(80-120m²) 10A CEE

1 ACDHJKLMPQST
2 BDIJSUVWXYZ
3 CHIJKLSWX
4 (A+T+U+Z)
5 ABCDEFGHIJKLMOPUWXYZ
6 ACDEFGHJ(N 0,1km)RTV

Uriges Schlossgut nahe des Amblève-Fluss mit gemütlicher überdachter Terrasse. Ins Dorfzentrum kommt man über einen Radweg am Fluss (500m). Supermarkt und Bäckerei sind direkt um die Ecke. Stabiler Boden auf allen Plätzen In der Nähe der Strecke Lüttich-Bastogne-Lüttich.

E25 Ausfahrt 46 Remouchamps/Aywaille. An der Ampel rechts Richtung Aywaille und vor der Kirche rechts abbiegen. Am Parkplatz Delhaize direkt links und dann rechts, Einfädelspur zum Schloss nehmen. Angezeigt.

CC € 19 1/1-29/4 8/5-17/5 22/5-26/5 29/5-30/6 1/9-31/12

N 50°28'35'' E 05°41'21''

Bastogne, B-6600 / Luxembourg

396

Camping de Renval***
rue de Marche 148
+32 61 21 29 85
1/3 - 1/12
info@campingderenval.be

7ha 60T(100m²) 10A CEE

1 ACD**G**JKLMNQR
2 DISUWX
3 AHIKL**RSW**
5 **AB**DFGIJKLMNO**P**UWZ
6 CDFGK(N 0,5km)

Als Durchreisecamping geeignet. Nähe Ausfahrt E25 und N4 und Bastogne-Zentrum mit Kriegsmuseum und Denkmal. Vorderer Platzbereich für Dauercamper. Dahinter die Tourplätze. Viele Sportanlagen unweit vom Camping. Gratis WLAN. Automatische Rezeption (24 Std pro Tag).

Ab Zentrum Bastogne Richtung Marche, nach 1,2 km CP auf der rechten Straßenseite. Von der E25 und N4 Richtung Bastogne, 500 m von der Ausfahrt.

CC € 19 *1/3-1/6 1/9-30/11*

N 50°00'11" E 05°41'44"

Bertrix, B-6880 / Luxembourg

397

Ardennen Camping Bertrix****
route de Mortehan
+32 61 41 22 81
24/3 - 6/11
info@campingbertrix.be

16ha 314T(80-120m²) 10A CEE

1 ACD**H**JKLMN**Q**R
2 BILMSUWXYZ
3 CDHIJKLOPSU
4 (A 1/7-31/8)(C+H 1/5-15/9)
(Q+R+T+V+Y+Z)
5 **AB**DEFGIJKLMNOPRUWXYZ
6 CDFGHJ(N 3km)OTUV

Glänzender Terrassencamping auf hohem Serviceniveau und 1-A Ausstattungen. Grenzt direkt an weitläufigen Wald mit Bächen und Wild. Luxuscampen in einer Oase der Ruhe in unberührter Natur, ideal für einen Vollurlaub oder als Durchreiseplatz.

A4/E411 Ausfahrt 25 Bertrix. Der N89 bis Ausfahrt Bertrix folgen. Dann der N884 ins Zentrum folgen. Von dort ausgeschildert.

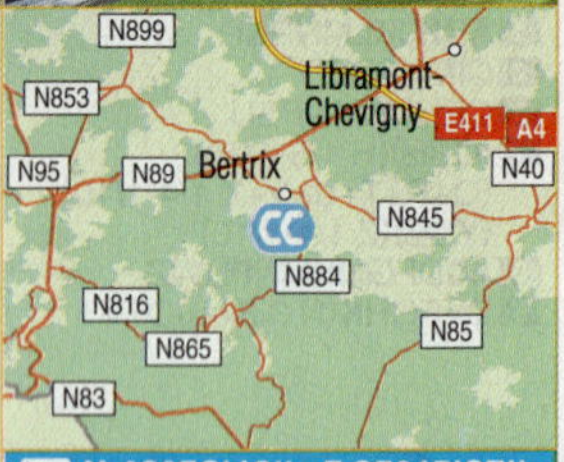

CC € 21 *24/3-8/7 25/8-5/11* *7=6, 14=11*

N 49°50'18" E 05°15'07"

Blankenberge, B-8370 / West-Vlaanderen

398

Camping Bonanza 1***
Zeebruggelaan 137
+32 50 41 66 58
24/3 - 24/9
info@bonanza1.be

5ha 65T(80-100m²) 10A CEE

1 ACD**G**IJKLMNQR
2 SUVXY
3 CHIKMS
4 (Q+U 1/7-31/8)
5 **AB**DFGI**JKLM**O**P**UX
6 ACDEFG**K**(N 0,5km)OSV

Bonanza 1 ist ein moderner Familiencamping, im Gehbereich zum Strand und Zentrum vom Städtchen Blankenberge. Ideale Ausgangsbasis nach Brügge, Oostende, Knokke, Damme, Gent und Sluis (NL). Mit CampingCard ACSI nur bar bezahlen.

E40 Richtung Oostende, Ausfahrt Brugge/Zeebrugge, Richtung Blankenberge. In Blankenberge an der zweiten Ampel rechts. Der CP ist ausgeschildert.

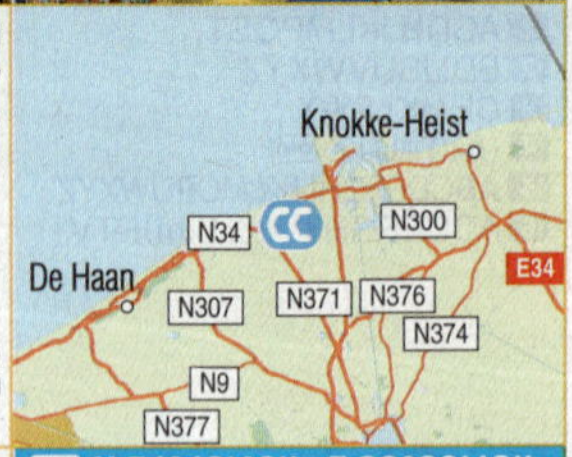

CC € 21 *24/3-16/5 21/5-25/5 29/5-7/7 24/8-24/9*

N 51°18'42" E 03°09'12"

Bocholt, B-3950 / Limburg

399

Camping Goolderheide****
Bosstraat 1
+32 89 46 96 40
31/3 - 30/9
info@goolderheide.be

45ha 190T(100-150m²) 6-16A CEE

1 ACD**H**JKLMNQST
2 ABFJSTVWXYZ
3 BCEHIKMN**O**P**R**SUWZ
4 (C+H 18/5-31/8)IJM(Q 🔑)
(S+T+U+V+Y 1/7-31/8)
(Z 🔑)
5 **AB**DEGIJKLMNOPQR**T**UWXYZ
6 ABCDEFGHJ(N 3km)STV

Großer Familiencamping mit Streichelzoo in einem waldreichen Park, nah an der niederländischen Grenze und nur drei Kilometer von der Ortsmitte von Bocholt. Es gibt einen Schwimmbadkomplex mit Wasserrutschbahn. Der Fischweiher ist sehr schön ins Gesamtbild intergriert und steht den Gästen gratis zur Verfügung. Es gibt ein Restaurant

Route Weert-Bocholt. In Kaulille Richtung Bocholt. Auf halber Strecke zwischen Kaulille und Bocholt (3 km) gut ausgeschildert.

CC € 19 *31/3-7/7 28/8-30/9*

N 51°10'24'' E 05°32'21''

Bohan, B-5550 / Namur

400

La Douane**
26 rue de France
+32 61 50 04 08
17/3 - 15/10
info@campingladouane.be

1,5ha 73T 16A CEE

1 ACD**H**JKLMNPQR
2 DSUWXY
3 AHIS**WX**
4 (T 1/7-31/8)(X 🔑)
(Z 1/7-31/8)
5 **AB**GJNPUWYZ
6 ACEFGJ(N 0,2km)UV

Gemütlicher Familiencamping, direkt an der Semois. Authentisch und naturnah. Lagerfeuer und Grillen erlaubt. Sie können im Fluss schwimmen und angeln. Ruhig gelegen, nur wenige Gehminuten vom Zentrum von Bohan entfernt. In der Nebensaison ist die Snackbar nur am Freitag- und Samstagabend geöffnet.

Über die N95 (Dinant-Bouillon) nach Vresse-sur-Semois. Den Schildern zum Ort und zum Campingplatz folgen. Im Zweifelsfall folgen Sie der Beschilderung nach Monthermé (Frankreich).

CC € 19 *17/3-31/3 17/4-17/5 22/5-25/5 29/5-30/6 1/9-14/10*

N 49°51'53'' E 04°52'50''

Bohan-sur-Semois, B-5550 / Namur

401

Camping Confort***
rue Mont-les-Champs 214
+32 61 50 02 01
25/2 - 5/11
info@camping-confort.be

5ha 95T(100-130m²) 10A

1 ACD**H**JKLMNPQR
2 DSUWX
3 CHIKLSU**WX**
4 (Q 1/7-31/8)(Y 3/6-3/9)
(Z 1/7-31/8)
5 **AB**DFGIJKLMN**P**UWX
6 CDEFG**K**(N 1km)OTV

Urlaubsanlage mit Tourplätzen am Ufer der Semois. Ortsmitte im Gehbereich. Die Bar 'La Table des Fées' ist außer Juli und August nur am Wochende und Feiertagen geöffnet.

Auf der N95 (Dinant-Bouillon) Richtung Vresse-sur-Semois abbiegen. Orts- und Campingschild befolgen. An der Kirche dem Wasser folgen. Nach der halben Brücke folgen Sie der Straße für etwa 500m. Camping links.

CC € 19 *25/2-31/3 17/4-28/4 2/5-17/5 30/5-30/6 4/9-4/11*

N 49°52'24'' E 04°53'00''

Bree, B-3960 / Limburg

402

Recreatieoord Kempenheuvel***
Heuvelstraat 8
+32 89 46 21 35
13/3 - 5/11
info@campingkempenheuvel.be

7,5ha 80T(80-140m²) 6A CEE

1 ACD**H**IJKLMNP**Q**ST
2 JSTVWXYZ
3 BCHIKMNPSUW
4 (C+H 15/5-15/9)(T+U+Y+Z 🔑)
5 **AB**DFGIJKLMNOPUWXYZ
6 ABCEFGH**K**(N 1km)OTUVX

Familiencamping 2 km vom Zentrum Bree mit großem Spielplatz und beheiztem Freibad, Planschbecken, Fischweiher und Liegewiese. Völlig neuer Teil mit modernem Sanitär für Tourcamper. Restaurant mit abwechslungsreicher Karte. Anschluss ans Radwegenetz Limburg ab dem Campingplatz.

A52/ N280 MG-Roermond, Grenze NL-Bel Ittervoort, N73 Richtung Bree. Camping liegt hinter Bree und ist angezeigt.

CC € 19 13/3-3/7 21/8-5/11

N 51°08'14'' E 05°34'07''

Bure/Tellin, B-6927 / Luxembourg

403

Camping Sandaya Parc la Clusure****
chemin de la Clusure 30
+32 84 36 00 50
31/3 - 24/9
parclaclusure@sandaya.be

15ha 235**T**(100m²) 16A CEE

1 ACD**G**JKLMNPQR
2 BCISUXYZ
3 ACHIKNPSU**WX**
4 (A 🔑)(C 15/4-15/9)(E 🔑)IJK (Q+S+T+U+V+Y+Z 🔑)
5 **AB**CDEFGIJKLMNOPUWYZ
6 AFGH**K**LM(N 5km)ORSTU VW

Charmanter Camping unter niederländischer Leitung im Herzen der Ardennen, in einem geschützten Tal, am Ufer eines fischreichen kleinen Flusses. Einmalige Wandermöglichkeiten in der schönen Natur. Gutes Sanitär und Qualitätsausstattungen garantieren einen komfortablen Aufenthalt.

Ab Trier oder Saarbrücken via Luxembourg/Esch-s-Alzette die A6 Richtung Arlon, dann am Abzweig Neufchateau links halten Richtung A4 Namur/Brüssel. Ausfahrt 23a Bure/Tellin. Weiter ausgeschildert.

CC € 21 31/3-7/7 2/9-24/9

N 50°05'46'' E 05°17'09''

Burg-Reuland, B-4790 / Liège

404

Camping Hohenbusch*****
Hohenbusch, Grüfflingen 31
+32 80 22 75 23
31/3 - 5/11
info@hohenbusch.be

5ha 74**T**(100-175m²) 5-10A CEE

1 ACD**H**IJKLMPQST
2 IJMNSWXY
3 CEHIKSU
4 (C+H 29/5-31/8)**K**(Q+T+U+X 🔑)
5 **AB**CDFGJLN**PQR**UWXYZ
6 ACEFG**K**L(N 5km)STUV

Großer Familiencamping mit schönem Sanitär und Elektroladestationen. Nahe Luxemburg und Deutschland. 6 km zum VENNbahn-Radweg. Beheiztes Schwimmbad mit Terrasse und Liegewiese. Alle Stellplätze verfügen über Strom-, Wasser- und Abwasseranschlüsse. In der Nebensaison ist die Gastronomie von Mittwoch bis Sonntag geöffnet.

A60/E42 Bitburg-Malmedy, Ausfahrt 16 Steinebrück erste Ausfahrt direkt hinter Grenze/Sankt Vith. Dann N62 Richtung Luxemburg/Burg Reuland. Mit GPS fahren.

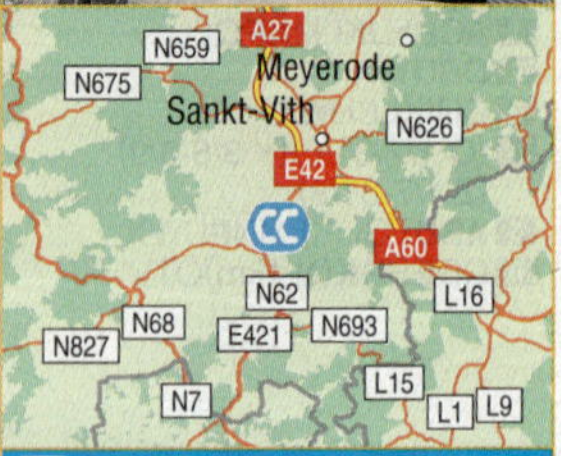

CC € 23 31/3-17/5 21/5-26/5 29/5-7/6 11/6-30/6 3/9-5/11

N 50°14'30'' E 06°05'35''

Bütgenbach, B-4750 / Liège

405

Camping Worriken*
Worriken 9
+32 80 44 69 61
1/1 - 31/12
info@worriken.be

16ha 45T(80-100m²) 10A CEE

1 ABCD**H**IJKLMP**Q**SWXT
2 AELMNOQSUWXY
3 ACHIKLN**O**PS**WZ**
4 (F 2/1-26/11,23/12-31/12)
N(Q+T)
(U 2/1-20/11,23/12-31/12)
(W 1/1-20/11,16/12-24/12)
(X+Y+Z 2/1-20/11,23/12-31/12)
5 **AB**DGIJKMNPUXYZ
6 ABDEFGHJ(N 0,5km)

Der Campingplatz liegt am Stausee neben einem Sportcenter. Abgegrenzte Plätze. Gut beheizte Sanitärblocks. In den Wintermonaten Skimöglichkeiten in unmittelbarer Umgebung. Karneval wird ausgiebig gefeiert. Restaurant fast das ganze Jahr über geöffnet. Keine CampingCard ACSI während des Formel-1 Rennens in Francorchamps.

E40/A3 Ausfahrt 38 Eupen, Richtung Malmedy, Ausschilderung Worriken folgen.

CC € 17 *1/1-30/6 1/9-31/12*

N 50°25'29'' E 06°13'19''

De Haan, B-8421 / West-Vlaanderen

406

Camping Ter Duinen
Wenduinesteenweg 143
+32 50 41 35 93
15/3 - 1/10
info@campingterduinen.be

12,5ha 214T(90-100m²) 16A CEE

1 AD**H**IJKLMPQR
2 AGJSXY
3 A**G**HIKUY
4 (T+X 15/3-1/10)(Z)
5 **ABC**DEFGHI**JKL**MNO**P**UZ
6 ADEFGJ**K**L(N 0,3km)OSV

Camping am den Walddünen von De Haan, einer Belle Epoque Stadt an der Küste. Schöne gepflegte Plätze. Neues Restaurant.

E40 Richtung Oostende Ausfahrt Jabbeke, Richtung De Haan, weiter der Beschilderung 'Ter Duinen' nach.

CC € 21 *15/3-9/7 28/8-1/10*

N 51°17'00'' E 03°03'23''

Dochamps, B-6960 / Luxembourg

407

Camping Petite Suisse****
Al Bounire 27
+32 84 44 40 30
1/4 - 6/11
info@petitesuisse.be

7ha 162T(80-125m²) 10A CEE

1 ACD**H**JKLMN**Q**R
2 BMNSUVWXYZ
3 CHIJKLOPSU
4 (C+H 1/5-1/9)(Q+S)
(T+U 1/7-31/8)(Y 1/4-30/9)
(Z)
5 **AB**DEFGIJKLMNPRUWXYZ
6 CDEFGHJLM(N 8km)OT

Terrassencamping in einer Waldgegend mit Schwimmbad und vielseitigem Freizeitprogramm. Schöner Blick über die Umgebung, viele Wandermöglichkeiten und Mountainbikeparcours.

A26/E25 Luxembourg-Liège Ausfahrt 50 Baraque Fraiture Ausfahrt 50, zur N89 Richtung La Roche. In Samree rechts Richtung Dochamps via D841. CP liegt an der Ortseinfahrt von Dochamps. Ausgeschildert.

CC € 21 *17/4-28/4 8/5-18/5 31/5-30/6 4/9-6/11 7=6, 14=11*

N 50°13'52'' E 05°37'54''

Grand-Halleux, B-6698 / Luxembourg

408

Camping Les Neufs Prés***
31 av. de la Resistance
+32 80 21 68 82
1/4 - 30/9
camping.les9pres@gmail.com

5ha 140T(80-100m²) 10A CEE

1 ACDHJKLMPQR
2 CJSXYZ
3 CHIKOPRSUW
4 (C+G+Z 1/7-31/8)
5 ABDGIJKLMNOPU
6 DEFGHK(N 0,5km)TV

Leicht zugänglicher, großzügiger Campingplatz für Jung und Alt am Salme-Fluss. Wanderwege in der schönen Region. Großer Spielplatz für Kinder. Schwimmbad im Juli und August. Bar.

Der CP befindet sich an der N68 Vielsalm-Trois Ponts, 1 km vom Zentrum von Grand Halleux entfernt.

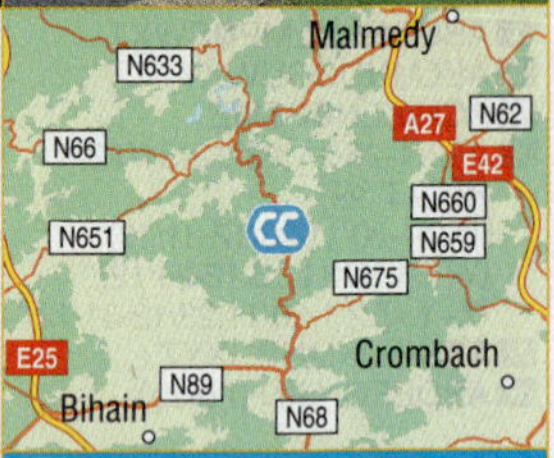

CC € 17 1/5-9/7 28/8-9/9

N 50°19'50" E 05°54'05"

Houthalen, B-3530 / Limburg

409

Camping De Binnenvaart****
Binnenvaartstraat 49
+32 11 52 67 20
1/1 - 31/12
debinnenvaart@limburgcampings.be

6ha 200T(100-150m²) 6-16A CEE

1 ADHJKLMNPQST
2 ABEINSTWXYZ
3 CGHIKOPSUWZ
4 K(Q+T+U+V+Y+Z)
5 ABDEFGIJKLMNOPQRSUWXYZ
6 ACDEFGK(N 2,5km)STV

Ziemlich großer Camping. Die Plätze für Tourcamper liegen mitten auf dem Gelände und sind sehr groß. Neben dem CP ist ein See. Die Anlage grenzt an einen großen Freizeitpark mit Restaurant und Fischweiher. Auf dem Platz gibt es eine Snackbar.

Eindhoven-Hasselt bis Houthalen. Links Ri. 'Park Midden-Limburg'. Im 2. Kreisverkehr am Möbelhaus links CP-Schildern folgen. A2 Maastricht-Antwerpen, vor Houthalen abfahren, 'Park Midden-Limburg' (30), gut ausgeschildert.

CC € 19 1/1-24/5 30/5-1/7 28/8-31/12

N 51°01'55" E 05°24'58"

Houthalen/Helchteren, B-3530 / Limburg

410

Oostappen Vakantieparkpark Hengelhoef NV
Tulpenstraat 141
+32 89 38 25 00
31/3 - 13/10
info@vakantieparkhengelhoef.be

15ha 290T(80-120m²) 10A CEE

1 ABCDHJKLMNQR
2 ABEIJSTWXYZ
3 ADGHIKMOPRSU
4 (F+H 1/7-31/8)IJKLN(Q) (S 1/5-30/9)(T+U 1/7-31/8) (V 7/7-31/8)(Y+Z 1/7-31/8)
5 ABDFGIJKLMNOPUWXYZ
6 ACEFGHJ(N 2km)STUV

Der Campingplatz gehört zur 'Oostappen'-Gruppe und liegt in einem Freizeitpark. Es gibt eine herrliche Badeanlage mit Wellenbad. Außerhalb der Ferienzeiten ist das Schwimmbad nur freitags, samstags und sonntags geöffnet.

Aus Eindhoven in Houthalen auf der Straße weiter bis zur E314. Über die Brücke die E314 Richtung Aachen nehmen. Nach ungefähr 5 km Ausfahrt 30 'Park Midden Limburg' nehmen. Den Schildern 'Hengelhoef' und 'CP' nach.

CC € 21 31/3-20/4 8/5-17/5 22/5-26/5 29/5-7/7 25/8-13/10

N 51°00'52" E 05°28'00"

Jabbeke/Brugge, B-8490 / West-Vlaanderen

411

Camping Klein Strand
Varsenareweg 29
+32 50 81 14 40
1/1 - 31/12
info@kleinstrand.be

22ha 92T(100m²) 10A CEE

1 ACD**G**IJKLMNPR
2 AEIJSWXYZ
3 C**G**HIKLMNSU**WZ**
4 (G 1/7-31/8)**IM**
(Q+R+T+U+X+Z)
5 **AB**DEFGHIJKLMNO**P**UWYZ
6 ACGKL(N 1km)OSU

Kinderfreundlicher Campingplatz am kleinen See mit eigenem Sandstrand. Fantastisches Schwimmparadies! Die Vielzahl an Einrichtungen und die gute Lage zwischen Brügge und der Küste machen diesen Camping einmalig.

E40 Brussel-Oostende Ausfahrt 6, in Jabbeke-Zentrum ist der Platz ausgeschildert.

CC € 23 1/1-1/4 17/4-17/5 22/5-7/7 26/8-31/12 7=6, 14=12, 21=18

N 51°11'04'' E 03°06'18''

Kasterlee, B-2460 / Antwerpen

412

Camping Houtum****
Houtum 39
+32 14 85 92 16
1/1 - 12/11, 15/12 - 31/12
info@campinghoutum.be

9ha 63T(100-130m²) 10A CEE

1 ACD**H**JKLMN**Q**R
2 CIJSWXY
3 AC**D**EHIJKL**RUW**
4 (A 15/4-15/9)**N**(Q 1/4-30/9)
(T+U 1/7-31/8)(W+X+Y)
(Z 1/4-12/11)
5 **ABC**DFGHI**JKL**MNO**PQR**UWXYZ
6 ABCDEFGHK(N 1km)V

Camping mit verschiedenen Gastronomieangeboten auf dem Gelände oder in der Nähe. In der Umgebung finden Sie über 250 km Wander- und Radwege. Auch für Mountainbiker. Malerische Lage vor dem touristischen Ort Kasterlee. Komfortplätze mit Wasser- und Abwasseranschluss (4 Euro Aufpreis).

E34, Ausfahrt 24 Kasterlee. 0,5 km nach dem Ortskern ist der CP bei der Windmühle ausgeschildert. Oder E313 Ausfahrt 23 Kasterlee/Turnhout. Der N19 Folgen (nicht N19-g). 1 km vor dem Ortskern rechts.

CC € 23 1/1-17/5 30/5-14/6 20/6-2/7 28/8-12/11 15/12-31/12

N 51°13'59'' E 04°58'40''

La Roche-en-Ardenne, B-6980 / Luxembourg

413

Camping Club Benelux***
26 rue de Harzé
+32 84 41 15 59
25/3 - 6/11
stay@club-benelux.be

7ha 350T(100m²) 6-10A

1 AD**H**JKLMNP**Q**ST
2 DJNSXYZ
3 CHIKLPSU**WX**
4 (A 6/7-16/8)(C 1/5-30/9)
(Q+S+T+Y+Z)
5 **AB**FGIJLMNPU
6 AEFGJ(N 0,5km)OV

Familiencamping am Ufer der Ourthe, in Gehweite zur schönen Stadt La Roche. Eigenes Restaurant mit netter Terrasse. Beheiztes Freibad. Viele Wandermöglichkeiten.

Ab Ortsmitte Richtung Marche. Auf der Brücke über die Ourthe den CP-Schildern folgen. Der Platz liegt 500m vom Zentrum.

CC € 19 25/3-31/3 17/4-17/5 22/5-26/5 30/5-30/6 1/9-27/10

N 50°11'28'' E 05°34'24''

La Roche-en-Ardenne, B-6980 / Luxembourg

414

Camping De l'Ourthe**
8 rue des Echavées
+32 84 41 14 59
17/3 - 22/10
info@campingdelourthe.be

4ha 150T(50-100m²) 10A

1 A**H**JKLMNP**Q**R
2 BCSUVXYZ
3 CHIKS**W**X
4 (A 20/7-15/8) (Q+S+T 1/4-30/9)(Z)
5 **A**BCDFGIJKMOPUW
6 EFG**K**L(N 1km)

Komplett renovierter Campingplatz am Ufer der Ourthe, in der Nähe des touristischen La Roche. Geräumige Stellplätze in natürlicher grüner Umgebung. Auch Stellplätze direkt am Flussufer. Die sanitären Anlagen wurden komplett renoviert.

Ab Zentrum Richtung Marche fahren, nach Brücke über Ourthe nach rechts, den CP-Schildern folgen (1 km vom Zentrum entfernt).

CC € 17 17/3-17/5 22/5-26/5 30/5-30/6 1/9-22/10

N 50°11'19'' E 05°34'14''

Lille/Gierle, B-2275 / Antwerpen

415

Camping De Lilse Bergen****
Strandweg 6
+32 14 55 79 01
1/1 - 31/12
info@lilsebergen.be

60ha 214T(100m²) 10A CEE

1 ACD**H**JKLMNOQR
2 ABFISTWYZ
3 AC**F**HIKLMOP**R**SZ
4 JM(Q+R 1/4-15/9)(T+U+X+Z 1/6-15/9)
5 **AB**DEFGIJKLMNO**PQ**RUWXZ
6 CDEFGHK(N 5km)OTU

Egal ob Action oder Ruhe, zur Durchreise oder zum Verweilen - der Vier-Sterne-Camping hat viel zu bieten. Gelegen in einem Erholungsgebiet mit schönem Schwimmteich, riesigem Spielplatz, Minigolf, Wasserrutsche, Trampoline, Gocarts, Miniautos, Tretboote und eine ruhige Terrasse. Die waldreichen Umgebung verfügt über viele Wander- und Radwege.

E34 Antwerpen-Eindhoven, Ausfahrt 22 Gierle/Beerse. Der Beschilderung folgen. Der CP liegt ± 2 km von der Autobahn.

CC € 23 1/4-16/5 23/5-25/5 30/5-22/6 27/6-30/6 25/8-15/11

N 51°16'57'' E 04°50'13''

Lommel, B-3920 / Limburg

416

Oostappen Park Blauwe Meer*****
Kattenbos 169
+32 11 54 45 23
31/3 - 13/10
receptie@vakantieparkblauwemeer.be

27ha 240T(80-100m²) 10A CEE

1 ACD**H**JKLMNPQTU
2 ABEJSTWXYZ
3 ACD**G**IKLMRSW
4 (F+G 10/4-10/5,1/7-31/8) JKLMN(Q+S+T+U+Y) (Z 1/7-31/8)
5 **AB**DFGIJKLMNOPUWXYZ
6 ACFGHJM(N 5km)STUV

Großer Fischweiher und ein überdachtes Strandbad und Schwimmbad mit Rutschbahn. Damit ist das Urlaubsvergnügen für jedes Alter garantiert.

Auf der Straße 746 von Leopoldsburg nach Lommel. Campingplatz liegt in der Nähe des deutschen Friedhofs rechts von der Straße.

CC € 17 31/3-20/4 8/5-17/5 22/5-26/5 29/5-7/7 25/8-13/10

N 51°11'39'' E 05°18'13''

Lommel-Kolonie, B-3920 / Limburg

417

Oostappen Park Parelstrand
Luikersteenweg 313A
+32 11 64 93 49
31/3 - 13/10
info@vakantieparkparelstrand.be

40ha 130**T**(100m²) 10A CEE

1 ACD**H**JKLMNPQTU
2 AEOSWXY
3 CHIKMOPRSW
4 (Q 1/7-31/8)(R)(T+U+ X+Z 1/7-31/8)
5 **AB**DEFGHIJKLMNOPUWXY
6 CEFGHJM(N 1,5km)STVX

Ein Campingplatz mit großen Plätzen und Fischweiher. Lage Nähe niederländische Grenze.

N69-N715 Eindhoven-Hasselt, Richtung Lommel, 2,5 km von der belgisch-niederländischen Grenze. Der CP liegt 100m vor dem Kempischen Kanal auf der rechten Seite.

CC € 17 *31/3-20/4 8/5-17/5 22/5-26/5 29/5-7/7 25/8-13/10*

N 51°14'35'' E 05°22'43''

Maasmechelen, B-3630 / Limburg

418

Recreatieoord Kikmolen****
Kikmolenstraat 3
+32 89 77 09 00
1/4 - 31/10
info@kikmolen.be

20ha 106**T**(80-100m²) 6-10A CEE

1 ABD**G**IJKLMNP**Q**ST
2 BDFIOSUWXYZ
3 CDEHIKLMNPU**WZ**
4 J(Q+S+T+U 1/5-15/9) (Y+Z 1/4-30/9)
5 **AB**CDGHI**JKL**MN**P**QRUWXYZ
6 ABCDEFGH**K**(N 1,5km)TVX

Im naturreichen Limburger Maasland am Rande des Nationalparks 'Hoge Kempen' gelegen. Auf geselligen Grasplätzchen, sogar mit Schatten. Großes Schwimmbad mit 2 Rutschbahnen. Forellenteich im Gehbereich. Großes Outletcenter Maasmechelen-Village in 6 km.

A2-E314 Ausfahrt 33 Richtung Lanaken. Am Kreisverkehr geradeaus, nach 1 km rechts abbiegen Richtung Zutendaal. Dann Beschilderung folgen.

CC € 21 *1/4-17/5 31/5-1/7 1/9-31/10*

N 50°57'14'' E 05°39'45''

Mol, B-2400 / Antwerpen

419

EuroParcs Zilverstrand
Kiezelweg 17
+31 8 80 70 80 90
1/1 - 31/12
kcc@europarcs.nl

26ha 66**T**(120m²) 10A CEE

1 ACD**H**JKLMNPQTU
2 AESTXY
3 CD**G**HIKLMN**R**SUWZ
4 (F+H 1/7-31/8) IJKLN+R+T+U+Y+Z (Q 1/7-31/8)
5 **AB**DFGIJKLMNOPUWXY
6 BCEFGHKL(N 4km)X

Ein Platz, auf dem Sie sich vom ersten Moment an zuhause fühlen! Sie werden sich keinen Augenblick langweilen, obwohl man natürlich ebenso faulenzen kann. Grosser Badesee und tropisches Hallenbad (nicht im Preis inbogriffen). Viele Erholungsmöglichkeiten in der Nähe. Wunderbar ausgeschilderte Wander- und Radwege.

Autobahn Mol-Lommel, nach der zweiten Brücke sofort links. Der Beschilderung folgen ('Molse meren'). CP liegt an der N712 zwischen Mol und Lommel: Zilverstrand.

CC € 23 *31/3-7/4 11/4-26/4 1/5-17/5 22/5-30/6 4/9-30/10*

N 51°12'34'' E 05°10'20''

Mol, B-2400 / Antwerpen

420

Provinciaal Recreatiedomein Zilvermeer****
Postelsesteenweg 71
+32 14 82 95 00
1/1 - 13/11, 15/12 - 31/12
camping@zilvermeer.be

150ha 282T(98-184m²) 16A CEE

1 ACD**H**JKLMNOPQR
2 ABFJTWYZ
3 ABCE**G**HIJKLMOP**R**SUVWZ
4 JM
(Q+S 1/4-6/11,17/12-31/12)
(T 1/4-30/9)(X+Y+Z)
5 **AB**DEFGHIJKLMNOPQUWZ
6 CDEFGHK(N 5km)OTU

Großer gepflegter Campingplatz an einem großen Teich mit Wasserspielplatz und Hochseilklettergarten. Drei Restaurants mit unterschiedlichen Öffnungszeiten. In der Nähe von Touristenorten. Neuer Erlebnispfad für Kinder.

E34 Antwerpen-Eindhoven, Ausfahrt 26 Retie/Arendonk und der Beschilderung 'Molse meren' folgen, oder E313 Hasselt/ Antwerpen Ausfahrt 23 Geel-West und dann über die N19, R14, N71, N712, N136 zum CP.

CC € 21 *1/5-17/5 22/5-25/5 30/5-16/6 21/6-30/6 23/8-30/9*

N 51°13'09'' E 05°10'57''

Mouzaive, B-5550 / Namur

421

Camping Le Héron***
rue de Lingue 50
+32 61 50 04 17
28/4 - 24/9
info@camping-le-heron.be

8ha 76T(100-140m²) 10A

1 ACDHJKLMNPQR
2 DLWXY
3 CHIKLS**WX**
4 (Q 1/7-31/7)(Z 1/7-31/8)
5 **AB**DFGIJ**K**PUWZ
6 CDEFG**K**(N 2km)V

Urlaubsanlage am Ufer der Semois mit Toruplätzen am Wasser. Neuer Spielplatz, überdachte Boules Anlage.

E411 Ausfahrt 25 Bertrix, N89 Richtung Bouillon. N819 Richtung Alle und Mouzaive. Dann den CP-Schildern folgen.

CC € 19 *28/4-30/6 27/8-24/9*

N 49°51'14'' E 04°57'12''

Noorderwijk/Herentals, B-2200 / Antwerpen

422

Camping Domein De Schuur
Pastoorsbos 35
+32 14 26 16 52
1/4 - 6/11
info@deschuur.be

7ha 26T 16A

1 ACD**H**JKLMNO**Q**R
2 IJSXYZ
3 ACE**G**HIKOPS**W**
4 (T+U+X+Z)
5 **AB**DGHIJKLMNOPQ**T**UWYZ
6 BFGHK(N 0,2km)STUV

Kleiner Familiencampingplatz im Herzen der Region Antwerpen-Kempen. Mehr als 250 km Wander- und Radwege in der Umgebung. Die Kreuzung 65 vor der Tür. Sie können auch regionales Bier/Wein mit etwas Leckerem auf der Terrasse im Grünen und zwischen den Tieren genießen.

E313 Ausfahrt 22 Olen. An der Ampel rechts, dann an der 2. Ampel links Richtung Noorderwijk. Nach 3 km steht auf der rechten Seite das Schild 'Domein de Schuur'. Hier einbiegen.

CC € 21 *1/4-7/7 24/8-6/11*

N 51°07'56'' E 04°49'52''

Opglabbeek/Oudsbergen, B-3660 / Limburg

423

Recreatieoord Wilhelm Tell*****
Hoeverweg 87
+32 89 81 00 10
1/1 - 31/12
wilhelmtell@limburgcampings.be

6ha 75T(80-100m²) 16-20A CEE

1 ABD**H**JKLMNPQR
2 ISWXY
3 BCD**G**HIKMNSU
4 (C 1/7-31/8)(F)
(H 1/7-31/8)IJKM
(Q+R+T+U+V+Y+Z)
5 **AB**DEFGI**JKLMN**P**QRS**UWXYZ
6 BCDEFGKL(N 2km)STUV

Camping 2 km vom Zentrum Opglabbeek-Oudsbergen. Ruhige Lage mitten im Grünen. Großes Freibad mit Wasserrutsche. Ganzjahresbetrieb im Hallenbad. Ausgezeichnete Sanitäranlagen.

E314 Aachen-Bruxelles Ausfahrt 32. A2 Richtung As folgen. Kurz vor AS-Mitte nach ca. 5 km die Ausfahrt Richtung Oudsbergen nehmen. Der Campingplatz ist ca. 1 km vor dem Zentrum Opglabbeek auf der rechten Straßenseite ausgeschildert.

CC € 23 *1/1-1/7 28/8-31/12*

N 51°01'42'' E 05°35'52''

Opoeteren, B-3680 / Limburg

424

Camping Zavelbos****
Kattebeekstraat 1
+32 89 75 81 46
1/1 - 31/12
zavelbos@limburgcampings.be

6ha 50T(100-120m²) 16-20A CEE

1 ABD**H**JKLMNQR
2 BJSUWXZ
3 BC**G**HIKLMNSUW
4 **KP**(Q+T+U+Y+Z)
5 **AB**DEFGI**JKLMN**P**QRS**UWXY
6 ACDEFGKL(N 4km)SV

Ein Camping mit Fischweiher in einer waldreichen Gegend. Schöne Sanitäranlagen. Liegt an markierten Wander- Rad-, und Reiterrouten nur 6 km vom 6000 ha großen Nationalpark 'de Hoge Kempen'.

A2 Eindhoven-Maastricht, Ausfahrt Maaseik. Via Neeroeteren nach Opoeteren. CP liegt rechts von der Straße Opoeteren-Opglabbeek.

CC € 23 *1/1-1/7 28/8-31/12*

N 51°03'29'' E 05°37'45''

Overijse, B-3090 / Vlaams Brabant

425

Camping Druivenland***
Nijvelsebaan 80
+32 26 87 93 68
1/4 - 1/10
info@campingdruivenland.be

5ha 34T(150-200m²) 16A CEE

1 AB**H**JKLMNP**Q**TU
2 IJNSWXY
3 HIKS
5 **AB**DEGIJKLMO**P**UWXYZ
6 BCEFG**KT**

Overijse, das Zentrum der belgischen Tafeltraube mit den gerühmten Traubenfesten. Von hier Ausflüge in die Kunststädte Brüssel und Leuven. Waterloo, Walibi und das Afrika-Museum in Tervuren ganz in der Nähe. Das Unesco Kulturerbe der Schiffshebeanlagen lohnt sicher einen Besuch.

A4/E411 Ausfahrt 3 Richtung Overijse, dann 1. Straße rechts auf die N218 (Nijvelsebaan) bis zum CP.

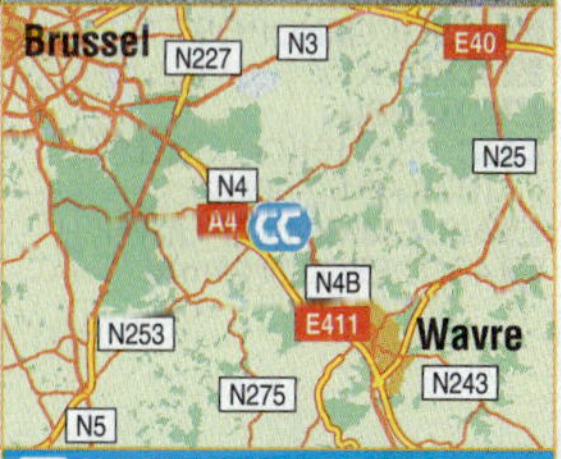

CC € 23 *1/4-25/6 28/8-1/10*

N 50°45'43'' E 04°32'50''

Poupehan, B-6830 / Luxembourg

426

Camping Ile de Faigneul***
54 rue de la Chérizelle
+32 4 78 96 12 40
1/4 - 30/9
info@iledefaigneul.com

3ha 130T(100m²) 6A CEE

1 ACD**H**JKMQR
2 BDSUWXYZ
3 CHIKLPSU**WX**
4 (Q+R+T+U+Z)
5 **AB**DFGIJKLMNPRUWZ
6 EFGHK(N 5km)V

Mitten in der unberührten Natur. Zahlreiche ausgewiesene Wanderrouten in der waldreichen Umgebung. Vom Mountainbiken, Fischen und Kanufahren ist hier alles möglich. Schöne Spielgeräte für die Kinder.

E411 Ausfahrt 25, N89 Richtung Bouillon. N819 Richtung Rochehaut, innerorts die N893 Richtung Poupehan. Innerorts ist der Camping anzeigt.

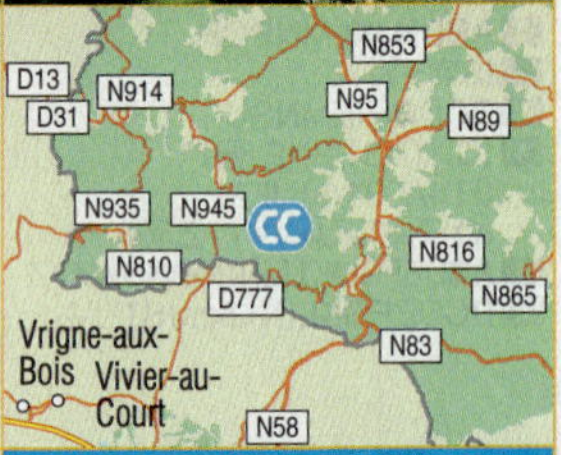

CC € 21 1/4-16/5 21/5-25/5 29/5-29/6 3/9-29/9

N 49°48'58'' E 05°00'57''

Poupehan, B-6830 / Luxembourg

427

Camping Le Prahay***
rue de la Chérizelle 48
+32 4 76 83 84 00
1/4 - 30/9
info@camping-leprahay.com

5ha 168T(100-130m²) 6-16A

1 ACD**H**JKLMQ
2 BDUWXYZ
3 CHIKLS**W**X
4 (Q)(T 1/7-31/8)(Z)
5 **AB**GIJMN**P**UWZ
6 ABCDEFGJ(N 5km)V

Camping am Ufer der Semois, inmitten der Natur der belgischen Ardennen. Schöne Wanderungen vom Platz aus, sowie MTB-Routen für aktive Radfahrer. Genießen Sie die Ruhe und all die Schönheit, die diese Region zu bieten hat. Auf der gemütlichen Terrasse direkt am Wasser lässt es sich wunderbar entspannen.

E411 Ausfahrt 25, N89 Richtung Bertrix/Bouillon. An Plainevaux vorbei Richtung Rochehaut die N819. Vor Rochehaut die N893 Richtung Poupehan, danach CP-Beschilderung beachten.

CC € 19 1/4-17/5 30/5-30/6 1/9-29/9 7=6, 14=11

N 49°48'49'' E 05°00'53''

Remersdaal/Voeren, B-3791 / Limburg

428

Camping Natuurlijk Limburg***
Roodbos 3
+32 4 72 12 16 87
1/1 - 31/12
campingnatuurlijklimburg@gmail.com

6ha 70T(80-100m²) 6A CEE

1 AD**H**JKLMNOPQST
2 JLSUVXYZ
3 CIKLPSU
4 (C 1/6-1/10)(Q 1/3-1/12)
(U+Y+Z 1/2-30/12)
5 **AB**DGI**J**K**L**MNOPQUWZ
6 ABCDEFGJ(N 2km)V

Idealer Ausgangspunkt um die Gegend um Voeren zu genießen. In der Nähe gibt es schöne und anspruchsvolle Rad- und Wanderwege. Probieren Sie auf jeden Fall das preisgekrönte Restaurant (ACSI Award 2022) mit Terrasse neben dem Swimmingpool, wo Sie sich sofort wie im Urlaub fühlen (dienstags und mittwochs geschlossen).

A2/E25 in Maastricht Richtung Aken/Vaals verlassen. Kurz nach Margraten rechts fahren, Richtung De Planck. Über der Grenze mit Belgien (ca. 5 km) Richtung Aubel.

CC € 21 1/1-17/5 29/5-30/6 4/9-31/12

N 50°43'46'' E 05°51'53''

Retie, B-2470 / Antwerpen

429

Camping Berkenstrand****
Brand 78
+32 14 37 90 41
1/4 - 16/10
info@berkenstrand.be

10ha 33T(120-150m²) 10A CEE

1 AD**H**JKLMOPQR
2 ACFISTWXYZ
3 CHIJKLPSU**W**Z
4 (Q 1/7-31/8)
(R+T+U+V+X+Z)
5 **AB**DEFGI**J**K**L**MNO**P**UXYZ
6 ABCDEFGHJ**K**L(N 3,5km)
OTUV

Ruhiger Familiencamping. 3 Weiher mit Bade- und Angelangeboten, mehrere Spielplätze, am Radwegenetz 'Antwerpse Kempen' und Startpunkt verschiedener Wanderwege. In der Taverne sind Sie für den kleinen oder großen Appetit herzlich willkommen.

E34 Ausfahrt 26 Richtung Retie, an der Ampel links, dann 1. rechts Richtung Postel. Camping ausgeschildert. (GPS = Postelsebaan 3).

CC € 19 *1/4-30/6 18/8-15/10*

N 51°16'32'' E 05°07'44''

Stavelot, B-4970 / Liège

430

Camping Domaine l'Eau Rouge
Cheneux 25
+32 80 86 30 75
31/3 - 1/11

4ha 151T(100-120m²) 6-10A

1 AD**H**JKLM**Q**ST
2 BDIJSUXYZ
3 BCIKLPSU**W**X
4 (C 1/5-30/9)
(Q 29/5-10/6,7/7-26/8)
(T 29/5-10/6)
(U 29/5-10/6,7/7-26/8)
(X 17/3-31/10)
(Z 29/5-10/6,7/7-26/8)
5 **AB**CDEFGHIJKLMN**P**RUWXYZ
6 ACEFGHK(N 1,5km)TUV

Charmanter grüner Familiencamping 2 km zur Ortsmitte. Modernes Sanitär. Separates Zeltgelände. Liegt an einem kleinen Fluss im Tal von L'Eau Rouge. Beheiztes Außenschwimmbad.

A27/E42 Ausfahrt 11, im Kreisel Richtung Stavelot (Navi abschalten!), nach ± 5 km an T-Kreuzung rechts. Dann 1. Straße rechts, kleiner Weg nach unten. Bei geschlossener Rennstrecke von Francorchamps ist der CP dennoch gut erreichbar.

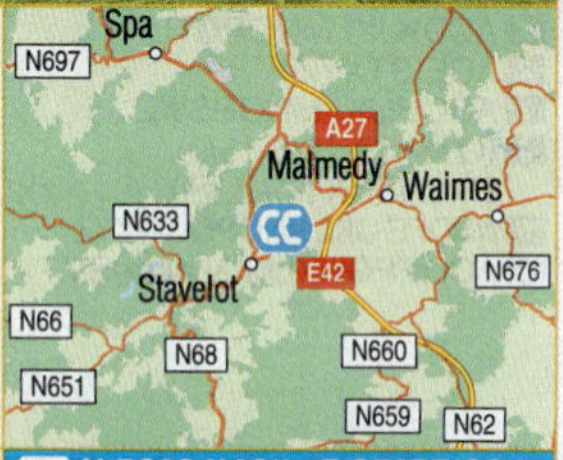

CC € 21 *31/3-17/5 22/5-30/6 4/9-30/10 7=6*

N 50°24'43'' E 05°57'03''

Tenneville, B-6970 / Luxembourg

431

Camping Pont de Berguème***
Berguème 9
+32 84 45 54 43
1/1 - 31/12
info@pontbergueme.be

3ha 100T(80-100m²) 6A CEE

1 ACD**H**JKLMNPQR
2 DSWXY
3 AHIKSU**W**X
4 (Z)
5 **AB**DGIJKLMNO**P**UZ
6 CDEFGJ(N 4km)V

Gepflegter, ruhig gelegener Camping mitten im Grünen am Ufer der Ourthe. Gutes und ordentliches Sanitär. Schöner kleiner Spielplatz. Viele Möglichkeiten zum Wandern.

Via N4, Ausfahrt Berguème. Dann Schildern Berguème und CP-Schildern folgen.

CC € 19 *1/1-16/5 29/5-29/6 21/8-31/12*

N 50°04'33'' E 05°33'19''

Tintigny, B-6730 / Luxembourg

432

Camping de Chênefleur***
rue Norulle 16
+32 63 44 40 78
1/3 - 5/11
info@chenefleur.be

7,2ha 250T(100-125m²) 6A CEE

1 ACD**H**JKLMNP**Q**ST
2 DIJSWXYZ
3 CHIKLSU**WX**
4 (A 6/7-23/8)(C+H 20/5-6/9) KN(Q+R)
(T+U+V+Y+Z 1/5-4/11)
5 **AB**DEFGIJKLMNOPUWXZ
6 DEFGJ**K**(N 2km)OUV

Gemütlicher Campingplatz an der fischreichen Semois. Es gibt ein Schwimmbad und einen Imbiss mit Snacks und Gerichten zum Mitnehmen, die von Mai bis zum Herbst (in der Nebensaison nur an den Wochenenden) geöffnet sind. Viele Möglichkeiten zum Wandern und Radfahren sowie für verschiedene Kulturausflüge.

E411, Ausfahrt 29 Richtung Etalle (N87). In Etalle Richtung Florenville (N83) folgen. Im Ort Tintigny den CP-Schildern folgen. Gut ausgeschildert.

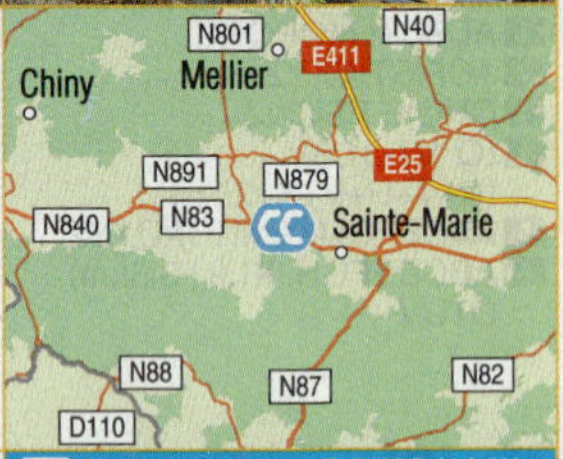

CC € 21 1/3-16/5 29/5-2/7 28/8-4/11

N 49°41'06'' E 05°31'14''

Turnhout, B-2300 / Antwerpen

433

Camping Baalse Hei****
Roodhuisstraat 10
+32 14 44 84 70
1/1 - 31/12
info@baalsehei.be

30ha 48T(100m²) 16A CEE

1 ACD**H**JKLMNOP**Q**TU
2 ACEISTXYZ
3 ABCHIJKLMNOPS**WZ**
4 (Q)(R 15/6-15/9)
(T+U+V+X+Y+Z)
5 **AB**DFGI**JKL**MNO**PQ**UWXYZ
6 ACDEFGHKLM(N 4km)SV

Baalse Hei liegt versteckt in der schönen Natur der Antwerpener Kempen. Ruhe, Raum, Komfort und viel Privatsphäre prägen diesen Platz. Markierte Wanderungen und Direktanschluss ans Radwegenetz. 3 km von Turnhout, 20 Min. vom Bobbejaanland. Gratis WLAN.

Von Holland aus: A67 Venlo/Eindhoven/Antwerpen (A21 in Belgien) folgen. Ausfahrt 25 Turnhout-Oost, Oud Turnhout auf den Stadtring R13, rechts nach Norden zur N119 Richtung Baarle-Nassau. Rechts ab (Domberheide).

CC € 19 1/3-31/3 17/4-12/5 1/6-30/6 4/9-30/9

N 51°21'27'' E 04°57'32''

Wechelderzande/Lille, B-2275 / Antwerpen

434

Camping Siesta
Bersegembaan 36
+32 33 11 62 36
1/1 - 31/12
info@campingsiesta.be

7ha 28T(80-120m²) 16A CEE

1 ACDGJKLMNPQTU
2 IJSWXYZ
3 A**G**IKL
4 (A 1/7-31/8)(Q)
(X+Z 1/7-31/8)
5 **AB**DFGIJKLMOP**T**WZ
6 CDEFK(N 1,5km)T

Camping Siesta ist ein charmanter Campingplatz. Die waldreiche Region Antwerpen-Kempen lädt zum Radfahren, Wandern oder zu einer Safari mit einem Siesta-Ranger ein. Schöne Stellplätze für einen unvergesslichen Urlaub in dieser waldreichen Umgebung.

E34 Ausfahrt 21 Richtung Lille. Nach der Ausfahrt den Schildern nach Wechelderzande folgen, bis der Camping Siesta ausgeschildert ist.

CC € 13 1/4-6/4 17/4-16/5 30/5-6/7 25/8-31/12

N 51°16'24'' E 04°47'23''

Westerlo/Heultje, B-2260 / Antwerpen — 435

Camping Hof van Eeden***
Kempische Ardennen 8
+32 16 69 83 72
1/1 - 31/12
info@hofvaneeden.be

12ha 45T(100-150m²) 10-16A CEE

1 ACD**H**JKLMNQR
2 ABEIJOSTVWXYZ
3 CHIKPSUWZ
4 (B+G 21/6-31/8)
(T 15/3-31/10)(U 1/4-31/10)
(X+Y 15/3-31/10)(Z)
5 **AB**CDGIJKLMNO**P**UXYZ
6 BCDEFGHK(N 2km)OSTV

Ruhiger familiärer Campingplatz. Schöne Wander- und Radgegend in der Nähe vom Schloss Merode und dem Meroder Wald. Neues Sanitär, große Komfortplätze, befestigte Reisemobilplätze.

E313 Herentals-Oost/Olen, Ausfahrt 22, der N152 bis Zoerle/Parwijs folgen, dort rechts Richtung Heultje. An der Kirche Camping Wegweiser Richtung Hulshout-Heultje Industriegebiet. Campingeinfahrt siehe Schild im Industrieweg.

CC € 21 *1/1-7/7 23/8-31/8*

N 51°05'17'' E 04°49'20''

Luxemburg

Luxemburg: Großes Glück in einem kleinen Land

Luxemburg ist eines der kleinsten Länder in Europa. Die Kombination aus schöner Natur und gemütlichen Dörfern und Städten macht Luxemburg zu einem kleinen, aber sehr abwechslungsreichen Land.

Hauptstadt: Luxemburg
Währung: Euro
Zeitzone: UTC + 1, UTC + 2 (März bis Oktober)
Sprache: Luxemburgisch, Französisch und Deutsch
Ländervorwahl: +352
Alkoholgrenze: 0,5‰
Notrufnummer: Polizei, Feuerwehr und Rettungswagen: 112
Leitungswasser: unbedenklich

Unterwegs zu Fuß

Luxemburg erkundet man am besten zu Fuß. Die vielen Wälder und hügeligen Gebiete sind eine Augenweide. Entdecken Sie sie in aller Ruhe bei einem ausgedehnten Wanderung. Die bekannteste Route des Landes ist der Mullerthal Trail. Das Müllerthal liegt im Osten des Landes, nahe der deutschen Grenze, und hat den vielversprechenden Spitznamen "Kleine Schweiz". Ziehen Sie gute Schuhe an und sehen Sie sich die spektakulären Felsformationen, die malerischen Bachtäler und die romantischen Schlösser an.

ACSI AWARDS

Gewinner 2022 in Luxemburg

Bester Campingplatz
Europacamping Nommerlayen

Hundefreundlichster Campingplatz
Camping Op der Sauer

Bestes Campingplatz-Schwimmbad
Birkelt Village

Campingplatz mit der schönsten Lage
Camping de la Sûre Reisdorf

Bester Campingplatz für Wanderungen und Radtouren
Camping du Barrage Rosport

Hauptstadt mit internationalem Charakter

Luxemburg ist eine Ansammlung von kleinen Dörfern und Städten. Die gleichnamige Hauptstadt ist eine Ausnahme, obwohl die Stadt weniger als 120 000 Einwohner hat. Verschiedene europäische Institutionen haben hier ihren Sitz, was der Stadt einen internationalen Charakter verleiht. Die Hauptstadt ist sauber und die Einrichtungen sind hervorragend.
Eine Stadtrundfahrt ist der perfekte Weg, um die vielen Sehenswürdigkeiten kennen zu lernen. Besichtigen Sie den Großherzoglichen Palast, entspannen Sie sich in der Kathedrale aus dem 17. Jahrhundert oder bewundern Sie zeitgenössische Kunst im Musée d'Art Moderne Grand-Duc Jean. Und vergessen Sie nicht, durch die Viertel Ville-Haute und Gare zu schlendern. Dort kann der Kleiderliebhaber stundenlang in trendigen Boutiquen, Luxusgeschäften und Ladenketten verweilen.

Luxemburg ist grün und sympathisch

Wenn Luxemburg für etwas bekannt ist, dann für seinen grünen Charakter. Das Land besteht zu einem großen Teil aus Wäldern, Hügeln und Wiesen. Der nördliche Teil von Luxemburg ist Teil der Ardennen. Die drei größten Flüsse – die Mosel, die Our und die Sauer – schlängeln sich malerisch durch das Land. Da es kaum Massentourismus gibt, können Sie die Natur in aller Ruhe genießen.

Campingurlaub mit Burgen und Schlössern

Lieben Sie Schlösser? Dann ist auch Luxemburg einen Besuch wert. Es gibt so viele Schlösser, Burgen und Ruinen, dass sich immer etwas davon in der Nähe Ihres Campingplatzes befindet. Die Burg Vianden ist ein absolutes Muss während Ihres Campingurlaubs in Luxemburg. Das imposante Bauwerk, das zwischen dem elften und vierzehnten Jahrhundert erbaut wurde, eignet sich hervorragend für einen Besuch mit Kindern. Tun Sie dies Ende Juli oder Anfang August. Dann wird ein großes mittelalterliches Burgfest organisiert.
Im Eischtal, dem südwestlichen Teil des Landes, der zu einem großen Teil aus Wäldern und Wiesen besteht, befinden sich nicht weniger als sieben Burgen und Schlösser. Einige von ihnen sind noch intakt, andere sind nur noch eine Ruine.

Tanken

Benzin (95 E10 und Super 98) ist leicht erhältlich (wenn Sie E10 tanken wollen, prüfen Sie die Einfüllöffnung, das Handbuch oder die Werkstatt Ihres Autohändlers, um zu sehen, ob Ihr Auto damit fahren kann, ansonsten tanken Sie Super 98). Diesel und LPG sind ebenfalls leicht erhältlich. Für die Betankung mit LPG wird der europäische Anschluss (acme) verwendet.
Der Kraftstoff ist in Luxemburg im Vergleich zu anderen Ländern günstig, weshalb viele Ausländer hier tanken. Die Tankstellen an der Grenze und an den Hauptstraßen sind daher oft 24 Stunden am Tag geöffnet. Die anderen Tankstellen sind oft mindestens von 8 Uhr morgens bis 20 Uhr abends geöffnet.
Achtung: Es ist verboten, Kraftstoff im Reservetank ein- oder auszuführen.

Ladestationen

Das Netz der öffentlichen Ladestationen ist noch nicht sehr umfangreich. Es ist wichtig, dass Sie Ihre Reise gut im Voraus planen. Die meisten Ladepunkte befinden sich im Süden.

Verkehrsvorschriften

Das Abblendlicht ist bei Dunkelheit, in Tunneln und bei einer Sichtweite von weniger als 100 Metern vorgeschrieben.
An einer gleichberechtigten Kreuzung hat der Verkehr von rechts Vorfahrt. Straßenbahnen haben

immer Vorrang. Der Verkehr in einem Kreisverkehr hat Vorrang, wenn dies durch Verkehrszeichen angezeigt wird. Auf Bergstraßen hat der bergauf fahrende Verkehr Vorrang vor dem bergab fahrenden Verkehr; notfalls muss das kleinste Fahrzeug rückwärts setzen.
Autofahrer dürfen nur Freisprechtelefone benutzen. Kinder unter 18 Jahren und einer Körpergröße von weniger als 1,50 m müssen in einem Kindersitz sitzen. Winterreifen sind bei winterlichen Verhältnissen Pflicht.

"Luxemburg: nah dran und doch ganz anders"

Herr K. Geeraert, Inspektor 558.

Sondervorschriften

Bei Staus müssen Sie so weit wie möglich nach rechts oder links ausweichen, um in der Mitte eine freie Fahrspur (Rettungsgasse) für Einsatzfahrzeuge zu schaffen.
Bei Annäherung an einen Stau ist das Blinken der Warnblinkanlage Pflicht. Wenn Sie in einem Tunnel im Stau stehen, müssen Sie einen Mindestabstand von fünf Metern zum vorausfahrenden Fahrzeug einhalten.
Achten Sie beim Parken darauf, dass der Abstand zwischen Ihnen und anderen geparkten Fahrzeugen mindestens 1 m beträgt.

Vorgeschriebene Ausstattung

Ein Warndreieck und eine Warnweste sind im Auto Pflicht. Es wird empfohlen, für alle Fahrgäste eine Sicherheitsweste mitzuführen. In Wohnmobilen mit einem zulässigen Gesamtgewicht von mehr als 3,5 Tonnen müssen ein Feuerlöscher und ein Warndreieck mitgeführt werden.

Reisemobil und Caravan

Ein Reisemobil oder eine Auto-Wohnwagen-Kombination darf bis zu 4 m hoch, 2,55 m breit und 18,75 m lang sein (der Wohnwagen selbst darf bis zu 12 m lang sein).

Mit einem Wohnwagengespann, das länger als 7 Meter (oder > 3,5 Tonnen) ist, müssen Sie einen Abstand von mindestens 50 Metern zu einem anderen Gespann oder Lkw einhalten.

Fahrrad

Ein Fahrradhelm ist nicht vorgeschrieben. Es ist verboten, während des Radfahrens zu telefonieren oder ein Mobiltelefon zu benutzen.
Kinder bis zu 8 Jahren dürfen nur von einem Erwachsenen in einem Fahrradsitz auf dem Fahrrad mitgenommen werden. Kinder bis zu 10 Jahren dürfen nur in Begleitung auf der Straße fahren. Kinder bis zu 12 Jahren dürfen auf dem Bürgersteig fahren.

„Nicht weit entfernt, grün und hügelig, viele Sehenswürdigkeiten und eine große Auswahl an Campingplätzen und Restaurants"

Herr R. Wauters, Inspektor 283.

Panne und Unfall

Stellen Sie Ihr Warndreieck auf der Autobahn mindestens 200 bis 300 m (sonst 100 m) hinter dem Fahrzeug auf, wenn es sich auf der Fahrspur befindet (und auf der Autobahn nur, wenn die Warnblinkanlage nicht funktioniert). Alle Insassen müssen eine Warnweste tragen.
Rufen Sie im Falle einer Panne die Notrufnummer Ihres Pannendienst an. Sie können auch den luxemburgischen Pannendienst (ACL) unter der Nummer +352 26 000 anrufen.
Das Abschleppen ist auf Autobahnen bis zur ersten Ausfahrt oder auf Landstraßen bis zur ersten Werkstatt erlaubt.

Campen

Die sanitären Einrichtungen in Luxemburg sind von überdurchschnittlicher Qualität. Auf vielen Campingplätzen gibt es Animation und Einrichtungen für Kinder.

Wildcamping außerhalb der Campingplätze ist verboten. Auf Privatgrundstücken ist die Genehmigung des Grundstückseigentümers erforderlich. Camping beim Bauern ist erlaubt, wenn – nach Erlaubnis des Bauern – nicht mehr als 2 Erwachsene in nicht mehr als 3 Zelten auf dem Hof übernachten.
Mehr als die Hälfte der Campingplätze sind nach Sternen klassifiziert: von 1 bis 5 Sternen. Die Klassifizierung gilt nur für Campingplätze, die sich freiwillig dazu bereit erklären. Es gibt auch Campingplätze, die sich für die „alte" Klassifizierung auf der Grundlage von Kategorien entschieden haben. Bitte beachten Sie: Es gibt Campingplätze mit hohen Standards, die sich entschieden haben, nicht in ein Klassifizierungssystem aufgenommen zu werden.

Berdorf, L-6551 / Mullerthal

436

Belle-Vue 2000 Kat.I
Rue de Consdorf 29
+352 79 06 35
1/1 - 31/12
campbv2000@gmail.com

5,5ha 170T(90-120m²) 6-16A CEE

1 ACD**H**JKLMNP**Q**R
2 JSWXYZ
3 CIKLSU
4 (Q+R)(T 8/4-1/10)(U)
5 **AB**DGIJMNOPUWZ
6 BEFGIK(N 6km)O

Campingplatz mit separatem Bereich für Touristencamper, mit geräumigen, schattigen und ebenen Stellplätzen. Es gibt einen einfachen, modernen Campingladen auf dem Platz. Idealer Ausgangspunkt für Wanderungen und Mountainbike-Touren in der "Kleinen Schweiz".

N19/N10 Diekirch-Echternach bis Grundhof. Hier rechts ab Richtung Berdorf. Nach Orteingangsschild Richtung Consdorf fahren. CP-Schildern folgen.

CC € 21 *1/5-17/5 21/5-25/5 29/5-8/6 11/6-16/6 4/9-30/9*

N 49°49'10'' E 06°20'51''

Berdorf, L-6552 / Mullerthal

437

Camping Martbusch Kat.I/***
3 beim Martbusch
+352 79 05 45
1/1 - 31/12
info@camping-martbusch.lu

3ha 106T(80-100m²) 16A CEE

1 ABCD**H**JKLMNPQR
2 BSTWXYZ
3 CHIKLPSU
4 (Q+U+X+Y)
5 **AB**DEFGIJKLMNOPQRUWXZ
6 ABCDEFGHKL(N 1km)V

Schattiger Camping in einem Wald am Rande des felsigen Wandergebiets 'Kleine Schweiz'. Die Stellplätze sind durch Hecken parzelliert. Neues Sanitär mit Familien- und Kinderdusche.

N17/N19/N10 Diekirch-Echternach bis Grundhof. Hier Richtung Berdorf. In Berdorf zweite Straße links ab. Dann Schildern folgen.

CC € 19 *1/1-17/5 30/5-30/6 1/9-31/12*

N 49°49'34'' E 06°20'37''

Consdorf, L-6211 / Mullerthal

438

Camping La Pinède Kat.I/***
33 rue Burgkapp
+352 79 02 71
15/3 - 14/11
info@campinglapinede.lu

3ha 74T(100-140m²) 10A CEE

1 ABCD**H**JKLMNP**Q**R
2 BJLMSWXYZ
3 CHIKLMN**O**P**R**SU
4 (Q)(R 1/4-30/10)
(T+U+X+Y+Z)
5 **AB**DFGIJKLMNOPUWZ
6 ACDEFGK(N 0,5km)

Schöner, gepflegter und ruhiger Terrassencampingplatz mit abgegrenzten Stellplätzen. Entlang des Waldes mit wunderschönen Felsformationen im Herzen der 'Kleinen Schweiz' gelegen. Tennis- und Minigolfplatz. Neues Restaurant mit Bar und Terasse.

Die N14 Diekirch-Larochette. In Larochette links ab Richtung Christnach/Consdorf. In Consdorf den Schildern folgen.

CC € 19 *15/3-6/4 10/4-17/5 21/5-25/5 29/5-14/7 1/9-13/11*

N 49°46'51'' E 06°19'54''

Diekirch, L-9234 / Ardennes

439

Camping De la Sûre***
route de Gilsdorf
+352 80 94 25
1/4 - 2/10
tourisme@diekirch.lu

5ha 196T(50-100m²) 10A CEE

1 ABCD**G**JKLMN**Q**R
2 CIJSTWXYZ
3 CHKMNPSU**W**
4 (Q+T+X+Z)
5 **AB**DEFGIJKLMN**P**UWXZ
6 ABCDEFGJ(N 0,5km)V

Schöner, flacher Camping am Ufer der Sûre mit ausreichend Schattenplätzen, 5 Minuten zu Fuß vom Zentrum Diekirch. Hallenbad gleich nebenan.

In Diekirch Richtung Larochette. Hinter der Brücke über die Sûre links ab Richtung Gilsdorf. Nach 100m, erster CP.

CC € 21 1/4-31/5 7/6-30/6 1/9-1/10

N 49°51'57'' E 06°09'54''

Dillingen, L-6350 / Mullerthal

440

Camping Wies-Neu Kat.I
12 rue de la Sûre
+352 83 61 10
3/4 - 1/10
info@camping-wies-neu.lu

4,8ha 190T(100-120m²) 6A CEE

1 AD**H**JKLMNPQST
2 DJMSWXYZ
3 ACIKMSU**WX**
4 (Q+R 15/5-15/9)
5 **AB**DFGIJKLMNO**P**U
6 AEFGHK(N 4km)OV

Gut gepflegter Familiencamping am Ufer der Sûre (Sauer) mit großen, abgegrenzten flachen Plätzen, ausreichend Schatten. Gelegenheit zum Kanu fahren. Liegt am Radweg zwischen Diekirch und Echternach. Ideale Ausgangsbasis für Wanderungen in der 'Kleine Schweiz'.

N19/N10 Diekirch-Echternach bis Dillingen. In Dillingen an der Kreuzung links, dann vor der Brücke rechts halten.

CC € 19 3/4-30/6 1/9-30/9

N 49°51'08'' E 06°19'18''

Echternach, L-6430 / Mullerthal

441

Camping Officiel Wollefsschlucht
17 route de Diekirch
+352 72 02 72
1/1 - 31/12
camping@visitechternach.lu

4ha 214T(80-120m²) 10-12A

1 ABCD**H**JKLMP**Q**R
2 JMSUWXYZ
3 CHIKLMNOPSU
4 (**A** 15/7-15/8)(C+H 1/7-31/8)
(Q 1/5-30/9)(T+Z)
5 **AB**DFGIJMNOPQUWZ
6 ABCDFGJ(N 0,3km)T

Großer dreiteiliger Terrassencamping mit einem Bereich für den längeren Aufenthalt, einem Tourbereich sowie einem Jugendbereich im Obstgarten. Großer Spielplatz und Sportgelände. 10 Minuten zu Fuß vom Zentrum, an das Fels- und Wandergebiet 'Kleine Schweiz' angrenzend.

Der N10-N19 Diekirch-Echternach folgen. Vor Echternach liegt der CP auf der rechten Seite.

CC € 21 1/1-2/4 15/4-17/5 21/5-27/5 1/6-7/6 12/6-30/6 15/9-31/12

N 49°49'01'' E 06°24'38''

Ermsdorf, L-9366 / Mullerthal

442

Camping Neumuhle Kat.I/****
27 Reisduerferstrooss
+352 87 93 91
1/4 - 30/9
info@camping-neumuhle.lu

3ha 105**T**(80-100m²) 6A CEE

1 AD**H**JKLM**Q**ST
2 DJMSWXYZ
3 CHIKLPSU
4 (B 1/5-30/8)(Q+R)
(T 7/7-24/8)(X)
5 **AB**DFGI**J**K**L**MNPUWZ
6 ACEFGK(N 4km)OV

Gut gepflegter Terrassencamping auf einer Anhöhe mit abgegrenzten Plätzen von maximal 100 m². Schöner Blick. Das kleine Schwimmbad kann an den warmen Tagen für Erfrischung sorgen. Guter Ausgangspunkt für zahlreiche Ausflüge und Wanderungen. Gratis WLAN.

N14 Diekirch-Larochette bis Medernach. Hier links ab Richtung Ermsdorf. In Ermsdorf ca. 1 km in Richtung Reisdorf bis Hostellerie und Camping Neumühle.

CC € 21 *1/4-7/7 29/8-29/9*

N 49°50'21'' E 06°13'31''

Esch-sur-Sûre, L-9650 / Ardennes

443

Camping Im Aal***
1 Am Aal
+352 83 95 14
24/2 - 10/12
info@campingaal.lu

2,5ha 150**T**(100m²) 10A CEE

1 AE**H**IJKLMNPQR
2 DJSWXYZ
3 CHIJKLPSU**WX**
4 (A 5/7-20/8)
(Q+R+Z 1/4-30/9)
5 **AB**DFGIJMNOPUWZ
6 ACEFGJ(N 7km)TV

In einer waldreichen Umgebung am Ufer der Sûre/Sauer. Ruhig, still und naturfreundlich eingestellt. Wandern und diverse Erholungsangebote ganz in der Nähe. Die Rezeption ist zwischen 12:00 und 13:00 Uhr geschlossen.

N15 Ettelbrück – Bastogne, Ausfahrt links Esch-sur-Sûre. Durch den Tunnel. CP 150m weiter am Fluss.

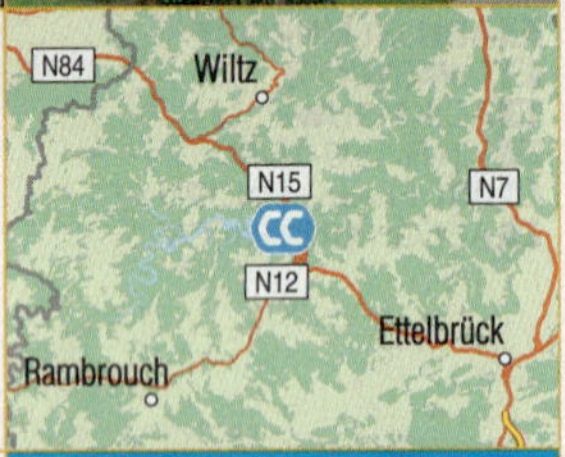

CC € 21 *24/2-6/4 10/4-17/5 29/5-30/6 21/8-9/12*

N 49°54'24'' E 05°56'34''

Ettelbruck, L-9022 / Ardennes

444

Camping Ettelbrück
88 chemin du Camping
+352 81 21 85
1/4 - 30/9
camping@ettelbruck.lu

3ha 100**T**(80-120m²) 16A CEE

1 ACDHJKLMNP**Q**R
2 IJMNSWXYZ
3 CHIKLMNSU
4 (A+Q+T+U+X+Z)
5 **A**BDFGIJKLMNOPUWZ
6 ACDEFHJ(N 1km)UV

Ruhiger Terrassencamping im Grünen auf einer Anhöhe bei Ettelbrück. Camping Ettelbrück ist ein Gemeindecamping mit soliden und gut gepflegten Anlagen. Er hat auch ein Bistro für einen kleinen Imbiss mit tagesfrischen Zutaten und vernünftigen Preisen.

In Ettelbrück Stadtzentrum die N15 nach Wiltz und Bastogne. Nach 300m links den CP-Schildern folgen. Aus Richtung Wiltz vor dem Zentrum rechts.

CC € 21 *1/4-30/6 1/9-29/9*

N 49°50'46'' E 06°04'56''

Ingeldorf/Diekirch, L-9161 / Ardennes

445

Camping Gritt Kat.I/***
2, Um Gritt
+352 80 20 18
1/4 - 30/9
info@camping-gritt.lu

3,5ha 137T(75-120m²) 10-16A CEE

1 ABCD**H**IJKLMNPQR
2 DIJSWXY
3 CIKL**W**
4 (Y+Z)
5 **AB**DEFGHIJMNOPQUWXYZ
6 ABCDEFGK(N 0,8km)V

Ruhiger, komplett renovierter Camping in malerischer Umgebung am Ufer der Sûre (Sauer). Große schattige Plätze mit Wasser und Kanalisation. Gemütliche Bar und Restaurant mit Terrasse. Nur wenige Gehminuten vom Einkaufscenter und den Städten Diekirch und Ettelbrück. Ideale Lage für Radtouren.

N7 Ettelbrück-Diekirch. Nach ca. 2 km rechts ab Richtung Ingeldorf. Dann Schildern folgen.

CC € 23 *1/4-15/7 1/9-30/9*

N 49°51'02'' E 06°08'04''

Larochette, L-7633 / Mullerthal

446

Birkelt Village Kat.I/*****
1 Um Birkelt
+352 87 90 40
20/4 - 17/9
birkelt@huopenair.com

12ha 134T(80-100m²) 10-16A CEE

1 CD**H**JKLMPQST
2 BJLSWXYZ
3 CD**G**HIKLPS
4 (B+E+G+Q+S+T+U+V +X+Y+Z)
5 **AB**DEFGIJKLMNOPQRUWXYZ
6 BCEFGHK(N 2,5km)OSV

Moderner, gut gepflegter Familiencamping mit großen abgegrenzten Plätzen mit mannshohen Hecken. Der Camping bietet jeden Komfort. Campingladen vorhanden. Viele Freizeitangebote u.a. Allwetterschwimmbad, neues Freibad und Animation in Neben- und Hochsaison.

N14 Diekirch-Larochette. Im Zentrum von Larochette rechts ab. Danach den CP-Schildern folgen.

CC € 21 *20/4-8/7 26/8-17/9*

N 49°47'05'' E 06°12'40''

Mersch, L-7572 / Centre

447

Camping Krounebierg*****
2 rue du Camping, BP 35
+352 32 97 56
1/4 - 29/10
contact@campingkrounebierg.lu

3ha 140T(60-200m²) 6-10A CEE

1 ACD**H**JKLMNQR
2 IMSUWXYZ
3 CHIKPSU**V**
4 (**F**)(G 15/6-15/9)**IJKLN** (Q+S+T+U+Y+Z)
5 **AB**DFGIJKLMNOPQUWZ
6 ACDEFGHK(N 1,5km)UV

1,5 km von Mersch mit parzellierten Plätzen. An der N7 und A7 zur Durchreise geeignet. Neben Wasserpark (2 Std./Tag gratis bei min. 3 Nächten Aufenthalt). Restaurant mittags und abends geöffnet (außerhalb der Hochsaison mit einem Schließtag die Woche).

Von N: A7 Ausfahrt Kopstal, Ri. Mersch. CP-Schildern folgen. Von der N7 in Mersch den Schildern Stadtzentrum folgen. Von S: A6 Ri. Bruxelles, dann Ausfahrt 3 Bridel/Kopstal. Ri. Mersch, dann den CP-Schildern folgen.

CC € 19 *1/4-7/7 26/8-28/10*

N 49°44'37'' E 06°05'23''

Nommern, L-7465 / Centre

448

Europacamping Nommerlayen Kat.I/*****
rue Nommerlayen
+352 87 80 78
31/3 - 5/11
info@nommerlayen-ec.lu

15ha 388T(70-130m²) 10-16A CEE

1 ABCD**H**JKLMNP**Q**R
2 IMNSWXYZ
3 AC**G**HIJKMNPS**T**UV
4 (A 8/7-27/8)
(B+E+H 1/5-15/9)**KMN**
(Q+S+T+U+X+Y+Z)
5 **AB**CDEFGHIJKLMNOP**S**UWXYZ
6 ABCDEFGHK(N 8km)TV

Schicker Terrassencamping im Wandergebiet mit großen abgegrenzten, ebenen Plätzen mit Wasseranschluss und Kanalisation. Supermoderne Sanitäranlage mit u. a. Privatbädern. Zwei Freibäder, eines mit Schiebedach. Teurere Plätze (aufgrund der Lage) auch mit CampingCard ACSI gegen Aufpreis.

Der N7 bis Ettelbrück/Schieren, dann Ausfahrt 7, Cruchten/Colmarberg. Am Ende Ausfahrt nach Shell-Tankstelle links Ri. Cruchten/Nommern. In Cruchten links ab, dann den Schildern folgen.

€ 21 *31/3-21/4 7/5-17/5 31/5-1/6 11/6-8/7 28/8-29/10*

N 49°47'06'' E 06°09'55''

Reisdorf, L-9390 / Mullerthal

449

Camping De la Sûre Reisdorf Kat.I
23 route de la Sûre
+352 6 91 84 96 66
1/4 - 29/10
info@campingdelasure.lu

2,9ha 95T(100-150m²) 10-16A CEE

1 ACD**H**JKLMNQR
2 CJSWXYZ
3 CHIKSU**W**
4 (Q+R+T+U+X+Y+Z)
5 **AB**CDGHIJLMNOPUWZ
6 ACEFGK(N 5km)V

Ruhiger Familiencamping an der Sûre mit schönen schattigen Plätzen. Bar/Restaurant mit großer Terrasse. Bestens als Ausgangspunkt für Wander- und Radtouren geeignet. Zweiter Camping auf der linken Seite, hinter Brücke.

N10 Diekirch-Echternach, in Reisdorf zweiter CP nach der Brücke.

€ 19 *1/4-7/7 24/8-27/10 7=6*

N 49°52'11'' E 06°16'03''

Rosport, L-6580 / Mullerthal

450

Camping Du Barrage Rosport Kat.I
1, rue du camping
+352 73 01 60
1/1 - 31/12
campingrosport@pt.lu

4,2ha 104T(100m²) 12-16A CEE

1 ACD**H**JKLMNQR
2 CJSTWXY
3 CHIKMNPS**W**
4 (C+H 15/6-15/9)
(Q+T+U+Y+Z)
5 **AB**DEFGIJKMNOPQUWZ
6 CDFGHK(N 0,5km)

Der flache Familiencamping am Ufer der Sûre (Sauer) mit großen Plätzen, ist ein Paradies für Radfahrer und Angler (Fischsaison: 15/6 - 28/2). Neues Sanitär, Bar-Restaurant und Freibad. Guter Ausgangspunkt für schöne Ausflüge in die Region.

N10 Echternach-Wasserbillig bis Rosport. Dann Schildern folgen.

€ 19 *1/1-30/6 1/9-31/12 7=6*

N 49°48'33'' E 06°30'12''

Simmerschmelz, L-8363 / Centre

451

Camping Simmerschmelz Kat.I
Simmerschmelz 2
+352 30 70 72
1/1 - 31/12
info@simmerschmelz.com

5ha 70**T**(80-120m²) 6A CEE

1 ACD**H**JKLMNQT
2 BIJLSTWXYZ
3 CISU
4 (B+G 1/7-31/8)M(Q)
(R 1/7-31/8)(T+U+Y+Z)
5 **AB**DEGIJMNPUWZ
6 DEFGHK(N 7km)UV

Der Campingplatz liegt in einem waldreichen Gebiet wo Sie sich ausruhen, die Natur genießen und wandern können. Befestigte Rasenplätze für Wohnmobile. Beheiztes Sanitär. Gemütliche Kneipe. Abends Restaurant (dienstags von Anfang September bis Ende Juni geschlossen).

Von Belgien E25 Ri. Luxemburg, Ausfahrt 1 Ri. Steinfort. Kreisverkehr geradeaus Ri. Septfontaines. Nach 300m rechts Ri. Goeblange. Am Ende rechts und gleich links Simmerschmelz folgen. Nach 3 km CP (rechten Seite).

CC € 19 *1/1-7/7 28/8-31/12*

N 49°41'34'' E 05°59'08''

Troisvierges, L-9912 / Ardennes

452

Camping Troisvierges Kat.I
rue de Binsfeld
+352 99 71 41
1/4 - 30/9
info@camping-troisvierges.lu

5ha 100**T**(80-120m²) 10A

1 ABCD**H**JKLMN**Q**R
2 DJMSWXYZ
3 C**G**HIKLOPSU
4 (A 6/7-14/8)(C 18/5-30/8)
(F 1/4-17/5,1/9-30/9)
(G 18/5-30/8)J
(Q+T+U+V+X+Z)
5 **AB**DFGJLMNPUWX
6 ACDEFGHK(N 0,2km)UV

Ruhe für Jung und Alt in einem Naturpark. Schöne Wander- und Radgegend, u.a. über die Vennbahn (Bahntrassenweg). Am Rande des Städtchens gelegen. Viele Sportanlagen und Sportangebote für Kinder. Großes Plus: das schöne Freibad (Bei schlechtem Wetter kann das angrenzende Hallenbad genutzt werden).

Der CP liegt ca. 300m von Zentrum der Stadt Troisvierges, an der Straße nach Binsfeld. In Troisvierges den CP-Schildern folgen.

CC € 21 *1/4-28/4 7/5-17/5 29/5-30/6 1/9-29/9*

N 50°07'07'' E 06°00'04''

Walsdorf, L-9465 / Ardennes

453

Camping Vakantiepark
Walsdorf****
Tandelerbach 1
+352 83 44 64
7/4 - 28/10
info@campingwalsdorf.com

6ha 93**T**(80-140m²) 4A CEE

1 ABCD**H**JKLMPQST
2 BCMSTVWXYZ
3 AIKLMPSU
4 (Q+S+T+U)(X+Y 8/7-2/9)
(Z)
5 **AB**DEFGHIJKLMNOPUWZ
6 EFGHJ**K**(N 0km)

Freiliegender Platz inmitten von Ruhe und Natur. Viele Einrichtungen, u.a. modernes Sanitär. Große Plätze am Tandelerbach. Ein Platz vom Anbieter 'Beter-uit'. In der Nähe der historischen Städte Vianden und Diekirch.

B50 Bitburg-Vianden. N17 Diekirch-Vianden. Hinter Tandel links ab. CP-Schildern folgen. Campingzufahrt sehr schmal.

CC € 17 *7/4-28/4 6/5-7/7 2/9-13/10*

N 49°55'02'' E 06°10'43''

Wiltz, L-9554 / Ardennes — 454

Camping KAUL Kat.I
60 Campingstrooss
+352 9 50 35 91
1/1 - 31/12
info@kaul.lu

6ha 77T(100m²) 10A CEE

1 ABCD**H**JKLMNPQR
2 JLNSUWXY
3 CHIKLMNOPSU
4 (A)(C+H 22/5-15/9)J (Q+S+U+Y+Z)
5 **AB**DEFGIJKLMNOPUWX
6 AEFGHK(N 0,2km)R

Stadtcamping mit allem Komfort am Sportpark von Wiltz und im Gehbereich zum Zentrum. Ruhige, schöne Lage mitten im Grünen. Am Waldrand der Ardennen angelegt und Ausgangspunkt für schöne lange Waldwanderungen. Aber auch wenn man auf dem Camping bleibt, kann man sich dort gut sportlich betätigen.

Der CP liegt 300m vom Zentrum von Unterstadt von Wiltz entfernt, entlang der Straße Troisvierges-Clervaux stehen CP-Schilder.

CC € 19 *1/1-30/6 16/9-31/12*

N 49°58'23'' E 05°56'01''

Deutschland

Deutschland: Berge, Wälder und gemütliche Städte

Hauptstadt: Berlin
Währung: Euro
Zeitzone: UTC +1, UTC +2 (März bis Oktober)
Sprache: Deutsch
Ländervorwahl: +49
Alkoholgrenze: 0,5‰, aber 0‰ für Fahrer, die seit weniger als zwei Jahren im Besitz eines Führerscheins sind oder unter 21 Jahre alt sind
Notrufnummer: 112 Polizei, Feuerwehr und Rettungswagen; 110 Polizei
Leitungswasser: unbedenklich

Deutschland hat eine wunderschöne Natur, reizvolle historische Städte, gute Straßen und ausgezeichnete Campingplätze. Ob Sie nun einen Campingplatz an der Küste in Norddeutschland oder zwischen den Alpengipfeln in Süddeutschland suchen, in Deutschland sind Sie genau richtig. Naturliebhaber entscheiden sich für die Eifel oder den Schwarzwald, wo Sie endlos durch die unberührte Natur wandern oder radeln. Campen Sie auf einem idyllischen kleinen Campingplatz mitten in der Natur an einem plätschernden Bach und bestaunen Sie beeindruckende Wasserfälle. Darf es ein bisschen mehr Luxus sein? Kein Problem, es gibt auch Campingplätze mit einem Wasserpark!

Campen an der Mosel

Entdecken Sie die Mosel, eine wunderbare Region für einen Campingurlaub. Sie haben einen herrlichen Blick auf den Fluss, der sich entlang der grünen Weinberge durch die grünen Hänge schlängelt und besuchen unterwegs schöne Orte wie Koblenz, Cochem und Trier. Halten Sie an einem imposanten Schloss und lassen Sie den Tag bei einer Weinprobe ausklingen. Überall an der Mosel befinden sich Weingüter, die stolz auf ihre Ernte sind. Möchten Sie am Wasser campen? Dann ist die Mosel auch ideal, denn die meisten Campingplätze in der Region liegen direkt am Fluss. Ideal für ungestörtes Angeln oder ein abkühlendes Bad im Sommer.

ACSI AWARDS

Gewinner 2022 in Deutschland

Bester Campingplatz in der Kategorie Klein & Fein
Camping Seehäusl

Beste Campingplatz-Animation
Camping Holländischer Hof

Entdecken Sie die Ostseeküste, Inseln und Seen in Norddeutschland

Norddeutschland ist eine gute Wahl für Natur- und Kulturliebhaber. Wenn Sie gerne Rad fahren, ist der Ostseeradweg zu empfehlen, welcher entlang der deutschen Ostseeküste von Flensburg bis zur Insel Usedom führt. Unterwegs passieren Sie schöne Städte wie Lübeck und Rostock und weite Strände mit den typischen Strandkörben. Auf den besonderen Inseln wie Zingst und Rügen finden Sie wunderschöne Campingplätze inmitten einer einzigartigen Natur. Wenn Sie Wassersport, Ruhe oder Vogelbeobachtung lieben, dann sind die ostdeutschen Seen in der Region Mecklenburgische Seenplatte sehr zu empfehlen. In diesem wasserreichen Gebiet mit mehr als 100 Seen können Sie mit etwas Glück See- oder

Fischadler beobachten. Und im Frühjahr nisten hier unzählige Kraniche.

„Deutschland hat für jeden etwas zu bieten: Berge und Täler, Bratwurst und Schnitzel"

Herr G. Brink, Inspektor 609.

Von Kathedralen bis zum guten Essen

In Deutschland können Sie Ihren Campingurlaub problemlos mit einer Städtereise verbinden. Mehrere bei ACSI gelistete Campingplätze befinden sich in der Nähe malerischer und lebendiger Städte wie Berlin, Dresden und München. Bewundern Sie die Geschichte der jahrhundertealten Kathedralen und Schlösser und genießen Sie die deutsche Gastfreundschaft und köstlichen Speisen und Getränke.

Tanken

Benzin (Super 95, Super 95 E10 und Super Plus 98) ist gut erhältlich (wenn Sie E10 tanken möchten, prüfen Sie die Einfüllöffnung, das Benutzerhandbuch oder fragen Sie Ihren Händler, ob Ihr Auto damit fahren kann). Diesel und LPG sind ebenfalls gut erhältlich. Für die Betankung mit Flüssiggas wird der Europa-Adapter (acme) verwendet. Die meisten Tankstellen sind mindestens von 8 bis 20 Uhr geöffnet und die Tankstellen an den Autobahnen sind oft Tag und Nacht geöffnet. Es gibt auch unbemannte Tankstellen.

Ladestationen

Es gibt viele Ladestationen für Elektroautos, auch wenn es einige Gebiete gibt, in denen die Abdeckung geringer ist. Achten Sie genau auf die unterschiedlichen Tarife. Das Aufladen in der Nacht kann manchmal günstiger sein. Ladestationen finden Sie auf ladesaeulenregister.de.

Verkehrsregeln

Abblendlicht ist bei schlechter Sicht, bei Dunkelheit und im Tunnel vorgeschrieben. An einer gleichberechtigten Kreuzung hat der Verkehr von rechts Vorfahrt. Der Verkehr in einem Kreisverkehr hat Vorrang, wenn dies durch ein

Vorfahrtszeichen angezeigt wird. Der bergauf fahrende Verkehr hat Vorfahrt vor dem bergab fahrenden Verkehr (auf engen Bergstraßen muss jedoch das Fahrzeug Vorfahrt haben, das am leichtesten ausweichen kann). Sie dürfen kein Mobiltelefon hinter dem Lenkrad halten, auch nicht im Stillstand (Freisprechen ist erlaubt). Kinder unter 12 Jahren und einer Körpergröße von weniger als 1,50 m müssen in einem Kindersitz sitzen. Winterreifen sind bei winterlichen Straßenverhältnissen Pflicht.

Sondervorschriften

Bei einem Stau müssen Sie so weit wie möglich nach rechts oder links ausweichen, um in der Mitte eine freie Spur (Rettungsgasse) für Einsatzfahrzeuge zu schaffen. Beim Überholen von Radfahrern (auch auf dem Radweg) müssen Sie einen seitlichen Abstand von mindestens 1,50 Metern einhalten. In einer deutschen Fahrradstraße sind Autos nicht erlaubt, sofern nicht anders angegeben. Zickzacklinien auf der Fahrbahn zeigen an, dass Sie dort nicht halten oder parken dürfen.

Vorgeschriebene Ausstattung

Das Mitführen eines Warndreiecks, einer Warnweste und eines Erste-Hilfe-Kastens ist Pflicht. Es besteht eine situative Winterreifenpflicht, bei winterlichen Straßenverhältnissen muss ihr Fahrzeug Winterreifen haben.

„ACSI Campingplätze in Deutschland: für Camper, die es verdienen, den richtigen Campingplatz zu finden"

Herr J. Urlings, Inspektor 933.

Reisemobil und Caravan

Ein Reisemobil oder eine Auto-Wohnwagen-Kombination darf bis zu 4 m hoch, 2,55 m breit und 18 m lang sein (der Wohnwagen selbst darf bis zu 12 m lang sein). Auf Autobahnen mit drei oder mehr Fahrspuren ist es nicht erlaubt, mit einem Wohnwagen auf der linken Spur zu fahren, es sei denn, Sie möchten links abbiegen. Wenn Sie einen Wohnwagen mit mehr als 750 kg ziehen, müssen Sie zwei Unterlegkeile mitführen.

Fahrrad

Ein Fahrradhelm ist nicht vorgeschrieben. Es ist verboten, während des Radfahrens zu telefonieren oder ein Mobiltelefon zu benutzen. Kinder bis zu 8 Jahren müssen auf dem Bürgersteig fahren und die Straße zu Fuß überqueren.
Nur Radfahrer, die 16 Jahre oder älter sind, dürfen ein Kind, das jünger als 7 Jahre ist, in einem Sitz befördern. Das Radfahren nebeneinander ist nur auf einem Radweg erlaubt, der durch eine Erhöhung oder einen Grünstreifen von der Straße getrennt ist.

Umweltzonen

In immer mehr deutschen Städten wird eine Umweltplakette zur Pflicht. Dies gilt auch für ausländische Fahrzeuge. Die Umweltplakette kann je nach den Emissionen Ihres Fahrzeugs gelb, grün oder rot sein. Auf Autobahnen ist die Vignette nicht erforderlich. Eine Umweltzone ist durch Schilder "Umweltzone" gekennzeichnet. Wenn Sie in diese Zone ohne Umweltplakette fahren, riskieren Sie ein Bußgeld. In einigen Städten gibt es ein sogenanntes "Dieselfahrverbot", bei dem ältere Dieselfahrzeuge und Fahrzeuge ohne Katalysator nicht mehr zugelassen sind. Die Regeln sind von Ort zu Ort unterschiedlich.
Weitere Informationen:
gis.uba.de/website/umweltzonen.

Panne und Unfall

Stellen Sie auf der Autobahn Ihr Warndreieck mindestens 200 m (sonst 50-100 m) hinter dem Auto auf. Allen Insassen wird empfohlen, eine Warnweste zu tragen. Rufen Sie im Falle einer Panne die Notrufnummer Ihres Pannendienstes an. Sie können auch den deutschen Pannendienst anrufen: +49 89 22 22 (ADAC) oder +49 711 530 34 35 36 (ACE). Alternativ können Sie an einem orangefarbenen Stellwerk die Pannenhilfe anfordern. Es wird empfohlen, Ihr Fahrzeug nicht selbst auf der Autobahn zu reparieren. Das Abschleppen auf der Autobahn ist bis zur ersten Ausfahrt erlaubt.

Campen

Die deutschen Campingplätze gehören zu den besten in Europa. Die Campingplätze konzentrieren sich zunehmend auf Zielgruppen wie Familien mit Kindern, Wanderer und Radfahrer oder Wellnessliebhaber.
Wildcamping außerhalb der Campingplätze ist generell verboten. Sie ist nur mit Genehmigung des Grundstückseigentümers erlaubt.

Praktisches

Auf fast allen Campingplätzen gibt es eine Mittagspause (in der Regel von 13 bis 15 Uhr), die im Allgemeinen strikt eingehalten wird.

Bad Bentheim, D-48455 / Niedersachsen

455

Camping Am Berg
Suddendorferstraße 37
+49 59 22 99 04 61
4/3 - 1/11
info@campingplatzamberg.de

3ha 83T(100-120m²) 10A CEE

1 ADHJKLMNPQST
2 JSXYZ
3 GHIK
4 (Q 1/4-30/9)
5 ABDGJKNPTUW
6 CEFGK(N 4km)

Auf dem Camping kurz außerhalb der alten Stadt können Sie auf einer von Bäumen umzäunten Wiese oder in einem lieblichen kleinen 'Sträßchen' campen. Die Umgebung eignet sich bestens für Wander- und Radtouren. Die Inhaber heißen Sie gerne willkommen.

A30/A31 Kreuz Schüttorf, Ausfahrt Schüttorf Süd. Richtung Bad Bentheim. Der B403 folgen. Der CP ist ausgeschildert.

CC € 21 4/3-27/4 2/5-16/5 30/5-8/7 25/8-1/11

N 52°17'52'' E 07°11'30''

Bad Rothenfelde, D-49214 / Niedersachsen

456

Camping Campotel*****
Heidland 65
+49 54 24 21 06 00
1/1 - 31/12
info@campotel.de

13ha 140T(75-180m²) 16A CEE

1 ACHIJKLMNPQR
2 AIOPSUVWXYZ
3 ADEGHIKMNOPSUVW
4 KLN(Q+R)
(T+U+X 1/4-31/10)
5 ABDFGJKLNPRSUWXYZ
6 CDEFGHK(N 1,5km)OTU

Ein Campingplatz mit besonderem Ambiente und ausgezeichnetem Sanitär. Schöne Gegend zum Rad fahren, wandern und die gesunde Luft der Salinen inhalieren. Das neue Thermalbad ist empfehlenswert. Mit der Touristenkarte erhalten Sie Ermäßigungen in der Region.

Autobahnkreuz Osnabrück-Süd (Lotte) A33 Richtung Bielefeld/Bad Rothenfelde. CP ist dort ausgeschildert. Dann Ausfahrt 13 Richtung Bad Rothenfelde. Im Kreisel geradeaus, danach ausgeschildert.

CC € 21 6/1-24/3 16/4-17/5 31/5-7/6 11/6-22/6 1/9-29/9 16/10-23/12

N 52°05'53'' E 08°10'22''

Bleckede, D-21354 / Niedersachsen

457

Knaus Campingpark Bleckede/ Elbtalaue****
Am Waldbad 23
+49 5 85 43 11
1/3 - 26/11
bleckede@knauscamp.de

6,5ha 142T(80-150m²) 16A CEE

1 ACDHIJKLMNPQR
2 BCJSWXYZ
3 CHIKNOSUW
4 (C+H 1/5-15/9)JN(Q+R)
(T 1/6-1/9)
5 ABDEFGHJLNPQUWZ
6 ACDEFGK(N 6km)OUV

Schön angelegter Camping mitten im Biosphärenreservat Niedersächsische Elbtalaue, einem Paradies für Radfahrer, Wassersportler, Wanderer und Angler. Komfortable und barrierefreie Ausstattung, modernes großzügiges Sanitärgebäude. Liegt neben dem großen Waldbad mit freiem Eintritt.

A7 Hannover-Hamburg, Ausfahrt Soltau-Ost Richtung Lüneburg/Dahlenburg, links bis Bleckede, dann Hitzacker.

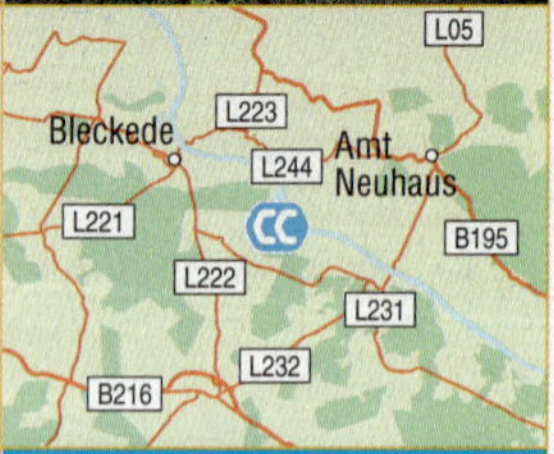

CC € 23 1/3-17/5 11/6-28/6 1/9-25/11

N 53°15'34'' E 10°48'20''

Bleckede (OT Radegast), D-21354 / Niedersachsen

458

Camping Elbeling
Hinter den Höfen 9a
+49 5 85 75 55
15/3 - 1/10
info@elbeling.de

3,8ha 100T(100-150m²) 16A CEE

1 AHJKLMNQR
2 ACJNOSXYZ
3 CQHIKSUWX
4 (G 1/5-1/10)(Q+T+U+V 1/4-1/10)(Y ⊶)(Z 1/4-1/10)
5 ABDEFGHIJLMNOPUWXZ
6 ACDEFGHK(N 5km)OTV

Prächtiger, gepflegter und komfortabler Camping mit großen Plätzen. Gleich an der Elbe und am von der Unesco anerkannten Naturgebiet 'Flusslandschaft Elbe'. Einmalige Umgebung für Naturfreunde, mit vielen Rad- und Wanderangeboten. Der Campingplatz ist komplett renoviert und hat Niederländische Inhaber.

Von Lüneburg Richtung Bleckede, dann Richtung Radegast. In Radegast ist der CP ausgeschildert. An der Kutsche den Seitenweg nehmen. Einfahrt: Hinter den Höfen 9a.

CC € 23 1/4-1/7 2/9-30/9

N 53°20'27" E 10°43'46"

Clausthal-Zellerfeld, D-38678 / Niedersachsen

459

Camping Prahljust****
An den langen Brüchen 4
+49 53 23 13 00
1/1 - 31/12
camping@prahljust.de

13ha 250T(80-110m²) 16A CEE

1 ABCDHJKLMNPQR
2 BELPSUVXYZ
3 BCIKLSUWZ
4 (F ⊶)N(Q+R+U+Y+Z ⊶)
5 ABDFGIJKLMNOPUWZ
6 CDEFGHKL(N 4km)OU

Ruhig gelegener Familiencamping mit viel Wald und Seen in direkter Umgebung. Man kann hier wunderbar Rad fahren und wandern. Auch Wintersport möglich. Der Camping hat beheiztes Sanitär. In der Umgebung schöne historische Städte wie Clausthal-Zellerfeld und Goslar.

Autobahn A7, Ausfahrt 67 Seesen. Nach Bad Grund und Clausthal-Zellerfeld. Dann B242 Richtung Braunlage.

CC € 21 15/1-15/5 1/6-30/6 1/9-15/12

N 51°47'05" E 10°21'01"

Dorum/Neufeld, D-27632 / Niedersachsen

460

Knaus Campingpark Dorum***
Am Kutterhafen
+49 47 41 50 20
1/4 - 30/9
dorum@knauscamp.de

8,5ha 120T(80-140m²) 16A CEE

1 ACDHIJKLMPQR
2 GIJNOSWX
3 ACKMNWY
4 (C+F+H+Q+R ⊶)(T+V 20/4-30/9)(X+Y+Z ⊶)
5 ABGIJKLMNOPUWZ
6 ABCDEFGK(N 7km)O

Campingplatz außendeichs auf flachem Gelände am Meer. Binnen 50m vom Camping viele Angebote zum Ausgehen, Essen und Trinken. Schöner Hafen. Der Camping wird in der Vorsaison auf- und der Nachsaison wieder abgebaut.

A27 Bremerhaven-Cuxhaven, Ausfahrt Neuenwalde Richtung Dorum. In Dorum Richtung Midlum, dann Dorum/Neufeld-Kutterhafen. Ca. 7 km bis zum Hafen, rechts hochfahren, CP-Schild folgen.

CC € 23 1/4-17/5 11/6-28/6 1/9-29/9

N 53°44'19" E 08°31'03"

Eckwarderhörne, D-26969 / Niedersachsen

461

Knaus Campingpark Eckwarderhörne****
Zum Leuchtfeuer 116
+49 47 36 13 00
1/1 - 31/12
eckwarderhoerne@knauscamp.de

6ha 25T(80-130m²) 16A CEE

1 ADHIJKLMNQR
2 AGOSTVWXY
3 CHIJKMNPSUWY
4 (A 1/6-30/9)(Q+T+U+Y)
5 ABDEFGIJKLMNOPUWXYZ
6 CDEFGK(N 3km)OUVX

Ländlich am Nationalpark Wattenmeer (UNESCO) gelegener Campingplatz. Auch Ihre Haustiere sind auf den ausgewiesenen Stellplätzen sehr willkommen. Mit der Personen-Fahrrad-Fähre geht es direkt ab Eckwarderhörne mehrmals wöchentlich zum Helgolandkai nach Wilhelmshaven.

A29 Richtung Wilhelmshaven. Ausfahrt 8 Varel. Abfahrt Schweiburg (B437) Richtung Nordenham/Butjadingen/Eckwarden Richtung Burhave. Der CP ist ausgeschildert.

CC € 23 1/1-17/5 11/6-28/6 1/9-31/12

N 53°31'17'' E 08°14'06''

Essel/Engehausen, D-29690 / Niedersachsen

462

Camping Aller-Leine-Tal
Marschweg 1
+49 50 71 51 15 49
1/3 - 31/10
camping@camping-allerleinetal.de

5ha 80T(100-120m²) 10A

1 ACDHJKLMNQTU
2 BCEISXYZ
3 CIKRSWXZ
4 (Q 15/3-15/10)(U+Y+Z)
5 ABDFGIJKLMNPUWZ
6 AEFGJ(N 7km)OV

Camping im Waldgebiet, 100m von der Aller. Durch die Lage am Südrand der Lüneburger Heide auch sehr gut für den längeren Aufenthalt geeignet. Camping liegt 800m von der A7 und ist dadurch gut als Durchreiseplatz geeignet. Herzliche niederländische Leitung.

A7 Hannover-Bremen, Ausfahrt 'Rasthof Allertal', Richtung Celle. Den CP-Schildern folgen.

CC € 21 1/3-30/6 18/8-31/10

N 52°41'22'' E 09°41'53''

Ganderkesee/Steinkimmen, D-27777 / Niedersachsen

463

Camping & Ferienpark Falkensteinsee****
Falkensteinsee 1
+49 4 22 29 47 00 77
1/1 - 31/12
camping@falkensteinsee.de

24ha 100T(100-150m²) 16A CEE

1 ACDHJKLMNPQR
2 ABEIOSWXYZ
3 ACGHIKPRSUWZ
4 (Q+S+T+U 1/4-31/10) (V 24/1-29/12) (Y+Z 1/4-31/10)
5 ABDEFGJLMNPQRUWXYZ
6 ACDEFGHK(N 6km)OUV

Camping & Natur pur am Falkensteinsee! Wasser, Strand, Wiesen, Wald: alles inklusive. Camping in einem der schönsten Flecken Norddeutschlands, umringt vom Naturpark Hasbruch und der Wildeshauser Geest, zwischen Oldenburg und Bremen. Relaxen zu zweit, als Familie, als Fahrradbegeisterte, Erholungssuchende, Abenteurer. Hund willkommen.

Autobahn Groningen-Leer-Oldenburg. Richtung Bremen, Ausfahrt 18 Hude Ri. Falkenburg. Der CP ist ausgeschildert.

CC € 23 11/4-28/4 2/5-17/5 30/5-7/6 11/6-30/6 3/9-29/9

N 53°02'50'' E 08°27'52''

Garlstorf, D-21376 / Niedersachsen

464

Freizeit-Camp-Nordheide e.V.
Egestorfer Landstraße 50
+49 1 52 28 49 13 77
1/1 - 31/12
camping-garlstorf@t-online.de

6ha 150T(80-140m²) 16A CEE

1 ACD**H**IJKLMNPQR
2 BISUXYZ
3 ACIKPSU
5 **AB**DEGHJKLMNOPUWYZ
6 CEFGK(N 2km)O

Camping mitten in der Nordheide, nur 2 km von der A7. Ideal als Durchreiseplatz. Nur 40 km von Hamburg. 4 km vom Wildpark Nindorf. Heideblütenfest. Großzügige Sanitäranlagen. Das Vereinsheim ist von Donnerstag bis Samstag von 18:00-23:00 Uhr geöffnet.

A7 Ausfahrt 40 Garlstorf, dann Hansteder-Landstraße Richtung Garlstorf. CP Richtung Egestorf angezeigt.

CC € 19 *1/1-15/7 2/9-31/12*

N 53°13'30'' E 10°05'16''

Hameln, D-31787 / Niedersachsen

465

Campingplatz Hameln an der Weser
Uferstraße 80
+49 5 15 16 74 89
1/3 - 4/11
info@campingplatz-hameln.de

2ha 115T(80-200m²) 16A CEE

1 A**H**IJKLMNPQR
2 CJNSVXYZ
3 C**G**IK**W**
4 (Q+U+Y)
5 **AB**DEFGIJKLMNOPUWZ
6 ACEFG**K**(N 1km)

Camping direkt an der Weser, 10 Min. zu Fuß zur Stadtmitte. Am Waldgebiet mit Möglichkeiten zum Wandern. Moderne Toiletten. Ökosteuer (2,50 Euro) und Hygienesteuer (2,50 Euro) sind nicht im Tarif der CampingCard ACSI enthalten. Zuschlag für touristische Stellplätze.

Von Paderborn: in Hameln vor der Weserbrücke links Richtung Rinteln. Dort den CP-Schildern folgen. Von Hildesheim: sofort hinter der Weserbrücke rechts. Dann gleich wieder rechts. Nach 300m den CP-Schildern folgen.

CC € 23 *1/3-31/3 2/5-12/5 22/5-26/5 12/6-30/6 1/9-3/11*

N 52°06'33'' E 09°20'52''

Hann. Münden, D-34346 / Niedersachsen

466

Spiegelburg Camping und Gasthaus
Zella 1-2
+49 55 41 90 47 11
1/4 - 1/11
info@gasthausspiegelburg.de

20ha 80T(100m²) 10A CEE

1 A**H**JKLMPQR
2 CIJNOSUWXY
3 AIKU**WX**
4 (Q+U+Y+Z)
5 GIJMNOPUWZ
6 EFGJ(N 5km)V

Camping an der Werra in einer waldreichen Gegend, 5 km von der Fachwerkstadt Hann. Münden. Café/Restaurant und Freizeitraum die gesamte Campingperiode über geöffnet. Die ruhige Umgebung eignet sich sehr gut für Wanderungen, zum Rad fahren und für Wassersport. Die Werra lädt ein zum Kanufahren.

A7 Kassel-Göttingen, Ausfahrt 75, B80 Hann. Münden, Richtung Laubach und an der Werrabrücke links. Den CP-Schildern folgen.

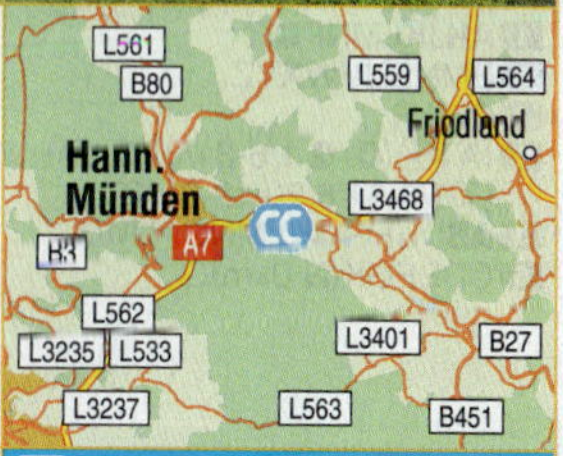

CC € 19 *1/4-18/5 29/5-1/7 19/8-31/10*

N 51°23'43'' E 09°43'31''

Haren/Ems, D-49733 / Niedersachsen

467

Knaus Campingpark Haren
Kirchstraße 52
+49 5 93 27 33 89 77
1/3 - 26/11
haren@knauscamp.de

5ha 150T(100-150m²) 16A CEE

1 ACD**H**IJKLMPQTU
2 FIJOSWXYZ
3 A**G**KMNPSUW
4 (Q)
5 ABDFGJKLNPUWZ
6 CEFGJ(N 0,5km)

Gepflegter Campingplatz, der durch seine einzigartige Lage am Rande der Kleinstadt Haren die Einrichtungen eines großen und die Ruhe eines kleinen Campingplatzes bietet.

A31 Meppen - Emden Ausfahrt 9 nach Haren (B408). Folgen Sie der 408 Richtung Haren Ost/Eurohafen. Dann auf der 408 links Richtung Yachthafen abbiegen. Links sehen Sie den CP ausgeschildert.

CC € 23 *1/3-17/5 11/6-28/6 1/9-25/11*

N 52°47'10'' E 07°14'25''

Heinsen, D-37649 / Niedersachsen

468

Weserbergland Camping
Weserstraße 66
+49 55 35 87 33
15/4 - 15/10
info@weserbergland-camping.com

2,5ha 128T(120m²) 10A CEE

1 AD**H**JKLMNQST
2 CJOSVXY
3 AC**G**HIKPS**W**X
4 (C 1/5-15/10)(Q+Z)
5 **AB**CDGIJKLMNO**P**QUWX
6 ACEFGH**K**(N 2km)OTV

Echter Familiencamping in einer parkartigen Natur und ruhig gelegen an der Weser. Eigene Traileranlage und schöner Ausgangspunkt für Wanderungen und Radtouren. Angeln und Kanutouren möglich. Schwimmbad vorhanden.

Via Hameln und Bodenwerder nach Heinsen, B83. Ausgeschildert.

CC € 23 *15/4-5/7 22/8-15/10*

N 51°53'07'' E 09°26'33''

Hohegeiß/Braunlage (Harz), D-38700 / Niedersachsen

469

Camping Am Bärenbache****
Bärenbachweg 10
+49 55 83 13 06
1/1 - 27/2, 1/4 - 30/10, 2/12 - 31/12
info@campingplatz-hohegeiss.de

3ha 124T(80-100m²) 6-16A

1 A**H**JKLMNP**Q**R
2 BMNSUVWXYZ
3 CIKLS
4 (A)(**C+G** 1/6-31/8)(Q)
(T 1/6-31/8,20/12-31/12)
5 **AB**DEFGI**J**K**L**MNOPUWZ
6 CDEFGK(N 0km)O

Zentrale Lage im Harz. Geeignete Lage um alle Sehenswürdigkeiten der Umgebung zu besichtigen. Viele Wander- und Skimöglichkeiten in der Nähe und unweit vom Waldschwimmbad gelegen. In nur wenigen Gehminuten finden sich mehrere Restaurants im Dorf. In den Ferien werden diverse Aktivitäten organisiert. Campingartikel erhältlich.

A7 Kassel-Hannover, Ausfahrt 72 Göttingen und via Herzberg und Walkenried (oder Braunlage) Richtung Hohegeiß.

CC € 19 *1/1-27/2 1/4-30/6 1/9-30/10 2/12-31/12*

N 51°39'25'' E 10°40'04''

Holle, D-31188 / Niedersachsen

470

Seecamp Derneburg
Seecamp 1
+49 5 06 25 65
1/4 - 31/10
info@seecamp-derneburg.de

7,8ha 60T(80-100m²) 16A CEE

1 ACDHIJKLMNPQR
2 EIJNOSUVY
3 CGIKRSWZ
4 (Q+U+Y)
5 ABDFGIJKMNOPUWZ
6 CEFGK(N 4km)OU

Familiencampingplatz gelegen an einem kleinen, jedoch feinen See. Sehr gepflegter Rasen mit Baumbeplanzung. Vom hier aus können Sie schöne Ausflüge in die direkte Umgebung machen. Restaurant unter eigener Leitung mit deutscher Küche, die mit frischen Zutaten arbeitet.

A7, Ausfahrt 63 Derneburg, dann ausgeschildert.

CC € 21 1/4-30/6 1/9-31/10

N 52°06'11'' E 10°08'18''

Lünne, D-48480 / Niedersachsen

471

Camping Blauer See
Moorlager Str. 4a
+49 5 90 69 33 04 12
6/4 - 1/11
info@campingplatz-blauer-see.de

2,3ha 30T(80-120m²) 10A CEE

1 AEHIJKLMOPQ
2 AFSXYZ
3 BKMSZ
5 ABDFGIJMPUWZ
6 CEFHK(N 2km)

Am Eingang des Campinga ist eine große Wiese für Tourcamper. Entlang der Hecke sind die Felder mit Nummern und Strompfosten markiert. Der See mit Strand grenzt an das Feld. Wunderschöne Gegend zum Rad fahren.

A 30 Hengelo-Osnabrück, Ausfahrt 7, links Richtung Lingen. Camping vor Lünne ausgeschildert.

CC € 21 6/4-17/5 21/5-26/5 29/5-7/6 11/6-22/6 25/8-31/10

N 52°24'48'' E 07°24'41''

Meppen, D-49716 / Niedersachsen

472

Knaus Campingpark Meppen
An der Bleiche 1a
+49 5 93 18 81 18 48
1/3 - 26/11
meppen@knauscamp.de

2,5ha 150T(100-150m²) 16A CEE

1 ACHIJKLMPQTU
2 DIJSWXYZ
3 AKMNWX
4 (B 1/5-1/9)(F+G)J
5 ABDFJKLNPSUWXY
6 FGJL(N 0,2km)

Der Campingplatz liegt auf einem Arm der Ems inmitten einer über 1000 Jahre alten Stadt mit allen Einrichtungen einer Großstadt, die natürlich auch den Campinggästen zur Verfügung stehen.

A31 Lingen Emden Ausfahrt 22 Meppen und 9 km zum Zentrum Meppen. B70 aus Richtung Lingen oder Papenburg Ausfahrt Freilichtbühne und dann links abbiegen. Nach 100 m sehen Sie den Campingplatz auf der anderen Seite der Ems.

CC € 23 1/3-17/5 11/6-28/6 1/9-25/11

N 52°41'32'' E 07°17'11''

Müden/Örtze (Gem. Faßberg), D-29328 / Niedersachsen

473

Camping Sonnenberg
Sonnenberg 3
+49 50 53 98 71 74
15/4 - 15/10
info@campingsonnenberg.com

5ha 80T(150-350m²) 6-16A

1 A**H**JKLMPQR
2 BMNSWXYZ
3 ACIKLMNU
4 (Q 15/5-15/9)
(T+U+V+X+Z)
5 **AB**DGIJKLMNOP**S**UWXYZ
6 ACEFGHJ(N 1,5km)OTV

Ruhiger Camping mitten in der Lüneburgerheide. Eine ideale Ausgangsbasis für Wander- und Radtouren und dem Genuß der schönen Natur. Freier Zugang zum städtischen Schwimmbad.

A7 Hannover-Hamburg, Ausfahrt Soltau-Ost, dann die B71 nach Munster. Hinter Munster Ausfahrt Celle. In Müden den CP-Schildern folgen.

CC € 21 *15/4-7/7 1/9-14/10*

N 52°53'16'' E 10°05'58''

Neustadt/Mardorf, D-31535 / Niedersachsen

474

Campingplatz Mardorf GmbH
Uferweg 68
+49 5 03 65 29
1/1 - 31/12
info@camping-steinhuder-meer.de

4,2ha 80T(70-110m²) 16A CEE

1 ABCD**H**IJKLMNPQR
2 BEJNSVWXYZ
3 **G**IKMN**WZ**
4 (Q+T 1/4-31/10)(U+X)
5 **AB**DEFGIJMNO**P**UWXZ
6 ACDEFGJ(N 1,5km)OS

Wassersport-Campingplatz am Steinhuder Meer. Gute Rad- und Wandermöglichkeiten. Ausgezeichnete Sanitäranlagen.

B6 Nienburg-Neustadt. In Neustadt Richtung Steinhuder Meer. In Mardorf den CP-Schildern folgen. Mit Navi: Die Einfahrt ist am Weidebruchsweg.

CC € 23 *3/5-17/5 22/5-26/5 30/5-7/6 12/6-30/6 1/9-30/12*

N 52°29'30'' E 09°19'29''

Nordholz/Wurster Nordseeküste, D-27639 / Niedersachsen

475

Camp.- und Wochenendplatz
Beckmann GmbH
Wanhödenerstraße 28
+49 47 41 85 88
1/1 - 31/12
post@nordholz-camping.de

5,5ha 190T(80-160m²) 16A CEE

1 ACDHIJKLMNPQR
2 BISWXYZ
3 ACIKMSU
4 (B+G 1/5-15/9)
(Q+R+T+U+X+Z 1/4-15/9)
5 **AB**DGIJMNOPQUWXZ
6 BEFG**K**(N 3km)OV

Campingplatz mit freundlichen Inhabern. Das Toilettenhaus ist sehr gepflegt. In der Nähe befindet sich ein Marineflugplatz mit einem Museum über die Entwicklung der privaten und maritimen Luftfahrt. Geeignet als Durchreisescamping.

A27 Ausfahrt Nordholz, nach etwa 1800m liegt der CP an der linken Seite.

CC € 17 *1/1-16/5 30/5-21/6 18/8-31/12*

N 53°45'11'' E 08°38'22''

Osterode (Harz), D-37520 / Niedersachsen

476

Campingplatz Eulenburg***
Scheerenberger Straße 100
+49 55 22 66 11
1/1 - 31/12
ferien@eulenburg-camping.de

4,1ha 65T(80-200m²) 16A CEE

1 AHJKLMNPQR
2 BCIJSWXYZ
3 CIKLMOPST
4 (B+G 15/5-15/9) (Q+R+T+U+X)
5 ABDEFGIJKLMNOPRUWZ
6 CDEFGJKL(N 2km)OUV

Der Campingplatz liegt am Waldrand und hat parzellierte und nicht-parzellierte Stellplätze. Der Platz ist von kleinen Bächen und Wald umgeben, durch die romantische Wanderwege führen. Der Platz ist auch für größere Gruppen geeignet. Einige Stellplätze haben Fernsehempfang via Ihres Antennenkabels. Es gibt 2 Ladestationen für Elektroautos.

Autobahn Kassel-Hannover, Ausfahrt 67 Seesen. Richtung Osterode (Sösestausee). Ausfahrt Osterode-Süd. Sösestausee Beschilderung folgen.

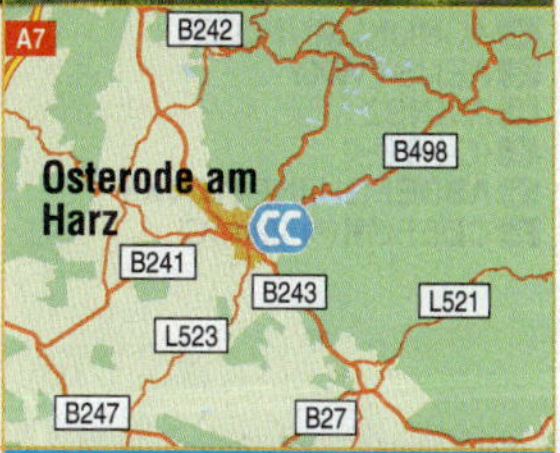

CC € 23 2/1-26/3 17/4-17/5 5/6-6/7 11/9-13/10

N 51°43'38'' E 10°16'59''

Ostrhauderfehn, D-26842 / Niedersachsen

477

Camping- u. Freizeitanlage Idasee
Idafehn Nord 77B
+49 49 52 99 42 97
1/1 - 31/12
info@campingidasee.de

7,4ha 70T(100m²) 10A CEE

1 AHIJKLMNPQR
2 AFIJOSTUVWXYZ
3 ABCHKMNPSUWZ
4 N(Q+T+U+Z)
5 ABDEFGIJKLMNOPQRSUWXYZ
6 ABCDEFGK(N 2km)OSU

Am Idasee mit vielen Freizeitangeboten: angeln, baden und Wasserski. Dicht am Camping verläuft mit die schönste Radstrecke Deutschlands, die 'Deutsche Fehnroute' durch die typische Landschaft Ostfrieslands mit Mooren, Kanälen, und kleien Flüssen. Abenteuerspielplatz für Kinder.

Groningen-Leer, B70 Richtung Lingen folgen. In Folmhusen links auf die B438 Richtung Ostrhauderfehn, danach B72 links. Schildern folgen.

CC € 19 1/1-6/4 11/4-17/5 30/5-30/6 20/8-31/12

N 53°09'14'' E 07°38'33''

Oyten, D-28876 / Niedersachsen

478

Knaus Campingpark Oyten****
Oyter See 1
+49 42 07 28 78
1/3 - 27/11
oyten@knauscamp.de

3ha 114T(70-100m²) 10A CEE

1 ACDHIJKLMNPQR
2 AEIJOSXYZ
3 ACGKSWZ
4 IM(Q+T)
5 ABDEFGIJKLMNOPUWZ
6 ABCEFGK(N 2km)O

Schöner Familiencamping an einem See. Durch die Lage an der A1 prima geeignet als Durchreiseplatz nach Skandinavien.

A1 Bremen-Hamburg, Ausfahrt 52 Richtung Oyten. Am Lidl links ab, durch Oyten, dann Richtung Oyter See und den CP Schildern folgen.

CC € 23 1/3-17/5 11/6-28/6 1/9-25/11

N 53°02'47'' E 09°00'24''

Schüttorf, D-48465 / Niedersachsen

479

Camping Quendorfer See
Weiße Riete 3
+49 59 23 90 29 39
31/3 - 1/11
info@camping-schuettorf.de

1,5ha 63T(100-120m²) 10A CEE

1 ACHIJKLMNPQST
2 AEIJSVWXY
3 AIKNSZ
4 (Q+R)
5 ABDEFGHJNPTUWXY
6 CDEFGK(N 2km)O

Hinter einem alten Baumbestand finden Sie einen ruhigen Campingplatz. Große Plätze, weite Sicht, sehr gut gepflegtes Sanitär. Schöner See im Gehbereich, wo man baden, surfen und angeln kann.

A1/A30 Ausfahrt 4 Schüttorf-Nord oder A31 Ausfahrt 28 Schüttorf-Ost Richtung Stadtzentrum. Den CP-Schildern folgen.

€ 21 1/5-17/5 30/5-4/6 11/6-23/6 1/9-29/9

N 52°20'19" E 07°13'36"

Seeburg, D-37136 / Niedersachsen

480

Comfort-Camping Seeburger See
Seestraße 20
+49 55 07 13 19
1/4 - 31/10
info@campingseeburgersee.com

3ha 95T(100-140m²) 16A CEE

1 ACDHJKLMNQR
2 AEOSVWXYZ
3 CEGHIJKLMNOPQRSTWZ
4 (G 15/5-15/9)
(Q+R+T+U+Y+Z)
5 ABDFGIJKLOPQUWZ
6 ACEFGKL(N 4km)OUVX

Gemütlicher Familiencamping am Seeburger See. Modernes Sanitär. Bademöglichkeiten im See. Viele Wander- und Radangebote. Diverse Restaurants im Gehbereich.

A7, Ausfahrt 72 Göttingen-Nord und via B27/B446 Richtung Duderstadt.

€ 21 1/4-2/7 27/8-31/10

N 51°33'49" E 10°09'13"

Stove/Hamburg, D-21423 / Niedersachsen

481

Campingplatz Stover Strand International*****
Stover Strand 10
+49 4 17 74 30
1/1 - 31/12
info@stover-strand.de

30ha 130T 16A CEE

1 ACDHIJKLMNPQR
2 ACEIJOSVWXY
3 CGHIKMNPRSTUWX
4 (A 1/5-1/10)N
(Q+S+T+U+Y+Z)
5 ABDEFGJLNPQRUWXYZ
6 ACDEFGHKLM(N 0km)
OQTUVW

Moderner Fünfsternecamping an der Elbe. Ideal für einen Hamburgbesuch. Der Platz verfügt über ein Restaurant, einen Imbiss und einen Frischemarkt. Viele Sport- und Freizeitangebote. 2. Platz am Ende der Zufahrtsstraße.

A7 Hannover-Hamburg, Ausf. 1 Maschener Kreuz Richtung Winsen/Lüneburg. A39, dann Ausf. B404 Richtung Geesthacht. Ausfahrt in Rönne Ri Stove. Die Straße Stover Strand bis zum Ende der Zufahrtsstraße.

€ 23 9/1-19/3 1/4-9/4 5/5-20/5 10/6-30/6 1/9-30/9 9/10-19/12

N 53°25'27" E 10°17'44"

Stuhr/Groß Mackenstedt, D-28816 / Niedersachsen

482

Campingplatz Steller See
Zum Steller See 15
+49 42 06 64 90
1/4 - 30/9
info@stellersee.de

9ha 60T(80-100m²) 16A CEE

1 ACDHJKLMNP**Q**R
2 AEISXY
3 CKPSUZ
4 (Q)(T+U+Y 15/5-15/9)
5 **AB**DFGIJKLMNOPUWZ
6 CFGH**K**(N 2km)OUV

Dieser schöne Familiencampingplatz liegt um einen klaren, bis zu 60.000m² großen Badesee in einem Naturschutzgebiet. Der Campingplatz ist nur wenige Minuten von der Autobahn entfernt und liegt am Stadtrand von Bremen. Im Badesee können Sie Wassersport treiben (ohne Motor).

Von der A1 am Dreieck Stuhr, (aus Hamburg oder OS) die 1. Ausfahrt 58, Ausfahrt rechts Ri. Groß Mackenstedt. Am Ortseingang rechts. Immer den Hinweisen 'Steller See' folgen.

CC € 21 *1/4-6/4 11/4-27/4 2/5-17/5 30/5-18/6 1/9-30/9*

N 53°00'25'' E 08°41'33''

Uetze, D-31311 / Niedersachsen

483

Camping Irenensee****
Fritz-Meinecke-Weg 2
+49 5 17 39 81 20
1/1 - 31/12
info@irenensee.de

45ha 110T(80-125m²) 6-10A CEE

1 ACD**H**IJKLMNPQR
2 AEJNSVWY
3 ABC**G**HKMPS**W**Z
4 (Q+R 1/4-15/10)(T 4/7-14/8)
(U 8/6-30/9)(Y 1/3-30/11)
5 **AB**DEFGI**J**KLMNO**PQR**UWXYZ
6 EFGK(N 1km)O

Campingplatz mit ausgezeichneten Anlagen, viel Komfort. An einem See zwischen zwei Naturgebieten gelegen.

Autobahn A2 Richtung Celle, Ausfahrt 49 Richtung Burgdorf, dann B188 Richtung Gifhorn/Uetze.

CC € 19 *1/1-14/5 1/6-30/6 1/9-30/9 1/11-31/12*

N 52°27'56'' E 10°09'36''

Walkenried, D-37445 / Niedersachsen

484

Knaus Campingpark Walkenried****
Ellricherstraße 7
+49 5 52 57 78
1/1 - 5/11, 21/12 - 31/12
walkenried@knauscamp.de

5,5ha 91T(70-100m²) 16A CEE

1 ACD**H**IJKLMNP**Q**R
2 BLSUVWXYZ
3 CIKLMNPRS
4 (**F**)**N**
(Q+R 1/1-4/11,22/12-31/12)
(U+Y)
5 **AB**DEFGIJKLMNOPUWXYZ
6 CDEFGH(N 1km)O

Schöner Camping im staatlich anerkannten Luftkurort mit vielfältigen Freizeitangeboten im Südharz. Sehr sauberes Sanitär und hervorragender Service. Der Eintritt ins Hallenbad ist nicht im CampingCard ACSI Tarif enthalten.

Autobahn A7, Ausfahrt 67 Seesen. Via Herzberg und Bad Sachsa nach Walkenried.

CC € 23 *8/1-17/5 11/6-28/6 1/9-4/11*

N 51°35'21'' E 10°37'28''

Werlte, D-49757 / Niedersachsen

485

Camping Hümmlinger Land****
Rastdorfer Straße 80
+49 59 51 53 53
1/1 - 31/12
info@huemmlingerland.de

1,8ha 59**T**(80-140m²) 16A CEE

1 ACD**H**JKLMNQR
2 STWXY
3 CIJKS
4 **N**(Q+R+U)
5 **AB**DFGJLNPUW
6 CEFGK(N 3km)OS

Prima gepflegter Camping mit ausgezeichnetem Sanitär außerhalb des Städtchens Werlte. Die Gemeinde betreibt eine aktive Tourismuspolitik. Gute Fahrradumgebung.

B233 Emmen-Meppen-Cloppenburg Richtung Werlte. Campingplatz ist ausgeschildert (Richtung Rastdorf).

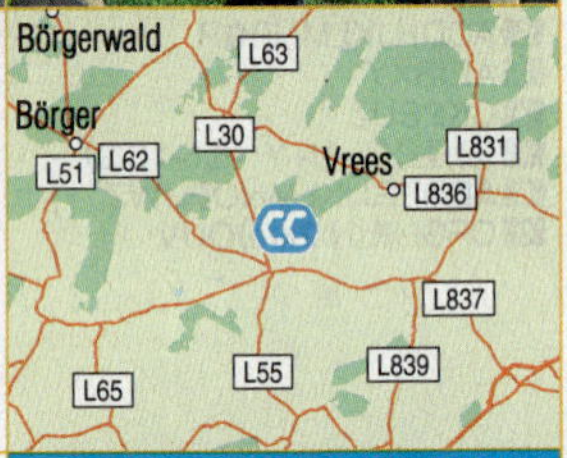

CC € 23 *9/1-3/4 12/4-29/4 3/5-15/5 1/6-30/6 1/9-17/12*

N 52°52'12'' E 07°41'17''

Wiesmoor, D-26639 / Niedersachsen

486

Cp. & Bungalowpark Ottermeer*****
Am Ottermeer 52
+49 49 44 94 98 93
1/1 - 31/12
camping@wiesmoor.de

80ha 205**T**(90-120m²) 16A CEE

1 CD**H**JKLMNP**Q**R
2 AEOSTVWXYZ
3 ABC**G**IKMPS**W**Z
4 J(Q+R+T+U 1/4-15/10)
5 **AB**DFGIJKLMNOPRUWXY
6 CDEFGHK(N 2km)OT

Komfortabler Campingplatz an einem herrlichen Natursee. Schöne Radwege entlang der bekannten Fehnroute; hier wird noch Torf abgebaut. Die Blumenstadt Wiesmoor ist 1,5 km vom Campingplatz entfernt.

Ausfahrt 2 Leer-Ost, Richtung Aurich (B436/B72). Ausfahrt vor Bagband Richtung B436 Wiesmoor. In Wiesmoor ist CP ausgeschildert.

CC € 23 *1/1-5/4 11/4-16/5 30/5-6/6 12/6-26/6 28/8-29/9 4/10-31/12*

N 53°24'56'' E 07°42'38''

Wilsum, D-49849 / Niedersachsen

487

Wilsumer Berge
Zum Feriengebiet 1
+49 59 45 99 55 80
25/3 - 5/11
info@wilsumerberge.de

36,8ha 342**T**(100-150m²) 6-16A CEE

1 ACD**H**JKLMNPQR
2 AFJLMOSTUWXYZ
3 ABEHIKLMNPSUZ
4 (A 18/5-29/5,22/6-26/8) (G+Q+S+T+Y)
5 **AB**DEFGHJLNOPQUWXYZ
6 EFGHK(N 3km)STV

Der Ferienpark Wilsumer Berge liegt in der Grafschaft Bad Bentheim in Niedersachsen, keine 15 Minuten Autofahrt von der niederländischen Grenze entfernt. Die Region ist bekannt für schöne Natur, dichte Wälder, die ausgedehnte Heidelandschaft, hübsche Täler und die malerische Burg Bentheim. Gute Voraussetzungen für einen unvergesslichen Urlaub!

An der B403 Coevorden-Nordhorn, zwischen Wilsum und Uelsen. Camping ist ausgeschildert.

CC € 21 *17/4-17/5 30/5-21/6 25/8-5/11*

N 52°30'46'' E 06°51'49''

Wingst/Land Hadeln, D-21789 / Niedersachsen

488

Knaus Campingpark Wingst****
Schwimmbadallee 13
+49 47 78 76 04
1/3 - 26/11
wingst@knauscamp.de

9ha 265T(100m²) 16A CEE

1 ACD**H**IJKLMNPQR
2 BEJLMSUWXYZ
3 ACEHKMP**R**SU**W**
4 (B 1/5-15/9)(F+H)IJ (Q+R+U+X+Y)
5 **AB**DFGIJKLMNOP**QR**UWXZ
6 ACEFG**K**(N 3km)OTUV

Großer Naturcampingplatz in waldreichem Gebiet. Gut gepflegter Platz. Freundlicher Empfang. Perfekter Platz für die Durchreise. Sehr viele Unterhaltungsmöglichkeiten innerhalb ca. 50m vom Campingplatz.

B73 Cuxhaven-Stade, Ausfahrt Wingst, Schwimmbad.

CC € 23 *1/3-17/5 11/6-28/6 1/9-25/11*

N 53°45'09" E 09°05'00"

Winsen (Aller), D-29308 / Niedersachsen

489

Camping Allerblick
Auf der Hude 1
+49 5 14 39 31 99
1/1 - 31/12
info@camping-allerblick.de

13ha 215T(100-150m²) 16A

1 ABCD**H**JKLMNP**Q**R
2 ADJNOSXYZ
3 ACE**G**HIKP**Q**S**W**X
4 (Q+R)(T 1/4-31/10)(U) (Y 1/1-31/12)
5 **AB**DFGIJKLMNOPUWZ
6 ACDEFG**K**(N 0,5km)OUV

Ordentlich angelegter Camping. Ein Teil der Plätze liegen auf einem großen Wiese an der Aller, ein anderer Teil in einem parkartigen Gelände. Ortsmitte von Winsen im Gehbereich.

A7 Hannover-Bremen, Ausfahrt Allertal (Tankstelle) Richtung Celle. In Winsen wird der CP angezeigt (rechts ab). CP liegt im Zentrum von Winsen.

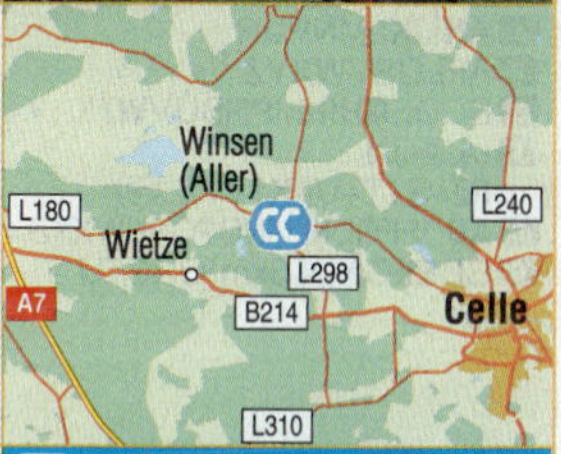

CC € 23 *1/1-15/5 31/5-30/6 28/8-28/9 5/10-31/12*

N 52°40'36" E 09°54'05"

Wolfshagen (Harz), D-38685 / Niedersachsen

490

Campingplatz Am Krähenberg***
Am Mauerkamp 21
+49 53 26 96 92 81
1/1 - 31/12
post@campingplatz-wolfshagen.de

6,4ha 70T(70-100m²) 16A CEE

1 ACD**H**IJKLMQR
2 BJLNSUWXY
3 CIKLS
4 (H 1/5-1/9)(Q+R) (T 1/5-1/10) (U 1/1-30/10,1/12-31/12) (Y 1/1-30/4,1/9-31/12)(Z)
5 **AB**DFGIJKLMNOPUWZ
6 CDEFGK(N 1,5km)OU

Der Campingplatz 'Am Krähenberg' im Luftkurort Wolfshagen liegt romantisch mitten im Harzer Naturpark. Der Campingplatz ist ganzjährig geöffnet. Direkt an den Campingplatz ist ein beheizbares Waldfreibad angeschlossen. Ein Restaurant mit gutbürgerlicher Küche und ein Kinderspielplatz ist ebenfalls auf dem Gelände vorhanden.

A7 Hannover-Kassel, Ausfahrt 66 Rhüden, dann Richtung Goslar via B82. Am Ortsausgang von Langelsheim weiter Richtung Süden fahren. Dann sind es noch 4 km.

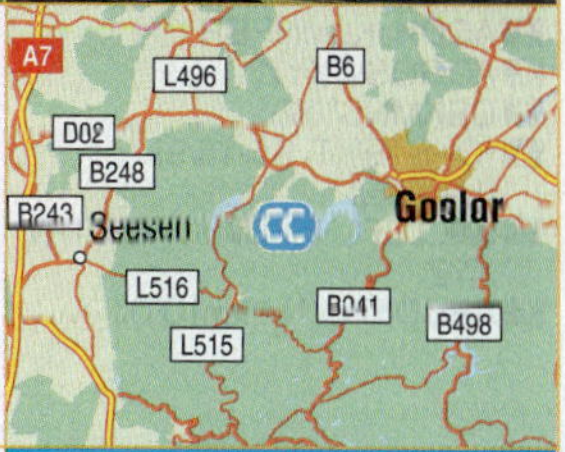

CC € 19 *9/1-2/4 18/4-14/5 5/6-23/6 21/8-31/8 1/9-15/12*

N 51°54'04" E 10°19'39"

Zetel/Astederfeld, D-26340 / Niedersachsen

491

Campingplatz am Königssee
Tarbarger Landstr. 30
+49 44 52 17 06
1/3 - 31/10
info@campingplatz-am-koenigssee.de

2,5ha 40T(100-150m²) 10-16A CEE

1 AD**H**JKLMNOPQTU
2 AEOSTX
3 AC**G**KPUZ
4 (Q)
5 **AB**DGIJKLMN**P**UWXY
6 EFGK(N 4km)OU

Ruhig gelegener Campingplatz an einem Badesee inmitten eines Naturschutzgebietes. Ausgedehntes Radwegenetz, nicht weit von der Küste und der deutschen Fehnroute.

A28 Ausfahrt 6 Westerstede, L815 Richtung Zetel. Nach 14 km links nach Astederfeld. CP ist angezeigt.

CC € 23 1/3-6/4 11/4-27/4 2/5-17/5 30/5-30/6 1/9-31/10

N 53°21'19" E 07°55'46"

Augstfelde/Plön, D-24306 / Schleswig-Holstein

492

Camping Augstfelde-Vierer See****
Augstfelde 1
+49 45 22 81 28
1/4 - 23/10
info@augstfelde.de

20,6ha 255T(90-110m²) 16A CEE

1 A**H**IJKLMNP**Q**R
2 AFLOSVWXYZ
3 BCDE**G**HIKMP**R**SUV**WZ**
4 (A)**N**
(Q+S+T+U+X+Y+Z)
5 **AB**DEFGIJKLMNO**P**QRUWXYZ
6 CDEFG**K**(N 3km)ORSTU

Sehr schöner Familiencamping am Vierersee mit einem 1 km langen eigenen Sandstrand. Klares Badewasser. Die schöne Plöner Seenplatte direkt vor der Tür.

A1 nach Eutin, dann Richtung Plön über die B76. Nach der Ausfahrt Bösdorf gut ausgeschildert.

CC € 19 1/4-17/5 1/6-21/6 1/9-22/10

N 54°07'43" E 10°27'18"

Dahme, D-23747 / Schleswig-Holstein

493

Camping Stieglitz
Zedano Gotha-Platz 1
+49 43 64 14 35
31/3 - 29/10
kontakt@camping-stieglitz.de

14ha 509T(90-160m²) 16A CEE

1 ACD**H**JKLMNP**Q**R
2 ACGQSWXYZ
3 CEKMNSU**WY**
4 (Q+S)(T 1/5-15/9)
(U+Y)
5 **AB**CDEFGHIJKLMNOP**QRT**UW
XYZ
6 ABCDEFG(N 2km)OTV

An der Ostsee nördlich vom Kurort Dahme. Umgeben von Wiesen, Dünen und einem langen Sandstrand. Standart-, Komfort- und Premiumplätze. Alle mit 16A Anschluss. Komfort- und Premiumplätze mit eigenem Wasseranschluss. CampingCard ACSI berechtigt zu einem Standardplatz zu 19 Euro, Komfortplatz 21 Euro und ein Platz am Deich für 23 Euro. Preise ohne Touristenabgaben.

CP liegt an der Nordseite von Dahme (letzter CP).

CC € 19 31/3-2/7 20/8-29/10

N 54°14'33" E 11°04'49"

Glücksburg, D-24960 / Schleswig-Holstein

494

Ostseecamp Glücksburg-Holnis****
An der Promenade 1
+49 46 31 62 20 71
1/4 - 15/10
info@ostseecamp-holnis.de

6ha 125T(100m²) 6-16A CEE

1 ABCD**G**JKLMNP**Q**R
2 AHJSTWXY
3 AC**G**HIKMP**Q**SU**W**Y
4 (Q 🔑)(R 1/7-31/8)(T+U+X+Z 🔑)
5 **AB**DEFGIJKLMNOPQUWXYZ
6 CDEFGK(N 5km)UV

Sauberer Campingplatz mit feinem Strandcafé/Bistro an der Ostküste an einem der schönsten Sandstrände der Ostsee. Viele Möglichkeiten für Aktivitäten in der Region, zum Beispiel Radfahren, Wandern und Wassersport.

Von Glücksburg Richtung Holnis fahren. CP ist gut ausgeschildert.

CC € 21 *2/5-12/5 31/5-22/6 20/8-30/9*

N 54°51'26'' E 09°35'29''

Medelby, D-24994 / Schleswig-Holstein

495

Camping Mitte
Sonnenhügel 1
+49 46 05 18 93 91
1/1 - 31/12
info@camping-mitte.de

5,2ha 154**T**(tot 120m²) 10-16A CEE

1 ACDGJKLMNPQR
2 SUWXY
3 ACDKSU
4 (B 1/5-31/8)(**F** 🔑)**N** (Q+R+T 🔑)
5 **AB**DEFGIJKLMNOPQRUWXYZ
6 CDEFGK(N 1km)OT

Ein moderner, ruhiger, offener Campingplatz inmitten eines Naturschutzgebietes. Flexible Freizeitgestaltung möglich. Das Freibad ist vom 15. Juni bis zum 15. August geöffnet.

A7 Ausfahrt 2, die 199 Richtung Niebüll. Von Wallsbüll den CP-Schildern folgen.

CC € 23 *2/1-30/6 1/9-31/12*

N 54°48'54'' E 09°09'49''

Salem, D-23911 / Schleswig-Holstein

496

Naturcamping Salemer See
Seestr. 60
+49 4 54 18 25 54
1/4 - 31/10
info@camping-salem.de

25ha 150T(35-80m²) 16A CEE

1 ACD**H**JKLMNP**Q**R
2 ABDFLMNOSTUWXYZ
3 CIKNP**R**SU**W**Z
4 (Q+U+X+Z 🔑)
5 **AB**DFGJMNOPUWXZ
6 ABCDFJ(N 6km)O

Bewaldeter Campingplatz am See, ideal für Kanu- und SUP-Liebhaber. Vom Camping aus gibt es Rad- und Wanderwege. Neben Stellplätzen direkt am See gibt es auch Stellplätze auf verschiedenen höher gelegenen Terrassen, von denen eine speziell für größere Camper ausgelegt ist. Auf dem oberen Gelände gibt es auch einen schönen Spielplatz.

Von der A20, auf B207 Ri. Ratzeburg. In Ratzeburg B208/L203 Ri. Seedorf. Nach 4 km Ausf. Salem, CP-Schildern folgen, ist gut ausgeschildert.

CC € 19 *1/5-30/6 1/9-30/9*

N 53°38'58'' E 10°50'07''

Scharbeutz, D-23683 / Schleswig-Holstein

497

Ostseecamp Lübecker Bucht Gmbh
Bormwiese 1
+49 45 63 52 03
1/4 - 31/10
info@ostseecamp-luebecker-bucht.de

5,5ha 85**T**(80-160m²) 16A CEE

1 ACD**H**IJKLMNOPQST
2 IJMSWXYZ
3 ACMNS
4 **N**(Q+R+U+Y+Z [key])
5 **AB**EFGHIJKLMNOPQRUWXY
6 BCEFGHKL(N 1km)O

Wunderschön gelegen am Rande eines Naturschutzgebietes. In der Nähe der Autobahn und des Strandes. Fahrradverleih und gutes Restaurant.

A1 HH-Puttgarden/Fehmarn. Ausfahrt Haffkrug/Scharbeutz, B76 Richtung Eutin, recht nah zur Autobahn.

CC € 21 *1/4-7/4 11/4-18/5 30/5-23/6 11/9-31/10*

N 54°03'18'' E 10°43'49''

Schashagen/OT Bliesdorf-Strand, D-23730 / Schleswig-Holstein

498

Camping Walkyrien*****
Strandweg 26
+49 45 62 67 87
1/4 - 23/10
info@camping-walkyrien.de

11ha 105**T**(100-140m²) 16A CEE

1 ACD**H**JKLMNP**Q**R
2 AGILSUWX
3 CDE**G**HPSU**W**Y
4 **KN**(Q+R+T+U+X+Y+Z [key])
5 **AB**CDEFGHIJKLMNOPQRUWXYZ
6 ACDEFGH**K**(N 5km)OTU

Ein hoch gelegener Campingplatz mit schönem Blick auf die Ostsee. Gute Sanitäranlagen und zusätzliche Einrichtungen wie Wellnessbereich und Sauna, Restaurant und einem Geschäft, in dem man umfangreich einkaufen kann. Neben dem Strand gibt es auf dem Gelände auch zahlreiche Unterhaltungsmöglichkeiten für Kinder.

E47/E22 Hamburg-Puttgarden, Ausfahrt Neustadt Nord, Richtung Grömitz. Nach 5 km in Bliesdorf rechts abbiegen. Ausgeschildert.

CC € 23 *11/4-17/5 30/5-7/6 11/6-23/6 3/9-29/9 4/10-22/10*

N 54°07'23'' E 10°55'17''

Westerdeichstrich, D-25761 / Schleswig-Holstein

499

Nordsee Camping "In Lee"*****
Stinteck 37
+49 48 34 81 97
4/4 - 15/10
info@in-lee.de

5,5ha 190**T**(80-120m²) 16A CEE

1 ACD**H**JKLMNP**Q**R
2 JNOSVXY
3 AC**G**IKMNP**QR**S**W**
4 (Q+R+X+Y [key])
5 **AB**DEFGIJKLMNOPUWXYZ
6 ABCDEFG**K**L(N 3km)OTU

Moderner, gepflegter Fünf-Sterne-Campingplatz mit Bäcker und Bistro. 3 km von Büsum. Fahrräder und E-Bike Verleih. Inklusive 4 KwH Strom. Schöne Radwege vom Camping aus.

B203 Heide-West Richtung Büsum, Ausfahrt Westerdeichstrich. An der Mühle vorbei. Nach 1,5 km Richtung Stinteck. Badestrand-Schilder.

CC € 23 *11/4-12/5 1/6-30/6 1/9-15/10*

N 54°09'31'' E 08°49'58''

Ahrensberg, D-17255 / Mecklenburg-Vorpommern

500

Campingplatz Am Drewensee****
+49 3 98 12 47 90
1/4 - 31/10
drewensee@haveltourist.de

5ha 150T(68-300m²) 16A CEE

1 ACD**H**IJKLMNP**Q**R
2 ABFSWXYZ
3 CIKMSWZ
4 (Q+S)(T+U 1/5-14/9)
5 **AB**GIJKLMNO**P**RUWZ
6 ACEFG**K**(N 6km)OT

Camping im Wald am Drewensee mit vielfälrigen Angeboten, u.a. baden, segeln, surfen, angeln etc. Sehr gute Sanitäranlagen. Fahrrad- und Boostverleih.

A19 Ausfahrt 18, B198 Richtung Wesenberg/Neustrelitz. Zwischen Wesenberg und Neustrelitz Ausfahrt Ahrensberg. In Ahrensberg direkt links ab und links halten.

CC € 19 1/4-6/4 11/4-17/5 21/5-26/5 30/5-8/7 2/9-30/10

N 53°15'46" E 13°03'03"

Altenkirchen, D-18556 / Mecklenburg-Vorpommern

501

Camping Drewoldke****
Zittkower Weg 27
+49 38 39 11 29 65
1/1 - 31/12
info@camping-auf-ruegen.de

9ha 340T(80m²) 16A CEE

1 ACD**H**JKLMNP**Q**R
2 ABGNPQSTXYZ
3 ACIKSWY
4 (Q)(R+T+U 1/4-30/9)
(Z 1/4-1/10)
5 **AB**DEFGHIJKLMNO**PQ**RUWZ
6 ACDEFGH**K**(N 3km)OQSTV

Der Campingplatz ist 10 m von der Ostseeküste entfernt. Topp Ausgangspunkt für Radtouren zu den Sehenswürdigkeiten wie Kap Arkona mit Kreidefelsen, das historische Fischerdorf Vitt, die alte Stadt Altenkirchen mit der ältesten Kirche Rügens und dem Hafen von Breege für Schiffstouren. Nationalpark Jasmund mit dem Königsstuhl in 20 km.

B96 Stralsund-Bergen Richtung Sassnitz, dann Altenkirchen. CP ist ausgeschildert.

CC € 21 1/1-15/5 1/6-19/6 1/9-31/12

N 54°38'04" E 13°22'24"

Altenkirchen, D-18556 / Mecklenburg-Vorpommern

502

Knaus Camping- und Ferienhauspark Rügen****
Zittkower Weg 30
+49 3 83 91 43 46 48
1/1 - 8/1, 1/3 - 31/12
ruegen@knauscamp.de

3,7ha 108T(80m²) 10A CEE

1 ACD**H**IJKLMNPQR
2 GNPQSXY
3 CIKNWY
4 **N**(Q 1/4-31/10)(R)
(T+U+Z 1/4-31/10)
5 **AB**DFGIJKLMNO**PR**UWXYZ
6 ABCDEFG**K**(N 2km)O

Camping direkt am Meer mit toller Aussicht über die hier sehr flache Ostsee. Ideal für Surfer. 3 Familienbäder, Sauna und sogar Whirlpool. Direkt vom Camping aus führt der Rad- und Wanderweg auch entlang des Strandes zu den weltberühmten Kreidefelsen oder dem unter Denkmalschutz stehende Fischerdorf Vitt.

Aus Richtung Sagard die B96 nach Altenkirchen, an Juliusruh vorbei. Nach ca. 300m rechts rein, dann kommt nach ca. 1,2 km der CP hinter dem Waldcamping.

CC € 23 1/3-17/5 11/6-28/6 1/9-20/12

N 54°38'11" E 13°22'31"

Dierhagen-Strand, D-18347 / Mecklenburg-Vorpommern

503

OstseeCamp Dierhagen GbR
Ernst-Moritz-Arndt Str. 1A
+49 38 22 68 07 78
15/3 - 31/10
info@ostseecamp-dierhagen.de

6ha 300**T**(60-125m²) 16A CEE

1 ACD**H**JKLMNP**Q**R
2 JSUVWXYZ
3 CIKMS
4 (Q+R+T)(U 25/5-30/9)
5 **AB**DFGIJKLMNOPUWZ
6 BCDEFG(N 0,7km)O

Machen Sie doch einmal Campingurlaub im Ostseebad Dierhagen zwischen Ostsee und Bodden im Herzen der Halbinsel Fischland-Darß-Zingst! Fernab von Lärm und Verkehr, campen Sie auf diesem Campingplatz auf der sonnigen Wiese oder im lichten Mischwald.

Von der B105 in Altheide Richtung Prerow, Ahrenshoop, dann an der Ampel links Richtung Dierhagen-Strand.

CC € 23 *15/3-16/5 31/5-25/6 8/9-30/10*

N 54°17'29'' E 12°20'37''

Dobbertin, D-19399 / Mecklenburg-Vorpommern

504

Campingplatz am Dobbertiner See
Am Zeltplatz 1
+49 17 47 37 89 37
1/4 - 4/10
dobbertincamping@aol.com

4ha 90**T**(100m²) 16A CEE

1 AE**H**JKLMNPQR
2 BFJLOSXYZ
3 CIKSU**W**Z
5 **AB**DFGIJMNO**P**UWXZ
6 ACEFGJ**K**(N 0,5km)S

Direkt am Dobbertiner See gelegener, idyllischer, nicht abgegrenzter Campingplatz mit freier Platzwahl. Durch die Mecklenburger Seenplatte und den Wald direkt daneben, kann man hier herrlich entspannen oder aktiv sein zu Fuss, mit dem Rad oder dem Boot. Vogelkundler können 'spotten'. Die Naturparks sind ganz in der Nähe.

A19 Ausfahrt Malchow/ A24 Ausfahrt Parchim/ A20 Ausfahrt Bützow, dann Richtung Dobbertin. Den CP-Schildern folgen.

CC € 19 *1/4-30/6 1/9-3/10*

N 53°37'09'' E 12°03'54''

Freest, D-17440 / Mecklenburg-Vorpommern

505

Camping Waldcamp Freest
Dorfstrasse 75
+49 38 37 02 05 38
1/4 - 15/10
info@campingplatz-freest.de

3,5ha 80**T**(100-150m²) 16A CEE

1 ABC**H**IJKLMNPQ
2 AGNSWXY
3 ACKMN**R**SWY
4 (Q)
5 **AB**DFGHIJKMNO**PRS**UWZ
6 ABCEFG**J**(N 2,5km)

Raum und Ruhe sind charakteristisch für diesen Camping an der Ostsee. Am Rande des Reetgürtels mit Blick auf die See, 200m vom Strand. Flache und große Plätze im Gras. Gutes Fahrradrevier.

Freest liegt an der L262. Von Lubmin aus 100 m vor dem Ortsschild Freest, am Anfang der Bebauung, links. CP ausgeschildert. Von der anderen Seite kommend, ist der CP rechts am Ende der Bebauung.

CC € 23 *1/4-17/5 22/5-25/5 30/5-21/6 11/9-15/10*

N 54°08'22'' E 13°43'02''

Grambin/Ueckermünde, D-17375 / Mecklenburg-Vorpommern

506

Campingpark Oderhaff
Dorfstraße 66a
+49 39 77 42 04 20
1/1 - 31/12
info@campingpark-oderhaff.de

6,2ha 100T(80-100m²) 16A CEE

1 AD**H**IJKLMNOPQR
2 ABGJNOSTUXYZ
3 CKMU**W**Y
4 (Q+R+T+U+Z 1/5-30/9)
5 **AB**DFGHIJKMNPUWZ
6 ACDEFGJ(N 2,5km)O

Das Team vom Campingpark Oderhaff heisst euch herzlich Willkommen direkt am weissen Strand von Ueckermünde / Grambin.

Von der A20 oder A11 nach Ueckermünde, Richtung Anklam. In Grambin den CP-Schildern folgen.

CC € 23 *1/5-26/5 30/5-5/6 24/8-1/10*

N 53°45'39'' E 14°00'39''

Groß Quassow/Userin, D-17237 / Mecklenburg-Vorpommern

507

Camping- und Ferienpark Havelberge*****
An den Havelbergen 1
+49 3 98 12 47 90
1/1 - 31/12
info@haveltourist.de

24ha 302T(90-287m²) 16A CEE

1 ACD**H**IJKMN**Q**R
2 ABFLMOSTWXYZ
3 ACIKMNPSU**VW**Z
4 (**A** 1/7-31/8)**LN**(Q)(R+T+U+Y 1/4-31/10)(Z)
5 **AB**DEFGIJKLMNO**PQ**UWXYZ
6 ACDEFG**K**(N 7km)OSTUV

Wer es gerne etwa größer hat und alles haben will: Sauna, Restaurant, Geschäft, Rad-Bootsverleih, Strand und Disco. Moderne und vorbildliche Ausstattung. Die Marina Havelberge bietet komfortable Liegeplätze mit Strom und Wasser. Gerne auch Gäste mit Boot (bis 12m) willkommen.

Über die B198 von Mirow oder Neustrelitz bis Wesenberg. Dort über Klein Quassow weiter bis Groß Quassow fahren. Ab Wesenberg ausgeschildert.

CC € 23 *1/4-6/4 11/4-17/5 21/5-26/5 30/5-8/7 2/9-31/10*

N 53°18'32'' E 13°00'08''

Jabel, D-17194 / Mecklenburg-Vorpommern

508

Natur und Strandcamping am Jabelschen See
Am Heidenfriedhof 01
+49 39 92 97 67 12
1/4 - 31/10
rezeption@genuss-ferien.de

5ha 120T(80-150m²) 4-10A CEE

1 ABCD**H**JKLMP**Q**ST
2 ABFOGXYZ
3 CIKMS**W**Z
4 (Q+R+T+U+W+Z)
5 **AB**DGJNPUWX
6 BCDEFGJ(N 9,9km)OT

Ruhig gelegener Campingplatz an einem See inmitten der Natur. Gute Rad- und Wassersportmöglichkeiten.

A19 Abfahrt Malchow, Richtung Nossertin (L20), dann Jabel. Der Camping ist ausgeschildert.

CC € 19 *1/4-5/4 13/4-16/5 30/5-15/6 28/8-31/10* 7=6

N 53°31'14'' E 12°31'01''

Karlshagen, D-17449 / Mecklenburg-Vorpommern

509

Dünencamp Karlshagen*****
Zeltplatzstraße 11
+49 38 37 12 02 91
1/1 - 31/12
camping@karlshagen.de

5ha 265T(80-90m²) 16A CEE

1 ACD**G**IJKLMNOP**Q**R
2 ABGJMSTXYZ
3 ACIKM**R**SU**W**Y
4 (A 15/6-15/8)(Q+R+ T+U 1/5-30/9)(X 1/4-30/9)
5 **AB**DEFGIJKLMNOPQRUWZ
6 ACDEFGHJ(N 0,5km)OSTV

Familienfreundlicher Campingplatz direkt an der Ostsee mit großem eigenen Sandstrand. Geeignet für schöne Radtouren.

B111 Wolgast-Ahlbeck. In Bannemin links nach Karlshagen abbiegen. CP ist ausgeschildert.

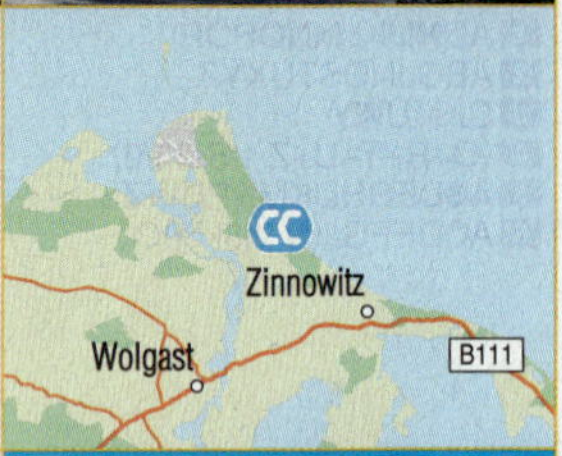

CC € 23 *1/1-25/6 1/9-31/12*

N 54°07'04'' E 13°50'42''

Klein Pankow, D-19376 / Mecklenburg-Vorpommern

510

Camping am Blanksee
Am Blanksee 1
+49 38 72 42 25 90
17/4 - 6/10
info@campingamblanksee.de

12ha 80T(100-150m²) 10-16A CEE

1 A**H**JKLMNP**Q**R
2 ABFINOSTVXYZ
3 CKMPSU**WZ**
4 (Q+R+S)(T+U+ X+Z 1/5-3/10)
5 **AB**FGIJLMNO**P**UWZ
6 ADEFG**K**(N 7km)O

Idyllischer Camping mit niederländichen Inhabern, an einem schönen See mit eigenem Strand, zwischen zwei Nazutschutzgebieten. Schöne Wander- und Radgegend, um noch echte Ruhe zu genießen. Ideal für Vogel- und Wildspotter. Kleine 'Gaststätte' und Laden vorhanden.

A24 Hamburg-Berlin. Ausfahrt 16 Suckow. Suckow-Siggelkow-Groß Pankow Richtung Klein Pankow. Dann den CP-Schildern folgen.

CC € 23 *17/4-16/5 31/5-30/6 21/8-6/10*

N 53°23'13'' E 12°01'14''

Koserow, D-17459 / Mecklenburg-Vorpommern

511

Camping Am Sandfeld
Am Sandfeld 5
+49 38 37 52 07 59
6/4 - 30/9
camping@amsandfeld.de

3,7ha 150T(80-100m²) 16A CEE

1 AC**H**IJKLMNP**Q**R
2 AJLSTXYZ
3 ACIKMNSU
4 (Q+R+V)
5 **AB**DFGIJKLMNOP**Q**UW
6 CDEFGHK(N 0,5km)OSTV

Campingplatz in ruhiger Umgebung am Rande eines schönen Ortes, 700m vom Strand entfernt. Der Campingplatz ist gemütlich und naturbelassen und verfügt über großzügige Stellplätze auf Gras oder Sand.

B111 Wolgast-Swinoujscie, 2. Ausfahrt Koserow, ab hier ist der CP ausgeschildert.

CC € 23 *6/4-25/5 29/5-18/6 1/9-30/9*

N 54°02'48'' E 14°00'40''

Lohme/Nipmerow, D-18551 / Mecklenburg-Vorpommern

512

Krüger Naturcamp
Jasmunder Straße 5
+49 3 83 02 92 44
14/4 - 1/11
info@ruegen-naturcamping.de

4ha 125**T**(80-100m²) 16A CEE

1 ABCDHIJKLMNPQR
2 BCJNQRSTUVXYZ
3 AC**G**IKMNPRS
4 (Q+R+T+U+X+Z)
5 **AB**DFGIJKLMNO**PQ**UWYZ
6 ACEFG**J**(N 8km)OST

Camping mit viel Natur auf Rügen, 8 km nördlich von Sassnitz. Ideale Basis für Wanderungen in den Nationalpark Jasmund. Hunde willkommen. Idealer Zwischenstop für Reisende nach Nordeuropa. 1,5 km von der Ostsee. Ausflüge zum Kreidefelsen mit Förster möglich.

B96 Bergen-Altenkirchen, nach Bobbin rechts Richtung Sassnitz. CP ist ausgeschildert.

CC € 23 *14/4-2/7 1/9-1/11*

N 54°34'10'' E 13°36'36''

Lütow, D-17440 / Mecklenburg-Vorpommern

513

Natur Camping Usedom
Zeltplatzstraße 20
+49 38 37 74 05 81
1/4 - 31/10
rezeption@
natur-camping-usedom.de

18ha 450**T**(30-250m²) 16A CEE

1 ACD**H**JKLMNPQTU
2 ABGMSWXYZ
3 ACKMNPSU**WY**
4 (A+Q)(S 1/5-1/9)(T+U+Y+Z 1/6-15/9)
5 **AB**DEFGIJLMNOPQRUWXY
6 ACEFGJ(N 8km)OT

Ruhiger Familien- und Naturcamping mit Plätzen direkt am 'Achterwasser' im Naturschutzgebiet. 18 ha großes Gelände mit Zelt-, Wohnwagen-, und Wohnmobilplätzen, teils parzelliert. Der Platz hat ein Restaurant, Laden, Surf- und Segelschule. Auch Kanu- und Radverleih.

B111 von Wolgast nach Ahlbeck. Vor Zinnowitz rechts abbiegen. CP ist ausgeschildert. Achtung! Einige Navis führen durch den Wald und über einen schwierigen Waldweg. Es gibt jedoch eine gute Asphaltstraße zum CP.

CC € 23 *1/4-17/5 21/5-26/5 29/5-15/6 8/9-15/10*

N 54°00'48'' E 13°52'43''

Markgrafenheide/Rostock, D-18146 / Mecklenburg-Vorpommern

514

Camp. & Ferienpark
Markgrafenheide
Budentannenweg 2
+49 38 16 61 15 10
1/4 - 31/12
info@baltic-freizeit.de

20ha 1136**T**(100-140m²) 16A CEE

1 ACD**H**JKLMNPQR
2 ABGJSTWXYZ
3 CEIKMN**OQR**SWY
4 (**B** 1/6-30/9)(**F**)**KLN**(Q)(S 15/5-15/10)(T 1/7-31/8)(U)(V 1/7-31/8)(W 1/3-31/10)(Y+Z)
5 **AB**DFGJNPUWZ
6 ACEFGJM(N 0,6km)OU

Großer Camping am Ostseestrand bei Warnemünde. Große Plätze unter hohen Kiefern auf festem Sandboden. Gute Einrichtungen, gepflegtes Sanitär, Kino, Sauna, Wellness, 2 Indoor Squashplätze. Viele Sehenswürdigkeiten in der nahen Kultur-, und Hansestadt Rostock. CCA gilt nur in den 'Randlage' Sektoren A, B, C, M. Plätze mit 100 m²

Die B105 Rostock-Stralsund, Ausfahrt Rövershagen-Hinrichshagen-Markgrafenheide.

CC € 23 *10/4-17/5 29/5-24/6 3/9-5/11*

N 54°11'39'' E 12°09'20''

Ostseebad Rerik, D-18230 / Mecklenburg-Vorpommern

515

Campingpark 'Ostseebad Rerik'*****
Straße am Zeltplatz 8
+49 38 29 67 57 20
1/1 - 31/12
info@campingpark-rerik.de

5,2ha 299**T**(80-100m²) 16A CEE

1 ACD**H**JKLMNPQR
2 AGJQSUVWXYZ
3 ACIKMNPSU**VW**Y
4 **N**(Q+R)(S 1/4-31/10) (T+U)(Y 1/4-31/10) (Z 1/1-31/12)
5 **AB**CDEFGIJKLMNO**PQRS**UWXYZ
6 ABCDEFGKL(N 0,8km) OQSTVX

Gemütlicher Campingplatz in ruhiger Umgebung mit sehr modernen Sanitäranlagen. 300 m von der Ostsee entfernt. 900 m vom Zentrum von Ostseebad Rerik entfernt. Ein hervorragendes Gebiet zum Wandern, Radfahren, Schwimmen und Angeln.

A20 Ausfahrt 12 Kröpelin (L11). A20 Autobahnkreuz/Wismar 105 bis Neubukow. Dann Richtung Rerik. In Rerik den CP-Schildern folgen.

CC € 21 *2/1-17/5 31/5-5/7 3/9-27/12*

N 54°06'47'' E 11°37'51''

Penzlin (OT Werder), D-17217 / Mecklenburg-Vorpommern

516

Seeweide Naturcamping Penzlin
Halbinsel Werder 33
+49 3 96 22 57 82 90
1/4 - 30/10
info@seeweide.de

7,5ha 182**T**(120-150m²) 16A CEE

1 AD**H**IJKLMNP**Q**R
2 AEINOSWX
3 CEIKMNP**R**SWZ
4 (Q+R)
5 **AB**DEFGIJKLMNOPUWXYZ
6 CEFGK(N 2km)U

Großzügiger Campingplatz an einem See zwischen zwei kleinen Dörfern gelegen. Vom Campingplatz aus bietet sich ein herrlicher Panoramablick auf die Umgebung.

Über B192 oder B193 nach Penzlin. Durch das Zentrum von Penzlin Richtung Werder. Den Schildern nach Werder folgen. Dies ist ein sehr kleines Dorf. Vor der Ortseinfahrt geht es zum Campingplatz.

CC € 21 *1/4-17/5 30/5-15/6 1/9-30/10*

N 53°29'19'' E 13°05'28''

Plau am See/Plötzenhöhe, D-19395 / Mecklenburg-Vorpommern

517

Campingpark Zuruf****
Seestraße 38D
+49 38 73 54 58 78
1/3 - 31/10
campingpark-zuruf@t-online.de

8ha 131**T**(70-100m²) 10-16A CEE

1 ACD**H**IJKLMNP**Q**R
2 AEOSVWXYZ
3 CKMS**WZ**
4 (Q+R 1/3-31/10)(T+U+ V+Z 24/4-4/10)
5 **AB**DEFGIJKLMNO**PQR**UWXYZ
6 ACDEFG**K**L(N 2,5km)OSTV

Schöner Camping am Plauer See. Große parzellierte Plätze. In der Nähe vom schönen Örtchen Plau. Bootstouren können mit Radtouren kombiniert werden. Separater Teil und Strand für Hundebesitzer.

A24/E26 Hamburg-Berlin, Ausfahrt Meyenburg. Dann B103 nach Plau. In Plau an der Ampel rechts zur Plötzenhöhe. CP (am See) ist ausgeschildert.

CC € 23 *1/3-17/5 30/5-22/6 9/9-31/10*

N 53°26'17'' E 12°17'13''

Rerik/Meschendorf, D-18230 / Mecklenburg-Vorpommern

518

Camping Ostseecamp Seeblick
Meschendorfer Weg 3b
+49 3 82 96 71 10
17/3 - 5/11
info@ostseecamp.de

9ha 400T(80-130m²) 16A CEE

1 ACD**H**JKLMNPQR
2 AHNQSUWXYZ
3 CIKMNPSUVW**Y**
4 (A 1/6-28/10)**N**(Q+S)
(T 1/7-1/9)(U 1/5-30/9)
(V+Y)
5 **AB**DEFGJKLMNO**PQRS**UWXYZ
6 BCEFGK(N 4km)OTUV

Ein prächtiger großer Camping direkt an der See mit schönem Strand. Große, sonnige Standplätze. Camping mit allem Komfort. Die Umgebung eignet sich zum Rad fahren und angeln. Auf dem Platz ist die Tauchsschule 'Ostseebasis Rerik'.

A20 Ausfahrt 9, Kreuz Wismar, dann die B105 Richtung Neubukow. Danach links Richtung Rerik. Rerik-Meschendorf, dort der zweite CP.

CC € 23 *17/3-6/4 11/4-17/5 30/5-23/6 8/9-5/11*

N 54°07'40'' E 11°38'44''

Trassenheide, D-17449 / Mecklenburg-Vorpommern

519

Camping Ostseeblick****
Zeltplatzstraße 20
+49 38 37 12 09 49
1/4 - 1/11
campingplatz@trassenheide.de

4,1ha 250T(65-100m²) 16A CEE

1 ACD**H**JKLMNPQTU
2 ABCGMSTWYZ
3 ACHIKMNSUW**Y**
4 (Q)
(R+T+U+X+Z 15/5-15/9)
5 **AB**DEFGI**J**KLMNOP**QS**UWZ
6 CDEFG(N 1,5km)QV

Familiencampingplatz in einem Kiefernwald, direkt hinter den Dünen gelegen. Ostsee, feiner Sandstrand und ein idealer Ausgangspunkt für Radtouren.

B111 Wolgast-Ahlbeck. In Bannemin links ab, Trassenheide. CP ist gut ausgeschildert.

CC € 23 *1/4-18/5 22/5-26/5 30/5-12/6 4/9-1/11*

N 54°05'25'' E 13°53'08''

Ückeritz, D-17459 / Mecklenburg-Vorpommern

520

Naturcamping Hafen Stagnieß
Stagnieß Hafenstrasse 10A
+49 38 37 52 04 23
1/4 - 31/10
info@camping-surfen-usedom.de

4ha 180T(80-100m²) 16A CEE

1 AD**H**JKLMNP**Q**R
2 ENSTUXYZ
3 MZ
4 (Q+T)
5 **AB**DFGIJMNO**P**UWZ
6 EFG**J**(N 1km)O

Ruhig und zentral gelegener Camping auf der Insel Usedom. Plätze nicht parzelliert und auf Gras. Am Achterwasser, Waldrand und Hafen. Gute Rad- und Wandermöglichkeiten im Fahrradbereich zur schönen Ostsee, den Seebädern und ins polnische Swinemünde.

Von Anklam über die B110 und B111. Von Wolgast über die B111. Camping ist deutlich um Ückeritz herum angezeigt.

CC € 19 *1/5-17/5 22/5-25/5 30/5-30/6 1/9-30/9*

N 54°00'08'' E 14°02'44''

Wesenberg, D-17255 / Mecklenburg-Vorpommern

521

Camping Am Weissen See****
Am Weissen See 1
+49 3 98 12 47 90
1/4 - 31/10
weissersee@haveltourist.de

3,5ha 100T(90-120m²) 16A CEE

1 ACD**H**IJKLMNP**Q**R
2 ABEJLMSWXY
3 AIKMSU**WZ**
4 (Q+R+U+X+Z)
5 **AB**DEGIJKLMNOPRUWZ
6 ACEFG**J**(N 1km)OT

Der Campingpark am Weißen See hat alles was Natur-Freunde und Camper sich wünschen. Im lichten Kiefernwald können Sie Ihre „Lager“ aufschlagen und die einmalige Natur genießen. Direkt vor dem Platz befindet sich das „Naturfreibad am Weißen See“. Ob Baden, Rudern oder einfach nur am Strand liegen und Sonnen, alles ist möglich am „kleinen“ Sandstrand.

Ab Wesenberg-Mitte ist der CP gut ausgeschildert. Der C63 folgen.

CC € 19 1/4-6/4 11/4-17/5 21/5-26/5 30/5-8/7 2/9-30/10

N 53°17'02'' E 12°56'54''

Zislow, D-17209 / Mecklenburg-Vorpommern

522

Wald- u. Seeblick Camp GmbH
Waldchaussee 1
+49 3 99 24 20 02
1/1 - 31/12
info@camp-zislow.de

11ha 220T(80-100m²) 16A CEE

1 ACD**H**IJKLMNP**Q**R
2 EIOSWXYZ
3 CIJKMNPU**WZ**
4 (Q)(R+T+U 15/4-15/9) (X 1/4-30/9)
5 **AB**FGIJKLMNO**P**UWXYZ
6 ACEFG**J**(N 9,8km)OSU

Ob mit der Familie oder in der Gruppe, mit dem Zelt, dem Wohnwagen oder Wohnmobil: auf dem Wald- und Seeblick Camp direkt am Plauer See erleben Sie einen schönen und ruhigen Urlaub.

A19 (B192), Ausfahrt Waren-Petersdorf Richtung Adamshoffnung-Zislow. Dann ausgeschildert.

CC € 23 1/1-12/5 7/6-2/7 19/8-31/12

N 53°26'32'' E 12°18'50''

Zwenzow, D-17237 / Mecklenburg-Vorpommern

523

Camping Zwenzower Ufer****
Am Großen Labussee (C56)
+49 3 98 12 47 90
1/4 - 31/10
gr-labussee@haveltourist.de

2,6ha 65T(80-132m²) 16A CEE

1 ACD**H**IJKLMNP**Q**R
2 FJOSTWXY
3 AIKMS**WZ**
4 **N**(Q+S+T+U)
5 **AB**DEFGIJKLMNO**P**UWZ
6 ACEFG**K**(N 6km)OT

Der Campingplatz liegt am Großen Labussee und grenzt an den Müritz-Nationalpark. Von hier aus können Sie mehrere andere Waldseen erreichen. Das Gelände ist flach und mit Gras, Sträuchern, Laub- und Nadelbäumen bewachsen. Die ausgezeichneten Sanitäranlagen sind teilweise auch für Behinderte geeignet. 300m vom "Badehus" entfernt, mit Sauna, Solarium und Hallenbad.

B96 von Berlin über Neustrelitz Richtung Userin und Useriner Mühle nach Zwenzow. CP ist ausgeschildert.

CC € 19 1/4-6/4 11/4-17/5 21/5-26/5 30/5-8/7 2/9-30/10

N 53°19'08'' E 12°56'42''

Zwenzow, D-17237 / Mecklenburg-Vorpommern

524

FKK-Camping Am Useriner See****
+49 3 98 12 47 90
1/4 - 31/10
info@haveltourist.de

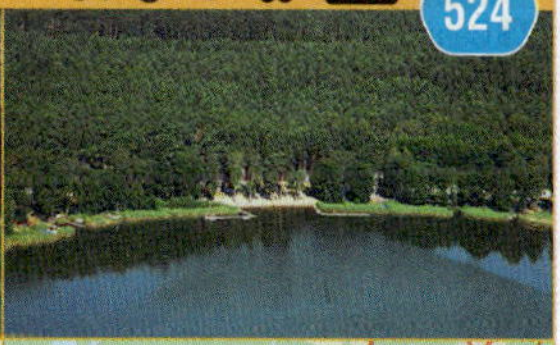

10ha 140T(80-162m²) 6-10A CEE

1 ABCD**H**IJKLMNP**Q**TU
2 ABFLOSTWYZ
3 ACIKMPS**WZ**
4 (Q+S+Z 🔑)
5 **AB**DEFGIJKLMNO**PR**UWZ
6 AEFG**K**(N 6km)OT

Im Wald gelegener Camping am See mit guten Sanitäranlagen und Minishop. Der Sandweg zum Campingplatz ist gut befahrbar.

Über die B198 in Mirow auf der L25 Richtung Userin abbiegen, dann über Granzow, Roggentin nach Zwenzow.

CC € 19 1/4-6/4 11/4-17/5 21/5-26/5 30/5-8/7 2/9-30/10

N 53°19'49'' E 12°57'19''

Bergwitz/Kemberg, D-06901 / Sachsen-Anhalt

525

Campingplatz Bergwitzsee GmbH
Strandweg 1
+49 34 92 12 82 28
1/1 - 31/12
reception@bergwitzsee.de

11ha 100T(70-150m²) 16A CEE

1 AC**H**IJKMPQR
2 AFOSXYZ
3 CIKMPS**WZ**
4 M(Q+R 🔑)(T+U 1/5-2/10)
(X 30/4-30/9)(Y 1/5-2/10)
(Z 1/5-30/10)
5 **AB**DFGIJKLMNO**P**UWXYZ
6 CEFGK(N 1,3km)ORT

Am See gelegener Camping. Wassersport geeignet. Boot darf man mitbringen. Oberen und einen unteren Teil. Der untere liegt direkt am See. Wittenberg in 11 km, Oranienbaum in 16 km und der prächtige Wörlitzer Park in 16 km. Campingplatz für den längeren Aufenthalt.

A9 Berlin-Leipzig, Ausf. 8. B187 über Wittenberg, die B2 über Leipzig nehmen. In Eutzsch B100 Ri. Gr-Hainichen, die 2. Abzweigung hinter Tankstelle-Bergwitz. CP ab der Kreuzung (5 Abzweigungen) ausgeschildert.

CC € 21 1/1-16/5 30/5-29/6 1/9-31/12

N 51°47'28'' E 12°34'15''

Harzgerode/OT Neudorf, D-06493 / Sachsen-Anhalt

526

Ferienpark Birnbaumteich***
Am Birnbaumteich 1
+49 3 94 84 62 43
1/1 31/12
info@eg-fr.de

11,5ha 150T(50-100m²) 16A CEE

1 A**H**IJKLMNPQR
2 ABEJOSTUWXY
3 ACMPSUV**WZ**
4 **N**(Q+R 🔑)(T+U+
X+Z 1/4-30/9)
5 **AB**DEFGIJK**L**MNO**PQS**UWZ
6 CEFGK(N 0km)OV

Sehr ruhig gelegener Camping im Harz am kleinen Badesee mit Strand. Restaurant mit schöner Terrasse. Schöne Wander- und Radumgebung. Schöne Städtchen in der Umgebung, unter anderen Stolberg und eine Fahrt mit dem Dampfzug zum Brocken ist auch ein 'Muss'.

B81 Magdeburg-Nordhausen, Ausfahrt Hasselfelde B242 Ri. Halle. 1 km nach Harzgerode abzweigen Ri. Stolberg. Nach 4,3 km rechts und links an Bushaltestelle ausgeschildert.

CC € 23 1/1-16/5 30/5-29/6 1/9-31/12

N 51°36'30'' E 11°05'05''

Naumburg, D-06618 / Sachsen-Anhalt

527

Campingplatz Blütengrund
Blütengrund 6
+49 34 45 26 11 44
1/1 - 31/12
info@campingplatz-naumburg.de

8ha 450T(50-100m²) 16A CEE

1 ACD**H**IJKLMNP**Q**R
2 CISUVXYZ
3 CIKMS**W**
4 (Q+R+U+X+Z 1/4-31/10)
5 **AB**DFGIJKLMNO**P**UWZ
6 ABCDEFG(N 4,5km)OU

Campingplatz an der Saale und Unstrut mit Möglichkeiten zum Kanu fahren. Rad- und Wanderwege unweit des Platzes. Dicht an der Domstadt Naumburg. Der Naumburger Dom steht seit 2018 auf der Liste des UNESCO-Welterbes.

Ab B180 und B87 ausgeschildert. CP liegt an dem Fluss Saale (Naumburg Richtung Freyburg).

CC € 23 *1/5-14/5 1/6-14/7 11/9-30/9 7=6*

N 51°10'31'' E 11°48'15''

Schlaitz (Muldestausee), D-06774 / Sachsen-Anhalt

528

Heide-Camp Schlaitz
Am Muldestausee
+49 34 95 52 05 71
1/1 - 31/12
info@heide-camp-schlaitz.de

12ha 130T(110-170m²) 16A

1 A**G**IJKMP**Q**R
2 AEJSTUY
3 AIKSU**VW**Z
4 (Q 1/3-3/10)(T+U+Y+Z)
5 **AB**DFGIJKLMNOPUW
6 DEFG(N 4km)OV

Camping an einem See. Städte wie Leipzig, Halle und Oranienbaum in kurzer Entfernung. Im Naturpark Dübener Heide gelegen.

Auf der B100 zwischen Bitterfeld und Gossa ist der CP ausgeschildert.

CC € 23 *1/1-16/5 30/5-29/6 1/9-31/12*

N 51°38'55'' E 12°25'23''

Altglobsow, D-16775 / Brandenburg

529

Ferienhof Altglobsow
Seestraße 11
+49 33 08 25 02 50
1/1 - 31/12
info@ferienhof-altglobsow.de

4,5ha 40T(60-80m²) 16A CEE

1 AE**H**JKLMP**Q**R
2 BEJLSXY
3 AIKSU**W**Z
4 **N**(Q+U)(X 1/6-31/8)
(Y 1/1-31/5,1/9-31/12)
5 **A**DGIJMNO**P**UWZ
6 CEFGKL(N 7km)OT

Sehr ruhig gelegener Camping. Kein störender Verkehr. Direkt am Wald und See gelegen. Guter Ausgangspunkt für Rad- und Wandertouren.

Aus Berlin die B96 bis Fürstenberg, Richtung Neuglobsow. Den Schildern 'Ferienhof Altglobsow' folgen.

CC € 15 *1/2-7/4 11/4-17/5 30/5-15/6 1/9-30/11*

N 53°07'53'' E 13°07'01''

Ketzin, D-14669 / Brandenburg

530

Campingplatz An der Havel
Friedrich-Ludwig-Jahn Weg 33
+49 33 23 32 11 50
1/4 - 23/10
info@havelcamping-ketzin.de

2,5ha 55T(70-100m²) 16A CEE

1 AGIJKLMPQR
2 CEIJSWXY
3 CGKMSUWX
4 (Q 🔑)
5 ABDFGIJKLMNOPUWXZ
6 ACEFGJ(N 1km)O

Schöner und ruhiger Camping am Havel Radweg, daher ideal zum Rad fahren. Nach Berlin fährt man ca. 13 km über Wustermark, dann eine halbe Stunde mit dem Zug ins Zentrum. Ideal!

Von der A2 zur A10 Richtung Potsdam. Hinter Potsdam Ausfahrt Ketzin. Den CP-Schildern folgen.

CC € 21 1/4-16/5 5/6-23/6 1/9-23/10

N 52°28'14'' E 12°50'54''

Lauchhammer, D-01979 / Brandenburg

531

Themencamping Grünewalder Lauch****
Lauchstrasse 101
+49 35 74 38 26
31/3 - 31/10
anfrage@themencamping.de

8,5ha 126T(100-120m²) 16A CEE

1 ACDHJKLMNQR
2 AEIOQSTUVWXYZ
3 AMRSZ
4 N(Q+R+U+W+X 🔑)
5 ABDEFGIJKLMNOPQUWXY
6 ABCDEFGKL(N 3km)OTW

Familiencamping in abgelegenem, ruhigem Naturgebiet am See mit Sand-, FKK- und Hundestrand. Café-Restaurant mit Terrasse. Die Wände in u. a. den ausgezeichneten Sanitäranlagen tragen Sprüche des Eigentümers, die die Gäste ergänzen dürfen. Viele Rad- und Wanderangebote, auch rund um den See.

A13 Ausfahrt Ruhland Nr 17. Dann die B169 Richtung Lauchhammer. In Lauchhammer Richtung Grünewalde und den CP-Schildern folgen.

CC € 23 31/3-16/5 29/5-15/6 1/9-31/10

N 51°30'25'' E 13°40'01''

Lübbenau/Hindenberg, D-03222 / Brandenburg

532

Spreewald-Natur Camping "Am See"****
Seestraße 1
+49 35 45 66 75 39
1/1 - 31/12
am-see@spreewaldcamping.de

15ha 85T(40-120m²) 16A CEE

1 ACHJKLMNPQR
2 ABEIJMOPSVWXYZ
3 CEKMNPQSTUWZ
4 (A 1/7-31/8)N (Q+R+U+X+Y+Z 🔑)
5 ABDEFGIJKLMNOPUWXY
6 CEFGJ(N 7km)OQSV

Naturcamping mit parzellierten Komfortplätzen dirkt am schönen Freitzeitsee, weit ab vin der Hektik im Spreewald und dennoch mittendrin. Luxus Sanitär und Sauna. Stimmiges Restaurant mit guter Küche, schöner Bar und sonniger Terrasse und alles mit freundlichem Service. Wiese mit Tieren, Spielplatz und Kegelbahn.

A13, AS9 Spreewald-Dreieck, Richtung Luckau. Nach 4 km befindet sich der Camping auf der linken Seite.

CC € 23 1/1-2/4 17/4-28/4 2/5-14/5 11/6-2/7 31/8-31/12

N 51°51'28'' E 13°51'23''

Märkische Heide/Groß Leuthen, D-15913 / Brandenburg

533

Eurocamp Spreewaldtor*****
Neue Straße 1
+49 35 47 13 03
1/1 - 16/11, 11/12 - 31/12
@ info@eurocamp-spreewaldtor.de

9ha 130**T**(80-100m²) 16A CEE

1 ACD**H**JKLMNPQR
2 AEOSUWXY
3 CIKMNPSU**WZ**
4 (A 1/7-31/8)(**C** 1/5-30/9)**LN**
(Q+R)(U+X 1/4-31/10)
5 **AB**DFGIJKLMNOP**R**UWX
6 CDEFG**K**OU

Junger Inhaber bietet Stellplätze auf vielen Feldern, Nähe Badesee mit Sandstrand. Ausgezeichnetes Sanitär ohne Münzen. Freundliches Personal. Anlagen rund um den Zentralplatz, vom dem auch der Shuttle u.a. nach Lübben und Polen abfährt. Neu: Wellness und sehr großzügiger Außenpool.

A13 Dresden-Berlin, Ausfahrt Lübben, B87 Richtung Beeskow, Kreuzung Birkenhainchen links auf der B179 Richtung Königs Wusterhausen. In Gross Leuthen rechts: der Campingbeschilderung folgen.

CC € 23 *30/5-30/6 1/9-2/10*

N 52°02'53'' E 14°02'08''

Ortrand, D-01990 / Brandenburg

534

ErlebnisCamping Lausitz
Am Bad 1
+49 3 57 55 55 35 09
1/1 - 31/12
@ erlebniscamping@t-online.de

5,5ha 67**T**(100-120m²) 16A CEE

1 ABCD**H**IJKLMNP**Q**R
2 CISUVWXYZ
3 CEIKMS**W**
4 (B 15/6-31/8)J**N**(Q+R)
(T 1/4-30/9)(U+X 1/5-30/9)
5 **AB**CDEFGHIJKLMNOPQRUWXYZ
6 AEFGHK(N 2km)OQU

Auf Familien mit Kindern ausgerichteter Campingplatz 35km vor Dresden. Ein individueller Felsenspielplatz mit sandsteinartigen Kletterelementen begeistert jedes Kinderherz. Viel Platz zum Toben, Spazieren, Wandern oder Angeln. Direkt am Brandenburg-Radweg. Freibad vorhanden.

A13 Ausfahrt 18 Ortrand, der L59 volgen, danach der L55, rechts auf die Walkteichstrasse. Dann links zur Heinersdorferstrasse. 'Am Bad' rechts zur Straße mit der Campingeinfahrt.

CC € 21 *1/1-16/5 30/5-30/6 1/9-31/12*

N 51°22'20'' E 13°46'45''

Bautzen, D-02625 / Sachsen

535

Natur- und Abenteuercamping
Nimschützer Straße 41
+49 35 91 27 12 67
1/4 - 31/10
@ camping-bautzen@web.de

5ha 100**T**(90-150m²) 16A CEE

1 ACD**H**JKLMNPQR
2 AEIJLMNSTUVWY
3 ACDKMSU**WZ**
4 (Q+R)
5 **AB**DFGHIJLMNOPRUWXYZ
6 ACEFK(N 1,5km)OV

Terrassenförmig angelegter Campingplatz mit großzügigen, abgegrenzten Stellplätzen in einer parkähnlichen Umgebung und am Rande eines großen Stausees. Sehr modernes Sanitärgebäude mit der Möglichkeit, private Familiensanitäranlagen zu mieten.

Aus Richtung Görlitz und Dresden die A4, Ausfahrt Bautzen Ost. Dann Richtung Weißwasser, danach Richtung B156.

CC € 21 *1/4-6/4 11/4-30/4 8/5-17/5 22/5-26/5 1/6-30/6 1/9-30/9*

N 51°12'08'' E 14°27'38''

Dresden, D-01217 / Sachsen

536

Camping Dresden-Mockritz
Boderitzerstr. 30
+49 35 14 71 52 50
1/1 - 31/1, 1/3 - 31/12
camping-dresden@t-online.de

0,5ha 158T(30-100m²) 6A CEE

1 ACD**H**JKLMNPQR
2 EIJSUWXYZ
3 CIKMNPSZ
4 (C 1/5-31/8)(Q+R 🔑)
(U 1/4-31/10)(X 🔑)
5 **AB**CDEFGHIJKLMNO**P**QUWZ
6 CEFGKL(N 0,5km)OQUX

Der Campingplatz liegt in der schönen ruhigen Dresdener Vorstadt, 4 km vom Zentrum. Bushaltestelle direkt am Camping und Radweg vom Camping aus. Auf dem Camping ist ein Außenpool, WLAN, Spielplatz, Volleyballfeld, Radverleih und Laden.

A4 Dreieck-Dresden West Richtung Prag A17. Dann Ausfahrt 3 Dresden-Süd, B170 Richtung Dresden. Nach ca. 1 km rechts. Nach 800m wieder rechts. Nach 1 km liegt der CP links.

CC € 23 *1/3-15/5 29/5-30/6 1/9-30/9*

N 51°00'52'' E 13°44'49''

Großschönau, D-02779 / Sachsen

537

Camping Trixi Park
Jonsdorferstraße 40
+49 3 58 41 63 14 20
1/1 - 31/12
info@trixi-ferienpark.de

15ha 70T(72-100m²) 16A CEE

1 ACD**H**IJKLMNPQR
2 AEJOPSUWX
3 ACHIMNPSU
4 (**A** 🔑)(B 1/5-30/9)
(**F+H** 🔑)**JKLMNP**
(Q+R+T+U+W+X+Y+Z 🔑)
5 **AB**DEFGHIJLMNOPRUWXYZ
6 CEFGHKL(N 1km)OUVW

Luxus-Campingplatz. Teil vom Ferienpark Trixi.

Von Großschönau Richtung Zittau rechts von der Straße, nach Trixi Schwimmparadies 1. Kreuzung rechts. Von Bautzen die B6 nach Löbau-Zittau. In Herrnhut rechts nach Oberoderwitz. Dann Richtung Großschönau und CP-Schildern folgen.

CC € 23 *1/1-31/3 14/4-17/5 29/5-30/6 1/9-27/12*

N 50°52'44'' E 14°40'25''

Pirna, D-01796 / Sachsen

538

Camping Pirna
Äußere Pillnitzer Straße 19
+49 35 01 52 37 73
1/4 - 1/11
camping@stadtwerke-pirna.de

6ha 152T(90-110m²) 16A CEE

1 ABCD**H**IJKLMNPQSU
2 ABEJOSUVWXY
3 ACKSZ
5 **AB**DEFGHIJKLMNOPUWXYZ
6 CDEFGHKL(N 0,3km)
OQTW

Zwischen der Sächsischen Schweiz und Dresden, am Rande der historischen Stadt Pirna und an einem schönen Natursee gelegen, befindet sich der parkähnlich angelegte Waldcampingplatz Pirna-Copitz. Die Stellplätze sind parzelliert, ca. 100 m² groß und bieten teilweise einen schönen Blick auf den See. Moderne und saubere Sanitärgebäude.

A4 Ausfahrt Prag. A17 nach Pirna über die B172. In Pirna über die Elbebrücke nach Pirna-Copitz, danach Ausfahrt Graupa.

CC € 23 *11/4-12/5 11/6-7/7 1/9-1/11*

N 50°58'54'' E 13°55'30''

Pöhl, D-08543 / Sachsen

539

Talsperre Pöhl, Campingplatz Gunzenberg****
Möschwitz, Hauptstraße 38
+49 37 43 94 50 50
31/3 - 1/11
tourist-info@talsperre-poehl.de

11ha 126**T**(80-120m²) 16A CEE

1 ABCD**H**IJKLMNPQR
2 EIJLQSUWXY
3 ACD**G**IKMNPS**W**Z
4 (**A**+Q+R+U+X+Y)
5 **AB**CDEFGHIJKLMNOPUVWXYZ
6 ACDEFGHKM(N 6km) OQTW

Großer Camping an der Talsperre Pöhl mit guten Sanitär und Wassersportangeboten. In einer malerischen Hügellandschaft gelegen. Besichtigen Sie den Damm oder die Elstertalbrücke, die zweitgrößte Ziegelsteinbrücke der Welt. Auf dem Camping ist auch das Restaurant 'Strandhaus'.

A72 Ausfahrt Plauen-Ost/Talsperre Pöhl Nr. 7. Weiter Zentrum, dann rechts ab Richtung Talsperre Pöhl. Der CP ist an der Westseite des Stausees, hinter den Parkplätzen.

CC € 23 *31/3-14/5 12/6-30/6 1/9-1/11*

N 50°32'19" E 12°11'06"

Seiffen, D-09548 / Sachsen

540

Ferienpark Seiffen
Deutschneudorferstr. 57
+49 37 36 21 50
1/1 - 31/12
info@ferienpark-seiffen.de

5ha 100**T**(80-120m²) 10-16A CEE

1 ABCDHJKLMNPQR
2 JLMNSUWXY
3 AHJKLRSUV
4 **LNP**(Q+R+U+X+Y+Z)
5 **AB**DFGIJKLMNOPUWXYZ
6 CDEFGK(N 3km)OTV

Terrassencamping im Kurort Seiffen auf etwa 700m Höhe mit schönen Panoramen über das Erzgebirge. Prima Sanitär. Schöne Ausflüge nach Dresden und Prag möglich.

A4, Ausfahrt 69 Chemnitz-Nord. Dann B174 bis Marienberg. Weiter B171 nach Olbernhau, dann nach Seiffen. Ab dort ausgeschildert. Wenn Sie nicht den CP-Schildern folgen, Vorsicht vor 14% Steigung.

CC € 19 *8/5-29/6 1/9-10/9*

N 50°37'36" E 13°27'26"

Hohenfelden, D-99448 / Thüringen

541

Camping Stausee Hohenfelden****
Am Stausee 9
+49 36 45 04 20 81
1/1 - 31/12
info@campingplatz-hohenfelden.de

22,5ha 194**T**(80-140m²) 16A CEE

1 ACD**H**JKLMNP**Q**R
2 ABFIJMSUWXYZ
3 ACIKMNP**R**SU**W**Z
4 (Q+R 1/5-30/9) (X 16/3-31/12)
5 **AB**DEFGIJMNO**P**RUWXYZ
6 CDEF**K**LM(N 3km)OTU

Großer, an einem Stausee gelegener Camping. Wassersportangebote. Hallenbad mit Wellnessangeboten in 700 m. Toller Ausgangspunkt für Ausflüge nach Erfurt, Weimar, Gera usw. Großes Outdoor-Center mit Klettermöglichkeiten, Minigolf und organisierten Wanderungen in Gehweite des Campingplatzes.

A4 Ausfahrt Erfurt-Ost, dann Richtung Kranichfeld (ca. 6 km). Camping rechts. Gut ausgeschildert.

CC € 21 *1/5-16/5 29/5-30/6 1/9-30/9*

N 50°52'20" E 11°10'42"

Unstrut-Hainich (OT Weberstedt), D-99991 / Thüringen

542

Camping Am Tor zum Hainich****
Am Hainich 22
+49 36 02 29 86 90
1/2 - 1/12
info@camping-hainich.de

3,5ha 161T(80-100m²) 16A CEE

1 ADHJKLMNPQR
2 BMNSXY
3 CIK
4 (G)M(Q+R)
5 ABDIJKMNOPUWXYZ
6 EFGK(N 2km)O

An der Grenze zum Nationalpark Hainich, ruhiger Camping mit vielen Wandermöglichkeiten und schöner Aussicht Richtung Süd-Harz. Seit 2011 UNESCO-Welterbe: größter geschützter Buchenwald.

A4 bei Eisenach verlassen, B84 Bad Langensalza folgen. Den Schildern bis Weberstedt folgen, dann links abbiegen. Alternativ können Sie der A44 bis Kassel folgen, dann die A7 und B7. Schließlich die L1042 bis Weberstedt.

CC € 23 1/5-14/5 1/6-30/6 2/9-30/9 7=6, 14=12

N 51°06'10" E 10°30'32"

Attendorn/Biggen, D-57439 / Nordrhein-Westfalen

543

Camping Hof Biggen***
Finnentroper Straße 131
+49 2 72 29 55 30
1/1 - 31/12
info@biggen.de

18ha 100T(80-100m²) 6-16A CEE

1 ACDHJKLMNPQR
2 BJMNSUXY
3 APSTUW
4 (Q+S+T+U+Y+Z)
5 ABDFGIJKLMNOPUVWZ
6 ACDEFG(N 4km)OUVW

Ruhiger familienfreundlicher Camping nur 5 Autominuten vom Biggesee und Attendorn mit seiner mittelalterlichen Altstadt und den bekannten Tropfsteinhöhlen. Gratis Mietwagen für Reisemobilfahrer.

A45 Dortmund-Frankfurt, Ausfahrt 16 Meinerzhagen, nach ca. 20 km in Attendorn Richtung Finnentrop. Hinter dem Ort befindet sich der CP gegenüber des Restaurants 'Haus am See'.

CC € 23 8/1-30/3 16/4-17/5 30/5-7/6 12/6-21/6 18/8-29/9 15/10-20/12

N 51°08'12" E 07°56'23"

Barntrup, D-32683 / Nordrhein-Westfalen

544

Ferienpark Teutoburgerwald Barntrup****
Badeanstaltsweg 4
+49 52 63 22 21
1/4 - 6/10
info@ferienparkteutoburgerwald.de

2,5ha 108T(90-250m²) 16A CEE

1 ACDHJKLMNQR
2 BJLSVWXYZ
3 ACFGHIJKLOPSU
4 (A 1/6-15/9)(C+H 1/5-15/9) (Q)
5 ABCDEFGHIJKLMNOPQRTUWXZ
6 ABCDEFGHK(N 0,5km) OSTVWX

Ferienpark in waldreicher Umgebung nur 5 Min. zu Fuß zur Ortsmitte Barntrup. Gute Ausgangslage für viele Kulturausflüge. Hervorragende Toilettenanlage. Glänzendes Schwimmbad neben dem Camping, das die Campinggäste gratis nutzen können.

Über die B66 nach Lage, Lemgo, Barntrup. In Barntrup Ri. Schwimmbad. Oder A2, Ausf. 35 Bad Eilsen, N328 Ri. Rinteln/ Barntrup. Ab Paderborn B1 Ri. Hameln über Blomberg nach Barntrup. In Barntrup den CP-Schildern folgen.

CC € 21 1/4-17/5 22/5-25/5 29/5-7/7 24/8-4/10

N 51°59'12" E 09°06'30"

Brilon, D-59929 / Nordrhein-Westfalen

545

Camping & Ferienpark Brilon
Hoppecker-Straße 75
+49 29 61 97 74 23
1/1 - 8/10, 26/12 - 31/12
info@campingbrilon.de

19ha 100T(120-160m²) 10-16A CEE

1 ADHJKLMNPQR
2 BJLMNSUVWX
3 CFIJKLQS
4 (A+Q+X+Y+Z)
5 ABDEFGIJKLMNOPUWXYZ
6 ABCDEFGK(N 2,5km)OS

Sommer- und Wintercamping im Sauerland mit grandioser Aussicht. Große Stellplätze direkt am Wald. Durch die einmalige Lage idealer Ausgangspunkt für (Winter-)Sportaktivitäten. Niederländisch-deutsche Leitung. Restaurant nur 400 m entfernt.

B251 Richtung Willingen, rechts ab Richtung Brilon. Den Schildern folgen.

CC € 23 8/1-4/4 2/5-16/5 21/5-25/5 30/5-6/6 11/6-7/7 27/8-28/9

N 51°22'45'' E 08°35'08''

Essen-Werden, D-45239 / Nordrhein-Westfalen

546

Knaus Campingpark Essen-Werden****
Im Löwental 67
+49 2 01 49 29 78
1/1 - 31/12
essen@knauscamp.de

6ha 140T(80-100m²) 16A CEE

1 ACDHIJKLMNPQR
2 CIJLSTUVWXYZ
3 CIKSUW
4 (Q+R)(T 1/2-31/12)
(U+X+Z)
5 ABDEGIJKLMNOPQRUWZ
6 BCDEFGK(N 1km)OTU

Zentral und ruhig gelegener Campingplatz in Essen. Flache Stellplätze an der Ruhr. Kleiner Campingladen und Bistro mit regionaler Küche.

A52 Ausfahrt 26 Essen/Kettwig/Flugplatz. Richtung Werden (2x), CP ausgeschildert.

CC € 23 1/1-17/5 11/6-28/6 1/9-31/12

N 51°22'56'' E 06°59'44''

Extertal/Bösingfeld, D-32699 / Nordrhein-Westfalen

547

Camping Bambi****
Hölmkeweg 1
+49 52 62 43 43
15/3 - 31/10
info@camping-bambi.de

1,7ha 30T(100-120m²) 10A CEE

1 ACHIJKLMPQR
2 BMSVWXYZ
3 AIKSU
4 (Q)
5 ABDGIJMNOPUWZ
6 ABCDEFGK(N 4km)TU

Klein angelegter Camping zwischen Rinteln und Hameln in ruhiger und idyllischer Gegend. Viele sehenswerte Städte in 50 km Umkreis, zum Radfahren und Wandern viele Möglichkeiten.

Von Bösingfeld Richtung Hameln, etwa 2 km hinter dem Kreisel in Bösingfeld 2. Ausfahrt links ab Richtung Egge. Nach 2 km kommt der Campingplatz.

CC € 21 15/3-16/5 30/5-1/7 1/9-31/10

N 52°04'59'' E 09°09'31''

Lienen, D-49536 / Nordrhein-Westfalen

548

Camping Eurocamp
Holperdorp 44
+49 5 48 32 90
1/1 - 20/12
info@camping-lienen.de

7,8ha 60T(80-100m²) 10A CEE

1 ACD**H**JKLMNP**Q**R
2 MNSTUXY
3 CIKS
4 M(X)
5 **AB**DEGJLN**P**UWZ
6 EFHK(N 5km)

Ruhig gelegener (hundefreundlicher) Campingplatz mit gepflegtem Sanitär. Man kann auch zwischen 13.00 und 15.00 Uhr den Camping anfahren. In der Umgebung sind viele Wanderwege angelegt. Ein Tagesausflug nach Bad Iburg und Osnabrück lohnt sich unbedingt.

B51 Osnabrück/Nahne Richtung Bad Iburg, danach Richtung Holperdorp fahren. CP ist ausgeschildert.

€ 21 *1/1-5/4 12/4-16/5 31/5-30/6 1/9-20/12*

N 52°10'00'' E 07°58'52''

Meschede (Hennesee), D-59872 / Nordrhein-Westfalen

549

Knaus Campingpark Hennesee****
Mielinghausen 7
+49 2 91 95 27 20
1/1 - 5/11, 21/12 - 31/12
hennesee@knauscamp.de

12,5ha 182**T**(80-130m²) 8-16A CEE

1 ACD**H**IJKLMNP**Q**R
2 EIJMOQSUWXYZ
3 ACEHIKMNPSU**WZ**
4 (F)**N**(Q+R+T+U+Z)
5 **AB**CDEFGIJKLMNOPR**S**UWXYZ
6 ACDEFG**K**(N 3km)OSUV

Terrassencamping durch Baumreihen unterteilt. Ruhige Lage an einem Stausee. Der Eintritt ins Hallenbad ist nicht im CampingCard ACSI-Tarif enthalten.

B55 von Meschede nach Olpe. Nach 7 km am Ende des Stausees über die Brücke rechts und nach 300m CP links.

€ 23 *8/1-17/5 11/6-28/6 1/9-4/11*

N 51°17'54'' E 08°15'51''

Sassenberg, D-48336 / Nordrhein-Westfalen

550

Camping Münsterland Eichenhof*****
Feldmark 3
+49 25 83 15 85
1/1 - 31/12
info@campmuensterland.de

18ha 95T(100-120m²) 16A CEE

1 ACD**H**IJKLMNPQR
2 AEJSTXYZ
3 BCE**G**KMNSU**WZ**
4 (Q+R 1/4-31/10)
(U 1/1-16/1, 1/3-31/12)
(Y 1/1-15/1,1/3-31/12)
5 **AB**DEFGHJNP**T**UWXY
6 ACDEFGH**K**(N 2km)OSU

Direkt am Feldmarksee liegt dieser schöne Campingpark. Ein eigener Badesee steht den Gästen zur Verfügung. Privatbäder möglich. Restaurant mit großer Karte. Radtouren direkt vom Platz bieten sich genauso an wie Stadtführungen durch Münster, auch Osnabrück und Bielefeld sind empfehlenswert.

A30 Richtung Osnabrück. Ausfahrt 18, N475 Richtung Warendorf, weiter Sassenberg. In Sassenberg Richtung Versmold. Ortsaußerhalb Camping ausgeschildert.

€ 21 *2/1-31/3 16/4-28/4 1/5-17/5 11/6-28/6 1/9-29/9 1/11-21/12*

N 52°00'16'' E 08°03'51''

Wettringen, D-48493 / Nordrhein-Westfalen

551

Campingpark Haddorfer Seen****
Haddorf 59
+49 59 73 27 42
1/1 - 31/12
info@campingpark-haddorf.de

14,6ha 111T(80-200m²) 16A CEE

1 AD**H**IJKLMNP**Q**R
2 AEOSTXYZ
3 AK**RS**W**Z**
4 M(Q+T+U 1/4-31/10)(X) (Z 1/4-31/10)
5 **AB**DEFGJLNPQWXYZ
6 ACDFGHJ**K**(N 7km)OS

Eingebettet in die Münsterländische Parklandschaft liegt der Campingplatz Haddorfer Seen mit vielen Sport- und Freizeitmöglichkeiten, wie z. B. Rad fahren, Boot fahren, Minigolf, angeln und baden. Für Tourcamper gibt es attraktive Standplätze unter Bäumen sowie im Nahbereich des Naturbadesees.

A31 Ausfahrt Schüttorf-Ost Richtung Wettringen. Nördlich von diesem Ort ist der CP angezeigt.

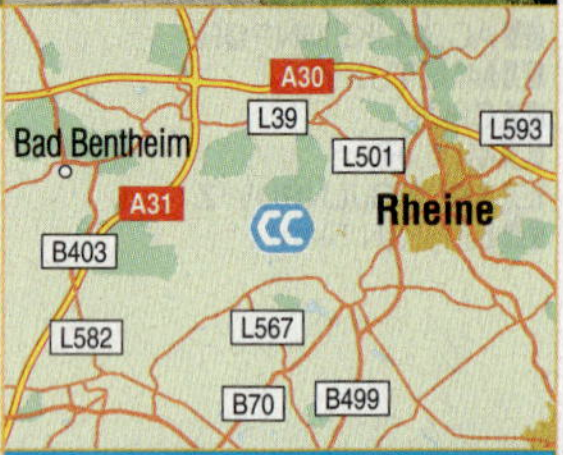

CC € 21 7/1-24/3 16/4-17/5 30/5-6/6 11/6-22/6 21/8-29/9 1/11-23/12

N 52°16'25'' E 07°19'12''

Eschwege, D-37269 / Hessen

552

Knaus Campingpark Eschwege*****
Am Werratalsee 2
+49 56 51 33 88 83
1/3 - 26/11
eschwege@knauscamp.de

6,8ha 90T(80-100m²) 16A CEE

1 ACD**H**IJKLMNP**Q**R
2 ADEJNOSUVWXY
3 ACHIKPSU**WZ**
4 (Q 1/3-30/10)(T+U+X)
5 **AB**DEFGIJKLMNOPQRUWXYZ
6 ACDEFG**K**(N 1km)OUV

Campingplatz am See. Sehr gute Sanitäranlagen. Gute Radmöglichkeiten, direkt an der schönen Stadt Eschwege.

A4 Kassel-Hannover, Ausfahrt 74. B27 Richtung Bebra, Ausfahrt Eschwege. Oder A4 Frankfurt-Dresden, Ausfahrt 32. Dann auf die B27 Richtung Eschwege.

CC € 23 1/3-17/5 11/6-28/6 1/9-25/11

N 51°11'29'' E 10°04'07''

Hirschhorn/Neckar, D-69434 / Hessen

553

Odenwald Camping Park
Langenthalerstraße 80
+49 6 27 28 09
31/3 - 3/10
odenwald-camping-park@t-online.de

8ha 200T(80-120m²) 6A CEE

1 AE**G**IJKLMNPQR
2 DJSUWXYZ
3 C**G**HIK**O**RSX
4 (C 21/5-12/9) (Q+S+U+Y+Z)
5 **AB**DFGIJKLMNOPUWXY
6 ACDFGK(N 1,5km)OSV

Schöner Familiencamping in einem Seitental des Neckars unter freundlicher Leitung. Parzellierte und etwas schattige Plätze. Großes Schwimmbad und neues Sanitär. Gute Zugverbindung nach Heidelberg.

A5, Ausfahrt 37 Heidelberg. B37 Richtung Eberbach/Mosbach. Ausfahrt Hirschhorn. In Hirschhorn ausgeschildert, am Ortsausgang von Hirschhorn Richtung Langenthal.

CC € 23 31/3-14/5 11/6-30/6 1/9-3/10

N 49°27'09'' E 08°52'40''

Hünfeld, D-36088 / Hessen

iD **554**

Knaus Campingpark Hünfeld Praforst*****
Dr.-Detlev-Rudelsdorff-Allee 6
+49 66 52 74 90 90
1/1 - 31/12
huenfeld@knauscamp.de

3,5ha 135**T**(100-150m²) 16A CEE

1 ACD**H**IJKLMNP**Q**R
2 BIJSUVWXYZ
3 A**G**IKPRSU**W**
4 (Q+R)
5 **AB**DEFGIJKLMNOPUWXYZ
6 ACDEFG**K**(N 5km)OT

Recht nah zur A7 am Rande eines weiten Waldgebietes. Schattige und sonnige Stellflächen neben einem neu angelegten Golfplatz. Gut erreichbar für Durchreisende. Sehr schöne Landschaft, 20% Ermäßigung für das Golfgelände nebenan.

A7 Kassel-Frankfurt Ausfahrt 90 Hünfeld/Schlitz. CP ist beschildert. Auch über B27 zu erreichen, Ausfahrt Hünfeld/Schlitz.

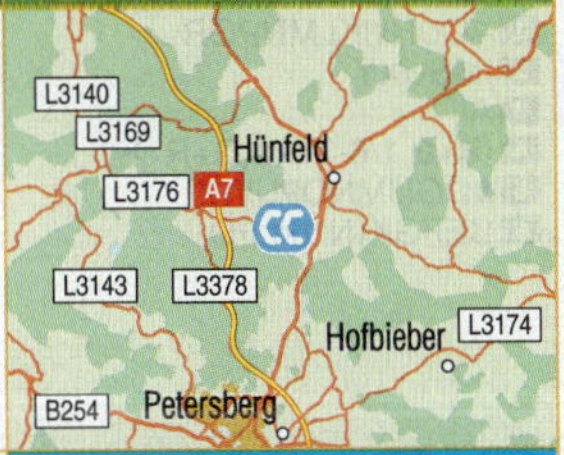

CC € 23 *1/1-17/5 11/6-28/6 1/9-31/12*

N 50°39'12'' E 09°43'26''

Oberweser/Gieselwerder, D-34399 / Hessen

iD **555**

Camping Gieselwerder***
In der Klappe 21
+49 55 72 76 11
1/4 - 31/10
info@camping-gieselwerder.de

2,5ha 80**T**(80-100m²) 16A CEE

1 ACD**H**IJKLMNPQR
2 CJNSWXY
3 CIKMNP**QR**SU**WX**
4 (**A** 1/7-15/9)(C+H 14/5-3/9) (Q+T+U+V+Y+Z)
5 **AB**DFGIJKLMNOPRUWZ
6 ACDEFG**K**(N 0,2km)O

Camping an der Weser auf lang gezogenem Gelände neben einem beheizten Schwimmbad (gratis). Der Weserradweg läuft am Camping, die Waldhügel sind noch keine 1 km vom Platz. Einige schöne Städte im Umkreis von 40 km.

A21 Ausfahrt 35, B83 nach Bad Karlshafen. B80, in Gieselwerder an der Aral links ab und vor Weserbrücke rechts. A7: Ausfahrt 75 oder 76 nach Hann. Münden, dann die B80 Richtung Bad Karlshafen. In Gieselwerder rechts.

CC € 23 *1/4-12/5 29/5-7/6 11/6-22/6 18/8-30/10*

N 51°35'55'' E 09°33'18''

Oberweser/Oedelsheim, D-34399 / Hessen

iD **556**

Campingplatz Wesertal****
Am Hallenbad 3
+49 5 57 49 45 99 60
24/3 - 31/10
info@campingplatz-wesertal.eu

2,3ha 46**T**(95-110m²) 16A CEE

1 AD**H**IJKLMNP**Q**R
2 CJNSWXY
3 CIKMNPSU**W**X
4 (F+H+Q+T+U+X)
5 **AB**DEFGIJKLMNOPUWXZ
6 CEFGHK(N 0,3km)OTUV

Ruhiger Camping am Rande von Oedelsheim, zwischen Weser und einem Hallenbad. In der Umgebung reichlich Sehenswürdigkeiten. Für Radfahrer und Wassersportler ein Vergnügen. Der Weserradweg verlauft am Campingplatz vorbei.

Von der A7 Nord, Ausfahrt 71, Harste/Adelebsen/Offensen/Oedelsheim. Von der A7 Süd Ausfahrt 76, Hann.Münden/Gimte/Hemeln. Über die A44 Ausfahrt 66, Gieselwerder/Oedelsheim. In Oedelsheim den CP-Schildern folgen.

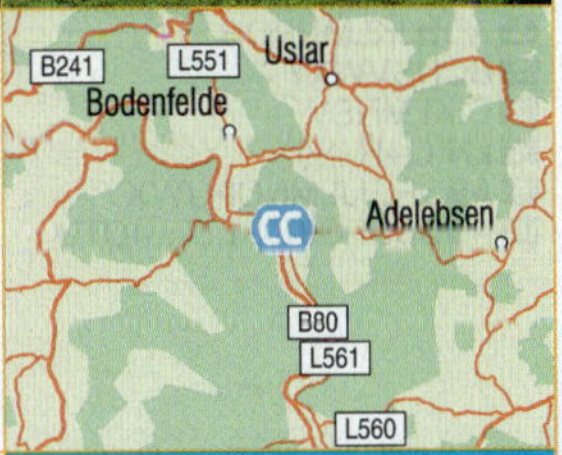

CC € 23 *12/4-27/4 2/5-17/5 12/6-30/6 1/9-29/9*

N 51°35'34'' E 09°35'24''

Schlüchtern/Hutten, D-36381 / Hessen

557

Camping Hutten-Heiligenborn
Am Heiligenborn 6
+49 66 61 24 24
10/3 - 29/10
info@campingplatz-hutten.de

5ha 50T(80-100m²) 10A CEE

1 ACDHIJKLMNPQR
2 IMSUXY
3 AI
4 (**B+G** 1/6-31/8)(Q+R)
5 ADGIJMNO**P**UWZ
6 CEFG**K**(N 1km)O

Terrassencamping im familiären Ambiente und modernem Sanitär. Idyllische Lage zwischen Röhn, Spessart und dem Vogelsberg, neben einem beheiztem Freibad. Zahlreiche Tagestouren in die hügelige Umgebung möglich.

A7 Ausfahrt 93 Richtung Frankfurt A66. A66 Ausfahrt 48 Richtung Schlüchtern, den Schildern Hutten folgen. Ausfahrt 50 Richtung Rückers, Beschilderung Richtung Hutten. Navi: in Hutten der Beschilderung Heiligenborn, Camping, Sportplatz, Freibad folgen.

CC € 19 *10/3-31/3 24/4-12/5 11/6-8/7 25/8-29/10*

N 50°22'06" E 09°36'30"

Weiterstadt/Gräfenhausen, D-64331 / Hessen

558

Camping Am Steinrodsee
Triftweg 33
+49 6 15 05 35 93
1/1 - 31/12
info@camping-steinrodsee.de

3ha 44T(90-120m²) 16A CEE

1 ACD**H**IJKLMNPQR
2 EISVWXYZ
3 C**G**IK**O**SU
4 (Q+V+Z)
5 **AB**DFGIJKLMNOPUWZ
6 ABCFG**K**(N 1km)O

Der Campingplatz liegt zwischen Frankfurt am Main und Darmstadt an einem See (in dem Baden verboten ist). In Autobahnnähe, daher sehr gut als Durchreiseplatz geeignet. Flache, markierte Plätze. Gepflegte Sanitäranlagen. Ideal für Wanderer und Radfahrer.

A5 Frankfurt-Darmstadt, Ausfahrt 25 Weiterstadt Richtung Darmstadt, B42. An der Ampel Richtung Gräfenhausen die L3113. Hinter Gräfenhausen den CP-Schildern folgen. Für Navi: Sandbergweg Gräfenhausen eingeben.

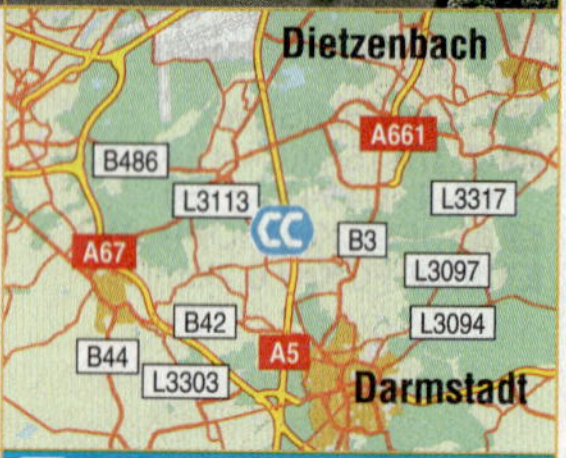

CC € 21 *1/5-18/5 22/5-28/5 12/6-2/7 1/9-1/10*

N 49°56'41" E 08°36'20"

Ahrbrück, D-53506 / Rheinland-Pfalz

559

Camping Denntal****
Denntalstraße 49
+49 26 43 69 05
1/4 - 30/10
urlaub@camping-denntal.de

8,2ha 80T(100-120m²) 16A CEE

1 AD**H**JKLMNPQR
2 BCNSVWXY
3 CIKLMNSV
4 **LN**(Q+R)
5 **AB**DFGIJLMNO**P**UWXY
6 ABCDEFGK(N 1,5km)OTU

Ruhiger und gut geführter Camping am Dennbach in einem schönen, von Wald umgebenen Tal. Gute Ausflugsbasis für Wanderungen, Radtouren und Ausflüge (auch in Kombination mit der Bahn). Ausgezeichnetes Sanitär, Saunen und einen Fitnessraum.

A61 Meckenheimer Kreuz Ausfahrt Altenahr. B257 Richtung Nürburgring/Adenau. Ahrbrück fast durch. Auf der Hauptstrasse links Richtung Kesseling (L85). Nach etwa 800m rechts (Denntalstrasse) und den VP-Schildern folgen.

CC € 23 *1/4-27/4 1/5-16/5 29/5-7/6 11/6-15/7 1/9-29/9 3/10-30/10*

N 50°28'33" E 06°59'11"

Alf, D-56859 / Rheinland-Pfalz

560

Moselcampingplatz Alf
Am Mühlenteich 37
+49 6 54 29 69 17 28
1/1 - 31/12
info@moselcampingplatz.de

2ha 140T(70-130m²) 6 16A CEE

1 ABD**H**JKLMNPQR
2 BDJNOPSVWYZ
3 ACIJKMWX
4 (A+Q+R+U+X)
5 **AB**DEGIJKLMNOPQRUWXYZ
6 ABCEFGK(N 1,5km)OT

Umgeben von den Steilhängen der Weinberge und der freien Natur liegt dieser Campingplatz ideal für lange Spaziergänge und/oder Fahrradtouren. Am Rande der berühmten Weinbaugemeinde Alf an der Mosel.

A1 Ausfahrt 125 Wittlich. Über die B49 nach Alf. Am Kreisel erste Ausfahrt. Dann der Beschilderung folgen.

CC € 21 1/4-28/4 1/5-17/5 21/5-26/5 29/5-7/6 11/6-7/7 18/9-31/10

N 50°03'10'' E 07°06'51''

Bacharach, D-55422 / Rheinland-Pfalz

561

Camping Sonnenstrand
Strandbadweg 9
+49 67 43 17 52
1/4 - 1/11
info@camping-sonnenstrand.de

1,2ha 55T(100m²) 6A CEE

1 AD**H**JKLMNP**Q**R
2 ADIJOSTUXY
3 AKSU**WX**
4 (Q+R+U+X+Z)
5 **AB**FGIJMNO**P**UW
6 CDGK(N 0,5km)OV

Campingplatz mit Sandstrand direkt am Rhein bei Bacharach. Gutes Restaurant. Hervorragende Rad- und Wandermöglichkeiten. Radweg entlang des Rheins. Plätze direkt am Rhein 2 Euro Aufpreis. Gratis WLAN. Niederländische Inhaber.

Über die A61. Ausfahrt 44 Laudert über Oberwesel nach Bacharach (B9). Hinter der Ausfahrt Laudert ohne Navi weiter: Beschilderung Oberwesel-Bacharach folgen.

CC € 21 1/4-17/5 30/5-7/7 1/9-1/11

N 50°03'13'' E 07°46'22''

Bad Dürkheim, D-67098 / Rheinland-Pfalz

562

Knaus Campingpark Bad Dürkheim****
In den Almen 1
+49 6 32 26 13 56
1/1 - 31/12
badduerkheim@knauscamp.de

16ha 280T(80-160m²) 16A CEE

1 ACD**H**IJKLMNP**Q**R
2 AFIJOSTUWXY
3 C**G**HIKLOP**QS**WZ
4 **N**(Q+R+U+Y+Z 15/3-30/11)
5 **AB**DFGIJKLMNOP**S**UWZ
6 ABCEFGH**I**K(N 1km)OT

Sehr schön gelegener Camping inmitten einer Weingegend mit Rebenranken auf dem Campingplatz. Liegt neben einem kleinen Flugplatz, aber mit kaum Geräuschbelästigung. Ist außerdem ein Platz für einen längeren Aufenthalt.

A61 Ausfahrt 60 Kreuz Ludwigshafen. Dann die A650/B37 nach Bad Dürkheim. An der 2. Ampel rechts und die 2. Straße wieder rechts.

CC € 23 1/1-17/5 11/6-28/6 1/9-31/12

N 49°28'23'' E 08°11'29''

Bernkastel/Kues, D-54470 / Rheinland-Pfalz

563

Knaus Campingpark Bernkastel-Kues
Am Hafen 2
+49 65 31 82 00
1/3 - 26/11
bernkastelkues@knauscamp.de

3,2ha 202T 16A CEE

1 BCD**H**IJKMP**Q**TU
2 DNSXYZ
3 ACJKMNU**WX**
4 (Q+T 🔑)
5 **AB**DEGIJKLMNOPUWZ
6 CEFGJ(N 1km)OTUV

Dieser herrliche Campingpark liegt auf einer grünen Halbinsel zwischen dem Lauf der Mosel und dem Yachthafen von Bernkastel/Kues. Der Campingplatz verfügt über schattenspendende Pflanzen.

A48 bis Ausfahrt 125 Wittlich, dann B50 in Richtung Mosel. An der Kueser Seite von Bernkastel ist die Einfahrt zum CP am Ende des Hafens.

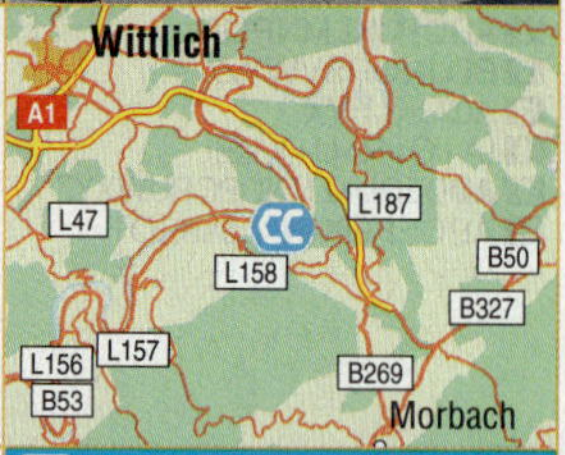

CC € 23 1/3-17/5 11/6-28/6 1/9-25/11

N 49°54'32'' E 07°03'21''

Bollendorf, D-54669 / Rheinland-Pfalz

iD 564

Camping Altschmiede****
Altschmiede 1
+49 6 52 63 75
1/4 - 31/10
info@camping-altschmiede.de

5,5ha 240T 6A CEE

1 AD**H**JKLMPQR
2 DNSTWXY
3 AIKPSUV**WX**
4 (A 1/7-21/8)(C 1/6-31/8)IJ
(Q 1/5-21/8)(R 1/6-21/8)
(Z 🔑)
5 **AB**DEFGIJKLMNO**P**UZ
6 AEFGJL(N 2km)V

Gastfreundlicher und familienfreundlicher Camping direkt am deutsch-luxemburgischen Grenzfluss Sauer. Ausgezeichnete sanitäre Einrichtungen. Der Hof verfügt über eine einzigartige Gin-Brennerei! In den Sommermonaten haben Sie freien Zugang zum Schwimmbad des Campingplatzes mit drei Rutschen.

B257 Bitburg, Ausfahrt Echternacherbrück. Vor der Grenzbrücke rechts Richtung Bollendorf. Im Ort Richtung Körperich. Zweiter CP, ausgeschildert.

CC € 19 1/4-17/5 12/6-2/7 28/8-31/10

N 49°50'28'' E 06°20'13''

Bullay (Mosel), D-56859 / Rheinland-Pfalz

iD 565

Bären-Camp****
Am Moselufer 1 + 3
+49 65 42 90 00 97
6/4 - 1/11
info@baeren-camp.de

1,9ha 145T(70-105m²) 16A CEE

1 ACD**H**IJKLMNP**Q**R
2 DJNSWXYZ
3 IJKLPS**WX**
4 (Q+R+U+X 🔑)
(Y 18/4-31/10)
5 **AB**DFGIJKLMNO**P**UWZ
6 ACEFGK(N 0,2km)OT

Das 'Bären-Camp' ist umgeben von Marienburg, Burg Arras und steilen Weinbergen. Sonnige sowie schattige Stellplätze und ein gutes Restaurant. Zentral gelegen an der Mosel und am Moselradweg. Mit Bus, Bahn, Schiff, Auto und Rad sind die schönsten Orte zu erreichen.

A1, Ausfahrt 125 Wittlich über die B49 nach Alf, dort über Moselbrücke nach Bullay. Oder A61, Ausfahrt Rheinböllen/Simmern (Airport Hahn) die B50, in Kirchberg rechts nach Zell/Mosel B421. In Zell weiter B53 Cochem.

CC € 23 6/4-2/7 19/8-1/11

N 50°03'14'' E 07°07'49''

Bürder, D-56589 / Rheinland-Pfalz

566

Camping Zum stillen Winkel*****
Brunnenweg 1c
+49 1 57 77 72 22 16
31/3 - 31/10
info@camping-zumstillenwinkel.de

5ha 90T(100-150m²) 16A CEE

1 ACD**H**JKLMNP**Q**ST
2 BDJSVXYZ
3 ACIKPS**WX**
4 (Q+U)
5 **AB**CDEFGHIJKLMNOPQRUWXYZ
6 AEFG**K**(N 4km)OTV

Gemütlicher, gepflegter Camping am Fluss. Alle Stellplätze am Flussufer gelegen. Neue luxuriöse Sanitäranlage. Täglich frische Brötchen und Restaurant mit Lieferservice. Schöne hügelige Umgebung, wo Natur und Ruhe im Fokus stehen. Niederländische Betreiber.

A3 Ausfahrt 36 Neuwied, Richtung Neuwied, danach Richtung Kurtscheid halten. Durchfahren bis nach Niederbreitbach, dort links wieder Richtung Neuwied bis zur Ausfahrt Bürder. CP-Schild 2.

CC € 21 *31/3-5/4 12/4-16/5 31/5-6/6 12/6-7/7 1/9-31/10*

N 50°30'56'' E 07°25'46''

Burgen, D-56332 / Rheinland-Pfalz

567

Häppy Life Camping & Beachclub Burgen****
Am Moselufer
+49 26 05 23 96
1/4 - 22/10
burgen@haeppy-life.de

4ha 120T(60-100m²) 16A CEE

1 ACD**H**IJKLMNPQR
2 DJNQSUVWXYZ
3 CIJKMPSU**WX**
4 (B 31/5-1/9)**KN** (Q+S+T+U+V+Z)
5 **AB**DFGIJKLMNO**PT**UWZ
6 ABCDFGH**K**(N 9km)OTUV

Nur 300m von Burgen liegt Häppy Life Camping & Beachclub Burgen, direkt an der Mosel mit einer gewaltigen Aussicht auf die Burg Bischofstein. Idealer Startpunkt für Wanderungen, Radtouren und Ausflüge an der Mosel. Prima Einrichtungen vervollständigen das Ganze. Von 13:00 - 15:00 Uhr ist wegen der Mittagspause keine Anreise möglich.

A61, Ausfahrt 39 Dieblich. Dann B49 Richtung Cochem/ Trier bis zum Ortseingang Burgen.

CC € 21 *1/4-7/4 11/4-14/5 12/6-11/7 28/8-21/10*

N 50°12'53'' E 07°23'24''

Burgen, D-56332 / Rheinland-Pfalz

568

Knaus Campingpark Burgen/ Mosel****
Am Bootshafen(B49)
+49 26 05 95 21 76
31/3 - 15/10
burgen@knauscamp.de

4ha 125T(80-120m²) 16A CEE

1 ACD**H**IJKLMNPQR
2 DJNSTXY
3 ACIJKLS**WX**
4 (C 15/5-15/9) (Q+R+T+U+X+Z)
5 **AB**DFGIJKLMNOPUWZ
6 ABCDFK(N 8km)OTUV

Schöne Lage direkt am Moselufer mit Blick auf eine romantische Burg. Kleiner solarbeheizter Pool, Restaurant und Hafen. Die Mosel eignet sich für Kanufahren, Wasserski oder Angeln. Selbstverständlich in der Nachsaison als Basisstation für den Besuch der vielen fröhlichen Weinfeste in der Gegend ein Muss!

A61 Ausfahrt 39 Dieblich. B49 bis hinter Burgen folgen.

CC € 23 *31/3-17/5 11/6-28/6 1/9-14/10*

N 50°12'19'' E 07°22'53''

Dausenau, D-56132 / Rheinland-Pfalz

569

Camping Lahn Beach
Hallgarten 16
+49 2 60 31 39 64
1/4 - 31/10
info@campingplatz-dausenau.de

3ha 80T(80m²) 6-16A CEE

1 AE**H**JKLMNP**Q**R
2 DJSUVXY
3 CHIKPS**WX**
4 (Q+V+Z)
5 **AB**DGIJKLMNO**P**UW
6 CFG**J**(N 4km)OT

Im Naturpark Nassau, zwischen den 'Lahnbergen' direkt am Fluss und der Fahrrad- und Wanderweg R36 gelegen. Fahrrad- und Kanuverleih am Platz. Großzügige Wiesenstellplätze, sehr gepflegte Sanitäranlagen, familiäre Atmosphäre.

CP liegt an der B260 und der Lahn, zwischen Nassau (4 km) und Bad Ems (4 km). In Dausenau über die Lahn-Brücke und dann rechts.

CC € 23 1/4-15/5 12/6-1/7 1/9-31/10

N 50°19'39'' E 07°45'19''

Dockweiler, D-54552 / Rheinland-Pfalz

570

Campingpark Dockweiler Mühle
Mühlenweg 1
+49 65 95 96 11 30
1/1 - 31/12
info@
campingpark-dockweiler-muehle.de

10ha 100T(80-90m²) 16A CEE

1 ACD**H**JKLMNPQR
2 DEIJMNSUVWY
3 CIKLSW
4 (Q+R)
5 **AB**DFGHIJKLMNO**P**UWZ
6 ACDEFGHK(N 8km)OTU

In einem Naturschutzgebiet gelegener großer Camping mit eigenem Fischweiher. Für Touristen stehen Plätze auf der Terrasse bei den Dauercampern zur Verfügung, aber auch auf einem Extrafeld von einer hohen Hecke umgeben.

A61 und A1 Richtung Daun. Über Hillesheim und B410 Campingschildern folgen.

CC € 19 1/1-15/6 1/9-31/12

N 50°15'20'' E 06°46'47''

Echternacherbrück, D-54668 / Rheinland-Pfalz

571

Campingpark Freibad
Echternacherbrück
Mindenerstraße 18
+49 6 52 53 40
1/4 - 31/10
info@echternacherbrueck.de

8ha 400T(85-110m²) 12A CEE

1 AD**H**JKLMNP**Q**ST
2 CJSWXYZ
3 CHIKMP**R**SU**WX**
4 (A 1/7-31/8)(C+G 1/5-15/9)
JM(Q)(S+T+U 1/4-15/10)
(V)(X 1/5-1/9)(Z 1/5-30/9)
5 **AB**DEFGIJKLMNOPUWZ
6 BCFKM(N 0,3km)OV

Viele Bäume und auf Gras gelegenen parzellierte Plätze. Vom Camping geht man einfach über die Brücke nach Echternach in Luxemburg! Super. Plätze am Fluss gegen Aufpreis.

B257 Bitburg-Echternach, Ausfahrt Echternacherbrück links, letzte Straße links. Nach 200m CP und Schwimmbad ausgeschildert.

CC € 21 1/4-17/5 12/6-2/7 28/8-31/10

N 49°48'43'' E 06°25'53''

Ediger/Eller, D-56814 / Rheinland-Pfalz

572

Camping Zum Feuerberg
Moselweinstraße
+49 2 67 57 01
1/4 - 31/10
info@zum-feuerberg.de

1,8ha 100T(100-150m²) 16A CEE

1 ACD**H**JKLMNPQR
2 DJNOSWXYZ
3 **FG**IJKLMNS**W**X
4 (**A**)(B 19/5-30/9)(T+Z)
5 **AB**DFIJKLMNOPUWZ
6 CEFG**K**(N 0,3km)OT

Dieser Campingplatz an der Mosel liegt im malerischen Winzerörtchen Ediger-Eller am Fuße von Europas steilstem Weinberg, dem 'Calmont'. Der Platz verfügt über ein 50 m2 großes Schwimmbad. Er liegt am 'Moselradweg'.

A48 Ausfahrt 3 Laubach, Richtung Cochem. Dann Richtung Senheim, 4 km entlang der Mosel. Nicht dem Navi folgen, sondern ab Cochem die Mosel entlang fahren.

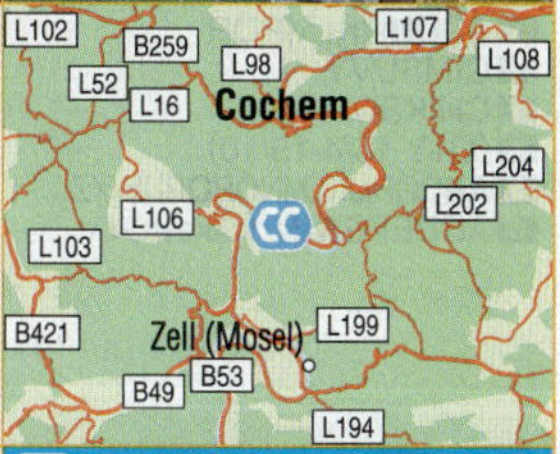

CC € 21 *11/4-17/5 30/5-7/6 12/6-30/6 11/9-31/10*

N 50°05'30'' E 07°09'48''

Gerolstein, D-54568 / Rheinland-Pfalz

573

Eifelblick / Waldferienpark Gerolstein****
Hillenseifen 200
+49 6 59 16 78
1/1 - 31/12
info@waldferienparkgerolstein.de

2ha 195T(100-120m²) 16A CEE

1 ACD**H**JKLMNP**Q**R
2 IMNSUVWX
3 CE**G**HIKLNP**R**SU
4 (F)**N**
(Q+R+T+U+X+Y+Z)
5 **AB**CDFGIJMNO**P**UWXYZ
6 ABCDEFGHK(N 5km)OTV

Von diesem Terrassencamping aus genießen Sie eine Panoramaaussicht über die Anhöhen. Der CP gehört zu einem bestehenden Ferienpark mit umfassender Ausstattung, die auch die Campinggäste nutzen können. Eintritt gratis im Hallenbad.

Von Prüm (B410) 4 km vor Gerolstein, Ausfahrt Hinterhausen. Beschilderung Waldferienpark Gerolstein beachten und dann Camping Eifelblick folgen.

CC € 21 *1/1-8/7 3/9-31/12*

N 50°13'02'' E 06°36'28''

Girod, D-56412 / Rheinland-Pfalz

574

Camping Eisenbachtal
Eisenbachtal 1
+49 0 48 57 00
1/1 - 31/12

3,5ha 30T(80m²) 6A CEE

1 AE**H**IJKLMNPQR
2 DILSUVWXY
3 CIKPSU
4 (A 1/7-15/9)(Y)
5 **AB**DFGIJKLMNO**P**UWXYZ
6 CDEFG(N 1,5km)OTV

In der grünen Natur am Fuße eines alten Vulkans im Naturpark Nassau. Man hat interessante Biotope angelegt, u.a. einen Natursee. Gäste werden informiert und Kinder zum Abenteuer in Natur und Technik animiert. Gut markierte Wander- und Radwege. Auch als Transitplatz gut geeignet wegen der Nähe zur A3.

A3 Köln-Frankfurt, Ausfahrt 41 Wallmerod-Diez. Dann Richtung Montabaur. CP nach 5 km (siehe Schild).

CC € 21 *1/4-15/7 1/9-30/9*

N 50°26'16'' E 07°54'16''

Guldental, D-55452 / Rheinland-Pfalz

575

Campingpark Lindelgrund
Im Lindelgrund 1
+49 6 70 76 33
15/3 - 15/11
info@lindelgrund.de

8ha 60T(80-100m²) 10A CEE

1 ACD**H**IJKLMPQR
2 CIMSUVY
3 CHIKSU
4 (Q+Y 15/4-15/10)
5 **AB**DGHIJKLMNOPQRUWXZ
6 ACDEFG**K**(N 1,5km)OTV

Terrassencampingplatz mit Grasboden, einzelne Schattenplätze. Auf dem Gelände gibt es ein Schmalspurbahn Museum und eine Sandgrube. Eignet sich gut als Durchreiseplatz. Caravans müssen nicht abgekoppelt werden. Es gibt einen Brötchenservice - Abends bestellen und bezahlen, morgens abholen.

A61 Ausfahrt 47 Waldlaubersheim, durch Windesheim/ Guldental. Hinter Guldental den CP-Schildern folgen.

CC € 23 *2/5-17/5 12/6-1/7 3/9-30/9*

N 49°53'03" E 07°51'25"

Hausbay/Pfalzfeld, D-56291 / Rheinland-Pfalz

576

Country Camping Schinderhannes****
Campingplatz 1
+49 6 74 63 88 97 97
1/1 - 31/12
info@countrycamping.de

20ha 200T(100-120m²) 16A CEE

1 ACD**H**IJKLMNPQR
2 EIMSUXYZ
3 CI**O**PS**TUW**
4 (Q+R)(U+Y 1/4-3/10)
5 **AB**DEFGHIJKLMNOP**QR**UWZ
6 CDEFGJ(N 1km)OT

Großer Campingplatz im Hunsrück mit schattigen Plätzen rund um einen See. Auf dem Gelände befinden sich ein Restaurant und Einkaufsmöglichkeiten. Mit einem Panoramablick vom Hunsrück genießen Sie die gesunde Luft und Ruhe. Gute Rad- und Wandermöglichkeiten sind vor Ort gegeben. Optimal geeignet zum längeren Verweilen sowie zur Durchreise.

A61 Ausfahrt 43 Pfalzfeld, dann den CP-Schildern folgen (3 km). Ins Navi geben: Hausbayerstraße/Pfalzfeld.

CC € 21 *1/1-26/6 27/8-31/12*

N 50°06'21" E 07°34'04"

Heidenburg, D-54426 / Rheinland-Pfalz

577

Camping Moselhöhe****
Bucherweg 1
+49 6 50 99 90 16
1/4 - 1/11
erik@moselhoehe.com

3,5ha 60T(100-120m²) 16A CEE

1 AE**H**IJKLMN**Q**R
2 IJMNSWXY
3 ACEILPS
4 (Q)(X 1/4-1/10)
5 **AB**CDFGIJKLMNOPUWXY
6 ABEFGJ**K**(N 0,5km)T

Dieser hochgelegene Terrassencamping am Ortsrand hat eine fantastische Sicht über die Höhenzüge des Moseltals. Genießen Sie die gesunde Luft und die Ruhe. Gute Ausflugsbasis für sportive Aktivitäten und zum Beispiel nach Trier, Bernkastel-Kues oder Idar-Oberstein.

A1 Ausfahrt 131 Mehring Richtung Thalfang. 7 km bis CP-Schild, an Kreuzung Talling links Richtung Heidenburg.

CC € 23 *1/4-6/4 11/4-18/5 22/5-27/5 30/5-1/7 1/9-1/11*

N 49°47'58" E 06°55'37"

Irrel, D-54666 / Rheinland-Pfalz

578

Camping Südeifel
Hofstraße 19
+49 6 52 55 10
1/4 - 31/10
info@camping-suedeifel.de

3ha 60T(50-100m²) 6A CEE

1 AD**H**JKLMPQST
2 DIJSXY
3 CIK**W**X
4 (V 🔑)
5 **AB**DFGIJK**L**MNOPUWXZ
6 AEFGK(N 0,5km)O

Schön relaxen nur ein paar Kilometer von der Luxemburger Grenze auf einem Grasgelände am Fluss. Gesellige Bar am Platz, großer Supermarkt ganz in der Nähe. WLAN auf jeder Parzelle. Luxus Sanitär. Ruhiger Camping mit zentrale Lage und flachen Plätzen.

Zum Zeitpunkt der Drucklegung war noch nicht bekannt, ob und wann dieser Campingplatz nach der Flutkatastrophe im Jahr 2022 wieder öffnen wird.

CC € 19 *1/4-17/5* *12/6-2/7* *28/8-31/10* *7=6, 14=12*

N 49°50'31'' E 06°27'26''

Lahnstein, D-56112 / Rheinland-Pfalz

579

Camping Wolfsmühle
Hohenrhein 79
+49 26 21 25 89
15/3 - 1/11
info@camping-wolfsmuehle.de

3ha 150T(70-150m²) 6A CEE

1 AD**H**JKLMNP**Q**R
2 DSUWXY
3 CIKSU**W**X
4 (Q 15/4-30/9)(R+T+ X+Z 1/4-1/11)
5 **AB**DGIJLMNPUW
6 ABCDGHK(N 2km)OTV

Schon Jahrelang ein gut besuchter Campingplatz, direkt an der Lahn, im romantischen Lahntal. Fahrrad- und Wandermöglichkeiten. Ebene Plätze und Beheiztes Sanitär. Sehr zentral gelegen. Koblenz erreichen Sie einfach per Bus oder Fahrrad (7 km).

A61 oder A3 Richtung Koblenz A48 Ausfahrt Vallendar. B42 Richtung Koblenz, dann Rüdesheim Ausfahrt Oberlahnstein. Am Kreisel 1. rechts. CP-Beschilderung folgen. Im Navi Ostallee eingeben. CP-Beschilderung befolgen.

CC € 21 *15/3-8/7* *27/8-1/11*

N 50°18'52'' E 07°37'40''

Langsur/Metzdorf, D-54308 / Rheinland-Pfalz

580

Camping Alter Bahnhof***
Uferstraße 42
+49 6 50 11 26 26
1/3 - 31/10
info@camping-metzdorf.de

4ha 53T(50-120m²) 16A CEE

1 ACD**H**JKLMNPQR
2 BCIJSVXYZ
3 ACHIKLSWX
4 (Q+R+U+Y+Z 🔑)
5 **AB**DFGIJMNOPQRUWZ
6 ACDEFGK(N 5km)OT

Camping an der Grenze Luxemburg-Deutschland am Ufer der Sauer. Auf diesem Fluss kann man angeln und Kanu fahren. Die Umgebung hat schön angelegte Radwege. Gemütliche Atmosphäre.

Von Trier E44 richtung Luxemburg, Ausfahrt Mertert (Lux). Auf der N1 Richtung Wasserbillig. In Wasserbillig hinter der Sauerbrücke links auf die B418. Dann noch ca. 6 km.

CC € 21 *1/3-30/6* *1/9-31/10*

N 49°45'11'' E 06°30'08''

Leiwen, D-54340 / Rheinland-Pfalz

581

Camping Landal Sonnenberg*****
Sonnenberg 1
+49 6 50 79 36 90
17/3 - 20/11
sonnenberg@landal.com

2,5ha 130T(65-120m²) 10A CEE

1 ACD**H**JKLMNP**Q**R
2 BMSUVWXYZ
3 ACDE**G**IKLMP**RS**T**U**
4 (A+F+H)K (Q+S+T+U+X+Y)
5 **AB**DFGIJMNOPQRUWZ
6 ABCEFGHJ**K**L(N 6km)OSTV

Familiencamping auf einem Wald-Plateau über den Weinbergen an der Mosel. Viele Aktivitäten drinnen und draußen (u.a. Hallenbad mit Whirlpool, Indoor Spielparadies mit Kletterwand, Vinothek, Kegelbahn, Kletterwald, großer Spielplatz, Tierwiese mit Damhirschen). Durch die gute Ausstattung sehr gut für den Campingurlaub außerhalb der Hochsaison geeignet.

A1 Koblenz-Trier, Ausfahrt 128 Föhren-Leiwen. Folgen Sie den Schildern 'Sonnenberg'.

CC € 23 17/3-7/4 5/5-17/5 30/5-7/6 12/6-7/7 1/9-13/10 6/11-20/11

N 49°48'12'' E 06°53'30''

Leutesdorf, D-56599 / Rheinland-Pfalz

582

Campingplatz Leutesdorf
Campingplatz 1
+49 26 31 97 87 37
1/1 - 7/1, 15/3 - 29/10, 24/11 - 31/12
info@camping-leutesdorf.de

2,2ha 80T(80-130m²) 16A CEE

1 ABCD**H**IJKLMNP**Q**R
2 CJMNSUWXY
3 AIK**W**
4 (Q+R+T+U+X+Z)
5 **AB**DEFGIJMNOPUWZ
6 BCEFGK(N 5km)OTVX

Der Campingplatz liegt direkt am Rhein, nur durch einen Grünstreifen getrennt. Jede Menge Vögel! Auch mit Blick auf die Weinberge. Vom Camping aus kann man Radfahren und Wandern. Ausflüge nach Andernach (Geysir), Koblenz und in den Zoo. Nehmen Sie an einer Weinprobe/einem Picknick teil oder fahren Sie mit einem der Dampfzüge der Region.

A3 Ausfahrt 36 Richtung Neuwied - B256 - B42 Richtung Linz. Nach Leutesdorf links abbiegen.

CC € 23 15/3-5/4 12/4-28/4 3/5-14/5 31/5-3/6 12/6-30/6 1/9-29/10

N 50°27'41'' E 07°22'03''

Lingerhahn, D-56291 / Rheinland-Pfalz

583

Camping und Mobilheimpark Am Mühlenteich****
Am Mühlenteich 1
+49 6 74 65 33
1/1 - 31/12
info@muehlenteich.de

15ha 150T 6-16A CEE

1 AD**H**IJKLMNPQR
2 BCILSUXYZ
3 CDIKPSU
4 (A 1/7-15/8)(B 1/1-31/12)(Q+U+Y+Z)
5 **AB**DFGIJKLMNOPUWZ
6 BCDEFGH**K**(N 1km)OTV

Camping im Hunsrück zwischen Rhein und Mosel. Gutes Wander- und Radwegenetz. Sie campen in einem herrlichen grünen Umfeld. Kinderfreundlich. Tolles Naturschwimmbad und Restaurant. Der Campingplatz eignet sich für den längeren Verbleib, aber auch zur Durchreise, da er unweit der A61 liegt.

A61 Ausfahrt 44 Laudert, Richtung Laudert. Dort Richtung Lingerhahn, Schildern folgen (4 km). Möglicherweise gibt Ihr Navigationsgerät eine andere Route an: dennoch den CP-Schildern folgen.

CC € 23 1/1-19/6 4/9-31/12

N 50°05'58'' E 07°34'25''

Neuerburg, D-54673 / Rheinland-Pfalz

584

Camping in der Enz****
In der Enz 25
+49 65 64 26 60
1/4 - 31/10
info@camping-inderenz.com

6ha 77T(80-100m²) 16A CEE

1 ACD**H**JKLMP**Q**R
2 CSUWXY
3 CIK**OQ**SU**W**
4 (C+H 15/5-1/9)J(Q 🔑)
(T+U 1/6-31/8)(X 5/4-30/9)
5 **AB**DEFGIJKLMNO**P**UWXY
6 ABCDEFGK(N 1,5km)O

Campingplatz in waldreicher Umgebung mit schönem Sanitär. Gute Rad- und Wandermöglichkeiten, nah am historischen Städtchen Neuerburg. Engagiertes Betreiberehepaar.

A60 Ausfahrt 3 Richtung Neuerburg. Über Arzfeld nach Emmelbaum und Zweifelscheid. Nach 3 km links abbiegen Camping In der Enz. Ist ausgeschildert.

CC € 21 *1/4-6/7 24/8-30/10*

N 50°01'40'' E 06°16'37''

Oberweis, D-54636 / Rheinland-Pfalz

585

Prümtal-Camping Oberweis*****
In der Klaus 17
+49 6 52 79 29 20
1/3 - 31/10
info@pruemtal.de

3,8ha 240T(65-101m²) 16A CEE

1 AD**H**JKLMPQR
2 DJSVWXYZ
3 CIKPSU**WX**
4 (A 15/5-30/8)(C+H 1/5-1/9)
J(Q+R 🔑)(T 1/6-21/8)
(U+V+X+Y+Z 🔑)
5 **AB**DEFGIJKLMNOPRUWXYZ
6 ABCDEFGK(N 9km)OSTUV

Campingplatz in der Eifel, mit vielen Einrichtungen. Schönes Schwimmbad. Abgegrenzte Stellplätze auf Rasen. Ausgezeichnetes Restaurant. Sehr freundlicher und engagierter Besitzer. Kostenloses Wifi auf dem Campingplatz.

B50 Bitburg, Richtung Vianden. Mitten im Ort links, Schildern zum Campingplatz und Schwimmbad folgen.

CC € 23 *1/3-8/7 27/8-31/10*

N 49°57'32'' E 06°25'28''

Pommern, D-56829 / Rheinland-Pfalz

586

Camping Pommern
Moselweinstraße 12
+49 26 72 24 61
1/4 - 30/10
campingpommern@netscape.net

4,5ha 250T(60-100m²) 16A

1 AD**H**JKLMNP**Q**R
2 DJSVWXYZ
3 ACHIKSU**WX**
4 (B+G 1/5-15/9)(Q+R+
T+U 🔑)(V+Y 15/4-15/10)
(Z 🔑)
5 **AB**DEFGIJKLMNOPUWZ
6 ACFGK(N 4km)OTUV

Geselliger Familiencamping direkt an der Mosel. Mit schönem Schwimmbad, Restaurant und Biergarten.

A61 Koblenz, Ausfahrt zur B416 Cochem/Trier.

CC € 21 *1/4-30/6 21/8-29/10* *10=9*

N 50°10'08'' E 07°15'56''

Pünderich, D-56862 / Rheinland-Pfalz

587

Camping Moselland
Im Planters
+49 65 42 26 18
1/4 - 31/10
campingplatz.moselland@googlemail.com

3,1ha 120T 16A CEE

1 A**H**JKLMNPQR
2 DNSWXYZ
3 ACIJKPSU**WX**
4 (Q+R+T+U+V+Z)
5 **AB**DGIJKMNOPUWXZ
6 ABCDEFGJM(N 1,5km)OV

Entspannt campen auf großen sonnigen oder schattigen Plätzen am Ufer der Mosel auf Camping Moselland. Startpunkt für viele herrliche Radtouren an der Mosel entlang, um bei der Rückkehr die herrliche Aussicht auf die Weinberge zu genießen.

A48 Ausfahrt 125 Wittlich. Über Kinderbeuern, Bengel, Reil und Pünderich.

CC € 21 1/4-30/6 1/9-31/10

N 50°02'16" E 07°07'19"

Saarburg, D-54439 / Rheinland-Pfalz

588

Camping Landal Warsberg****
In den Urlaub
+49 65 81 91 46 10
24/3 - 6/11
warsberg@landal.de

11ha 460T(80-100m²) 16A CEE

1 ACD**H**JKLMNPQR
2 LNSWXYZ
3 ACEHIJKLMNP**R**SU
4 (A 1/7-31/8)(F+H)**KLMN** (Q+S+T+U+X+Y)
5 **AB**DFGIJLMNOPQRUWZ
6 ACFGHJ**K**L(N 3,5km)OTUV

Von dem auf einem Plateau gelegenen Campingplatz haben Sie einen herrlichen Ausblick. Das Zentrum von Saarburg ist auch mit der Kabelbahn zu erreichen. Die unterschiedlichen Plätze sind von Hecken umzäunt. Der Campingplatz, zugleich Bungalowpark, verfügt über ein prächtiges Schwimmbad.

A60 Ausfahrt Bitburg, der B51 volgen. In Konz Richtung Saarburg. In Saarburg der CP-Beschilderung Warsberg folgen.

CC € 23 24/3-7/4 14/4-28/4 30/5-7/7 1/9-6/11

N 49°37'14" E 06°32'33"

Saarburg, D-54439 / Rheinland-Pfalz

589

Camping Leukbachtal***
Leukbachtal 1
+49 65 81 22 28
24/3 - 2/11
info@camping-leukbachtal.de

2,5ha 80T(80-130m²) 6A CEE

1 A**H**JKLMNP**Q**R
2 CSVWXYZ
3 AHIKLMSU
5 **AB**DFGIJKLMNOPUWZ
6 ABCDEFGK(N 0,2km)OTU

Der gemütliche Campingplatz liegt am romantischen Stadtgewässer von Saarburg im Gehbereich zur belebten Stadtmitte. Das parkartige Gelände ist eine gute Ausgangsbasis für Wander- und Radtouren. Der Sanitärbereich wurde 2017 vollständig modernisiert.

Von Trier B51 nach Saarburg, Schild 'Krankenhaus' folgen. Dann CP-Schild folgen.

CC € 23 24/3-5/4 11/4-28/4 5/5-16/5 22/5-26/5 12/6-1/7 5/9-2/11

N 49°35'58" E 06°32'29"

Saarburg, D-54439 / Rheinland-Pfalz

590

Camping Waldfrieden****
Im Fichtenhain 4
+49 65 81 22 55
1/3 - 31/12
info@campingwaldfrieden.de

6,5ha 57T(85-120m²) 16A CEE

1 AD**H**JKLMNPQR
2 BJLSVWXYZ
3 CIKLSU
4 (Q+R+Z)
5 **AB**DFGIJKLMNOPUWZ
6 ACDEFGK(N 1,5km)OU

Schöner, ruhiger Camping am Stadtwaldrand. Interessante Möglichkeiten zum reiten (als Therapie auch mit Islandponys). Zum Aufpreis auch Komfortplätze.

B51 Trier Richtung Saarburg, Krankenhaus-Schildern folgen, durch Tunnel, dann ist der CP ausgeschildert.

CC € 23 1/3-5/4 12/4-27/4 3/5-16/5 1/6-6/6 13/6-30/6 5/9-23/12

N 49°36'03" E 06°31'40"

Schweppenhausen, D-55444 / Rheinland-Pfalz

591

Camping Aumühle
Naheweinstraße 65
+49 67 24 60 23 92
1/4 - 31/10
info@camping-aumuehle.de

2,5ha 50T(tot 100m²) 10A CEE

1 ADHJKLMNP**Q**R
2 BCISUXYZ
3 C**G**HKS
4 (Q+U+X)(Y 1/4-31/10)
5 **AB**DGIJMNOPUW
6 AEFGKU

Idyllisch am Bach und Wald gelegener, kleiner Campingplatz. Ideal für Wanderer, Radfahrer und Ruhesuchende. Auch für Durchreisende sehr gut gelegen. Mit kleinem Bistro, Kiosk und Brötchenservice.

A61, Ausfahrt 47 Waldlaubersheim. Richtung Schweppenhausen. Ab dort Schildern folgen.

CC € 21 1/4-1/6 1/9-31/10

N 49°56'02" E 07°47'30"

Seck, D-56479 / Rheinland-Pfalz

592

Camping Park Weiherhof*****
Campingplatz Weiherhof
+49 26 64 85 55
1/4 - 31/10
info@camping-park-weiherhof.de

10ha 120T(100m²) 16A CEE

1 ACD**H**IJKLMNPQR
2 AELMNOSUVWXYZ
3 ACD**G**IKMNPSU**W**Z
4 (A 1/7-31/8)M
(Q+S+T+U+V+Y+Z)
5 **AB**DEFGHIJKLMNO**PQ**RUWXYZ
6 ACDEFGJ**K**(N 6km)OUV

Ruhiger Camping mit großen Stellplätzen auf einer blühenden Wiese, teils mit Blick auf den kleinen See. Mittagspause: 13.00-15.00 Uhr. Große Wandermöglichkeiten. Komfortsanitär.

A3 Köln-Frankfurt, Ausfahrt 40 Montabaur, B255 Ri. Rennerod bis Hellenhahn, im Kreisel Ri. Seck und direkt wieder links. Von S.: Ausfahrt 42 Limburg an der Lahn Nord, dann die B49/54 Ri. Siegen. CP ist angezeigt.

CC € 23 1/5-16/5 22/5-25/5 1/6-6/6 12/6-25/6 4/9-30/9

N 50°35'12" E 08°02'07"

Senheim am Mosel, D-56820 / Rheinland-Pfalz

593

Camping Holländischer Hof****
Am Campingplatz 1
+49 26 73 46 60
1/4 - 29/10
info@moselcamping.com

4ha 250T(60-200m²) 10A CEE

1 ABCD**H**JKLMNQR
2 DJNOSVWXYZ
3 A**G**HIJKMN**O**PSU**W**X
4 (A+Q+S+T+U+V+X+Y+Z)
5 **AB**DEFGIJKLMNO**P**UWZ
6 ABCEFGH**K**LM(N 5km) OTUVWX

Wandern, Rad fahren, leckeres Essen und Trinken, Ruhe und vor allem die Gastlichkeit werden auf dem Campingplatz Holländischer Hof groß geschrieben.

A61/A48 Ausfahrt 4 Kaisersesch in Richtung Cochem. Über die Brücke in Cochem, dann nach Senheim. Immer an der Mosel entlang.

CC € 21 1/4-6/4 11/4-17/5 30/5-7/6 11/6-30/6 1/9-29/10

N 50°04'56" E 07°12'29"

Traben-Trarbach, D-56841 / Rheinland-Pfalz

594

Moselcamping Rissbach****
Rissbacherstraße 155
+49 65 41 31 11
1/4 - 31/12
info@moselcampingplatz.de

1,8ha 80T(80-100m²) 6-16A CEE

1 ABCD**H**JKLMNPQR
2 DJSVWXYZ
3 CIJKMPSU**WX**
4 (C+G 15/5-15/9) (Q+R+T+U+X+Y+Z)
5 **AB**DFGIJKLMNOPUWZ
6 ABCDEFGK(N 1,5km)OUV

Campen direkt an der Mosel in einem einmaligen Naturgebiet, umgeben von Eifel und Hunsrück. Gut gepflegte Stellplätze unter Walnussbäumen. Fantastisches Angebot an Rad- und Wanderwegen.

A48 bis Ausfahrt 125 Wittlich, dann B50 Richtung Mosel. Links entlang der Mosel Richtung Traben-Trarbach. CP ausgeschildert.

CC € 23 1/4-28/4 1/5-17/5 21/5-26/5 29/5-7/6 11/6-7/7 18/9-1/12

N 49°57'55" E 07°06'19"

Traben-Trarbach, D-56841 / Rheinland-Pfalz

595

Moselcamping Wolf
Uferstraße 16
+49 65 41 31 11
1/4 - 31/10
wolf@moselcampingplatz.de

3ha 160T(100m²) 16A CEE

1 ACD**H**JKLMNPQR
2 CNSXYZ
3 CIJKMU**WX**
4 (Q+S+T+V)
5 **AB**DFGI**J**MO**P**UWZ
6 ABCEFGJ(N 3km)OTUX

Der Campingplatz liegt direkt an der Mosel mit einem herrlichen Blick auf den Kröver Nacktarsch. Der Moselradweg führt am Camping vorbei und nach einer Radtour kann man sich auf der Terrasse am Fluss erholen. Der ideale Ort zum Entspannen für Jung und Alt.

A48 Ausfahrt 125 Wittlich. Erst Richtung Traben-Trarbach, dann Richtung Wolf fahren.

CC € 23 1/4-28/4 1/5-17/5 21/5-26/5 29/5-7/6 11/6-7/7 18/9-31/10

N 49°58'52" E 07°06'14"

Treis-Karden, D-56253 / Rheinland-Pfalz

596

Mosel-Islands Camping*****
Am Werth
+49 26 72 26 13
1/4 - 29/10
campingplatz@mosel-islands.de

6ha 130T(80-120m²) 16A CEE

1 ACDHIJKLMNPQR
2 DJNSWXYZ
3 CEIJKLPRSWX
4 (Q+U+X+Y+Z)
5 ABDEFGIJKLMNOPTUWXY
6 ABCDEFGHK(N 0,5km) OQTU

Schöner großer Familiencamping direkt an der Mosel. Die Stellplätze sind auf Grasland und es gibt ausreichend Schatten. Am Camping ist auch ein Yachthafen.

A48 Ausfahrt 5 Kaifenheim Richtung Treis-Karden, Schildern folgen.

CC € 23 16/4-27/4 3/5-11/5 30/5-6/6 12/6-29/6 1/9-30/9

N 50°10'15'' E 07°17'33''

Trippstadt, D-67705 / Rheinland-Pfalz

597

Camping Freizeitzentrum Sägmühle*****
Sägmühle
+49 6 30 69 21 90
1/1 - 1/11, 18/12 - 31/12
info@saegmuehle.de

10ha 200T(100-120m²) 4-16A CEE

1 AHIJKLMNPQR
2 BEJMOSWXYZ
3 CHIKLOPRSWZ
4 (Q 1/3-31/10,18/12-31/12) (R+U+X+Y+Z 1/3-31/10)
5 ABDEFGIJKLMNOPUWXYZ
6 BCEFGK(N 3km)OT

Die Sägmühle liegt im Naturpark Pfälzerwald, südlich vom Luftkurort Trippstadt. Ein idyllischer Natursee liegt direkt am Campingplatz. Das Restaurant ist für seine Pfälzer Spezialitäten bekannt.

A6 bis zur Ausfahrt Kaiserslautern-West. Der Strecke über B270 Richtung Pirmasens folgen. Nach 9 km links ab, Richtung Karlstal/Trippstadt. Den CP-Hinweisen folgen.

CC € 23 2/5-12/5 21/5-25/5 11/6-7/7 2/9-30/9

N 49°21'06'' E 07°46'51''

Waldfischbach, D-67714 / Rheinland-Pfalz

598

Camping Clausensee****
Schwarzbachstraße
+49 63 33 57 44
1/1 - 31/12
info@campingclausensee.de

13ha 100T(100-125m²) 6-16A CEE

1 ADGJKLMPQR
2 ABCEOSTUVWXYZ
3 ACGHIKLNSUWZ
4 (A 1/9-1/10) (Q+S+T+U+X+Z 1/4-31/10)
5 ABDEFGIJKLMNOPRUWXYZ
6 CDEFGHK(N 3km)OTW

Dieser schöne Campingplatz liegt an einem See, an dem man allerhand Wasserspaß erleben kann. Um den Campingplatz fliesst ein kleiner Bach mit Forellen, der für eine schöne Atmosphäre sorgt.

A6 Ausfahrt 15. Die B270 Richting Pirmasens. Auf der B270 Ausfahrt Waldfischbach und den CP-Schildern folgen. Der CP liegt 7 km außerhalb von Waldfischbach.

CC € 23 2/5-16/5 11/6-30/6 1/9-30/9

N 49°16'31'' E 07°43'15''

Wassenach/Maria Laach, D-56653 / Rheinland-Pfalz

599

RCN Laacher See****
Am Laacher See/ L113/ Vulkaneifel
+49 2 82 13 93 99 97
1/4 - 30/9
contact@rcn.nl

7ha 190T(80-120m²) 16A CEE

1 BCD**G**JKLMNP**Q**R
2 BFIJLMNOSVWXYZ
3 ACIJKLRSU**WZ**
4 (A+Q)(R 1/5-1/9) (T+U+W+X+Y)
5 **AB**DEFGIJKLMNOPUWXYZ
6 BCEFGHK(N 6km)OTV

Idyllischer Campingplatz mit Ganzjahresgastronomie im Restaurant Blockhaus am Nordwestufer des Laacher Sees. Der Laacher See ist der größte vulkanische See in der Eifel. Geeignet für Rad- und Wandertouren, z.B. zum Benediktinerkloster Maria Laach. Ankunft ab 13:00 Uhr, Abfahrt vor 12:00 Uhr. Bezahlung in bar oder mit Debit-/ Kreditkarte möglich.

A61, Ausfahrt Mendig/Maria Laach. Dann ca. 5 km Richtung Norden.

CC € 23 16/4-16/5 22/5-25/5 30/5-7/6 12/6-6/7 28/8-30/9

N 50°25'19'' E 07°15'54''

Waxweiler, D-54649 / Rheinland-Pfalz

600

Landal Eifel Prümtal*****
Schwimmbadstraße 7
+49 6 55 49 20 00
27/3 - 3/11
info@ferienpark-waxweiler.de

2ha 100T(80-120m²) 16A CEE

1 ADGJKLMP**Q**ST
2 CISWXY
3 CIKMSUW
4 (C 15/5-15/9)(Q) (R 15/5-15/9)(U 15/5-3/11)
5 **AB**DEFGIJKLMNOPUWZ
6 CEFGJ(N 1km)V

Sehr gut geführter Camping auf Gras und flachem Gelände. Sonnige Plätze durch Hecken parzelliert. Prämierte Sanitäranlagen. Tolle Wander-, und Radgegend an der Prüm im Bitburgerland. Nähe Belgien und Luxemburg. Großes Schwimmbad direkt am Platz.

Zum Zeitpunkt der Drucklegung war noch nicht bekannt, ob und wann dieser Campingplatz nach der Flutkatastrophe im Jahr 2022 wieder öffnen wird.

CC € 21 24/3-7/4 30/5-7/7 1/9-3/11

N 50°05'32'' E 06°21'32''

Waxweiler/Heilhausen, D-54649 / Rheinland-Pfalz

601

Camping Heilhauser Mühle
Heilhauser Mühle 1
+49 6 55 48 05
1/4 - 31/10
walter.tautges@t-online.de

6ha 100T 10A CEE

1 A**H**JKLMNPQR
2 CIJSUVYZ
3 CIKP**WX**
4 (U+Y 1/7-31/8)(Z)
5 **AB**DFGIJKLMNO**P**UW
6 EFGJ(N 2km)OU

Ruhiger Camping auf Grasland zwischen Anhöhen gelegen. Dieser kleine, gut geführte Camping ist ideal für Radfahrer und Wanderer. Gutes Restaurant in einem alten Mühlengebäude mit Terrasse.

Zum Zeitpunkt der Drucklegung war noch nicht bekannt, ob und wann dieser Campingplatz nach der Flutkatastrophe im Jahr 2022 wieder öffnen wird.

CC € 17 8/4-30/6 18/8-30/10

N 50°06'29'' E 06°20'58''

Rehlingen/Siersburg, D-66780 / Saarland

602

- Camping Siersburg****
- Zum Niedwehr 1
- +49 68 35 21 00
- 1/4 - 15/10
- info@campingplatz-siersburg.de

3ha 140T(100m²) 16A CEE

1 AD**H**JKLMNPQR
2 DIJNSXYZ
3 C**G**HIKL**W**
4 (X)
5 **AB**DEFGIJMNO**PR**UWZ
6 CEFGK(N 0,5km)OTU

Flacher Campingplatz mit Begrünung direkt an der Nied. Ruhige Umgebung in der man sehr gut wandern und Rad fahren kann. Von der Terrasse des Restaurants aus blickt man über die Nied und den Campingplatz. Unter dem Hauptgebäude neue Duschräume.

A8 oder B51 Richtung Saarlouis. Rehlingen folgen, nach Siersburg abbiegen. In Siersburg am Kreisel 1. Ausfahrt Niedstrasse. Hinter der Niedbrücke nach etwa 100m links und hauptsächlich den CP-Schildern folgen.

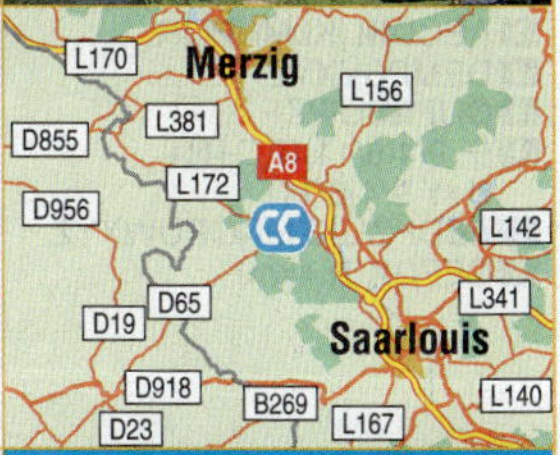

CC € 23 *1/4-15/7 1/9-15/10*

N 49°22'02'' E 06°39'39''

Aichelberg, D-73101 / Baden-Württemberg

603

- Camping Aichelberg***
- Bunzenberg 1
- +49 71 64 27 00
- 7/4 - 8/10
- mail@camping-aichelberg.de

2,6ha 70T(80-100m²) 10A CEE

1 ACD**H**JKLMNQTU
2 ISUVWXY
3 **G**IKP
4 (Q+R)(T 1/6-30/9)
(U+Y 30/5-30/9)(Z)
5 **AB**DEFGIJMNOPUWZ
6 CGK(N 1km)OU

Idealer Campingplatz zur Durchreise in Autobahnnähe und dennoch mitten in der Natur. Auch gut geeignet als Ausgangspunkt für Wanderungen und Ausflüge auf die Schwäbische Alb.

A8 München-Stuttgart, Ausfahrt 58, danach rechts ab. Nach 50m links ab. A8 Stuttgart-München, Ausfahrt 58 am Kreisel die 3. Straße rechts, nach 200m rechts ab.

CC € 21 *7/4-29/6 4/9-8/10*

N 48°38'22'' E 09°33'18''

Bad Urach, D-72574 / Baden-Württemberg

604

- Camping Pfählhof***
- Pfählhof 2
- +49 71 25 80 98
- 1/1 - 31/12
- camping@pfaehlhof.de

4,5ha 50T(80-120m²) 16A CEE

1 CD**G**IJKLMNPQR
2 DSVWXY
3 CIKPSU
4 (Q+R+T+U+Y+Z)
5 **AB**DEFGIJKLMN**P**UW
6 ABCEFGJ(N 2km)OQV

Ruhiger und gepflegter, von Wald umgebener Campingplatz auf einem ehemaligen Bauernhof. Idealer Ausgangspunkt für herrliche Wanderungen rund um Bad Urach und auf Deutschlands schönstem Wanderweg 2016, dem Bad Uracher Wasserfallsteig. Viele Ausflugsmöglichkeiten auf der Schwäbischen Alb, zum Thermalbad Bad Urach und zur Outletcity Metzingen (12 km).

A8 Ausfahrt 56 Nürtingen. Dann der B297 folgen, in Nürtingen die B313 bis Metzingen. Dann der B28 bis Bad Urach folgen.

CC € 23 *1/1-12/5 10/6-30/6 1/9-31/12*

N 48°30'14'' E 09°25'28''

Creglingen/Münster, D-97993 / Baden-Württemberg

605

Camping Romantische Strasse
Münstersee Strasse 24-26
+49 7 93 32 02 89
15/3 - 15/11
camping.hausotter@web.de

6ha 100T(80-120m²) 6A CEE

1 ABCD**H**IJKLMNPQR
2 DEMPSVXYZ
3 CIJP**R**SU**WZ**
4 (F 9/4-6/11)**N**(Q+R+ U+Y 9/4-6/11)
5 **AB**DFGIJKLMNOPUWXYZ
6 CEFG**K**(N 4km)

Der Campingplatz befindet sich in einem Luftkurort und ist sehr geräumig. Luxuriöse Einrichtungen stehen zur Verfügung und die Anlage liegt direkt an einem Badesee. Freundliche und hilfsbereite Besitzer und Mitarbeiter. Camping mit einem Herz für Hunde.

A7 Ausfahrt 108 Rothenburg. Dann Richtung Bad Mergentheim. In Creglingen ausgeschildert, Richtung Münster. CP liegt kurz hinter Münster rechts der Straße.

CC € 21 15/3-24/5 12/6-8/7 1/9-15/11

N 49°26'21" E 10°02'32"

Eberbach, D-69412 / Baden-Württemberg

606

Camping Eberbach
Alte Pleutersbacherstraße 8
+49 62 71 10 71
1/4 - 29/10
info@campingpark-eberbach.de

2ha 100T(60-170m²) 16A CEE

1 AE**G**IJKLMNPQR
2 DJSWXY
3 C**G**IK**OPW**
4 (**C** 15/6-30/9)(**F**) (**G** 15/6-30/9) (Q+R+U+V+Y+Z)
5 **AB**DFGJLMNOPUW
6 BFGJ(N 0,8km)O

Schöner gepflegter Campingplatz in der Stadt, direkt am Neckar mit umfangreicher Restauration. Gute Zug-, Bus-, und Schiffsanbindung nach Heidelberg. Ebene, abgegrenzte Plätze am Wasser. Freundlicher, hilfsbereite Eigentümer.

A5, Ausfahrt 37 Heidelberg. Dann der B37 nach Eberbach folgen. Die Brücke überqueren.

CC € 23 1/5-17/5 12/6-1/7 4/9-30/9

N 49°27'38" E 08°58'57"

Freiburg, D-79104 / Baden-Württemberg

607

Freiburg Camping Hirzberg
Kartäuserstraße 99
+49 76 13 50 54
1/1 - 31/12
hirzberg@freiburg-camping.de

1,2ha 88T(60-100m²) 10A

1 ACD**H**IJKMTU
2 IJMNSXYZ
3 A**G**IKLMU
4 (Q 1/4-31/10)(R+U+Y+Z)
5 **AB**DGIJKLMNOPUW
6 BCFGK(N 1,2km)OST

Der Campingplatz liegt an einem Berghang unter Bäumen. Fast mitten in der Stadt mit nur 15-20 Gehminuten vom historischen Zentrum entfernt, dennoch familiär, klein und ruhig. Sie können Ihr Frühstück im Geschäft selbst zubereiten. Vom Campingplatz aus gibt es viele Möglichkeiten zum Wandern und Radfahren.

A5, Ausfahrt Freiburg-Mitte, Richtung Titisee. Beschilderung folgen, vor Tunnel links einordnen Richtung Stadion (Ebnet), Am Sporthaus Kiefer links. GPS: Sandfangweg.

CC € 23 8/1-2/4 16/4-15/5 11/6-30/6 2/9-30/9 8/10-1/11 5/11-22/12

N 47°59'34" E 07°52'26"

Freiburg/Hochdorf, D-79108 / Baden-Württemberg

608

- Tunisee Camping
- Seestraße 30
- +49 76 65 22 49
- 1/4 - 31/10
- info@tunisee.de

30ha 156**T**(80-119m²) 16A CEE

1 ACD**H**IJKLMNPQR
2 FIPSUWXYZ
3 CKMPSU**W**Z
4 (Q+R+T+U 🔑)(Y 1/4-16/10)
5 **AB**DGIJKLMNOPUWXYZ
6 ACFG**K**(N 3km)OT

Großer Campingplatz am See (Badequalität) mit Wasserski-Anlage und Eisbergflotte. Unweit der Autobahn. Angenehmes Ambiente. Gutes Restaurant. Große Plätze, Rasen. Freiburg ist eine schöne alte Universitätsstadt mit historischem Stadtkern.

A5 Karlsruhe-Basel, Ausfahrt 61 Freiburg-Nord. An der Ampel rechts und dann 4 mal links. CP ist ausgeschildert.

CC € 23 *1/4-2/7 3/9-31/10*

N 48°03'51'' E 07°48'52''

Grafenhausen/Rothaus, D-79865 / Baden-Württemberg

609

- Rothaus Camping
- Mettmatalstraße 2
- +49 7 74 88 00
- 1/1 - 31/12
- info@rothaus-camping.de

2,5ha 40**T**(80-100m²) 16A CEE

1 ACD**H**IJKLMPQR
2 CJMSVWXY
3 AIJKL
4 (Q+R+U+Y+Z 🔑)
5 **AB**DGIJKLMN**P**UW
6 ABCEFGK(N 3km)OT

Terrassencamping mit sonnigen und schattigen Stellplätzen. Gutes Restaurant. Auf dem Platz herrscht eine freundliche Atmosphäre. Viele Wandermöglichkeiten in unmittelbarer Nähe, auch zum Heimatmuseum und zur Rothaus-Brauerei. Etwa 3 km zum Schluchsee, dem größten See des Schwarzwaldes. Die öffentlichen Verkehrsmittel können Sie während Ihres Aufenthaltes kostenlos mit der Konus-Karte nutzen.

Titisee Richtung Schluchsee, dann Richtung Rothaus/ Grafenhausen, nach ca. 4 km rechts.

CC € 23 *1/1-30/6 1/9-31/12*

N 47°47'42'' E 08°14'06''

Herbolzheim, D-79336 / Baden-Württemberg

610

- Terrassencamping Herbolzheim****
- Im Laue 1
- +49 76 43 14 60
- 28/4 - 24/9
- s.hugoschmidt@t-online.de

2,2ha 80**T**(80-120m²) 10A CEE

1 ACD**G**IJKLMNPQR
2 MSWXYZ
3 ACIKM**O**PSU
4 (C+**G** 15/5-15/9)**J**
(Q+R+X 🔑)
5 **AB**FGIJKLMNOPUW
6 ACDEFG**J**(N 1km)OT

Moderner, sehr sauberer und ruhiger Naturcampingplatz mit hervorragenden Sanitäranlagen. Neben dem Schwimmbad, 1 km zur Stadtmitte. Guter Ausgangspunkt für Touren in den Schwarzwald, Kaiserstuhl oder zum Europapark Rust. Der Campingplatz hat einen natürlichen Charme und eine gemütliche Atmosphäre. Tolles Restaurant und ausgezeichnete Möglichkeiten zum Radfahren in der Umgebung.

A5 Ausfahrt 58 Herbolzheim, kurz vor dem Ort rechts Richtung Schwimmbad. CP gut ausgeschildert.

CC € 23 *28/4-17/5 23/5-26/5 12/6-2/7 1/9-24/9*

N 48°12'59'' E 07°47'18''

Hohenstadt, D-73345 / Baden-Württemberg

611

Camping Waldpark Hohenstadt
Waldpark 1
+49 73 35 67 54
1/3 - 31/10
camping@waldpark-hohenstadt.de

7,5ha 60T(80-150m²) 16A CEE

1 ACD**H**JKLMNQR
2 IJLMNSUVWXYZ
3 AIKNPS
4 (Q 1/5-30/9)(U+V+Y+Z [icon])
5 **AB**DGIJKLMNO**P**UWXYZ
6 ACEFGK(N 7km)OU

Auf 800m Höhe gelegener, ruhiger Campingplatz. Er hat 60 großzügige Stellplätze, davon 10 Komfortplätze mit Wasser- und Stromanschlüssen auf einem 7,5 ha großem Gelände. Stellflächen schattig oder sehr sonnig. Ideale Umgebung zum wandern, Rad fahren und klettern. Restaurant und Spielplatz. Familienbetrieb unter freundlicher Leitung.

A8/E52 Stuttgart-Ulm, Ausfahrt 60 (Behelfsausfahrt). CP Schildern Hohenstadt folgen.

CC € 21 1/3-30/6 1/9-31/10

N 48°32'51'' E 09°40'02''

Leibertingen/Thalheim, D-88637 / Baden-Württemberg

612

Campinggarten Leibertingen
Beim Freibad 1 - Vogelsang
+49 75 75 20 91 71
1/4 - 31/10
info@
campinggarten-leibertingen.de

2ha 60T(100m²) 16A CEE

1 ABCD**H**JKLMNPQST
2 JMNSVWX
3 ACDEISU
4 (B+G 1/5-30/9)JM**N**
(Q+R+T+U+X+Z [icon])
5 **AB**DFGJLMNOPUWXYZ
6 CEFGK(N 6km)OVW

Schöner neuer Campingplatz mit Panoramablick auf die Alpen. Einladend und kindgerecht mit laufendem Bauernhofbetrieb in den Ferien. Das Naturschwimmbad lädt zu diversen Freizeitaktivitäten auf dem Wasser ein. Natur, Ruhe und Gastfreundschaft und eine gute Suppe aus Oma's Küche. Ein stressfreier, gastfreundlicher Platz.

B311 Freiburg-Ulm, Ausfahrt Leibertingen. In Thalheim links in die 'Schwimmbadstraße' abbiegen. Den Schildern folgen. Camping liegt rechts oben neben dem Weg.

CC € 21 1/4-14/5 12/6-30/6 1/9-31/10

N 48°00'37'' E 09°01'42''

Neubulach, D-75387 / Baden-Württemberg

613

Camping Erbenwald
Erbenwald 1
+49 70 53 73 82
1/1 - 31/12
info@camping-erbenwald.de

7,9ha 75T(80-130m²) 16A CEE

1 A**H**IJKLMNPQR
2 SWXYZ
3 AC**D**IKLP**QRSTUW**
4 (A 1/7-31/8)(C+H 1/6-31/8)
(Q+R+T+U+Y [icon])
5 **AB**DFGIJKLMNO**P**UWXYZ
6 ABCEFG**K**(N 2,5km)OQRT

Am Ortsrand gelegener Campingplatz mit neuem Sanitärgebäude. Ideale Lage für Ausflüge in den schönen Schwarzwald. Ausreichend Stellplätze mit Schatten. WLAN.

A8 Ausfahrt 43 Pforzheim-West. B463 Richtung Calw. Dort rechts in Richtung Neubulach/Liebelsberg, dann CP-Schildern folgen.

CC € 23 1/1-6/4 24/4-17/5 12/6-30/6 3/9-30/9

N 48°40'39'' E 08°41'23''

Oedheim, D-74229 / Baden-Württemberg

614

Sperrfechter Freizeit-Park
Hirschfeld 3
+49 7 13 62 26 53
1/1 - 31/12
info@sperrfechter-freizeitpark.de

30ha 100T(100m²) 16A CEE

1 ACD**H**IJKLMNPQTU
2 CFISVWXYZ
3 ACHIKPS**W**XZ
4 J(Q+R)
5 **AB**DFGHIJKLMNOPQUWZ
6 CEFGH**K**(N 2km)O

Großer Familiencamping im Naturgebiet. Reichlich Bade- und Wasserspaß: angeln, rudern, schwimmen und Schwefelbäder. Erneuerte Sanitärbauten.

A81, Ausfahrt Neuenstadt Richtung Bad Friedrichshall bis Oedheim. Ab der A6: Ausfahrt Heilbronn/Neckarsulm nach Bad Friedrichshall/Oedheim, dann ausgeschildert.

CC € 23 *1/1-31/3 2/5-16/5 5/6-30/6 1/9-31/12*

N 49°14'29'' E 09°13'56''

Orsingen, D-78359 / Baden-Württemberg

615

Camping und Ferienpark Orsingen****
Am Alten Sportplatz 8
+49 7 77 49 99 91 00
10/1 - 17/12
info@camping-orsingen.de

11,5ha 175T(77-136m²) 16A CEE

1 ACDHJKLMNPQTU
2 IJMNSWX
3 ACD**F**GHIKMP**Q**RS**W**
4 **(C+H** 1/4-8/9)**N**(Q+S)
(T 1/4-8/9)(U+Y+Z 1/4-3/11)
5 **AB**DEFGIJKLMNOPRUWXZ
6 BCDEFGKM(N 0,05km)OTV

Groß ping mit großen Parzellen auf Grasfeld. mit Rad- und Wanderwegen. Restaura und beheiztem Schwimmbad mit Kind ss Langenstein und dem Fastnac

Stock gen, Nensingen durchfahren nach Orsi dern folgen.

CC € 23 *10/1-2/4 16/4-17/5 21/5-26/ 9-17/12*

N 47°50'31'' E 08°56'12''

Radolfzell/Markelfingen, D-78315 / Baden-

616

Camping Willam****
Schlafbach 10, Reichenau
+49 75 33 62 11
23/3 - 8/10
info@campingplatz-willam.de

4,5ha 190T(50-110m²) 16A CEE

1 ABDFIJKLMNP**Q**TU
2 EHIOPQSTVWXY
3 ABC**G**IKNPSU**W**Z
4 (Q+R+U+X+Y+Z)
5 **AB**FGIJKLMNO**P**UW
6 ABCDEFGHJM(N 3km)ORT

Der CP liegt zwischen Allensbach und Markelfingen in herrlicher, ruhiger Bodenseelandschaft. Sehr schöner Strand bei abhängig Uferbereich und erstklassiger Wasserqualität. Ideal für den ruhesuchenden Camper. Neben der Erholung auf dem CP können Sie die vielseitigen Angebote der Region bequem auf dem Bodenseeradweg erkunden.

Von Radolfzell Richtung Konstanz. Auf der B33 Ausfahrt Allensbach, den CP-Schildern 'William' folgen. CP zwischen Markelfingen und Allensbach.

CC € 23 *23/3-17/5 11/6-15/7 3/9-8/10*

N 47°43'45'' E 09°01'31''

Salem/Neufrach, D-88682 / Baden-Württemberg

617

Gern-Campinghof Salem
Weildorferstraße 46
+49 75 53 82 96 95
1/4 - 31/10
info@campinghof-salem.de

2ha 94T(80-100m²) 10-16A CEE

1 AD**H**IJKLMNPQR
2 BCJSWXY
3 ACE**G**IJK**O**P**Q**SU**W**
4 **N**(Q+R+T+U+X+Z)
5 **AB**DEGIJKLMNOPUWXYZ
6 ABEFGK(N 1km)OQSTV

Beste Lage mitten im Tal von Salem 9 km vom Bodensee. Gute ausgewiese Wander- und Radwege ab dem Platz. 10 Minuten zu Fuß zum Schloßsee, einem der schönsten Badeseen in der Bodenseeregion. Nähe Schloss Salem und Affenberg. Kleines Restaurant, Brötchenservice und in den Ferienzeiten Animation für Groß und Klein.

A81 Stuttgart-Singen nach Lindau. Dann die B31 Überlingen-Salem. Von Ulm: die B30 Ulm-Ravensburg. B33 Richtung Markdorf. Dann Richtung Salem/Neufrach.

CC € 21 1/4-17/5 11/6-15/7 6/9-31/10

N 47°46'12'' E 09°18'27''

Schömberg/Langenbrand, D-75328 / Baden-Württemberg

618

Höhencamping-Langenbrand****
Schömbergerstraße 32
+49 70 84 61 31
1/1 - 31/12
info@hoehencamping.de

1,6ha 39T(100-120m²) 16A CEE

1 ACD**G**IJKLMNPQR
2 JSWXYZ
3 AIKSU
5 **AB**FGIJK**L**MNO**P**UW
6 ABCDEFG**K**(N 0km)O

Camping im Ortzentrum mit vielen Schattenplätzen und blendendem Sanitär.

A8 Ausfahrt 43 Pforzheim-West. B10 links ab Richtung Stadt bis 'Bauhaus', rechts. Rechts dann Richtung Brötzingen. 4. Ampel in Bad Büchenbronn/Schömberg rechts. Richtung Schömberg bis Langenbrand.

CC € 21 10/1-30/6 1/9-22/12

N 48°47'55'' E 08°38'08''

Staufen, D-79219 / Baden-Württemberg

619

Camping Belchenblick
Münstertäler Straße 43
+49 76 33 70 45
1/1 - 31/12
info@camping-belchenblick.de

2,2ha 180T(80-110m²) 16A

1 AD**H**IJKLMNPQTU
2 CJSUWXYZ
3 C**G**IKLM**O**PSUV**W**X
4 (B 1/5-15/9)
(F 1/1-10/11,15/12-31/12)
(G 1/5-15/9)JP(Q)
(S 1/1-10/11,15/12-31/12)
(T 15/1-10/11)
5 **AB**DFGIJKLMNOPQR**S**UWXYZ
6 ACFGKM(N 2km)ORST

Mit vielen Annehmlichkeiten ausgestatteter, gemütlich-familiärer Camping in der Nähe des Dorfes und Schwimmbad. Gratis Nutzung des Nahverkehrs im Schwarzwald mit der Konus-Karte. Nur 10 Minuten zu Fuß entlang des Baches von der schönen Altstadt von Staufen entfernt, dem Geburtsort von Goethes Faust. Viele einzigartige Ausflüge in der Umgebung möglich.

A5 Ausf. Bad Krözingen, Ri. Staufen/Münstertal. In Staufen Ri. Münstertal fahren. Camping liegt ca. 500m außerhalb des Ortes.

CC € 23 9/1-31/3 17/4-29/4 1/5-18/5 21/5-27/5 12/6-30/6 11/9-22/12

N 47°52'20'' E 07°44'09''

Stockach (Bodensee), D-78333 / Baden-Württemberg

620

Campingpark Stockach-Bodensee
Johann-Glatt-Straße 3
+49 77 71 91 65 13 30
1/3 - 1/11
info@camping-stockach.de

4ha 75T(75-120m²) 6A CEE

1 ABCDHJKLMNPQR
2 BCIJMSWXYZ
3 C**G**HIKS
4 (Q+R 🔑)
5 **AB**DGIJKLMNOPUWZ
6 CDFGK(N 1km)OU

Schöner Campingplatz mit altem Baumbestand am Rande von Stockach. Von hier aus lässt sich prima die Bodenseeregion erkunden. Direkte Anbindung an das Bodensee-Radwegnetz. 10 Minuten nach Stockach (Bahnhof). Gute Einkaufsmöglichkeiten, Campingzubehör-Shop direkt neben dem Campingplatz.

A81 bis Kreuzung Hegau Richtung Stockach folgen. Ausfahrt Stockach-West.

CC € 21 *1/3-30/6 11/9-1/11*

N 47°50'31'' E 08°59'42''

Sulzburg, D-79295 / Baden-Württemberg

621

Camping Sulzbachtal*****
Sonnmatt 4
+49 76 34 59 25 68
1/1 - 31/12
a-z@camping-sulzbachtal.de

2,4ha 100T(100-120m²) 16A CEE

1 ACD**H**JKLMNPQR
2 IJMNVXYZ
3 AIKLM**Q**SU
4 (A 1/4-30/9)(B 1/5-30/9) (Q+R+T+U+X+Z 🔑)
5 **AB**DFGIJKLMNOPQRWXYZ
6 ABCDEFG**K**(N 1km)OT

Campingplatz in Hanglage in Gehweite zum Ort mit einem sehr schönen Naturschwimmbad. Schöne Kantine/Bar. Wander- und Radmöglichkeiten zwischen den Weinbergen. Kurangebote in der Umgebung. Wellness, Massage und Fußpflege auf dem Campingplatz. Öffentlicher Verkehr im gesamten Schwarzwald gratis. Ein freundlicher Campingplatz!

A5, Ausfahrt Heitersheim. B3, Ausfahrt Sulzburg, vor dem Ort rechts.

CC € 23 *1/1-1/4 16/4-16/5 11/6-1/7 3/9-31/12*

N 47°50'52'' E 07°41'53''

Tengen, D-78250 / Baden-Württemberg

622

Hegi Familien Camping*****
An der Sonnenhalde 1
+49 7 73 69 24 70
31/3 - 31/12
info@hegi-camping.de

12ha 250T(tot 146m²) 16A CEE

1 ABCD**H**JKLMNPQR
2 EMOSUWXY
3 ACDHIK**OQR**SUVZ
4 (D+F+H 🔑)**KLN**(Q+R+Y+Z 🔑)
5 **AB**DFGIJKLMNOP**R**UWXYZ
6 ABCDEFGHK(N 0,7km) OTUW

Ruhiger, sehr luxuriöser Campingplatz im Vulkangebiet zwischen Schwarzwald und Bodensee. Der Platz hat einen eigenen See und auch ein tolles Hallenbad mit Sauna. Schönes Wandergebiet.

Der CP liegt nordwestlich von Engen. Über die A81 Singen-Stuttgart fahren und Ausfahrt 39 Engen nehmen. Den CP-Schildern folgen.

CC € 23 *7/5-17/5 21/5-26/5 11/6-30/6 2/9-29/9*

N 47°49'26'' E 08°39'13''

Titisee, D-79822 / Baden-Württemberg

623

Camping Sandbank****
Seerundweg 9
+49 7 65 19 72 48 48
31/3 - 31/12
info@camping-sandbank.de

2ha 230T(80-115m²) 16A CEE

1 ACD**H**JKLMNPQR
2 ABEMNSUVWXYZ
3 C**G**IJKLSU**WZ**
4 (Q+R+U+X+Z)
5 **AB**DEFGIJKLMNOPUW
6 BCEFG(N 4km)OTW

Terrassencamping in einem ruhigen Naturgebiet am Südufer des romantischen Titisees. Von jedem Campingplatz aus umwerfende Aussicht über den See und die Berge. Privatstrand für Campinggäste mit Kiosk und Restaurant mit Terrasse direkt am Camping.

A5 Ausfahrt Freiburg-Mitte, B31 Titisee folgen, dann Richtung Bruderhalde, vierter CP ab Titisee.

CC 23 7/5-17/5 21/5-26/5 11/6-30/6 2/9-29/9

N 47°53'15'' E 08°08'18''

Wahlwies/Stockach, D-78333 / Baden-Württemberg

624

Campinggarten Wahlwies
Stahringer Straße 50
+49 77 71 35 11
17/2 - 12/11
info@camping-wahlwies.de

1,2ha 50T(70-120m²) 16A CEE

1 ACD**H**JKLMNPR
2 IJSUY
3 AHIJKSU
4 (Q+R+Z)
5 **AB**DFGIJKLMNOPUWXZ
6 ABCEFGK(N 1,5km)OTU

Geselliger, kleiner Camping in idyllischer Lage zwischen Obstgärten in einer typischen Bodenseelandschaft. Hier genießt man einen ruhigen, erholsamen Aufenthalt in familiärer Atmosphäre. Wahlwies ist ein idealer Ausgangspunkt für Ausflüge, Rad- und Wandertouren zum Bodensee, der Vulkanlandschaft Hegau, ins Berggebiet der Donau und in die angrenzende Schweiz. Neues Sanitär.

Ab Stuttgart A81/98, Ausfahrt 12 Stockach-West. CP-Schild 'Wahlwies' folgen.

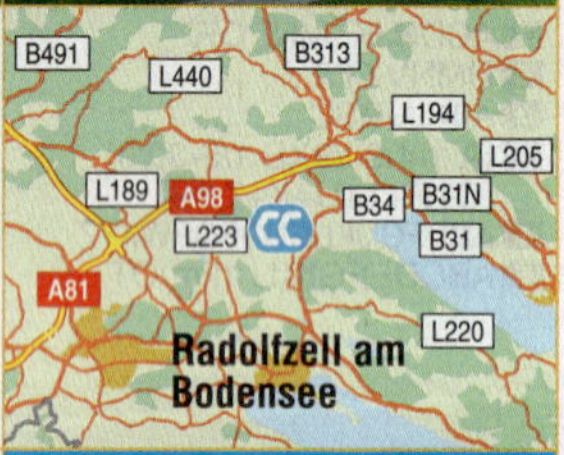

CC 21 17/2-1/4 16/4-17/5 11/6-1/7 3/9-12/11

N 47°48'31'' E 08°58'11''

Wertheim, D-97877 / Baden-Württemberg

625

Camping Wertheim-Bettingen
Geiselbrunnweg 31
+49 93 42 70 77
31/3 - 31/10
info@
campingpark-wertheim-bettingen.de

7,5ha 100T(80-100m²) 6-10A CEE

1 AD**H**IJKLMNP**Q**R
2 DISUXYZ
3 CKPS**WX**
4 (Q+R+U+Y)
5 **AB**DFGIJKLMNO**P**UWZ
6 CG(N 6km)O

Gemütlicher Camping am Mainufer im fränkischen Weinland. Ideal für Wassersportler (Hafen, Anleger und Helling). Ebenes Gelände. Anlagen speziell für Durchreisecamper (angekoppelt übernachten und Abreise ohne Zeitverlust).

A3 Aschaffenburg-Würzburg, Ausfahrt 66 Wertheim. Der CP ist ausgeschildert.

CC 19 31/3-6/4 10/4-17/5 21/5-25/5 29/5-7/6 11/6-30/6 31/8-31/10

N 49°46'51'' E 09°34'00''

Arlaching/Chieming, D-83339 / Bayern

626

Camping Kupferschmiede
Trostbergerstraße 4
+49 8 66 74 46
1/4 - 3/10
info@campingkupferschmiede.de

2,5ha 80T(80-100m²) 16A CEE

1 ACDHJKMPQR
2 EJOPSWXYZ
3 ACGIKSUWZ
4 (Q+R+T 🔑)(V 1/4-30/9)
(X+Y 🔑)(Z 1/4-30/9)
5 ABFGIJKLMNOPUWZ
6 ACFK(N 1km)OU

Camping mit Grasplätzen 2 Minuten zu Fuß zum Chiemsee, mit eigenem Strand am See. Gut geeignet für Wassersportler. Rund und am Chiemsee gute Wander- & Radstrecken vom Platz aus. Restaurants neben dem Camping und Chieming mit Restaurants und Geschäften in 6 km. Tagestrips u.a. nach Kufstein, Salzburg, Passau und München.

A8 Salzburg-München Ausfahrt Grabenstätt. Richtung Seebruck. CP liegt 1 km vor Seebruck rechts.

CC € 23 *1/4-26/5 12/6-30/6 11/9-3/10*

N 47°55'47'' E 12°29'33''

Augsburg-Ost, D-86169 / Bayern

627

Camping Bella Augusta***
Mühlhauser Straße 54b
+49 8 21 70 75 75
1/1 - 31/12
info@bella-augusta.de

6,6ha 60T(tot 120m²) 16A CEE

1 ADHJKLMNPQR
2 EIOPSUVWXYZ
3 CGSWZ
4 (Q+R+T 1/4-31/10)
(U+V+Y 🔑)
5 ABDFGIJKLMNOPUW
6 CEFGK(N 3km)OT

Camping an einem schönen, großen See. Sehr gut geeignet für einen Besuch von Augsburg. Ein paar Minuten vom Camping ist ein großer Kletterwald. Sehr gute Lage für Zwischenstopp in den Süden (A8).

A8, Ausfahrt 73 Augsburg-Ost, Richtung Neuburg a/d Donau, Richtung Flugplatz, erste Ampel rechts, nach 200m CP rechts an der Mühlhauser Straße.

CC € 23 *16/1-6/7 23/8-18/12*

N 48°24'44'' E 10°55'24''

Bad Abbach, D-93077 / Bayern

628

Camping Freizeitinsel
Inselstr. 1a
+49 9 40 59 57 04 01
19/3 - 7/11
info@campingplatz-freizeitinsel.de

2ha 78T(60-120m²) 6-16A CEE

1 AFIJKMNQR
2 CIMNSWX
3 AEGIKW
4 (Q+R+Z 🔑)
5 ABDFGIJKLMNOPUXYZ
6 CDEFGHIK(N 3km)O

Idyllischer, ruhig gelegener Camping an der Donau mit vielen Sportangeboten. Radfahren, Kanu und Ausflüge nach Regensburg (15 km), Kelheim. Tolles Naturbad in ± 500m. Für 5 Euro Zuschlag steht man auf einem Komfortplatz (mit 16A). Rezeption offen 8.00 - 12.00 und 15.00 - 19.00.

Von Norden: A93 Ausf. Pentling (B16) Ri. Kelheim. Danach Ausf. Poikam Ri. Inselbad. Von Süden: A93 Ausf. Bad Abbach (B16) Ri. Kelheim. Danach Ausf. Poikam Ri. Inselbad.

CC € 23 *31/3-26/5 25/6-15/7 1/9-29/10*

N 48°56'12'' E 12°01'15''

Bad Füssing/Egglfing, D-94072 / Bayern

629

Fuchs Kur-Camping****
Falkenstraße 14
+49 8 53 73 56
1/1 - 31/12
info@kurcamping-fuchs.de

1,5ha 90T(65-100m²) 16A CEE

1 ACHIJKLMNPQR
2 JSUVWXYZ
3 ACFGIKSU
4 (A 1/5-30/9)(C 15/4-15/9) (Q)(R 1/3-1/11) (U+Y+Z 1/1-31/1,1/3-31/12)
5 ABDGHIJKLMNOPUWXYZ
6 ACDEFGK(N 0,5km)OSV

Ruhriger Campingplatz mit mehreren Einrichtungen und Restaurant mit seiner beheizten Terrasse. Bad Füssing mit seine viele Thermaalbaden, Restaurants und Laden ist 2 km entfernt. Schöne Rad- und Wanderwege in den flachen Bereich. Die drei Ströme Stadt Passau mit seinen vielen Attraktionen ist 34 km entfernt. Gratis Internet.

A3 Nürnberg-Passau, Ausfahrt 118 Pocking/Bad Füssing Richtung Egglfing. Schildern folgen.

CC € 21 1/1-14/7 1/9-31/12

N 48°19'58" E 13°18'54"

Bad Füssing/Kirchham, D-94148 / Bayern

630

Camping Preishof
Angloh 1
+49 85 37 91 92 00
1/1 - 31/12
info@preishof.de

6,5ha 230T(100-120m²) 16A CEE

1 ACDHIJKLMNPQR
2 STUWXY
3 ACFGIKMUV
4 LNP(Q)(Y 1/2-30/11)
5 ABDFGIJKLMNOPUWXY
6 ACEFGK(N 1,5km)OUVW

Ruhiger, familiengeführter Kurcampingplatz auf einer Wiese mit Bäumen. ± 5 Minuten entfernt von Bad Füssing. Schöne Umgebung, gut geeignet zum Radeln. Sehr große Plätze. Prima Sanitär. Auch Massage und Bäder möglich. Neben der Campinganlage ist ein Golfplatz mit 18 Löchern (für Camper gibt es 30% Rabatt).

A3/E56, Ausfahrt 118, zur B12 Richtung Simbach. Ausfahrt Tutting/Kirchham, durchs Zentrum von Kirchham, Richtung Golfplatz.

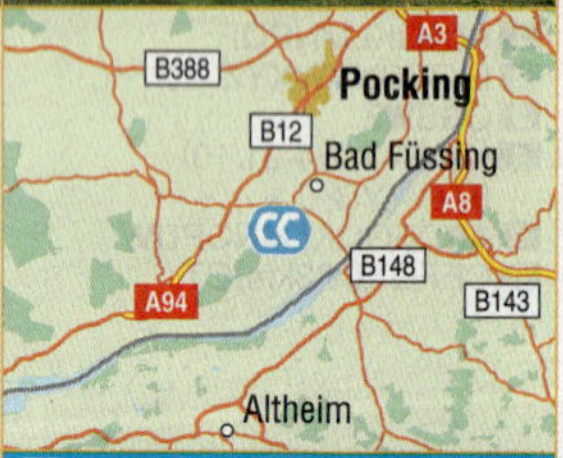

CC € 21 1/1-14/7 1/9-31/12

N 48°20'17" E 13°16'56"

Bad Kissingen, D-97688 / Bayern

631

Knaus Campingpark Bad Kissingen
Euerdorfer Str. 1
+49 9 71 78 51 39 66
1/1 - 31/12
badkissingen@knauscamp.de

2ha 110T(80-110m²) 16A CEE

1 ACDHIJKLMNPQR
2 DIJSUVXYZ
3 AIKW
4 (Q+R+U+Y)
5 ABDGIJMNOPUWXYZ
6 ABCGKL(N 0,8km)O

Offenes Gelände an der Stadtumgehung und der Fränkischen Saale. Grenzt direkt an den renommierten Kurort mit seinem großen Kurpark, der über den eigenen Zugang betreten werden kann.

A7 Würzburg-Fulda, Ausfahrt 96, dann Bad Kissingen und der Beschilderung folgen. A71 Schweinfurt–Meiningen, Ausfahrt 26, dann B287 Bad Kissingen Beschilderung folgen.

CC € 23 1/1-17/5 11/6-28/6 1/9-31/12

N 50°11'22" E 10°04'20"

Bad Neualbenreuth, D-95698 / Bayern

632

Campingplatz Platzermühle
Platzermühle 2
+49 96 38 91 22 00
1/1 - 31/12
info@camping-sibyllenbad.de

1ha 44T(100-120m²) 16A CEE

1 ACHJKLMNPQR
2 MSUVWXY
3 CGIKSU
4 (Q 🔑)
5 ABDGIJKLMNOPUWXY
6 CEFG(N 1km)O

Terrassencamping, schönes Sanitär. Netter Empfang. 2 km vom Wellnesscenter Sibyllenbad.

A93 Ausfahrt Mitterteich-Süd, dann Bad Neualbenreuth folgen.

CC € 21 1/1-15/6 1/9-31/12

N 49°58'15'' E 12°26'41''

Bischofsheim an der Rhön, D-97653 / Bayern

633

Camping Rhöncamping****
Kissingerstraße 53
+49 97 72 13 50
1/1 - 27/10, 16/12 - 31/12
info@rhoencamping.de

3,8ha 80T(80-100m²) 16A CEE

1 AHIJKLMNPQR
2 JSUWXY
3 AIKRSU
4 (C+H 15/5-1/9)(Q+R 🔑)
5 ABCDGHIJKMNOPRUWZ
6 CDEFGK(N 0,5km)O

Flacher Camping am Fuße des 'Kreuzbergs'. Idealer Ausgangspunkt für Wanderungen. Gratis Eintritt ins nächste beheizte Schwimmbad. Viele Erholungsangebote in der Natur. Die Gegend ist vom Naturschutzgebiet 'Hochrhön' geprägt, mit Höhenzügen von 800-900m.

A7 Würzburg-Fulda, Abfahrt 95 Bad Brückenau/Wildflecken. Richtung Bischofsheim. In Bischofsheim den CP-Schildern folgen.

CC € 23 9/1-31/3 16/4-17/5 11/6-1/7 6/9-27/10

N 50°23'44'' E 10°01'14''

Bischofswiesen, D-83483 / Bayern

634

Camping Winkl-Landthal GmbH****
Klaushäuslweg 7
+49 86 52 81 64
1/4 - 30/10
info@camping-winkl.de

2,5ha 56T(80-100m²) 10A

1 AHJKLMNPQR
2 CJMNSUWXYZ
3 AGIKSUWX
4 (Q+R+Z 🔑)
5 ABDFGIJKLMNOPUWXYZ
6 ABCDEFGHIK(N 0,5km) OSW

Ruhiger Campingplatz, tolle Wandermöglichkeiten vom Platz aus. Guter Startpunkt für Tagestrips u.a. nach Salzburg, Berchtesgaden oder dem Großglockner. Bushaltestelle 100m vom Camping. Reservieren über Kontaktformular auf der Campingwebseite empfohlen.

A8 München-Salzburg, Ausfahrt Bad Reichenhall. B20 Richtung Berchtesgaden. 11 km vor Berchtesgaden (Winkl).

CC € 23 1/4-26/5 11/6-10/7 1/9-30/10

N 47°40'36'' E 12°56'10''

Breitenthal, D-86488 / Bayern

635

See Camping Günztal
Oberrieder Weiherstraße 5
+49 82 82 88 18 70
22/4 - 22/10
info@see-camping-guenztal.de

2,5ha 90T(80-100m²) 10A CEE

1 ACD**G**IJKLMNPQR
2 CENOUVWXY
3 ABCHKSU**W**Z
4 (Q+R+T+U+Z)
5 **AB**DEFGHIJKLMNOPQUWXYZ
6 ACDEFG**K**(N 1km)OV

Ruhig gelegener Camping am Ufer eines 40 Ha großen Sees. Viel Komfort. Man kann surfen und segeln, aber Motorboote sind nicht erlaubt.

A8 Stuttgart-München, Ausfahrt 67 Günzburg Richtung Krumbach. Hier rechts halten bis Breitenthal und der Oberrieder Weiherstraße folgen. Siehe CP-Schilder.

CC € 21 *22/4-25/5 11/6-29/6 3/9-22/10*

N 48°13'39'' E 10°17'32''

Chieming, D-83339 / Bayern

636

Chiemsee Strandcamping
Grabenstätter Straße
+49 8 66 45 00
1/4 - 30/9
info@chiemsee-strandcamping.de

1,5ha 135T(50-90m²) 16A CEE

1 ABCD**H**JKLMNPQTU
2 EINPSUWXYZ
3 AC**G**HIKS**W**Z
4 (Q+R+U+Z)
5 **AB**DEFGIJKLMNOPUWZ
6 ACFGK(N 1km)OV

Chiemsee Strandcamping ist eine gepflegte Anlage mit neuem Sanitär direkt am Chiemsee. Reisemobil Servicestation. Tischtennis, Billard, Spielplatz, gratis Kajaks für Kinder, Bar-Café mit Imbiss und kleinem SB-Markt. Restaurant binnen 1 km. Bootsanleger in 1,2 km. Minigolf, Radverleih. Gratis WLAN auf dem Stellplatz. Gratis Bus in 200m ab Pfingsten.

A8 München-Salzburg, Ausfahrt 109 Richtung Chieming. Der CP ist ca. 5 km von der Ausfahrt Grabenstätt entfernt. 1. CP links.

CC € 19 *1/4-25/5 11/6-29/6 10/9-30/9*

N 47°52'35'' E 12°31'44''

Chieming/Stöttham, D-83339 / Bayern

637

Camping Seehäusl****
Beim Seehäusl 1
+49 8 66 43 03
1/4 - 1/10
info@camping-seehaeusl.de

1,5ha 44T(50-110m²) 16A CEE

1 A**H**JKLMNPQT
2 EINOPSVWXYZ
3 A**G**HIK**W**Z
4 (Q+R+U+V+X+Y+Z)
5 **AB**DEFGIJKLMNOPUWZ
6 ABCEFG**K**(N 2km)UW

Gemütlicher Familiencamping am Chiemsee (mit Blick auf die Berge). Komfortsanitär. Strand-, Boot- und Segelaktivitäten. Ausgezeichnetes Restaurant. Liegt an den Radrouten. Bitte den engen Zufahrtsweg beachten. Der Inhaber assistiert gerne bei der An- und Abreise.

A8 München-Salzburg, Ausfahrt 109 Grabenstätt/Chieming/Stöttham, den Schildern Seehäusl folgen. Besonders vorsichtig sein mit langen und/oder breiten Fahrzeugen auf dem schmalen Zufahrtsweg.

CC € 23 *1/5-26/5 12/6-18/6 1/9-1/10*

N 47°54'08'' E 12°31'10''

Eging am See, D-94535 / Bayern

638

Bavaria Kur- und Sport Camping****
Grafenauer Str. 31
+49 85 44 80 89
1/1 - 31/12
info@bavaria-camping.de

6ha 120T(120m²) 16A CEE

1 ACD**H**IJKLMNPQR
2 CIMSTVWYZ
3 AC**G**IKLPSU
4 (Q 1/4-30/10)(R)
(U+Y+Z 1/4-31/10)
5 **AB**DFGJLMNOPUWZ
6 ABCDEFG**K**(N 0,7km)OT

Schöner Terrassencamping mit ausreichend Schatten. Jeder Komfort, modernes und gepflegtes Sanitär. Kurort, Schwimmbad und See im Gehbereich.

A3, Ausfahrt 113. Folgen Sie Eging am See. Vor Eging am See ist der CP ausgeschildert.

CC € 21 *1/1-14/7 1/9-31/12*

N 48°43'16'' E 13°15'55''

Frickenhausen/Ochsenfurt, D-97252 / Bayern

639

Knaus Campingpark Frickenhausen****
Ochsenfurterstraße 49
+49 93 31 31 71
1/3 - 26/11
frickenhausen@knauscamp.de

3,4ha 77T(80-100m²) 16A CEE

1 ACD**H**IJKLMNP**Q**TU
2 CISUWXYZ
3 CIKMSU**W**
4 (B 1/5-1/10)(Q 1/4-16/10)
(U+Y)
5 **AB**DFGIJKLMNOPUWZ
6 ABCEFGH**K**(N 0,5km)OV

Direkt am Main, mitten im idyllischen Mainfranken, liegt dieser Campingplatz mit Strauchbewuchs und eigenem Schwimmbad. Die durch ihren Wein bekannten Ortschaften im Umkreis lohnen allemal einen Besuch. Aussichts- und Komfortplätze gegen Aufpreis.

A3 Würzburg-Nürnberg, Ausfahrt 71 Randersacker. B13 bis Frickenhausen. Dann der CP-Beschilderung folgen

CC € 23 *1/3-17/5 11/6-28/6 1/9-25/11*

N 49°40'09'' E 10°04'28''

Geslau, D-91608 / Bayern

640

Camping Mohrenhof****
Lauterbach 3
+49 98 67 97 86 09
1/1 - 31/12
info@mohrenhof-franken.de

10ha 330T(80-250m²) 16A CEE

1 ACD**H**JKLMNPQR
2 AEIMNOSVWXY
3 CD**G**IKNP**QR**SUWZ
4 (Q+R)(U 1/4-8/11)
(Y+Z 1/4-8/11,27/12-31/12)
5 **AB**DEFGIJKLMNOPQUWXYZ
6 ACDEFG**K**(N 2km)OQUV

Familiencamping mit vielen Komfortplätzen, einem wahren Kinderspielparadies (Indoor-Spielscheune) und Wakeboard-Center an der romantischen Straße bei Rothenburg. Wandern, Radfahren und Kultur. Der Campingplatz hat ein gutes Restaurant, einen schönen Schwimmteich mit Liegewiese, Alpakawanderungen, Ponyreiten und vieles mehr.

A7 Ausfahrt 108 Rothenburg ob der Tauber. Richtung Geslau. Hinter Geslau links Richtung Lauterbach. Dort rechts Richtung Camping, deutlich ausgeschildert.

CC € 23 *8/1-17/2 26/2-31/3 16/4-28/4 1/5-18/5 11/6-1/7 4/9-28/9 7=6, 14=12, 21=18, 30=25*

N 49°20'42'' E 10°19'26''

Gunzenhausen, D-91710 / Bayern

641

Campingplatz Fischer-Michl
Wald Seezentrum 4
+49 98 31 27 84
15/3 - 31/10
fischer-michl@t-online.de

4,5ha 120T(120m²) 16A CEE

1 ADHIKMNPQR
2 AEJOSUWX
3 CHMQSWZ
4 M(Q+R+T+U+X+Z)
5 ABDEFGJMNOPUWZ
6 ACDEFGHK(N 3km)OT

Großzügig angelegter neuer Platz in ruhigem Gebiet. Schöne Ausgangsbasis für Radtouren. Viele Wassersportmöglichkeiten.

A6 Heilbronn Richtung Nürnberg, Ausfahrt 52 Richtung Gunzenhausen. Dann Richtung Nördlingen/Altmühlsee, Südufer-Wald.

CC € 21 31/3-18/5 12/6-15/7 6/9-31/10

N 49°07'32'' E 10°43'00''

Illertissen, D-89257 / Bayern

642

Camping Illertissen GbR****
Dietenheimerstraße 91
+49 73 03 78 88
1/4 - 5/11
info@camping-illertissen.de

3ha 50T(70-80m²) 16A CEE

1 CHIJKLMNPQR
2 CIJSXYZ
3 AC
4 (B 31/5-15/9)
(Q+R+W+X+Z)
5 ABCDFGIJKLMNOPQUWXYZ
6 AEFGJK(N 1,5km)O

Idealer Urlaubs- und Durchreiseplatz in einer ruhigen Umgebung. Prima Sanitär und Stromanschlüsse. Warme Duschen, gratis Schwimmbadeintritt, aber beschränktes Lebensmittelangebot. Legoland in einer knappen Stunde erreichbar

A7 Ulm-Memmingen, Ausfahrt 124 Illertissen. Dann Richtung Dietenheim. Dort ausgeschildert.

CC € 23 1/4-15/6 15/9-5/11

N 48°12'44'' E 10°05'17''

Kinding/Pfraundorf, D-85125 / Bayern

643

Camping Kratzmühle****
Mühlweg 2
+49 8 46 16 41 70
1/1 - 31/12
info@kratzmuehle.de

15ha 375T(80-130m²) 16A CEE

1 ACHIJKLMNPQR
2 CEIJMOQSUVWXY
3 CGKMPRSUWZ
4 (Q+R 1/4-31/10)
(T+U 1/4-30/9)(V+Y)
5 ABDEFGIJKLMNOPUWXY
6 ACDEFGHK(N 5km)OQTV

Geselliger grüner Campingplatz mit guten Möglichkeiten zum Rad fahren und wandern. Neben dem Campingplatz ist ein schöner Badesee. Auch gut geeignet als Durchreisecamping.

A9 Nürnberg-München, Ausfahrt 58 Altmühltal, Richtung Kinding. CP ist ausgeschildert.

CC € 23 2/1-17/5 21/5-26/5 11/6-22/6 1/9-31/12

N 49°00'12'' E 11°27'07''

Lackenhäuser, D-94089 / Bayern

644

Knaus Campingpark Lackenhäuser****
Lackenhäuser 127
+49 8 58 33 11
1/1 - 5/11, 21/12 - 31/12
lackenhaeuser@knauscamp.de

19ha 322T(80-100m²) 16A CEE

1 AC**H**IJKLMNP**Q**R
2 BCMNOSUVWXYZ
3 CEIKLMNP**RSTUW**
4 (A 1/7-15/8)(C 15/5-15/9) (**F**)**N**(Q+R+U+Y)
5 **AB**CDEFGIJKLMNOPUWXYZ
6 CDEFGH**K**(N 5km)OSVX

Herrlicher Terrassencamping in waldreicher Gegend. Sehr kinderfreundlich. Diverse Schwimmbecken, Streichelzoo, Animationsclubhaus, Abenteuerdorf, der kleiner See und Spielgelände sind sicher ein Mehrwert. Ein Relax-, und sportiver Urlaubsort für Jung und Alt. Der Eintritt ins Hallenbad ist nicht im CampingCard ACSI-Tarif enthalten.

B12 zwischen Freyung und Passau, Ausfahrt Waldkirchen. Bis Waldkirchen-Ost, hier ist der CP ausgeschildert. Noch ca. 28 km.

CC € 23 *8/1-17/5 11/6-28/6 1/9-4/11*

N 48°44'56'' E 13°49'00''

Oberwössen, D-83246 / Bayern

645

Camping Litzelau****
Litzelau 4
+49 86 40 87 04
1/1 - 31/12
camping-litzelau@t-online.de

4ha 71T(80-120m²) 16A CEE

1 AD**H**JKLMNP**Q**R
2 BCJMNSTWXYZ
3 CE**G**IKLSUX
4 **N**(Q+R+Y)
5 **AB**DFGIJKLMNO**P**UWXY
6 ACEFGK(N 1km)OTV

Der Camping liegt im Tal neben dem Bergflüsschen und ist vollständig von Wald umgeben. Vom Camping aus viele Wander- und Radwege. Viele Sporteinrichtungen in direkter Umgebung (Segelfliegen, Paragliding, Naturrodelbahn, Ski-Lift, Ski-Schule, Inlineskating, Tennis und Golf).

A8 München-Salzburg, Ausfahrt 106 Bernau und via B305 Richtung Reit im Winkl, nach Oberwössen (20 km).

CC € 21 *1/1-26/5 9/6-23/6 8/9-15/12*

N 47°43'03'' E 12°28'45''

Prien am Chiemsee, D-83209 / Bayern

646

Camping Hofbauer
Bernauerstraße 110
+49 80 51 41 36
1/4 - 15/10
info@camping-prien-chiemsee.de

1,5ha 100T(75-100m²) 16A CEE

1 AD**H**JKLMNPQR
2 IJLSVWXY
3 C**G**JKMSU
4 (C+D+H 1/5-30/9)(Q+R) (U 30/4-3/10)(V) (X 30/4-3/10)(Z)
5 **AB**DFGIJKLMNOPUWXYZ
6 CFGK(N 0,6km)OSTV

Guter Camping zur Durchreise oder zum Verweilen. 1,5 km vom Chiemsee und 3 km von der Autobahn entfernt. Die Stellplätze befinden sich entlang Straßen. Das Schwimmbad kann bei schlechtem Wetter überdacht werden. Gratis Zugang zu den Schöllkopf-Bädern am Chiemsee. Empfehlung: Fahrradtour in der Umgebung oder eine Bootsfahrt auf dem See.

A8 München-Salzburg, Ausfahrt 106 Bernau. Dann ca. 3 km Richtung Prien. Am Kreisel geradeaus, nach 100m liegt der Camping auf der linken Seite.

CC € 23 *6/4-28/5 11/6-24/6 10/9-15/10*

N 47°50'20'' E 12°21'04''

Roth/Wallesau, D-91154 / Bayern

647

Camping Waldsee****
Badstraße 37
+49 91 71 55 70
1/1 - 31/12
info@camping-waldsee.de

4ha 100T(80-120m²) 16A CEE

1 ABCD**H**IJKLMNP**Q**R
2 BEOSUWXYZ
3 CIKSU**W**Z
4 (Q+R+U+X)
5 **AB**DFGIJKLMNOPUWXYZ
6 ACDEFG**K**(N 4km)OST

Idyllischer Komfortcampingplatz mit eigenem kleinen Waldsee. Idealer Ausgangspunkt für Wanderungen und Radtouren. Im fränkischen Seengebiet gelegen.

A9 Nürnberg-München, Ausfahrt Allersberg Richtung Hilpoltstein. In Hilpoltstein rechts ab Richtung Roth/ Eckersmühlen, bis Wallesau durchfahren. Am Ortseingang links.

CC € 23 *1/1-15/5 12/6-30/6 1/9-31/12*

N 49°11'21'' E 11°07'28''

Rottenbuch, D-82401 / Bayern

648

Terrassen-Camping am Richterbichl****
Solder 1
+49 88 67 15 00
1/1 - 31/12
info@camping-rottenbuch.de

1,2ha 50T(80-100m²) 16A CEE

1 ABD**H**IJKLMNPQR
2 EJMSVWY
3 CIK**O**PSUZ
4 (Q+R+T)(U+X 1/5-30/9) (Z)
5 **AB**DFGIJKLMNOPUWZ
6 ACDEFG**K**(N 0,5km)OTV

Ein leicht abfallender Terrassencampingplatz mit ländlichen Charakter, umgeben von Bäumen und Weidewiesen. Zentrale Lage für Ausflüge (Linderhof, Oberammergau, Neuschwanstein). Schöne verkehrsgerechte Radrouten.

Von A7 Ulm-Kempten, Ausfahrt 134. B12 bis Marktoberdorf. Dann die B472 Richtung Schongau, danach B23 Richtung Garmisch-Partenkirchen. CP liegt direkt an der Romantischen Straße.

CC € 23 *10/1-26/5 12/6-14/7 1/9-30/9*

N 47°43'39'' E 10°58'01''

Schillingsfürst, D-91583 / Bayern

649

Camping Frankenhöhe
Fischhaus 2
+49 98 68 51 11
1/1 - 31/12
info@
campingplatz-frankenhoehe.de

3ha 55T(100m²) 16A CEE

1 ACD**H**IJKLMNPQR
2 BILSVXYZ
3 CGHIKMSU**W**Z
4 (Q+R+T+U+X+Z 1/4-31/10)
5 **AB**DFGHIJKLMNOPUWZ
6 ACDEFG**K**(N 1,5km)OV

Camping auf 500 Metern Höhe im Naturgebiet 'Frankenhöhe', 20 km von der mittelalterlichen Stadt Rothenburg, Dinkelsbühl und der Rokokostadt Ansbach. Viele Wandermöglichkeiten in den Wäldern oder Fahrradtouren. Badesee in 200m Entfernung. Restaurant mit einfacher Speisekarte auf dem Campingplatz.

A7 Ausfahrt 109 Wörnitz, Richtung Schillingsfürst. In Schillingsfürst Richtung Dombühl, Campingplatz ist ausgeschildert. 100m nach Fischhaus rechts.

CC € 21 *1/1-2/4 17/4-21/5 5/6-30/6 4/9-31/12*

N 49°16'25'' E 10°15'56''

Taching am See, D-83373 / Bayern

650

Seecamping Taching am See
Am Strandbad 1
+49 86 81 95 48
1/4 - 15/10
info@seecamping-taching.de

1,6ha 98T(80-100m²) 16A CEE

1 ACD**G**IJKLMNPQR
2 AEJOPSVWXYZ
3 C**G**HIKMPS**WZ**
4 (Q 1/5-15/9)(R 15/5-15/9) (U+V+X+Y 1/5-15/9)
5 **AB**DFGIJKLMNOPUWZ
6 ACEFGHK(N 0,5km)

Familienfreundlicher Camping. Schöne Lage direkt am Tachinger See, einer der wärmsten Seen Bayerns, Wassersport geeignet. Gutes Restaurant mit Terrasse und herrlichem Blick in die Berge. Viele Rad- und Wanderangebote. TouristInfo direkt auf dem Camping. Ausflüge nach Salzburg, Passau und München. WLAN auf allen Plätzen kostenlos.

A8 München-Salzburg, Ausfahrt Traunstein/Siegsdorf. Auf der Strecke Waging-Tittmoning bei Taching Richtung See, danach noch ca. 0,3 km.

CC € 21 *1/4-1/6 31/8-15/10*

N 47°57'42'' E 12°43'54''

Triefenstein/Lengfurt, D-97855 / Bayern

651

Camping Main-Spessart-Park*****
Spessartstraße 30
+49 93 95 10 79
1/1 - 31/12
info@camping-main-spessart.de

9,5ha 180T(90-110m²) 10A CEE

1 ACD**G**IJKLMNQST
2 IMSUVWXYZ
3 C**G**HIKPSU
4 (Q+R 1/4-31/10)(U+V+ Y+Z)
5 **AB**DEFGIJKLMNOPUWXYZ
6 ABCDEFGK(N 2km)OV

Gut geführter Platz. 300m bis zum Schwimmbad, 500m bis zum Main. Parkartige Bepflanzung zwischen den Terrassen. Im Maintal und Naturpark Spessart kann man gut wandern und Rad fahren. Reizende Dörfer in der Nähe. Komfortplätze gegen Aufpreis.

A3 Frankfurt-Würzburg, ausfahrt 65 Marktheidenfeld. In Triefenstein/Lengfurt über die Brücke und dann den CP-Schildern folgen (6 km). Oder A3 Ausfahrt 66 Wertheim. Am Main entlang Richtung Lengfurt. CP-Schildern folgen (8 km).

CC € 23 *16/4-14/5 11/6-2/7 27/8-31/10*

N 49°49'06'' E 09°35'18''

Viechtach, D-94234 / Bayern

652

Adventurecamp 'Schnitzmühle'
Schnitzmühle 1
+49 9 94 29 48 10
1/1 - 31/12
info@schnitzmuehle.de

2ha 80T(120m²) 10A CEE

1 ACD**H**JKLMNPQR
2 CEPSTVY
3 CHIJKLP**Q**SUW**X**Z
4 (A 1/7-31/8)**KLN**(Q+R) (T 1/7-1/9)(U+Y+Z)
5 **AB**DFGIJKLMNOP**QR**UWZ
6 CDEFG**J**L(N 3km)OQRUV

Idyllisch am Fluss und (Bade)See für Abenteuer und Erlebnis. Sehr gutes Wellness, Thai- und Bayerisches Lokal. Der Camping ist Haltestelle der Waldbahn. Jede Stunde geht die Bahn gratis in verschiedene Orte der Umgebung.

A3 Regensburg-Passau, Ausfahrt 110 Ri. Deggendorf. Die B11/E53 bis Patersdorf. Nach links auf die B85 nach Viechtach. Den CP-Schildern folgen. Achtung: Einfahrt 12% Steigung und 3,20m Durchfahrtshöhe.

CC € 23 *1/1-26/5 11/6-14/7 11/9-31/12*

N 49°04'10'' E 12°54'49''

Viechtach, D-94234 / Bayern

iD 653

Knaus Campingpark Viechtach****
Waldfrieden 22
+49 99 42 10 95
1/1 - 5/11, 21/12 - 31/12
viechtach@knauscamp.de

5,7ha 183**T**(80-100m²) 16A CEE

1 ACD**H**IJKLMNPQR
2 BLMSUVWXYZ
3 ACHIJKLPSU**W**
4 (A 1/6-30/9)(**F**)**N**(Q+R)
(U+X+Z 1/7-30/9)
5 **AB**DEFGIJKLMNPUW
6 CDG**K**(N 2km)OSTUV

Ein sehr hundefreundlicher Campingplatz mit separaten Parzellen, Agility Trainingsfeld und Auslaufwiese am Wald. Die vielen Wanderwege und Attraktionen in der Umgebung versprechen einen angnehmen und aktiven Urlaubsaufenthalt. Der Eintritt ins Hallenbad ist nicht im CampingCard ACSI-Tarif enthalten.

A3 Regensburg-Passau, Ausfahrt 110 Richtung Deggendorf. Die B11/E53 bis Patersdorf. Dort links die B85 bis Viechtach. Den Schildern 'Knaus-Camping' folgen.

CC € 23 *8/1-17/5 11/6-28/6 1/9-4/11*

N 49°04'57'' E 12°51'12''

Waldberg/Rhön, D-97657 / Bayern

iD 654

Camping Waldberg
Dr.-Bühner-Straße 1
+49 97 01 90 67 86
1/4 - 5/11
camping-waldberg@gmx.de

2,5ha 140**T**(80-130m²) 16A CEE

1 AD**H**IJKLMNQ
2 BDJNSUVWXYZ
3 AIKLU
4 (Q+U+X)
5 **AB**CDGIJKLMNOPUWXY
6 EFGJO

Im Herzen des Naturparks Rhön liegt dieser flache Campingplatz an einem Bach. Idealer Ausgangspunkt für Wanderungen und Mountainbike-Touren.

A7 Ausfahrt 95 Bad Brückenau/Wildflecken, B286 Richtung Bad Brückenau. Nach 3 km Richtung Wildflecken. In Wildflecken Richtung Sandberg.

CC € 23 *12/4-15/5 12/6-30/6 1/9-30/9*

N 50°20'17'' E 09°59'24''

Waldmünchen, D-93449 / Bayern

iD 655

Camping Ferienpark Perlsee
Alte Ziegelhütte 6
+49 99 72 14 69
1/1 - 31/12
info@
campingplatz-waldmuenchen.de

5ha 250**T**(80-120m²) 16A CEE

1 AD**H**IJKLMNQR
2 AFLMNQSUWY
3 ACIKLMNPRSU**WZ**
4 (**A** 1/7-31/8)(Q+R 1/5-15/9)
(T 1/5-1/10)(U+Y)
5 **AB**DFGIJKLMNOPUW
6 CDEFG**J**(N 2,5km)OQV

Terrassencamping mit großem Sandstrand in einer prächtigen Berggegend in Bayern der tschechischen Grenze. Diverse Wander- und Radmöglichkeiten. Schöne MTB-Routen. Bei Schlechtwetter gibt es das Schwimmbad gleich in der Nähe. Klasse Gebiet für Motorbiker. Gratis ÖPNV in die Region Cham.

Von Cham über die B22 und B85 nach Waldmünchen. Im Ort geradeaus bis zum 2. Kreisel, dann die 1. links (scharfe Kurve). Den CP-Schildern folgen.

CC € 19 *1/1-20/5 12/6-28/6 4/9-31/12*

N 49°23'43'' E 12°41'54''

Die Schweiz:
Bergwelt der Alpen, grüne Täler und azurblaue Seen

Es gibt wohl kein europäisches Land mit einer eindrucksvolleren Landschaft als die Schweiz. Auf dem Weg zu Ihrem Campingplatz in der Schweiz wird Sie die Landschaft in ihren Bann ziehen: atemberaubend und sehr abwechslungsreich, unzugänglich oder sehr reizvoll, mit eisigen Gipfeln und gefrorenen Gletschern, aber auch mit sonnenverwöhnten, grünen Hängen und azurblauen Seen in den Tälern.

Hauptstadt: Bern
Währung: Schweizer Franken
Zeitzone: UTC +1, UTC +2 (März bis Oktober)
Sprache: Deutsch, Französisch und Italienisch
Ländervorwahl: +41
Alkoholgrenze: 0,5‰
Notrufnummer: allgemein: 112, Polizei: 117, Feuerwehr: 118, Rettungswagen: 144
Leitungswasser: unbedenklich

Natur auf hohem Niveau

Naturliebhaber kommen in der Schweiz voll auf ihre Kosten. Die Alpenlandschaft, die von den Campingplätzen aus leicht zu erreichen ist, ist besonders für Wanderer interessant. In den tieferen Lagen ist es für den ungeübten Wanderer durchaus machbar, aber man kann auch ganz bequem mit einer Bergbahn auf einen Gipfel fahren. Eines der schönsten Fotomotive in Europa liegt in der Schweiz: das Matterhorn. Fahren Sie mit der Seilbahn auf den gegenüberliegenden Berg Klein Matterhorn, mit der höchsten Seilbahnstation der Alpen, und bewundern Sie die fantastische Aussicht auf den charakteristischen Berg.

ACSI AWARDS

Gewinner 2022 in der Schweiz

Bestes Campingplatz-Schwimmbad
Camping Riarena

Bester Campingplatz für Wanderungen und Radtouren
Camping des Pêches

Campingurlaub am See

Wer lieber in Wassernähe campt, hat in der Schweiz die Qual der Wahl. Auf der Schweizer Seite des Bodensees können Sie die schöne Stadt Konstanz erkunden und die Blumeninsel Mainau besuchen. Fahren Sie mit dem Boot über den Genfer See und erleben Sie den 140 m hohen Springbrunnen Jet d'eau, eines der Wahrzeichen der Stadt Genf. Begeben Sie sich auf die Spuren von Wilhelm Tell auf dem Vierwaldstättersee und in Küssnacht. Der Neuenburgersee und der Walensee bieten auch jede Menge Wasserspaß

ACSI Awards

Gewinner: Camping Des Pêches

mit Möglichkeiten zum Segeln, Fischen, Schwimmen, Surfen und Paddeln.
Ein Campingurlaub in der Schweiz wird noch imposanter, wenn man einen der hohen Alpenpässe überquert, zum Beispiel den Großen St. Bernhard-, den Furka- oder den Grimselpass. Weit weniger bekannt, aber sicherlich ebenso schön ist das grüne und liebliche Mittelgebirge im Westen: der Schweizer Jura. Die meisten Campingplätze bieten auch Wintercamping an.

Die Schweiz für echte Feinschmecker

Die Schweiz ist berühmt für ihre Käsesorten wie Emmentaler, Appenzeller oder Raclettekäse. In der Emmentaler-Käserei erfahren Sie alles über die Geschichte und Herstellung dieser Schweizer Spezialität. Zu einem leckeren Stück Käse passt ein gutes Glas Wein aus einem der Schweizer Weinanbaugebiete. Für Liebhaber von süßen Speisen ist die Schweizer Schokolade ein echtes Highlight.

Tanken

Benzin (Super 95 und Super Plus 98) und Diesel (Gazole) sind ohne weiteres erhältlich. Flüssiggas ist einigermaßen gut verfügbar. Zum Tanken von Flüssiggas verwenden einige Tankstellen den Europa-Adapter (acme) und andere den Italien-Anschluss (dish).
Tankstellen sind oft mindestens von 8 bis 18 Uhr geöffnet. In den Städten und entlang der Landstraßen sind sie oft von 7 bis 20 Uhr und entlang der Autobahnen von 6 bis 23 Uhr geöffnet. Außerdem haben die meisten Tankstellen einen Nachtservice-Automaten

Ladestationen

In der Schweiz gibt es zahlreiche öffentliche Ladestationen, viele davon entlang der Autobahnen. Die Gebührensätze sind in der Schweiz immer noch sehr unterschiedlich und teilweise sehr hoch. Aus diesem Grund ist das kostenlose Aufladen in der Schweiz sehr beliebt und Unternehmen wie Ikea und Supermärkte bieten die Möglichkeit des kostenlosen Aufladens an. Daher gibt es in der Schweiz relativ viele kostenlose Ladepunkte. Es ist ratsam, diese in Anspruch zu nehmen, damit der Urlaub in der Schweiz etwas günstiger wird.

Verkehrsvorschriften

Tagesfahrlicht ist Pflicht. An einer gleichberechtigten Kreuzung hat der Verkehr von rechts Vorfahrt. Straßenbahnen haben immer Vorrang. Der Verkehr in einem Kreisverkehr hat Vorrang, wenn dies durch Verkehrszeichen angezeigt wird. In den Bergen hat der bergauf fahrende Verkehr Vorrang vor dem bergab fahrenden. Auf engen Straßen hat ein schwereres Fahrzeug Vorrang vor einem leichteren. Autofahrer dürfen nur Freisprechtelefone benutzen. Kinder unter 12 Jahren oder einer Körpergröße von weniger als 1,50 m müssen in einem Kindersitz sitzen. Blitzer-Warnschilder sind verboten; entfernen Sie Schweizer Blitzerstandorte aus Ihrer Navigationssoftware (falls nötig). Winterreifen werden bei winterlichen Verhältnissen dringend empfohlen (Schneeketten können durch ein Schild vorgeschrieben werden).

Sondervorschriften

In der Schweiz gibt es "Bergpoststrassen" (blaues Schild mit gelbem Posthorn), auf denen Linienbusse und Postfahrzeuge immer Vorrang haben.
Bei Stau muss eine Rettungsgasse gebildet werden. Parken ist auch dort verboten, wo gelbe Streifen und Kreuze auf der Fahrbahn angebracht sind. Lasten dürfen seitlich nicht überstehen, Fahrräder dürfen jedoch maximal 20 cm überstehen.

Vorgeschriebene Ausstattung

Ein Warndreieck ist im Auto Pflicht.

Reisemobil und Caravan

Ein Reisemobil oder eine Auto-Wohnwagen-Kombination darf höchstens 4 m hoch, 2,55 m breit und 18,75 m lang sein (der Wohnwagen selbst darf nicht länger als 12 m sein).
Auf Autobahnen mit mindestens drei Fahrspuren in gleicher Fahrtrichtung dürfen Sie mit Ihrem Wohnwagen (oder mit einem Wohnmobil > 3,5 Tonnen) nicht auf der ganz linken Spur fahren. Wir empfehlen Ihnen, Unterlegkeile mitzunehmen, um die Räder Ihres Wohnwagens an einem (leichten) Hang zu sichern.

"Die Schweiz: unvergleichliche Natur in Europa, kombiniert mit stimmungsvollen historischen Städten"

Herr D. Kolkman, Inspektor 1070.

Fahrrad

Ein Fahrradhelm ist nur vorgeschrieben, wenn Sie schneller als 20 km/h fahren. Es ist verboten, während des Radfahrens zu telefonieren oder ein Mobiltelefon zu benutzen. Kinder bis 6 Jahre dürfen nur in Begleitung einer mindestens 16 Jahre alten Person auf der Straße fahren. Eine Person ab 16 Jahren darf ein Kind auf einem Fahrrad in einem Kindersitz mit Beinschützern transportieren. Radfahrer dürfen nur auf einem Radweg oder einer Fahrradspur nebeneinander fahren.

Maut

Auf allen Schweizer Autobahnen ist eine Mautvignette erforderlich.
Für Wohnwagen und Anhänger ist eine zweite Vignette erforderlich. Die Vignette ist für Autos, Wohnwagen, Anhänger und Wohnmobile bis zu einem Gesamtgewicht von 3,5 t gleich (und kostet dasselbe). Sie ist ein Jahr lang gültig. Fehlt die Vignette, riskieren Sie ein hohes Bußgeld.
Es ist ratsam, die Vignette vor der Reise online zu bestellen, zum Beispiel über tolltickets.com. So ersparen Sie sich die Wartezeit an der Grenze.
Für Fahrzeuge (auch Wohnmobile) über 3,5 t müssen Sie eine Schwerverkehrsabgabe (PSVA) entrichten. Sie können sich dazu bei der Zollstelle an der Grenze melden.
Weitere Informationen bazg.admin.ch (suche nach PSVA für ausländische Fahrzeuge)
Sie können die Grenze bei Basel-Weil (auf der E35, der deutschen A5, der schweizerischen A2) nicht ohne Vignette überqueren.

Umweltzonen

Der Kanton Genf hat in mehreren Gemeinden ab Januar 2020 eine Umweltzone eingeführt. Sie müssen in dieser Zone eine Umweltplakette haben.

Tunnels

Es gibt zwei mautpflichtige Tunnel: den Gran San Bernardo-Tunnel und den Munt-la-Schera-Tunnel. Der Munt-la-Schera-Tunnel hat nur eine Fahrspur, so dass Sie nur zu bestimmten Zeiten durchfahren können. Weitere Informationen: letunnel.com, livigno.eu/de/tunnel-munt la-schera und ekwstrom.ch.
Sie können auch mit dem Autozug durch eine Reihe von Tunneln fahren. Weitere Informationen: myswissalps.com/de/auto/autozug

Panne und Unfall

Stellen Sie Ihr Warndreieck auf Autobahnen mindestens 100 m (sonst 50 m) hinter dem

Fahrzeug auf, wenn es für den übrigen Verkehr nicht sichtbar ist. Allen Insassen wird empfohlen, eine Sicherheitsweste zu tragen.
Rufen Sie im Falle einer Panne die Notrufnummer Ihres Pannendienstes. Sie können auch einen Schweizer Pannendienst anrufen: +41 44 2833377 (ACS) oder 800 140140 (TCS). Auf Hauptverkehrsstraßen und Bergpässen können Sie auch an einer Notrufsäule Pannenhilfe anfordern. Das Abschleppen auf der Autobahn ist bis zur ersten Ausfahrt erlaubt.

"Hoch oben in den Bergen oder an einem See, in der Schweiz ist alles möglich"

Herr W. Laeven, Inspektor 1121.

Campen

Die meisten Campingplätze in der Schweiz befinden sich an den Seen. Die Campingplätze in den Gebirgsregionen sind oft klein und bieten nur einfache Einrichtungen für Zeltcamper.
In der Westschweiz haben die Campingplätze oft viele feste Stellplätze.
Wildcamping außerhalb der Campingplätze ist generell verboten. Es ist nur erlaubt, wenn Sie vorher die Erlaubnis des Grundstückseigentümers oder der örtlichen Polizei eingeholt haben.

Besonderheiten

Viele Schweizer Campingplätze sind auch im Winter geöffnet, vor allem im Berner Oberland und in Graubünden.
Beim Zelten in den Bergen ist es ratsam, das Wetter im Auge zu behalten.
Die Schweizer Campingplätze sind streng, was die Verwendung von Gas betrifft. Möglicherweise müssen Sie einen Fragebogen über die Tauglichkeit der Geräte ausfüllen.
Das Übernachten im Wohnwagen, Wohnmobil oder Auto außerhalb von Campingplätzen ist auf Autobahnraststätten nur für eine Nacht auf der Durchreise erlaubt. Abgesehen von lokalen Ausnahmen ist das Übernachten auf öffentlichen Straßen auch anderswo verboten.

Praktisches

Das Fahren in den Schweizer Bergen erfordert eine gewisse Erfahrung, wenn man mit einem Wohnwagen unterwegs ist.
In den Alpen treten Steigungen von 6 % bis 15 % und mehr auf. Fast alle Bergstraßen sind auf der Seite gesichert, auf der es einen Abgrund gibt. Gebirgspässe in der Schweiz, Österreich und Italien können vorübergehend geschlossen, schwer befahrbar oder sogar dauerhaft für Fahrzeuge mit Wohnwagen oder Anhängern verboten sein. Bitte überprüfen Sie dies vor Ihrer Reise.
Weitere Informationen: alpenpaesse.de
Zusätzliche Gebühren für Dinge wie Touristensteuern und Umweltabgaben können manchmal hoch sein.
Wenn Sie ein Mobiltelefon oder das Internet benutzen, prüfen Sie im Voraus, ob die Schweiz in Ihrem EU-Paket enthalten ist.

Brig, CH-3900 / Wallis
656

Camping Geschina****
Geschinaweg 41
+41 2 79 23 06 88
5/5 - 15/10
geschina@bluewin.ch

2ha 75T 10A CEE

1 ACD**H**JKLMN**Q**R
2 CIJNSXY
3 ASU
4 (**C+H** 16/5-6/9)**J**(Q)
5 **AB**FGIJKLMNO**P**UW
6 CEFJ(N 0,6km)TV

Schöner, gepflegter Camping am Ufer eines schnell strömenden Flusses. Schattige Plätze. Freibad in der Nähe des Campings. In Gehweite zur alten Stadt Brig.

In Brig den Hinweisen Brig-Glis folgen und weiter 'Altstadt' (P) folgen. Danach den CP Nr 9.101 folgen.

CC € 23 *5/5-2/7 20/8-15/10*

N 46°18'34'' E 07°59'36''

Cinuos-chel/Chapella, CH-7526 / Graubünden
657

Camping Chapella**
+41 8 18 54 12 06
1/5 - 31/10
info@campingchapella.ch

2ha 100T(40-100m²) 16A CEE

1 ACD**H**JKLMN**Q**R
2 CMNSUXY
3 A**G**IK**W**
4 (Q+R)
5 **AB**DGIJKLMOPUWZ
6 ACEFK(N 3km)O

Romantischer Grasbodenplatz ohne Abgrenzungen von Wald umgeben. Modernes beheiztes Sanitär. Nah am Eingang zum Schweizerischen Nationalpark.

An der Straße 27, einige km südlich von Cinuos-chel, auf die Kurve und Brücke achten!

CC € 23 *1/5-18/6 4/9-31/10*

N 46°37'57'' E 10°00'49''

Cugnasco, CH-6516 / Tessin
658

Camping Riarena****
Via Campeggio 1
+41 9 18 59 16 88
17/3 - 22/10
info@campingriarena.ch

3,2ha 105T(70-100m²) 10A

1 ACDFJKLMNP**Q**R
2 CIJSTXY
3 AIKPSU
4 (B+G 1/5-15/9)
(Q+R+T+U+V+X+Y+Z)
5 **AB**FGIJKLMNOPUW
6 ABCEFGKM(N 2km)OTV

Gut gepflegter, ruhig gelegener Familiencamping mit Schwimmbad. Top Lage für Fahrrad- und Wandertouren. Schöner Spielplatz. Gut ausgestattet für Behinderte. Kreditkarten werden akzeptiert.

A2 Ausfahrt Bellinzona-Süd/Locarno. Richtung Locarno. Weiter Richtung Flughafen, dann im Kreisel Richtung Gordola-Gudo. In Cugnasco Camping ausgeschildert.

CC € 23 *17/3-7/4 11/4-18/5 22/5-27/5 30/5-5/7 21/8-22/10*

N 46°10'11'' E 08°54'51''

Frutigen, CH-3714 / Bern

659

Camping Grassi****
Grassiweg 60
+41 3 36 71 11 49
1/1 - 31/12
info@camping-grassi.ch

2,6ha 68T(20-120m²) 10A CEE

1 ACD**H**JKLMQR
2 CJNSUXYZ
3 AHIMNSU**W**
4 (Q 1/7-30/8)
5 **AB**DGIJKLMNOPUW
6 ACDEFGHK(N 1km)OV

Purer Naturgenuss und totale Erholung auf Camping Grassi. Hier können Sie sich entspannen. Idyllische Stelle am Rande eines Naturschutzgebietes. Die Aussicht auf die umliegenden Berge ist einmalig. WLAN gratis. Für Camper mit der CampingCard ACSI nur Barzahlung möglich.

Der Strecke Spiez-Kandersteg folgen, Ausfahrt Frutigen-Dorf. Über die Brücke, dann in den Ort. Am Hotel Simplon links abbiegen. Campingplatz ist deutlich ausgeschildert.

CC € 23 *1/4-30/6 1/9-22/10*

N 46°34'55'' E 07°38'29''

Gstaad, CH-3780 / Bern

660

Bellerive Camping***
Bellerivestraße 38
+41 3 37 44 63 30
1/1 - 31/12
info@bellerivecamping.ch

0,8ha 35T(80-100m²) 12A CEE

1 AE**H**JKLMPQR
2 DJNSUVWXY
3 AIK**OQR**U**W**
4 (Q)
5 **AB**DGIJKLMN**P**UW
6 CDFJ(N 1,5km)OV

Kleiner Campingplatz am Ortsrand. Verbindung mit dem Dorf über einen Wanderweg. Ab und zu kommt ein Zug vorbei.

Von Saanen Richtung Gstaad. Den Schildern folgen. CP liegt rechts der Straße, 1,3 km hinter dem Kreisel in Saanen.

CC € 23 *7/1-7/2 7/3-15/5 31/5-28/6 12/9-20/12*

N 46°28'52'' E 07°16'22''

Gudo, CH-6515 / Tessin

661

Camping Isola****
Via al Gaggioletto 3
+41 9 18 59 32 44
15/1 - 15/12
isola2014@ticino.com

3ha 60T(40-100m²) 10A

1 ACD**H**JKLMNP**Q**R
2 BCIJSYZ
3 ACIKPSU
4 (B+G 15/5-30/9)
(Q+R 15/4-31/10)
(T+U+V+X+Z)
5 **AB**DFGIJKLMNOPUWZ
6 CEFK(N 3km)V

Ruhig gelegener Camping mit unbeheiztem Pool im Tal des Ticino. Bar und Cocktailbar. Ideal für Rad- und Wandertouren. Tagestouren u.a. nach Valle Maggia, Como und Mailand oder ins Fossilienmuseum in Meride oder den Monte Generoso.

A2 Ausfahrt Bellinzona-Süd/Locarno Richtung Locarno. Nach ± 8 km rechts Richtung Flugplatz. Dann Richtung Gordola-Gudo, dann Gudo. Zwischen Cugnasco und Gudo ist der CP ausgeschildert. Schmaler Zufahrtsweg.

CC € 23 *15/1-5/4 17/4-30/6 1/9-15/12*

N 46°10'15'' E 08°55'53''

Innertkirchen, CH-3862 / Bern

662

Camping Aareschlucht***
Hauptstraße 34
+41 3 39 71 27 14
1/5 - 31/10
campaareschlucht@bluewin.ch

0,5ha 45T(50-100m²) 10A

1 ACD**H**JKLMNP**Q**R
2 JLMNSXY
3 ASU**W**
4 (B+Q 15/6-15/9)(U)
5 **AB**GIJKLMNO**P**UW
6 ACFK(N 1km)O

Gemütlicher, freundlicher Campingplatz. Schöne Aussicht auf die Bergketten. Gute Duschen. In der Nähe der eindrücklichen Aareschlucht und am Fuße des Susten- und Grimselpasses gelegen.

Aus Richtung Meiringen liegt der CP zwischen Meiringen und Innertkirchen links der Strecke, kurz hinter der Einfahrt Ost zur Aareschlucht bei Innertkirchen.

CC € 23 *1/5-2/7 28/8-31/10*

N 46°42'34'' E 08°12'53''

Interlaken/Unterseen, CH-3800 / Bern

663

Camping Alpenblick****
Seestraße 130
+41 3 38 22 77 57
1/1 - 31/12
info@camping-alpenblick.ch

2,6ha 90T(60-100m²) 6-16A

1 ABCD**H**JKLMN**Q**R
2 CEIJNSVWXYZ
3 A**G**HIKPS**W**Z
4 (Q+R+T+U+X+Z)
5 **AB**DFGIJKLMNOP**QR**UWZ
6 CDFGHK(N 3km)OTV

Gut gepflegter Familiencamping Nähe Thunersee, keine abgegrenzten Plätze, gemütliche Atmosphäre. Flaches Gelände mit langen Reihen, mit Grasflächen an beiden Seiten. Es gibt ziemlich viel hohe Bäume. Preiswertes Restaurant!

A8 Thun-Interlaken-Brienz. Ausfahrt 24 Interlaken-West. CP-Schild mit dem Symbol 2 folgen.

CC € 23 *9/1-6/4 12/4-14/5 11/6-30/6 27/8-20/12*

N 46°40'47'' E 07°49'04''

Le Landeron, CH-2525 / Neuchâtel

664

Camping Des Pêches****
rue du Port 6
+41 3 27 51 29 00
1/4 - 15/10
info@camping-lelanderon.ch

ACSI AWARDS WINNER

5ha 150T(50-100m²) 16-20A CEE

1 ABCD**H**JKLMNP**Q**R
2 ACEIJOSWY
3 C**G**HIKLMNOSWZ
4 (G 15/5-31/8)M (Q+S+T+U+V+Y+Z)
5 **AB**DFGIJKLMNO**P**QUWX
6 ACEFGK(N 0,5km)OV

Camping in einer Grünoase mit herrlichem Blick auf den Chasseral. Die Tourplätze sind von den Jahresplätzen getrennt. Gleich am Eingang befindet sich ein Euro-Relais. Sehr gutes Restaurant. Gratis Schwimmbad ca. 800 m entfernt.

Von La Neuville Richtung Le Landeron. Der CP ist im Dorf ausgeschildert. Achtung: in der Zufahrt zum CP sind hohe Verkehrsschwellen, Schritt fahren.

CC € 23 *1/4-30/6 20/8-15/10*

N 47°03'11'' E 07°04'12''

Le Prese, CH-7746 / Graubünden

665

Camping Cavresc***
Via dal Cavresc 1
+41 8 18 44 02 59
1/4 - 31/10
camping.cavresc@bluewin.ch

1ha 50T(30-75m²) 13A CEE

1 ACD**H**JKLMO**Q**R
2 CJNSWXY
3 AIK**OR**SU**W**
4 (Q+T+V 1/7-1/9)
(Z 1/4-31/10)
5 **AB**DFGIJKLMNO**P**UWZ
6 CEFGJ(N 0,3km)O

Grasbewachsener Campingplatz im Poschiavo-Tal mit seinem südländischen Klima. Der Poschiavo-See (Wassersport und Angeln) liegt in der Nähe des Campings. In 5 Minuten Entfernung befindet sich die Staton der Rhätischen, mit der man Ausflüge nach Tirano (It), zum Bernina Hospiz-Hotel (auf 2253m) oder nach St. Moritz machen kann. Schöne Umgebung zum Wandern und Radfahren.

Im Ort Le Prese in einer Seitenstraße (Ostseite) der Hauptstraße 29, den Schildern folgen.

CC € 23 *1/4-14/6 14/9-31/10*

N 46°17'41" E 10°04'49"

Lignières, CH-2523 / Neuchâtel

666

Camping Fraso Ranch****
3 ch. du Grand-Marais
+41 3 27 51 46 16
1/1 - 31/10, 23/12 - 31/12
camping.fraso-ranch@bluewin.ch

4ha 48T(50-100m²) 10A CEE

1 ACD**H**IJKLMNPQR
2 IJSWXYZ
3 CHIKOPS
4 (C+H 1/6-31/8)**KN**
(Q 1/1-30/10)(R 20/5-2/9)
(T+U+V)(X 1/1-31/10)
(Y 1/1-30/10)
5 **AB**DFGIJKLMNO**P**UW
6 AEFGHJ(N 1km)OV

Ein Sportcampingplatz in sonniger Südhanglange vom Chasseral mit einem umfangreichen Sportangebot. Ein echter Tipp für Sportler! Kinderprogramm zweimal pro Woche. Ausgezeichnete sanitäre Einrichtungen. Es gibt eine Sauna und einen Whirlpool sowie ein schönes Schwimmbad.

In Le Landeron Richtung Lignières fahren. Durchs Dorf Lignières 1 km auf der rechten Seite.

CC € 21 *1/1-30/6 1/9-31/10 23/12-31/12*

N 47°05'10" E 07°04'16"

Meierskappel, CH-6344 / Zentralschweiz

667

Campingplatz Gerbe
Landiswilerstraße
+41 4 17 90 45 34
1/3 - 31/10
info@swiss-bauernhof.ch

1,6ha 60T(80m²) 16A CEE

1 ACD**H**JKLMNPQR
2 IJLSXY
3 AIKSU
4 (B 15/5-30/9)(Q+R+T+X)
5 **AB**GIJKLMNOPUW
6 CEFKL(N 0,5km)V

Campingplatz auf einem traditionellen Schweizer Bauernhof mit parzellierten Stellplätzen. Kinder können mit den Tieren kuscheln. Verkauf von eigenen Produkten.

A4 Rotkreuz-Schwyz, Ausfahrt Küssnacht, dann den Schildern folgen, Richtung Meierskappel, und kurz vor der Kreuzung beim Bauernhof links.

CC € 23 *1/3-5/4 11/4-17/5 22/5-25/5 30/5-6/6 12/6-1/7 1/9-31/10*

N 47°07'16" E 08°26'47"

Müstair, CH-7537 / Graubünden

668

Camping Muglin
Via Muglin 223
+41 8 18 58 59 90
28/4 - 29/10
info@campingmuglin.ch

4,5ha 65T(100m²) 13A CEE

1 ACD**H**JKLMNPQR
2 CJNSWX
3 A**O**U
4 MN(Q+T+X+Z 🔑)
5 **AB**DFGIJKLMNOPWXYZ
6 ACEFGK(N 1km)OV

Campingplatz in Ortsnähe auf ehemaligem Bauernhof mit großer Wiese. Große kostenlose Sauna im Heuschober. Im Ort Kloster Sankt Johann (UNESCO Welterbe). Schöne Umgebung zum Wandern und Radfahren. 2 km von der italienischen Grenze entfernt.

Auf der Umgehungsstraße südlich von Müstair den Campingschildern folgen.

CC € 23 *28/4-30/6 27/8-29/10*

N 46°37'26" E 10°26'56"

Ottenbach, CH-8913 / Zürich

669

Camping Reussbrücke****
Muristraße 34
+41 4 47 61 20 22
1/4 - 7/10
info@camping-reussbruecke.ch

1,5ha 40T(80-120m²) 6-13A CEE

1 CD**G**IJKLMNOPQR
2 CIJSVXY
3 CIKSUX
4 (B+G 8/5-15/9)
(Q+R+T+U+X+Z 🔑)
5 **AB**FGIJKLMNO**P**UZ
6 CDEFG**K**(N 0,5km)OTV

Campingplatz an der Reuss in einem schönen Naturgebiet, wo man wandern und Rad fahren kann. Flaches Gelände mit (teilweise) Bäumen.

Auf der A4 Zürich-Gotthard Ausfahrt 31 Affoltern am Albis. Dann über Obfelden nach Ottenbach. In Ottenbach Camping ausgeschildert. Camping liegt vor der Brücke und ist über den Parkplatz anfahrbar.

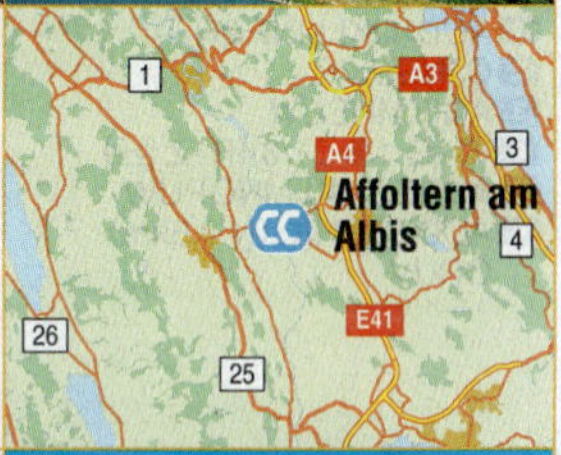

CC € 23 *17/4-28/4 2/5-12/5 22/5-26/5 12/6-30/6 1/9-1/10*

N 47°16'47" E 08°23'43"

Sta Maria, CH-7536 / Graubünden

670

Camping Pè da Munt***
Via Umbrail 165
+41 8 18 58 71 33
26/5 - 1/10
campingstamaria@bluewin.ch

2ha 60T(30-85m²) 10A

1 ACD**H**JKLMN**Q**R
2 JLMNSUXYZ
3 AIKLU
4 (Q+R 🔑)
5 **AB**GIJKLMNOPUWZ
6 CEFK(N 1,2km)

Sehr ruhig gelegener Naturcampingplatz mit entsprechender Ausstattung. Grasfeld teils terrassenförmig angelegt. Wenig Schatten, aber geschützte Lage. Bis zur italienischen Grenze sind es 5 km, bis zum Umbrail-Pass 15 km. Jeder Stellplatz hat eine eigene Holzbank und einen kleinen Feuerplatz. Wanderer und Mountainbiker kommen hier voll auf ihre Kosten.

CP etwas außerhalb des Ortes, an der Straße zum Umbrailpass.

CC € 23 *26/5-1/7 20/8-1/10*

N 46°35'49" E 10°25'32"

Unterägeri, CH-6314 / Zentralschweiz

671

Camping Unterägeri****
Wilbrunnenstraße 81
+41 4 17 50 39 28
1/1 - 31/12
info@campingunteraegeri.ch

4,8ha 150T(50-100m²) 16A CEE

1 ACDFIJKLMNP**Q**TU
2 FNPSWXYZ
3 CHIKSU**WZ**
4 (Q+R 1/4-31/10)
(S 1/4-30/10)
(T+U+W+X+Y+Z 1/4-31/10)
5 **AB**DFGIJKLMNOPUW
6 BCDEFGHK(N 2km)OV

Schöner Campingplatz in einem Naturschutzgebiet mit abgegrenzten Stellplätzen. Direkt am See, wo Sie schwimmen können. Auch eine schöne Gegend zum Wandern und/oder Radfahren. Die Plätze am Wasser sind gebührenpflichtig. Hunde sind nicht erlaubt.

A4 Luzern-Zürich, Ausfahrt Baar Richtung Ägeri. Über Baar nach Unterägeri. Innerorts ausgeschildert.

CC € 23 *11/4-17/5 12/6-1/7 1/9-31/10*

N 47°07'40'' E 08°35'31''

Zweisimmen, CH-3770 / Bern

672

Camping Vermeille****
Ey Gässli 2
+41 3 37 22 19 40
1/1 - 31/12
info@camping-vermeille.ch

1,3ha 15T(80-120m²) 10A CEE

1 ACD**H**JKLMNP**Q**R
2 CJNSUXY
3 A**G**IKMNSU**W**
4 (**C**+G 1/6-31/8)(R+Z)
5 **AB**DFGIJKLMNOPUW
6 ACDEFGHKL(N 0,5km)
ORUV

Schöner Campingplatz mit vielen Möglichkeiten im Sommer wie im Winter: Kajak, Mountainbike, Bergwandern und Wintersport.

Die 11 von Spiez nach Zweisimmen. CP an der 11 beschildert, liegt vor Zweisimmen. Von der Ausfahrt zum CP noch 200m weiterfahren. Zweiter Camping hinter dem Bahnübergang.

CC € 23 *8/1-5/2 19/3-6/4 11/4-17/5 12/6-7/7 1/9-27/9 15/10-15/12*

N 46°33'46'' E 07°22'41''

Österreich

Österreich:
campen Sie mitten in der Natur

Denkt man an Österreich, denkt man an die Alpen. Diese berühmten Berge sorgen für eine sehr abwechslungsreiche und einzigartige Landschaft. Wunderschöne Almwiesen mit weiten Ausblicken, herrliche Schluchten zum Wandern und tiefe Höhlen zum Erkunden. Dies sind nur einige der Möglichkeiten, die Sie in diesem wunderschönen Alpenland haben. Die Hochalpen befinden sich hauptsächlich im Süden und Westen Österreichs. Im Osten und Norden des Landes ist es, verglichen mit den Hochalpen, hügelig.

Urlaub das ganze Jahr über

Wo auch immer Sie in Österreich campen, es ist wunderschön. Das ist nicht verwunderlich, wenn man bedenkt, dass fast fünfzig Prozent der Fläche Österreichs aus Wald besteht. Grüner geht's nicht mehr! In ganz Österreich finden Sie viele Campingplätze an besonderen Naturstandorten. In Österreich können Sie im Sommer und im Winter viele Campingplätze besuchen. Viele Campingplätze in Österreich sind auch echte Wintersportcampingplätze, die über spezielle Einrichtungen für Skifahrer verfügen. Im Sommer können Sie wandern und Rad fahren oder eine der schönen Städte besuchen.

Hauptstadt: Wien
Währung: Euro
Zeitzone: UTC +1, UTC +2 (März bis Oktober)
Sprache: Deutsch
Ländervorwahl: +43
Alkoholgrenze: 0,49‰; für Fahrer, die seit weniger als zwei Jahren im Besitz eines Führerscheins sind, gilt ein absolutes Alkoholverbot (0,1‰-Grenze)
Notrufnummer: Polizei, Feuerwehr und Rettungswagen: 112; Polizei: 133; Feuerwehr: 122; Rettungswagen: 144
Leitungswasser: unbedenklich

ACSI AWARDS

Gewinner 2022 in Österreich

Bester Campingplatz für Wanderungen und Radtouren
50plus Campingpark Fisching

Campingplatz mit der schönsten Lage
Camping Brunner am See

Draußen aktiv

In den Bergen und Höhenzügen Österreichs haben Sie eine riesige Auswahl an unterhaltsamen Ausflügen und Aktivitäten. Wie wäre es mit der Eisriesenwelt. In dieser Höhle - etwa 40 Kilometer von Salzburg - befinden sich die längsten und tiefsten Eishöhlen der Welt. Sie bevorzugen einen wärmeren Ausflug an der frischen Luft?

Schlittenfahren auf einer echten Rodelbahn! Das macht sowohl im Sommer als auch im Winter Spaß. Oder, was noch spektakulärer ist, einen Nachmittag lang "klettern". Dies ist eine leichte Form des Bergsteigens, die für die ganze Familie geeignet ist..

Klassik und Kultur in den drei Großstädten

Aber Österreich ist mehr als Berge und Natur. Kulturliebhaber können sich auch in den großen Städten Salzburg, Innsbruck und Wien vergnügen. Besuchen Sie zum Beispiel die berühmte Spanische Hofreitschule in Wien, eine der ältesten Schulen für die Ausbildung von Pferden. Wenn Sie in Wien sind, ist das Schloss Schönbrunn ein Muss. Auch das barocke Salzburg ist einen Besuch wert. Sie erfahren alles über den berühmtesten Bewohner der Stadt, Mozart. In Salzburg können Sie ganze Tage damit verbringen, durch historische Gebäude und schöne Parks zu spazieren.

Tanken

Benzin (Super/Bleifrei 95 und Super Plus 98) und Diesel sind ohne weiteres erhältlich. Flüssiggas ist nur in sehr begrenzten Mengen verfügbar. Für Flüssiggas verwenden einige Tankstellen den Europa-Adapter (acme) und andere den Italien-Adapter (dish).
Tankstellen an Autobahnen und in Großstädten sind in der Regel 24 Stunden am Tag geöffnet, andere Tankstellen sind mindestens von 8 bis 20 Uhr geöffnet. In Österreich gibt es auch viele Nachttankstellen und unbemannte Tankstellen.

Ladestationen

Jeden Tag kommen neue Ladestationen hinzu. Die meisten von ihnen befinden sich in der Nähe der großen Städte und an den Hauptverkehrsstraßen. Auch in den Wintersportgebieten gibt es zahlreiche Ladestationen. Wie für jedes Land gilt auch für Österreich, wenn Sie mit einem Elektroauto unterwegs sind: Planen Sie Ihre Reise gut!

Verkehrsvorschriften

Abblendlicht ist bei schlechter Sicht, Dunkelheit und im Tunnel vorgeschrieben. An einer gleichberechtigten Kreuzung hat der Verkehr von rechts Vorfahrt. Der Verkehr in einem Kreisverkehr hat Vorfahrt, wenn dies durch Verkehrszeichen angezeigt wird. Straßenbahnen haben immer Vorrang. Auf engen Bergstraßen muss der Verkehr, der am leichtesten ausweichen kann, Vorfahrt geben.
Es ist nicht erlaubt, ein Telefon hinter dem Lenkrad zu halten, auch nicht im Stillstand (Freisprechen ist erlaubt). Kinder bis zu 14 Jahren und unter 1,50 m Körpergröße müssen in einem Kindersitz sitzen. Sie können die Funktion in Ihrer Navigationssoftware nutzen, die vor Radarkontrollen oder Sektionskontrollen warnt. Winterreifen sind vom 1. November bis zum 15. April bei winterlichen Bedingungen vorgeschrieben (Schneeketten können mit einem Schild vorgeschrieben werden)

“Österreich ist ein vielseitiges Urlaubsland mit vielen Seen, Bergen und Tälern für die ganze Familie“

Herr W. Ament, Inspektor 923

Sondervorschriften

Das Rauchen im Auto ist in Anwesenheit eines Kindes unter 18 Jahren verboten.
Bei Stau müssen Sie eine Rettungsgasse bilden. Parken entlang einer gelben Linie und in den mit einer gelben Zickzacklinie gekennzeichneten Zonen ist verboten. Eine grün blinkende Ampel zeigt an, dass die Ampel bald auf orange umschalten wird.
Notrufsäulen sind mit Blinklichtern ausgestattet,

die z. B. vor einem Geisterfahrer, einem Verkehrsunfall oder einem Stau warnen. Das Auto muss vor dem Losfahren von Schnee und Eis (auch auf dem Dach) befreit werden.
Es ist verboten, den Motor bei längerem Stillstand laufen zu lassen, z. B. an einem Bahnübergang oder wenn das Auto vom Eis befreit wird.

Vorgeschriebene Ausstattung

Warndreieck, Warnweste und Verbandkasten sind im Auto Pflicht.

Reisemobil und Caravan

Ein Reisemobil oder eine Auto-Wohnwagen-Kombination darf bis zu 4 m hoch, 2,55 m breit und 18,75 m lang sein (der Wohnwagen selbst darf bis zu 12 m lang sein).
Für einen Wohnwagen mit einer zulässigen Gesamtmasse von mehr als 0,75 t müssen Sie mindestens einen Unterlegkeil mitführen.
Außerhalb geschlossener Ortschaften muss ein Pkw-Wohnwagen-Gespann einen Abstand von mindestens 50 Metern zu anderen Gespannen und Lastkraftwagen einhalten.

Fahrrad

Kinder bis 12 Jahre müssen einen Fahrradhelm tragen (auch auf dem Rücksitz). In Niederösterreich ist sie bis zum 15. Lebensjahr Pflicht. Es ist verboten, während des Radfahrens zu telefonieren oder ein Mobiltelefon zu benutzen. Kinder bis 8 Jahre müssen von einer mindestens 16 Jahre alten Person auf einem hinten angebrachten Fahrradsitz begleitet werden. Kinder dürfen nicht in einem Fahrradsitz auf dem Lenker transportiert werden. Kinder bis 12 Jahre dürfen nur in Begleitung auf der Straße fahren. Radfahrer dürfen nur auf Radwegen nebeneinander fahren.

Maut

Für die Benutzung von Autobahnen in Österreich benötigen Sie eine Vignette. Sie können eine Vignette für 10 Tage, 2 Monate oder ein Jahr kaufen. Die Mautvignette kann an Tankstellen und Postämtern in Grenznähe gekauft werden.
Für Adressen: asfinag.at/maut-vignette.
Es ist ratsam, die Autobahnvignette im Voraus online zu bestellen, zum Beispiel bei tolltickets.com. Die Vignette muss auf der linken Innenseite der Windschutzscheibe angebracht werden.
Zusätzlich zur normalen Vignette ist eine "digitale Mautvignette" verfügbar. Diese digitale Vignette ist auf dem Kennzeichen registriert und kann online unter shop.asfinag.at bestellt werden.
Bestellen Sie die digitale Vignette mindestens 18 Tage vor dem gewünschten Starttermin. Der Preis und die Gültigkeit der digitalen Vignette sind dieselben wie bei der normalen Vignette.
Für Wohnwagen und Wohnmobile ist keine zusätzliche Vignette erforderlich.

Maut Besonderheiten

Fahrzeuge schwerer als 3,5 t (auch Wohnmobile), zahlen pro Kilometer über die sog. GO-Box. Diese Box ist an der Grenze erhältlich. Mehr Informationen: go-maut.at.
Nach der vollständigen Eröffnung des Pfändertunnels wurde die "Korridorvignette" abgeschafft. Auf dem 23 Kilometer langen Abschnitt der A14 Rheintal/Walgau-Autobahn zwischen der deutschen Grenze und dem Autobahnkreuz Hohenems in Vorarlberg ist nun eine Autobahnvignette oder GO-Box erforderlich.
Neben den Autobahnen gibt es in Österreich eine Reihe von sogenannten Sondermautstrecken und Bergpässen, für die eine gesonderte Maut zu entrichten ist
Weitere Informationen: asfinag.at/toll/route-and-digital-section-toll/route-rates und oeamtc.at/poi.

Umweltzonen

Für Fahrzeuge, die schwerer als 3,5 t sind, wurde in einigen Regionen eine Umweltzone eingerichtet und Sie müssen eine Umweltplakette besitzen.
Weitere Informationen: green-zones.eu/de/

Panne und Unfall

Stellen Sie Ihr Warndreieck auf Autobahnen mindestens 200 bis 250 m (sonst 150 m) hinter dem Fahrzeug auf, falls es für den übrigen Verkehr nicht gut sichtbar ist. Der Fahrer muss eine Warnweste anziehen.
Im Falle einer Panne rufen Sie die Notrufnummer Ihres Pannenhelfers an. Sie können auch einen österreichischen Pannendienst anrufen: 120 (ÖAMTC) und 123 (ARBÖ). Entlang der Autobahnen können Sie auch an einem Notruftelefon eine Pannenhilfe anfordern. Das Abschleppen auf Autobahnen ist bis zur ersten Ausfahrt erlaubt.

"Österreich ist die richtige Wahl, wenn Sie Ruhe, Berge und Seen mögen"
Frau W. Willems, Inspektorin 80

Campen

Die österreichischen Campingplätze gehören zu den besten in Europa. Vor allem Kärnten zeichnet sich durch seine hervorragende Lage, das stabile Klima und die schönen Seen aus. In Tirol haben sich viele Campingplätze auf Wellness spezialisiert oder richten sich an sportliche Campinggäste. Wildcamping außerhalb der Campingplätze ist nur mit Genehmigung der örtlichen Behörden oder des Grundstückseigentümers erlaubt.
Viele österreichische Campingplätze sind auch im Winter geöffnet, vor allem in Vorarlberg, Tirol und Salzburg.
Zusätzliche Kosten für z.B. Kurtaxe oder Umweltabgaben können manchmal hoch sein.
Das Übernachten im Wohnwagen, Wohnmobil oder Auto außerhalb von Campingplätzen ist, außer in Wien, Tirol und in Nationalparks, für eine Nacht auf der Durchreise erlaubt.

Praktisches

In den Alpen treten Steigungen von 6 % bis 15 % und mehr auf. Fast alle Bergstraßen sind auf der Seite gesichert, auf der es einen Abgrund gibt. Gebirgspässe in der Schweiz, in Österreich und in Italien können vorübergehend geschlossen, schwer befahrbar oder sogar dauerhaft für Fahrzeuge mit Wohnwagen oder Anhängern verboten sein. Bitte überprüfen Sie dies vor Ihrer Reise. Weitere Informationen: alpenpaesse.de

Abersee/St. Gilgen, A-5342 / Salzburg

673

Paradiescamping Wolfgangsee Birkenstrand****
Schwand 17a
+43 66 49 40 48 79
1/4 - 15/10
camp@birkenstrand.at

1,8ha 110T(80-100m²) 12A CEE

1 ACD**G**JKLMNPQTU
2 FJNSUWXYZ
3 AIKMNS**W**Z
4 **N**(Q+R+T+U+V)
5 **AB**DFGIJKLMNOPUWXYZ
6 ACEFGK(N 5km)O

Camping in idyllischer Lage mit direktem Zugang zu See und Liegewiese. Windgeschützte Komfortplätze am See auch für die CampingCard ACSI. Verleih von Kajak, SUP-Brett und Fahrrad. Moderne Sanitäranlagen und Privatsauna (finnisch). Frisches Brot im Minimarkt. Typisch österreichisches Restaurant am Camping. Bus direkt nach Salzburg in der Nähe.

B158 St. Gilgen-Strobl, 4 km hinter St. Gilgen in Schwand Ausfahrt links, Schildern folgen.

CC € 23 *1/4-30/6 4/9-15/10*

N 47°44'21'' E 13°24'02''

Abersee/St. Gilgen, A-5342 / Salzburg

674

Romantik Camp. Wolfgangsee Lindenstrand****
Schwand 19
+43 62 27 32 05
1/4 - 15/10
camping@lindenstrand.at

3ha 150**T**(80-100m²) 12A CEE

1 ACD**H**JKLMPQR
2 FJNPSUWXYZ
3 ACDIKMNPU**W**Z
4 (Q+S)(U 1/7-28/8)
5 **AB**DFGIJKLMNOPRUWXYZ
6 ACEFGK(N 4,5km)OV

Ruhiger Familiencampingplatz direkt am Wolfgangsee mit 140m Badestrand und großem Badesteg. Moderne, barrierefreie Sanitäranlagen, gratis WLAN, großzügige Komfortplätze (Wasser, Abwasser, Strom). Täglich frisches Gebäck, Zeitungen, Eis, Snacks und Allerlei gibt es zusätzlich in dem nostalgischen Mini-Markt. Herrliche Umgebung mit zahlreichen Möglichkeiten für Sport.

B158 von St. Gilgen nach Strobl, Ausfahrt ausgeschildert in Schwand. Links 4 km nach St. Gilgen.

CC € 23 *1/4-18/5 11/6-1/7 7/9-15/10*

N 47°44'23'' E 13°24'08''

Abersee/St. Gilgen, A-5342 / Salzburg

675

Seecamping Primus
Schwand 39
+43 62 27 32 28
28/4 - 30/9
info@seecamping-primus.at

2ha 75**T** 10-16A

1 ACD**H**JKLMNP**Q**R
2 EJNQSUWXYZ
3 CIK**W**Z
5 **AB**GIJKLMNO**P**UWXYZ
6 ACEFK(N 5km)

Ruhiger Campingplatz direkt am kristallklaren Wolfgangsee (der vorletzte Campingplatz mit dem längsten Strand). Ein Ruhepunkt in schöner Umgebung mit vielen Möglichkeiten, wie bspw. Wassersport (eigener Steiger), Rad fahren, und wandern. 3 km von St. Gilgen und 40 km von Salzburg.

B158 von St. Gilgen nach Strobl. Ausfahrt ist beschildert. Schwand, 4 km hinter St. Gilgen. Aufpassen: Vorletzter CP!

CC € 23 *28/4-30/6 1/9-30/9*

N 47°44'27'' E 13°24'21''

Abersee/St. Gilgen, A-5342 / Salzburg

676

Seecamping Wolfgangblick
Seestraße 115
+43 65 05 93 42 97
22/4 - 30/9
camping@wolfgangblick.at

2,2ha 80T(70-95m²) 12A

1 ACD**G**JKLMNPQR
2 FJNPQSUWXYZ
3 A**G**IK**W**Z
4 (Q+R 9/5-9/9)(T+U 9/5-31/8)(Z)
5 **AB**FGJLMNOPUW
6 EFGK(N 3km)

Am See gelegener Familiencamping mit flachem Strand. Mit der Fähre der Nachbarn gelangen Sie in wenigen Minuten nach St. Wolfgang und zur Station der Schafbergbahn. Gratis WLAN. Minishop mit frischem Brot und Gebäck, Zeitungen, Imbiss. Idealer Ausgangspunkt in die unterschiedlichsten Naturgebiete für Wanderer, Radfahrer und Klettersportler.

B158 von St. Gilgen nach Strobl, bei Km-Pfahl 34 Ausfahrt Abersee nehmen. Ausgeschildert.

CC € 23 *22/4-30/6 1/9-30/9*

N 47°44'14'' E 13°25'58''

Aigen (Ennstal), A-8943 / Steiermark

677

Camping Putterersee
Hohenberg 2A
+43 66 44 84 00 61
15/4 - 31/10
camping.putterersee@aon.at

2ha 70T(90-100m²) 13A CEE

1 ACD**H**JKLMPQTU
2 AEMNSXY
3 AIKLSU**W**Z
4 (Q+R+T+U+V+X+Z 1/5-30/9)
5 **AB**DGIJKLMNOP**S**UWZ
6 ACEFK(N 1km)O

Herrlicher Camping direkt am wärmsten Moorsee der Steiermark, idyllisch und ruhig in einem geschützen Naturgebiet. Prächtige Wanderwege rund um den See und durch das Ennstal. Geselliges Campingcafé für kleine Mahlzeiten (Snacks und Pizza) und einem Campingladen für Frühstücksprodukte. Modernes Sanitärgebäude, umweltfreundlich und beheizt. Privates Sanitär gegen Gebühr.

A10 Salzburg, Ausfahrt Radstadt Richtung Graz. Bei Wörschach Richtung Aigen/Ketten, ausgeschildert.

CC € 23 *15/4-30/6 1/9-31/10*

N 47°31'16'' E 14°07'56''

Bad Waltersdorf, A-8271 / Steiermark

678

Thermenland Camping Rath & Pichler
Campingweg 316
+43 66 43 11 70 00
1/1 - 31/12
thermenland@camping-bad-waltersdorf.at

1,6ha 73T(80-98m²) 16A CEE

1 ACD**H**IJKLMNPQR
2 CINSUVWXY
3 A**G**IKMU**W**
4 (Q+R)
5 **AB**DFGIJKLMNOPQRUWXYZ
6 ACEFGJ(N 1km)OV

Gepflegter, geräumiger Familiencampingplatz. Gut ausgestattete sanitäre Einrichtungen. Geeignet für den Besuch im Thermalbad. Das Schwimmbad im Ort ist für Campinggäste kostenlos. Viele Ausflüge vom Campingplatz aus möglich (z.B. mit dem Oldtimerbus/Traktor).

A2, Ausfahrt 126 Sebersdorf/Bad Waltersdorf, Richtung Heil Therme und Bad Waltersdorf.

CC € 23 *1/5-17/5 22/5-26/5 30/5-7/6 12/6-30/6 15/9-30/9*

N 47°09'45'' E 16°01'23''

Biberwier, A-6633 / Tirol

679

Feriencenter Camping Biberhof
Schmitte 8
+43 56 73 29 50
1/1 - 31/12
info@biberhof.at

2,5ha 60T(80-100m²) 10A CEE

1 AE**G**JKLMNP**Q**R
2 BCJNSUWXYZ
3 A**G**IKLPS
4 (Q+Y+Z)
5 **AB**DFGIJKLMNOPRUWXYZ
6 ACEFGK(N 0,5km)OU

Echter Familiencamping. Schön gelegen in der Umgebung vom Tiroler Zugspitzgebiet. Große Plätze. Für Fans einem Supertrampolin und diversen anderen Sportangeboten. Durch die Lage auch im Winter ein guter Camping zum Verweilen.

Reutte Richtung Lermoos. Ortsmitte Lermoos Richtung Biberwier. T-Kreuzung in Biberwier Richtung Ehrwald. Nach 300m CP rechts.

CC € 21 *9/4-30/6 1/9-15/12*

N 47°22'56'' E 10°54'07''

Dellach im Drautal, A-9772 / Kärnten

681

Camping Am Waldbad
Rassnig 8
+43 4 71 42 88
15/4 - 1/10
info@camping-waldbad.at

3ha 200T(70-120m²) 10-16A CEE

1 ACD**H**JKLMNPQR
2 BCJNCUWXYZ
3 AC**G**HIKLMNPSU**WX**
4 (A 1/6-1/10)
(C+H 21/5-11/9)IJM
(Q+R+T+U+V+X+Y+Z)
5 **AB**CEFGHIJKLMNOPQRUWXZ
6 ACEFGHK(N 0,5km)OTUV

Der Campingplatz liegt direkt am Drauradweg, inmitten der Natur. Gratis Schwimmbadnutzung für Campinggäste. Wandern, Radfahren, Klettern, Rafting, Paddeln und Canyoning sind direkt vom Camping aus möglich. Prima Restaurant und moderne sanitäre Einrichtungen, Fahrrad-/Mountainbikeverleih auf dem Platz. Kärnten Karte zu verkaufen.

2 Strecken möglich: 1) die B100 Spittal-Lienz. 2) Mittersill-Felbertauerntunnel-Lienz-Dellach im Drautal. Inerorts scharfe Kurve, Camping angezeigt.

CC € 21 *15/4-29/6 1/9-1/10*

N 46°43'54'' E 13°04'41''

Döbriach, A-9873 / Kärnten

682

Camping Brunner am See
Glanzerstraße 108
+43 42 46 71 89
1/1 - 31/12
info@camping-brunner.at

3,5ha 215T(60-107m²) 6A CEE

1 ACDFJKLMNPQST
2 ACEJNOSTUVWXY
3 CD**G**IJKMN**O**P**R**SU**W**Z
4 (A 1/5-30/10)N(Q 🔑)
(S+U+V+X+Y+Z 15/5-30/9)
5 **AB**CDEFGHIJKLMNOPQRUWXYZ
6 ACFGHK(N 0,2km)OTUV

Erstklassiger Komfortcamping, direkt am Millstätter See. Gepflegtes, sonniges Gelände. Ausgezeichnetes Sanitär. Geschäfte, Restaurants, Wassersport, Tennis, Golf, Rad fahren, Mountainbiken. Von Ostern bis Herbst geführte Bergwanderungen. Keine Hunde erlaubt.

A10 Salzburg-Villach, Ausf. 139 Millstätter See. Ampel links, B98 Ri. Radenthein. Nach 12 km rechts Ri. Döbriach-See. Nach ca 1,5 km beim ADEG-Markt rechts. Von S: Ausf. 178 Villach-Ossiacher See Ri. Millstätter See.

CC € 23 *1/1-30/6 1/9-31/12*

N 46°46'04'' E 13°38'53''

Döbriach, A-9873 / Kärnten

683

Seecamping Mössler
Seefeldstraße 1
+43 42 46 73 10
8/4 - 2/11
camping@moessler.at

1ha 72T(70-100m²) 16A

1 ACD**H**JKLMNPQST
2 ACENOSUWXY
3 AC**G**IKL**Q**SWZ
4 (A 1/6-30/9)(C+H 20/5-23/9)
(Q 15/5-30/9)(S+U+
V+Y 6/5-30/9)
5 **AB**CDEFGIJKLMNOPUWXYZ
6 ABEFGK(N 1,5km)OSTVW

Kleiner, gemütlicher Camping am Millstätter See mit Aufmerksamkeit für den Gast. Sie können im beheizten Schwimmbad oder im See baden. Großes Animationsangebot für Jung und Alt, sowie Wandertouren. Dieser Camping nimmt keine Umweltabgabe.

A10 Salzburg-Villach. Ausf. 139 Millstätter See. An der Ampel li. B98 Ri. Radenthein. Nach ca. 12 km re. Ri. Döbriach-See. Nach ca. 1,5 km CP re. Von Süden Ausf. 178 Villach-Ossiachersee Ri. Millstätter See.

CC € 21 *8/4-30/6 1/9-2/11*

N 46°46'07'' E 13°38'58''

Eberndorf, A-9141 / Kärnten

684

Naturisten Feriendorf Rutar Lido
Lido 1
+43 42 36 22 62
1/1 - 31/12
fkkurlaub@rutarlido.at

15ha 228T(70-140m²) 16A CEE

1 ACD**H**IJKLMNPQR
2 ENOSWXYZ
3 A**G**HIJKNSUV**WZ**
4 (A 1/5-30/9)(C 1/6-30/9)
(F 🔑)(H 1/7-30/9)K**N**(Q 🔑)
(S 1/5-30/9)(T+U+Y 🔑)
5 **AB**CDGHIJKLMNOPR**T**UWXYZ
6 ACEFGK(N 1km)OTUVW

FKK-Gelände. Großzügig angelegtes Areal mit diversen Außenbecken, Weihern, Hallenbad und FKK-Alm. Viele Plätze mit Privatsphäre. Separater Hundebereich, Hundewiese und separater Badebereich für die Hunde auf diesem großen Gelände. Gratis Sauna bei Regenwetter in der Zeit 1/5 - 30/9.

A2 von Klagenfurt Ausfahrt 298 Grafenstein links, B70 Richtung Graz. Nach 4 km rechts nach Tainach, Eberndorf, Rutar Lido. Von Graz A2, Ausfahrt 278 Völkermarkt-Ost.

CC € 23 *1/3-7/7 1/9-30/10*

N 46°35'02'' E 14°37'34''

Emmersdorf, A-3644 / Niederösterreich

685

Donau Camping Emmersdorf
Donaulände 1
+43 67 66 70 66 52
1/4 - 15/10
office@
donaucamping-emmersdorf.at

1,2ha 67T(70-100m²) 16A CEE

1 AE**H**JKLN**Q**R
2 DIJNPSUY
3 AIKLN**OW**X
4 (T+Y 🔑)
5 **AB**DGHIJKLMNOPQUWX
6 DEFGKLM(N 0,1km)TU

Kleiner Wandercampingplatz mit unmarkierten Stellplätzen auf einer Wiese. Der Camping liegt direkt an der Donau mit kleinen Kiesel- und Sandstränden mit Bademöglichkeiten. Gut gewartete Sanitäranlagen. Nur wenige Gehminuten von der schönen Stadt Emmersdorf entfernt. Blick auf die Abtei Melk (Stift). Schöne Weinregion mit vielen Aprikosenplantagen.

In der Nähe von Melk, an der Donaubrücke, liegt der Camping an der B3, neben der Brücke in Emmersdorf. Ausgeschildert.

CC € 23 1/4-1/7 1/9-15/10

N 48°14'35'' E 15°20'25''

Faak am See, A-9583 / Kärnten

686

Camping Arneitz
Seeufer-Landesstraße 53
+43 66 45 28 75 65
27/4 - 30/9
camping@arneitz.at

6,5ha 400T(60-120m²) 16A CEE

1 AD**G**IJKLMNQR
2 FIJNPQSTVWXYZ
3 ACD**G**IKL**O**PSU**W**Z
4 (A 5/7-22/8)J(Q 🔑)
(S+U+V+W+Y+Z 1/5-20/9)
5 **AB**CDEFGIJKLMNOPQRUWXYZ
6 CEFGHK(N 1km)RSTUV

Durch Büsche, Bäume und Hecken parzellierte Stellplätze mit Strom- und Abwasseranschluss und TV (Plätze am See gegen Aufpreis). Modernes Sanitär, großer Supermarkt und SB-Restaurant. Geeignet als Start für Wanderungen, Rad- und Mountainbiketouren, Nordic Walking. Genießen Sie die Gastfreundlichkeit der Familien Arneitz, Pressinger und Ramusch!

A10 Salzburg-Villach, dann A2 oder A11, Ausfahrt Faaker See. Erster Camping rechts Richtung Egg.

CC € 23 27/4-30/6 11/9-29/9

N 46°34'28'' E 13°56'08''

Feistritz im Rosental, A-9181 / Kärnten

687

Camping Juritz
Campingstraße
+43 42 28 21 15
1/5 - 30/9
office@camping-juritz.com

3ha 90T 10-16A

1 AD**H**JKLMNOPQR
2 IJNSUXY
3 AIKLSU
4 (A 1/6-30/9)
(D+Q+U+Y+Z 🔑)
5 **AB**DFGIJKLN**P**RUW
6 ACEFK(N 0,5km)UV

Autofreier Camping, sonnige Wiese, freie Platzeinteilung. Einzelne Bäume sorgen für Schatten. Das Freibad mit Schiebedach kann man schon früh im Jahr nutzen. Toller Blick auf die Karawanken. Ausflüge nach Slowenien oder Klagenfurt (15 Min. Fahrt). Schöne Gegend zum Radfahren oder Wandern. Neue Sanitäranlage. Gratis WLAN!

Villach, Karawankentunnel (SLO) Ausfahrt St. Jakob im Rosental. Richtung Feistritz (Schildern folgen und nicht dem GPS/Navi).

CC € 23 1/5-30/6 1/9-30/9

N 46°31'31'' E 14°09'38''

Feistritz ob Bleiburg, A-9143 / Kärnten

688

Petzencamping Pirkdorfer See
Pirkdorf 29
+43 4 23 03 21
1/1 - 31/12
info@pirkdorfersee.at

10ha 33T(90m²) 12A CEE

1 ACD**H**JKLMNQR
2 EJNOSWX
3 AIKNPSU**WZ**
4 (Q+U+Y)
5 **AB**CDFGHIJKLMNOPUWX
6 EFGK(N 3km)OTV

Camping am Fuße des 2114m hohen Petzen, der mit der Seilbahn erreichbar ist. Liegt am vielleicht wärmsten Badesee Österreichs, dem Pirkdorfersee. Im Sommer bis 27°C, aber selbst im Frühjahr und Herbst noch attraktives Wetter. Im Winter Ski und Schlittschuh möglich. Prima Restaurant. Gut beheiztes Sanitär.

Von Klagenfurt B70, Ausfahrt Klopeiner See. Dann B82 bis Eberndorf, B81 bis St. Michaël folgen. Schildern folgen.

CC € 19 *1/1-30/6 4/9-31/12*

N 46°33'30" E 14°45'05"

Fieberbrunn, A-6391 / Tirol

689

Tirol Camp****
Lindau 20
+43 5 35 45 66 66
1/1 - 16/4, 16/5 - 5/11, 7/12 - 31/12
office@tirol-camp.at

7ha 250T(100-120m²) 10A

1 ACD**H**IJKLMNP**Q**R
2 JMSUVWXY
3 AC**G**IKMP**Q**SUV
4 (A 19/5-1/11)(C 1/6-1/10) (F+H)**JKLNP** (Q+S+T+U+Y+Z)
5 **AB**DFGIJKLMNOPR**ST**UWXYZ
6 CEFGHKLM(N 1km)OSV

Der 4 Sterne Terrassen-Komfort-Camping liegt im Zentrum der Ferienregion Pillerseetal, direkt an den Seilbahnen eines der best versteckten Wander- und Skigebiete der Alpen. Mit einer ruhigen und sonnigen Lage.

B164 St. Johann in Tirol-Saalfelden. In Fieberbrunn ausgeschildert.

CC € 23 *16/5-8/7 26/8-5/11*

N 47°28'06" E 12°33'14"

Fisching/Weißkirchen, A-8741 / Steiermark

690

50plus Campingpark Fisching****
Fisching 9
+43 3 57 78 22 84
1/4 - 15/10
campingpark@fisching.at

3ha 65T(100-130m²) 6A CEE

1 AFIJKLMNPQRV
2 EIJNSVWXY
3 **G**IJKMUZ
4 (**A**+Q+T+U+Y+Z)
5 **AB**DGIJKLMNOPUWXYZ
6 ABCEFGK(N 0,6km) OQSTVW

Weites Tal mit den Bergen in der Ferne. Komfortcamping für die 50+ Generation. Parkartig angelegt, voll ausgestattet, Kabel-TV. Schöner Bio-Badesee mit Terrasse. Kleine und große Städte und Natur. 7 km vom Thermenbad. Umfangreiches Radwegenetz direkt vom Camping aus mit Tourplanung. Gratis WLAN auf dem gesamten Camping.

S36, Ausfahrt Zeltweg-West, B78 Richtung Weißkirchen, beim Kreisverkehr Richtung Fisching. Schildern folgen.

CC € 23 *1/4-1/6 1/9-15/10*

N 47°09'47" E 14°44'18"

Gösselsdorf, A-9141 / Kärnten

691

Sonnencamp am Gösselsdorfer See
Seestraße 21-23
+43 42 36 21 68
15/4 - 30/9
office@sonnencamp.com

7ha 211T(80-144m²) 13A CEE

1 ACD**H**IJKLMNPQR
2 CEJSWXYZ
3 A**G**IKLPSU**W**XZ
4 (**A** 1/5-30/9)(Q)(T+U+V+X 1/5-30/9)(Z)
5 **AB**CGHIJKLMNOPUWXYZ
6 ACEFGK(N 2km)OTV

Auf flachem Gelände, groß angelegter, ruhiger Camping. Badesee auf dem Platz und 15 Min. zu Fuß zum See, der zum großen Naturreservates gehört. Umgebung hat viel zu bieten: Tropfsteinhöhlen, Seilbahn zum 2114m hohen Petzenberg, Landesmuseum Völkermarkt, Stift Eberndorf mit Open Air Veranstaltungen. Gute Möglichkeiten zum Wandern und Radfahren.

Hinter Völkermarkt die B82, 2 km hinter Eberndorf Richtung Eisenkappel. In Gösselsdorf ausgeschildert.

CC € 21 *15/4-1/7 2/9-30/9*

N 46°34'29'' E 14°37'28''

Großlobming, A-8734 / Steiermark

692

Camping Murinsel
Teichweg 1
+43 66 43 04 50 45
1/4 - 31/10
office@camping-murinsel.at

5ha 60T(100m²) 16A CEE

1 ACD**H**JKLMNP**Q**R
2 CEINOSWXY
3 AGMN**O**UWZ
4 (Q)(T+U+V+Y+Z 1/5-30/9)
5 **AB**CDGHIJLMNOPUVWXYZ
6 ABCDEFGK(N 0,8km)TUVW

Relaxcamping. Top-Sanitäranlagen. Badesee in der Mitte det Campinganlage. Am Mur-Radweg. Durch das flache Umfeld mit Fahrradnetz für Radsportler geeignet. Viele Tagesausflüge in die umliegenden alten Dörfer und Städte möglich. Kleiner Aufpreis für die Campingplätze direkt am Badesee.

S36 Knittelfeld-Ost, den Schildern folgen. Nicht über Spielberg-Knittelfeld-West wegen zu niedriger Durchfahrt. Ohne Navi.

CC € 23 *1/4-1/6 1/9-31/10*

N 47°11'40'' E 14°48'20''

Hermagor-Pressegger See, A-9620 / Kärnten

693

Sport-Camping-Flaschberger
Obervellach 27
+43 42 82 20 20
1/1 - 31/12
office@flaschberger.at

2ha 80T(90-120m²) 16A

1 A**H**JKLMN**Q**R
2 JNSUWXYZ
3 AIKM**O**P**R**S**T**UV
4 (A 1/6-30/9)(C 1/6-10/9)**N**(Q+T+U+X)
5 **AB**DGIJKLMNOPRUWXYZ
6 ACDEFGK(N 2km)OSTUV

Moderner, sehr gut gepflegter familiärer Campingplatz mit beheizten Sanitäreinrichtungen. Idealer Ausgangspunkt für (Berg-)Wanderungen, Radtouren und andere touristische Attraktionen in Kärnten.

A23 Villach-Grenze Italien, Ausfahrt 304 Hermagor/Gailtal, B111 bis ± 2 km vor Hermagor. Am CP-Schild rechts. CP nach 100m rechts. Route über Paternion/Feistritz 'Windische Höhe' für Caravans gesperrt!

CC € 19 *10/1-2/7 27/8-20/12*

N 46°37'56'' E 13°23'48''

Imst, A-6460 / Tirol

694

Aktivcamping Am Schwimmbad
Schwimmbadweg 10
+43 5 41 22 13 55
21/4 - 15/10
info@camping-imst.at

1,2ha 64T(60-100m²) 6A CEE

1 AEHJKLMNPQR
2 IJLNSWXYZ
3 AIJKLOUV
4 (A 1/5-21/9)(C+H 1/5-11/9)J (Q)
5 **AB**GIJKMOPUWZ
6 EFGK(N 0,3km)O

Einfacher Camping am Rande von Imst mit vielen Baumanpflanzungen. Im direkten Umfeld Nähe ein großes Sportcenter, Bogenschießen, Skatepark, Fußball- und Basketballplatz, Tennisplätze, Squash-Halle und Kegelbahn.

Im Kreisverkehr in Imst die 2. Ausfahrt nehmen, dann den Schildern folgen.

CC € 19 *21/4-30/6 27/8-15/10*

N 47°14'24'' E 10°44'43''

Irschen, A-9773 / Kärnten

695

Rad-Wandercamping-Ponderosa***
Glanz 13
+43 66 06 86 70 55
8/5 - 24/9
info@rad-wandercamping.at

0,9ha 34T(80-130m²) 6A

1 A**H**JKLMNPQR
2 JMNSUXYZ
3 **G**IJKLU
4 (Q+R+T+U+V+X+Y+Z)
5 **AB**CDFGHIJKLMNOPQRUWXYZ
6 CEFGK(N 0,5km)T

Kleiner, idyllischer Campingplatz im Natur- und Kräuterdorf Irschen. Idealer Ausgangspunkt für Bergtouren, Wanderungen oder Fahrradtouren entlang des Drauradweges der nur 700m vom Camping entfernt ist. Restaurant mit regionaler Küche und Spezialitäten-Grillabende. Täglich frisches Gebäck. Moderne Sanitäreinrichtungen mit zusätzlich 3 Einzelsanitäre.

Von Lienz oder Spittal der B100/E66 folgen, Ausfahrt Glanz (Gemeinde Irschen). Ausfahrt zum CP ist gut ausgeschildert.

CC € 19 *8/5-7/7 24/8-24/9*

N 46°44'39'' E 13°02'39''

Kals am Großglockner, A-9981 / Tirol

696

Nationalparkcamping Kals****
Burg 22
+43 4 85 26 74 18
1/1 - 11/4, 15/5 - 15/10, 18/12 - 31/12
info@nationalpark-camping-kals.at

2,5ha 108T(100-120m²) 16A CEE

1 AE**H**JKLMNPQR
2 BCJMNSWXY
3 IKLU**W**
4 (Q+R)
5 **AB**DGIJKLMNOPUW
6 EFGJ(N 1km)O

Campingplatz mit prima Sanitär im beeindruckenden Naturgebiet. Ideal für Mountainbiker, Motorbiker, Wanderer und Naturfreunde. Absolute Ruhe. Vom Camping aus Wanderungen für jeden Anspruch. Auch neuer Wanderweg ins Dorf am Fluss entlang. Loipen und Skipisten vom Camping aus.

Kufstein-Kitzbühel-Mittersill-Felbertauern-Matrei-Huben, dann hier links Richtung Kals. Ab Kals ist der CP ausgeschildert.

CC € 23 *15/5-29/6 1/9-15/10*

N 47°01'18'' E 12°38'20''

Kaunertal, A-6524 / Tirol

697

Camping Kaunertal
Platz 30
+43 5 47 53 16
1/5 - 10/10
info@weisseespitze.com

0,9ha 60T(80m²) 8-10A CEE

1 ACD**H**JKLMNP**Q**R
2 JSUWXY
3 AIKLOS**VW**
4 (A 1/6-30/9)(**F** 🔑)**LN** (Q+Z 🔑)
5 **AB**DFGIJKLMNOPUW
6 EFGKL(N 3km)V

Einfacher, ruhiger Campingplatz im Kaunertal am Waldrand mit schöner Aussicht auf die umliegenden Berge. Wenig Schatten. 7 km von Prutz entfernt. Das Hotel Weisseespitze kümmert sich um das mentale Wohlbefinden. Gegen einen ermäßigten Preis können Sie die Wellnesseinrichtungen und das Schwimmbad des Hotels nutzen. Es gibt viele Möglichkeiten für Sportler und Ausflüge.

Über Fernpass oder Arlbergtunnel bis Landeck, dann Richtung Reschenpass bis Prutz, ins Kaunertal.

CC € 23 *1/5-1/7 3/9-10/10*

N 47°03'12" E 10°45'02"

Keutschach am See, A-9074 / Kärnten

698

Strandcamping Süd
Dobeinitz 30
+43 42 73 27 73
1/5 - 30/9
info@strandcampingsued.at

2ha 155**T**(80-100m²) 13-14A

1 A**H**JKLMPQR
2 BFINPSUWXYZ
3 C**G**IKLSU**W**Z
4 (Q+R+T+U+Y+Z 🔑)
5 **AB**FGIJKLMNOPUW
6 ACEFGHKL(N 0,9km)TU

Familiencamping direkt an See und Waldrand. Sehr gut für die Vor- und Nachsaison, auch zum Schwimmen. In der Umgebung kann man Tennis spielen, Rad fahren, reiten, Golf spielen, wandern, Minigolf spielen und angeln. Ausflüge zu den Aussichtstürmen und den Affenpark. CampingCard ACSI gilt nicht an den Seeplätzen.

A2 Ausfahrt Klagenfurt West-Süduferstraße Richtung Reifnitz. Bei Gemeindeamt Reifnitz links abbiegen Ri. Keutschach. Über den Kreisverkehr geradeaus noch 1 km.

CC € 23 *1/5-13/5 21/5-25/5 30/5-6/6 11/6-22/6 3/9-30/9*

N 46°35'07" E 14°10'23"

Klosterneuburg, A-3400 / Niederösterreich

699

Donaupark Camping Klosterneuburg
In der Au 1
+43 2 24 32 58 77
13/3 - 5/11
campklosterneuburg@oeamtc.at

2,3ha 193**T**(60-90m²) 6A CEE

1 ACDHIJKLMN**Q**R
2 IJSUVWXY
3 C**G**IKMS
4 (Q+R+U+X 🔑)
5 **AB**DGIJKLMNOPUWZ
6 ABCDEFGHK(N 0,5km) OSUV

Im Gehbereich von Klosterneuburg mit dem berühmten Stift gelegener Campingplatz. Ganz in der Nähe zur Bahnstation nach Wien. Der Campingplatz liegt direkt am Donauradweg. Mit dem Rad sind es 14 km ins Zentrum von Wien.

Von Westen: A1, Ausfahrt Sankt Christophen B19, über Tulln und B14 nach Klosterneuburg, dort CP ausgeschildert.

CC € 23 *13/3-30/6 1/9-4/11*

N 48°18'38" E 16°19'42"

Kötschach/Mauthen, A-9640 / Kärnten

700

Alpencamp Kärnten****
Kötschach 284
+43 4 71 54 29
1/1 - 4/11, 15/12 - 31/12
info@alpencamp.at

1,6ha 80T(80-135m²) 16A CEE

1 ACD**H**JKLMNPQR
2 CJNSWXYZ
3 ABIKLMN**Q**SU**VW**X
4 (A 1/1-31/3,1/5-15/10)**LN**
(Q)(R 1/5-31/10)(V+X)
5 **AB**CDFGHIJKLMNOPUW
6 CEFGKL(N 0,3km)OTVW

Das beeindruckende Bergpanorama des heilklimatischen Höhenluftkurortes verbunden mit dem außergewöhnlichen Service eines 4-Sternecampings und herausragendem Angebot für jedes Alter, machen den Urlaub zu einem ganz besonderen Erlebnis. Neu: 350 m² Sauna, Wellness und Heilmassagen-Bereich. Gratis Internetzugang am Stellplatz für zwei Geräte.

B100 Lienz-Spittal an der Drau. In Oberdrauburg Ausf. Plöckenpass/Italien. CP wird in Kötschach gut ausgeschildert Ri. Lesachtal.

CC € 23 *6/1-29/6 1/9-4/11*

N 46°40'11'' E 12°59'30''

Kramsach (Krummsee), A-6233 / Tirol

701

Seencamping Stadlerhof****
Seebühel 14
+43 5 33 76 33 71
1/1 - 31/12
office@camping-stadlerhof.at

3ha 130T(70-150m²) 6-16A

1 AD**H**IJKLMNP**Q**R
2 EIJMNOPSUVWXZ
3 CDIKLNSU**V**
4 (C)(H 1/6-30/9)**KLN**
(Q+R+T+U+Y)
5 **AB**CDEFGIJKLMNOPR**S**UWXYZ
6 ACDEFGK(N 1,5km)OSU

Schön angelegter Camping teils mit flachen Gelände und teils in Terrassen. Viele schattige und abgeteilte Plätze. Dieser Platz hat auch einen eigenen Strand am Reintalersee.

A12 Ausfahrt 32 Kramsach, Schildern 'Zu den Seen' folgen.

CC € 23 *7/5-18/6 10/9-22/10*

N 47°27'24'' E 11°52'51''

Kramsach (Reintalersee), A-6233 / Tirol

702

Camping und Appartements Seehof*****
Moosen 42
+43 5 33 76 35 41
1/1 - 31/12
info@camping-seehof.com

5ha 150T(90-120m²) 13-16A CEE

1 ACD**H**JKLMNP**Q**R
2 EIJMNPSUVWXY
3 CDEIJKLMN**Q**SUV**WZ**
4 (A 1/7-31/8)
(Q+R+T+U+V+Y)
5 **AB**DEFGHIJKLMNOP**RS**UWXYZ
6 ABCDEFG**K**L(N 3km)
OQSUV

Großzügige, sonnige Stellplätze, teils in Terrassen. Eigene Liegewiese am Reintalersee. Direkter Seezugang. Großer Spielplatz. Exklusive Sanitäranlagen, Mietbäder. Bergbahnen usw. gratis mit der Alpbachtal Seenland Card!

A12 Ausfahrt 32 Kramsach, ca. 5 km den grünen Schildern 'Zu den Seen' oder 'Campingplätze' folgen. 2. Camping an der Straße. Rezeption links neben der Zufahrt (Holzhäuschen). Über den Neudegger Höhenweg kommend (nicht erlaubt) liegt der CP rechts.

CC € 23 *9/1-30/6 11/9-15/12*

N 47°27'43'' E 11°54'26''

Krems (Donau), A-3500 / Niederösterreich

703

Donau Camping Krems
Yachthafenstrasse 19
+43 2 73 28 44 55
1/4 - 31/10
office@campingkrems.at

0,8ha 60T(70-100m²) 6A CEE

1 ABCDHJKLMQ
2 CINSXY
3 IKLMOSTUW
4 (Q+T+U+Z)
5 ABFGIJKLMNOPUWZ
6 BCEFGJK(N 0,5km)UV

Campingplatz direkt an der Donau. 2 Minuten Fußweg zur 1000-jährigen Stadt Krems. Auch der Anleger für Ausflugsboote ist schnell erreicht. Schöne Radwege an beiden Ufern der Donau. Um den 21. Juni findet das Sonnenwendfest mit Feuerwerk statt. Schwimmbad, Tennis, Bowlingbahn in 500m. Privater Bootssteg.

Von Osten Kreuz St. Pölten die S33. Danach die B37 Richtung Krems. In Krems, Kreisel 3. Ausfahrt, dann sofort am Schifffahrtszentrum Krems/Stein links zum CP.

CC € 23 1/4-30/6 1/9-31/10

N 48°24'14'' E 15°35'33''

Lienz, A-9900 / Tirol

704

Comfort & Wellness Camping Falken****
Falkenweg 7
+43 66 44 10 79 73
1/4 - 31/10
camping.falken@tirol.com

2,5ha 132T(70-120m²) 6A CEE

1 ACDHIJKLMNPQR
2 JNSWXYZ
3 AGIKLOSU
4 LN(Q+R+T+U+V+Z)
5 ABCDFGIJKLMNOPUWXYZ
6 CEFGHK(N 1km)OQRSTVW

Ruhiger Camping mit sehr schickem Sanitär. 900m vom Zentrum der Sonnenstadt Lienz. Neue Wellnessoase mit Sauna, Kräuterdampfbad, Biosauna, Infrarot. Ideal zum shoppen, Kanu/Kajak fahren, wandern und Radfahren. Restaurant 400m. Minimarkt, Hundedusche, gratis Wifi.

Über Kufstein-Kitzbühel-Mittersil-Felbertauerntunnel nach Lienz. In Lienz am Kreisel Richtung Spittal. An der zweiten Ampel (ÖAMTC) rechts. Dann den Schildern folgen.

CC € 23 1/4-8/7 1/9-31/10

N 46°49'22'' E 12°46'14''

Malta, A-9854 / Kärnten

705

Terrassencamping Maltatal*****
Malta 6
+43 47 33 23 40
22/4 - 15/10
info@maltacamp.at

3,9ha 238T(60-150m²) 6-13A CEE

1 ACDHJKLMNPQST
2 CIJLMNSUWYZ
3 CEIKMOSU
4 (A 1/6-1/10)(C+H 1/6-15/9) LN(Q+S+T+U+V+Y+Z)
5 ABCDEFGHIJKLMNOPQRUWXYZ
6 ACEFGKM(N 6km)OUVW

Schöner Terrassencampingplatz im Maltatal in Kärnten. Äußerst beliebt bei Wanderern und Familien mit Kindern. Viele Tiere auf dem Campingplatz, darunter kostenloses Ponyreiten. Kommen Sie und erleben Sie es!

A10 Salzburg-Villach, Ausfahrt 130 Gmünd. Dort Schildern Richtung Maltatal folgen. 2 km hinter Fischerstratten liegt der CP rechts von der Straße.

CC € 21 22/4-30/6 1/9-15/10

N 46°56'58'' E 13°30'34''

Marbach an der Donau, A-3671 / Niederösterreich

706

Marbacher Freizeitzentrum
Campingweg 2
+43 7 41 32 07 33
2/4 - 26/10
gasthof@wienerin.co.at

0,4ha 35**T**(70-100m²) 20A CEE

1 ADHJKLMNPQTU
2 DSUWXY
3 **G**KLU**WX**
4 (Q+R)
5 **AB**DGIJMNOPUWXY
6 FGK(N 0,5km)

Schöner, kleiner Camping am Donauufer mit teils parzellierten Grasplätzen. Neben einem beliebten Yachthafen und direkt am bekannten Donauradweg entlang von Aprikosenplantagen und Weinbergen. Wanderwege und Möglichkeiten zum Angeln in der Umgebung. Tennis und Schwimmbad 1 km entfernt. Restaurant zu Fuß erreichbar.

A1 Linz-Wien. Ausfahrt 100 Ybbs/Wieselburg. Der Straße Richtung Ybbs/Persenbeug folgen. Über die Donau Richtung Krems. Nach ca. 7 km auf der rechten Seite ist der CP.

CC € 23 *2/4-15/6 15/9-26/10*

N 48°12'49" E 15°08'26"

Matrei in Osttirol, A-9971 / Tirol

707

Camping Edengarten
Edenweg 15A
+43 48 75 51 11
1/5 - 15/10
info@campingedengarten.at

1,5ha 75**T**(80-100m²) 16A CEE

1 AHKLMQR
2 JNSXYZ
3 AIKSU**W**
4 (T+X+Y 17/6-14/10)(Z)
5 **AB**DFGIJKLMNO**P**QUWZ
6 EFGJ(N 0,5km)OTV

Schöner ruhiger Campingplatz mit gutem, sauberem Sanitär. 200m entfernt von einer schönen Stadt im Tal gelegen, mit Blick auf den Großvenediger und Großglockner. Viele Möglichkeiten zum Wandern, Radfahren und Bergsteigen. Die Seilbahn ist in 500m (operiert ab dem 1. Juli), Supermärkte in 300m Entfernung. Der Campingplatz hat ein tolles Restaurant, das ab dem 17. Juni geöffnet ist.

Vom Felbertauerntunnel die 2. Ausfahrt nach Matrei/Goldriedbahn/Virgen. Camping nach 500m rechts.

CC € 23 *1/5-29/6 1/9-15/10*

N 46°59'43" E 12°32'20"

Mauterndorf, A-5570 / Salzburg

708

Camping Mauterndorf****
Markt 145
+43 6 47 27 20 23
1/1 - 31/12
info@camping-mauterndorf.at

2,5ha 163**T**(65-100m²) 12A CEE

1 ACD**H**JKLMNPQR
2 CIJMNSUVWXY
3 AC**G**IKLMNUV
4 (C 1/7-31/8)**LN**(Q+R+U)
(V+Y 1/7-10/9,1/12-30/4)
(Z)
5 **AB**DEFGIJMNOPUWXYZ
6 CFGKL(N 2km)OSV

Schöner ganzjährig geöffneter Campingplatz im Herzen des Salzburger Lungaus. Direkt an der Seilbahn vom Erlebnisberg Grosseck-Speiereck. Herrliche Wanderungen zu jeder Jahreszeit. Am Platz: Sauna, Solarium, Dampfbad, Fitnessraum und Massage.

A10, Ausfahrt St. Michael im Lungau, Richtung Mauterndorf. B99 Erlebnisberg Großeck-Speiereck. CP liegt an der B99 nach 1,5 km auf der linken Seite.

CC € 23 *17/4-30/6 11/9-24/11*

N 47°08'35" E 13°39'53"

Mayrhofen, A-6290 / Tirol

709

Camping Alpenparadies Mayrhofen****
Laubichl 125
+43 6 64 88 51 88 66
1/1 - 14/10, 15/12 - 31/12
camping@alpenparadies.com

2,5ha 220**T**(60-120m²) 16A CEE

1 ACD**H**JKLMNPQR
2 JMNSUVWY
3 CIKLSU**W**
4 (C+F+H)**KLN**
(Q+R+T+U+V+Y+Z)
5 **AB**CDFGIJKLMNOPQ**S**UWXYZ
6 CEFGH**K**(N 1km)OSV

Camping mit einem schönen, flachen Gelände am Waldrand. Das Frei- und Hallenbad bietet bei jeder Witterung Badegelegenheit. Das Restaurant verwöhnt den Genießer. Infrarotkabine auf dem Camping. In direkter Umgebung viele Sportangebote, wie Rad fahren, Wandern und Bergsteigen.

A12 Ausfahrt 39 Zillertal, B169 nach Mayrhofen.

CC € 23 *17/4-30/6 4/9-27/9 9/10-14/10*

N 47°10'34'' E 11°52'11''

Mondsee/Tiefgraben, A-5310 / Oberösterreich

710

Camp MondSeeLand*****
Punzau 21
+43 62 32 26 00
1/4 - 2/10
austria@campmondsee.at

4ha 120**T**(80-120m²) 16A CEE

1 ACD**H**JKLMNP**Q**R
2 INSWXY
3 C**G**IKPSUW
4 (**A** 1/7-31/8)(C 1/5-30/9)
(Q+S+U+Y+Z)
5 **AB**DFGIJKLMNOPR**S**UWXYZ
6 CDEFGH**K**(N 4km)OTUV

Komfortabler, ruhiger Campingplatz mit neuen Sanitäranlagen zwischen Mondsee und Irrsee gelegen. Schöne Rad- und Wanderrouten vom Platz aus. Die Stadt Salzburg liegt in nur 27 km Entfernung. Ideal für Gäste die in Richtung Wien oder Osten (Ungarn, Tschechien) unterwegs sind.

A1 Salzburg-Wien, Ausfahrt 264 Mondsee. 1. Kreisel Richtung Straßwalchen, am 2. Kreisel 3. Ausfahrt den CP-Schildern folgen.

CC € 23 *1/4-17/5 12/6-30/6 1/9-2/10*

N 47°52'00'' E 13°18'24''

Nassereith, A-6465 / Tirol

711

Camping Rossbach****
Rossbach 325
+43 52 65 51 54
1/1 - 30/10, 15/12 - 31/12
rainer.ruepp@gmx.at

1ha 80**T**(70-80m²) 6A CEE

1 AD**H**JKLMPQR
2 CJNSWXYZ
3 A**G**IKL**Q**SUW
4 (A 1/5-30/10)
(C+H 15/5-15/9)(Q+R)
(T+U+X 1/7-31/8)
5 **AB**DFGIJKLMNOPUWZ
6 ACEFGJ(N 1,5km)OTUV

Freundlicher Familiencamping im Gurgeltal mit vielen Obstbäumen und Schwimmbad an einem quirligen Bächlein, am Fuße des Fernpass, umgeben von Wald und Wiesen. In direkter Umgebung finden Sie ausreichend Sportangebote. Auch Bergtouren mit Führer möglich.

B179 Reutte-Nassereith (über den Fernpass), Ausfahrt Nassereith. Im Zentrum Richtung Domitz/Rossbach. Den CP-Schildern folgen.

CC € 19 *1/3-30/6 18/8-30/10*

N 47°18'37'' E 10°51'20''

Neustift, A-6167 / Tirol

712

Camping Stubai****
Stubaitalstraße 94
+43 52 26 25 37
1/1 - 30/4, 21/5 - 31/12
info@campingstubai.at

2ha 110T(60-100m²) 6A CEE

1 ACD**H**JKLMNP**Q**R
2 CIJLMNSUVXY
3 ACDHIKLMSU**W**
4 (A 10/7-9/10)**LN**
(Q+S+T+U+Y)
5 **AB**DEFGIJKLMNOPQ**RS**UWY
6 ACEFGK(N 0km)OQTV

Dieser Camping mit einem flachen Gelände und großen Plätzen liegt am Fuße der Berge im Örtchen Neustift direkt neben einem Supermarkt. Vom Camping aus schöne Sicht auf die umliegenden Berge. Sie können am platzeigenen Jagdrevier unter Begleitung auch jagen gehen.

A13 Brenner-Autobahn, Ausfahrt Europabrücke, auf B183 nach Stubaital, nach Neustift.

CC € 21 21/5-25/6 3/9-8/10

N 47°06'36'' E 11°18'31''

Oberdrauburg, A-9781 / Kärnten

713

Natur- & Familiencamping Oberdrauburg
Gailbergstraße
+43 47 10 22 49 22
1/5 - 30/9
tourismus@oberdrauburg.at

1,2ha 68T(80-110m²) 12A CEE

1 ACD**H**JKLMNPQR
2 JLMNSUWXYZ
3 AC**G**IKMN**O**PSU
4 (**A**)(C+H 5/6-29/8)
J(Q 3/6-31/8)(T+U)
(V+Y+Z 8/6-31/8)
5 **AB**CDEFGHIJKLMNOPQRUWZ
6 CEFGHK(N 0,5km)OV

Gepflegter, ruhiger Familiencamping am Waldrand. Startbasis für Wanderer, Kanufahrer, Biker (Plöckenpass), Naturliebhaber und Radler. Tolles Restaurant. Neuer Biergarten. Kostenloses WLAN. Idealer Stopp auf einer Italienreise. Schwimmbad mit 58m langer Rutsche nebenan. Schöner Panoramablick auf die Bergwelt.

B100 Spittal Richtung Lienz bis Oberdrauburg, oder Mittersill-Felbertauerntunnel-Lienz-Oberdrauburg. Dann Ausfahrt Plöckenpass und nach 500m kommt der Camping.

CC € 19 1/5-29/6 1/9-30/9

N 46°44'33'' E 12°58'11''

Ossiach, A-9570 / Kärnten

714

Camping Kalkgruber
Alt-Ossiach 4
+43 65 05 17 85 07
1/5 - 1/10
office@camping-kalkgruber.at

0,9ha 30T(80-100m²) 10A CEE

1 ACD**H**JKLMPQR
2 JMNSUWXY
3 AEIKLPSU
4 (A+Q)
5 **AB**DFGIJMNO**P**UW
6 ACEFGK(N 1km)U

Kleiner, aber sehr sauberer Camping am Südostufer des Ossiacher Sees. Hier finden Sie Ruhe, Platz und Natur. Frau Schabus empfängt Sie mit offenen Armen. Gemütlicher Freizeitraum vorhanden. Verkauf von frischen Forellen. Gute regionale Küche 1 km entfernt. Geeignet als Durchreisecamping, 12 km bis zur Ausfahrt Ossiacher See.

A10 Salzburg-Villach, Ausfahrt Ossiacher See, Richtung Feldkirchen. In Steindorf rechts Richtung Ossiach. Dann 1. CP rechts.

CC € 19 1/5-8/7 28/8-30/9 10=9, 20=18, 30=27

N 46°41'15'' E 14°01'10''

Ossiach, A-9570 / Kärnten

715

Ideal Camping Lampele****
Alt-Ossiach 57
+43 4 24 35 29
1/5 - 30/9
camping@lampele.at

4ha 172**T**(80-100m²) 8-16A

1 ACD**H**JKLMPQR
2 AFJLMNSUWXYZ
3 AIKLPS**TUVW**Z
4 **N**(Q+S+T 15/5-15/9)
(U+V+Y 15/5-8/9)
(Z 15/5-15/9)
5 **AB**DFGIJKLMNOPUWXYZ
6 ACEFGK(N 1km)OTUV

Schöner Camping mit abgegrenzten Plätzen direkt am Ossiacher See. Neben schwimmen, kann man Bergtouren, Wanderungen und Radtouren machen. Neben dem Campingplatz ist ein Hallenbad und in der Nähe kann man verschiedene Sportarten ausüben. Geschäft auf dem Campingplatz. Aufpreis bei Komfortplätzen und Plätzen direkt am See.

A10 Salzburg-Villach, Ausfahrt Ossiacher See Richtung Südufer. Weiter bis Ossiach und dann links zum CP.

CC € 23 *1/5-30/6 1/9-30/9*

N 46°40'58'' E 13°59'54''

Ossiach, A-9570 / Kärnten

716

Terrassen Camping Ossiacher See
Ostriach 67
+43 4 24 34 36
15/4 - 15/10
martinz@camping.at

10ha 500**T**(80-110m²) 6-16A CEE

1 ACD**H**IJKLMNPQR
2 AFIJMNOPSWXYZ
3 CDIKLMN**O**P**R**SUWZ
4 J(Q+S)
(U+V+W+Y+Z 15/5-15/9)
5 **AB**DEFGIJKLMNOP**QR**UWYZ
6 ACEFGHKM(N 1km)ORTUV

Durch Hecken und Sträucher getrennte Plätze bieten Privatsphäre, teils Terrassen, prächtige Aussicht auf den See. 'Terrasse-/Seeplatz' gegen Aufpreis.

A10 Salzburg-Villach, Ausfahrt Ossiacher See in Richtung Südufer. An der Ampel links Richtung Ossiach, nach ± 5 km kommt der CP an der linken Seite.

CC € 23 *15/4-30/6 1/9-30/9*

N 46°39'49'' E 13°58'29''

Pesenthein, A-9872 / Kärnten

717

Terrassencamping Pesenthein
Pesenthein 19
+43 47 66 26 65
1/4 - 31/10
camping@pesenthein.at

5ha 213**T**(70-95m²) 6A CEE

1 ACD**H**JKLMNPQST
2 AEJLMNSUWXY
3 CGIKLMSUZ
4 J(Q+Y+Z)
5 **AB**CDFGIJKLMNOPUW
6 AFGK(N 2km)TV

Terrassencamping mit eigenem Strand und herrlicher Aussicht auf den Millstätter See. Der Campingplatz und auch das Strandbad haben jeweils einen separaten Bereich für FKK-Gäste reserviert. Separater Hundestrand.

A10 Salzburg-Villach, Ausfahrt 139 Millstätter See (Ausfahrt links!), an der Ampel links auf B98 Richtung Radenthein, ca. 2 km nach Millstatt CP an der Ostseite von Pesenthein links.

CC € 21 *1/4-30/6 1/9-31/10*

N 46°47'47'' E 13°35'57''

Prutz, A-6522 / Tirol

718

Aktiv Camping Prutz****
Pontlatzstraße 22
+43 54 72 26 48
1/1 - 31/12
info@aktiv-camping.at

1,5ha 125T(60-120m²) 6-10A CEE

1 ACD**H**JKLMNPQR
2 CIJNSUVWXY
3 CIKLMNP**Q**SU**W**
4 (A 1/5-1/10)(Q+R)
(T+U+X 15/5-15/10, 20/12-10/4)
5 **AB**DEFGHIJKLMNOPUWXZ
6 ABCDEFG**K**L(N 0,5km)OV

Ein komfortabel eingerichteter Platz, direkt am Fluss und in der Ortsmitte. Zentrale Lage in den Skigebieten Serfaus-Fiss-Ladis. Perfekter Platz für Wanderungen und Ausflüge. Idealer Halt auf dem Weg in den Süden. Über den Fernpass mautfrei von Deutschland aus erreichbar.

Mautfrei: von Imst nach Landeck, dann auf der B180 Richtung Serfaus (Reschenpass) nach Prutz. Oder A12 Richtung Reschenpass, durch den Tunnel bei Landeck, dann auf die B180 (Mautpflicht).

CC € 21 *15/4-30/6 1/9-17/12* *10=9, 20=18, 30=27*

N 47°04'49" E 10°39'34"

Purbach, A-7083 / Burgenland

719

Campingplatz Storchencamp Purbach
Campingplatz 1
+43 26 83 51 70
7/4 - 26/10
office@gmeiner.co.at

10ha 58T(80-100m²) 16A CEE

1 ACD**H**IJKLMNP**Q**R
2 EJSXY
3 ACGKL**O**S**W**
4 (**C**+**H** 1/5-30/8)**J**
(Q+R+T+U+Y+Z)
5 **AB**DFGIJKLMNOPUWYZ
6 EFG**J**(N 1km)

Ruhig gelegener Campingplatz mitten in der Weinbauregion Neusiedler See neben dem Erlebnisschwimmbad. Fußball, Tennis, Volley- und Basketball: alles möglich. Restaurant auf dem Gelände mit lokaler Küche. Weinproben und Feste finden von Mai bis Oktober statt.

B50 Eisenstadt-Neusiedl am See. Im Ort CP-Schild oder Schild 'Zum See' folgen.

CC € 23 *1/5-26/5 11/6-21/6 3/9-30/9*

N 47°54'34" E 16°42'20"

Rennweg am Katschberg, A-9863 / Kärnten

720

Camping Ramsbacher
Gries 53
+43 4 73 46 63
1/1 - 31/12
info@camp-ram.at

1,4ha 65T(80-100m²) 16A CEE

1 ACDHJKLMNPQST
2 CIJNSUWXYZ
3 AGIJKLO**R**S**W**
4 (A 1/6-30/9)(C+G 15/6-1/9)
(Q 1/7-31/8)(U)
5 **AB**DGIJKLMNOPUW
6 CEFGK(N 2km)O

Gemütlicher und sonniger Sommer- und Wintercampingplatz im Pölltal am Südhang des Katschbergs. Durch seine Lage in der Nähe der A10 ist er auch sehr gut als Zwischenstopp auf der Durchreise geeignet. Im Campingrestaurant gibt es Mahlzeiten zum Mitnehmen.

A10 Salzburg-Villach, Ausfahrt 112 Rennweg, B99 Richtung Rennweg, erste Straße rechts, bei Verkehrsbüro rechts, bis Gries Hauptstraße folgen, dann den CP-Schildern folgen.

CC € 21 *15/4-30/6 1/9-30/11*

N 47°01'56" E 13°35'44"

Ried, A-6531 / Tirol

721

Camping Dreiländereck****
Ried 37
+43 54 72 60 25
1/1 - 31/10, 1/12 - 31/12
info@tirolcamping.at

1ha 60**T**(70-100m²) 16A CEE

1 AD**H**JKLMNPQR
2 EIJSUVWXY
3 ADIKLMNOP**R**SU**W**Z
4 (A)**LNP** (Q+S+T+U+V+Y+Z)
5 **AB**DEFGIJKLMNOPRUWXYZ
6 ACDEFG**K**M(N 0km)OTV

Der zentral gelegene Campingplatz garantiert Erholung und Aktivität und liegt mitten im Ort. Sehr schönes Sanitär mit Wellness, Sauna und Dampfbad. Idealer Ausgangspunkt zum Wandern, Radfahren und Skifahren. Serfaus, Fiss und Ladis in ca 6 km. Badesee und Seilbahn in 300m.

Mautfrei: über Imst auf der 171 nach Landeck (Richtung Reschenpass), und nach Ried. Oder A12 Richtung Meran (Reschenpass), dann die B180 Richtung Serfaus (Mautpflicht).

CC € 23 *15/4-9/7 1/9-31/10 1/12-22/12*

N 47°03'21'' E 10°39'24''

Seekirchen, A-5201 / Salzburg

722

Camping Seekirchen am Wallersee
Seestraße 2
+43 62 12 40 88
1/4 - 31/10
info@camping-seekirchen.at

1,5ha 30**T**(80-110m²) 16A

1 ACD**H**JKLMNPQR
2 AFJNPSUWXY
3 C**G**IKMNPSU**W**Z
4 J(Q+R+T+U+X+Z)
5 **AB**DFGIJKLMNOPUWZ
6 BCEFGHK(N 1km)O

Genießen Sie den atemberaubenden Blick auf den Wallersee und die Ruhe auf diesem Campingplatz. Die Umgebung ist ideal für Radtouren oder einen Ausflug nach Salzburg.

Von Seekirchen nach Neumarkt, Abf. Zell am Wallersee. Nach 2 km in Ri. Schloss Seeburg, dann CP Schildern folgen. Oder: Straße Salzburg-Seekirchen, ab Seekirchen Bahnhof der Bahnstraße bis zum CP am See folgen.

CC € 23 *1/4-18/5 12/6-30/6 1/9-31/10*

N 47°54'11'' E 13°08'30''

St. Georgen am Kreischberg, A-8861 / Steiermark

723

Camping Olachgut*****
Kaindorf 90
+43 35 32 21 62
1/1 - 10/4, 8/5 - 8/10, 8/12 - 31/12
office@olachgut.at

10ha 140**T**(100-140m²) 16A CEE

1 ACD**H**JKLMNPQR
2 CEJMNSUWXYZ
3 AC**G**IKP**Q**SU**W**Z
4 (A 1/7-31/8)**N** (Q+R+U+X+Z)
5 **AB**CDEFGIJKLMNOPRUWXYZ
6 ACEFGKL(N 2km)OUV

Prächtiger 5-Sternecampingplatz mit eigenem Freizeitweiher zum Fischen und Baden. Der bewirtschaftete Bauernhof mit vielen Tieren und anerkannter Reitschule ist sehr beliebt bei Kindern. Direkter, sicherer Radweg zum Murradweg. Rollstuhlfreundliche Anlagen am Platz. Herrliches Familienskigebiet gleich in der Nähe.

A10/E55, Ausf. 104 St. Michael. Straße 96 bis Tamsweg, dann Straße 97 bis St. Georgen, nach 2 km CP re.

CC € 23 *8/5-17/5 21/5-26/5 11/6-30/6 1/9-8/10*

N 47°06'27'' E 14°08'22''

St. Georgen am Längsee, A-9313 / Kärnten

724

Camping Wieser Längsee
Bernaich 8
+43 65 06 00 36 80
1/5 - 1/10
info@campingwieser.com

2ha 80T(120-160m²) 13A

1 ACDHIJKLMNPQR
2 INSWXYZ
3 AFGIKSUW
4 (Q)
5 ABGIJKLMNOPUW
6 CFGJ(N 5km)

Ruhiger gemütlicher Naturcampingplatz im Herzen Kärntens mit 120 m² freien Abstellflächen mit Moorteich - Frischwasserzulauf und Liegwiese. Zusätzlich in 2 km Entfernung der Längsee. Idealer Ausgangspunkt für Rad- und Wandertouren, und Kulturausflüge – Burg Hochosterwitz, keltisch-römischen Ausgrabungen am Magdalensberg, Harrer-Museum, Herzogstadt St. Veit, Klagenfurt- und Shopping/Theaterbesuch.

Auf der B317/B83 5 km nördlich von St. Veit Ausfahrt 281, dann noch 500m.

CC € 19 1/5-30/6 1/9-1/10

N 46°48'08'' E 14°24'45''

St. Johann im Pongau, A-5600 / Salzburg

725

Camping Kastenhof
Kastenhofweg 6
+43 64 12 54 90
1/1 - 31/12
info@kastenhof.at

2ha 40T(80m²) 15A CEE

1 ADHJKLMNQR
2 CJNSUWXYZ
3 ACGHIKSUVW
4 LN(Q+R)
5 ABDFGIJKLMNOPUW
6 CDEFGJ(N 0,5km)OSTV

Gastfreundlicher, günstig und sonnig gelegener CP mit herrlichem Blick auf die Berge. Im Gehbereich zur Ortsmitte St. Johann mit modernem Sanitär und breiten Wellnessangeboten. Ausgangspunkt für viele herrliche Wanderungen, Auto- und Radtouren. Der CP liegt am 'Tauernradweg'.

A10, Ausfahrt 46 Bischofshofen, Ri. Zell am See B311 bis Ausfahrt St. Johann im Pongau/Grossarl/Hüttschlag. Unter Bahnunterführung hindurch, über die Brücke, erste Straße links, nach 150m Eingang.

CC € 23 15/5-29/6 10/9-25/10

N 47°20'29'' E 13°11'53''

St. Peter am Kammersberg, A-8842 / Steiermark

726

Camping Bella Austria****
Peterdorf 100
+43 66 41 68 09 77
29/4 - 30/9
info@camping-bellaustria.com

5,5ha 45T(110m²) 16A CEE

1 AHJKLMNPQST
2 CNSUWXY
3 ACEIKPSUW
4 (B+G 15/6-31/8)N
(Q+R 1/7-31/8)(U+Y+Z)
5 ABCDEFGIJKLMNOPUWXYZ
6 EFGJ(N 2km)TU

Camping liegt am Waldrand im Katschtal in der Steiermark, 1 km vom Örtchen St. Peter am Kammersberg. Der Camping bietet Komfortplätze und ein schönes Schwimmbad. Außerdem ein gutes Restaurant.

Über die B99 Richtung Tamsweg. Auf die Turracher Bundesstrasse B95 Richtung Ramingstein, Predlits, Falkendorf nach Murau. Durch Murau nach Frojach-Katsch, weiter Peterdorf, dann Camping Bella Austria.

CC € 21 29/4-15/7 2/9-30/9

N 47°10'49'' E 14°12'55''

St. Pölten, A-3100 / Niederösterreich

727

Camping am See
Bimbo Binder-Promenade 15
+43 67 68 98 79 88 98
15/4 - 15/10
office@campingamsee.at

2ha 50T(100-200m²) 16A CEE

1 BCDHIJKLMNPQR
2 FIJOPQSUWXYZ
3 AC**G**IKLM**ORSTVW**Z
4 (Q 🔑)
5 **AB**DGIJKLMNOPUWZ
6 CEFGK(N 2km)T

Prächtig angelegter Camping mit schönem Sanitär an einem Erholungssee mit einer schattigen Liegewiese. Am Rande der Kulturstadt St. Pölten. Neben dem Campingplatz befindet sich ein großes Fitnesscenter. Günstige Lage für den Besuch von Wien und die Weiterreise nach Ungarn. Wandern und Radfahren in der näheren Umgebung. Gute Restaurants an nahgelegenen Seen.

Von der A1 am Knoten St. Pölten S33 Richtung Krems. Danach Ausfahrt St. Pölten Nord. Am zweiten Knoten Richtung West.

CC € 23 *15/4-15/5 24/5-30/6 4/9-15/10*

N 48°13'27'' E 15°39'33''

Stams, A-6422 / Tirol

728

Camping Eichenwald
Schiesstandweg 10
+43 52 63 61 59
1/4 - 15/10
info@camping-eichenwald.at

5ha 100T(70-150m²) 13A CEE

1 AE**H**JKLMNPQR
2 BCIJMNSUVWXYZ
3 **CGIKLNPSUW**
4 (A 10/7-20/8)(C 1/5-30/9)
(H 1/5-31/8)**N**(Q+R 🔑)(T+U+V+Y 1/5-30/9)(Z 🔑)
5 **AB**CDFGHIJKLMNOPRUWXYZ
6 CDEFGK(N 0,5km)OTUV

Terrassenförmiger, zentral gelegener Camping im Inntal mit schattigen und großen Plätzen. Rund um Stams, wo Kaiser und Könige schon ihren Urlaub verbracht hatten, gibt es viele Aktivurlaubangebote: Baden, Reiten, Wandern, Golf, Klettern (3000 Routen). Eichenwald im Oberinntal ist genau der richtige Ort für Erholung, Ruhe und Abenteuer.

Reutte, Fernpass, Nassereith, Mieming, Richtung Mötz/ Stams, CP ausgeschildert.

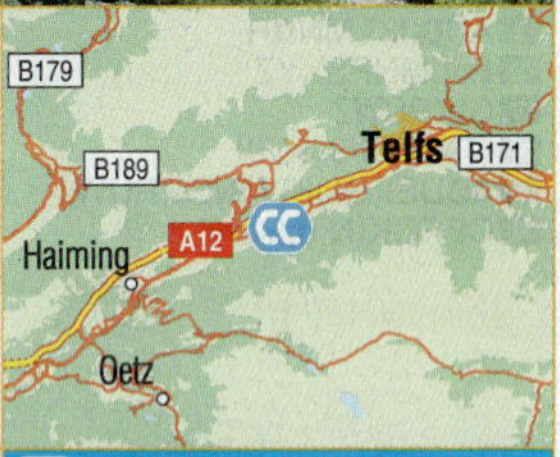

CC € 23 *1/4-30/6 1/9-15/10*

N 47°16'32'' E 10°59'10''

Steindorf, A-9552 / Kärnten

729

See-Areal Steindorf****
Seestrasse 5a
+43 6 64 73 75 66 98
1/4 - 31/10
info@seearealsteindorf.at

1ha 32T(25-100m²) 13A

1 ADGJKLMNPQR
2 EIJLNOSWXYZ
3 GIKLMN**OW**Z
4 (A+Q+U 🔑)(Y 1/5-30/9)
(Z 🔑)
5 **AB**DFGIJKLMNOP**RS**UW
6 AEFK(N 0,2km)

Toller Camping mit Liegewiese. Viel Sonne und Schatten, am Ossiacher See. Inkl. WLAN. Rollstuhlgerechtes Sanitär. Bäckerei. Möglichkeiten für Wassersport, Tennis, Radfahren, Wandern, Terrasse, Restaurant und Naturgebiet nebenan.

A10 Salzburg-Villach, Ausfahrt Ossiacher See Richtung Nordufer und Feldkrichen auf B94. Nach 15 km rechts in Richtung Ossiach über Bahn und sofort rechts zurück nach Steindorf. Ca. 900m links beim Campingschild des Gasthofs. Über den Dammweg einfahren!

CC € 23 *1/4-15/6 15/9-31/10*

N 46°41'40'' E 14°00'34''

Steindorf/Stiegl, A-9552 / Kärnten

730

Seecamping Hoffmann****
Uferweg 61
+43 42 43 87 04
1/5 - 1/10
info@seehotel-hoffmann.at

1ha 20T(50-80m²) 16A

1 ADGJKLMNPQR
2 FIJMNOPSUWXYZ
3 CFGIJKLMNOSWZ
4 (A)N(Q+R)(T 1/6-7/9) (U+Y+Z)
5 ABEFGJLNPUW
6 AEFGKL(N 1km)V

Kleiner Terrassencamping von altem Baumbestand umgeben, direkt am Ossiacher See. Als Ausgangspunkt für Ausflüge geeignet, WLAN gratis. Restaurant 100 m entfernt. Kategorie 'Seeplätze' gegen Aufpreis!

A10 Salzburg-Villach, Ausfahrt Villach/Ossiachersee, B94 Richtung Feldkirchen. In Steindorf der Beschilderung folgen.

CC € 21 1/5-1/7 1/9-1/10

N 46°41'42" E 13°59'48"

Techendorf (Weißensee), A-9762 / Kärnten

731

Camping Knaller
Techendorf 61
+43 47 13 22 34 50
1/1 - 27/2, 28/4 - 1/10, 21/12 - 31/12
camping@knaller.at

1,4ha 110T(70-120m²) 16A CEE

1 ACGJKLMNQR
2 EJLMNPSXYZ
3 CIKPSWZ
4 (T+U 15/6-10/9)
5 ABDEFGIJKLMNOPRUW
6 CEFGK(N 0,5km)

Camping am Weißensee bedeutet Erholung und Entspannung inmitten eines einzigartigen Naturschutzgebietes. Privater Strand mit Liegewiese und Selbstbedienungsrestaurant.

A10 Salzburg-Villach, Ausfahrt 139 Spittal/Millstätter See, B100 bis Greifenburg. Links B87 Richtung Hermagor. Schildern Richtung Weißensee-Süd bis Techendorf folgen, nach der Brücke links.

CC € 23 28/4-18/6 4/9-1/10

N 46°42'50" E 13°17'45"

Tulln an der Donau, A-3430 / Niederösterreich

732

Donaupark Camping Tulln
Donaulände 76
+43 2 27 26 52 00
1/4 - 15/10
camptulln@oeamtc.at

10ha 90T(80-100m²) 6A CEE

1 ACDHJKLMNPQR
2 CEJSWXYZ
3 CGKLMNOPRSUWZ
4 JM(Q+R)(T 15/4-14/10) (U+Y 15/4-30/9)
5 ABDFGIJKLMNOPUWZ
6 BCDEFGHK(N 0,3km) OSTUV

Schöner, gut gepflegter Camping an der Donau mit großen, teils abgegrenzten Plätzen auf Grasfeldern. Neben dem Camping liegt ein großer Freizeitsee mit Badegelegenheit, der für die Campinggäste gratis zugänglich ist.

A1 Linz-Wien, Ausfahrt 41 St. Christophen Richtung Tulln (B19). In Tulln Richtung Klosterneuburg. Unter der Bahnlinie durch, die 1. rechts. Nach 650m links ab, den CP-Schildern folgen.

CC € 23 1/4-30/6 1/9-14/10

N 48°19'59" E 16°04'08"

Walchsee, A-6344 / Tirol

733

Ferienpark Terrassencamping Süd-See****
Seestraße 76
+43 53 74 53 39
1/1 - 31/12
info@terrassencamping.at

11ha 150T(70-150m²) 16A CEE

1 AHJKLMNPQR
2 FIMNOSTUWXYZ
3 AGIKMNQTWZ
4 (A 1/6-1/10)(Q)
(R 12/4-15/10)(T+U+V+X+Y 12/4-15/10,20/12-31/12)
5 ABDEFGIJLMNOPUWXYZ
6 CDEFGHK(N 2km)OU

Idealer Ganzjahrescamping im Wander-, Rad,- und Loipenparadies 'Kaiserwinkl'. Alle Plätze mit fantastischem Seeblick. Modernes Sanitär, gratis Warmwasser und Privatkabinen. Restaurant, Minimarkt und Liegewiese am See (Sommer 24°C). Ruhige Lage, auch Saisonplätze. Mautfrei zum Walchsee.

A8 München-Salzburg Richtung Innsbruck. Ausfahrt 59 zur B172 von Niederndorf nach Kössen. Vor Walchsee rechts. Campingplatz angezeigt.

CC € 23 *1/4-17/5 21/5-26/5 11/6-21/6 1/9-5/11*

N 47°38'26'' E 12°19'26''

Weer, A-6116 / Tirol

734

Alpencamping Mark****
Bundesstraße 12
+43 5 22 46 81 46
15/4 - 30/9
info@alpencampingmark.com

2ha 95T(80-130m²) 10-16A

1 ABCDHJKLMNPQR
2 IJLNSVWZ
3 CIKLMNOPQSU
4 (A 1/7-31/8)(C 1/5-30/9)
(Q+R)(T+U 20/5-15/9)
(V)(Y 1/5-30/9)(Z)
5 ABCDFGHIJKLMNOPRUWZ
6 ABCEFGHK(N 0,1km) UVWX

Schön angelegter Familiencamping auf einem flachen bis leicht schrägen, gut gepflegten Grasfeld mit mehreren Bäumen. Viele große Schattenplätze. Freibad und Kletterwand auf dem Campingplatz. Eigene Pferdezucht (Haflinger). 'Alpin- und Freizeitschule' direkt auf dem Campingplatz.

A12 Inntal-Autobahn, Ausfahrt 61 Wattens. Von Kufstein Richtung Innsbruck, Ausfahrt 49 Schwaz oder 53 Vomp, dann nach Weer. Sehr einfach zu erreichen.

CC € 21 *15/4-30/6 1/9-30/9*

N 47°18'23'' E 11°38'57''

Zell am See, A-5700 / Salzburg

735

Panorama Camp Zell am See
Seeuferstraße 196
+43 6 54 25 62 28
1/1 - 8/1, 1/2 - 22/10, 22/12 - 31/12
info@panoramacamp.at

1ha 85T(70-90m²) 16A CEE

1 ACDHIJKLMNPQR
2 JNSUWXYZ
3 AGIJKLMSUW
4 (Q)(R+V 1/6-15/9)
5 ABCDFGHIJKLMNOPUWXYZ
6 CEFGK(N 2km)OSV

Ihr platz in den Bergen! Kleiner Familiencamping in sonniger, ruhiger Lage am Südufer des Zeller Sees. Herrlicher Panoramablick auf das Kitzsteinhorn. Idealer Ausgangspunkt für Wanderungen, Rad & Bike Touren. Nur 450m vom Badestrand entfernt.

Keine Vignette. Von Lofer Richtung Zell am See, nicht in den Tunnel hineinfahren. Ausfahrt Thumersbach. CP am Südufer, nach 6 km rechts.

CC € 23 *1/2-31/3 11/4-26/5 5/6-23/6 11/9-21/10*

N 47°18'07'' E 12°48'57''

Zell im Zillertal, A-6280 / Tirol

736

Campingdorf Hofer
Gerlosstraße 33
+43 52 82 22 48
1/1 - 5/11, 5/12 - 31/12
info@campingdorf.at

1,6ha 100T(80-100m²) 6-16A CEE

1 ACD**H**JKLMNPQR
2 JNSWY
3 A**G**IKLSU**W**
4 (A 1/6-15/9)
(E 1/5-15/10)(Q+R)
(T+U+Y 30/5-15/10,
15/12-15/4)
5 **AB**DFGIJKLMNOPRUWZ
6 BCEFGHKLOV

Geselliger Familiencamping mit ca. 100 großen Stellplätzen. Zentrale Lage im Gehbereich zur Ortsmitte von Zell im Zillertal. Die überdachte und beheizte Schwimmhalle bietet Abkühlung. In Zell ist ein Freizeitpark von 45.000 m² mit zahlreichen Sport- und Freizeitangeboten. Touristen- und Umweltabgabe sind im CampingCard ACSI-Tarif nicht inbegriffen.

A12 Ausfahrt 39 Zillertal, B169 nach Zell am Ziller, 4. CP im Zillertal.

CC € 23 *1/5-30/6 1/9-10/10*

N 47°13'44'' E 11°53'10''

Polen

Polen: Schlösser, Natur und Geschichte

Weite Sandstrände, tiefe Schluchten, die größte Wüste, der letzte Urwald Europas, aber auch die sogenannte „Landschaft der tausend Seen" und verträumte Städte wie Krakau oder Warschau. Wenn Sie in Polen campen gehen, haben Sie die Wahl zwischen vielen sehenswerten und unterschiedlichen Regionen.

Schlösser Route

Sie sind sich nicht sicher, welchen Teil Polens Sie sehen möchten? Dann planen Sie Ihren Urlaub entlang der Gotischen Burgenroute. Buchen Sie einen Campingplatz in Malbork, Ostróda oder Kętrzyn und besuchen Sie von dort aus eines der Schlösser. Auf dieser Route finden Sie zum Beispiel die schöne Marienburg in Malbork. Sie ist die größte mittelalterliche Burg Europas und steht auf der Liste des UNESCO-Weltkulturerbes.

ACSI AWARDS

Gewinner 2022 in Polen

Bester Campingplatz
Camping Morski 21

Hauptstadt: Warschau
Währung: Zloty
Zeitzone: UTC +1, UTC +2 (März bis Oktober)
Sprache: Polnisch
Ländervorwahl: +48
Alkoholgrenze: 0,2‰
Notrufnummer: Polizei: 997, Feuerwehr: 998, Rettungswagen: 999
Leitungswasser: oft nicht sicher, trinken Sie abgefülltes oder abgekochtes Wasser

Raus in die Natur

Haben Sie Lust, in die Natur zu gehen? Dann sollten Sie unbedingt den Bialowieza-Nationalpark besuchen. Hier finden Sie mehr als 10 000 Tierarten. Am besten nehmen Sie hier an einer geführten Tour teil.
Sind Sie eher ein Sonnenanbeter? Dann verbringen Sie Ihren Urlaub an der Ostseeküste. Hier können Sie den Strand genießen, zum Beispiel in Ustka.
Das beeindruckende Riesengebirge an der Grenze zur Tschechischen Republik und die Hohe Tatra an der Grenze zur Slowakei laden zu einem aktiven Campingurlaub in den Bergen im Süden Polens ein.
Im Süden können Sie auch die größte Sandwüste Mitteleuropas betreten: die Błędów Wüste. In der 32 Quadratkilometer großen, so genannten „polnischen Sahara" gibt es mehrere Wander-, Rad und Reitwege sowie eine Aussichtsplattform. Die „Wüste" liegt nur 45 Kilometer von Krakau entfernt.

Krakau

Mit über 5 000 historischen Gebäuden und Denkmälern ist Krakau die wichtigste Kulturmetropole des Landes und wird auch als "heimliche Hauptstadt Polens" bezeichnet. Das historische Zentrum von Krakau gehört seit 1978 zum UNESCO-Weltkulturerbe. Schlendern Sie durch die Stadt und genießen Sie den typischen Krakauer Kartoffelkuchen „Pan Kumpir" oder die gefüllten Knödel „Pieroggen".

Sie können verschiedene Sehenswürdigkeiten besichtigen, wie z. B. das Schloss Wawel, das auf jeden Fall einen Besuch wert ist. Eine weitere Touristenattraktion ist das Salzbergwerk Wieliczka. Dieses Salzbergwerk hat über 287 Kilometer Schächte, von denen Sie einen kleinen Teil besichtigen können.

Beeindruckend

Von Krakau aus können Sie das ehemalige Konzentrationslager Auschwitz besichtigen. Sie können dies selbst oder mit einem Reiseleiter tun. Der Besuch ist ein beeindruckendes und geschichtsträchtiges Erlebnis.

Tanken

Benzin (Benzina bezolowiowa 95 und 98) und Diesel (Diesel/ON) sind ohne weiteres erhältlich. Flüssiggas (LPG/Autogaz) ist ebenfalls leicht erhältlich; zum Tanken wird der italienische Anschluss (Schlüssel) verwendet.

Tankstellen sind oft von 8 Uhr bis 19 Uhr geöffnet. In Großstädten und an Autobahnen sind viele Tankstellen Tag und Nacht geöffnet.

Die Mitnahme von Kraftstoff in einem Reservetank ist auf Fähren verboten.

Ladestationen

In Polen gibt es nur eine begrenzte Anzahl von Ladestationen. Erkundigen Sie sich vor Ihrer Reise, welche Lademöglichkeiten es gibt. Planen Sie Ihre Reise gut!

Verkehrsregeln

Tagfahrlicht ist Pflicht. Der Verkehr von rechts hat an einer gleichberechtigten Kreuzung Vorfahrt. Der Verkehr in einem Kreisverkehr hat Vorrang, wenn dies durch Verkehrszeichen angezeigt wird. Der Fahrer darf ein Telefon nur mit Freisprecheinrichtung benutzen. Kinder bis 12 Jahre und einer Körpergröße von weniger als 1,50 m müssen in einem Kindersitz sitzen. Winterreifen sind nicht vorgeschrieben, werden aber im Winter dringend empfohlen (Schneeketten können obligatorisch sein).

"Einmal in Polen gecampt. Man will einfach zurück"

Herr F. Lyskawa, Inspektor 1301.

Sondervorschriften

Lasten, die mehr als 50 cm überstehen, und Fahrradträger mit Fahrrädern müssen mit einem weißen reflektierenden Schild mit diagonalen roten Streifen versehen sein.

Bei Stau müssen Sie eine Rettungsgasse bilden. Berücksichtigen Sie Fußgänger, Radfahrer und andere langsame Verkehrsteilnehmer auf Mehrzweckstreifen entlang von Straßen außerhalb geschlossener Ortschaften.

Fußgänger, die bei Dunkelheit oder schlechten Sichtverhältnissen auf der Straße gehen, müssen einen Reflektor oder eine Sicherheitsweste tragen.

Das Parken ist auch dort verboten, wo sich eine weiße Linie am Straßenrand befindet, unabhängig davon, ob sie unterbrochen ist oder nicht. Ein grüner Pfeil an einer roten Ampel zeigt an, dass Sie rechts abbiegen dürfen, sofern Sie anderen Verkehrsteilnehmern, z. B. Fußgängern, Vorfahrt gewähren. Es ist verboten, eine unter Alkoholeinfluss stehende Person auf dem Beifahrersitz zu befördern.

Vorgeschriebene Ausstattung

Warndreieck und Feuerlöscher sind im Auto Pflicht. Es ist ratsam, für alle Insassen Warnwesten mitzuführen. Es ist auch ratsam, einen Verbandkasten und Ersatzlampen mitzunehmen.

Reisemobil und Caravan

Ein Reisemobil oder eine Auto-Wohnwagen-Kombination darf bis zu 4 m hoch, 2,55 m breit und 18,75 m lang sein (der Wohnwagen selbst darf bis zu 12 m lang sein).

Fahrrad

Ein Fahrradhelm ist nicht vorgeschrieben. Es ist verboten, während des Radfahrens zu telefonieren oder ein Mobiltelefon zu benutzen.
Kinder bis 7 Jahre müssen in einem Fahrradsitz transportiert werden. Das Fahren nebeneinander ist verboten (es sei denn, Sie begleiten ein Kind von bis zu 10 Jahren).

Maut

Auf Teilen der Autobahnen A1, A2 und A4 müssen Sie Mautgebühren entrichten.
Die Bezahlung kann in bar oder mit Kreditkarte erfolgen. Weitere Informationen: etoll.gov.pl, a1.com.pl und autostrada-a4.com.pl.
Für Fahrzeuge (einschließlich Wohnmobile), die schwerer als 3,5 Tonnen sind, können Sie nur elektronisch mit einer Mautbox (viaBOX) bezahlen. Weitere Informationen: etoll.gov.pl.

Umweltzonen

In Krakau gibt es eine Umweltzone, in der nur mit Wasserstoff oder Strom betriebene Fahrzeuge zugelassen sind. Sie erkennen die Zone an dem Schild mit der Aufschrift „Strefa" über dem Bild eines grünen Autos.

Panne und Unfall

Stellen Sie auf der Autobahn Ihr Warndreieck mindestens 100 m (sonst 30 bis 50 m) hinter dem Auto auf, wenn es nicht sichtbar ist oder den anderen Verkehr behindert. Alle Insassen müssen eine Warnweste tragen.
Rufen Sie im Falle einer Panne die Notrufnummer Ihres Pannendienstes an. Sie können auch die polnische Pannenhilfe (PZM) unter der Nummer +48 22 532 84 44 anrufen.
Bei einem Verkehrsunfall, auch wenn es sich nur um einen leichten handelt, sind Sie verpflichtet, die Polizei zu rufen.

"Die Leute in Polen sind gastfreundlich, herzlich und die Natur und Kultur sind großartig"

Herr J. Hoogeboom, Inspektor 856.

Campen

Das Campingangebot in Polen ist sehr vielfältig und reicht von kleinen einfachen Campingplätzen bis hin zu großen modernen Anlagen. Auf den polnischen Campingplätzen gibt es zwar nur wenige festgelegte Stellplätze, aber dafür haben alle Strom. Wildcampen außerhalb der Campingplätze ist verboten. Auf Privatgrundstücken ist dies nur mit Genehmigung des Grundstückseigentümers erlaubt. Die Campingplätze an der Ostsee und in den Karpaten sind sehr beliebt. In diesen Bereichen wird eine chemische Toilette empfohlen.

Praktisches

Im Vergleich zu anderen europäischen Ländern gibt es in Polen jedes Jahr eine relativ hohe Zahl schwerer Verkehrsunfälle, daher sollten Sie vorsichtig und umsichtig fahren.
Es wird empfohlen, nach Sonnenuntergang nicht auf den schmalen, manchmal schlecht beleuchteten Nebenstraßen zu fahren.
Schützen Sie sich vor Zecken, da sie Krankheiten übertragen können. Vermeiden Sie den Kontakt mit Säugetieren, da die Gefahr von Tollwut besteht.

Chlapowo, PL-84-120 / Pomorskie

737

Camping Alexa****
Zeromskiego 44
+48 6 06 39 74 35
1/4 - 31/10
camping@alexa.gda.pl

4ha 210T(70-100m²) 10A

1 ACD**H**JKLMN**Q**R
2 AGIJNSUXYZ
3 CDK**R**UY
4 (Q+R 6/6-31/8)
(U+Y 31/5-31/8)
5 **AB**DGIJKLMNOPQRUWX
6 DFGK(N 3km)TUV

Schöner ruhiger Campingplatz an der Ostsee. Schöner Sandstrand mit einer hohen Klippe, den man über Treppen erreicht. In der Nähe der großen Badeorte Wladyslawowo, Jastrzebia Góra, Jastarnia, Sopot oder Gdynia.

Die 215 von Wladyslawowo nach Jastrzebia Góra. In Chlapowo Zentrum ist der CP auf der rechten Straßenseite.

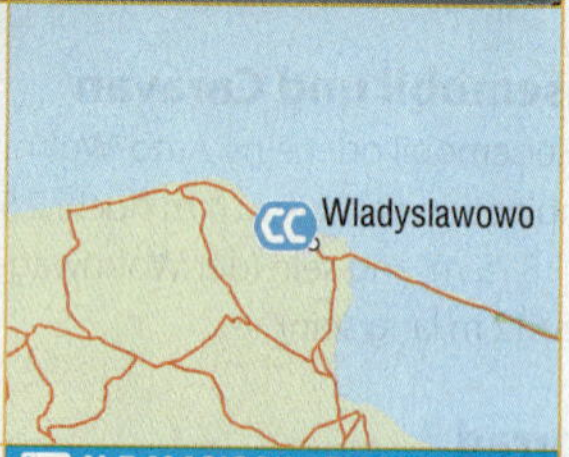

CC € 19 *1/4-17/6 21/8-31/10*

N 54°48'28'' E 18°22'32''

Chlapowo, PL-84-120 / Pomorskie

738

Camping Pole Horyzont
Zeromskiego 174/2
+48 5 00 25 65 56
1/1 - 31/12
polehoryzont@gmail.com

3ha 500T(70-80m²) 10A

1 AC**H**JKLMNQR
2 AGJNSUWXYZ
3 CPUY
5 **A**DGIJMNOPUWZ
6 EFGKM(N 0,4km)TV

Der Campingplatz Horyzont liegt auf einer Klippe in der Nähe der Ostseeküste. Große Stellplätze mit allen Einrichtungen wie Wasser, Strom, Wifi. Beheizte Sanitäranlagen und Reinigungsstation für Chemietoiletten. Einrichtungen zum Waschen und Trocknen. Radweg in der Nähe des Campingplatzes.

Von Wladyslawowo Richtung Jastrzebia Góra. In Chlapowo liegt der CP rechts der Straße.

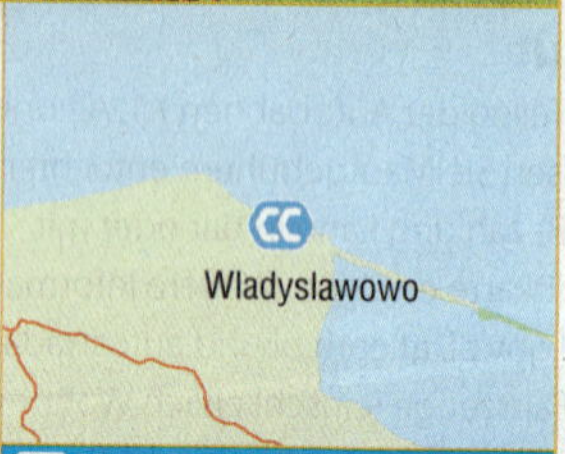

CC € 17 *1/1-15/6 20/8-31/12*

N 54°48'20'' E 18°23'04''

Kolobrzeg, PL-78-100 / Zachodniopomorskie

739

Camping Baltic****
ul. 4 Dywizji Wojska Polskiego 1
+48 6 06 41 19 54
15/4 - 15/10
baltic78@post.pl

4ha 220T 16A

1 ACD**H**JKLMNP**Q**R
2 AGJSUVWXYZ
3 ACKMNPSU**W**Y
4 (Q+S 1/5-15/9)(T 1/7-31/8)
(W 1/5-15/10)(Z 1/5-15/9)
5 **AB**DGIJKLMNOPUWZ
6 CDEFGKL(N 0,1km)TV

Schöner Campingplatz mit exzellenten Sanitäranlagen. Vom Platz aus sind das gemütliche Stadtzentrum und der Strand zu Fuß zu erreichen. Zahlreiche Kureinrichtungen in der Nähe des Campings. Der Radweg 10 verläuft in der Nähe. E-Bike-Verleih und Ladestation für Elektroautos.

CP an der Ostseite von Kolobrzeg. Straße 11 folgen. Von Gdansk; am 1. Kreisverkehr rechts. CP nach 100m. Von Sczecin: am 2. Kreisverkehr dreiviertel herum. Nach 500m rechts, dann noch 100m bis zum CP.

CC € 19 *15/4-18/6 1/9-15/10*

N 54°10'53'' E 15°35'45''

Leba, PL-84-360 / Pomorskie

740

Camping Lesny Nr. 51****
Brzozowa 16A
+48 5 98 66 28 11
15/4 - 30/10
camping_51_lesny@wp.pl

1,2ha 150T 16A

1 ACDHJKLMNP**Q**R
2 AGSTUXYZ
3 CKMSUV**W**Y
4 (E)**N**(Q+S 10/6-30/8)
5 **AB**DFGIJKLMNOPUWZ
6 ACEFGK(N 0,5km)STV

Der schöne, von der Familie Stanuch geführte Campingplatz sorgt mit seiner gepflegten Bepflanzung und den umfangreichen und gut gewarteten Sanitäranlagen für einen angenehmen Aufenthalt. Der Strand und das gemütliche Zentrum von Leba sind zu Fuß zu erreichen. Der Campingplatz hat ein überdachtes, beheiztes Schwimmbecken, das bei schönem Wetter geöffnet ist.

Am 1. Kreisel rechts, am 2. Kreisel die Straße weiter, nach der Brücke rechts. Nach 200m Camping links.

CC € 17 *15/4-30/6 1/9-30/10*

N 54°45'44'' E 17°33'58''

Leba, PL-84-360 / Pomorskie

741

Morski Nr. 21 Eurocamp***
ul. Turystyczna 3
+48 6 64 25 88 06
30/4 - 30/9
camping.morski@gmail.com

ACSI AWARDS WINNER

2,9ha 220T 16A

1 AE**H**JKLMNPQR
2 ABGSWXYZ
3 ACKSU**W**Y
4 (A 1/7-30/8)(S)
(T 1/6-20/9)(U 1/6-30/9)
(X+Z)
5 **AB**DEGIJKLMNOPRUWXYZ
6 CDEFGKM(N 0,3km)OSTV

Gemütlicher Campingplatz mit viel Grün, in der Nähe des Jachthafens und der Ostsee. Nur wenige Gehminuten vom Eingang des Słowiński-Nationalparks entfernt.

Von Lebork-Wicko nach Leba. Am Kreisel 3. Ausfahrt bis zur T-Kreuzung, links ab. Dann der Straße und den CP-Schildern Morski Nr. 21 folgen.

CC € 19 *1/5-20/6 20/8-30/9*

N 54°45'43'' E 17°32'18''

Sorkwity, PL-11-731 / Warminsko-Mazurskie

742

Camping & Glamping Szelagówka
ul. Szelagówka 4
+48 7 80 07 10 00
15/4 - 15/10
kontakt@szelagowka.pl

3ha 64T(80-120m²) 1-16A

1 ABCD**H**JKLMNPQR
2 BFMNSUVWX
3 ABHKMN**Q**W
4 (A+B)**N**(Q+R+W+X+Z)
5 **AB**DEGJPQRWXZ
6 ABCDFGKL(N 3km)OT

Für einen naturnahen Aufenthalt in komfortabler Umgebung. In Masuren finden Sie unberührte Natur, Wiesen, Seen mit kristallklarem Wasser und Hunderte von Kilometern an Wander-, Kanu- und Radwegen. Strom und Wasser auf allen Stellplätzen. Kostenloses WLAN auf dem gesamten Campingplatz. Restaurant mit lokalen, biologischen Produkten.

Straße 16 Olsztyn-Mragowa. An der Abzweigung Sorkwity biegen Sie nach Zyndaki ab (entlang des Gieladzkie-Sees). Sie erreichen das Dorf nach 5km.

CC € 23 *15/4-5/7 24/8-15/10*

N 53°53'42'' E 21°08'54''

Tschechien

Tschechien: Böhmerwald, Riesengebirge und Gletscherseen

Als Camper kann man in der Tschechischen Republik alles machen. Entdecken Sie Kultur und Geschichte in Prag und Český Krumlov (Krumau an der Moldau) oder genießen Sie das Landleben. Das imposante Riesengebirge und der Böhmerwald warten auf Sie. Entspannen Sie sich in der Sonne an einem der vielen Seen.

Hauptstadt: Prag
Währung: Tschechische Krone
Zeitzone: UTC +1, UTC +2 (März bis Oktober)
Sprache: Tschechisch
Ländervorwahl: +420
Alkoholgrenze: 0,0‰
Notrufnummer: allgemein: 112, Polizei: 158, Feuerwehr: 150 und Rettungswagen: 155
Leitungswasser: unbedenklich, aber Viele trinken abgefülltes Mineralwasser

Bezaubernde Städte

Wer Städtereisen liebt, wird in der Hauptstadt Prag fündig. Die Stadt ist vom Krieg kaum betroffen und hat sich ihre stimmungsvollen Straßen und alten Gebäude bewahrt. Die historische Karlsbrücke, der 9 000 Quadratmeter große Altstädter Ring und das jüdische Josefov-Viertel sollten ganz oben auf Ihrer To-do-Liste stehen.
Und die Tschechische Republik hat noch viel mehr für Sie auf Lager.

Die mittelalterliche Stadt Český Krumlov in Südböhmen bietet eine wunderbare Kombination aus Natur und Kultur. Entdecken Sie die Stadt Krumau bei einer Kanufahrt auf der Moldau oder gehen Sie zu Fuß. Besuchen Sie das Schloss Český Krumlov mit seinen traumhaften Gärten, schlendern Sie durch das Zentrum und entdecken Sie das prächtige Barocktheater aus dem Jahr 1682.

Felsen und Gletscher

Das Riesengebirge befindet sich an der Grenze zwischen Tschechien und Polen und macht seinem Namen alle Ehre. Im Winter gibt es wunderbare Skipisten und im Sommer ist es ein Paradies für Wanderer. Die Felsen von Adršpach sind hier ein besonderes Naturphänomen. In der Stadt der Sandsteinfelsen werden Sie aus dem Staunen nicht heraus kommen.
Über die ganze Tschechische Republik verstreut finden Sie viele weitere schöne Naturparks.

ACSI AWARDS

Gewinner 2022 in Tschechien

Bester Campingplatz
Camp Matyáš

ACSI Awards

Gewinner: Camp Matyás

In der Nähe der deutschen Grenze liegt der Nationalpark Böhmerwald mit seinen zahlreichen Wäldern und Seen. Plešne und Cerne sind zwei unberührte Gletscherseen, die Sie hier unbedingt sehen sollten. Möchten Sie sich lieber entspannen oder Wassersport treiben? Dann ist der beliebte Lipno-See der richtige Ort für Sie!

Kurorte

Die Tschechische Republik ist u. a. für ihre Heilbäder bekannt. Zum Westböhmischen Bäderdreieck gehören die Kurorte Karlovy Vary, Franzensbad und Marienbad. Hier können Sie nicht nur in den Thermalquellen entspannen, sondern auch die beeindruckende Architektur der Kurhäuser und die eleganten Parkanlagen bewundern.

Tanken

Benzin (Natural 95/98/100) und Diesel (Naphtha) sind ohne weiteres erhältlich. Auch Flüssiggas ist leicht erhältlich. Für die Betankung von Flüssiggas wird der Italien-Anschluss (Schale) verwendet.

Die Tankstellen sind oft von Montag bis Freitag von 6 bis 20 Uhr und am Samstag von 8 bis 20 Uhr geöffnet. Entlang von Hauptverkehrsstraßen und in Großstädten sind Tankstellen in der Regel sieben Tage die Woche und 24 Stunden am Tag geöffnet. Auch in der Tschechischen Republik gibt es eine begrenzte Anzahl von Zapfsäulen.

Ladestation

Die meisten Ladestationen befinden sich in und um große Städte. Planen Sie Ihre Reise gut im Voraus.

Verkehrsvorschriften

Tagfahrlicht ist Pflicht. Der Verkehr von rechts hat an einer gleichberechtigten Kreuzung Vorfahrt. Der Verkehr in einem Kreisverkehr hat Vorfahrt, wenn dies durch Verkehrszeichen angezeigt wird; ansonsten hat der Verkehr von rechts Vorfahrt. Straßenbahnen haben immer Vorrang. Der Fahrer darf ein Mobiltelefon nur mit Freisprechanlage benutzen. Kinder unter 1,35 m und einem Gewicht von weniger als 36 kg müssen in einem Kindersitz sitzen.
Sie können die Funktion in Ihrer Navigationssoftware nutzen, die vor Radarkontrollen oder Sektionskontrollen warnt.
Vom 1. November bis zum 31. März besteht bei winterlichen Verhältnissen Winterreifenpflicht (eventuell sind Schneeketten erforderlich).

Sondervorschriften

Bei Stau Rettungsgasse bilden, mindestens 3 Meter breit. In einer engen Straße ist Parken verboten, wenn für den übrigen Verkehr kein Raum von mindestens 6 Metern verbleibt. Das Parken ist auch dort verboten, wo eine durchgehende gelbe Linie vorhanden ist.

Vorgeschriebene Ausstattung

Ein Warndreieck, eine Warnweste, ein Verbandskasten und ein Reserverad (oder ein Reifenreparaturset) sind im Auto Pflicht.

Es wird empfohlen, für alle Insassen Warnwesten mitzuführen. Es ist auch ratsam, Ersatzlampen mitzubringen.

"Tschechische Republik - Land der Erholung, der Natur, der Kultur, der vielen Schlösser und des aktiven Campingurlaubs"

Herr F. van de Mosselaer, Inspektor 1171.

Reisemobil und Caravan

Ein Reisemobil oder eine Auto-Wohnwagen-Kombination darf eine Höhe von 4 m, eine Breite von 2,55 m und eine Länge von 18,75 m nicht überschreiten (der Wohnwagen selbst darf nicht länger als 12 m sein).
Auf Straßen mit drei oder mehr Fahrspuren in derselben Richtung dürfen Sie mit einem Wohnmobil oder Wohnwagen, das mehr als 3,5 Tonnen wiegt oder länger als 7 Meter ist, nur auf den beiden rechten Fahrspuren fahren.

Fahrrad

Das Tragen eines Fahrradhelms ist für Kinder und Jugendliche bis zum Alter von 18 Jahren Pflicht. Es ist verboten, beim Radfahren zu telefonieren oder ein Mobiltelefon zu benutzen. Auch das

Rauchen ist den Radfahrern untersagt. Kinder unter 7 Jahren müssen von einer Person, die mindestens 16 Jahre alt ist, in einem Kindersitz mit Fußstützen transportiert werden. Rad fahrende Kinder unter 10 Jahren müssen von einer Person begleitet werden, die mindestens 16 Jahre alt ist. Das Radfahren nebeneinander ist verboten.

Maut

Auf den meisten tschechischen Autobahnen und Schnellstraßen ist eine Mautvignette erforderlich. Es gibt Vignetten für zehn Tage, einen Monat und ein Jahr zu kaufen. Die Mautvignette können Sie an der Grenze, in Postämtern und großen Tankstellen kaufen. Für einen Wohnwagen oder Anhänger ist keine separate Vignette erforderlich. Weitere Informationen: motorway.cz.
Für Fahrzeuge (einschließlich Wohnmobile) über 3,5 t zahlen Sie die Maut pro Kilometer an einer elektronischen Mautstelle. Weitere Informationen: mytocz.eu/de.
Autobahnen ohne Mautgebühren sind durch ein Schild mit einer durchgestrichenen Vignette oder dem Text „Bez poplatku" gekennzeichnet.

"Tschechien heißt günstig campen, Radfahren und Wandern in abwechslungsreichen, hügeligen Landschaften und Besichtigung schöner Städte und Schlösser"

Herr N. van Gemeren, Inspektor 1196.

Panne und Unfall

Stellen Sie auf Autobahnen Ihr Warndreieck mindestens 100 m (sonst 50 m) hinter dem Auto auf, wenn es den übrigen Verkehr behindert. Der Fahrer muss eine Sicherheitsweste tragen. Rufen Sie im Falle einer Panne die Notrufnummer Ihres Pannendienstes an. Sie können auch einen tschechischen Pannendienst anrufen: +420 261 104 345 oder 1230 (UAMK) oder +420 222 551 144 oder 1214 (ACCR).
Wenn bei einem Unfall ein Personen- oder

Sachschaden von mehr als 4.000 € entstanden ist, sind Sie verpflichtet, die Polizei zu rufen.
Wenn das Auto sichtbar beschädigt ist, verlangen Sie einen Polizeibericht, den Sie bei der Rückreise an der Grenze vorlegen müssen.

Campen

In Tschechien hat Campen noch etwas Nostalgisches, denn die Tschechen selbst campen noch oft mit Zelten. Aber das Angebot an Campingplätzen wird erweitert. Immer mehr Campingplätze bieten abgegrenzte Stellplätze an. Elektrizität ist fast überall verfügbar. Eine wachsende Zahl von Campingplätzen bietet ihren Gästen WLAN an.
Wildcampen außerhalb der Campingplätze ist verboten. Die Kontrollen können streng sein, insbesondere in den Nationalparks.
Die Zahl der Tankstellen für Wohnmobile nimmt zu. Das Übernachten außerhalb des Campingplatzes in Wohnwagen, Wohnmobilen oder Autos ist verboten.
Die Zahl der Wohnmobilstellplätze außerhalb des Campingplatzes nimmt zu.

Praktisches

In historischen Stadtzentren müssen Sie besonders vorsichtig sein, wenn Sie zwischen Straßenbahnen fahren. Denken Sie auch daran, dass „Kopfsteinpflaster" bei Regen sehr rutschig werden kann. Tipp! Außerhalb des belebten Prager Zentrums können Sie bequem auf so genannten „Transferia" (P+R, Park & Ride) parken, von wo aus Sie schnell und kostengünstig mit öffentlichen Verkehrsmitteln ins Stadtzentrum gelangen können.

Cerná v Pošumaví, CZ-38223 / Jihocesky kraj

iD **743**

Camping Olšina***
Cerná v Pošumaví 200
+420 6 08 02 99 82
22/4 - 9/10
info@campingolsina.cz

5,5ha 300T 10A CEE

1 ABE**H**JKLMNP**Q**R
2 ABEMNQSXYZ
3 AIKMS**WZ**
4 (R 1/7-30/8)(T)
(V 1/7-30/8)(X)
5 **AB**GIJKLMN**P**UW
6 EFG**K**(N 1,5km)OT

Geselliger, harmonischer Familiencampingplatz, teilweise im Wald, terrassenförmig, zum ruhigen Teil des Lipnosees abfallend. Dort können Sie den herrlichen Sonnenuntergang am Abend genießen. Cerná v Pošumaví in Gehweite. Das historische Ceský Krumlov ist 20 km weiter. Es gibt WLAN auf dem Campingplatz.

Von Cerná v Pošumaví Richtung Ceský Krumlov. Nach ca. 1 km nach links. CP ist ausgeschildert.

CC € 19 *22/4-8/7 26/8-7/10 7=6*

N 48°44'46'' E 14°07'00''

Chvalsiny, CZ-38208 / Jihocesky kraj

iD **744**

Camping Chvalsiny
Chvalsiny 321
+420 6 02 23 41 33
15/4 - 1/10
info@mycamp.cz

7,5ha 150T(120-150m²) 6A CEE

1 ABCDHJKLMPQR
2 ABFJMNOSTWXY
3 ABCE**G**IKLMN**Q**SUWZ
4 (**A**)(B 1/6-31/8)
(Q 1/6-30/8)
(R+U+V+Y+Z)
5 **AB**DEFGIJKLMNOPQUWZ
6 CEFGHK(N 0,4km)V

Terrassencamping mit herrlicher Aussicht im Wald und Chvalsiny. Angelsee, Schwimmbad und gratis WLAN. Ausgewiesene Wanderwege. 10 km nach Cesky Krumlov, Schloss und den historischen Gassen.

Ceské Budejovice (Budweis) nach Ceský Krumlov. Hinter Ceský Krumlov 3 km Richtung Chvalsiny. Den CP-Schildern 'NL' folgen. Die 39 Ceské Budejovice Richtung Lipno. Ca. 3 km hinter Ceský Krumlov dem CP-Schildern 'NL' folgen.

CC € 23 *15/4-30/6 28/8-1/10*

N 48°51'35'' E 14°12'53''

Decin 3, CZ-40502 / Ustecky kraj

iD **745**

Camping Kemp Decín
Polabí
+420 7 74 26 21 11
1/4 - 31/10
recepce@kempdecin.cz

12ha 55T(35-100m²) 16A CEE

1 ABCDHJKLMNPQR
2 DIJNSUX
3 AIJKLMNOSTU**WX**
4 (**A**+Q+T+U+Z)
5 **AB**CEFGHIJKLMNOPQUWZ
6 AFGKM(N 0,4km)OTU

Camping unweit der Altstadt neben der Elbe. Bestens geeignet für Fahrradtouristen. Viele Anlagen in einem Umkreis von 500 m. Auch als Etappenplatz geeignet. 5 Minuten zum Nationalpark Böhmische Schweiz und in einer Minute zum Aquapark. Kanu, Kajak und Rafting auf der Elbe möglich.

Von Jilové 13 folgen. In Decin über die Elbe Richtung E442. CP liegt direkt am Fluss und ist ausgeschildert.

CC € 17 *1/4-30/6 1/9-31/10*

N 50°46'24'' E 14°12'38''

Horní Planá, CZ-38226 / Jihocesky kraj — 746

Autocamp Jenišov***
Jenišov
+420 3 80 73 81 56
25/4 - 10/10
hajny.pa@seznam.cz

2,5ha 246T 6-10A CEE

1 ABCD**H**JKLMNP**Q**R
2 AEJLNPSXY
3 AIK**O**S**W**Z
4 (R+Y 1/5-5/10)(Z 🔑)
5 **AB**GIJLMN**P**UW
6 EFGK(N 1,5km)V

Schöner, ruhiger und netter Familiencampingplatz direkt am Lipnosee. Terrassenförmig angelegt, leicht zum See hin ablaufend. Man kann hier Fahrräder und SUP-Boards mieten und angeln. Genießen Sie auch das gute Restaurant. Man sollte auch unbedingt das alte Städtchen Ceský Krumlov gesehen haben!

CP liegt am Lipnosee zwischen Horní Planá und Cerná v Posumavi. CP ist ausgeschildert.

CC € 19 25/4-1/7 26/8-10/10 7=6

N 48°45'04'' E 14°02'36''

Opatov (Okr. Trebíc), CZ-67528 / Kraj Vysocina — 747

Camping Vídlák
Opatov 322
+420 7 36 67 86 87
15/4 - 1/10
info@campingvidlak.cz

2ha 50**T**(150-250m²) 10A CEE

1 BHJKLMNP**Q**R
2 BCENSXY
3 AIKSUZ
4 (Q 1/6-20/8)
5 **A**DGIJKLMNOPUWZ
6 AEFGHJ(N 2km)V

Schön gelegener, ruhiger Familiencamping mit 50 Plätzen am Vidláksee unter holländischer Leitung, im Dreieck Telc-Jihlava-Trebic. Große Stellplätze, modernes Sanitär, Gästezimmer mit Internet, touristische Informationen und kleine Bücherei. Ideal für Kinder, zum Wandern, Lagerfeuer. Hundefreundlich.

Die E59/38 von Jihlava Richtung Znojmo. Nach ungefähr 20 km in Dlouhá Brtnice Richtung Opatov/Predin. Den CP-Schildern folgen.

CC € 19 15/4-8/7 25/8-1/10 14=11

N 49°12'32'' E 15°39'22''

Praag 8/Dolní Chabry, CZ-18400 / Praha — 748

Camping Triocamp***
Obslužná 35
+420 7 22 24 23 43
1/1 - 31/12
info@triocamp.cz

1ha 35**T**(80-100m²) 10-16A

1 ABCD**H**JKLM**Q**R
2 IJLSUWXYZ
4 (B 15/5-1/9)(Q+R 🔑)
(T+X 1/4-31/10)(Z 🔑)
5 **AB**DFGIJKLMNOPUW
6 BEFG**K**(N 0,6km)ORT

Toplage im Norden Prags. 10 km ins Zentrum, 30 Min mit ÖPNV. Idealer Ausflugsstart in die Prager Altstadt und den Schlössern der Umgebung. Außergewöhnlich angenehme und ruhige Umgebung in einem Obstgarten. Rasenplätze mit Strom. Kleines Lädchen, Imbiss, Geldwechsel und behindertengerechte WC's. Freundliche Platzleitung.

Ab Zentrum D8/E55 Richtung Teplice, Ausfahrt Zdiby; über die 608 Richtung Dolní Chabry. Nach 3 km rechts ab.

CC € 21 1/3-8/7 26/8-31/10 7=6, 14=11

N 50°09'09'' E 14°27'01''

Praag 9/Dolní Pocernice, CZ-19012 / Praha

749

Camping Sokol Praha****
Národnich hrdinù 290
+420 7 77 55 35 43
1/1 - 7/1, 1/3 - 20/12, 27/12 - 31/12
info@campingsokol.cz

1,1ha 37T(80-100m²) 16A

1 ABCD**H**JKLM**Q**R
2 EIJSWXYZ
3 A**G**KMPSU
4 (B+G 1/5-30/9) (Q+R+T+U+X+Y+Z)
5 **AB**DEFGIJKLMNOPQRUW
6 BCEFGK(N 0,8km)ORTV

Sehr gut ausgestatteter Camping mit Schwimmbad, ausgezeichneter Sanitäranlage und renovierten Restaurant. Diverse Ausflugsangebote nach Prag. Umfassende Info-Mappe zum Camping, Bus, Straßenbahn, U-Bahn und Zug bei der Ankunft. Kostenloser Bus zum Bahnhof.

CP liegt im östlichen Teil Prags. E65/67 in Richtung Hradec Králové/Kolin, Ausfahrt Dolní Pocernice. CP ist ausgeschildert.

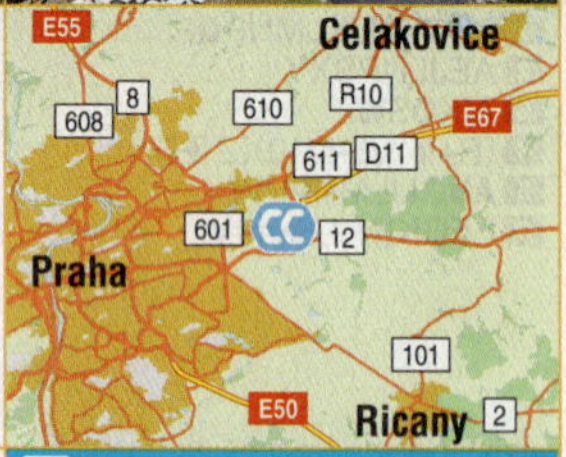

€ 21 *31/3-1/7 26/8-31/10 7=6, 14=11*

N 50°05'17" E 14°35'00"

Roznov pod Radhostem, CZ-75661 / Zlinsky kraj

750

Camping Roznov
Radhoštská 940
+420 7 31 50 40 73
1/1 - 31/12
info@camproznov.cz

4ha 150T(50-100m²) 16A CEE

1 ABCD**H**JKLMNPQR
2 JSUVWXY
3 ACE**F**IKLMNOP**RSTUW**
4 (B 1/6-30/9)(Q+R 1/7-31/8) (T)(X 1/6-30/9) (Z 1/7-31/8)
5 **AB**GIJKLMNOPUW
6 EFGK(N 2km)QRTUV

Am Stadtrand von Roznov gelegener Campingplatz mit schönem Schwimmbad. Ideales Wandergebiet; nahe des Freiluftmuseums Valasské. Im Winter bieten sich hier gute Möglichkeiten für Wintersport mit einem Skigebiet in nur 12 km Entfernung. Skilanglauf vom Campingplatz aus möglich.

Nähe Roznov an der E442 Richtung Zilina. Von Roznov an der linken Seite der Strecke.

€ 21 *1/1-30/6 1/9-31/12*

N 49°28'00" E 18°09'50"

Strázov, CZ-34021 / Plzensky kraj

751

Camping u Dvou Orechu
Splz 13 Stràzov
+420 6 02 39 44 96
29/4 - 17/9
info@camping-tsjechie.nl

2ha 30T(80-100m²) 10A CEE

1 A**H**JKLM**Q**RV
2 JLMNSYZ
3 IK
4 (T+X+Z)
5 **A**IJKLMNOPU
6 EFK(N 3km)

Nur für Erwachsene (16 Jahre und älter). Kleiner Campingplatz in den Hügeln des Böhmerwaldes. Entdecken Sie die schöne Natur, versteckte Dörfer und robuste Burgen im Böhmerwald zu Fuß, mit dem Fahrrad oder dem Auto. Geräumige Stellplätze, saubere Sanitäranlagen, gemütliche Bar, persönliche Betreuung.

Von Klatovy die 191 Nýrsko, danach die 171 Richtung Strázov. In Strázov rechts, R. Depoltice/Divisovice, links halten, nach 2 km Spliz/Hajek.

€ 21 *29/4-1/7 1/9-17/9*

N 49°16'53" E 13°14'24"

Týn nad Vltavou, CZ-37501 / Jihocesky kraj

752

Camping Prima
Kolodeje nad Luznici 6
+420 7 25 02 50 75
1/4 - 31/10
info@campingprima.cz

1,5ha 50**T**(90-130m²) 10A

1 BCDGJKLMPQR
2 CJNOSUWXZ
3 AIKSU**WX**
4 (Q+T+X+Z 🔑)
5 **AB**FGIJMNOPQUWZ
6 EFGKTV

Campingplatz an Fluss, in dem man baden und Kanu fahren kann. Mit Anlegesteg. Leicht hügelige Landschaft. Schloss in Gehweite.

Die 105 von Ceské Budejovice nach Milevsko. Nach Tyn nad Vltavou wird der CP angezeigt mit Schildern.

CC € 19 *1/4-8/7 26/8-31/10 7=6, 14=11*

N 49°15'15'' E 14°25'12''

Vrané nad Vltavou/Praag, CZ-25246 / Stredocesky kraj

753

Camp Matyás
U Elektrárny 840
+420 7 77 01 60 73
20/4 - 30/9
campmatyas@centrum.cz

ACSI AWARDS WINNER

1ha 70**T**(100-150m²) 10A

1 ABHJKLMNP**Q**R
2 CIJNSXYZ
3 CIKM**O**PSU**W**X
4 (Q+R+T+X 🔑)
5 **AB**GIJKLMNOPUWZ
6 ACEFGK(N 0,5km)TVW

Sicherer, ruhiger Familiencamping mit Herz für Kinder und Senioren in einem schönen Bergtal. Mit der Stadtbahn direkt in die Prager Innenstadt. Bahnhof 1 km vom Camping. Auch flacher, sicherer Radweg ins Prager Zentrum. Gratis WLAN und ganztägig Warmwasser. Moderne Ausstattung und herzlicher Empfang.

Über die Zbraslav Brücke Richtung Vrane nad Vltavou und Schildern 'Kamping Matyás' folgen.

CC € 23 *20/4-30/6 1/9-30/9*

N 49°55'58'' E 14°22'20''

Zvíkovské Podhradí, CZ-39701 / Jihocesky kraj

754

Zvíkov Village Kemp
Zvíkovské Podhradí 8
+420 7 74 69 30 51
1/1 - 31/12
zvikovvillagekemp@gmail.com

4,6ha 61**T**(60-100m²) 10-16A

1 ABCDE**H**JKLMOQR
2 CJMNSUXYZ
3 AIKMNZ
4 (B 🔑)**N**(Q+R+T+U 1/6-31/10)(X+Z 🔑)
5 **AB**DFGIJKMNOPUWXYZ
6 ABFGKL(N 8km)X

Zvikov Village Kemp liegt in einer der schönsten Gegenden Südbohmens - nahe der Burg Zvíkov am Zusammenfluss von Moldau und Otava. Hier können Sie mit Ihrer Familie und Ihren Freunden eine schöne Zeit in der Natur verbringen.

Straße 121 von Mirotice nach Milevsko. Ausfahrt Zvikovske Podhradi, nach 500m liegt das Dorf Zivikoske Kemp auf der linken Seite. Ausgeschildert.

CC € 23 *2/1-23/6 22/9-29/12*

N 49°25'45'' E 14°11'50''

Ungarn

Ungarn: Puszta, Seen, die Donau und Kultur

Wenn Sie an Ungarn denken, kommt Ihnen wahrscheinlich als erstes Budapest in den Sinn. Ungarns Hauptstadt und der Plattensee sind die größten Touristenattraktionen des Landes. Wussten Sie, dass die Stadt eigentlich aus drei zusammenhängenden Teilen besteht? Buda, Pest und Óbuda. Heute ist diese Kulturstadt eine Einheit und besteht aus 23 Bezirken. Sie haben nur wenig Zeit, um die Stadt zu besichtigen? Dann besuchen Sie die berühmtesten Sehenswürdigkeiten im Bezirk 1. Hier finden Sie unter anderem die Matthiaskirche, die Budaer Burg und die Fischerbastei. Sie wollen ins Zentrum von Budapest? Dann müssen Sie auf der "Schädlingsseite" sein. Hier finden Sie Publikumsmagneten wie die Kettenbrücke und die Stephansbasilika.

Hauptstadt: Budapest
Währung: Forint
Zeitzone: UTC +1, UTC +2 (März bis Oktober)
Sprache: Ungarisch
Ländervorwahl: +36
Alkoholgrenze: 0,00‰
Notrufnummer: allgemein: 112, Polizei: 107, Feuerwehr: 105 und Rettungswagen: 104
Leitungswasser: sicher, aber viele nehmen Mineralwasser

ACSI AWARDS

Gewinner 2022 in Ungarn

Bester Campingplatz
Balatontourist Camping & Bungalows Füred

Baden im 'Balaton'

Plattensee: Diesen Süßwassersee sollten Sie sich nicht entgehen lassen, wenn Sie in Ungarn campen gehen. Der See ist nach wie vor ein Highlight für jeden Urlaub in Ungarn. Kein Wunder, denn der See ist wunderschön und ein idealer Ort, um an einem heißen Tag ein Bad zu nehmen. Da er nicht weniger als 80 Kilometer lang ist, finden Sie immer einen schönen Platz, um sich niederzulassen. Der 200 Kilometer lange Radweg rund um den See lohnt sich auf jeden Fall. Im Frühjahr und Herbst sind auf jeden Fall die Thermalgebiete sehr gefragt

In der Steppe und in den Hügeln

Die ungarische Natur ist etwas Besonderes. Es gibt Höhenzüge, Tiefland, die Puszta (Steppengebiet) und Karstgebiete. Karst ist Kalkstein, der durch Regenwasser erodiert wurde. In Ungarn gibt es mehrere Naturschutzgebiete, die Sie besuchen können. Besichtigen Sie zum Beispiel den Hortobágy-Nationalpark, der sich durch seine große Steppenfläche auszeichnet. Oder besuchen Sie den Aggtelek-Nationalpark im Norden des Landes. Hier finden Sie außergewöhnliche Tropfsteinhöhlen aus Karst. Die Höhlen sind so besonders, dass sie in die Liste des UNESCO-Welterbes aufgenommen wurden.

Tanken

Benzin mit der Oktanzahl 95 (Szuper/Olomentes 95) ist leicht erhältlich; Benzin mit der Oktanzahl 98 (Szuper Plusz 98) ist nur begrenzt verfügbar. Achten Sie darauf, nicht versehentlich E85 zu tanken, da dieser Kraftstoff für einen normalen Automotor schädlich ist.
Diesel ist leicht verfügbar und LPG recht gut. Für die Betankung von Flüssiggas wird der Italien-Anschluss (Schale) verwendet.
Tankstellen sind in der Regel von 6 bis 20 Uhr geöffnet, in den Großstädten und entlang der Autobahnen oft Tag und Nacht. An einigen Tankstellen werden Sie bedient und Trinkgeld ist üblich. Es ist verboten, Kraftstoff in einen Reservetank mitzuführen.

Ladestationen

Die meisten Ladepunkte befinden sich im Westen Ungarns und in der Hauptstadt Budapest. Planen Sie Ihre Reise mit Bedacht.

Verkehrsvorschriften

Abblendlicht ist außerhalb geschlossener Ortschaften und auf allen Autobahnen vorgeschrieben. An einer gleichberechtigten Kreuzung hat der Verkehr von rechts Vorfahrt. Der Verkehr in einem Kreisverkehr hat Vorrang. Straßenbahnen haben immer Vorrang.
Der Fahrer darf ein Mobiltelefon nur mit Freisprechanlage benutzen. Kinder unter 1,50 m Körpergröße müssen in einem Kindersitz sitzen. Kinder, die mindestens 1,35 m groß sind, dürfen auf dem Rücksitz angeschnallt werden. Winterreifen sind nicht vorgeschrieben. Bei winterlichen Bedingungen müssen Sie Schneeketten im Auto haben. Mit Schneeketten beträgt die Höchstgeschwindigkeit 50 km pro Stunde.

Sondervorschriften

Lasten oder Fahrradträger mit mehr als 40 cm Überstand, müssen mit einem reflektierenden rot-weiß gestreiften Schild gekennzeichnet werden. Bei einem Stau müssen Sie so weit wie möglich nach rechts oder links fahren, um in der Mitte einen freien Fahrstreifen für Einsatzfahrzeuge zu schaffen. Das Parken ist unter anderem entlang einer gelben Linie verboten. Fußgängern ist es nicht gestattet, beim Überqueren der Straße ein Mobiltelefon zu benutzen oder Kopfhörer zu tragen. Fußgänger müssen außerhalb geschlossener Ortschaften bei Dunkelheit und schlechten Sichtverhältnissen eine Sicherheitsweste tragen.

"Ungarn; Land mit vielen Sehenswürdigkeiten, tollen Schwimmbädern und gastfreundlichen Menschen"

Frau T. Seijts-de Vries, Inspektorin 850.

Vorgeschriebene Ausstattung

Ein Warndreieck und ein Erste-Hilfe-Kasten sind im Auto Pflicht. Das Mitführen eines Feuerlöschers wird empfohlen und ist für Wohnmobile mit einer zulässigen Gesamtmasse von mehr als 3,5 t vorgeschrieben. Ein Reserverad, Ersatzlampen und ein Abschleppseil sind ebenfalls empfehlenswert. Es wird empfohlen, dass Sie für alle Insassen Warnwesten mitführen.

Caravan und Reisemobil

Ein Reisemobil oder eine Auto-Wohnwagen-Kombination darf nicht höher als 4 m, 2,55 m breit und 18,75 m lang sein (der Wohnwagen selbst darf nicht länger als 12 m sein).

Wohnwagen, die von einem Personenkraftwagen gezogen werden, dürfen nicht höher als 3 m sein.

Fahrrad

Ein Fahrradhelm ist nicht vorgeschrieben. Die Höchstgeschwindigkeit für Radfahrer beträgt außerhalb geschlossener Ortschaften 40 km/h, mit Helm jedoch 50 km/h. Es ist verboten, beim Radfahren zu telefonieren oder ein Mobiltelefon zu benutzen. Radfahrer müssen bei Dunkelheit und schlechten Sichtverhältnissen in ländlichen Gegenden eine Warnweste tragen. Nur Kinder über 14 Jahren dürfen auf der Fahrbahn fahren.

"Kultur und Natur sind in Ungarn nach wie vor fest miteinander verbunden"

Herr H. Willighagen, Inspektor 832.

Maut

Alle Autobahnen in Ungarn sind mautpflichtig. Hierfür benötigen Sie eine "e-Vignette" (e-matrica). Kaufen Sie eine Vignette, bevor Sie auf der Autobahn fahren. Dies ist an Grenzübergängen, Tankstellen und Servicestellen der Straßenverkehrsbehörde möglich. Sie müssen Ihr Fahrzeug innerhalb von 60 Minuten nach der Auffahrt auf die Autobahn anmelden, sonst droht ein Bußgeld. Die Kameras überprüfen das Nummernschild. Bewahren Sie die Quittung mindestens ein Jahr lang auf, für den Fall, dass Sie zu Unrecht eine Geldstrafe erhalten. Sie können eine E-Vignette auch vor Ihrer Reise nach Ungarn kaufen, zum Beispiel über: autopalyamatrica.hu oder virpay.hu. Mehr Infos: toll-charge.hu und maut-tarife.hu (Tarife).

Umweltzonen

Die Budapester Innenstadt und andere ungarische Städte können aufgrund der Luftqualität den Zugang motorisierten Verkehrs einschränken.

Panne und Unfall

Stellen Sie auf der Autobahn Ihr Warndreieck 150 bis 200 m (andernorts 100 m) hinter dem Auto auf. Alle Insassen müssen eine Warnweste tragen. Rufen Sie im Falle einer Panne die Notrufnummer Ihres Pannendienstes an. Sie können auch die Ungarische Straßenhilfe (MAK) unter 188 oder +36 1 345 1755 anrufen. Das Abschleppen auf der Autobahn ist bis zur ersten Ausfahrt erlaubt. Bei sichtbaren Schäden am Auto verlangen Sie einen Polizeibericht, den Sie bei der Rückreise an der Grenze vorlegen müssen.

Campen

Die meisten Campingplätze liegen rund um den Plattensee. Ein Pluspunkt ist, dass die ungarischen Campingplätze zu den günstigsten in Europa gehören. Die sanitären Anlagen entsprechen einem angemessenen Standard. Wildcamping außerhalb der Campingplätze ist verboten. Campinggas ist manchmal schwer zu bekommen.

Praktisches

Schützen Sie sich vor Zecken, da sie Krankheiten übertragen können. Vermeiden Sie den Kontakt mit Säugetieren, da die Gefahr von Tollwut besteht.

Balatonberény, H-8649 / Somogy

755

Balatontourist Camping Naturist Berény
Hétvezér u.2
+36 85 37 72 99
12/5 - 19/9
bereny@balatontourist.hu

6ha 121**T**(80-110m²) 10A

1 ABCD**H**JKLMNQST
2 FIJNOSWXYZ
3 ACHKPRSU**WZ**
4 **N**(T+U 🔑)
(X 13/5-30/6,29/8-11/9)
(Y+Z 1/7-28/8)
5 **A**EFGIJKLNOPUWXYZ
6 CDEFGK(N 0,3km)QRTV

Schöner großer FKK-Camping am See in einem schönen Naturgebiet. Auffallend große Sonnenwiese und künstliche Insel. Restaurant und Strandbar. Das Themabad Héviz liegt in der Nähe.

Kommend von Keszthely über die 71 und 76, nach 7 km links abbiegen. Weiter den Schildern folgen.

CC € 21 *12/5-28/6 20/8-17/9*

N 46°42'48" E 17°18'39"

Balatonfüred, H-8230 / Veszprém

756

Balatontourist Camping & Bungalows Füred***
Széchenyi u.24
+36 87 58 02 41
29/4 - 25/9
fured@balatontourist.hu

19ha 628**T**(60-120m²) 6-16A CEE

1 ACD**H**JKLMNPQST
2 AEJNOSWXYZ
3 AC**G**KLMN**O**P**R**SUZ
4 (B+G 11/6-28/8)JM**N**
(Q 🔑)(S 14/5-18/9)
(T+U+V+X+Y+Z 🔑)
5 **AB**EFGHIJKLMNOPSUW
6 ACFGHJ**K**(N 0,1km)QRTVX

ACSI AWARDS WINNER

Großer Campingplatz am Stadtrand des Kurortes Balatonfüred mit Schattenplätzen. Sehr schöne, beheizte Schwimmbadanlage und schönes Strand am See. Wasserski-Anlage gegen Bezahlung. Erholung für die ganze Familie. Balatonradweg direkt ab dem Camping.

An der 71, Nordseite vom Balatonsee, gelegen. Zwischen Km-Pfahl 40 und 41 abbiegen, direkt am See. Ausgeschildert.

CC € 21 *19/5-29/6 20/8-23/9*

N 46°56'45" E 17°52'36"

Gyenesdiás, H-8315 / Zala

757

Wellness Park Camping
Napfény utca 6
+36 83 31 64 83
1/3 - 31/10
info@wellness-park.hu

2ha 80**T**(80m²) 16A

1 ABCD**H**JKLMNPQR
2 JSWXY
3 ACHKLMOPSU
4 (B 15/5-15/9)KN
(Q 15/5-31/8)(T 15/7-31/8)
(U+Z 15/5-31/8)
5 **A**GHIJMNOPQUW
6 CEFGKM(N 1km)RV

Kleiner, ruhiger Camping zwischen dem Balaton und dem Hügelland. 1 km vom Strand. Der Camping verfügt über modernes Sanitär und verschiedene Wellness-Möglichkeiten.

Auf der 71 zwischen Km-Pfahl 100 und 99 zum See hin abbiegen.

CC € 17 *1/3-30/6 1/9-31/10*

N 46°45'51" E 17°18'09"

Révfülöp, H-8253 / Veszprém

Balatontourist Camping Napfény***
Halász Utca 5
+36 87 56 30 31
28/4 - 24/9
@ napfeny@balatontourist.hu

7,2ha 350**T**(60-150m²) 6-16A

1 ABCD**H**IJKLMNPQST
2 FJNOSWXYZ
3 ACKMP**R**SU**W**Z
4 (G 1/6-24/9)(Q+R)
(T 1/6-31/8)(U+V+X+Y)
5 **AB**EFGIJKLMNOPUW
6 ACEFGHJ**K**M(N 0,6km)
QRTV

Schöner Campingplatz mit allem drum und dran. Langgezogener Strand. Motorboote sind auf dem Plattensee verboten.

An der 71 (Nordseite vom Balatonsee) gelegen. Zwischen Km-Pfahl 65 und 66 direkt am See. CP ausgeschildert.

CC € 19 *28/4-29/6 20/8-17/9*

N 46°49'46'' E 17°38'24''

Slowenien

Slowenien: Märchenhafte Seen und schroffe Berge

Immer mehr Camper haben den Zauber Sloweniens für sich entdeckt. Und mit seinen märchenhaften Seen, zerklüfteten Bergen, unberührten Wäldern, der Mittelmeerküste und gemütlichen Städten steht dieses Land seinen Nachbarn Italien, Österreich und Kroatien in nichts nach. Ein weiterer Vorteil: Auch Ihr Geldbeutel wird sich über einen Urlaub in Slowenien freuen.

Hauptstadt: Ljubljana
Währung: Euro
Zeitzone: UTC +1, UTC +2 (März bis Oktober)
Sprache: Slowenisch
Ländervorwahl: +386
Alkoholgrenze: 0,5‰, aber 0,00‰ unter 21 Jahren
Notrufnummer: allgemeine Polizei, Feuerwehr und Rettungswagen: 112, Polizei: 113
Leitungswasser: unbedenklich, vielerorts auch Mineralwasser in Flaschen

ACSI AWARDS

Gewinner 2022 in Slowenien

Bester Campingplatz
Camping Bled

Bestes Campingplatz-Schwimmbad
Camping Terme 3000

Bester Campingplatz für Wanderungen und Radtouren
Eco-Camping & Chalets Koren

Campingplatz mit der schönsten Lage
Camping Menina

Es gibt noch Märchen

Im grünen Norden Sloweniens scheinen die Märchen noch zu existieren. Wandern, radeln oder mountainbiken Sie durch die Julischen Alpen und bestaunen Sie die imposanten Berggipfel in der Ferne. Entdecken Sie die dichten Wälder im Triglav-Nationalpark und beobachten Sie, wie sich die Flüsse Sava und Sočari durch die Landschaft schlängeln und in malerischen Seen münden. Der Bohinjer See ist der größte See Sloweniens und der Bleder See der bekannteste. Das liegt unter anderem an der weißen Kirche, die wunderschön auf einer Insel in der Mitte des Sees liegt.

Weiße Sandstrände und angenehme Heilbäder

Weiter im Osten und Süden wird die Landschaft flacher. Im Südwesten finden Sie sogar einen kurzen Küstenabschnitt an der Adria mit weißen

Gewinner: Camping Terme 3000

Sandstränden und mediterranen Küstenstädten wie Piran und Izola. Weiter im Landesinneren befinden sich die berühmten Höhlen von Postojna und Škocjan. In der Mitte des Landes befindet sich die charmante Hauptstadt Ljubljana.
In Richtung Osten ist die Landschaft von Hügeln, Weinbergen und Kurorten geprägt. Rund um diese Kurorte (auf Slowenisch „terme" genannt) finden Sie oft große Familiencampingplätze. Dazu gehören Schwimmbäder, Wasserparks und Wellness-Resorts. Es ist also für jedes Familienmitglied etwas dabei. Sie können aber auch in die nahe gelegenen Städte fahren. Vor allem Ptuj – die älteste Stadt Sloweniens – ist ein kulturelles Wunder.

Unterschiedliche Klimazonen in einem Land

Slowenien hat mehrere Klimazonen. Und das ist schon etwas Besonderes für ein so kleines Land. Der Südwesten grenzt an das Adriatische Meer und hat ein mediterranes Klima mit trockenen, sonnigen Sommern und milden Wintern. Weiter im Landesinneren herrscht ein gemäßigtes maritimes Klima, das mit dem Klima in Deutschland vergleichbar ist. Im gebirgigen Norden und Nordosten hingegen herrscht ein kontinentales Klima mit größeren Temperaturunterschieden und regelmäßigen Niederschlägen. Im Winter fällt der meiste Niederschlag in Form von Schnee, so dass sich Gebiete wie Kranjska Gora und Mariborsko Pohorje hervorragend für den Wintersport eignen.

Tanken

Benzin (Eurosuper 95 und 98) und Diesel sind ohne weiteres erhältlich. Flüssiggas (Avtoplin) ist einigermaßen gut verfügbar. Für die Betankung von Flüssiggas wird der Italien-Adapter(Schale) verwendet.
Tankstellen sind oft mindestens von Montag bis Samstag von 7 bis 20 Uhr geöffnet. An Grenzübergängen, entlang von Autobahnen und in Großstädten sind die Tankstellen in der Regel sieben Tage die Woche und 24 Stunden am Tag geöffnet.

Ladestationen

In Slowenien gibt es eine begrenzte Anzahl von Lademöglichkeiten. Die meisten Ladestationen befinden sich in der Umgebung von Ljubljana.

Bergstraßen

Erkundigen Sie sich vor der Reise, ob Bergpässe geschlossen sind. Weitere Informationen: alpenpaesse.de

Verkehrsvorschriften

Tagesfahrlicht ist Pflicht. Der Verkehr von rechts hat an einer gleichberechtigten Kreuzung Vorfahrt. Der Verkehr in einem Kreisverkehr hat Vorfahrt, wenn dies durch Verkehrszeichen angezeigt wird. Autofahrer dürfen nur Freisprechtelefone benutzen. Die Verwendung von Ohr- oder Kopfhörern ist den Fahrern ebenfalls untersagt. Kinder, die kleiner als 1,50 m sind, müssen in einem Kindersitz sitzen. Vom 15. November bis zum 15. März sind Winterreifen (oder Schneeketten im Auto) Pflicht.

Sondervorschriften

Bei Stau muss eine Rettungsgasse gebildet werden. Sie dürfen nur in eine Kreuzung einfahren, wenn Sie sicher sind, dass Sie die Kreuzung überqueren können und nicht durch den Verkehr zum Anhalten gezwungen werden. Es ist verboten, einen stehenden Schulbus zu überholen, wenn Kinder ein- oder aussteigen. Beim Rückwärtsfahren muss die Warnblinkanlage benutzt werden. Im Winter beträgt die Mindestprofiltiefe für Sommer- und Winterreifen 3 Millimeter.

Vorgeschriebene Ausstattung

Warndreieck ist im Auto Pflicht. Bitte beachten Sie, dass in einem Auto mit Wohnwagen oder Anhänger zwei Warndreiecke vorgeschrieben sind. Ein Verbandskasten und Ersatzlampen sind nur in Fahrzeugen mit slowenischem Kennzeichen vorgeschrieben. Es wird empfohlen, für alle Insassen Warnwesten mitzuführen.

"In Slowenien kann man sich in weiten, bewaldeten Naturlandschaften richtig entspannen"

Herr K. Romeijnders, Inspektor 1355

Reisemobil und Caravan

Die Wohnwagenkombination darf bis zu 4 m hoch, 2,55 m breit und 18 m lang sein (der Wohnwagen selbst darf bis zu 12 m lang sein).

Fahrrad

Das Tragen eines Fahrradhelms ist für Kinder bis 15 Jahre obligatorisch (auch wenn sie auf dem Rücksitz mitfahren). Es ist verboten, während des Radfahrens zu telefonieren oder ein Mobiltelefon zu benutzen. Radfahrer dürfen auch keine Kopfhörer oder Ohrhörer tragen.

Kinder, die jünger als 8 Jahre sind, müssen in einem Fahrradsitz transportiert werden. Das Radfahren nebeneinander ist nur auf ausreichend breiten Radwegen erlaubt.

Maut

Auf Autobahnen und Schnellstraßen in Slowenien ist für Fahrzeuge unter 3,5 Tonnen eine Mautvignette erforderlich. Für einen Wohnwagen oder Anhänger benötigen Sie keine eigene Vignette. Sie können die Vignette online unter evinjeta.dars.si/selfcare, an slowenischen Tankstellen, Supermärkten und Kiosks sowie an großen Tankstellen in den Nachbarländern bestellen. Es ist am besten, die Vignette vor der Reise online zu bestellen, um Wartezeiten an der slowenischen Grenze zu vermeiden.
Für Fahrzeuge (einschließlich Wohnmobile) über 3,5 t gelten andere Vorschriften. Weitere Informationen: darsgo.si.
Die Benutzung des Karawankentunnels zwischen Österreich und Slowenien ist nicht in der Mautvignette enthalten. Sie zahlen hier also Extra-Maut. Weitere Informationen: https://www.asfinag.at/en/toll/section-toll/.

Panne und Unfall

Stellen Sie das Warndreieck in ausreichendem Abstand hinter dem Auto auf, wenn die Warnblinkanlage nicht funktioniert oder das Auto für andere Verkehrsteilnehmer nicht gut sichtbar ist (stellen Sie zwei Dreiecke nebeneinander auf, wenn Sie einen Anhänger ziehen). Alle Insassen müssen eine Sicherheitsweste tragen. Im Falle einer Panne rufen Sie die Notrufnummer Ihrer Pannenhilfe an. Oder rufen Sie die slowenische Pannenhilfezentrale (AMZS) an: +386 1 530 53 53 (oder 1987). Das Abschleppen auf der Autobahn ist bis zur ersten Ausfahrt erlaubt. Bei sichtbaren Schäden am Auto verlangen Sie einen Polizeibericht (potrdilo), den Sie bei der Rückreise an der Grenze vorlegen müssen.

Campen

Einige slowenische Campingplätze, die in der Nähe von Thermalquellen liegen, haben sich auf Wellness spezialisiert. Diese Campingplätze haben einen guten Standard. Die Campingplätze in den Julischen Alpen, die an Österreich und Italien grenzen, sind einfacher, natur- und familienfreundlicher und richten sich vor allem an sportliche Camper wie Wanderer, Mountainbiker und Kletterer. Viele Campingplätze bieten Spielplätze und Unterhaltung für die Kleinen. Wildcamping außerhalb der Campingplätze ist generell verboten. Es ist nur erlaubt, wenn Sie vorher eine Genehmigung bei den örtlichen Behörden oder der Polizei beantragt haben.

Ankaran, SLO-6280 / 759

Camping Adria****
Jadranska cesta 25
+386 56 63 73 50
10/4 - 15/10
camp@adria-ankaran.si

7ha 305T(30-100m²) 10A

1 ABCDHJKLMNPQTU
2 GIJOPSWYZ
3 ACIKOPRSUVWY
4 (B 15/6-30/9)(F)
(G 1/6-30/9)KLMNP
(Q 1/5-11/10)(R 1/5-30/9)
(T 15/4-30/9)(V 1/5-30/9)
(X 20/6-15/9)(Y+Z)
5 ABEFGIJKLMNOPSUW
6 ACEGHIKL(N 0km)RTUV

Campingplatz direkt am Meer in mediterraner Umgebung. Im Winter ist das Wellness-Center für Campinggäste geöffnet. Ideal für Naturliebhaber, Ausgangspunkt für Besuche von Sehenswürdigkeiten in Slowenien. Bars, Restaurants und kostenloser WLAN-Bereich. Anmeldung: 1,50 Euro pro Person, Warmwasser + Pool: 1,50 Euro pro Person und Tag.

Von der Autobahn von Italien aus oder aus Ljubljana, die Ausf. Ankaran nehmen. Weiter Ri. Ankaran. Nach 5 km liegt links der CP.

CC € 23 10/4-15/6 15/9-15/10

N 45°34'40'' E 13°44'09''

Bled, SLO-4260 / 760

Camping Bled*****
Kidriceva 10c
+386 45 75 20 00
1/4 - 15/10
info@camping-bled.com

12ha 244T(80-130m²) 16A CEE

1 ABCDHJKLMNPQR
2 EIJMOPSTWXYZ
3 CDGIJKLMNPQSWZ
4 N(Q+S+T+U+V+Y+Z)
5 ABDEFGIJKLMNOPQSUWXY
6 ABCFGKM(N 3km)RTVX

3 km vom Zentrum von Bled liegt dieser gut gepflegte Camping, nur durch eine wenig befahrene Straße vom Bleder See getrennt. Der Camping hat ausgezeichnete Sanitäranlagen, auch für Kinder. In der Umgebung prima Wandermöglichkeiten.

Von der A2/E61 Ausfahrt 3. Danach via Bled See entlang Richtung Bohinjska Bistrica. Nach 1,5 km rechts halten. Nach ca. 1 km kommt der CP. Deutlich ausgeschildert.

CC € 23 1/4-30/6 1/9-15/10

N 46°21'41'' E 14°04'51''

Bohinjska Bistrica, SLO-4264 / 761

Kamp Danica Bohinj****
Triglavska cesta 60
+386 45 72 17 02
1/1 - 31/12
info@camp-danica.si

4,5ha 250T(50-90m²) 12-16A

1 ABCDHJKLMNPQTU
2 DJNOPQSWXYZ
3 ADHIKMNOPSVWX
4 (A 1/5-15/10)(Q 1/5-30/9)
(T+Y+Z)
5 ABEFGIJKLMNOPSUWZ
6 CEFGHKL(N 0,1km)RT

In der Nebensaison ruhiger Camping zwischen Stadt und Fluss. Gute Ausstattung. Startpunkt für Bergwanderungen, Seilbahn auf die Almen und markierte Wanderwege zu Berghütten im Nationalpark Triglav. Hallenbad/Wellness in 200 m. CampingCard ACSI nur in Zone B. Atemberaubender Spätsommer in den Bergen in Herbstfarben.

Hinter Bled in Richtung Bohinj fahren. CP liegt auf der rechten Seite der Straße, 100m hinter dem Dorf Bohinjska Bistrica.

CC € 23 1/5-24/6 24/9-24/12

N 46°16'27'' E 13°56'52''

Bovec, SLO-5230 / 762

Camping Polovnik**
Ledina 8
+386 53 89 60 07
30/3 - 15/10
kamp.polovnik@siol.net

1,2ha 100T(80m²) 16A

1 ABCD**H**JKLMNP**Q**R
2 JNSTUWXYZ
3 AIKL**W**
4 (**A** 1/7-31/8)(T+U+V+Y)
5 **AB**FGIJKLMNO**P**UW
6 EFGJ(N 0,2km)Q

Am Rande des Triglav Nationalpark gelegener Campingplatz im Gehbereich nach Bovec. Gute Basis für zahlreiche Ausflüge in diesem grandiosen Naturgebiet. Flache Stellflächen, gut beschattet und mit gutem Sanitär. Rafting und Kajak möglich. Gute Restaurants am Camping und in Bovec.

Nordseite von Bovec, den CP-Schildern folgen. Für sehr große Caravans ist der Passo de Predil (zwischen Tarvisio und Bovec) nicht zu empfehlen. Dann über Udine, Cividale (Italien), Kobarid, Bovec.

CC € 21 *1/4-1/7 1/9-15/10*

N 46°20'10'' E 13°33'30''

Gozd Martuljek, SLO-4282 / 763

Camping Spik***
Jezerci 15
+386 51 63 44 66
1/1 - 31/12
info@camp-spik.si

3ha 250**T**(80-100m²) 10A CEE

1 BCD**H**JKLMPQR
2 BJNSWXYZ
3 A**G**IKP
4 (**F+H**)**N**(Q+Y)
(Z 1/7-25/8)
5 **A**BDEFGIJKLMNOPUW
6 EFGK(N 5km)V

Ruhiger Campingplatz mit schattigen und sonnigen Plätzen. Freie Sicht auf das Bergmassiv. Flaches Gelände. Gutes Sanitär. Im angrenzenden Hotel Spik ist ein Restaurant sowie ein schönes Hallenbad und Wellnessangebot mit ermäßigtem Eintritt für Campinggäste. Wandern, Radfahren, Bergsport, Skifahren und Langlauf in allen Schwierigkeitsgraden.

An der E652/1 Podkoren-Jesenice liegt der Campingplatz an der Ostseite des Dorfes Gozd Martuljek. Direkt an der Nordseite der Bogenbrücke.

CC € 23 *1/4-18/6 5/9-31/10*

N 46°29'05'' E 13°50'18''

Kobarid, SLO-5222 / 764

Eco-Camping & Chalets Koren****
Ladra 1B
+386 53 89 13 11
1/1 - 31/12
info@kamp-koren.si

2ha 100**T**(50-140m²) 16A

1 ABCD**H**JKLMNPQR
2 DJMNSUXYZ
3 ACEHIJKLMNS**VW**
4 (**A**)**N**(Q+R+T+X+Z)
5 **AB**CDFGHIJKLMNOPUVWYZ
6 ABEFHJL(N 0,5km)QTV

Kamp Koren am Wildwasserfluss Soca mit Blick auf die Berge. 200m vom malerischen alten Ort Kobarid mit 1. Weltkrieg-Museum und Napoleonbrücke entfernt. Viele touristische Möglichkeiten, markierte Wanderungen mit Wasserfällen. Kultur- und Sportangebot. Radverleih. Yoga, Fitness.

Die Strecke Bovec-Tolmin. Bei Kobarid Ausfahrt 'Ind. Cona'. Zwischen Fabrik und Supermarkt geradeaus. Über die Brücke links ab (40m). Von Italien aus: In Kobarid den Schildern Dreznica folgen.

CC € 23 *1/1-30/6 1/9-31/12*

N 46°15'02'' E 13°35'12''

Lesce, SLO-4248 / 765

River Camping Bled*****
Alpska cesta 111
+386 40 34 43 24
20/4 - 8/10
hello@rivercamping-bled.si

5,7ha 260T(80-120m²) 16A CEE

1 ABCD**H**JKLMNPQR
2 BDINPSUWXYZ
3 CD**G**IJKLMNS**WX**
4 (**A** 🔑)(C 1/6-30/9) (Q+R+U+V+Y+Z 🔑)
5 **AB**DEFGIJKLMNOP**S**UWXY
6 ABEFGHK(N 1,5km)QTUV

Familiengeführter, moderner Campingplatz in einer grünen Oase, umgeben von Bergen und dem Fluss Sava, nur 2 km vom Bleder See entfernt. Er bietet großzügige Stellplätze, moderne Sanitäranlagen, ein beheiztes Freibad, einen Pumptrack und einen Abenteuerspielplatz für Kinder.

A2 Jesenice-Ljubljana Ausfahrt 3 Lesce. Am Kreisverkehr fahren Sie geradeaus in Richtung Lesce/Bled. Nach ca. 1,6 km am Kreisverkehr mit dem großen Golfball biegen Sie zum ausgeschilderten Campingplatz ab.

CC € 23 *1/5-9/6 8/9-30/9*

N 46°22'01'' E 14°08'10''

Ljubljana, SLO-1000 / 766

Ljubljana Resort (hotel & camping)****
Dunajska cesta 270, Jezica
+386 70 25 38 45
1/4 - 15/10
resort@gpl.si

3ha 257T(60-90m²) 10-16A CEE

1 ABCD**H**JKLMN**Q**TU
2 CIJSWXYZ
3 C**G**IKM**O**PS**VW**
4 (**C+H** 17/6-31/8)**KP** (Q 1/6-15/9)(T+U 1/6-1/9) (Y 15/6-15/9)(Z 🔑)
5 **AB**EFGIJKLMNOPUW
6 CEFGHJ**K**(N 0,7km)RTUV

Ideal für den Ausflug nach Ljubljana. Direkte Busanbindung ins Zentrum. Ab 17/6 zum Sparpreis im schönen Schwimmbad des Resorts baden. Mit der CampingCard ACSI nur Barzahlung möglich.

Vom Karawankentunnel: A2 Ausf. 13, LJ-Brod und Schildern folgen. Von Maribor: A1 bei Ljubljana H3 Ausf. LJ-Bezigrad und den Schildern folgen. Auf einigen Schildern wird der CP noch mit dem alten Namen 'Jezica' angegeben.

CC € 23 *1/4-1/7 1/9-30/9* *7=6, 14=11*

N 46°05'52'' E 14°31'08''

Maribor, SLO-2000 / 767

Camping Center Kekec***
Pohorska ulica 35c
+386 40 22 53 86
1/1 - 31/12
info@cck.si

2ha 100T(80-100m²) 16A CEE

1 ABE**H**JKLMNPQR
2 IJNSVWXY
3 CIM
5 **AB**DGIJMNOPUWXZ
6 ADEFGJ(N 0,3km)

Kleiner Campingplatz auf einer Wiese mit Bepflanzung unweit vom Skiort Pohorje und Sportzentrum. Gepflasterte Plätze für Reisemobile. Ausblick auf die Skipiste und die umliegenden Hänge. Günstig gelegen für einen Ausflug nach Maribor.

Von Norden auf der E57/A1 Ausf. Maribor zur H2, durch Maribor Zentrum Richtung Ljubljana bis zur Ampel. Hier rechts Ri. Skilift Pohorje. Von Süden auf der E57/A1 Ausf. Maribor auf die H2. Nach Bauhaus erste Ampel links Ri. Skilift Pohorje.

CC € 21 *1/1-30/6 3/9-31/12*

N 46°32'10'' E 15°36'12''

Moravske Toplice, SLO-9226 /

768

Camping Terme 3000****
Kranjceva 12
+386 25 12 12 00
1/1 - 31/12
recepcija.camp2@terme3000.si

7ha 230T(80-100m²) 16A CEE

1 ABCD**H**JKLMNPQTU
2 IJSVWXYZ
3 AC**F**IKLMN**OPQV**
4 (A 🔑)(C 27/4-15/9)(F+H 🔑) IJ**KLNOP**(Q 1/4-31/10) (T+U+V+W+X+Y+Z 🔑)
5 **AB**DFGIJKLMNOPUWZ
6 AEFGHIKLM(N 0,5km)RTV

Großer Camping. Exzellente Sanitäranlagen. Badelandschaft. Schwimmbad nicht im CampingCard ACSI-Tarif inbegriffen: 7 Euro p.P.p.T. Wandern, Rad fahren und allerlei Sportangebote in der Umgebung. Interessante Ausflüge mit dem Auto u.a. ins Weinbaugebiet zwischen Ormoz und Ljutomer.

Von Graz (Österreich) A9/A1 Richtung Maribor (Slo). Vor Maribor A5 Richtung Lendava bis Ausfahrt 7 Murska Sobota, Moravske Toplice. CP ausgeschildert.

CC € 23 *3/1-30/3 2/5-25/5 4/6-22/6 10/9-30/9 5/11-21/12*

N 46°41'05'' E 16°12'57''

Podzemelj/Gradac, SLO-8332 /

769

Camping Bela krajina - river Kolpa****
Škrilje 11
+386 73 06 95 72
15/4 - 10/10
info@camping-belakrajina.si

3,5ha 75T(50-100m²) 10-16A CEE

1 ABCD**H**JKLMNOPQR
2 DJNOSVWXYZ
3 CIJKLMNP**R**STV**W**X
4 (A 1/7-31/8)M**N**(Q 1/6-31/8) (R+U 🔑)(Y 1/6-31/8)(Z 🔑)
5 **AB**FGIJKLMNOP**RS**UWZ
6 DEFGHK(N 7km)RUV

Naturcamping unter Laubbäumen an der Kolpa, in der man gut baden kann. Bereich mit Bungalows und Bereich für Wohnwagen und Zelte. Bar, Pizzeria und kleines Lokal. Schöne Wander- und Radwege. Auch von anderen Orten im schönen Bela Krajina möglich.

Ab Slovenien A2 Ljubljana-Zagreb. Ausfahrt 27 Novo Mesto. Die 105 nach Metlika. Rechts die 218 nach Podzemelj. Von Kroatien in Karlovac die 6 nach Jurovski Brod und Metlika. Links die 218 nach Podzemelj.

CC € 23 *20/4-10/6 10/9-1/10*

N 45°36'17'' E 15°16'31''

Ptuj, SLO-2251 /

770

Camping Terme Ptuj****
Pot v Toplice 9
+386 27 49 45 80
1/1 - 31/12
kamp@terme-ptuj.si

1,6ha 120T(80-100m²) 16A CEE

1 ACD**H**JKLMNPQTU
2 ISWXYZ
3 C**F**IKLMN**OPQR**V
4 (**A** 🔑)(**C** 1/5-15/9)(**F**+**H** 🔑)I,J KLNO**P**(Q 1/7-31/8)(T+U 🔑) (V 1/7-31/8)(W+Y+Z 🔑)
5 **AB**DEFGIJKLMNOPUWXZ
6 ACDEFGHKLM(N 1,5km) RTV

Durch Hecken unterteilter, flacher Camping. Unweit von Thermalanlagen mit 12 Schwimmbecken und vielen Anlagen. Eintritt nicht im CampingCard ACSI-Tarif inbegriffen: 7 Euro pro Person pro Tag. Nah an einer der schönsten mitteleuropäischen Städte, wo Kultur und Natur verwoben sind.

Auf der 9/E59 Zagreb-Kaprina-Maribor, Ausfahrt 4 Hajdina/ Terme Ptuj. Nach Ptuj/Ormoz. Am Kreisel links Richtung Ptuj über die Brücke an der SW-Seite der Drava (Drau) rechts ab. CP ausgeschildert.

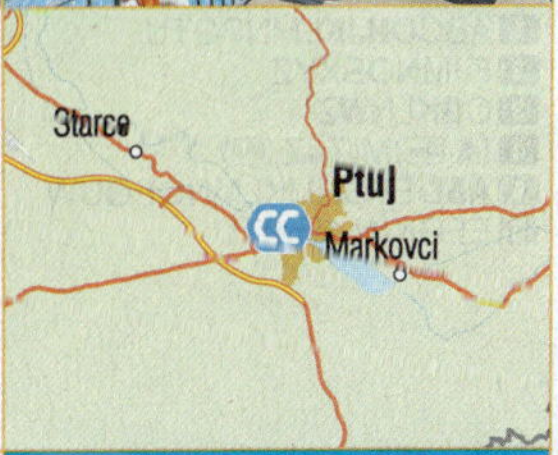

CC € 23 *3/1-30/3 2/5-22/6 10/9-19/10 5/11-21/12*

N 46°25'21'' E 15°51'16''

Recica ob Savinji, SLO-3332 /

771

Camping Menina****
Varpolje 105
+386 51 21 93 93
1/1 - 31/12
info@campingmenina.com

10ha 230T(100-200m²) 10A CEE

1 ACD**H**JKLMNPQR
2 BDFPQSUWXYZ
3 ACHJKLNP**QR**SU**W**XZ
4 (**A** 1/6-31/8)**N**(T+U)
(V+Y+Z 1/5-31/10)
5 **AB**DGIJKLMNOP**Q**RUW
6 AFGK(N 3km)V

Der Campingplatz liegt mitten in Slowenien an der Savinja und am kleinen Badesee. Prima Wanderangebote in die Berge. Super Standort für Ausflüge in Slowenien, vom Inhaber organisiert. Auch für Senioren geeignet. Auf dem Platz gibt es ein Restaurant mit lokalen Speisen.

A1 Ljubljana-Maribor Ausfahrt Sentrupert/Mozirje (ca. 15 km von Celje) und in nördlicher Richtung zum CP fahren (± 20 km). Im Dörfchen Nizka dann die Ausfahrt zum CP nehmen.

CC € 21 *1/1-30/6 1/9-31/12 7=6*

N 46°18'42'' E 14°54'33''

Soca, SLO-5232 /

772

Camp Soca**
Soca 8
+386 53 88 93 18
1/4 - 31/10
info@kamp-soca.si

3ha 200T(120-160m²) 6A

1 BCD**H**JKLMNQR
2 CJMNSUXY
3 CIS**W**
4 (Q+T+V+Z)
5 **AB**DGIJMNOPUWZ
6 ACEFG**J**L(N 8km)V

Ruhiger, groß angelegter Camping im Triglav Nationalpark mit offenem Mittelteil und Randbegrünung. Kiesstrand am hohen Ufer der (kalten) Soca. Bergpanorama. Bergwandern und Wildwasserfahren. Feuerkörbe und Holz erhältlich. Reservieren = garantierter Platz.

Nordseite Bovec, Ausfahrt Trenta/Kranska Gora, der 1. CP im Tal. Vom Vrsic-Pass bei Kranska Gora (nicht für Caravans) dort der 5. CP im Tal. Größere Caravans besser über Italien anfahren. Empfehlung: Udine und Cividale.

CC € 23 *1/4-30/6 1/9-31/10*

N 46°20'07'' E 13°38'39''

Velenje, SLO-3320 /

773

Camp Velenje***
Cesta Simona Blatnika 27
+386 40 48 24 48
1/1 - 31/12
info@camp-velenje.com

3ha 120T(70-120m²) 10A CEE

1 ABCD**H**JKLMNPQTU
2 FJMNOSXYZ
3 C**G**KLN**W**Z
4 (**A**)M(T+Z)
5 **AB**DEFGHIJKLMNOPQUW
6 EFGK(N 1km)TU

Der vollständig erneuerte Campingplatz liegt am Velenje See. Gute Einrichtungen. Am Campingplatz ist ein Strand sowie ein Sportcenter mit unterschiedlichen Sportangeboten.

Von der A1/E57 (Ljubljana-Cellje) Ausfahrt 16, Velenje. Über die 4 nach 14,5 km in Velenje am Kreisel Richtung Sostanj. Na 450m rechts, Cesta Talev. Nach dem Übergang links, Cesta Simona Blatnika. Nach 1,8 km rechts ist der Camping gleich links.

CC € 19 *1/1-30/6 1/9-31/12*

N 46°22'10'' E 15°05'12''

Kroatien

Atemberaubend schön:
Campen in Kroatien

Paradiesische Strände und eine schier endlose Küste. Genau das werden Sie in Kroatien finden. Entspannen Sie sich in der kristallklaren Adria und lernen Sie die reiche Unterwasserwelt kennen. Die Natur über Wasser ist ebenso beeindruckend. Reisen Sie von Insel zu Insel und entdecken Sie die Flora und Fauna in Nationalparks wie Plitvice und Paklenica. Und für Kulturliebhaber gibt es in den mittelalterlichen Städten voller Geschichte und in den malerischen Dörfern viel zu sehen. Camping in Kroatien ist abenteuerlich, wunderschön und äußerst vielseitig.

Hauptstadt: Zagreb
Währung: Euro (per 1-1-2023)
Zeitzone: UTC +1, UTC +2 (März bis Oktober)
Sprache: Kroatisch
Ländervorwahl: +385
Alkoholgrenze: 0,5‰, 0‰ für Fahrer unter 24 Jahren und Fahrer von Wohnmobilen > 3,5 Tonnen
Notrufnummern: Polizei, Feuerwehr und Rettungswagen: 112 (auch separate Nummern: Polizei 192, Feuerwehr 193, Rettungswagen 194)
Leitungswasser: unbedenklich

Genießen Sie die schönsten Strände

Mit fast 6.000 km Küste und über tausend Inseln ist es nicht verwunderlich, dass die Strände Kroatiens so beliebt sind. Sie sind wunderschön. Der besondere Strand Zlatni Rat ist das beste Beispiel, aber auch Stiniva und Punta Rata sind sehr fotogen. Gehen Sie schwimmen, schnorcheln, tauchen oder genießen Sie einfach die Ruhe. Kroatien verfügt über eine große Anzahl von Stränden, von denen die meisten aus Kieselstein bestehen. Bevorzugen Sie Sandstrände? Besuchen Sie einen der Sandstrände auf der Insel Rab.

Plitvicer Seen und andere Naturparks

Immerhin zehn Prozent der kroatischen Landfläche bestehen aus Naturschutzgebieten. Der Nationalpark Plitvice mit seinen azurblauen Seen und großen Wasserfällen ist der Inbegriff dafür. Erkunden Sie den Park im eigenen Tempo auf Holzstegen, Waldwegen oder in einem Ruderboot. Mit etwas Glück können Sie auch einheimische Tiere wie Eisvögel, Otter und Wölfe entdecken.
Es gibt noch viel mehr Naturschönheiten, die über ganz Kroatien verstreut sind. Die Krka-Wasserfälle in Dalmatien, die Schluchten des Nationalparks Paklenica und die Sümpfe von Risnjak sind definitiv einen Besuch wert. Auch das Inselhüpfen in der Kvarner Bucht ist ein tolles Erlebnis. Auf den großen Inseln Krk und Cres finden Sie eine Kombination aus wunderschönen Landschaften und malerischen Dörfern. Losinj hat einen weiteren Trumpf im Ärmel. Diese ruhige und schöne Insel ist ideal für die Beobachtung von Delfinen geeignet.

Städte und Dörfer mit Geschichte

Kroatien hat viele schöne Städte und Dörfer, so dass es immer etwas zur Auswahl gibt. An der

Westküste Istriens finden Sie eine Reihe von Empfehlungen, die nahe beieinander liegen. In Poreč, Rovinj, Pula und Medulin gibt es viel Atmosphäre und Kultur. Von Museen und alten Straßen bis hin zu römischen Amphitheatern und wunderschönen Kirchen. Auch ein Ausflug in die Hauptstadt Zagreb oder in das prächtige Split ist lohnenswert. Für ein anderes Juwel müssen Sie etwas weiter reisen. Dubrovnik verbindet ein historisches Erscheinungsbild mit einer wunderschönen Lage am Meer.

Tanken

Bleifreies Benzin (Bezolovni Benzin/Eurosuper 95 oder 98) und Diesel (Eurodiesel) sind ohne weiteres erhältlich. Flüssiggas (LPG/Autoplin) ist kostengünstig erhältlich. Der Italien-Anschluss (Schüssel) wird zum Tanken von Flüssiggas verwendet. Tankstellen sind von 7 bis 19 Uhr (im Sommer bis 22 Uhr) und entlang der Hauptverkehrsstraßen normalerweise Tag und Nacht geöffnet. Manchmal kann man an Tankstellen entlang kleinerer Straßen nur mit Bargeld bezahlen.

Ladestellen

Das Netz der Ladestationen ist noch nicht vollständig. Planen Sie Ihre Reise gut.

Verkehrsvorschriften

Tagfahrlicht ist von Oktober bis März Pflicht. An einer gleichberechtigten Kreuzung hat der Verkehr von rechts Vorfahrt. Der Verkehr in einem Kreisverkehr hat Vorfahrt, wenn dies durch Verkehrszeichen angezeigt wird. Auf Bergstraßen hat der bergauf fahrende Verkehr Vorrang vor dem bergab fahrenden. Autofahrer dürfen Mobiltelefone nur mit Freisprechfunktion benutzen.

ACSI AWARDS

Gewinner 2022 in Kroatien

Bester Campingplatz
Camping Valkanela

Bestes Campingplatz-Schwimmbad=
Zaton Holiday Resort

Bester Campingplatz für Wanderungen und Radtouren
Camping Straško

Beste Campingplatz-Animation
Polidor Family Camping Resort

Hundefreundlichster Campingplatz
Camping Slatina

Campingplatz mit der schönsten Lage
Camping Stobreč Split

Schönste Wohnmobilstellplätze
Camping Aminess Sirena

Bitte beachten Sie, dass Kinder bis zu 12 Jahren nicht auf dem Vordersitz sitzen dürfen; sie müssen auf dem Rücksitz Platz nehmen (ein Kind bis zu 2 Jahren darf auf einem Sitz mit Blickrichtung nach vorne sitzen).
Von Mitte November bis Mitte April sind Winterreifen (oder Schneeketten im Auto) Pflicht.

"Sonniges Kroatien, komfortables Camping an sauberen Küsten, unberührte Natur und Kultur genießen".

Herr H. Nibbelke, Inspektor 1203

Sondervorschriften

Es ist nicht erlaubt, einen stehenden Schulbus zu überholen. Bei einem Überholmanöver müssen Sie die ganze Zeit die Richtung angeben. Im Winter sind Sie verpflichtet, Ihr Auto von Schnee und Eis zu befreien, bevor Sie losfahren.

Vorgeschriebene Ausstattung

Warndreieck, Warnweste, Verbandskasten und Ersatzlampen (außer Xenon-, Neon- oder LED-Lampen) sind im Auto Pflicht. Bitte beachten Sie, dass in einem Auto mit Wohnwagen oder Anhänger zwei Warndreiecke vorgeschrieben sind. In der Winterzeit muss eine kleine Schneeschaufel im Auto vorhanden sein.

Reisemobil und Caravan

Ein Reisemobil oder eine Auto-Wohnwagen-Kombination darf eine Höhe von 4 m, eine Breite von 2,55 m und eine Länge von 18,75 m nicht überschreiten (der Wohnwagen selbst darf nicht länger als 12 m sein).
Auf Autobahnen mit drei oder mehr Fahrspuren in derselben Richtung ist es nicht erlaubt, mit einem Wohnmobil oder einer Wohnwagen-Wohnmobil-Kombination, die länger als 7 m ist, auf der linken Spur zu fahren, es sei denn, Sie wollen links abbiegen.

Fahrrad

Für Kinder bis 16 Jahre besteht eine Helmpflicht (auch auf dem Kindersitz). Bei Dunkelheit (und schlechter Sicht) müssen Radfahrer eine Warnweste tragen.
Es ist verboten, während des Radfahrens zu telefonieren oder ein Mobiltelefon zu benutzen. Kinder zwischen 9 und 14 Jahren dürfen nur in Begleitung einer mindestens 16 Jahre alten Person auf den Radwegen fahren. Kinder bis zu 8 Jahren dürfen nur in Begleitung eines Erwachsenen in einem Kindersitz befördert werden.

"Kroatien ist bekannt für sein blaues Meer, seine idyllischen Buchten und Dörfer, aber vergessen Sie nicht den Wein und das Olivenöl".

Frau A. Damen-Kuystermans, Inspektorin 1024

Maut

Fast alle Autobahnen in Kroatien sind mautpflichtig. Sie können bar in Euro oder mit einer Kreditkarte bezahlen. Die Brücke nach Krk, der Ucka-Tunnel zwischen Rovinj und Rijeka und das Mirna-Viadukt zwischen Rovinj und Umag sind ebenfalls mautpflichtige Straßen.
Weitere Informationen: hac.hr, azm.hr und bina-istra.com.

Panne und Unfall

Stellen Sie Ihr Warndreieck mindestens 100 m hinter dem Fahrzeug außerhalb geschlossener Ortschaften auf (2 Dreiecke nebeneinander bei einem Anhänger). Alle Insassen müssen eine Warnweste tragen.
Im Falle einer Panne rufen Sie die Notrufnummer Ihres Pannenhelfers an. Sie können auch die kroatische Pannenhilfe (HAK) unter der Telefonnummer (+385) 1 1987 (mobil) anrufen.
Bei sichtbaren Schäden am Auto nach einem Zusammenstoß verlangen Sie einen Polizeibericht, den Sie bei der Rückreise an der Grenze vorlegen müssen.

Campen

Im Juli und August gibt es auf den Campingplätzen in Istrien und an der norddalmatinischen Küste kaum einen freien Platz. Es ist ratsam, im Voraus zu buchen, wenn Sie in der Hochsaison campen möchten.
Durch den Bau der Autobahn zwischen Zagreb und Dubrovnik werden die Campingplätze in der Mitte und im Süden der dalmatinischen Küste immer beliebter. Die oft idyllisch gelegenen Campingplätze auf den Inseln sind hauptsächlich für Zeltcamper geeignet.
Die Campingplätze in Kroatien sind manchmal sehr groß, vor allem an der Küste. Es gibt umfangreiche Einrichtungen wie Geschäfte und Restaurants. Unterhaltung ist auf großen Campingplätzen Standard. Es ist verboten, in einem Wohnwagen, Wohnmobil oder Auto auf der öffentlichen Straße zu übernachten.

Banjole/Pula, HR-52203 / Istra

774

Arena Indije Campsite**
Indije 96
+385 52 57 30 66
22/4 - 1/10
arenaindije@arenacampsites.com

19ha 399T(60-120m²) 10A

1 ABCD**H**JKLMN**Q**TU
2 HLNOQRSUWXYZ
3 AKM**W**Y
4 (Q+S+T+U+V+Y+Z 🔑)
5 **AB**FGIJKLMNOPUW
6 AEFGKM(N 2km)QRTV

Perfekte Wahl für Leute, die einen ruhigen Urlaub suchen. Liegt auf einer Halbinsel in unberührter Natur mit einem großen flachen Gelände. Teils felsiger Strand und teils mit Kiesel. 7 km zur Altstadt nach Pula. Die CampingCard ACSI gilt auf den Plätzen Standard A, nicht in der Seaside, Premium und Superior Zone.

Umgehungsstraße Pula: Richtung Premantura bis Ausfahrt Banjole. CP-Schildern folgen.

CC € 19 *22/4-3/6 3/9-1/10*

N 44°49'26'' E 13°51'03''

Banjole/Pula, HR-52100 / Istra

775

Camp Peškera****
Indije 73
+385 52 57 32 09
21/4 - 1/10
info@camp-peskera.com

1,5ha 50T(75-100m²) 6A

1 ABCD**H**JKLMNPQT
2 HINQRUXYZ
3 AWY
4 (B 15/5-15/9)**N**
(U+X+Z 25/5-10/9)
5 CEGHIJKMNOPUVW
6 ACEFG**J**(N 0,5km)RT

Kleiner, ruhiger Campingplatz mit guten Einrichtungen an der felsigen Adriaküste mit Schatten- und Sonnenstellplätzen. Panoramablick über das Meer und die Inseln. Banjole hat ein großes Gastronomieangebot. 7 km von der alten Stadt Pula. Tolles neues Freibad. Selbst im September ist das Meer noch warm genug zum baden.

Hinter Pula die A9 Richtung Premantura, dann Ausfahrt weiter Banjole und Indije. 50m vor dem Camping Indije. Links ab und nach 100m Peškera.

CC € 21 *21/4-18/6 27/8-30/9*

N 44°49'22'' E 13°51'04''

Baska (Krk), HR-51523 / Primorje-Gorski Kotar

776

Baška Beach Camping Resort****
Put Zablaca 40
+385 52 46 50 00
6/4 - 15/10
reservations@valamar.com

9ha 440T(80-120m²) 16A CEE

1 ABCDHJKLMNPQR
2 HIJNPSUWXY
3 CIMN**O**P**R**S**VW**Y
4 (A 1/7-1/9)(C+F+H 🔑)**JKNP**
(Q+R+T+U+V+Y+Z 🔑)
5 **AB**EFGIJKLMNOPUWXYZ
6 ACFGHKLM(N 0,5km)QRTX

Der Camping liegt in der prächtigen Bucht von Baska und auf ebenem Gelände. Im ersten Bereich am Strand sind parzellierte Plätze mit Strom- und Wasseranschluss. Im 2. Bereich hauptsächlich abgegrenzte Parzellen mit Strom- und Wasseranschluss. Beheizter Pool mit Kinderbecken auf dem Campingplatz. CampingCard ACSI gültig auf Komfortplätzen.

Vor Baska rechts. Den Schildern 'Camp Zablace' folgen.

CC € 19 *6/4-6/6 6/9-15/10*

N 44°58'01'' E 14°44'43''

Baska (Krk), HR-51523 / Primorje-Gorski Kotar

777

Bunculuka Camping Resort****
Kricin 30
+385 52 46 50 00
21/4 - 1/10
reservations@valamar.com

4,7ha 400T(60-100m²) 10-16A CEE

1 ABCD**H**JKLMNP**Q**TU
2 HLMNPQRSUWXYZ
3 CHIL**O**P**R**S**W**Y
4 M(Q+S+U+V+W+Y+Z)
5 **AB**DEFGIJKLMNOPUWXYZ
6 ACEFGHKLM(N 0,5km) QRTV

Geschmackvoller, ruhig gelegener FKK-Camping, schön eingebettet in die bergige Natur. Breiter Kiesstrand mit Panoramaaussicht. Ausgezeichnetes Restaurant à la Carte oder Büffet und angrenzender Terrasse mit Designermöbeln. Moderne, sehr gepflegte Sanitäranlagen. Wellnessanlagen im Hotel (2 km). CampingCard ACSI gültig auf Komfortplätzen.

Kurz vor Baska links fahren, Richtung Valbiska und FKK. Danach den Schildern 'FKK Bunculuka' folgen.

CC € 21 *21/4-6/6 6/9-1/10*

N 44°58'09'' E 14°46'01''

Donji Babin Potok, HR-53223 / Lika-Senj

778

Big Bear Plitvice Nature Resort****
Donji Babin Potok 107B
+385 53 65 25 89
1/4 - 1/11
info@plitvice-resort.com

3,5ha 70T(75-85m²) 16A CEE

1 ABCD**H**JKLMNPQS
2 NSUVWX
3 AKLMV
4 (Q+R+U+Y+Z)
5 **AB**EFGIJKLMNOP**R**UWX
6 EFGKLMTV

Neuer Campingplatz am Rande des weltberühmten Nationalparks Plitvicer Seen, umgeben von Bergen und unberührter Natur. Ein hervorragendes Umfeld für Entspannung und Erholung in schöner Umgebung. Aktivitäten wie Kajakfahren, Wandern, Reiten und Radfahren sind möglich. Restaurant mit traditioneller Küche.

A1 Ausf. 10 Otocac. Erst N50, dann 52 Ri. Korenica bis G. Babin Potok. Oder: A1 Ausf. 13 Ri. Nationalpark Plitvicka. Vorbei an Korenica auf Nr. 52 (17 km) bis G. Babin Potok.

CC € 21 *1/4-15/7 1/9-1/11*

N 44°50'40'' E 15°29'02''

Drage, HR-23211 / Zadar

779

Camping Oaza Mira****
Ul. Dr. Franje Tudmana 2
+385 23 63 54 19
1/4 - 31/10
info@oaza-mira.hr

4ha 192T(120-150m²) 16A

1 ABCD**H**JKLMNP**Q**R
2 HMNPUVWXYZ
3 AHKLOPRV**W**Y
4 (B 1/6-20/9)(Q+R 1/6-30/9) (T+U+V+Y+Z 1/6-20/9)
5 **AB**EGIJKLMNOP**QRS**UWXZ
6 AEFGKLM(N 9,9km)TVW

Camping in einer Bucht mit parzellierten Plätzen auf feinem Kiesboden. Teils unter Bäumen, die meisten Plätze auf Terrassen mit Meeresblick. Nähe Drage. Weit ab von aller Hektik. Bestens geeignet für Camper mit Boot. Schöner Ausgangspunkt für viele Tagesausflüge, z. B. zum Korati-Archipel und Krka-Nationalpark.

A1 Karlovac-Split an Zadar vorbei Ausfahrt Biograd na Moru. Pakostane vorbei, in Drage an Meeresseite der Straße ausgeschildert. Pfeile Autokamping Oaza Mira folgen.

CC € 23 *1/4-30/6 1/9-31/10*

N 43°53'30'' E 15°32'03''

Duga Resa, HR-47250 / Karlovac — 780

Camp Slapic****
Mreznicki Brig 79b
+385 98 86 06 01
1/4 - 31/10
info@campslapic.hr

2,3ha 100T(100-130m²) 16A CEE

1 ABCD**H**JKLMNPQR
2 DOSUWXYZ
3 AIKLM**OQ**SWX
4 (B 1/4-1/10)
(Q+T+U+V+Y+Z)
5 **AB**EGIJKLMNOP**RS**UWXZ
6 AEFGKM(N 3,5km)RTV

Große Plätze an einem der schönsten kroatischen Flüssen. Der Eigentümer tut alles, damit Sie sich wohl fühlen. Gute Sanitär, gesellige Bar und Restaurant, Spielplatz und verschiedene Sportfelder. Besitzt das Label Naturcamping. Zugverbindung nach Zagreb und nach Plitvice.

Von Karlovac die D23 Richtung Duga Resa/Senj. Von Duga Resa ist der CP angezeigt.

CC € 23 *1/4-7/7 28/8-31/10*

N 45°25'11" E 15°29'01"

Fazana, HR-52212 / Istra — 781

Camping Bi-Village****
Dragonja 115
+385 52 30 03 00
27/4 - 16/10
info@bivillage.com

48ha 950T(100-150m²) 10A CEE

1 ABCD**H**IJKLMNPQTU
2 GJNPQSWXYZ
3 A**G**KOP**R**SUVWY
4 (C+H+Q+S+T+U+V+Y+Z)
5 **AB**DEFGIJKLMNOP**R**UWXYZ
6 AEFGHIKLM(N 1km)
OQRTUVWX

Moderner großer Camping am Meer mit schönen Blick auf die Brionischen Inseln. Unweit des hübschen Örtchens Fazana und der alten Stadt Pula. Der Camping bietet sämtlichen Komfort: mehrere Schwimmbecken, Restaurants und Freizeitangebote. Auf den Belvedere Plätzen Zuschlag auf den CampingCard ACSI-Tarif. Tolle Vor- und Nachsaison. Im September noch warmes Meerwasser.

A9 Ausfahrt Vodnjan/Fazana, Richtung Fazana und den CP-Schildern folgen.

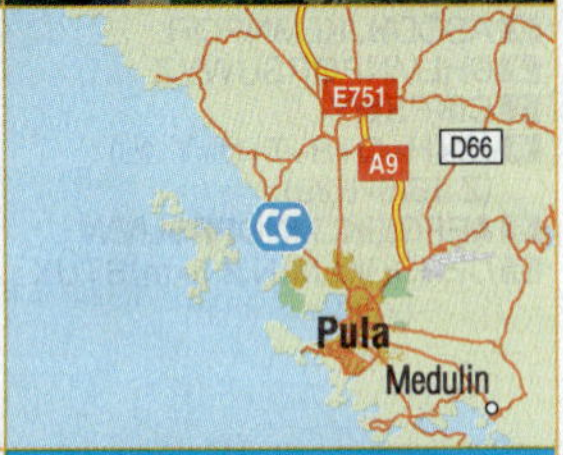

CC € 21 *27/4-24/6 26/8-16/10*

N 44°55'03" E 13°48'40"

Funtana, HR-52452 / Istra — 782

Camping Polidor****
Bijola Uvala 12
+385 52 21 94 95
1/1 - 31/12
booking@campingpolidor.com

2ha 77T(80-110m²) 16A CEE

1 ABCD**H**JKLMNPTU
2 MPUWXY
3 AIKMUV
4 (C+H 1/4-31/10)(Q)
(R 1/6-1/10)(U+Y 1/4 30/9)
(Z)
5 **AB**DEFGI**J**KLMNOP**S**UWXY
6 ACEFGKLM(N 1,5km)
QRTUVX

Kleiner 4-Sternecamping in der Nähe von Funtana. Ganzjährig geöffnet für 370 Gäste. Ruhig und erholsam im Schatten von Pinien mit leichter Meeresbrise, weit ab vom Trubel. Viele Radwege und auch Mieträder verfügbar. Restaurant mit traditionellen istrischen Gerichten.

Von Porec Küstenstraße nach Funtana/Vrsar. CP liegt einige km nördlich von Funtana und ist ausgeschildert.

CC € 19 *1/1-28/5 12/6-24/6 9/9-31/12*

N 45°11'27" E 13°35'57"

Funtana/Vrsar, HR-52450 / Istra

783

Camping Valkanela***
Valkanela b.b.
+385 52 40 66 40
21/4 - 7/10
hello@maistra.hr

55ha 1230T(90-120m²) 10A CEE

1 ABCD**H**JKLMNP**Q**R
2 HNPQRSUWXYZ
3 ACIKMN**O**P**R**SU**W**Y
4 (B+G 15/5-15/9)
(Q+S+T+U+V)
(W 1/5-15/9)(X+Y+Z)
5 **AB**EFGIJKLMNOP**S**UVWXYZ
6 ACFGHIKM(N 1km)RTVX

ACSI AWARDS WINNER

Echter Familiencamping in einem Tal zwischen Funtana und Vrsar. Es gibt moderne sanitäre Anlagen. Ein schöner langer Strand lädt ein zum sonnen und baden. Für den Aktivurlauber gibt es ausreichende Sportevents. Der CampingCard ACSI-Tarif basiert auf einer Standardparzelle. Der Campingplatz hat einen schönen, großen Swimmingpool.

Auf der Strecke Porec-Vrsar südlich von Funtana zum CP abzweigen.

CC € 19 *21/4-23/6 3/9-7/10*

N 45°09'54'' E 13°36'28''

Glavotok (Krk), HR-51500 / Primorje-Gorski Kotar

784

Camping Glavotok***
Glavotok 4
+385 51 86 78 80
21/4 - 1/10
info@kamp-glavotok.hr

6ha 333T(80-120m²) 10A CEE

1 ABCD**H**JKLMNPQR
2 BHLMNPQRSUWYZ
3 CIKPS**WY**
4 (C+H+Q+R+T+U+Y)
(Z 15/5-10/9)
5 **A**EFGIJKLMNO**PRS**UVW
6 CEFGHKLM(N 2,5km)STUX

Im Mai wird man vom Gesang der Vögel geweckt. Die Umgebung ist ideal zum wandern, Rad fahren oder schwimmen. Im September kehrt wieder Ruhe ein und man kann bei angenehmen Meerestemperaturen baden, tauchen oder schnorcheln. Schwimmbad mit schönem Panorama. Mit der CampingCard haben Sie Recht auf einen Platz in Zone A.

Folgen Sie der Hauptstraße Zollbrücke/Krk. Ausfahrt Valbiska rechts, dann Schildern Glavotok folgen. Letzte 2 km schmale, oft kurvige Straße mit Ausweichbuchten.

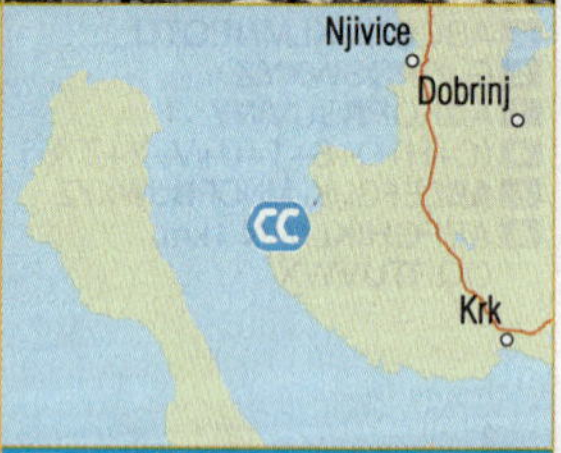

CC € 23 *21/4-27/5 10/6-1/7 16/9-1/10*

N 45°05'38'' E 14°26'25''

Grabovac/Rakovica, HR-47245 / Karlovac

785

Plitvice Holiday Resort****
Grabovac 102
+385 47 78 41 92
1/1 - 31/12
info@plitvice.com

5ha 108T(70-180m²) 16A CEE

1 ABCD**H**JKLMNP**Q**R
2 BJMSTUVWXYZ
3 CHIKLNP**Q**RSV
4 (C 1/5-30/9)**KNP**
(Q+R+U+V+X+Y+Z)
5 **AB**EFGIJKLMNOPRSUWXYZ
6 ABCEFGHKLM(N 2km)RUV

Voll renovierter, ruhiger Camping mit Schwimmbad. Ausreichend ebene und verstärkte Stellplätze in verschiedenen Kategorien und Preisklassen. Günstige Lage für Ausflüge zu den Seen von Plitvice und Wanderungen in Slunj. Restaurant neben dem Campingplatz.

D1 Karlovac-Plitvice. 8 km vor Plitvice in Grabovac gegenüber der INA Tankstelle und neben Restaurant ATG-Turist.

CC € 23 *1/4-10/6 10/9-31/10* *7=6*

N 44°58'20'' E 15°38'51''

Jezera, HR-22242 / Sibenik

786

Camping Holiday resort Jezera Village***
Uvala Lovišća
+385 22 43 96 00
21/4 - 16/10
marketing@jezeravillage.com

18ha 400T(100-120m²) 16A

1 BCD**H**JKLMNP**Q**TU
2 HJLMNPUWYZ
3 CKM**OR**S**W**Y
4 (Q+S+T+U 1/5-1/10) (V 1/7-31/8)(Y 1/5-1/10) (Z)
5 **AB**FGIJKLMNOPUWZ
6 FG**K**M(N 1,4km)RTV

Luxuriöser Terrassencampingplatz mit schönem Blick auf die Bucht. Ideal für (große) Boote und Wassersport. Restaurant, Bar, etc. Ein idealer Campingplatz für echte Wassersportler und Camper mit Booten. Außerdem bietet die malerische Halbinsel Murter zahlreiche Ausflugsmöglichkeiten.

Die neue A1 Karlovac-Split an Zadar vorbei Ausfahrt Pirovac. Küstenstraße Nr. 8 überqueren zur Halbinsel Murter. Nach 6,5 km in Tisno-Ort über die Brücke nach Murter. Weiter ausgeschildert.

CC € 21 21/4-15/6 15/9-16/10

N 43°47'31'' E 15°37'39''

Klimno/Dobrinj, HR-51514 / Primorje-Gorski Kotar

787

Camping Slamni****
Klimno 8a
+385 51 85 31 69
28/4 - 2/10
info@kampslamni.com.hr

0,7ha 39T(35-80m²) 16A CEE

1 ABCD**H**JKLMPQR
2 HJNPVWXYZ
3 CHIKLSUV**W**Y
4 (B+G)KM(Q+R 15/5-30/9) (U+V+Y+Z)
5 **AB**EFGIJKLMNOPUWXZ
6 ACEFGHK(N 0,3km)OQRTV

Camping mit bezauberndem Strand direkt an der Bucht von Soline. Kleiner Camping mit umfassender moderner Ausstattung mit u. a. Fitnessraum, Strandbar, Restaurant und Schwimmbad mit separatem Kinderbecken. Gut geeignet für Familien mit Kindern im Kindergartenalter.

Die Krk-Brücke vom Festland aus zur Insel Krk. Am ersten Kreisel geradeaus. Nach 1300 m links Richtung Dobrinj abbiegen (nicht geradeaus). Die Strecke zum CP ist weiter ausgeschildert. Ins Navi „Klimno" eingeben.

CC € 21 28/4-27/5 5/6-11/6 1/9-2/10

N 45°09'13'' E 14°37'02''

Kolan (Pag), HR-23251 / Zadar

788

Terra Park SpiritoS
Sveti Duh 75
+385 9 16 10 17 75
1/5 - 30/9
sales@terrapark.hr

3ha 104T(75-100m²) 16A CEE

1 BCD**H**JKLMNP**Q**TU
2 HNPQTVWXY
3 AV**W**
4 (Q+R) (T+U+V+Y+Z 15/5-15/9)
5 **AB**GIJKLMNOP**QRS**UWXY
6 AEFGKM(N 7km)T

Neuer Campingplatz direkt am Meer in unberührter Natur mit Blick auf das Velebit-Gebirge auf der Insel Pag, umgeben von Schilfgürteln. Der Campingplatz verfügt über eine Strandbar und ein Restaurant. Die Schilfzäune des Camps sorgen für Ruhe und Privatsphäre. Es liegt nur wenige Kilometer von Novalja und der Stadt Pag entfernt. CampingCard ACSI gültig auf den Plätzen Sylva und Aura.

Von Novalja in Richtung Pag, vor Kolan ist der Campingplatz ausgeschildert.

CC € 19 29/5-30/6 1/9-30/9

N 44°30'48'' E 14°57'39''

Krk (Krk), HR-51500 / Primorje-Gorski Kotar

789

Camping Bor***
Crikvenicka 10
+385 51 22 15 81
1/1 - 31/12
info@camp-bor.hr

2,2ha 201T(70-130m²) 10A

1 ABCD**H**JKLMNOPQR
2 LMNUWXYZ
3 AIK
4 (B+G 15/5-15/9)
(Q+R 15/5-30/9)
(Y+Z 1/4-30/10)
5 **A**DEFGIJKLMNOPUWXY
6 ACEFGKM(N 1km)TV

Familiencamping im Gehbreich von Krk. Viele Oliven-, Kirschen- und Feigenbäume. Im Juni wird Sie der Inhaber mit herrlichen Kirschen überraschen, im September mit Feigen. Mit der CampingCard ACSI werden Sie im Restaurant mit einem Glas Wein begrüßt. Renoviertes Sanitär und Komfortplätze mit (Ab)Wasser- und Stromanschluss.

Vor Krk Schildern Richtung 'Centar' (Zentrum) folgen, beim Kreisverkehr Schildern autocamp 'Bor' folgen, erste Straße rechts.

CC € 21 *1/1-7/7 1/9-31/12* *14=13*

N 45°01'21'' E 14°33'44''

Krk (Krk), HR-51500 / Primorje-Gorski Kotar

790

Jezevac Premium Camping Resort****
Plavnicka 37
+385 52 46 50 00
1/1 - 31/12
reservations@valamar.com

11ha 459T(70-120m²) 10-16A CEE

1 ABCD**H**JKLMNPQTU
2 HJLMNPRSUWXYZ
3 CHN**O**PS**W**Y
4 (A)(C 1/4-20/11)(H)M
(Q+R+S+T+U+V+Y+Z)
5 **AB**EFGIJKLMNOP**QRS**UWXY
6 ACFGH**K**LM(N 0,5km)
QRTUVX

Großer Campingplatz direkt am schönen Kiesstrand mit abgegrenzten Plätzen, worunter ca. 40 % schattige Plätze. In Gehweite zum Zentrum der Stadt Krk. Umfassende Ausstattung mit u. a. Restaurant, Beach Bar, extra Hundestrand, Liegestühlen, beheizten Schwimmbad mit speziellen Kinderbecken. CampingCard ACSI gültig auf Komfortplätzen.

Von Krk Schildern mit Jezevac oder Autocamp (Jezevac) folgen. CP liegt auf der Westseite der Stadt.

CC € 23 *1/1-6/6 6/9-31/12*

N 45°01'08'' E 14°34'01''

Krk (Krk), HR-51500 / Primorje-Gorski Kotar

791

Krk Premium Camping Resort*****
Narodnog Preporoda 80
+385 52 46 50 00
6/4 - 22/10
reservations@valamar.com

5,6ha 310T(80-110m²) 16A CEE

1 ABCD**H**JKLMNPQTU
2 HLMNPQRSUWXY
3 CDIKMN**O**PRS**VW**Y
4 (**A**+C+H)JM**N**
(Q+R+S+T+U+V+Y+Z)
5 **ABC**DEFGIJKLMNOPQR**S**UWXY
6 ABCEFGHKLM(N 2km)QRS
TUVX

Gemütlicher 5-Sterne-Familiencamping am Meer, in Gehweite zur Altstadt von Krk. Umfassende Ausstattung am Camping mit Wellness, Bäckerei, Geschäften, Restaurant, Beachbar, Sport und umfangreichem Animationsprogramm. Beheiztes Schwimmbad mit Wasserspielplatz für Kinder und Liegestühlen. CampingCard ACSI gültig auf Komfortplätzen.

Von Krk Richtung Punat fahren. Vor der Tankstelle (links der Straße) rechts abbiegen.

CC € 23 *6/4-6/6 6/9-22/10*

N 45°01'28'' E 14°35'30''

Kuciste, HR-20267 / Dalmatija

792

Camping Palme
Kuciste 45
+385 98 32 83 57
20/1 - 20/12
info@kamp-palme.com

1,2ha 50T(50-100m²) 16A CEE

1 ABCD**H**JKLMNPQ
2 GIMNPUXYZ
3 AV**W**Y
5 **A**GIJKLMNOPUWY
6 FGHK(N 0,05km)QTV

Schöner Privatcamping mit Sonnen- und Schattenplätzen fast am Meer (50m). Ideal für Surfer.

An der Durchgangsstraße durch Orbic. Nach 3 km ist der CP auf der rechten Seite angezeigt.

N 42°58'35'' E 17°07'46''

CC € 19 *20/1-20/6 5/9-20/12*

Labin, HR-52220 / Istra

793

Marina Camping Resort****
Sv. Marina 30 C
+385 52 46 50 00
6/4 - 22/10
reservations@valamar.com

5ha 250T(60-110m²) 16A CEE

1 ABCD**H**JKLMPQTU
2 HLMNPRSUWXY
3 CSWY
4 (C+Q+R+T+U+V+X+Z)
5 **AB**EFGIJKLMNOPUWXYZ
6 ACEFGHKLM(N 0,2km) QRTUW

Camping an einem kleinen Kiesstrand. Ideal für alle, die einen tollen Platz zum Tauchen suchen. Ein Schwimmbad mit Panoramasicht und zusätzlichen Kinderbecken garantiert einen erholsamen Urlaub. Liegt in einer ruhigen Bucht. CampingCard ACSI-Tarif gilt für Komfortplatz.

Den Hügel bis zur Altstadt von Labin hinauf. Den Schildern nach 'Sv. Marina' folgen. Straße sehr öfters schmal. Achtung: hier nimmt der Gegenverkehr oft die Innenkurve!

N 45°02'00'' E 14°09'29''

CC € 23 *6/4-6/6 6/9-22/10*

Lopar (Rab), HR-51280 / Primorje-Gorski Kotar

794

San Marino Camping Resort****
Lopar 488
+385 52 46 50 00
6/4 - 1/10
reservations@valamar.com

15ha 567T(80-120m²) 16A CEE

1 ABCD**H**JKLMNP**QR**
2 AHJNSTWXYZ
3 CHILMN**OPRSVWY**
4 **JKN**(Q+3)
(T+U+V+X+Y+Z 1/5-30/9)
5 **AB**EFGIJKLMNOP**QRS**UWXY
6 ACFG**J**M(N 0,5km)OQRTV WX

Sehr große Anlage mit echtem Sandstrand, ein Tip für Familien mit Kindern. Viel Ausstattung, Kinderclub, Fitnessraum, Wellness, Restaurant etc. Von Mitte Juli bis Ende August sehr voll und sehr trocken. Umfangreiches Unterhaltungsprogramm. CampingCard ACSI gültig auf 'camp space with electricity'.

Gut ausgeschildert von der 3-Gabelung beim Tourismusbüro vor Lopar.

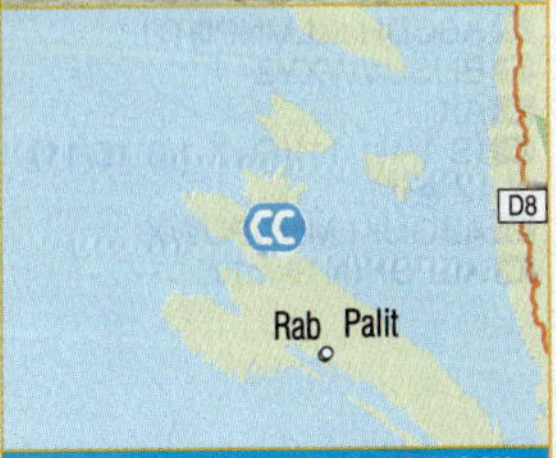

N 44°49'24'' E 14°44'14''

CC € 19 *6/4-6/6 6/9-1/10*

Loviste, HR-20269 / Dalmatija

795

Kamp Lupis****
Loviste 68
+385 20 71 80 63
1/1 - 31/12
booking@camplupis.tcloud.hr

0,8ha 50T(50-100m²) 16A

1 ABCD**H**JKLMNPQU
2 HIJMQRUWXYZ
3 A**W**Y
4 (R 15/6-1/10)
5 **AB**EFGIJKLMNOPRUW
6 AEFGJ(N 1km)

Camping auf der Halbinsel Peljesac, an einer der schönsten Buchten bei Loviste. Die Stellplätze sind von Olivenbäumen beschattet. Wassersportarten, Mountainbiken, Wandern. Guter Ausgangspunkt für die Besichtigung von Korcula und Miljet-Inseln. Sehr gute Einrichtungen.

Von Orebic aus Richtung Loviste. Bei Loviste steht das Campingschild Lupis. Am besten den nicht asphaltierten Weg auf der Rückseite nehmen. Geeignet für große, breite Wohnmobile/-wagen. Eingangstor selbst öffnen.

CC € 23 *1/1-25/6 10/9-31/12*

N 43°01'41'' E 17°01'48''

Lozovac, HR-22221 / Sibenik

796

Camp Krka***
Skocici 2
+385 22 77 84 95
1/3 - 30/11
goran.skocic@si.t-com.hr

1ha 40T(60-100m²) 16A

1 ABE**H**JKLMNPQTU
2 IJSUXYZ
3 AK
4 (**A** 15/4-15/10)(C 1/5-15/10) (Q)(Y+Z 15/4-1/10)
5 **AB**GIJKLMNOPUWZ
6 EFGKM(N 3,5km)V

Schöner kleiner Camping mit vielen Plätzen im Schatten und Pool. Sauberes Sanitär. Kleines Restaurant mit vernünftigen Preisen. Gute Lage an den Krka Wasserfällen, Sibenik und die kleineren Orte in der Umgebung u.a. wie Skradin zu besuchen.

Von der Küstenstraße südlich von Sibenik Richtung Skradin/ Nationalpark Krka. Von der A1 Ausfahrt 21 Skradin/ Nationalpark Krka. In einigen Km vom Nationalpark ist der CP ausgeschildert.

CC € 19 *1/3-30/6 21/8-30/11*

N 43°48'02'' E 15°56'32''

Lozovac, HR-22221 / Sibenik

797

Camp Marina (NP. KRKA)
Skocici 6
+385 9 13 68 33 23
1/1 - 31/12
campmarina.info@gmail.com

1ha 37T(40-100m²) 16A

1 ABCDHJKLMNP**Q**TU
2 BIJSUVWXYZ
3 AK
4 (B 1/4-1/11)(Q+X 1/3-15/11) (Z)
5 **AB**GIJKLMNOPUWX
6 AEFGK(N 3km)V

Camp Marina liegt im Nationalpark Krka (2,5 km) in Lozovac 5 km von Skardin. Perfekter Platz für Camper auf der Durchreise, aber auch für jeden, der sich die Gegend anschauen will. Restaurant mit dalmatischen Gerichten. Ausflüge in den Nationalpark Krka.

Von der Küstenstraße südlich von Šibenik Richtung Skradin-National Park Krka. Von der A1 Ausfahrt 21 Skradin-National Park Krka. Nach einigen Kilometern vom National Park ist der CP angezeigt.

CC € 19 *1/1-30/6 26/8-31/12*

N 43°47'59'' E 15°56'39''

Lozovac, HR-22221 / Sibenik

798

Camping Slapovi Krke***
Lozovac 2G
+385 9 55 49 52 07
1/3 - 30/11
danijel.skocic@gmail.com

0,7ha 36T(60-100m²) 16A CEE

1 ABE**H**JKLMNPQTU
2 IUVXY
3 K
4 (**A** 15/4-15/10)
5 GIJKLMNOPUWXZ
6 EFKM(N 8km)U

Kleiner eingezäunter Campingplatz mit Bäumen und sauberen sanitären Anlagen. Gute Lage für einen Besuch der KrKa-Wasserfälle in der Nähe von Sibenik und kleineren Städten. Sehr gut geeignet für Camper. Ausflüge zum Nationalpark mit dem Eigentümer möglich.

Von der Küstenstraße südlich von Sibenik zum Skradin-Nationalpark KrKa. Es befindet sich auf der rechten Seite der Straße zum Nationalpark KrKa. Angezeigt mit einem Schild. Die letzten 200 Meter auf einem unbefestigten Weg.

CC € 15 1/3-30/6 21/8-30/11

N 43°47'32'' E 15°58'13''

Mali Losinj (Losinj), HR-51550 / Primorje-Gorski Kotar

799

Camping Cikat****
Cikat 6 A
+385 51 23 21 25
1/1 - 31/12
info@camp-cikat.com

6ha 1214T(60-120m²) 16A

1 ABCD**H**JKLMNPQTU
2 BHJLMNPRSUWXYZ
3 AC**D**KMNOPSV**WY**
4 (A 15/5-22/9)(B 18/5-30/9) (G 18/5-22/9)**IJ**KMP (Q+S+T+U+V+X) (Y 8/4-21/10)(Z)
5 **AB**DEFGIJKLMNOPQ**RS**UWXYZ
6 ACEFGHKM(N 2km) OQRSTUVWX

Camping am Kiesstrand an der Nordwestseite von Mali Losinj mit seinem großen, gemütlichen Yachthafen. Der Camping hat drei Restaurants und einen Supermarkt. Der Campingplatz ist ganzjährig geöffnet und hat einen attraktiven großen Aquapark. Viele schöne Plateaus für Sonnenanbeter.

Von der Fähre kommend muss man die Inseln Cres und Mali Losinj kreuzen. Ab der Kreuzung, kurz hinter Mali Losinj, Richtung CP Cikat fahren.

CC € 23 1/5-26/5 12/6-25/6 7/9-30/9

N 44°32'09'' E 14°27'03''

Mali Losinj (Losinj), HR-51550 / Primorje-Gorski Kotar

800

Camping Village Poljana****
Rujnica 9a
+385 51 23 17 26
1/4 - 2/11
info@poljana.hr

18ha 546T(40-160m²) 10-16A CEE

1 ABCD**H**JKLMNPQTU
2 BHLMNPRSUWYZ
3 ACMN**O**PS**WY**
4 (**A** 20/5-31/8) (Q+S+U+V+Y+Z)
5 **AB**FGIJKLMNOP**QRS**UVWXYZ
6 ACDEFGI**K**M(N 2km)OQRT VWX

Luxuriöser Terrassencamping auf der Insel Losinj. An zwei Seiten zur Adria hin. Mit etwas Glück kann man Delfine sehen. Umfangreiche Ausstattung: Bootsanleger und Promenade ins schöne Mali Losinj mit Lokalen, Eissalons, Yachthafen. Ausflugsangebote zu den nah gelegenen Inseln. Restaurant und Supermarkt auf dem Camping vorhanden.

Von Nerezine liegt der CP vor Mali Losinj an der linken Straßenseite.

CC € 23 1/4-27/5 12/6-26/6 10/9-2/11

N 44°33'21'' E 14°26'32''

Martinšcica (Cres), HR-51556 / Primorje-Gorski Kotar

801

Camping Slatina****
Vidovići 30
+385 51 57 41 27
22/4 - 1/10
info@camp-slatina.com

15ha 463T(70-120m²) 16A CEE

1 ABCD**H**JKLMNPQTU
2 HLMNPRUWXYZ
3 A**R**S**WY**
4 M(Q+S 🔑)(U+V 15/6-1/9) (Y+Z 🔑)
5 **AB**EFGIJKLMNOPQ**S**UWXYZ
6 ACEFGHKM(N 1km) OQRSTU

Terrassencampingplatz mit steilen Gassen, die zum Strand hinunterführen (20% Gefälle). Kieselstrand mit Plateaus. Schöner Ort zum Tauchen und sehr hundefreundlich. Orte mit eigener Wasserversorgung und eigenem Stromanschluss. Es gibt Sport-, Freizeit- und Unterhaltungsmöglichkeiten. Saubere sanitäre Anlagen. Komfort-Stellplätze sind für die CampingCard ACSI erhältlich.

Von Cres Richtung Osor fahren. Nach circa 20 km rechts abbiegen. Schildern Slatina folgen (8 km).

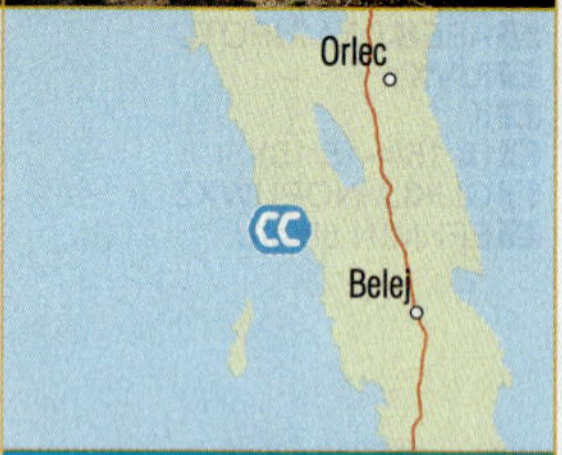

CC € 19 *1/5-26/5 12/6-25/6 7/9-30/9*

N 44°49'16'' E 14°20'35''

Medulin, HR-52203 / Istra

802

Arena Grand Kažela Campsite****
Kapovica 350
+385 52 57 72 77
1/1 - 31/12
arenakazela@arenacampsites.com

110ha 1200T(100-120m²) 10A CEE

1 ABCD**H**JKLMNP**Q**TU
2 HJNPQRSUVWXYZ
3 ABC**D**KLM**O**PSU**W**Y
4 (**A** 🔑)(B 1/5-2/10) (G 20/6-30/9)JM (Q+S+T+U+V+Y+Z 🔑)
5 **AB**DEFGIJKLMNOPUWXYZ
6 AEFGKLM(N 2km)QRTUV WX

Campingplatz direkt am Meer mit teilweise schattigen Plätzen und zwei recht große Süßwasser Pools. CampingCard ACSI gilt im Zone Superior, nicht auf 'Seaside'- und 'Premium'-Zone.

CP an Ringstraße Pula gut ausgeschildert.

CC € 23 *6/4-3/6 3/9-7/10*

N 44°48'25'' E 13°57'02''

Medulin, HR-52203 / Istra

803

Arena Medulin Campsite
Osipovica 30
+385 52 57 28 01
6/4 - 7/10
arenamedulin@arenacampsites.com

30ha 932T(80-175m²) 10A CEE

1 ABCD**H**JKLMNP**Q**TU
2 ABHJLNPQRSUWXYZ
3 AC**G**KLM**W**Y
4 (Q+S 🔑)(T 1/5-15/9) (U+V+W+Y+Z 🔑)
5 **AB**FGIJMNOP**R**UWZ
6 ACGKM(N 0km)RTWX

Familiencamping auf einer bewaldeten flachen Halbinsel vom Meer umgeben. Kleiner Sandstrand mit kindersicherer Meeresbucht und steinigem Strand. Direkt neben dem lebendigen Badeort Medulin. Diverse Sanitärblocks in unterschiedlicher Qualität. CampingCard ACSI gilt im Zone Standard A, nicht auf 'Seaside', 'Superior'- und 'Premium'-Zone.

Autostraße Ausfahrt Pula/Medulin. Schildern Medulin folgen, Ausfahrt Camps vorbei Boulevard bis Ausfahrt Camping Village Medulin.

CC € 21 *6/4-3/6 3/9-7/10*

N 44°48'51'' E 13°55'54''

Moscenicka Draga, HR-51417 / Primorje-Gorski Kotar

804

Autocamp Draga***
Aleja Slatina bb
+385 51 73 75 23
15/4 - 1/10
autocampdraga@gmail.com

3ha 110T(80-100m²) 10-16A

1 ABCD**H**JKLMNPQR
2 GJLMPSVWXY
3 AI**W**Y
4 (Q+R)
5 **AB**GIJKLMNOPUWZ
6 CEFGKL(N 0,1km)QRT

Terrassencamping neben Durchgangsstraße. Üppige Vegetation. Etwa 150 m zum Kiesstrand. Gut gepflegte Sanitärblocks. Möglichkeit für Tauchstunden am Strand. Kleiner Hafen mit Restaurants und Terrassen entlang der Küste. WLAN auf dem gesamten Gelände. Einrichtungen vom Hotel Marina zum reduzierten Tarif benutzbar.

Dem Küstenweg von Opatija Richtung Pula folgen. Nehmen Sie die Ausfahrt Moscenicka Draga und folgen Sie der Beschilderung zum Campingplatz.

CC € 23 *15/4-15/6 1/9-1/10*

N 45°14'24'' E 14°15'01''

Njivice (Krk), HR-51512 / Primorje-Gorski Kotar

805

Aminess Atea Camping Resort****
Primorska Cesta 41
+385 52 85 86 90
31/3 - 1/11
camping@aminess.com

10ha 408T(80-120m²) 16A CEE

1 ABCD**H**JKLMNP**Q**TU
2 HLNPQRSUWYZ
3 CHIKLMN**OQR**SV**W**Y
4 (G 1/5-15/10)M
(Q+S+U+V+X+Z)
5 **AB**DEFGIJKLMNOP**QS**UVWXY
6 ACFGKM(N 2,5km)QRTWX

Camping mit schattigen Feldern und Tourplätzen. In der Nachsaison herrlich ruhig. Sie können nach Herzenslust im wunderbar warmen Wasser baden. Stimmungsvolles Städtchen mit gemütlichen Lokalen und Terrassen in der Nähe. CampingCard-Gäste haben Anspruch auf einen Stellplatz in der Standard-, Komfort- oder Premiumzone.

Der CP liegt 10 km hinter der Zollbrücke Richtung Krk. Von der Hauptstraße aus ist der Weg mit "Aminess Camping" ausgeschildert.

CC € 23 *31/3-17/5 21/5-25/5 11/6-30/6 9/9-31/10*

N 45°10'10'' E 14°32'49''

Novalja, HR-53291 / Zadar

806

Camping Kanic
Dabovi stani 48
+385 9 81 38 01 32
15/4 - 15/10
info@campkanic.com

2ha 70T(30-150m²) 16A CEE

1 BCD**H**JKLMNP**Q**TU
2 ABHILMNPRVWXYZ
3 AW
4 (Q)
5 **AB**GIJKLMNOP**RS**UWXZ
6 CEFGK(N 5km)

Kleinerer Campingplatz auf der Insel Pag nordwestlich von Novalja, direkt am Meer. Schöner Meerblick von fast allen Stellplätzen. Gelegen an einer schönen kleinen Bucht in einem Olivenhain. Viele schattige Stellplätze. Ideal für Gäste, die Ruhe und Frieden suchen. Teilweise Sandstrand, Anlegestelle für Boote vorhanden.

Von Novalja aus Richtung Lun. Die Ausfahrt zum Campinggelände ist ca. 5 km vor Lun angegeben. Dann über den Schotterweg den Schildern zum Campinggelände folgen.

CC € 21 *15/4-30/6 1/9-15/10*

N 44°35'48'' E 14°50'03''

Novalja (Pag), HR-53291 / Zadar — 807

Camping Olea
Sonjevi stani 38b
+385 21 77 00 22
15/4 - 10/10
info@oleacamping.com

6ha 235T(90-220m²) 16A CEE

1 ABCD**H**JKLMNP**Q**TU
2 HLMNPQRTUWXYZ
3 ANS**W**
4 (Q+R+T+U+V+Y+Z)
5 **AB**EGIJKLMNOP**QRS**UWXY
6 ABEFGKM(N 5km)TX

Terassencamping auf der Insel Pag nordwestlich von Novalja, direkt am Meer. Inmitten von Olivenbäumen mit herrlichem Blick auf das Meer und die dalmatinischen Inseln. Große Stellplätze mit allen Anschlüssen. Restaurant und Strandbar vorhanden. Idealer Camping für alle, die Ruhe und Natur lieben. Sie übernachten auf Komfortplätzen.

Von Novalja in Richtung Luna. Nach 12 km rechts abbiegen. Wird durch das Campingplatzschild angezeigt. Danach ca. 1 km der Beschilderung folgen.

CC €21 *15/4-15/6 15/9-10/10*

N 44°37'41'' E 14°47'42''

Novalja (Pag), HR-53291 / Zadar — 808

Camping Strasko****
Zeleni put 7
+385 53 66 12 26
21/4 - 8/10
strasko@hadria.biz

57ha 1358T(100-140m²) 10-16A CEE

1 ABCD**H**JKLMNP**Q**TU
2 HJPQSUVWXYZ
3 CDEHKMNOP**Q**SUVW**Y**
4 (B+G 1/5-8/10)KM(Q+S) (T+U 1/5-30/9)(V) (X 1/5-30/9)(Y+Z)
5 **AB**EFGIJKLMNOP**QRS**UWXYZ
6 ACDEFGHKLM(N 2km) ORSTUVWX

Großer Luxuscamping unter Oliven und Eichen mit 2 km hauptsächlich feinem Kiesstrand, mit Animation und Sportangeboten, sauberes neues Sanitär, Restaurants, Schwimmbecken und Lädchen. Im Gehbereich nach Novalja. CampingCard ACSI gilt in den Zonen Gold und Silver. Kein FKK mehr!

Die Fähre Prizna-Zigljen wird empfohlen. Vor Novalja links ab, ausgeschildert. Oder auf der A1 in Posedarje Ausfahrt Pag (43 km) dann noch 32 km. Und vor Novalja links ab.

CC €23 *21/4-23/6 1/9-8/10 7=6, 14=12*

N 44°32'56'' E 14°53'15''

Novalja (Pag), HR-53291 / Zadar — 809

Terra Park Phalaris
Škuncini stani 100
+385 9 11 51 19 56
16/4 - 21/10
sales@terrapark.hr

1,5ha 157T(80-120m²) 16A CEE

1 ABCD**H**JKLMNP**Q**R
2 HNPUVWXY
3 CHKPSV**W**Y
4 M(Q+S)(T 1/5-21/10) (U+V+Y 15/5-15/9)(Z)
5 **AB**EGIJKLMNOP**RS**UWX
6 AEFGKLM(N 3km)TU

Abseits von Hektik und Trubel, an einer wunderschönen Bucht mit feinem Natur-Kieselstrand. Strandbar, Strandduschen und Hundestrand vorhanden. Ideal für Strand- und Familienurlaube zur völligen Entspannung. Standort mit Naturschutz. Großzügige Stellplätze, die teilweise im Schatten liegen. CampingCard ACSI gültig auf den Plätzen Tamaris und Pinus.

Der Campingplatz befindet sich auf der Insel Pag an der Straße von Novalja nach Lun und ist ausgeschildert.

CC €21 *15/5-30/6 5/9-21/10*

N 44°34'42'' E 14°51'18''

Novigrad, HR-52466 / Istra

810

Aminess Maravea Camping Resort****
Mareda bb
+385 52 85 86 80
21/4 - 1/10
camping@aminess.com

25ha 665T(80-120m²) 10-16A CEE

1 ABCD**H**JKLMNPQTU
2 HJLMPQRSUVWXYZ
3 ACIKMN**O**P**R**SU**W**Y
4 (B+G+Q+S+T+U+V+Y+Z)
5 **AB**EFGIJKLMNOP**S**UWXY
6 ACEFGHKLM(N 3km)RTUV

Netter Camping. Gut gepflegtes Sanitär. Novigrad ist mit dem Pkw in wenigen Minuten zu erreichen. Die CampingCard ACSI muss bei Ankunft hinterlegt werden. CampingCard ACSI-Gäste haben ihre Stellplätze auf Standartparzellen (Pitch Standard).

Von Novigrad ca. 3 km nach Norden Richtung Umag. Deutlich ausgeschildert.

CC € 23 *21/4-17/5 21/5-25/5 11/6-1/7 9/9-30/9*

N 45°20'36'' E 13°32'53''

Novigrad, HR-52466 / Istra

811

Aminess Sirena Campsite****
Terre 6
+385 52 85 86 70
31/3 - 5/11
camping@aminess.com

13ha 426T(80-120m²) 10-16A CEE

1 ABCD**H**JKLMNP**Q**TU
2 HJLMNQSUWXYZ
3 ACIKMN**O**P**R**S**W**Y
4 **KN**(Q)(S 1/4-30/9)
(T 1/6-31/8)(U)
(V 1/6-15/9)
(X+Y+Z 1/5-30/9)
5 **AB**EFGIJKLMNOPQ**S**UWXY
6 ACEFGHIKLM(N 0,8km)
QRST

Der Campingplatz ist in einen dichten Tannenwald und einen Terassenbereich mit wenig Schatten unterteilt. Gutes Sanitär. Das gemütliche Novigrad ist im Gehbereich. Die CampingCard ACSI muss bei der Ankunft hinterlegt werden. CampingCard-Gäste haben Anspruch auf einen Stellplatz in der Standard- oder Komfortzone. Reservierung mit der CampingCard ACSI nicht möglich.

Der CP liegt direkt am Strand, 2 km von Novigrad und 16 km nördlich von Porec.

CC € 23 *31/3-17/5 21/5-25/5 11/6-1/7 9/9-4/11*

N 45°18'54'' E 13°34'33''

Okrug Gornji, HR-21223 / Dalmatija

812

Camping Labadusa
Uvala Duboka bb
+385 9 19 04 70 60
1/5 - 15/10
camp@labadusa.com

0,6ha 110T(60-80m²) 16A

1 A**G**JKLM**Q**TU
2 GLMNPRUWXY
3 ACWY
4 (Q+X+Y+Z)
5 **A**GIJKLMNOPUW
6 AEFGKM(N 2km)TVX

Idyllisch, direkt am Meer gelegener Terrassencampingplatz mit sonnigen und schattigen Plätzen. Gutes Restaurant. Tolles neues Sanitärgebäude. Einkaufsmöglichkeiten 2 km entfernt. Die Zufahrtsstraße ist eine kleine Herausforderung.

A1 Ausfahrt Trogir. Geradeaus weiter Richtung Split. Runter Richtung Trogir. Über die neue Brücke und dann rechts nach Okrug Gornji 5 km. Dem CP-Schild Labadusa 2 km folgen. Enge Zufahrt 850 m, dann links zum CP.

CC € 23 *1/5-14/6 1/9-15/10*

N 43°28'55'' E 16°14'41''

Okrug Gornji, HR-21223 / Dalmatija

813

Camping Rozac***
Setaliste Stjepana Radica 56
+385 21 80 61 05
25/3 - 5/11
booking@camp-rozac.hr

2,5ha 140**T**(40-100m²) 16A CEE

1 AC**H**JKLMNO**Q**TU
2 BGJNPQSTYZ
3 CIKMNWY
4 (Q+U+V+X+Y)
(Z 1/5-1/10)
5 **AB**EGIJKLMNOPUWXYZ
6 EFGK(N 0,2km)TVWX

Privatcamping Rozac. Schöne Anlage mit viel Schatten, gutem Sanitär. Schöner Kiesel- und Sandstrand in 2 km von Trogir.

Von Sibenik aus die D8 bis zu 2 km hinter Trogir, um die neue Brücke zu überqueren. Nach der Brücke wieder rechts in Richtung Okrug der Beschilderung folgen. Von der A1 Ausfahrt 24A weiter Trogir, links über die Brücke, rechts Richtung Okrug.

CC € 23 *25/3-4/6 4/9-5/11*

N 43°30'19'' E 16°15'30''

Omisalj, HR-51513 / Primorje-Gorski Kotar

814

Camping Omisalj*****
Vodotoc 1
+385 51 58 83 90
1/1 - 31/12
omisalj@hadria.biz

8ha 230**T**(100-140m²) 16A CEE

1 ABCD**H**JKLMNP**Q**TU
2 HNPUVWXY
3 CEHIKLMN**O**P**R**SWY
4 (**A** 1/4-31/10)(B 1/4-1/10)
(G 1/5-1/10)M**N**
(Q+R+S+T+U+V+Y+Z)
5 **AB**EFGIJKLMNOPQ**RS**UWXY
6 ACEFGHKLM(N 2km)
QRSTUVWX

Neuer 5-Sterne Camping an der Nordwestküste der Insel Krk. Unweit der Brücke und der Stadt Omisalj mit sonnigen, voll ausgestatteten Parzellen. Moderne Sanitäranlagen, Restaurant, Laden, Pool, Multi-Sportplatz uvm. CampingCard ACSI ist gültig auf den Plätzen 'Standard', 'Silver' und 'Gold'.

Von der Brücke auf der Insel Krk und aus Richtung Krk kommend, die Ausfahrt Pusca nehmen. Der Straße ca. 1 km bis zum Campingplatz folgen.

CC € 23 *1/1-27/5 10/6-1/7 9/9-31/12* ***7=6, 14=12***

N 45°14'06'' E 14°33'09''

Orasac, HR-20234 / Dalmatija

815

Camp Pod Maslinom
Donja banda 7c
+385 20 89 11 69
1/4 - 1/11
bozo@orasac.com

1ha 80**T**(50-100m²) 10A

1 ABCDHJKLMN**Q**TU
2 BGIJPTXYZ
3 AY
5 **A**GIJKLMNOPUWZ
6 EFGK(N 1km)RTV

Privatcamping mit viel Schatten, 500m zum Meer steil nach unten über einen Fußweg oder 750m über eine steile Straße. Gutes Sanitär. Teilweise in Terrassen angelegt. Der Platz liegt ± 16 km von Dubrovnik.

Der CP liegt an der E27. Hinter dem Schild Orasac nach 200m rechts. CP deutlich ausgeschildert.

CC € 15 *1/4-30/6 10/9-31/10*

N 42°41'57'' E 18°00'21''

Orebic, HR-20250 / Dalmatija

816

Lavanda Camping****
Dubravica 34
+385 20 45 44 84
1/1 - 31/12
info@lavanda-camping.com

2ha 85T(50-110m²) 16A

1 BCD**H**JKLMNP**Q**TU
2 HILMNPQRUVWXY
3 AMNS**W**Y
4 (Q 🔑)(T+U+V+Y 15/4-31/10)(Z 🔑)
5 ABEFGIJKLMNOPQUWXY
6 ABCDEFGKM(N 0,5km)QRTVWX

Campingplatz in der Nähe des malerischen Dorfes Orebic, direkt am Meer gelegen. Eine Oase der Stille. Von den großen Stellplätzen hat man einen fantastischen Blick auf das Meer und die Inseln Kôrcula und Mljet. Alle Einrichtungen sind vorhanden, darunter ein Restaurant mit traditioneller dalmatinischer Küche. Schöner Strand mit kostenlosen Liegen und Sonnenschirmen.

An der Durchgangsstraße nach Orebic, 2 km vor der Stadt. Camping liegt an der linken Seite.

CC € 21 *1/4-30/6 15/9-15/11*

N 42°58'59'' E 17°12'20''

Orebic, HR-20250 / Dalmatija

817

Nevio Camping****
Dubravica 15
+385 20 71 39 50
1/4 - 15/11
info@nevio-camping.com

1,5ha 168T(55-100m²) 16A CEE

1 BCD**H**JKLMNP**Q**TU
2 HIJMNPUWXYZ
3 C**O**P**R**S**W**Y
4 (B 1/5-15/10)(Q 1/6-30/9)(T 🔑)(V 1/6-30/9)(Y 1/5-15/10)(Z 15/6-15/9)
5 **AB**EFGIJKLMNOP**QRS**UWXYZ
6 ABCEFGHJM(N 0,2km)ORV

Schöner Terrassencampingplatz mit Blick auf das Meer und die Insel Korcula. Umgeben von Olivenbäumen. Stellplätze mit und ohne Beschattung. Direkt am Meer mit Kieselstrand und 200m vom Supermarkt entfernt. Restaurant und Strandbar. Idealer Ausgangspunkt für Besuche auf Korcula, den Miljet-Inseln und Dubrovnik. Schönes Schwimmbad.

An der Durchgangsstraße nach Orebic. 2 km vor Orebic ist der CP an der linken Straßenseite angezeigt.

CC € 21 *1/4-30/6 15/9-15/11*

N 42°58'51'' E 17°11'55''

Pakostane, HR-23211 / Zadar

818

Camp Vransko lake - Crkvine***
Crkvine 2
+385 0 03 32 14 37
1/4 - 31/10
info@vranalake.hr

6,5ha 150T(100m²) 16A CEE

1 ABCD**H**JKLMNPQ
2 EPSXYZ
3 AHKMP**S**W**Z**
4 (Q 🔑)(S 1/5-30/9)(Y+Z 1/6-30/9)
5 **A**EFGIJKLMNOPQRUWXYZ
6 AEFGK(N 1,5km)TVWX

Camping teilweise unter Bäumen im Hinterland neben einem Binnensee (mit viel Fisch) und gepflegtem Sanitär. Ideal für Angler und Radfahrer - Strecke am See entlang. Zentrale Lage zwischen Zadar und Sibenik. Vollkommen renoviert Bungalows. Ideal für den Besuch des Nationalpark Krka, Sibenik, Zadar, Nationalpark Kornati

Küstenstraße Nr. 8 Ri. Sibenik/Split folgen. In Pakostane links Richtung Vransko Jezero. CP ist ausgeschildert.

CC € 23 *1/4-20/6 6/9-31/10*

N 43°55'49'' E 15°30'35''

Pakostane, HR-23211 / Zadar

819

Camping Kozarica****
Brune Busica 43
+385 23 38 10 70
8/4 - 31/10
kozarica@adria-more.hr

7ha 233**T**(80-110m²) 16A CEE

1 ABCD**H**JKLMNPQTU
2 HJPQUVWXYZ
3 CHKS**W**Y
4 (G+Q+S 1/5-30/9) (U+V+Y 1/6-15/9) (Z 1/5-30/9)
5 **AB**EFGIJKLMNOP**RS**UWXZ
6 ADEFGH**K**LM(N 6km)QRTV

Großer Campingplatz unter Kiefern mit allen möglichen Einrichtungen. Supermarkt, Strandbar & Restaurant vorhanden. Ideal für Wassersportler und Taucher. Zentral zwischen Zadar und Sibenik. Gute Lage für Bootsausflüge zum Naturpark der Kornati Inseln und zum NP Krka. Mit CampingCard ACSI mind. ein Stellplatz in Zone B. Im Gehabstand vom Zentrum.

Ab Zadar der Küstenstraße 8 Ri. Biograd folgen. Zwischen Pakostane und Biograd auf der Meeresseite der Straße am Schild Kozarica ab.

CC € 21 *8/4-15/6 10/9-31/10*

N 43°54'41'' E 15°29'59''

Povljana, HR-23249 / Zadar

820

Camp Porat
Put Hrscice 2a
+385 9 97 11 96 24
22/4 - 1/10
porat@hadria.biz

1,6ha 90**T**(80-100m²) 16A CEE

1 ABCD**H**JKLMP**Q**TU
2 ABGPSUWXYZ
3 AK**W**Y
5 **AB**EGIJKLMNOPUWXZ
6 EFGJ(N 0,5km)T

Einfacher Campingplatz mit Stellplätzen und feinem Kies unter Kiefern mit sauberen Sanitäranlagen. In der Nähe des Fischereihafens, Kiesel und Sandstrand (200m). Povljana liegt in einer Bucht, nicht touristisch.

A1 Ausfahrt 16 Posedarje Ri. Pag. Nach 30 km links nach Povljana (6 km). CP angezeigt. Von Rijeka über die Küstenstraße in Prizna die Fähre nach Zigljen. Südlich an Pag vorbei, nach 7 km rechts. Die 108 nach Povljana.

CC € 19 *22/4-1/7 2/9-1/10* *7=6, 14=12*

N 44°20'58'' E 15°06'19''

Pula, HR-52100 / Istra

821

Arena Stoja Campsite***
Stoja 37
+385 52 38 71 44
6/4 - 31/12
arenastoja@arenacampsites.com

16,7ha 678**T**(60-144m²) 10A CEE

1 ABCD**H**JKLMN**Q**TU
2 HIJNPQRSUWXYZ
3 A**G**NO**P**R**S**W**Y**
4 (Q+S+T+U+V+Y+Z)
5 **AB**CDEFGHIJK**L**MNOP**RS**UW
6 ACEFGK(N 3km)QRTVWX

Familiencamping direkt am Meer, teils bewaldet, teils auf offenem Gelände mit qualitativ unterschiedlichen Sanitärblocks. Größenteils ebenes Gelände. 3 km von Pula (Stadtbus vor der Tür), mit römischen Amphitheater, Tempeln, frühchristliche Kirchen, Schloß, täglich mediterraner Markt. CampingCard ACSI gilt für den Plätzen Standard A, nicht für die 'Seaside'-, 'Superior'- und 'Premium'-Zone.

CP an Ringstraße Pula ausgeschildert.

CC € 21 *6/4-3/6 3/9-7/10*

N 44°51'34'' E 13°48'52''

Punat (Krk), HR-51521 / Primorje-Gorski Kotar

822

Camping Pila***
Setaliste i. Brusica 2
+385 51 85 40 20
21/4 - 30/9
camp.pila@falkensteiner.com

11ha 600**T**(80-100m²) 10A CEE

1 ABCD**H**JKLMNPQTU
2 HJLNQSUWY
3 CMNPS**W**Y
4 (Q+S+T+U+Y+Z)
5 **AB**EFGIJKLMNOP**S**UWXZ
6 CFGKM(N 0,3km)QRTVX

Camping an der Adria, gelegen in der prächtigen Bucht von Punat mit seinem schönen Hafen. Ein Teil des Platzes liegt im Schatten von Pinien. Nach August kann man, in dem von der strahlenden Sonne erwärmten Wasser, herrlich baden. Im Gehbereich befinden sich auch die Veranstaltungen und Feste der Stadt Punat.

Von Krk aus an Punat vorbei Richtung Stara Baska. Camping liegt als erster rechts der Straße. Rechts am Supermarkt abbiegen.

CC € 21 *21/4-16/6 2/9-30/9*

N 45°00'58" E 14°37'44"

Punat (Krk), HR-51521 / Primorje-Gorski Kotar

823

Naturist Camp Konobe***
Obala bb
+385 51 85 40 36
21/4 - 30/9
camp.konobe@falkensteiner.com

20ha 330**T**(60-100m²) 10A CEE

1 ABCD**H**JKLMPQR
2 HLMNPQRSUWXY
3 ILMNP**R**S**W**Y
4 (Q+R)(T+U 1/5-15/9)
(Y 1/5-30/9)(Z 1/6-30/9)
5 **AB**FGIJKLMNOPUVW
6 ACDEFGJM(N 1km)QRTX

Außer dem flachen Bereich (links) ist das ein Terrassencamping mit großen Höhenunterschieden (mindestens 20% Hang). Am flachen Teil ist ein Kiesstrand. Schöne Aussicht aufs Meer. Sehr ruhiger Camping in der schönen Bucht von Konobe. Erhaltene Naturgegend.

Kommend von Krk, Punat durchfahren Richtung Stara Baska. Nach ca. 3 km rechts ab.

CC € 23 *21/4-16/6 2/9-30/9*

N 44°59'29" E 14°37'50"

Rab, HR-51280 / Primorje-Gorski Kotar

824

Padova Premium Camping Resort****
Banjol 496
+385 52 46 50 00
6/4 - 8/10
reservations@valamar.com

7ha 277**T**(80-100m²) 16A CEE

1 ABCD**H**JKLMNPQR
2 AHLMNPSUWXY
3 CDIKLMNSU**W**Y
4 (C+H)M
(Q+S+T+U+V+Y+Z)
5 **AB**EFGIJKLMNOPUVWXY
6 ACFGHKM(N 2km)OQRTUV

Mittelgroßer Urlaubscamping im Gehbreich zur Stadt Rab (20 Min). Teils etwas schräges Gelände. Strand: feiner Kiesel in Sand übergehend. Die Stellplätze sind durch Schatten spendende Hecken und Bäume getrennt. Restaurant, Bäcker und Supermarkt. Schwimmbad und Planschbecken. CampingCard ACSI gültig auf 'camp space with electricity'.

Richtung Rab folgen. Nach der Ausfahrt Lopar erste Straße links (scharfe Kurve). Nach ca. 500m wird der CP rechts ausgeschildert.

CC € 19 *6/4-6/6 6/9-8/10*

N 44°45'10" E 14°46'27"

Rabac, HR-52221 / Istra

825

Oliva Camp & Residence***
Maslinica 1
+385 52 87 22 58
8/4 - 8/10
olivakamp@maslinica-rabac.com

5,5ha 324T(70-100m²) 6A CEE

1 ABCDHJKLMNPQR
2 HPSWY
3 CILNOPRSVWY
4 (A+B+G)JLNP(Q+R)
(U 1/5-1/10)(V 1/5-30/9)
(Y)(Z 1/5-30/9)
5 ABFGIJKLMNOPUVW
6 ACFGK(N 1km)QRT

Campingplatz mit vielen Olivenbäumen an einer schönen Bucht mit Kiesstrand. Viele Wassersportangebote, Baden, Tauchen und Schnorcheln. Wenige Minuten zu Fuß über die Promenade ins Zentrum von Rabac. Eigenes Boot darf man mitbringen. MTB- und Wanderwege beginnen direkt am Campingplatz.

Von Labin Richtung Rabac. Am Ende des Hangs am Kreisel rechts ab. Straße zum Camping läuft hinter den Hotels vorbei.

CC € 23 8/4-27/5 5/6-17/6 2/9-7/10

N 45°04'51'' E 14°08'45''

Rovinj, HR-52210 / Istra

826

Camping Amarin
Monsena bb
+385 52 80 22 00
21/4 - 7/10
hello@maistra.hr

12,5ha 558T(80-120m²) 16A CEE

1 ABCDHJKLMNPQR
2 HJLPQRSUWXYZ
3 ACHMOPRSUWY
4 (B+G 1/5-20/9)(Q 1/6-15/9)
(S)(T 18/5-20/9)
(U 1/7-31/8)(V 18/5-20/9)
(W+Y+Z)
5 ABFGIJKLMNOPRUVW
6 ACEFGHJM(N 4km)QRTUX

Mit einem schönen Blick auf Rovinj liegt der Camping Amarin nördlich davon. Echter Familiencamping mit Schwimmbad. Ausreichend Sportaktivitäten und Kinderspielplätze. Sanitäranlagen überwiegend veraltet aber sauber.

CP liegt 3,5 km nördlich von Rovinj, ausgeschildert.

CC € 23 21/4-26/5 8/6-23/6 10/9-7/10

N 45°06'32'' E 13°37'11''

Rovinj, HR-52210 / Istra

827

Camping Polari***
Polari 1
+385 52 80 15 01
7/4 - 7/10
hello@maistra.hr

60ha 1668T(80-120m²) 10A CEE

1 ABCDHJKLMNPQR
2 HJLMPQRSUWXYZ
3 ACHKLMNOPRSWY
4 (B+G 20/5-20/9)M(Q+S)
(T+U 1/5-26/9)(V+X)
(Y 1/5-26/9)(Z)
5 ABEFGIJKLMNOPSUWXY
6 ACEFGHIKM(N 2,5km)
QRTVX

Gleich bei Rovinj liegt der weitläufige Camping Polari. Auf dem Gelände ist ein schönes Schwimmbad mit Wasserspielplatz (offen ab 20. Mai) und gute Sanitäranlagen. CampingCard-Gäste haben Anspruch auf eine Standardparzelle. Kleiner Bereich ist für FKK reserviert.

3 km südlich von Rovinj CP-Schildern folgen.

CC € 21 7/4-23/6 3/9-7/10

N 45°03'46'' E 13°40'30''

Rovinj, HR-52210 / Istra

828

Camping Veštar****
Veštar 1
+385 52 80 37 00
21/4 - 7/10
hello@maistra.hr

15ha 458T(60-120m²) 16A CEE

1 ABCD**H**JKLMNPQR
2 HLNPQRSUVWXY
3 ACKLMPS**W**Y
4 (B+G 1/5-29/9)M
(Q+S)(T 15/6-31/8)
(U+V 15/5-15/9)(X+Y+Z)
5 **AB**EFGIJKLMNOP**S**UWXY
6 ACEFGHKM(N 5km)RTV

Ruhiger, gut gepflegter Camping. Schöner Kiesstrand mit Liegewiese. Prima Sanitär und sauber. Der Camping hat auch ein schönes Süßwasserbecken mit Wasserspielplatz.

Von Rovinj in Richtung Pula, nach ca. 4 km rechts und CP-Schildern folgen.

CC € 23 *21/4-26/5 8/6-23/6 10/9-7/10*

N 45°03'15'' E 13°41'11''

Seget Vranjica/Trogir, HR-21218 / Dalmatija

829

Amadria Park Camping Trogir****
Kralja Zvonimira 62
+385 21 79 82 28
1/4 - 31/10
info@amadriaparkcamping.com

15ha 320T(50-100m²) 16A

1 ACD**H**JKLMNP**Q**U
2 GJLMNPQTUWXYZ
3 CMN**O**S**W**Y
4 (B+G+Q+S+T+U+V
+X+Y+Z)
5 **AB**EFGIJKLMNOP**R**UWXYZ
6 AEFGKM(N 4km)QRTVW

Großer Terrassencampingplatz mit Blick auf das Meer und die Inseln. Viele Schattenplätze und tolles neues Schwimmbad, umringt von Palmen und einem bezaubernden Blumengarten. Erstaunlich ruhig, wenn man die Größe des Komplexes bedenkt. Schattiger Strand. CampingCard ACSI gilt in den Zonen A, B und Superior Standard.

Von der Autobahn E65 Ausfahrt 24 Richtung Trogir. 5 km westlich von Trogir an der Küstenstraße D8: die Strecke von Sibenik nach Split.

CC € 23 *1/4-23/6 1/9-31/10*

N 43°30'42'' E 16°11'38''

Selce, HR-51266 / Primorje-Gorski Kotar

830

Camping Selce***
Jasenova 19
+385 51 76 40 00
7/4 - 1/11
kampselce@jadran-crikvenica.hr

8ha 299T(80-120m²) 16A CEE

1 ABCD**H**JKLMNPQTU
2 HJLMNPQSUWYZ
3 ASU**W**Y
4 (B+G 1/5-1/10)
(Q+R 15/5-15/10)
(T+X+Z 15/5-30/9)
5 **AB**EGIJKLMNOPUWXYZ
6 AFGKM(N 0,3km)QRTVX

Terrassencampingplatz direkt am Meer in der Nähe des belebten Touristenortes Selce, den man über einen schönen Boulevard erreichen kann. Großer neuer Swimmingpool mit sehr schönem Blick über die Bucht und die Insel Krk. Die sanitären Anlagen wurden renoviert. Alle Wassersportmöglichkeiten in der Nähe. Viele Stellplätze mit Meerblick.

Strecke an der Küstenstraße bei Selce gut ausgeschildert. Von Rijeka zweite oder dritte Ausfahrt nach Selce.

CC € 23 *7/4-10/6 10/9-1/11*

N 45°09'14'' E 14°43'30''

Sibenik, HR-22000 / Sibenik

831

Amadria Park Camping Šibenik****
Hoteli Solaris 86
+385 22 36 10 17
1/4 - 31/10
info@amadriaparkcamping.com

50ha 307T(90-140m²) 16A

1 ACD**H**JKLMNP**Q**TU
2 GJPQUVWXYZ
3 AH**O**P**WY**
4 (B 24/4-18/10)(**F** 24/5-18/10) (G+Q+S+T+U+V +X+Y+Z)
5 **AB**EFGIJKLMNOP**Q**UWXY
6 ABDFGKM(N 5km)OTVW

Großer Campingplatz am Meer mit Kies- und Betonstrand. Viel Schatten. Dieser Platz hat allen Komfort. Wasserspaß und Schwimmbad für Groß und Klein. Der Camping ist Teil eines Resorts mit allen möglichen Einrichtungen, darunter ein Jachthafen und ein Aquapark. CampingCard ACSI gilt in den Zonen A und B.

Camping an der Küstenstraße D8 Šibenik-Split, 5 km südlich von Šibenik.

CC € 23 *1/4-23/6 1/9-31/10*

N 43°41'57'' E 15°52'46''

Stara Baska/Punat (Krk), HR-51521 / Primorje-Gorski Kotar

832

Skrila Sunny Camping***
Stara Baska 300
+385 52 46 50 00
21/4 - 30/9
reservations@valamar.com

5,5ha 291T(70-100m²) 10-16A CEE

1 ABCD**H**JKLMNPQR
2 AHJLMNPRUVWXYZ
3 AI**WY**
4 (Q+R+T+U+V+Y+Z)
5 **AB**EFGIJKLMNOPUWXZ
6 ACEFGHKM(N 9km)QRT

Terrassencamping bei Stara Baska. Bei diesem Campingplatz sind besonders die Strände attraktiv: feine Kiesstrände von Felspartien unterbrochen. Ein Strandbereich ist für FKK reserviert. Die Landschaft sieht etwas wild und unberührt aus. Sehr schöner Sanitärbau und neues Restaurant und Supermarkt. CampingCard ACSI gültig auf Standardplätzen.

Kommend von Krk, Punat entlang fahren Richtung Stara Baska. Nach ca. 9 km liegt der CP rechts. (Letzter Teil ist 12%.)

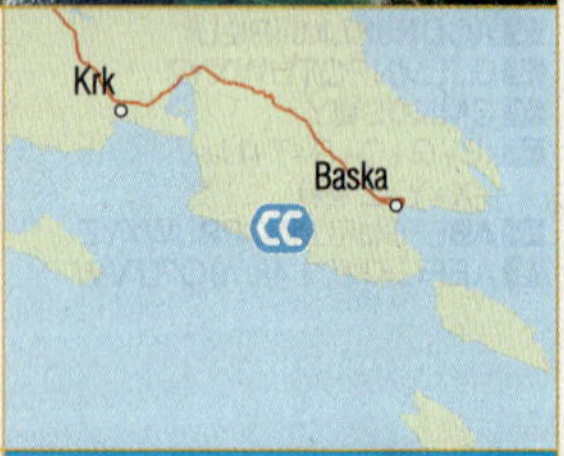

CC € 19 *21/4-6/6 6/9-1/10*

N 44°58'00'' E 14°40'26''

Starigrad/Paklenica, HR-23244 / Zadar

833

Camping Paklenica****
Dr. Franje Tudmana 14
+385 23 20 90 66
1/4 - 31/10
camping@bluesunhotels.com

2,5ha 230T(35-80m²) 16A

1 ABCD**H**JKLMNP**Q**
2 GIJPQSUWXYZ
3 ACIKSY
4 (B+G 30/4-29/10)(Q+S+ Y+Z)
5 **AB**EFGIJKLMNOP**RS**UWXYZ
6 EFGKM(N 0,1km)RTV

Ebenes Gelände, größtenteils unter Bäumen, direkt am Meer und in der Nähe des Dorfzentrums. Restaurant, neues Schwimmbad, Reisebüro, Strandbar. Nur wenige Gehminuten vom Nationalpark Paklenica entfernt, gut gelegen für einen Besuch der Stadt Zadar und der Zrmanja-Schlucht.

In Starigrad-Paklenica 45 km südlich von Karlobag an der M2/E27. Oder die A1 Karlovac-Split, Ausf. Maslenica Ri. Rijeka. Dann der M2/E27 bis Starigrad folgen (10 min.).

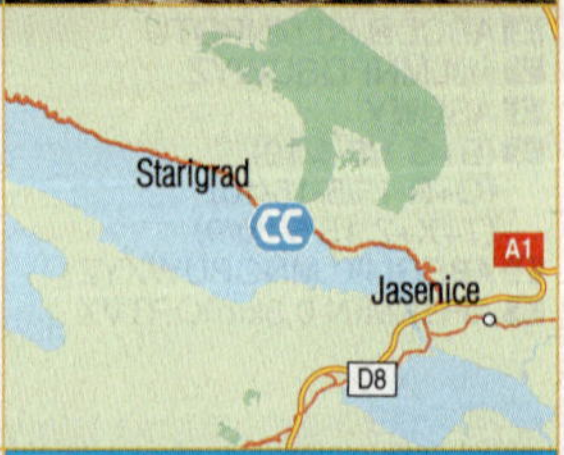

CC € 21 *1/4-30/6 1/9-31/10*

N 44°17'14'' E 15°26'51''

Stobrec, HR-21311 / Dalmatija

834

Camping Stobrec Split****
Sv. Lovre 6
+385 21 32 54 26
1/1 - 31/12
camping.split@gmail.com

5ha 330T(70-110m²) 16A CEE

1 ACD**H**JKLMNP**Q**TU
2 GJNPRSTWXYZ
3 CPSVWY
4 (B+G 1/6-1/10)KMN
(U+V+X+Y+Z)
5 **AB**EFGIJKLMNOPUWXYZ
6 CGHKM(N 3km)ORTVX

Familiencamping mit schattenreichen und sonnigen Plätzen an einem schönen Kiesstrand. Gute Sanitäranlagen. 5 km von Split entfernt.

5 km südlich von Split am Ortsschild Stobrec rechts. Nach 100m Camping auf der linken Seite (von der Autobahn E65 Ausfahrt 25 Richtung Split).

CC € 23 *1/1-30/6 1/9-31/12*

N 43°30'15'' E 16°31'34''

Sveti Lovrec Labinski, HR-52222 / Istra

835

Tunarica Sunny Camping**
Tunarica 80
+385 52 46 50 00
21/4 - 1/10
reservations@valamar.com

3ha 160T(50-100m²) 6A CEE

1 ABCD**H**JKLMNP**Q**TU
2 BHNPQRSTWYZ
3 AS
4 (Q+R+T+U+V+Y+Z)
5 ABEGIJKLMNOPUW
6 CEFJM(N 5km)T

Camping an der Küste in einer Oase der Ruhe. Ideale Lage für Naturliebhaber, die das echte Campingleben genießen wollen. Sanitärgebäude. Ausgezeichnetes Restaurant. Stellplätze unter Pinien und Eichen. Vor allem schattige Plätze. CampingCard ACSI gültig auf Standardplätzen.

Von Labin Richtung Sveti Lovrec Labinski. An der Ausfahrt Tunarica ist der Camping angezeigt (ca. 17 km von Labin).

CC € 19 *21/4-6/6 6/9-1/10*

N 44°58'09'' E 14°05'50''

Tar, HR-52465 / Istra

836

Lanterna Premium Camping Resort****
Lanterna 1
+385 52 46 50 00
6/4 - 8/10
reservations@valamar.com

83ha 1389T(70-120m²) 16A CEE

1 ABCD**H**JKLMNPQR
2 AHJLMNPQRSUVWXYZ
3 ACDHIKM**O**P**QR**SUWY
4 (C+H)IJKMP
(Q+S+T+U+V+X+Y+Z)
5 **AB**EFGIJKLMNOPQUVWXYZ
6 BCDEFGHIKLM(N 3km)
OQRTUVWX

Sehr großer gut ausgestatteter Camping direkt am Meer. Ideal für Familien mit Kindern. Viele Sportangebote und diverse Restaurants auf dem Gelände. Mehrere Pools an gleich zwei Stellen auf dem Platz. Diverse Planschbecken, Wasserrutschen etc. Extra angelegter Sandstrand. CampingCard ACSI gültig auf Komfortplätzen.

In Istrien von der Autobahn Richtung Pula A9, die Ausfahrt 3 Nova Vas nehmen. Danach über Novigrad Richtung Porec. Die Ausfahrt zum CP ist ausgeschildert.

CC € 21 *6/4-6/6 6/9-8/10*

N 45°17'50'' E 13°35'40''

Tisno, HR-22240 / Sibenik

837

Olivia Green Camping****
Put Jazine 328
+385 9 16 05 66 52
28/4 - 29/10
contact@oliviagreencamping.com

3,4ha 65T(70-140m²) 16A CEE

1 ABCD**H**JKLMNP**Q**TU
2 HMNPQUVWXYZ
3 CKPWY
4 (C+H+Q+U+Y) (Z 1/5-18/10)
5 **A**EFGIJKLMNOPUWX
6 ABEFGHKM(N 1km)STU

Terrassenförmiger Campingplatz mit Stellplätzen im Schatten von Olivenbäumen und Blick auf eine Bucht auf der Halbinsel Murter. Eine Bar und ein Restaurant mit schönem Meerblick, schöne Stellplätze mit allen Einrichtungen, ein Schwimmbad und ein Planschbecken.

Auf der Küstenstraße Nr. 8 von Zadar nach Sibenik nehmen Sie die Ausfahrt Murter. Nach 6,5 km vor dem Dorf Tisno erneut abbiegen. Dann folgen Sie der Beschilderung. Das letzte Stück ist nicht asphaltiert.

CC € 23 *28/4-10/6 10/9-29/10*

N 43°48'44'' E 15°37'19''

Tribanj, HR-23244 / Zadar

838

Camping Sibuljina***
Tribanj Sibuljina bb
+385 23 65 80 04
1/4 - 31/10
info@campsibuljina.com

2,5ha 90T 10-16A

1 ABCD**H**JKLMNP**Q**TU
2 HJQUXYZ
3 AKWY
4 (Q+S)(T+Y+Z 1/6-1/10)
5 **A**EGIJKLMNOPUWZ
6 EFGK(N 9,9km)TV

Renovierter Campingplatz unter Pinien, angrenzend an das Meer. In guter Lage und in der Nähe von Starigrad-Paklenica und dem gleichnamigen Naturschutzgebiet. Ein wahres Paradies für Wanderfreunde und Bergsteiger.

Von Rijeka der Küstenstr. M2/E27 bis 1 km nördlich von Starigrad-Paklenica folgen. CP ausgeschildert. Oder A1 Karlovac-Split, vor Zadar die Ausf. in Maslenica nach Rijeka nehmen. Der M2/E27 bis Tribanj-Sibuljina folgen.

CC € 19 *1/4-15/6 15/9-31/10*

N 44°20'16'' E 15°20'28''

Tuheljske Toplice, HR-49215 / Slavonija

839

Camp Vita Terme Tuhelj*****
Ljudevita Gaja 4
+385 49 20 37 50
1/1 - 31/12
booking@terme-tuhelj.hr

2ha 56T(100-150m²) 16A CEE

1 ABCD**H**JKLMNPQR
2 JSVWXY
3 CDHIKMN**O**P**R**SU**V**
4 (**A** 1/6-31/8)(**C** 15/5-15/9) (**F**+**H**)IJK**LN**OP (T+U+V+W+Y+Z)
5 **AB**DEFGIJKLMNOPRUWXY
6 AFGHKLM(N 0,2km)RV

5-Sterne-Campingplatz, 40 km von Zagreb. Es gibt ein beheiztes und klimatisiertes Sanitärgebäude, und neben dem Platz befindet sich ein großer Schwimmbadkomplex. Der größte in Kroatien, gefüllt mit Quellwasser. Zudem gibt es ein Hallenbad-Paradies mit großem Saunabereich. Die Gegend eignet sich gut zum Radfahren und Wandern.

A2/E59, Zagreb-Ptuj, Ausfahrt 5 Richtung Zabok. Dann den Schildern zur Terme Tuhelj auf der Ljudevita Gaja folgen. Nach ca. 700m links ab zum Camping.

CC € 23 *8/1-16/4 2/5-15/7 3/9-27/10 5/11-22/12*

N 46°03'58'' E 15°47'07''

Umag, HR-52470 / Istra

840

Camping Finida****
Krizine 55A
+385 52 71 39 50
21/4 - 1/10
finida@istracamping.com

3,3ha 282T(70-100m²) 10A CEE

1 ABCD**H**JKLMNQTU
2 HJQRSTUWYZ
3 AIK**W**Y
4 (Q+S)(Y+Z 1/5-25/9)
5 **A**EFGIJKLMNOPUWXY
6 ACEFGKM(N 5km)QRST

Die intime Atmosphäre und schöne Umgebung lassen Camping Finida Umag zu einem prima Ort für ruhige, entspannte Ferien werden. Der Camping liegt an der Adria, mit einem schönen Strand und hohen, schattenspendenden Bäumen für die heißen Sommertage. Hier erlebt man Momente der Erholung und Ruhe in einer entspannten Umgebungen. CampingCard ACSI-Gäste nutzen den 'Stellplatz Superior'.

In Umag Richtung Novigrad folgen, CP ca. 5 km von Umag entfernt. Wird deutlich beschildert.

CC € 19 21/4-27/4 2/5-19/6 16/9-1/10

N 45°23'34'' E 13°32'30''

Umag, HR-52475 / Istra

841

Camping Savudrija****
Istarska ulica 19
+385 52 70 95 50
21/4 - 1/10
savudrija@istracamping.com

17ha 366T(80-120m²) 10A CEE

1 ABCD**H**JKLMPQTU
2 BHNQRSUWYZ
3 CMN**OR**S**W**Y
4 (B 15/6-10/9)(Q+S+T+Y)
(Z 1/6-15/9)
5 **AB**EFGIJKLMNOPUWX
6 ACEFGKM(N 8km)QRST

Die unberührte Natur auf dem Campingplatz Savudrija erinnert Sie ständig an den besonderen Charakter dieses Ortes. Eingebettet in einen duftenden Kiefernwald direkt am Meer ist der Campingplatz die ideale Wahl für Naturliebhaber. CampingCard ACSI-Gäste nutzen den 'Stellplatz Superior'.

Der CP liegt ca. 9 km nordwestlich von Umag bei dem Örtchen Savudrija. Ist gut ausgeschildert und leicht zu finden. Von Basanija aus sind es nur 800m bis zum CP.

CC € 19 21/4-27/4 2/5-19/6 16/9-1/10

N 45°29'13'' E 13°29'32''

Umag, HR-52470 / Istra

842

Camping Stella Maris****
Stella Maris 9a
+385 52 71 09 00
21/4 - 4/10
stella.maris@istracamping.com

5ha 486T(80-100m²) 10A CEE

1 ABCD**H**JKLMNP**Q**R
2 AGLPQRTUVWXYZ
3 CIKMN**OPR**S**W**Y
4 (B+G+Q+S+T+U+V+Y+Z)
5 **AB**DEFGIJKLMNOPRUWXY
6 ACEFGIKLM(N 2km)QRSTV

Durch den unvergleichlichen Standort, die modernen Freibäder und die Sportanlagen in der Nähe ist Camping Stella Maris ein idealer Ort für einen aktiven und ebenso entspannten Urlaub. 2018 komplett renoviert und besticht durch ein neues Restaurant und neue Rezeption, verbesserte abgegrenzte Parzellen und eine große Schwimmbadanlage.

Von Umag Beschilderung nach Stella Maris folgen.

CC € 21 21/4-27/4 2/5-19/6 16/9-1/10

N 45°27'14'' E 13°31'17''

Umag/Karigador, HR-52474 / Istra

843

Camping Park Umag****
Ladin Gaj 132 A
+385 52 71 37 40
21/4 - 1/10
park.umag@istracamping.com

138ha 1647T(80-120m²) 10A CEE

1 ABCD**H**JKLMNPQTU
2 HJNPQRSUWXYZ
3 ABCIKMN**O**P**R**S**W**Y
4 (B+G 1/5-26/9)(Q+S)
(T 1/6-27/9)(U+V+Y+Z)
5 **AB**EFGIJKLMNOPRUWX
6 ACEFGHIKM(N 5km)QRST
UVX

Camping Park Umag ist einer der größten Plätze am Mittelmeer. Ein ideales Ziel für die ganze Familie, für jeden etwas dabei: von Animation, verschiedensten Aktivitäten, herrlichem Essen und Einkaufsmöglichkeiten. Ein gut ausgestatteter Camping mit prächtigen Stränden, einer schönen Natur und vielen Wanderwegen in der Umgebung.

Von Umag Richtung Novigrad, nach 8 km CP an der Meeresseite.

CC € 21 *21/4-27/4 4/5-19/6 16/9-1/10*

N 45°22'02'' E 13°32'50''

Vabriga, HR-52465 / Istra

844

Boutique Camping Santa Marina*****
Santa Marina 12
+385 9 93 59 16 69
1/5 - 1/10
info@santamarina-camping.com

4,5ha 117T(100-110m²) 16A CEE

1 ABCD**H**JKLMNQR
2 UVWXY
3 CLMNPS
4 (B+G+Q+R+U+V+Y+Z)
5 **AB**EFGIJKLMNOPR**S**UWX
6 CEFGKLM(N 1,5km)QRSTV

Ein idyllischer Ort für den perfekten Familienurlaub. Geräumige, schattige Stellplätze mit modernen Sanitäranlagen. Das große Schwimmbad mit Wasserpark ist perfekt für Kinder und garantiert ein besonderes Wassererlebnis. Fahrradverleih. Schön eingerichtetes Restaurant mit traditionellen Spezialitäten.

In Istrien ab der A9 Richtung Pula, Ausfahrt 3 Nova Vas. Danach über Novigrad Richtung Porec. Ausfahrt Vabriga und den Schildern zum Camping folgen.

CC € 21 *1/5-1/7 1/9-1/10*

N 45°17'19'' E 13°36'31''

Vrsar, HR-52450 / Istra

845

Camping Porto Sole***
Petalon 3
+385 52 42 65 00
1/1 - 31/12
hello@maistra.hr

17ha 622T(100m²) 10A CEE

1 ABCD**H**JKLMNP**Q**TU
2 HLMNPQRSUWXYZ
3 ACHIKM**O**P**R**S**W**Y
4 (B+G 15/5-30/9)**N**(Q)
(S 1/5-30/9)(T+U)
(V+Y 1/5-30/9)(Z)
5 **AB**DEFGIJKLMNOP**S**UWXYZ
6 ACEFGHIKM(N 1km)RTV

Nicht all zu großer Familiencamping im Gehbereich zum Ort. Schönes Schwimmbad vorhanden. Ein Teil des Platzes ist terrassenförmig angelegt. Der andere Teil ist flach und bietet annehmbaren Schatten.

CP 1 km südlich von Vrsar in Richtung Koversada.

CC € 19 *1/3-23/6 10/9-31/10*

N 45°08'30'' E 13°36'08''

Zadar, HR-23000 / Zadar — 846

Falkensteiner Premium Camping Zadar*****
Majstora Radovana 7
+385 23 55 56 02
1/1 - 31/12
campingzadar@reservations.falkensteiner.com

8,7ha 267T(80-136m²) 16A CEE

1 ABCD**H**JKLMNP**Q**TU
2 AHJPQUWXYZ
3 ACDKMN**O**PSVW**Y**
4 (C 1/5-1/10)(G)JKLMNP (Q+S+T+U+V+Y+Z)
5 **AB**DEFGIJKLMNOP**QRS**UWXYZ
6 AEFGHKLM(N 3km)RTUVW

Am Stadtrand bei Marina auf flachem Gelände unter Pinien. Strand mit feinem Kiesel und Restaurant á la Carte. Für Ausflüge in die Stadt, Paklenica Schlucht, den Plitvice Seen und zum Krka Wasserfall. CampingCard ACSI gültig auf Standardplatz Blue.

A1 Karlovac-Split, vor Zadar Ausfahrt Zadar-Zapad/Nin. In Nin Richtung Zadar. An der Ampel vor Zadar rechts nach Punta Mika. Ausgeschildert. Von Süden Ausfahrt 2 Zadar. Dann Richtung Nin. An der Ampel geradeaus Richtung Punta Mika.

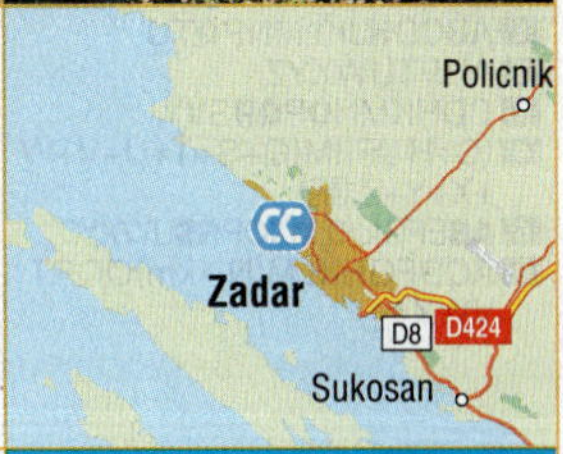

CC € 23 *2/1-15/6 15/9-28/10*

N 44°08'05'' E 15°12'58''

Zaostrog, HR-21334 / Dalmatija — 847

Camping Viter
A.K. Miosica 1
+385 98 70 40 18
1/4 - 31/10
info@camp-viter.com

1,3ha 115T(15-140m²) 10-16A CEE

1 AE**H**JKLMPQTU
2 HIJPQUXYZ
3 **WY**
4 (Z 15/6-15/9)
5 **AB**EFGIJKLMNOPUW
6 EFGK(N 0,1km)T

Camping Viter ist ein freundlicher, familiengeführter Campingplatz in Zaostrog, direkt am Strand der Adria. Es befindet sich zwischen Split und Dubrovnik, 3 km von der Fährstation entfernt, die das Festland mit der Insel Hvar verbindet. Bis nach Mostar ist es eine Stunde Fahrt. Vielzahl von Restaurants, Bars und Geschäfte.

Hinter dem Schild Zaostrog 600m rechts dem Schild Viter folgen.

CC € 21 *1/4-30/6 1/9-31/10*

N 43°08'21'' E 17°16'50''

Zaton/Nin (Zadar), HR-23232 / Zadar — 848

Autocamp Peros***
Put Petra Zoranica 20
+385 23 26 58 30
1/3 - 30/11
info@autocamp-peros.hr

2ha 60T(60-100m²) 16A CEE

1 ABCDHJKLMNP**Q**TU
2 AGPUVWXYZ
3 AK**WY**
4 (B+G 15/5-1/10)(Z 1/6-15/9)
5 **A**GIJKLMNOPUWXYZ
6 ABEFGK(N 2km)

Camping mit Schwimmbecken und Stellplätzen auf Kies und Bäumen mit Schatten. Gepflegtes Sanitär, Bar, 500m vom Strand. Freundliche Gastgeber. Gute Alternative, wenn man einen kleinen, ruhigen und komfortablen Camping sucht.

Empfehlung: A1 Karlovac-Split. Vor Zadar Ausfahrt nach Nin. In Nin Ri. Zadar. Kurz hinter dem Ort nach 2 km rechts. Vor dem Haupteingang CP Zaton rechts ab. Ausgeschildert.

CC € 21 *1/3-9/7 27/8-30/11*

N 44°13'48'' E 15°10'20''

Zaton/Nin (Zadar), HR-23232 / Zadar

849

Camping Zaton Holiday Resort****
Draznikova 76t
+385 23 28 02 15
22/4 - 7/10
camping@zaton.hr

AWARDS WINNER

100ha 900T(80-120m²) 16A CEE

1 ABCD**H**JKLMNP**Q**TU
2 AHPTUWXYZ
3 CDHKMN**OPQR**SV**Y**
4 (C+H)IM(Q+S+T+U+V+W +X+Y+Z)
5 **AB**EFGIJKLMNOP**RS**UWXYZ
6 ACDFGHKLM(N 1km)OQRT VWX

Großer, gut ausgestatteter Luxuscamping am Sand- und Kiesstrand mit allen Unterkünften. Ist ein Teil eines Ferienzentrums. Guter Ausgangspunkt für Ausflüge nach Nin und der Altstadt von Zadar und den vielen alten Fischerdörfern (Richtung Süden). Für die Plätze 1-631 wird je nach Zeitraum ein Zuschlag von 4 bis 10 Euro erhoben.

Empfohlen: die Route A1 Zagreb-Zadar. Vor Zadar Ausfahrt Nin/Zadar Zapat. In Nin links Richtung Zadar. Nach 2 km rechts. Ausgeschildert.

CC € 23 *22/4-23/6 2/9-7/10*

N 44°13'41'' E 15°10'09''

Griechenland

Griechenland: Traumurlaub für Kultur-, Strand- und Naturliebhaber

Griechenland im Südosten Europas ist dank seiner vielen Sonnenstunden und der ausgedehnten Mittelmeerküste seit Jahrzehnten bei Urlaubern beliebt. Camper nehmen auch gerne die längere Reise mit dem eigenen Wohnmobil oder Wohnwagen in Kauf, um den Urlaub auf einem Campingplatz in Griechenland zu verbringen. Abgesehen von der beeindruckenden Anzahl von Monumenten aus der klassischen Antike hat Camping in Griechenland noch viel mehr zu bieten. Zum Beispiel: atemberaubend schöne Inseln und freundliche, gastfreundliche Menschen. Und die Sonne scheint überall!

Hauptstadt: Athen
Währung: Euro
Zeitzone: UTC +2, UTC +3 (März bis Oktober)
Sprache: Griechisch
Ländervorwahl: +30
Alkoholgrenze: 0,5‰; 0,2‰ für Fahrer, die ihren Führerschein seit weniger als 2 Jahren besitzen
Notrufnummer: Polizei, Feuerwehr und Rettungswagen: 112 (auch separate Nummern: Polizei 100, Feuerwehr 199, Rettungswagen 166, Touristenpolizei 171)
Leitungswasser: unbedenklich, aber Viele trinken abgefülltes Mineralwasser

ACSI AWARDS

Gewinner 2022 in Griechenland

Bester Campingplatz
Camping Gythion Bay

Bestes Campingplatz-Restaurant
Camping Sikia

Bestes Campingplatz-Schwimmbad
Camping Ionion Beach

Schönste Wohnmobilstellplätze
Ouzouni Beach Camping

Campingplatz mit der schönsten Lage
Delphi Camping

Von Schmetterlingsschlucht bis die griechische Karibik

Camping in Griechenland ist nicht nur ein Traumurlaub für jeden Kulturliebhaber. Das kulturelle und historische Erbe rund um die Campingplätze in Griechenland ist natürlich überwältigend. Aber auch die Natur in der Umgebung Ihres Campingplatzes ist atemberaubend. Besuchen Sie die berühmte "Schmetterlingsschlucht" auf Kreta, den Olymp und die hügeligen Felder mit Olivenbäumen im sanften Sonnenlicht. Sportbegeisterte können in den zahlreichen Bergen und Nationalparks des Landes wandern und klettern, zum Beispiel in der Vikos-Schlucht im Pindos-Gebirge in Epirus. Strandliebhaber können an der Mittelmeerküste ein Sonnenbad nehmen. Besonders schön ist das Gebiet in Westgriechenland um Syvota und Parga, das auch die griechische Karibik genannt wird.

"Camping in Griechenland bedeutet auch, die griechische Gastfreundschaft in vollen Zügen zu genießen"

Herr N. Renes, Inspektor 1072

Strände und gutes Essen

Die meisten Strände entlang der kilometerlangen Küste liegen an kleinen Buchten und bestehen aus feinem Kies, der das Meerwasser kristallklar macht. Die zahllosen Inseln mit ihren weißen Städten voller kleiner, verwinkelter Gassen werden Sie in eine andere Welt versetzen! Vergessen Sie nicht, typisch griechische Gerichte unter freiem Himmel zu genießen: leckeres gegrilltes Fleisch, Fisch, Wein, Ouzo, Oliven und Feta-Käse.

Auf Entdeckungstour

Auch auf dem griechischen Festland gibt es viel zu entdecken. Die Halbinsel Peloponnes im Süden Griechenlands ist durch den Kanal von Korinth vom Festland getrennt und bietet faszinierende archäologische Stätten wie Mykene. Thessalien ist ein großartiger Ort zum Wandern. Die Region Attika ist vor allem für ihre Hauptstadt Athen bekannt.

Weitere beliebte Urlaubsgebiete für Camper sind Zentralmakedonien und Westgriechenland.

Tanken

Bleifreies Benzin (Bleifrei und Super plus 100) und Diesel (Petroleo) sind leicht erhältlich. Flüssiggas ist ebenfalls leicht erhältlich und kann über den italienischen Adapter (Schüssel) getankt werden. Tankstellen in und um Großstädte sind in der Regel 24 Stunden am Tag geöffnet, andernorts sind sie zwischen 7 und 21 Uhr geöffnet. An vielen bemannten Tankstellen werden Sie bedient und Trinkgeld ist üblich. Auf Schiffen ist es meistens verboten, Kraftstoff in einem Reservetank mitzuführen.

Ladestationen

Das Netz an Ladepunkten ist noch nicht vollständig ausgebaut, bereiten Sie Ihre Reise daher gut vor.

Fähren

Informationen über Abfahrtszeiten und Tarife finden Sie bei Reedereien wie europeanseaways.com, grimaldi-lines.com, minoan.gr, superfast.com und ventourisferries.com.

Die Fahrpreise hängen unter anderem von der Jahreszeit und der Abfahrtszeit ab. Es ist ratsam, frühzeitig zu buchen.
Erkundigen Sie sich im Voraus bei der Reederei, ob Sie Gasflaschen mit an Bord nehmen können. Oft ist es verboten, Kraftstoff in einem Reservetank mitzuführen. Bitte beachten Sie, dass die Anzahl der Plätze für Wohnmobile auf den Fähren begrenzt ist. Wenn Sie in der Hochsaison über Italien nach Griechenland reisen, ist es ratsam, frühzeitig zu buchen. Fahrkarten für Fähren zwischen den griechischen Inseln kauft man am besten am Tag vor der Abfahrt.

Verkehrsregeln

Das Abblendlicht ist bei schlechter Sicht, bei Dunkelheit und in Tunneln vorgeschrieben. An einer gleichwertigen Kreuzung hat der Verkehr von rechts Vorfahrt. In einem Kreisverkehr ohne Vorfahrtszeichen (oder Ampel) müssen die Fahrer im Kreisverkehr den von rechts kommenden Fahrern Vorfahrt gewähren. Auf Bergstraßen hat der bergauf fahrende Verkehr Vorrang vor dem bergab fahrenden. Sie dürfen ein Mobiltelefon nur mit Freisprecheinrichtung benutzen und keine Kopf- oder Ohrhörer tragen. Kinder unter 1,35 m Körpergröße müssen in einem Kindersitz sitzen.

Sondervorschriften

Das Rauchen im Auto ist in Anwesenheit eines Kindes unter 12 Jahre verboten. In ländlichen Gebieten sollten Sie dem örtlichen Verkehr, z. B. landwirtschaftlichen Fahrzeugen, immer Vorfahrt gewähren. Das Parken entlang einer gelben Linie ist verboten.

Vorgeschriebene Ausstattung

Warndreieck, Erste-Hilfe-Kasten und Feuerlöscher sind im Auto Pflicht. Es ist außerdem ratsam, Sicherheitswesten und eine Taschenlampe mitzuführen.

Reisemobil und Caravan

Ein Reisemobil oder eine Auto-Wohnwagen-Kombination darf bis zu 4 m hoch, 2,55 m breit und 18 m lang sein (der Wohnwagen selbst darf bis zu 12 m lang sein).

Fahrrad

Ein Fahrradhelm ist nicht vorgeschrieben. Es ist verboten, während des Radfahrens zu telefonieren oder ein Mobiltelefon zu benutzen. Sie dürfen keine Mitfahrer auf dem Gepäckträger mitnehmen (außer einem Kind im Kindersitz). Das Radfahren nebeneinander ist verboten.

"Griechenland bietet alles für einen wunderbaren Urlaub: Kultur, schöne Strände, Natur, eine freundliche Bevölkerung und köstliches griechisches Essen"

Herr S. Kampherbeek, Inspektor 17

Maut

Die meisten griechischen Autobahnen sind mautpflichtig. Halten Sie Bargeld bereit. Nicht alle Zahlungsmittel werden überall akzeptiert. Wenn Sie mit einem Auto und einem Wohnwagen reisen, zahlen Sie oft den doppelten Tarif. Für Wohnmobile ist der Satz oft noch höher. Weitere Informationen finden Sie auf den Websites der Straßenbehörden: egnatia.eu, kentrikiodos.gr, aegeanmotorway.gr, aodos.gr/en, neaodos.gr, kentrikiodos.gr, moreas.com.gr, olympiaodos.gr, gefyra.gr.

Panne und Unfall

Stellen Sie das Warndreieck mindestens 100 m hinter Ihrem Auto auf, wenn es für den übrigen Verkehr nicht sichtbar ist. Allen Insassen wird empfohlen, eine Warnweste zu tragen. Im Falle einer Panne rufen Sie die Notrufnummer Ihres Pannenhelfers an.

Campen

Die meisten Campingplätze sind von sehr guter Qualität. Die sanitären Anlagen sind manchmal etwas veraltet, aber meist gut gewartet. Campingplätze mit abgegrenzten Stellplätzen gibt es auf dem Festland und auf der Halbinsel Peloponnes. Die Campingplätze auf den kleineren griechischen Inseln sind hauptsächlich auf Zeltcamper ausgerichtet. Bitte beachten Sie, dass in der Vor- und Nachsaison die meisten Campingplätze am Meer viel ruhiger sind als im Juli und August. Es ist möglich, dass Sie dann nicht alle Einrichtungen nutzen können. Wildcamping außerhalb der Campingplätze ist verboten.

Amaliada/Palouki, GR-27200 / Peloponnese

850

Camping Palouki
+30 26 22 02 49 42
1/4 - 31/10
info@camping-palouki.gr

1,7ha 61T(45-80m²) 6A

1 ACDHJKLMNQTU
2 AHIJSWXYZ
3 SWY
4 (Q+S)(Y+Z 1/5-15/10)
5 AGIJKLMNOPUWX
6 ACDEFGJ(N 6km)TV

Schön angelegter Camping direkt am Meer mit großem Sandstrand. Ideal für Familien mit (kleinen) Kindern.

Nat. Road Patras-Pirgos, bei Km-Pfahl 80 rechts, bei Ausfahrt Palouki. Nach ca. 2 km CP links, ausgeschildert.

CC € 21 1/4-18/6 15/9-31/10

N 37°45'15'' E 21°18'22''

Amaliada/Palouki, GR-27200 / Peloponnese

851

Camping Paradise
+30 26 22 02 88 40
1/1 - 31/12
info@camping-paradise.gr

25ha 200T 10A

1 AHJKLMNQR
2 AHIJSTXY
3 APWY
4 (Q+R 15/5-31/12)
(T+X+Y 15/5-30/9)
(Z 15/6-31/12)
5 AGIJKLMOPUW
6 EFGK(N 5km)TV

Direkt am Meer gelegener Camping mit freien Plätzen auf Grasfeld, sauberem Strand und Meer. Viele touristische Sehenswürdigkeiten in der Umgebung. Der Camping hat ein gutes Restaurant mit traditionnelle griechischen Gerichten.

An der Strecke Patras-Pirgos. Circa 70 km hinter Patras, Ausfahrt Palouki rechts. Den Schildern circa 2 km folgen.

CC € 21 1/1-20/6 1/9-31/12

N 37°45'28'' E 21°18'17''

Ancient Epidavros, GR-21059 / Peloponnese

852

Camping Bekas
Nikolaou Pitidi
+30 2 75 30 99 93 01
1/4 - 31/10
contact@bekas.gr

2,8ha 100T(60-120m²) 16A

1 ACHJKLMNQR
2 GLPTUXYZ
3 MOPUWY
4 (Q+R)(Y 15/6-20/9)
5 AFGIJKLMNOPUVZ
6 ACEFGK(N 2km)OVW

Am Meer gelegener Camping mit Schattenplätzen unter hohen Bäumen, Dicht bei Mycene, Nafplion und Epidavros, dem besterhaltensten Theater des griechischen Altertums. Restaurant und kleiner SB-Markt auf dem Platz. CampingCard-ACSI Tarif gilt nicht für Plätze direkt am Meer.

Korinth, Rl. Epidavros. Ausf. Ancient Epidavros, Kranidi, Portocheli, Galatas, Ermioni. Der Straße folgen und nach ± 150m li unter der Straße durch und am kleinen Kreisel wieder li. Den CP-Schildern folgen.

CC € 23 1/4-30/6 10/9-30/10

N 37°37'07'' E 23°09'23''

Ancient Epidavros/Argolida, GR-21059 / Peloponnese

853

Camping Nicolas II
Nikolaou Pitidi
+30 69 73 79 28 89
24/3 - 31/10

1,2ha 90T(35-50m²) 16A

1 AHJKLMNQR
2 GMPSTUYZ
3 UWY
4 (Q)(R 1/5-30/9)
(Y+Z 15/4-31/10)
5 **A**FGIJKLMNOPUWXZ
6 ACEFGK(N 3km)OW

Ruhig gelegener Camping mit eigenem Strand(Steine) und Wassersport- sowie Angelmöglichkeiten. Mit Schattenplätzen und Restaurant. Ideal für Ausflüge nach Mycene, Nafplion und dem Epidavros Theater.

Korinth Richtung Epidavros. Ausfahrt Ancient Epidavros, Kranidi, Portocheli, Galatas, Ermioni. Dieser Straße folgen und nach ± 150m links unter der Straße durch und am kleinen Kreisel wieder links. Weiter den CP-Schildern folgen.

CC € 23 *24/3-7/7 25/8-31/10*

N 37°36'58'' E 23°09'34''

Dassia (Corfu), GR-49083 / Ionian Islands

854

Camping Karda Beach and Bungalows
PB 225
+30 26 61 09 35 95
1/5 - 30/9
campco@otenet.gr

2,6ha 130T(60-120m²) 16A

1 ACDHJKLMNP**Q**R
2 GJPQSUWXYZ
3 APSWY
4 (B+G+Q+S+T+U+Y+Z
1/5-30/9)
5 **A**GIJKLMNOPUVW
6 EFGJ(N 0,2km)OTVWX

Luxuriöser Camping am Meer 12 km von Corfu-Stadt und in einer Naturumgebung. Parzellierte und schattige Plätze auf ebenem Gelände mit gepflegter Bepflanzung. Umfangreiches und gepflegtes Sanitär. Schönes Schwimmbad neben der Bar und dem Restaurant.

Vom Korfu Hafen die Hauptstraße nach rechts (Richtung Paleokastritsa). Nach 8,5 km rechts an den Pfeilen Dassia/ Kassiopi. 3,5 km weiter ist der CP rechts der Strecke. Einfahrt deutlich ausgeschildert.

CC € 23 *1/5-30/6 1/9-30/9*

N 39°41'10'' E 19°50'19''

Delphi, GR-33054 / Central

855

Camping Apollon Cat.A
Apollonstr 70
+30 22 65 08 27 50
1/1 - 31/12
apollon4@otenet.gr

2,5ha 120T(30-70m²) 16A

1 ACDGJKLMN**Q**R
2 JMNTWYZ
3 AIMPS
4 (**A** 1/5-31/8)(B 1/4-15/10)
(Q+R+U+Y+Z 1/5-1/10)
5 **A**EGIJKLMNOPUWXZ
6 CDEFG**K**(N 1,5km)OTV

Guter Campingplatz mit allen modernen Einrichtungen. Im Gehbereich vom antiken Delphi. Vom Schwimmbad und Restaurant mit traditioneller griechischer Küche aus, unvergleichliche Sicht auf die Bucht von Itea.

Der Campingplatz liegt 1 km von Delphi entfernt an der Straße nach Itea.

CC € 21 *1/1-7/7 24/8-31/12*

N 38°29'02'' E 22°28'32''

Delphi, GR-33054 / Central

856

Delphi Camping Cat.A
Delphi-Itea Road
+30 22 65 08 27 45
1/1 - 31/12
info@delphicamping.com

2,2ha 100**T**(60-80m²) 10A

1 ACD**G**JKLMNQ
2 JMNTUWYZ
3 AIS
4 (**A** 1/4-31/10)(B 20/4-31/10) (Q+R 🔑)(Y 15/4-15/10)
5 **A**EGIJKLMNOPUWZ
6 CEFGK(N 2km)OTV

Camping Delphi liegt an den Hängen des Parnassos, 4 km südlich von Delphi. Der Campingplatz produziert sein eigenes Olivenöl "Mer des oliviers de Delphes". Vom Campingplatz aus gibt es eine Busverbindung zur archäologischen Stätte und zum Museum. Von der Terrasse und dem Restaurant aus haben Sie einen wunderschönen Blick auf den Golf von Korinth. Der Campingplatz ist Gewinner des ACSI-Preises 2022 "Beste Lage in Griechenland".

Liegt an der Straße Itea-Delphi, 4 km vor Delphi.

CC € 21 *1/1-30/6 1/9-31/12*

N 38°28'42'' E 22°28'31''

Drepanon/Vivari, GR-21060 / Peloponnese

857

Camping Lefka Beach
+30 27 52 09 23 34
1/1 - 31/12
info@camping-lefka.gr

1,4ha 68**T**(25-60m²) 16A

1 ACDHJKLMNQTU
2 GLMPTUYZ
3 UWY
4 (Q+R+T+Y+Z 1/4-30/10)
5 **AB**GIJKLMNOPUZ
6 ABCEFGK(N 1km)V

Schöner gemütlicher, schattiger Terrassencamping direkt an der Lefka Bucht. Von jedem Platz aus Blick auf die Bucht. Stellplätze und Taverne über gute, befestigte, etwas nach oben führende Straße erreichbar. Die ersten Reihen am Meer gelten nicht für CampingCard ACSI-Inhaber. Besuchen Sie die Altertümer Epidavros, Alt-Korinth, Myecne, Argos und Nafplion.

Der Strecke Nafplion-Drepanon-Iria folgen, Richtung Vivari, nach ca. 1 km rechts. CP ist ausgeschildert.

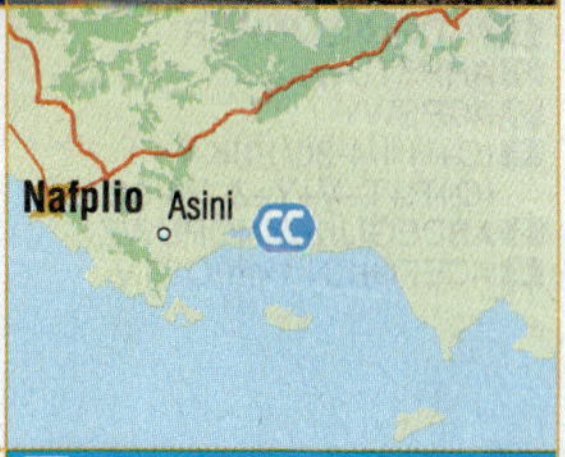

CC € 19 *1/1-30/6 1/9-31/12*

N 37°32'02'' E 22°55'54''

Elafonisos, GR-23053 / Peloponnese

858

Simos Camping
+30 27 34 02 26 72
20/4 - 31/10
info@simoscamping.gr

6ha 190**T**(35-60m²) 16A

1 ACDHJKLMNPQ
2 AGNVWXYZ
3 AK**O**VY
4 (Q 🔑) (S+T+U+V+W+Z 15/5-20/9)
5 **AB**GIJKLMNOPUWZ
6 CDGJ(N 4km)TV

Camping an einem wunderbaren Sandstrand mit Dünen auf der naturgeschützen, idyllischen Insel Elafonisos. Kristallklares blaugrünes Wasser. Parzellierte Plätze für Zelte und Caravans/Wohnmobile mit Schattennetzen und Bäumen. Gute Einrichtungen und SB-Restaurant

E65 Korinth-Sparta. Nationalstraße Sparta-Neapolis nach Agios Georgios, dann Richtung Pounta. In Pounta auf die Fähre nach Elefonisos und der CP-Beschilderung Richtung Lefki folgen.

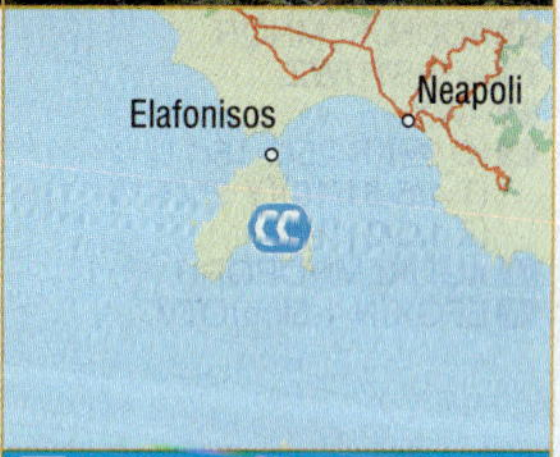

CC € 23 *1/5-15/6 4/9-30/9*

N 36°28'38'' E 22°58'29''

Finikounda, GR-24006 / Peloponnese

859

Camping Thines
+30 27 23 07 12 00
1/1 - 31/12
thines@otenet.gr

0,8ha 55**T**(49-56m²) 10A

1 ACDHJKLM**Q**R
2 AGNUVWYZ
3 MNWY
4 (Q+R+T+U+X+Z 1/5-31/10)
5 **A**FGIJKLMNOPUWZ
6 CEFGK(N 0,5km)TV

Ruhiger Familiencamping am breiten Sandstrand von Finikounda. Mit blitzblanken Sanitäranlagen. Schwimmen, Wassersport (u. a. Surfen) oder Sonnen. Köstliche Küche im Restaurant mit u. a. regionalen Produkte aus eigenem Anbau.

Nationalstraße Methoni-Koroni. Camping 1 km westlich von Finikounda und ist ausgeschildert.

CC € 19 *1/1-30/6 1/9-31/12 30=28*

N 36°48'18'' E 21°47'43''

Glifa, GR-27050 / Peloponnese

860

Camping Ionion Beach*****
Glyfa
+30 26 23 09 68 28
1/1 - 31/12
ionionfl@otenet.gr

3,8ha 210**T**(50-120m²) 16A

1 ACDHIJKLMNPQR
2 AHPSTUWYZ
3 ACPSWY
4 (C+H 1/4-30/10)K
(Q+R+T+V+Y+Z 1/4-31/10)
5 **AB**DEGIJKLMNOPUWZ
6 ACEFGK(N 1km)OSTV

Luxuriöser, blumenreicher, am Sandstrand gelegener Camping mit schönen Stellplätzen. Auf diesem Camping sind die A- und C-Plätze direkt am Meer für CampingCard ACSI-Inhaber ausgenommen. Besuchen Sie die Berge in der Region Ilia. Von Killini kommen Sie mit dem Boot zu schönen Insel Zakynthos.

Von der Nationalstraße Patras-Pirgos nach Km-Pfahl 67 rechts über Gastouni und Vartalomia Ri. Loutra Killini. An der großen Kreuzung links abbiegen nach Glifa Beach. Ausgeschildert.

CC € 21 *1/1-30/6 11/9-31/12*

N 37°50'11'' E 21°08'01''

Glifa/Ilias, GR-27050 / Peloponnese

861

Camping Aginara Beach***
+30 26 23 09 62 11
1/1 - 31/12
info@camping-aginara.gr

3,8ha 120**T**(70-100m²) 16A

1 ACDHJKLMNQR
2 AHPSTUWZ
3 AWY
4 (Q 🔑)(R 25/3-15/11)
(T 1/5-31/10)(Y 25/3-15/11)
(Z 1/5-31/10)
5 **A**GIJKLMNOPQRU
6 EFGK(N 1,5km)OTV

An einem der schönsten Sandstrände der Ionische See gelegener Camping mit großen, idyllischen, meist schattigen Plätzen. Gutes und gemütliches Restaurant. Modernes und gut gepflegtes Sanitär. Viele Bäume, Sträucher und reichlich Blühpflanzen bieten einen herrlichen Aufenthalt.

Nat. Road Patras-Pyrgos, nach Km-Pfahl 67 rechts über Gastouni und Vartholomio. Richtung Loutra Killinis (Schildern). Bei großer Kreuzung Richtung Glifa Beach. Schildern folgen.

CC € 21 *1/1-30/6 26/8-31/12*

N 37°50'18'' E 21°07'47''

Gythion/Lakonias, GR-23200 / Peloponnese

862

Camping Gythion Bay***
Highway Gythion-Areopoli
+30 27 33 02 25 22
1/4 - 31/10
info@gythiocamping.gr

4ha 300T(30-100m²) 16A

1 ACDHJKLMNQR
2 AHJNPSUXYZ
3 CKLSWY
4 (B+G 5/4-31/10) (Q 15/5-31/10)(S 1/6-30/9) (T 5/5-15/10)(U 15/5-10/10) (Y 5/5-15/10)(Z 15/5-15/10)
5 AFGIJKLMNOPUVW
6 CDEFGJ(N 0,1km)RTV

Unter den vielen Oliven- und Apfelsinenbäumen finden Sie immer einen freien, schattigen Platz. Grundsaniert, modernes Sanitär. Direkt am Meer mit schönen Sandstrand. Auch schöner neuer Pool neben Restaurant und Bar.

Camping 4 km außerhalb von Gythion, links an der Strecke Gythion - Areopolis, direkt am Meer.

CC € 23 1/4-30/6 1/9-30/10

N 36°43'45'' E 22°32'43''

Gythion/Lakonias, GR-23200 / Peloponnese

863

Camping Mani-Beach
Highway Gythion-Areopoli
+30 27 33 02 11 30
1/1 - 31/12
info@mani-beach.gr

2,8ha 201T(40-100m²) 16A

1 ACDHJKLMNQR
2 AHJNPSUVWXYZ
3 CSWY
4 (Q 1/4-15/10) (R+T+U+Y+Z 2/5-30/9)
5 AGIJKLMNOPUWZ
6 CEFGJ(N 0,2km)ORTV

Großer Campingplatz am Meer mit breitem Sandstrand. Fast überall überschattete Stellplätze. Ideal für jeglichen Wassersport, insbesondere Windsurfing und Kitesurfing.

CP liegt ca. 4 km südlich von Gythion an der Straße nach Areopolis, direkt am Meer.

CC € 21 1/1-30/6 1/9-31/12

N 36°43'42'' E 22°32'32''

Gythion/Lakonias, GR-23200 / Peloponnese

864

Camping Meltemi***
Highway Gythion-Areopoli
+30 27 33 02 32 60
1/4 - 20/10
reservations@campingmeltemi.gr

3ha 180T(40-80m²) 16A CEE

1 ACDHJKLMNQR
2 AHJNPSWYZ
3 COPSWY
4 (B 10/6-15/9)(Q) (R 15/5-15/9)(S)(T+U+W+X 15/5-15/9)(Z 1/6-10/9)
5 ABEGIJKLMNOPTUWZ
6 CEFGJ(N 0,5km)ORTV

Der gastfreundliche Camping Meltemi liegt mitten in einem schönen Olivenhain. Große Plätze im Schatten von Oliven und Pinien am prächtigen und sauberen Sandstrand. Meer und Strand sind Schutzzonen für die Caretta Meeresschildkröten. Gut gepflegte Anlagen. Unweit der Türme und byzantinischen Kirchen der Mani.

Der CP liegt etwa 3 km südlich von Gytheio an der linken Straßenseite nach Areopoli.

CC € 23 1/4-30/6 1/9-20/10

N 36°43'51'' E 22°33'12''

Igoumenitsa, GR-46100 / Epirus

865

Camping Drepanos
Drepanos Beach
+30 26 65 02 69 80
1/1 - 31/12
camping@drepano.gr

5ha 80T(30-100m²) 16A

1 ACDHJKLMNPQTU
2 AHJNUXYZ
3 AKWY
4 (Q)(R+U 15/5-10/10)
(Y+Z 25/3-10/10)
5 **A**GIJKLMNOPUWZ
6 GK(N 4km)T

Camping mit langem kinderfreundlichen Sandstrand auf der Landzunge bei Igoumenitsa, an einem weitläufigen Naturgebiet und Vogelreservat. Sanitär (inkl. behinderte Gäste) ganz renoviert. Sehr gutes Restaurant und stimmungsvolle Strandterrasse. Viele Schattenplätze unter Bäumen. Idealer Platz zum Ausruhen, Radfahren oder für Wassersport.

Von Igoumenitsa aus die Küstenstraße in nördliche Richtung. Am Ortsausgang den Hinweisen Drepanos Beach folgen.

CC € 21 *1/1-30/6 1/9-31/12*

N 39°30'37'' E 20°13'16''

Isthmia, GR-20100 / Peloponnese

866

Isthmia Beach Camping
+30 27 41 03 74 47
1/4 - 15/10
info@campingisthmia.gr

2,5ha 100T(40-50m²) 10A

1 ACDHJKLMNP**Q**
2 GIPQSUWYZ
3 APWY
4 (Q+R)
5 **A**GIJKLMNOPUVWZ
6 ACEFGK(N 2km)W

Gut gepflegter Camping direkt am Meer. Geeignet für die Besichtigung der antiken Sehenswürdigkeiten wie das alte Korinth, den Kanal von Korith und das alte Theater in Epidavros.

Nat. Road Patras-Athen oder Athen-Patras. Ausfahrt Epidavros. Schildern folgen.

CC € 21 *1/4-10/7 28/8-15/10 7=6, 10=8*

N 37°53'22'' E 23°00'20''

Kastraki/Kalambaka, GR-42200 / Thessalia Sporades

867

Camping Vrachos Kastraki
+30 24 32 02 22 93
1/1 - 31/12
tsourvaka@yahoo.gr

3,5ha 300T 16A

1 AHJKMNPQR
2 JSUYZ
3 U
4 (B 1/5-30/9)(Q+R)
(T+X+Y 1/4-30/10)
5 **A**EGIJKLMNOPUW
6 EFGJ(N 0km)OTV

Auf diesem schönen und gut geführten Camping am Fuße des Meteora werden Sie ungeahnte griechische Gastfreundschaft genießen: Hier wartet ein kleines Willkommens- und Abschiedgeschenk auf Sie. In den letzten Jahren sehr hoch auf der Beliebheitsskala unter den Campinggästen. Ein Tipp!

In der Ortseinfahrt von Kalambaka, die Straße nach Kastraki nehmen. CP liegt 1 km weiter an Straße zu den Meteoraklöstern. Vor dem CP ist eine Bushaltestelle.

CC € 23 *1/1-10/6 10/9-31/12*

N 39°42'48'' E 21°36'57''

Kato Alissos, GR-25002 / Peloponnese

868

Camping Kato Alissos**
+30 26 93 07 12 49
1/4 - 31/10
info@camping-kato-alissos.gr

1,2ha 60T(60-80m²) 10A

1 ACDHJKLMNQR
2 HIJNPSUYZ
3 AWY
4 (Q+R 1/4-31/10)
(T 30/6-31/8)
(U+Y+Z 1/5-30/9)
5 AGIJKLMNOPUWZ
6 EFGK(N 2km)OTV

Natürliche, grüne Umgebung mit Oliven- und Zitrusbäumen sowie weiteren Baum- und Pflanzenarten auf dem Camping. Herrlich im Meer baden und am langen Kiesstrand sonnen. Probieren Sie die traditionellen Gerichte im Schatten eines 1000-jährigen Olivenbaums mit Blick auf die Patraikos-Bucht und die Stadt Patras.

Neue Nat. Road Patras-Pirgos, beim Km-Stein 21 rechts, am Ende der Straße links auf alte Nat. Road, nach 700m rechts, am Ende rechts. Schildern folgen.

CC € 21 1/4-30/6 1/9-30/10

N 38°09'00'' E 21°34'38''

Kato Gatzea (Pilion), GR-37010 / Thessalia Sporades

869

Camping Hellas
Kato Gatzea
+30 24 23 02 22 67
1/1 - 31/12
info@campinghellas.gr

2ha 95T(60-100m²) 16A

1 ACDHJKLMNPQR
2 AHJMNSTUYZ
3 IKWY
4 (Q+R+T+U+V+Y+Z
1/4-31/10)
5 ABDFGIJKLMNOPUWZ
6 ACEFGKL(N 0,8km)
ORTVWX

Liegt am schönen Sandstrand in einer herrlichen Bucht. Andonis und Aristea begrüßen Sie auf Ihrem Campingplatz. Das Gelände ist teils terrassenförmig und die meisten Stellplätze liegen im Schatten unter Olivenbäumen. Sehr modernes gepflegtes Sanitär. Tolle Bar und gutes Restaurant am Sandstrand. ACSI Awards 2022: gehört zu den 10 besten Campingplätzen in Griechenland.

In Volos nach Pilio/Argalasti. Nach 18 km zwischen Kato Gatzea und Kala Nera. Gut ausgeschildert.

CC € 23 1/1-16/6 16/9-31/12

N 39°18'39'' E 23°06'33''

Kato Gatzea (Pilion), GR-37300 / Thessalia Sporades

870

Camping Sikia
Kato Gatzea
+30 24 23 02 22 79
10/1 - 20/12
info@camping-sikia.gr

3ha 120T 16A

1 ACDHJKLMNPQTU
2 AHJMNQSTUWXYZ
3 AIKLPWY
4 (A 1/5-15/9)
(Q+S+T+U+V+Y+Z
1/4-15/10)
5 AFGIJKLMNOPQRUVWZ
6 ACEFGK(N 0,3km)ORTVWX

Schattiger Campingplatz am Sandstrand in einer prächtigen Bucht. Viele Plätze mit Panoramablick. Gepflegtes Sanitär, separate Anlagen für behinderte Gäste. Bar und Restaurant befinden sich direkt am Strand. Die Taverne von Sikia erhielt 2022 den ACSI-Award in der Kategorie "Bestes Camping-Restaurant in Griechenland" . Regelmäßig griechische Live-Musik, auch in der Nebensaison. Schöne Umgebung.

In Volos Richtung Pilion/Argalasti. Nach 18 km CP in Kato Gatzea gut ausgeschildert.

CC € 23 10/1-30/6 1/9-19/12

N 39°18'37'' E 23°06'36''

Koroni/Messinias, GR-24004 / Peloponnese

871

Camping Koroni
Maizonos 27
+30 27 25 02 21 19
1/1 - 31/10
info@koronicamping.com

1,3ha 86T(25-80m²) 16A

1 ACDHJKLMQR
2 AGMSUWXYZ
3 SVWY
4 (B+Q 1/4-31/10)(R 1/4-30/9)
(T+U+Y+Z 1/4-31/10)
5 AGIJKLMNOPUWZ
6 ACDEFGK(N 0,2km)V

Camping in der Nähe des malerischen Koroni. Der Camping liegt größtenteils im Schatten und verfügt über ein gemütliches Restaurant mit Terrasse neben dem Schwimmbad mit Aussicht auf Koroni. Strand über Stufen/Weg nur 50 m entfernt.

Straße von Kalamata nach Pylos und bei Rizomylos links, durch Petalidi durch, nach Koroni, CP links an der Straße, 200m vor Koroni.

CC € 21 1/5-16/6 15/9-30/9

N 36°47'58'' E 21°57'01''

Kourouta/Amaliada, GR-27200 / Peloponnese

872

Camping Kourouta
Kourouta Beach
+30 26 22 02 29 01
1/1 - 31/10
info@harmonyresort.gr

1,9ha 84T 6A

1 ACDHJKLMNQTU
2 AHIJSTXYZ
3 WY
4 (Q 1/4-15/10)(R 15/5-20/10)
(T+V+Y 1/4-20/10)
5 GIJKLMOPU
6 EFGK(N 5km)TV

Gemütlicher Familiencampingplatz direkt am Sandstrand mit großzügigen, meist schattigen Stellplätzen.

An der Straße Patras-Pirgos. Hinter dem Km-Pfahl 78 rechts Ausfahrt Kourouta, dann noch ca. 2 km. An dem kleinen Platz geradeaus. Den Schildern folgen. Kourouta Ortseingang: links ab.

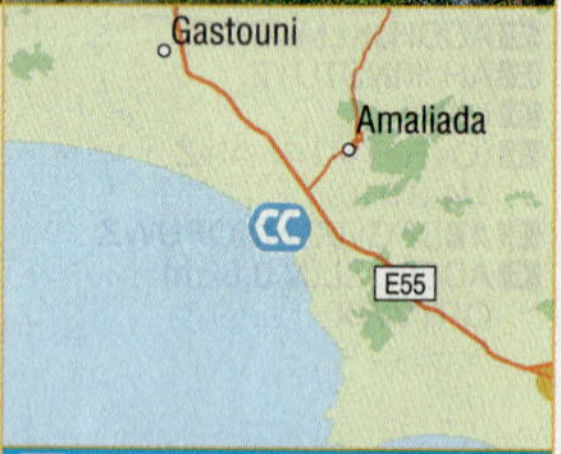

CC € 21 1/4-25/6 25/9-31/10

N 37°45'59'' E 21°17'58''

Lefkada, GR-31100 / Ionian Islands

873

Kariotes Camping & Rooms
Spasmeni Vrisi
+30 26 45 07 11 03
15/4 - 15/10
info@campingkariotes.gr

0,8ha 75T 16A

1 ACDHJKMNPQ
2 AGJPSUXYZ
3 AY
4 (B 20/5-20/9)(G 15/5-20/9)
(Q+R 1/6-30/9)
(T+U 15/5-30/9)
(X 15/5-15/9)(Z 15/5-30/9)
5 AGIJKLMNOPUY
6 FGK(N 0,5km)RTV

Der kleine schattige Campingplatz liegt 2 km von Lefkada-Stadt und eignet sich prima als Ausflugsbasis. Blitzsauberes Schwimmbecken und Taverne. Pool, Bar und Restaurant tragen zusammen mit einem guten Sanitär und der griechischen Gastfreundschaft zu einem sehr angenehmen Aufenthalt bei. Herzlich willkommen!

CP an der Hauptstraße von Lefkada nach Vasiliki. CP 2 km südlich von Lefkada-Stadt, rechts der Straße.

CC € 19 15/4-9/7 26/8-9/10

N 38°48'16'' E 20°42'52''

Leonidio, GR-22300 / Peloponnese

iD 874

Camping Semeli
Plaka
+30 27 57 02 29 95
1/1 - 31/12
info@camping-semeli.gr

1,7ha 64T(40-70m²) 10-16A

1 ACDHJKLMNPQR
2 AHNPSTUVWXY
3 WY
4 (Q+R)(T+Z 1/6-30/9)
5 AFGIJKLMNOPUVWZ
6 CDEFGK(N 4km)V

Gemütlicher, freundlicher Familiencampingplatz mit üppiger Bepflanzung. Qualitativ hochwertige Sanitär- und Kücheneinrichtungen, die sauber gehalten werden. Am Fuße eines Bergmassivs direkt am Meer/Strand gelegen. 300 Meter Fußweg zum idyllischen griechischen Hafen.

In Leonidio der Beschilderung folgen; ab Stadtmitte noch 4 km Richtung Hafen Leonidio.

CC € 17 *1/1-30/6 1/9-31/12*

N 37°08'59'' E 22°53'31''

Nea Moudania, GR-63200 / Macedonia

iD 875

Camping A.Ouzouni S.A.
+30 23 73 04 29 22
1/5 - 30/9
info@campingouzouni.com

0,8ha 58T(40-100m²) 6A

1 ACDHJKLMNPQR
2 AHIJSWYZ
3 ASWY
4 (Q+S)(T+U+
Y+Z 10/5-11/9)
5 ABGIJKLMNOPUVZ
6 CEFGK(N 3,5km)ORTV

Der Campingplatz begrüßt Sie in einem grünen Umfeld zu einem komfortablen Aufenthalt. Luxus-Sanitäreinrichtungen. Der Campingladen hat ein recht großes Sortiment. Im Restaurant direkt am Strand genießt man das Essen mit Sicht auf das azurblaue Meer.

Nationalstraße Thessaloniki-Kasandra. Nach 2 km Ausfahrt "Local Roads" südlich von Nea Moudania. Am Ende rechts. Dann links, der Hauptstraße an der Autobahn folgen. Nach 1,1 km rechts und am Ende ist es der linke Camping.

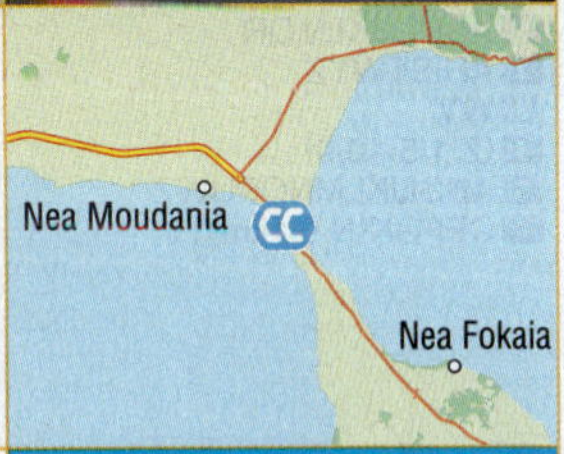

CC € 21 *1/5-30/6 20/8-29/9 7=6*

N 40°12'57'' E 23°19'06''

Nea Moudania, GR-63200 / Macedonia

iD 876

Ouzouni Beach Camping
P.O Box 30
+30 23 73 04 24 44
1/5 - 15/10
info@ouzounibeach.gr

1,2ha 93T(65-85m²) 10A CEE

1 ACDHJKLMNPQR
2 AHIJSWYZ
3 WY
4 (Q+S)
5 ABEGIJKLMNPUVWX
6 ABCEFGK(N 3,5km)OT

Moderner Campingplatz an einem schönen Sandstrand. Gute Lage für Besuche in Thessaloniki und auf den Halbinseln Kassandra, Sithonia und Athos. Dieser Campingplatz wurde mit dem ACSI-Preis in der Kategorie "Beste Wohnmobilstellplätze in Griechenland" ausgezeichnet.

N-Straße Thessaloniki Kasandra, nach 2 km südlich von Nea Moudania Ausfahrt "Local Roads", unten dann rechts. Gleich links der Hauptstraße parallel der Autobahn folgen. Nach 1,1 km rechts, am Wegende der rechte CP.

CC € 21 *1/5-30/6 26/8-14/10 7=6, 16=13, 25=21*

N 40°12'58'' E 23°19'06''

Nikiti, GR-63088 / Macedonia

877

Mitari Camping & Villas
+30 23 75 07 17 75
1/5 - 30/9
mitaricamp@hotmail.com

2,5ha 70T(65-90m²) 10A

1 ACDGJKLMQR
2 AHJLMNSTUWYZ
3 WY
4 (Q+R)(Y 15/5-15/9)
(Z 10/6-31/8)
5 AGIJKLMO**P**UVZ
6 CEFGK(N 8km)QTV

Moderner Camping mit schattigen Plätzen. Der Camping verfügt über zwei Sandstrände und eine gesellige Bar mit herrlicher Aussicht.

Folgen Sie der Westküste von Sithonia, 12 km südlich von Nikiti auf der rechten Seite, ausgeschildert.

CC € 21 1/5-30/6 24/8-29/9 7=6

N 40°08'36'' E 23°44'08''

Panteleimon, GR-60065 / Macedonia

878

Camping Poseidon Beach
Seaside Road
+30 23 52 04 16 54
1/4 - 31/10
poseidonbeach@gmail.com

1,7ha 27T(60-120m²) 6-16A

1 ACDGJKLMQR
2 AHISTWYZ
3 WY
4 (Z 1/5-10/9)
5 **AB**GIJKLMNO**P**UWZ
6 CEFGK(N 0,1km)TV

Typisch griechischer Familiencamping mit vielen Saisonplätzen am Meer mit breitem Sandstrand. Neu angelegte Plätze mit Blick aufs Meer. Viel Sehenswertes in der Nähe, u.a. der Olymp, die Königsgräber, die Burg von Platamon.

Von Nord: A1/E75 Thessaloniki-Athen, Ausfahrt Skotina. Den Schildern Panteleimon Beach folgen. Von Süd: Ausfahrt Platamon. Den Schildern Panteleimon folgen. Nach 3 km an der Platamon Burg Richtung Panteleimon Beach. Dieser Straße folgen.

CC € 21 1/4-15/7 1/9-30/10 7=6

N 40°00'47'' E 22°35'25''

Parga/Lichnos, GR-48060 / Epirus

879

Camping Enjoy Lichnos
+30 26 84 03 13 71
1/4 - 16/10
info@enjoy-lichnos.gr

4,8ha 150T 5-16A

1 ACDHJKM**Q**TU
2 AHIKMNSTUWYZ
3 IY
4 (Q+S)(T+X+Z 1/5-20/10)
5 **A**EGIJKLMNOPUW
6 EFGKL(N 3km)OTVW

Moderner, gut gepflegter Terrassencamping an einer der schönsten Buchten Griechenlands. Diverse Wassersportangebote. Schöne Aussicht auf die Ionische See. Taxiboote vom Camping aus nach Parga und zurück.

Von Igoumenitsa Richtung Parga. Richtung Parga abzweigen. 3 km vor Parga, links der Straße liegt der Camping an der Bucht. Oder die neue Straße von Igoumenitsa nach Ioánnina, Ausfahrt Parga.

CC € 23 1/4-26/6 2/9-16/10

N 39°17'01'' E 20°25'59''

Plaka Litochoro, GR-60063 / Macedonia

880

Camping Sylvia
+30 23 52 02 21 04
1/5 - 10/10
info@camping-sylvia.gr

0,8ha 45T(60-80m²) 16A CEE

1 ACDHJKLMQTU
2 HIJNPSXYZ
3 WY
4 (Q+R+Z)
5 AGIJKLMNOPUVWX
6 CEFGK(N 4km)T

Schön angelegter Campingplatz ohne feste Saisonplätze. Am Meer und am Fuße des Olymps gelegen. Die modernen Sanitäranlagen, das flache Gelände mit ausreichend Schatten und der Panoramablick auf das Ägäische Meer sorgen für einen sehr angenehmen Aufenthalt. Besuchen Sie auch den Olymp, das Platamon Castle und das alte Dorf Dion.

Über die A1/E75, Ausfahrt Litochoro. Weiter Richtung Plaka Litochoro und der Küstenstraße nach Süden folgen. In 1 km Camping auf der Meeresseite.

CC € 21 1/5-30/6 22/8-9/10

N 40°07'00'' E 22°33'18''

Plataria/Igoumenitsa, GR-46100 / Epirus

881

Camping Kalami Beach
+30 26 65 07 12 11
1/4 - 30/10
info@campingkalamibeach.gr

1,2ha 67T 4-10A

1 ACDHJKLMNPQR
2 HJLMNPUXYZ
3 AWY
4 (Q+R+T+Y+Z)
5 ABGIJKLMNOPUW
6 CEFGK(N 4km)OTVWX

Typischer griechischer Terrassencamping direkt am Strand und schönem Meerblick. Einfache, aber saubere Sanitäranlagen. Original griechische Küche, Mama kocht mit regionalen Produkten. Die Plätze der ersten Reihe am Meer stehen CCA-Inhabern nicht zur Verfügung.

An der Straße von Igoumenitsa nach Plataria. 7 km hinter Igoumenitsa erster CP auf der rechten Straßenseite, deutlich ausgeschildert.

CC € 23 1/4-3/6 1/9-30/10

N 39°28'25'' E 20°14'27''

Sarti (Sithonia), GR-63072 / Macedonia

882

Armenistis Camping & Bungalows
+30 23 75 09 14 97
12/5 - 25/9
info@armenistis.gr

6ha 300T(50-100m²) 10A

1 ACDGJKLMNOQST
2 AHJSTWXYZ
3 CPWY
4 (Q+S)(T 1/6-20/9)
(U+Y+Z)
5 AGIJKLMNOPUV
6 CEFGHKOQRTV

Idealer Campingplatz für Wassersportler. Wunderschöne Strände an einem azurblauen Meer. Schöne Stellplätze für Wohnmobile und Wohnwagen. Eine Bar, ein großes Restaurant und gute sanitäre Anlagen sorgen für einen angenehmen Aufenthalt.

An der Ostküste von Sithonia, 17 km südlich von Vourvourou und 13 km nördlich von Sarti. Einfahrt ausgeschildert.

CC € 21 12/5-30/6 1/9-24/9

N 40°09'03'' E 23°54'46''

Sikia, GR-63072 / Macedonia

iD 883

Camping Melissi
+30 23 75 04 16 31
1/5 - 30/9
info@camping-melissi.gr

1,5ha 70T(54-100m²) 6A

1 ACDHJKLMNPQR
2 AGNSXYZ
3 AWY
4 (Q+S 1/5-15/9)
5 AGIJKLMNOPUVWZ
6 CEFGK(N 6km)T

Im Süden der schönen Halbinsel Sithonia finden Sie einen endlosen Sandstrand und eine kristallklare Bucht. Ein ruhiger Campingplatz mit ausgezeichneten sanitären Einrichtungen. Gegenüber dem heiligen Berg Athos. Sonnige und schattige Stellplätze mit Meerblick.

An der Ostküste von Sithonia, 7 km südlich von Sarti. An der Küstenstraße angezeigt mit 'Sikia Beach'. Danach über den Asphaltweg am Strand wieder gut angezeigt. CP-Schildern folgen.

CC € 21 1/5-30/6 1/9-29/9 10=9

N 40°02'45'' E 23°59'05''

Stoupa, GR-24024 / Peloponnese

iD 884

Camping Kalogria
Barbezea Nicos 29
+30 27 21 07 73 19
1/4 - 20/11
campingkalogria@yahoo.gr

2ha 102T(50-120m²) 16A

1 ACDHJKLMNQR
2 AGJLSUWXYZ
3 WY
4 (Q 🔑)(R 1/6-31/10)
(T 15/6-15/10)(Z 🔑)
5 AGIJKLMNOPUW
6 CEFGK(N 0,25km)V

Dieser Campingplatz liegt nah am Zentrum des touristischen Stoupa. Die prächtige Bucht mit dem schönen Sandstrand erreicht man über den Fußweg nach unten.

Der CP ist in Stoupa, einem Dorf an der Küstenstraße Kalamata-Aeropolis, Ausfahrt Kalogrid-Beach, Ausfahrt Stoupa, Kalogria. Die Straße gegenüber vom UNEP-Supermarkt.

CC € 19 1/4-15/6 14/9-31/10

N 36°50'58'' E 22°15'32''

Tiros/Arcadia, GR-22029 / Peloponnese

iD 885

Zaritsi Camping
+30 27 57 04 14 29
1/4 - 15/11
campingzaritsi@gmail.com

3ha 120T(50-120m²) 16A

1 ACDHJKLMNOPQR
2 HJNPSUVWXYZ
3 LPWY
4 (Q+R 🔑)(T 1/5-15/11)
(U+X+Y 1/5-31/10)(Z 🔑)
5 AGIJKLMNOPUXZ
6 ACEFGJ(N 4km)V

Camping am sonnenverwöhnten Kiesstrand in der Bucht von Zaritsi. Sehr freundliche Eigentümer (Familie), die sich um einen angenehmen Aufenthalt bemühen. Große Stellplätze mit natürlichem und künstlichen Schatten. Restaurant mit guter Küche.

Von Süden Gythio/Monemvasia Richtung Nafplion 4 km hinter Tiros rechts am Campingplatz-Schild/Fahne. Von Nafplio nach Gythio/Monemvasio 4 km vor Tiros links scharfe Kurve. Achtung: GPS gibt Umweg zur Einfahrt an.

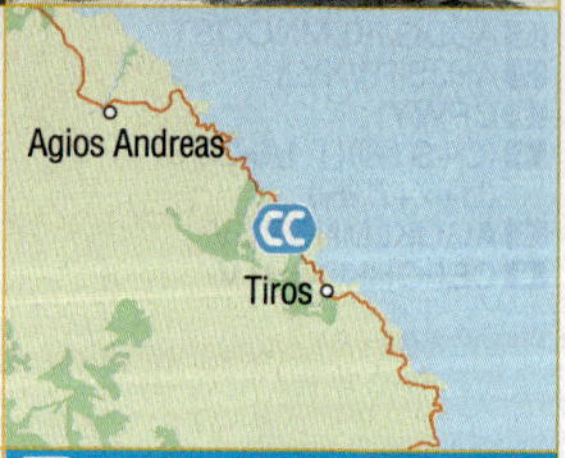

CC € 21 1/4-30/6 1/9-31/10

N 37°16'12'' E 22°50'34''

Vourvourou (Sithonia), GR-63078 / Macedonia

886

Camping Rea
+30 23 75 09 11 00
1/5 - 30/9
campingrea@gmail.com

2ha 40T(80-100m²) 16A

1 ACDGJKLMNQR
2 AHJSTWXYZ
3 AWY
4 (Q)(S+U+Y 15/5-30/9)
5 AGIJKLMNOPUVWX
6 EFGJ(N 2km)TV

Ruhiger Camping in der unberührten Natur mit herrlichen Sandstränden am azurblauen Meer. Die großen Plätze bieten einen schönen Blick auf die Insel Diaporos. Vom Camping aus sind es 4 km zum Hafen nach Ormos Panagias, für eine Tour entlang der Klöster auf dem heiligen Berg Athos.

An der Ostküste von Sithonia, 4 km südlich van Agios Nikolaos und 2 km nördlich von Vourvourou. CP ausgeschildert.

CC € 19 *1/5-30/6 1/9-29/9*

N 40°12'24'' E 23°45'46''

Vereinigtes Königreich

Vereinigtes Königreich:
parkähnliche Natur, Stil und Tradition

Die Campingplätze im Vereinigten Königreich verteilen sich auf die vier verschiedenen Landesteile des Vereinigten Königreichs: England, Wales, Schottland und Nordirland. Jeder dieser Bereiche hat seine eigenen Merkmale. Dank der relativ kurzen Entfernungen kann man hier gut eine Rundreise machen.

Hauptstadt: London
Währung: Britisches Pfund
Zeitzone: UTC +0, UTC +1 (März bis Oktober)
Sprache: Englisch
Ländervorwahl: +44
Alkoholgrenze: 0,8‰, in Schottland 0,5‰,
Notrufnummer: Polizei, Feuerwehr und Krankenwagen: 112
Leitungswasser: unbedenklich

Hochland und dichte Wälder

Die verschiedenen Regionen sind sehr unterschiedlich. Von den unberührten schottischen Highlands bis zu den uralten, dichten Wäldern und Sümpfen in den Naturschutzgebieten Südenglands finden Sie hier vielfältige Natur. Eines haben die Regionen jedoch alle gemeinsam: Die Kultur und die Atmosphäre sind unverkennbar "anders" als auf dem europäischen Festland. Auf jedem Campingplatz im Vereinigten Königreich werden Sie die typisch britische Kultur und Traditionen kennen lernen! Viele Campingplätze in England und Wales sehen aus wie Landparks, und manchmal campen Sie tatsächlich auf einem jahrhundertealten Anwesen, das einem Gutsherrn gehörte.

ACSI AWARDS

Gewinner 2022 in dem Vereinigten Königreich

Bester Campingplatz
Linnhe Lochside Holidays

Campingplatz mit der schönsten Lage
Bank Farm Leisure

Hundefreundlichster Campingplatz
Forest Glade Holiday Park

Schönste Wohnmobilstellplätze
Cofton Holidays

Ein Besuch im Pub

Ein Besuch in der örtlichen Kneipe, ein Shopping-Nachmittag in einem verschlafenen mittelalterlichen Städtchen oder einem modischen Kaufhaus in London dürfen Sie sich nicht entgehen lassen. Am nächsten Tag können Sie auf einer kurvenreichen Landstraße zwischen Hecken und Felswänden einen Picknickplatz in der schönen Landschaft finden oder an einer steilen Felsküste entlang wandern.

Tanken

Bleifreies Benzin (Premium Unleaded 95 und Super Unleaded 98) und Diesel sind ohne weiteres erhältlich. Flüssiggas ist einigermaßen verfügbar. Für die Betankung von Flüssiggas wird in der Regel der Bajonettanschluss und an einigen Tankstellen der Europastutzen (acme) verwendet. Tankstellen an Autobahnen sind 24 Stunden am Tag geöffnet, und anderswo sind Tankstellen oft mindestens von 7-22 Uhr geöffnet. Es gibt immer mehr unbemannte Tankstellen und Tankautomaten. Im Kanaltunnel und auf den Fähren ist das Mitführen von Kraftstoff in einem Reservetank verboten.

Ladestation

Im Vereinigten Königreich und in Nordirland gibt es viele öffentliche Ladestationen. Aber in den dünn besiedelten Gebieten ist es noch kein flächendeckendes Netz.

Straßen und Verkehr

England verfügt über ein umfangreiches und gut ausgebautes Straßennetz und viele Autobahnen. In Wales, Schottland und Nordirland gibt es nur wenige Autobahnen, und das Straßennetz in Bergregionen und auf Inseln ist begrenzt. Auf zweispurigen Straßen können Sie auch Traktoren und Radfahrern begegnen. Auf dem Land gibt es viele schmale, von Hecken oder Mauern gesäumte Straßen mit ausgewiesenen Überholstellen alle paar Kilometer. Bitte beachten Sie, dass die Entfernungen auf den Straßenschildern in Meilen angegeben sind: 1 Meile = etwa 1,6 km.

Fähren

Informationen über Abfahrtszeiten, Abfahrten und Tarife finden Sie bei Reedereien wie brittanyferries.com, dfds.com, poferries.com und stenaline.com. Die Tarife variieren je nach Saison und Abfahrtszeit. Es ist ratsam, frühzeitig zu buchen. Erkundigen Sie sich im Voraus bei der Reederei, ob Sie Gasflaschen mit an Bord nehmen können. Es ist verboten, Kraftstoff in einem Reservetank auf dem Boot mitzuführen.

Kanaltunnel

Die Fahrt mit dem Zug durch den Kanaltunnel ist eine gute Alternative zur Fähre. Wenn Ihr Auto einen LPG Tank hat, dürfen Sie Ihr Auto nicht mit dem Zug durch den Kanaltunnel fahren. Für eingebaute Gasbehälter in Wohnmobilen oder Wohnwagen gelten besondere Anforderungen. Tragbare Gasbehälter sind erlaubt, müssen aber gemeldet werden. Weitere Informationen: eurotunnel.com.

"Im Allgemeinen gute Campingplätze, schöne Aussicht und freundliches Personal"

Herr P. Gommers, Inspektor 781

Verkehrsvorschriften

Im Vereinigten Königreich und in Nordirland müssen Sie links fahren. Tagfahrlicht ist bei Nacht, in Tunneln und bei Sichtweiten von weniger als 100 m vorgeschrieben. Die meisten Straßenkreuzungen sind mit Vorfahrtsschildern ("Stopp" oder "Vorfahrt gewähren") und/oder Vorfahrtsmarkierungen (doppelte weiße Linie) versehen. Fehlen diese jedoch, gelten keine allgemeinen Vorfahrtsregeln und Sie müssen genau hinschauen und im Zweifelsfall immer

Vorfahrt gewähren. Der Verkehr im Kreisverkehr (von rechts kommend!) hat Vorfahrt vor dem herannahenden Verkehr, sofern nicht anders angegeben. Sie dürfen hinter dem Steuer kein Telefon in der Hand halten, auch nicht, wenn Sie stillstehen (Freisprechen ist erlaubt). Kinder unter 12 Jahren und einer Körpergröße von weniger als 1,35 m müssen in einem Kindersitz sitzen. Die Verwendung der Funktion in Ihrer Navigationssoftware, die vor Radarkontrollen oder Streckenkontrollen warnt, ist erlaubt. Winterreifen sind nicht vorgeschrieben.

Sondervorschriften

Wenn Sie ein Auto mit Linkslenkung fahren, müssen Sie die Scheinwerfer Ihres Autos so einstellen, dass sie den Gegenverkehr nicht blenden, oder sie teilweise abdecken (zum Beispiel mit Scheinwerferaufklebern von visitbritainshop.com). Das Rauchen im Auto ist in Anwesenheit eines Kindes unter 18 Jahren verboten.
Kein Gerät mit Bildschirm darf sich im Sichtfeld des Fahrers befinden (ein Navigationsgerät jedoch schon). Sie dürfen nur dann in eine Kreuzung mit einem Knotenpunkt einfahren, wenn Sie diesen ohne anzuhalten passieren können. In Städten gibt es rote Routen; das sind Straßen mit einer roten Linie an der Seite, auf denen das Halten verboten ist. Auf Straßen mit einem doppelten weißen Streifen in der Mitte dürfen Sie nicht parken.

Vorgeschriebene Ausrüstung

Es wird empfohlen, ein Warndreieck, eine Sicherheitsweste und einen Erste-Hilfe-Kasten mitzuführen.

Caravan und Reisemobile

Ein Wohnmobil oder ein Pkw-Wohnwagen-Gespann darf bis zu 4 m hoch, 2,55 m breit und 18,75 m lang sein (der Wohnwagen selbst darf bis zu 7 m lang sein oder 12 m, wenn das Zugfahrzeug eine zulässige Gesamtmasse von mehr als 3,5 t hat). Auf Autobahnen mit mehr als zwei Fahrspuren pro Richtung dürfen Sie mit einem Wohnwagen nicht auf der rechten Fahrspur fahren; dasselbe gilt für ein Wohnmobil mit einem Gewicht von mehr als 3,5 Tonnen.
Das Fahren mit einem Wohnwagen oder Wohnmobil kann auf engen und hügeligen Straßen in einigen Teilen des Vereinigten Königreichs schwierig sein. Dies sollten Sie bei der Planung Ihrer Route berücksichtigen. Benutzen Sie eine gute Straßenkarte als Ergänzung zu Ihrem Navigationsgerät.

Fahrrad

Ein Fahrradhelm ist nicht vorgeschrieben.
Es ist nicht erlaubt, einen Passagier auf dem Gepäckträger zu befördern (Sie können ein Kind in einem Kindersitz befördern). Das Radfahren auf einer "zweispurigen Straße" ist erlaubt, sofern nicht anders angegeben.

"Freundliche und hilfsbereite Menschen, überraschende Kultur, Inselkultur, schöne Landschaften und einfache Kommunikation"

Mr. H. Fennis, Inspektor 1091

Maut

Die meisten Autobahnen im Vereinigten Königreich und in Nordirland sind mautfrei.
Auf der M6 nördlich von Birmingham, auf der M25 an der Dartford-Kreuzung in der Nähe von London und auf einigen Brücken und Tunneln müssen Sie jedoch Mautgebühren zahlen. Nachts und an Wochenenden wird auf einigen Strecken keine Maut erhoben. Weitere Informationen: gov.uk/uk-toll-roads. An der Dartford Crossing (Londoner Ringstraße M25) ist es nicht mehr möglich, an Mautstellen zu bezahlen. Sie müssen im Voraus oder nachträglich (innerhalb von 24 Stunden) über das Internet bezahlen. Andernfalls droht eine hohe Geldstrafe. Weitere Informationen: gov.uk/government/collections/dart-charge.

Umweltzonen

Zur Verbesserung der Luftqualität hat London eine Low Emission Zone (LEZ) und eine Ultra Low Emission Zone (ULEZ) eingerichtet. Die Anforderungen innerhalb der LEZ gelten nicht für normale Personenkraftwagen, sondern für bestimmte Wohnmobile und Lieferwagen. Die strengeren Anforderungen der ULEZ gelten auch für normale Personenkraftwagen, insbesondere für Dieselfahrzeuge und ältere Benzinfahrzeuge. Weitere Informationen: tfl.gov.uk/modes/driving
Wenn Sie mit Ihrem Wohnmobil nach London fahren möchten, müssen Sie Ihr Fahrzeug bei Transport for London (TfL) unter tfl.gov.uk anmelden. Die Nichtanmeldung wird mit einem Bußgeld geahndet.
Auch in London wird eine Congestion Charge erhoben, wenn Sie in dieser Zone fahren. Die Gebühr beträgt 15 £. Am einfachsten ist die Zahlung online unter https://tfl.gov.uk/modes/driving/pay-to-drive-in-london.

Panne und Unfall

Wir empfehlen, das Warndreieck mindestens 45m hinter Ihrem Auto aufzustellen. Es ist verboten, auf der Autobahn ein Warndreieck aufzustellen. Allen Passagieren wird empfohlen, eine Sicherheitsweste zu tragen. Rufen Sie im Falle einer Panne die Notrufnummer Ihres Pannendienstes an. Sie können auch einen britischen Pannendienst wie AA unter 0800 88 77 66 oder einen nordirischen Pannendienst wie AA Ireland unter +353 1 649 7460 anrufen.
Es ist eine Ordnungswidrigkeit, wegen eines leeren Kraftstofftanks auf dem Standstreifen anzuhalten. Ein Zusammenstoß mit einem Tier (z. B. einem Schaf oder einem Hund) muss bei der Polizei gemeldet werden.

Campen

Camping ist im Vereinigten Königreich und in Nordirland sehr beliebt, und es gibt viele Campingplätze. Die Anzahl der Einrichtungen auf diesen Plätzen kann sehr unterschiedlich sein. Freies Campen außerhalb von Campingplätzen ist in Schottland erlaubt. Im übrigen Vereinigten Königreich und Nordirland benötigen Sie die Erlaubnis des Landbesitzers. Es ist verboten auf Grünstreifen und Parkplätzen zu campen. Zusätzliche Zelte und Vorzelte sind auf Campingplätzen oft kostenpflichtig. Der Unterschied zwischen einem Campingplatz und einem 'Touring Park' besteht darin, dass ersterer viel größer ist und über mehr feste Stellplätze für Wohnmobile verfügt. Touring Parks sind eigentlich für Leute mit eigenem Zelt oder Wohnwagen gedacht. Auf den sogenannten "Caravan Parks" sind keine Zelte erlaubt. Zum Befüllen von Gasflaschen benötigen Sie oft einen anderen Anschlussnippel. Auch für Stromanschlüsse wird oft ein Adapter benötigt.

Corpach/Fort William, GB-PH33 7NL / Scotland — 887

Linnhe Lochside Holidays****
+44 13 97 77 23 76
1/1 - 31/10, 15/12 - 31/12
relax@linnhe-lochside-holidays.co.uk

5ha 107T(45-90m²) 10A CEE

1 ACD**H**JKLMNP**Q**R
2 EGJMNPQRSVWXYZ
3 CD**G**KWYZ
4 **AB**CDFGHIJKLMNOPRSUWXZ
5 CEFGK(N 3km)OTU

Schöner Terrassencamping in üppigem Garten mit schöner Sicht auf die Lochs und angrenzenden Berge. Moderne Anlagen. Für die pure Erholung oder den Aktivurlaub geeignet.

Der A82 in nördlicher Richtung folgen. In Fort William die A830 Richtung Corpach nehmen. Nach etwa 8 km Camping links hinter einer schmalen Brücke. Gut angezeigt.

CC € 23 7/5-8/6 1/9-30/9

N 56°50'51'' W 05°09'39''

Cullompton, GB-EX15 2DT / England (South West) — 888

Forest Glade Holiday Park****
Near Kentisbeare
+44 14 04 84 13 81
17/3 - 15/11
enquiries@forest-glade.co.uk

6ha 81T(120-140m²) 10-16A CEE

1 ACD**H**JKLMNPQR
2 BISUVWXYZ
3 CDILOPSU
4 (F+H)**N**(Q+S+U)
5 **AB**CDEFGHIJKLMNOPQRUWXYZ
6 ACDEFGKM(N 9,5km)OU

Ruhiger familiengeführter Camping. Im Wald gelegen mit flachen, geschützten Stellplätzen und gratis Hallenbad. Waldwanderungen ab dem Camping, Lädchen mit Spirituosen und Essen zum Mitnehmen.

Ohne Navi fahren! Cp von Honiton-Nord anfahrbar; Ri. Dunkeswell, nach 4,5 km braune CP-Schilder befolgen. Von der M5 Ausf. 28, A373 Ri. Honiton, links und direkt hinter dem Keepers Cottage Inn. Cp nach 4 km auf dem Hügel.

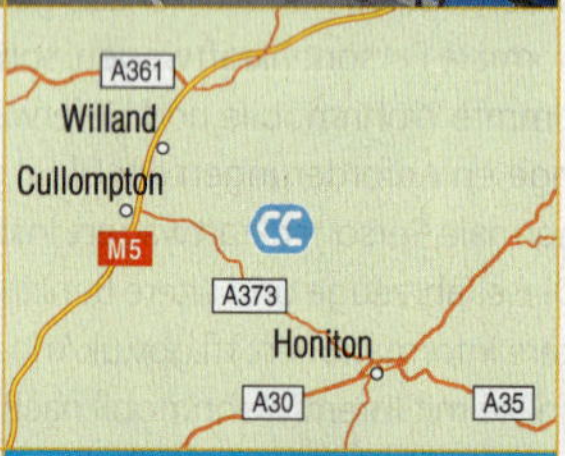

CC € 23 17/3-31/3 16/4-26/5 4/6-15/7 3/9-15/11

N 50°51'31'' W 03°16'41''

Dartmouth, GB-TQ9 7DQ / England (South West) — 889

Woodlands Grove Car. & Camping*****
Blackawton
+44 18 03 71 25 98
24/3 - 29/10
holiday@woodlandsgrove.com

24ha 325T(100-120m²) 10A CEE

1 ACD**H**JKLMNPQR
2 BJMNUVXYZ
3 ACDE**G**IKPRSU
4 (G 27/5-31/8)M(Q+R+T)
(U 20/7-31/8)(X)
5 **AB**DEFGIJKLMNOPQRUWXYZ
6 CFG**K**MOUV

In schöner, ländlicher Gegend und nur wenige (Auto) Minuten vom malerischen Küstenort Dartmouth und dem South Devon Küstenweg. Versteckt im Tal liegt der Woodlands Leisure Park mit schöner Falknerstation und 'Zoo-Farm'. Perfektes Ferienziel für die ganze Familie.

Die A38 von Nord bei der Ausfahrt Buckfastleigh/Totnes verlassen, von Süd am Knotent South-Brent/Avonwick. Den braunen Schildern Woodlands Leisure Park folgen (nicht Navi). An der A3122 Richtung Dartmouth.

CC € 23 24/3-6/4 10/4-27/4 1/5-25/5 4/6-14/7 3/9-29/10

N 50°21'24'' W 03°40'19''

Dawlish (Devon), GB-EX6 8RP / England (South West)

890

Cofton Holidays*****
Church Road
+44 16 26 89 01 11
1/1 - 31/12
info@coftonholidays.co.uk

12ha 496**T**(90-120m²) 10-16A CEE

1 ACDHJKLMNP**Q**R
2 EJLMNSVWXYZ
3 ACDGIKNP**TUVW**
4 (C 19/5-17/9)(**F** 🔑)
(H 19/5-17/9)LMN
(Q+S+T+U+Y+Z 🔑)
5 **AB**DEFGHIJKLMNOPQRUWXYZ
6 CDEFGHJ**K**LM(N 3km)
OSTUV

Großer Camping mit ausgezeichneten Einrichtungen in unterschiedlich parzellierten Feldern eingeteilt mit flachen und abfallenden Teilen in einer hügeligen Landschaft.

Von Exeter, auf M5 Ausfahrt 30, die A379 Richtung Dawlish fahren. 2 km hinter Starcross Tankstelle rechts der Straße. Jetzt noch 1 km. CP auf der linken Seite. Ausgeschildert.

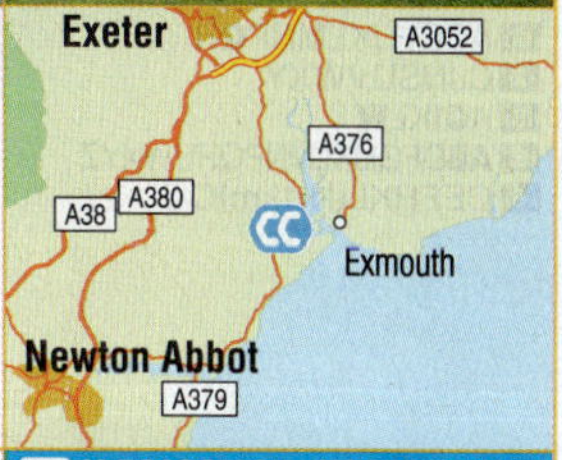

CC € 23 *1/3-25/5 3/6-14/7 1/9-31/10*

N 50°36'46'' W 03°27'38''

Hayle, GB-TR27 5AW / England (South West)

891

Beachside Holiday Park****
Lethlean Lane
+44 17 36 75 30 80
1/4 - 28/10
reception@beachside.co.uk

14,8ha 85**T**(110m²) 10-16A CEE

1 ACDFJKLMNPQR
2 AGJLNSWX
3 AC**G**HIPSUY
4 (C+H+Q+S+U 29/4-29/9)
(Y 🔑)(Z 29/4-29/9)
5 **AB**CDFGHIJMNPQRUWZ
6 CEFGHJ(N 2,5km)T

Dieser Camping liegt in den Dünen der Bucht von St. Ives, 5 Minuten von einem schönen Sandstrand. Mit beheiztem Freibecken, Lädchen, Bar und Take-away. Keine Hunde erlaubt.

Aus Richtung Norden der A30 in Hayle verlassen und Richtung Zentrum fahren. Am doppelten Kreisverkehr vorbeifahren und 1. Straße rechts. Dort ist der CP ausgeschildert.

CC € 23 *1/4-26/5 3/6-23/6 26/8-28/10*

N 50°11'46'' W 05°24'37''

Horton (Gower), GB-SA3 1LL / Wales

892

Bank Farm Leisure, Camp. & Car. Park
+44 17 92 68 72 05
1/3 - 31/12
enquiries@bankfarmleisure.co.uk

30ha 230**T**(80-120m²) 10A CEE

1 ACD**H**JKLMP**Q**R
2 AGJLNQRSX
3 C**G**IOPWY
4 (E+H+Q 🔑)(S 1/3-31/10)
(T+U+V+X+Z 🔑)
5 **AB**DGLIMNP**Q**UWZ
6 DEFHJ**K**(N 2km)OV

Großer Camping auf offenen Feldern mit herrlichem Blick aufs Meer. Wenn das Meer noch zu kalt ist, bietet das beheizte Schwimmbad absoluten Wasserspaß. Die prächtige Natur von Gower lädt ein zu Wandertouren.

Auf der A4118 Killay-Port Eynon, kurz vor Port Eynon links nach Horton, dann den CP-Schildern folgen. Diese Strecke wird gegenüber dem Navi empfohlen, da das Navi über zu kleine Straßen führt.

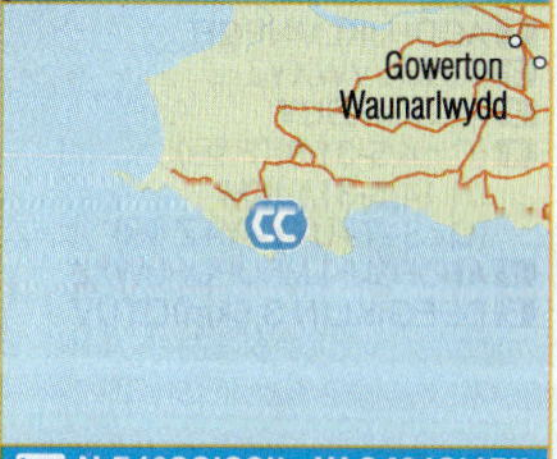

CC € 23 *1/3-31/3 17/4-27/4 2/5-25/5 5/6-30/6 4/9-31/12*

N 51°33'02'' W 04°12'15''

Llandovery, GB-SA20 0RD / Wales

893

Erwlon Caravan & Camping Park*****
Brecon Road
+44 15 50 72 10 21
1/1 - 31/12
peter@erwlon.co.uk

4ha 105T(64-90m²) 16A CEE

1 ACDHJKLMNP**Q**R
2 CJNSUVWXY
3 A**G**IKL**W**
5 **AB**DFGIJKLMNPQRUWXYZ
6 CEFHKL(N 1km)OU

Großer Campingplatz mit schönen Sanitäranlagen. Im Gehbereich von Llandovery. Gute zentrale Lage für Ausflüge durch den herrlichen Brecon Beacons Nationalpark. Der Campingplatz liegt nur eine Autostunde von der prächtigen walisischen Küste entfernt.

Der CP liegt an der A40, 1 km östlich von Llandovery.

CC € 23 *2/5-25/5 30/5-30/6 11/9-30/9*

N 51°59'36'' W 03°46'49''

Looe, GB-PL13 2JR / England (South West)

894

Tencreek Holiday Park****
Polperro Road
+44 15 03 26 24 47
1/1 - 31/12
reception@tencreek.co.uk

5,5ha 250T(100-120m²) 10A CEE

1 ACD**H**JKLMP**Q**R
2 AJLRSVWXYZ
3 C**G**IKPU
4 (F+H+R)(T+U 1/4-30/11)
(V 1/4-31/10)(Y+Z 1/4-30/11)
5 **AB**CDFGHIJKLMNOPQRUWXYZ
6 CEFGJ**K**M(N 1,5km)OTUV

Großer Camping mit viel Ausstattung. Schöne Umgebung, schöne Örtchen wie Looe und Polperro. Es wird viel organisiert. Die großen Räumlichkeiten auf dem Campingplatz versprechen auch bei schlechtem Wetter immer gute Unterhaltung.

A38 Plymouth-Bodmin A390 Richtung St. Austell, dann die B3359 Richtung Looe/Polperro bis zur T-Kreuzung mit der A387, dann A387 links ab Richtung Looe. Nach 3 km ausgeschildert.

CC € 23 *1/4-26/5 3/6-14/7 31/8-28/12*

N 50°20'47'' W 04°29'00''

Paignton, GB-TQ4 7PF / England (South West)

895

Whitehill Country Park*****
Stoke Road
+44 18 03 78 23 38
11/2 - 3/11
info@whitehill-park.co.uk

8ha 240T(90-120m²) 16A CEE

1 ACDHJKLMNP**Q**R
2 JLNSUVWXYZ
3 ACDGIKSU**V**
4 (C 14/5-31/8)(F)
(H 14/5-31/8)KM
(Q+S+T+U+V+Y+Z)
5 **AB**DFGIJKLMNOPQRUWXZ
6 DEFGIKL(N 3,5km)OTUV

Gepflegter, komfortabler, ruhiger Campingplatz mit vielen Einrichtungen. Mehrere durch Büsche getrennte Wiesen. Weite Aussicht auf die umliegenden Hügel. Beheiztes Freibad mit Whirlpool und Planschbecken von Mai bis August sowie beheiztes Hallenbad während der gesamten Öffnungszeiten des Campingplatzes. Gemütliches Restaurant mit Terrasse.

A380 Richtung Torquay-Paignton, dort rechts die A385 Richtung Totnes. Gleich danach links vor 'Parkers Arms'. Schildern folgen.

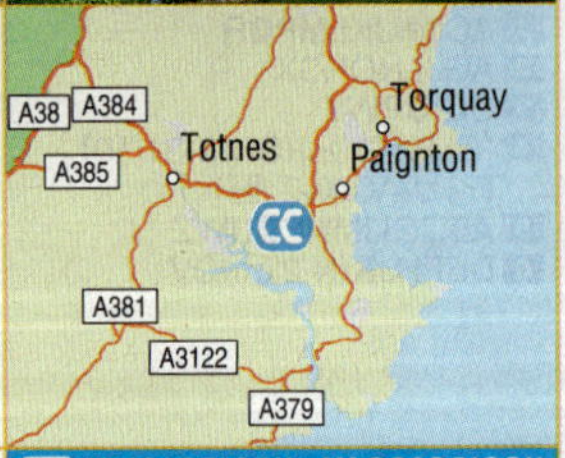

CC € 21 *11/2-31/3 17/4-27/4 2/5-21/5 5/6-30/6 8/9-20/10*

N 50°25'05'' W 03°36'32''

Salisbury/Netherhampton, GB-SP2 8PN / England (South West) — 896

Coombe Touring Caravan Park
The Race Plain
+44 17 22 32 84 51
1/1 - 31/12
enquiries@coombecaravanpark.co.uk

4ha 80T(80-100m²) 10A CEE

1 ACD**H**JKLMNPQR
2 SUVWXYZ
3 A**G**IKS
4 (Q+R 1/4-30/9)(U)
5 **AB**EFGIJLMNPUWZ
6 AEFG**J**(N 4km)V

Ruhige schön angelegter Campingplatz dicht bei Salisbury. Große Fernsicht vom Platz aus. Bei Schlechtwetter gibt es ein Gebäude(bis 60 Personen) mit TV, wo man kochen und sich aufhalten kann.

M27 Ausfahrt 2 A36. In Salisbury A36 Richtung Westen, dann A3094 Ausfahrt Racecourse. Nach 1,5 km an der 3-er Gabelung rechts halten. CP kommt nach ca. 1,5 km rechts.

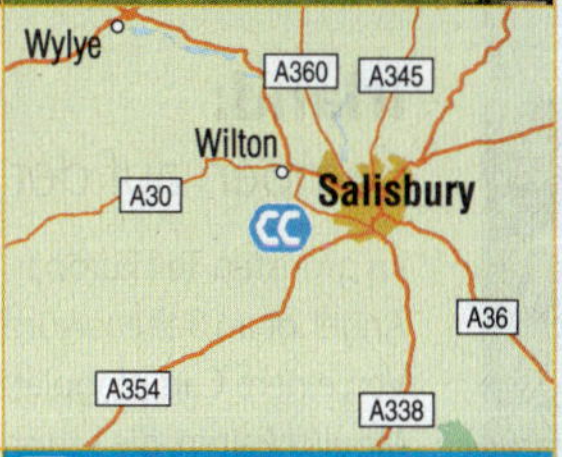

CC € 23 *1/1-6/4 11/4-27/4 2/5-24/5 30/5-30/6 4/9-31/12*

N 51°03'15'' W 01°51'40''

Tavistock, GB-PL19 8NY / England (South West) — 897

Camping Woodovis Park*****
Gulworthy
+44 18 22 83 29 68
25/3 - 29/10
info@woodovis.com

4,8ha 47T(80-120m²) 10-16A CEE

1 ACD**H**JKLMP**Q**R
2 MNSUVWXY
3 A**G**HIKNSU
4 (F)KN(Q+R)
(U 1/7-30/8)
5 **AB**DFGIJKLMNOPUWXYZ
6 ACEFG**K**L(N 6km)OSU

Familiengeführter, luxuriöser Camping nah bei Tavistock. Ländlich und ruhig gelegen. Große Plätze. Schönes Hallenbad In der Nähe von Plymouth und dem Dartmoor Nationalpark. Eine 'Area of Outstanding Natural Beauty'.

Von Tavistock die A390 Richtung Liskeard, nach ca. 5 km den CP-Schildern folgen. Bei Gulworthy am Kreisel rechts ab. Nach ca 1,5 km Einfahrt zum Camping links.

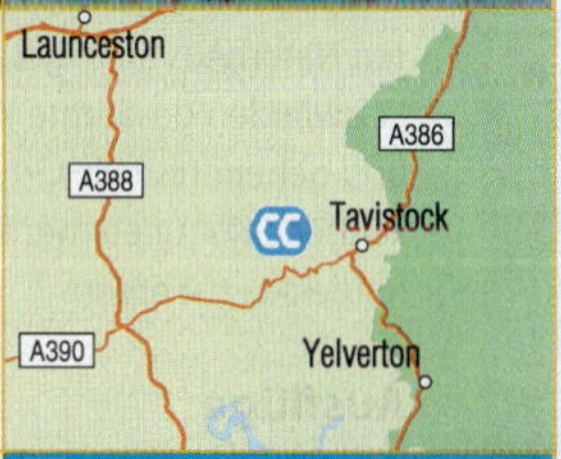

CC € 23 *25/3-30/6 1/9-28/10*

N 50°33'07'' W 04°12'18''

Wem (Shropshire), GB-SY4 5RP / England (West Midlands) — 898

Lower Lacon Caravan Park***
B5065
+44 19 39 23 23 76
1/1 - 30/12
info@llcp.co.uk

19ha 368T(80-140m²) 10-16A CEE

1 ACD**H**JKLMNPQR
2 BJSUVWXYZ
3 C**G**IPR
4 (C+H 1/6-1/9)(R)(T+U+V+X 31/5-1/9)(Z)
5 **AB**FGIJKLMNOPUWXYZ
6 ABCFGH**K**(N 1,5km)OTUV

Großer Campingplatz mit guten Sanitäranlagen. Im Gehbereich nach Wem. Gute Lage für den Ausflug im Shropshire und nach Bridge Gorge.

Von Shrewsbury die A49 Richtung Whitchurch. Bei Prees Green die B5065 Richtung Wem. 1 km vor Wem Camping rechts. Durchfahren bis zur öffentlichen Einfahrt 300m weiter!

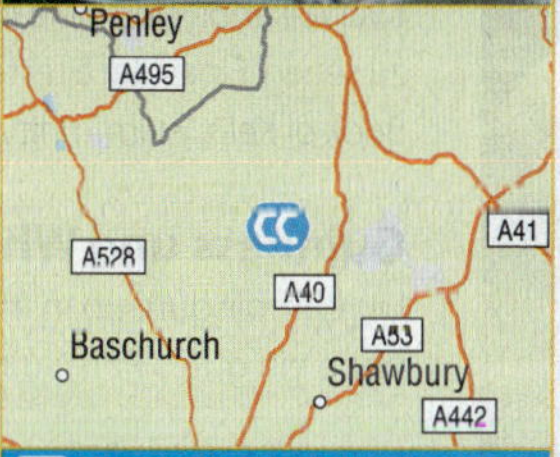

CC € 19 *4/1-29/3 17/4-27/4 4/5-23/5 5/6-30/6 6/9-24/9 8/11-20/12*

N 52°51'59'' W 02°42'09''

Irland

Irland:
Campen auf der grünen Insel

Im grünsten Teil Europas birgt Irland ein großes Angebot an Sehenswürdigkeiten und Aktivitäten. Von einem Campingplatz in Irland aus haben Sie alle Möglichkeiten, die schöne Landschaft zu genießen. Auch die Städte der Insel sind einen Besuch wert.

Hauptstadt: Dublin
Währung: Euro
Zeitzone: UTC +0, UTC +1 (März bis Oktober)
Sprache: Irisch und Englisch
Ländervorwahl: +353
Alkoholgrenze: 0,5‰; 0,2‰ für Fahrer mit einem Führerschein, der weniger als 2 Jahre alt ist
Notrufnummer: Polizei, Feuerwehr und Krankenwagen: 112
Leitungswasser: unbedenklich

Grüne Traumlandschaft

Steile Felsküsten, traumhafte Landschaften, sanfte Hügel und stille Täler, weit weg vom modernen Trubel: Nirgendwo ist es so grün wie in Irland. Hier können Sie wunderbar Wandern und Radfahren. Aber Irland hat mehr zu bieten als nur Natur! Aus Stein gebaute Bauerndörfer, von Felswänden gesäumte Wiesen oder mythische und geheimnisvolle Orte, die an die legendäre keltische Kultur erinnern, warten nur darauf, entdeckt zu werden.

Ausflüge

Kunstliebhaber sollten das Irish Museum of Modern Art besuchen. Weitere tolle Tagesausflüge von Ihrem Campingplatz aus sind die Kristallwerke in Waterford oder das Opernhaus in Belfast. Die Städte der Insel spiegeln irische Traditionen und Geschichten wider. Besonders die Hauptstadt Dublin gilt als kulturelles Zentrum und eignet sich hervorragend für eine Städtereise. In der St. Patrick's Cathedral, der größten Kirche Irlands, sind viele beeindruckende Denkmäler zu sehen. Eines der ältesten Bücher der Welt, das Book of Kells, ist im Trinity College zu sehen.

Guinness und Whisky

Ein Campingurlaub in Irland wäre nicht perfekt ohne ein gutes Pint Guinness in einem der vielen irischen Pubs. Allein in Dublin gibt es Tausende davon, und überall wird Musik gespielt, denn Singen ist die zweite Natur fast aller Iren. Neben Guinness ist auch Whisky ein berühmtes irisches Getränk. In einer Whisky-Destillerie können Sie mit eigenen Augen sehen, wie die verschiedenen Sorten hergestellt werden

Tanken

Es gibt nur bleifreies Benzin mit der Oktanzahl 95 (Regular/Premium Unleaded) und kein Super Plus 98. Diesel ist gut und LPG nur in begrenztem Umfang verfügbar. Der Europa-Anschluss (acme) wird zum Tanken von Flüssiggas verwendet. Tankstellen sind von 7.30 Uhr bis 20.00 Uhr geöffnet, in größeren Städten und entlang der Autobahnen in der Regel Tag und Nacht. Achten

Sie darauf, dass Sie auf der Autobahn genügend Kraftstoff im Tank haben, da die Tankstellen oft weit auseinander liegen.
Wenn Ihr Auto einen LPG-Tank hat, dürfen Sie nicht mit diesem durch den Kanaltunnel fahren. Für eingebaute Gasbehälter in Wohnmobilen oder Wohnwagen gelten besondere Anforderungen. Tragbare Gasbehälter sind erlaubt, müssen aber gemeldet werden. Weitere Informationen: eurotunnel.com.

Ladestationen

Das Netz der Ladepunkte ist noch nicht vollständig. Bitte vorher gut planen.

> ***"Irland: eine abwechslungsreiche Natur, Wälder, Berge und zerklüftete Küsten mit freundlichen Menschen, die Sie bestens unterhalten"***
>
> *Frau M. Harmsen-Kunnen, Inspektorin 51.*

Fähren

Informationen über Abfahrtszeiten, Abfahrten und Tarife finden Sie bei Reedereien wie brittanyferries.com, irishferries.com, poferries.com und stenaline.com. Die Tarife variieren je nach Saison und Abfahrtszeit. Es ist ratsam, frühzeitig zu buchen.
Erkundigen Sie sich beim Betreiber, ob Gasflaschen mit an Bord genommen werden können.
Es ist verboten, Kraftstoff in einem Reservetank auf dem Boot mitzuführen.

Verkehrsregeln

Linksverkehr. Bei schlechter Sicht, in der Dunkelheit und in Tunneln ist das Tagfahrlicht Pflicht. An gleichwertigen Kreuzungen hat der Verkehr von rechts Vorfahrt. Achtung: An einer T-Kreuzung hat der Verkehr auf der Hauptstraße Vorrang. Der Verkehr im Kreisel (von rechts kommend!) hat Vorfahrt vor dem herannahenden Verkehr, sofern nicht anders angegeben.
Sie dürfen hinter dem Steuer kein Telefon in der Hand halten, auch nicht, wenn Sie stillstehen (Freisprechen ist erlaubt). Kinder, die kleiner als 1,50 Meter sind und weniger als 36 Kilo wiegen, müssen in einem Kindersitz sitzen. Winterreifen sind nicht vorgeschrieben.

Straßen und Verkehr

Hauptstraßen (gekennzeichnet durch den Buchstaben "N") und Nebenstraßen ("R") haben

im Allgemeinen einen guten Straßenbelag, sind aber schmaler als unsere Straßen. Auf dem Land gibt es viele schmale, von Hecken oder Mauern gesäumte Straßen mit speziellen Ausweichstellen alle paar Kilometer. Sie müssen die Touristenroute Ring of Kerry mit ihren engen Straßen gegen den Uhrzeigersinn fahren. Bitte beachten Sie, dass Entfernungen auf Schildern oft in Meilen angegeben sind: 1 Meile = etwa 1,6 Kilometer.

Sondervorschriften

Wenn Sie ein Auto mit Linkslenkung fahren, müssen Sie die Scheinwerfer Ihres Autos anpassen oder teilweise abdecken (z. B. mit Scheinwerferaufklebern von visitbritainshop.com), um den Gegenverkehr nicht zu blenden.
In eine Kreuzung mit gelben Diagonalstreifen ('box junction') darf man nur einfahren, wenn Sie ohne zu halten passieren können. Rauchen im Auto ist im Beisein eines Kindes unter 18 Jahren verboten. Unter anderem ist das Parken entlang einer gelben Linie verboten.
In Irland gibt es Bahnübergänge mit einer Schranke, die Sie selbst öffnen und schließen müssen (beachten Sie die Anweisungen und passen Sie gut auf).

Vorgeschriebene Ausrüstung

Es wird empfohlen, ein Warndreieck, mindestens zwei Sicherheitswesten, einen Erste-Hilfe-Kasten, einen Feuerlöscher, eine Taschenlampe und Ersatzlampen mitzuführen.

Caravan und Reisemobil

Ein Wohnmobil oder ein Pkw-Wohnwagen-Gespann darf bis zu 4,65 m hoch, 2,55 m breit und 18,75 m lang sein (der Wohnwagen selbst darf bis zu 12 m lang sein).

Fahrrad

Fahrradhelm ist nicht vorgeschrieben.

Maut

Auf mehreren Brücken und Straßen muss man Maut bezahlen. Auf den meisten Mautstraßen können Sie bar bezahlen. Auf der M50 rund um Dublin können Sie die Maut nur elektronisch bezahlen (Kameras registrieren Ihr Nummernschild). Sie müssen die M50-Maut an einer Tankstelle (Payzone) oder online unter eflow.ie bis 20 Uhr des folgenden Tages bezahlen. Weitere Informationen: tii.ie, payzone.ie

Panne und Unfall

Es wird empfohlen das Warndreieck in ausreichendem Abstand hinter dem Auto aufzustellen. Allen Passagieren wird empfohlen eine Sicherheitsweste zu tragen. Stellen Sie kein Warndreieck auf einer Autobahn auf. Rufen Sie im Falle einer Panne die Notrufnummer Ihres Pannendienstes an. Alternativ können Sie auch den irischen Pannendienst (AA Ireland) unter der Nummer +353 1 649 7460 anrufen. Alternativ können Sie auf Autobahnen über eine orangefarbene Notrufsäule Pannenhilfe anfordern. Es ist verboten, Ihr Fahrzeug auf dem Standstreifen zu reparieren.

Campen

Die meisten Campingplätze sind auf dem Land und in Küstengebieten. Die meisten sind klein, einfach und relativ günstig. Irische Campingplätze haben häufig gut gepflegte Rasenflächen und verfügen oft auch über befestigte Stellflächen für Wohnwagen und Wohnmobile. Freies Campen außerhalb von Campingplätzen ist in Irland generell verboten und nur mit Genehmigung des Grundbesitzers erlaubt.

899 Garrettstown/Kinsale, IRL-P17 NP66 / Munster

Garrettstown House Holiday Park****
R604
+353 2 14 77 81 56
28/4 - 30/9
denis@garrettstownhouse.com

8ha 60T(40-70m²) 6A CEE

1 AHJKMQR
2 ALMSWXY
3 CDGHOPRSU
4 (Q 3/5-1/9)(R)
(U 2/7-20/8)
5 ABFGIJKLMNOPUWXZ
6 DEFGK(N 2km)OTUV

Großer Familiencampingplatz auf einem Landgut aus dem 18. Jahrhundert. Schöne Aussichten. Viele Einrichtungen sind in authentischen, historischen Gebäuden untergebracht. Das Meer ist 1 km zu Fuß entfernt. Supermarkt, Wäscherei, Bocciabahn und Tennisplatz vorhanden. Die Gegend eignet sich für schöne Ausflüge zu historischen Orten wie Cork und Kinsale.

Von Kinsale der Hauptstraße nach Ballinspittle folgen. Dann Richtung Strand und den Schildern 'Camping/Garretstown' folgen.

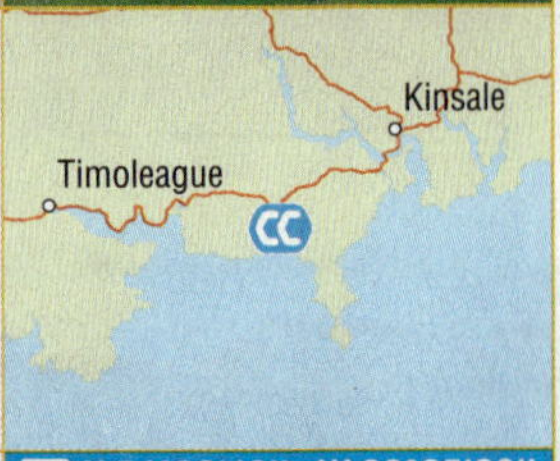

CC € 23 29/4-30/6 28/8-29/9

N 51°39'12" W 08°35'28"

900 Mullingar, IRL-N91 P798 / Leinster

Lough Ennell C. & C. Park***
Tudenham Shore Carrickwood
+353 8 72 32 43 86
1/4 - 30/9
eamon@caravanparksireland.com

3ha 70T(40-80m²) 7A CEE

1 ACHJKLMNQR
2 ABCEILNOSTUVWXYZ
3 CGIKPUWZ
4 (Q+R+T+U+X 1/6-31/8)
5 ABGIJMNPUWXYZ
6 CEFGJ(N 6km)OV

Dieser netter Familiencampingplatz liegt in einem schönen Wald am Lough Ennell. Alle Optionen von Baden bis Surfen, Segeln, Angeln, Wandern und Ausflüge zu historischen Orten. Sanitär zwar älter, aber sauber. Ausgestattet mit geschützten Plätzen für Zelte, Reisemobile und Wohnwägen. Die Rasenflächen sind gut gepflegt.

M4, Ausfahrt 2 zur N4. Nach 10 km Ausfahrt Lough Ennell Park. CP ist gut ausgeschildert.

CC € 23 1/4-7/4 11/4-27/4 2/5-2/6 6/6-30/6 31/8-30/9

N 53°27'58" W 07°22'30"

901 Tagoat, IRL-Y35 RH76 / Leinster

IOAC & Camping Grounds
Sixacre
+353 5 39 18 90 22
20/3 - 31/10
info@ioac.ie

6ha 84T(50-100m²) 10A CEE

1 ACDHJKLMNQR
2 SUVWYZ
3 KPU
4 (Q+R)
5 ABDFGHIJMNOPUW
6 DFGJ(N 3km)

Camping in 3 Minutenfahrtzeit von der Fähre in Rosslare als idealer Ausgangspunkt den Südwesten Irlands mit den berühmten goldenen Küsten und allem, was Wexford zu bieten hat, zu entdecken. Große Stellplätze mit separaten Reisemobilstellplätzen. Outdoorsport.

Von Norden: die N11 nach Wexford, dann die N25 Richtung Rosslare nach Tagoat links der Straße. Von Rosslare Hafen die N25 Richtung Wexford nach 3,4 km rechts.

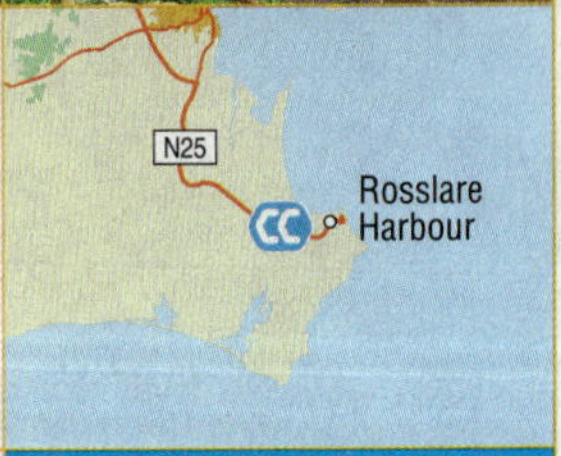

CC € 23 20/3-1/6 1/9-31/10

N 52°14'37" W 06°22'52"

Wicklow, IRL-A67 PK31 / Leinster — iD 902

Wolohan Silver Strand Caravan Park
Dunbur Upper
+353 40 46 94 04
20/4 - 30/9
info@silverstrand.ie

7ha 75T(100-120m²) 10A CEE

1 ACDHKLMNPQR
2 AGILNRSUWXY
3 **FG**WY
4 (R 1/6-31/8)
5 **AB**GIJMNO**P**UW
6 EFMOT

Camping auf weitläufigem Grünland mit umwerfender Sicht auf die Irische See. Eigener Strand, Silver Strand, unten. Sehr viel Ruhe und Platz. In der Nähe der Stadt Wicklow. Knappe Stunde bis Dublin. Ländliche Umgebung.

Die N11 Dublin-Wexford Ausfahrt Wicklow. Durch Wicklow Richtung Coast Road. Nach ca. 3 km links an der Straße, 2er CP. Beide CPs tragen den Namen Silverstrand.

CC € 23 *20/4-1/6 5/6-5/7 27/8-30/9*

N 52°57'17'' W 06°01'00''

Ortsnamenregister

Ortsnamenregister

Ortsnamenregister

C

Ortsnamenregister

Ortsnamenregister

E

F

Ortsnamenregister

Ortsnamenregister

Ortsnamenregister

Ortsnamenregister

Ortsnamenregister

Ortsnamenregister

Ortsnamenregister

O

Ortsnamenregister

Ortsnamenregister

R

S

Ortsnamenregister

Ortsnamenregister

Ortsnamenregister

Ortsnamenregister

W

Ortsnamenregister

FKK Campings

In diesem CampingCard ACSI-Führer finden Sie unten FKK Campings oder Campings mit einem FKK-Teil. Bitte beachten Sie, dass Sie auf den meisten dieser Campings in einem FKK-Verein Mitglied sein müssen.

FKK Campings

Deutschland	**Mecklenburg-Vorpommern**	**Zwenzow** / FKK-Camping Am Useriner See	243
Österreich		**Eberndorf** / Naturisten Feriendorf Rutar Lido	304
Ungarn		**Balatonberény** / Balatontourist Camping Naturist Berény	340
Kroatien		**Baska (Krk)** / Bunculuka Camping Resort	356
		Punat (Krk) / Naturist Camp Konobe	371

Teilweise FKK Campings

Dänemark	**Ejstrup Strand/Brovst** / Tranum Klit Camping	66
Österreich	**Pesenthein** / Terrassencamping Pesenthein	315
Kroatien	**Rovinj** / Camping Polari	372

Impressum

2023 • 20. Ausgabe
CampingCard ist eine Initiative von ACSI. Diese Karte und der CampingCard ACSI-Führer, in der sie enthalten ist, sind Ausgaben der ACSI Publishing BV
Geurdeland 9, Andelst, Niederlande
Postfach 34, 6670 AA Zetten, Niederlande
Telefon + 31 (0)488 - 471434
Telefax + 31 (0)488 - 454210

Druck
westermann druck GmbH
Braunschweig, Deutschland

Karten
MapCreator BV, 5628 WB Eindhoven
mapcreator.eu/©Here/©Andes

ISBN: 9789493182424

Chefredakteur
Willeke Verbeek

Redaktion
Mariska Adriaans, Marja van Baal, Esther Baks, Gery Boerboom, Judith Brasser, Sophie Conradi, Peter Dellepoort, Rein Driessens, Dianne Hendriks, Sharon Jansen, Maurice van Meteren, Ria Neutel, Ton Oppers, Irene van der Peijl, Marloes van der Plaats, Mariëlle Rouwenhorst-Küper, Thijs Saat, Daniël Uleman, Mandy Wagener

Fragen oder Anmerkungen?
Für Camper:
www.campingcard.com/kundendienst
Für Campingplätze:
www.campingcard.com/sales

ACSI inspiziert jedes Jahr knapp 10.000 europäische Campingplätze. Dabei stehen wir stets für Qualität, weshalb unser Logo gewissermaßen zu einem Gütesiegel geworden ist. Wir von ACSI freuen uns daher, von Ihnen zu hören, wenn Sie der Meinung sind, dass ein Campingplatz nicht mit der Beschreibung in unserem Campingführer übereinstimmt. Auch hören wir gerne von Ihnen, wenn der Campingplatz Ihre Erwartungen übertrifft. ACSI ist jedoch in keiner Weise an der Umsetzung der Richtlinien auf den inspizierten Campingplätzen beteiligt. Unsere Stärke liegt in unserer Unabhängigkeit. Die Campingplatzbesitzer bestimmen selbst, wie ihr Campingplatz betrieben wird. Denken Sie zum Beispiel an den Inhalt der Verpflegung, die Qualität der Einrichtungen oder daran, wer Ihre Nachbarn auf dem Campingplatz sind. All dies liegt außerhalb der Verantwortung von ACSI. Haben Sie Vorschläge, Verbesserungspunkte oder Beschwerden über einen Campingplatz? Dann sollten Sie sich zunächst an den Campingplatz selbst wenden. Die Betreiber tun häufig alles in ihrer Macht stehende, um ihre Gäste zufrieden zu stellen und sie verdienen die Chance die Situation zu klären. Bitte beachten Sie, dass Anregungen oder Beschwerden, die vorher nicht mit dem Campingplatz besprochen wurden, von uns nicht bearbeitet werden können.